Lambertiana

Numéro hors série
Recherches sur la philosophie et le langage
Directeur : Denis VERNANT

Lambertiana

Hommage à Jacques Lambert

édité par
Pierre Édouard BOUR et Sophie ROUX

JEAN-CLAUDE BEAUNE
PIERRE EDOUARD BOUR
CHRISTOPHE BOURIAU
YVES BRECHET
FRANCK BRUCKERT
SARAH CARVALLO
CHRISTIANE CHAUVIRÉ
YANNICK CHIN
ROBERT DAMIEN
CLAUDE DEBRU
MICHEL DUFOUR
JEAN-YVES GOFFI
MICHAEL HEIDELBERGER
PHILIPPE JAUSSAUD
JACQUES LAMBERT
JEAN-MARIE LARDIC
MICHEL MEULDERS
PHILIPPE NARBONNAND
DANIEL PARROCHIA
BERNARD ROUKHOMOVSKY
SOPHIE ROUX
JACQUES VILLAIN

Ouvrage publié avec le soutien des Archives Henri Poincaré (UMR 7117 CNRS/Nancy Université) et de l'Université de Nancy 2

PARIS
LIBRAIRIE PHILOSOPHIQUE J. VRIN
6 Place de la Sorbonne, V^e^

2010

Université Pierre Mendès France, Département de Philosophie
1251 Avenue Centrale, BP 47, 38040 Grenoble cedex 9

Imprimé en France

ISSN 0754-331X
ISBN 978-2-7116-8401-4

Hommage à Jacques Lambert

Michel MEULDERS *

PORTRAIT

Connaissez-vous Jacques Lambert ?

À la réponse habituelle : « Qui dans le monde savant des philosophes ne le connaîtrait pas ? », je proposerai ici celle moins convenue : « Qui donc connaît vraiment cet homme de stature imposante mais d'un naturel réservé et modeste, d'apparence parfois bougonne mais fondamentalement généreux, de culture encyclopédique et qui devient exubérant lorsqu'il expose une idée ou développe une argumentation ? Ou encore, sait-on quelles sont ses multiples facettes et les passions qu'il cultive dans son jardin secret pour les belles lettres, les arts et la musique savante ? ».

Homme de conviction, à la fois philosophe et historien, mathématicien et logicien, esthète et critique d'art, épris de liberté et de rectitude intellectuelle, il surprend toujours par la profondeur de son savoir et parvient souvent à dénouer d'inextricables discussions scientifiques grâce à l'étendue et à la profondeur des ses multiples connaissances, mais aussi grâce à son franc-parler et à un humour décapant, n'hésitant pas même à recourir à Alphonse Allais et au Flaubert des « Idées reçues ». Jacques Lambert est un homme foncièrement droit, ouvert et généreux. Mais qu'on ne s'y trompe pas, car il ne supporte ni la sottise, ni la méchanceté.

Il était donc tout évident qu'au terme de ses activités académiques à l'université de Grenoble, ses nombreux amis aient tenu à lui exprimer leur

* Président de l'Académie Helmholtz, Professeur émérite de neurophysiologie à l'U.C. de Louvain, Prorecteur honoraire à l'U.C. de Louvain, Ancien Président de l'Académie royale de médecine de Belgique, Membre Associé Étranger à l'Académie Nationale de Médecine de France.

affection et leur admiration en organisant en son honneur un colloque de haut niveau autour des différents thèmes chers à la curiosité scientifique et esthétique du jubilaire. Outre ses nombreux collègues de l'Université de Grenoble, à laquelle il demeura toujours fidèle, et de celle de Lyon, vinrent donc s'adjoindre d'éminents orateurs de tous horizons – Collège de France, École Normale Supérieure, Universités françaises, belges et allemandes. Étaient également présents les amis de l'Académie Helmholtz dont il partage fidèlement les travaux depuis plus de dix ans, à Strasbourg d'abord, puis à Nancy.

ITINÉRAIRE

Jacques Lambert, né en 1942, obtint l'agrégation de philosophie en 1967 pour devenir ensuite assistant à l'UER de philosophie à Grenoble en 1969, puis titulaire de la chaire de philosophie des sciences en 1976. Très marqué par l'enseignement de son maître Georges Canguilhem, l'incomparable penseur au courage exemplaire, il soutint à la Sorbonne en 1991 une thèse de doctorat intitulée *Le chirurgien de papier. Étude d'histoire et de philosophie de l'hygiène*. Cette thèse, au titre original s'il en est, mais remarquable en tous points, n'a pas été publiée à ce jour, mais mériterait sérieusement de l'être. Nous y reviendrons plus loin.

Parmi les nombreux autres thèmes de recherche de Jacques Lambert, il faut encore citer la formation et la transformation des sciences morphologiques au temps de la Renaissance, l'apparition simultanée de l'anatomie (Vésale, 1543), de la cosmographie (Copernic, 1543), de la géographie (S. Münster, 1544) qui coïncident avec d'autres révolutions architecturales, techniques et graphiques en particulier, et témoignent d'une transformation de la représentation de la réalité.

Cette transformation, qui a pris par la suite des formes variées, persiste à poser aujourd'hui beaucoup de problèmes, tels ceux que soulèvent l'existence et la nature des forces. D'où l'intérêt pour les travaux de H. Hertz et de E. Mach. De même ceux de la morphologie et des formes optimales dont Léonard de Vinci avait perçu l'importance et auxquels il apporta de remarquables solutions. Pour l'heure Jacques Lambert se consacre aussi à la tâche redoutable de traduire les *Exercitationes de generatione animalium* de William Harvey dont le texte original serait à lui seul un obstacle insurmontable pour qui ne serait pas, comme lui, familier avec la langue latine utilisée par le savant médecin anglais.

LA THÈSE

Le chirurgien de papier. Étude d'histoire et de philosophie de l'hygiène

Il n'est évidemment pas possible de donner ici une liste exhaustive des nombreuses recherches effectuées par Jacques Lambert. Par contre il convient de revenir sur sa thèse de doctorat demeurée inédite. Cette dernière est en effet une étude absolument originale du concept d'hygiène que chacun utilise aujourd'hui journellement sans toujours se douter que son histoire remonte à l'antiquité et que son sens a beaucoup varié avec le temps. C'est pourquoi il m'a semblé important d'en donner ici quelques extraits afin de rencontrer la légitime curiosité du lecteur et d'attiser son désir d'en savoir davantage.

Jacques Lambert résume sa thèse en ces termes :

> L'étude épistémologique permet de définir les différentes hygiènes et leurs problèmes à partir de l'analyse des indications de la gestion de la santé. Elle fait ressortir les problèmes philosophiques de l'hygiène partagée entre la nature et la culture. Deux grandes traditions s'opposent historiquement et philosophiquement :
> – *L'hygiène médico-philosophique* codifiée par Galien repose sur la conception essentialiste de la santé et des philosophies de la nature, de la prudence, de l'usage, de la sobriété, de l'équilibre.
> – À l'opposé, *l'hygiène collective* issue des épidémies par la jonction de la police et de la médecine, repose sur une conception populationnelle de la santé, des philosophies de la culture, des besoins et la sauvegarde, grâce à une quantification (calcul de risque) et une socialisation de la prudence. Elle tend à subordonner la santé à la salubrité qui l'élargit aujourd'hui jusqu'à l'écologie et à la sécurité qui s'approfondit avec l'immuno-génétique, du préventif au prédictif. Quelle part, réduite mais essentielle, illusoire mais inévitable, reste-t-il alors à la gestion personnelle dans une santé publique – concept longtemps impensable – située entre une gestion du patrimoine planétaire et une gestion du patrimoine héréditaire ?

« *Chirurgien de papier* », titre énigmatique s'il en est pour un travail de doctorat, est pour Jacques Lambert : « Une expression bizarre qui, prise à la lettre, dit assez bien la chose ». Elle provient d'un article de Keraudran intitulé : « *Le chirurgien de papier, ou des soins à donner aux marins des navires de commerce sur lesquels il n'est pas embarqué de chirurgien* » [1].

Plus loin dans son avant-propos, l'auteur souligne les difficultés qui l'attendent dans sa rédaction :

1. *Annales d'hygiène publique et de médecine légale*, XI, 1 re série, 1833, p. 92.

L'histoire des sciences, celle qui repère les évènements classiques qui marquent par exemple le développement des planètes, ou qui signale les révolutions qui jalonnent encore l'aventure de la physiologie du système nerveux, se trouve démunie lorsqu'elle affronte un domaine où l'histoire des concepts, des méthodes, des techniques et des théories est comme plongée, au risque de s'y diluer, dans un bain permanent où se mêlent les goûts, les usages, les législations, les codes moraux, les valeurs matérielles ou imaginaires des cultures. À ce titre, l'étude de l'hygiène offre à l'historien des sciences un échantillon digne d'intérêt d'un « domaine flou » où les « ruptures », par leur prolifération comme par leur disparité, peuvent en venir à perdre leur relief et s'annihiler.

Parmi les thèses majeures défendues par Jacques Lambert, l'une d'elles est de rejeter celle généralement admise d'une hygiène moderne qui ne serait que le développement ou la métamorphose de l'hygiène ancienne. Car pour lui,

> [...] l'hygiène séculaire, produit de la collaboration heureuse du bon sens, de l'observation, d'une théorie de la prudence, d'une métaphysique de la nature, d'une éthique de l'équilibre, d'une connaissance aussi serrée que possible des particularités médico-anthropologiques, cette hygiène traditionnelle, en un mot, forma en réalité l'obstacle majeur à l'avènement et au développement de l'hygiène moderne.

L'hygiène moderne est issue en effet d'un courant très différent, collectif et politique, poussé par des impératifs économiques et pressé par une problématique démographique : « veiller à la conservation des classes les plus utiles et les plus exposées, à la préservation des enfants, futurs producteurs, au perfectionnement de la race ou de l'espèce ». À l'origine des données hygiéniques essentielles se trouvent bien souvent des expériences conduites dans un domaine étranger à la pensée traditionnelle du médecin, axée avant tout sur l'écoute des souffrances du malade. Ce sont d'ailleurs des non-médecins qui ont dominé en grande partie l'histoire de l'hygiène : le chimiste Lavoisier à la fin du XVIIIe siècle, et le chimiste Pasteur à la fin du XIXe siècle. Il n'est donc pas surprenant que le développement de l'hygiène moderne ait entraîné progressivement de profondes modifications dans les relations entre le malade et son médecin, mais aussi entre le médecin et le pouvoir politique.

C'est ainsi que par sa largeur de vue, sa vision lucide des enjeux de société et ses nombreuses connaissances, Jacques Lambert a sans doute marqué d'une pierre blanche l'état de nos connaissances quant à l'émergence de l'hygiène contemporaine...

Peut-on dès lors imaginer qu'un texte aussi important demeure inconnu ?

Avant de terminer, je souhaite remercier ici ses nombreux amis de Grenoble, qui ont assuré l'organisation de ce colloque, ainsi que la publication d'un volume de *Lambertiana*. Je pense particulièrement à Sophie Roux, à sa compétence et à la chaleur de son accueil, et qui me communiqua de précieuses données biographiques. Je pense aussi à Pierre Edouard Bour, secrétaire de l'Académie Helmholtz, qui n'a ménagé aucun effort dans la mise sur pied du colloque. C'est Loredana Truong qui a veillé avec diligence et efficacité à l'organisation matérielle du colloque de Grenoble. Merci enfin à Alexandre Métraux qui me fit connaître des pages inédites de Jacques Lambert.

Pierre Edouard Bour et Sophie Roux ont collecté les textes des *Lambertiana*, Ion Vezeanu a mis cet ouvrage aux normes de la revue *Recherches sur la philosophie et le langage*. Pris par d'autres tâches, certains proches de Jacques, qui avaient présenté une communication au colloque, n'ont pu donner de texte pour le présent volume : il s'agit d'André Coret, d'Anne Fagot-Largeault, de Gerhard Heinzmann, de Gérard Labrot, de Michel Meulders et de Klaus Volkert. Pour, sinon compenser leur absence, du moins enrichir les *Lambertiana*, Pierre Edouard Bour, Christiane Chauviré, Jean-Yves Goffi et Michel Dufour ont eu la gentillesse de rédiger un texte qu'ils n'avaient pas eu l'occasion de présenter lors du colloque.

Merci enfin à Frédéric Schmitt, infographiste à l'université Grenoble 2, qui a réalisé la couverture à partir d'un dessin de Jacques.

Corps de médecins

« *Comme l'anatomie a trouvé dans le cœur...* »
La métaphore anatomique chez les moralistes classiques

Bernard ROUKHOMOVSKY

> [Les Anciens] connaissaient en gros aussi bien que nous les passions de l'âme, mais non pas une infinité de petites affections et de petites circonstances qui les accompagnent [...]. En un mot, comme l'Anatomie a trouvé dans le cœur des conduits, des valvules, des fibres, des mouvements et des symptômes qui ont échappé à la connaissance des Anciens, la morale y a aussi trouvé des inclinations, des aversions, des désirs et des dégoûts que les mêmes Anciens n'ont jamais connus [1].

Progrès de l'anatomie d'une part, affinement de l'analyse morale de l'autre : dans son plaidoyer pour les Modernes, Charles Perrault rapproche ces deux histoires, dont il pressent qu'elles ne font qu'une avec celle des mutations qui, tout au long du Grand Siècle, marquent le seuil de la modernité. Ces deux histoires, ou ces deux versants de la même histoire, nous avons eu l'occasion, Jacques Lambert et moi-même, de les enseigner en parallèle dans le cadre d'un séminaire interdisciplinaire qui s'était donné pour objet de disséquer « le corps baroque »[2]. En souvenir de cette collaboration singulièrement féconde – et, pour ce qui me concerne, particulièrement enrichissante –, je voudrais revenir sur ce qui sous-tend l'analogie, devenue lieu commun, entre l'enquête anatomique et l'exploration du cœur humain : analogie dont la banalité n'indique nullement l'insignifiance.

1. Ch. Perrault, *Parallèle des Anciens et des Modernes*, Paris, J.-B. Coignard, 1688-1697, t. II, p. 31.

2. Jacques Lambert avait été l'un des principaux artisans de ce séminaire, co-organisé par le département de philosophie de l'université Pierre-Mendès-France et l'UFR de lettres de l'université Stendhal.

On l'aura compris, je ne parle ici de l'anatomie que par métaphore ou, plus exactement, *comme* métaphore – et du statut de cette métaphore dans le discours moral au XVIIe siècle. Précisons toutefois que les incursions de la littérature morale dans le champ de l'anatomie ne se bornent pas à cet usage métaphorique. Si l'on met de côté les usages édifiants (l'utilisation de motifs anatomiques à des fins apologétiques ou dévotionnelles [3]), c'est à deux titres distincts que nos moralistes en appellent à l'anatomie, selon qu'ils la comprennent comme opération (à visée cognitive) ou comme contenu (de connaissance) : le rapport de similitude qui appelle la métaphore anatomique (similitude entre le mode opératoire de l'analyse morale et celui de la dissection) se complique en effet d'un rapport de contiguïté, dès lors que la connaissance du cœur (au sens figuré du terme) touche à celle du corps. Les anatomistes eux-mêmes ne font-ils pas valoir que la connaissance de soi-même requiert à titre préalable celle de la fabrique du corps [4]? De nombreux moralistes reprennent à leur compte cette déclaration de principe, et, beaucoup plus rarement, la mettent en pratique. François Lamy, par exemple, s'explique longuement sur la place qu'il fait à la description du corps humain dans son traité *De la connaissance de soi-même*: selon lui, le défaut « des ouvrages qu'on a donnés sur cette matière » est de ne pas « faire voir les principes naturels et physiques » des maladies de l'âme; ce qui ne l'empêche pas de concéder, sollicitant au passage l'image anatomique, que quelques-uns de ces ouvrages « percent jusques dans vos intentions, révèlent vos plus secrets motifs, pénètrent dans votre cœur, et en développent les plus fins replis avec une lumière qui donne de l'admiration » [5]. Plus tôt dans le siècle et dans le domaine anglais, l'*Anatomie de la mélancolie* de R. Burton illustre la double dimension du rapport anatomie/morale : d'une part, l'analyse de la « sombre humeur » s'y conçoit explicitement sur le modèle de la dissection; de l'autre, elle requiert la mobilisation de connaissances anatomiques, ce qui rend nécessaire, préalablement, « une brève digression sur l'anatomie du corps » [6].

3. Voir R. Mandressi, *Le Regard de l'anatomiste. Dissections et invention du corps en Occident*, Paris, Seuil, 2003, p. 220-228. Désormais cité *RA*.

4. Ainsi, la page de titre du manuel de dissection de Nicolas Habricot (*La Semaine ou pratique anatomique*, 1660) annonce un ouvrage « utile et nécessaire à ceux qui désirent parvenir à la parfaite connaissance d'eux-mêmes ».

5. F. Lamy, *De la connaissance de soi-même*, Paris, Pralard, 1694-1698, Traité II, Préface, p. 257-258. Le dispositif est similaire dans le traité *De la connaissance de Dieu et de soi-même* de Bossuet, dont le chapitre II est un précis d'anatomie, complété par quelques éléments de physiologie.

6. R. Burton, *Anatomie de la Mélancolie* (1621), trad. fr. G. Venet, Paris, Gallimard, 2005, p. 134 et 157.

Pour la plupart, cependant, les moralistes du Grand Siècle n'ont pas cru devoir insérer dans leurs ouvrages ces longs préalables anatomiques, et ceci vaut notamment pour les plus importants d'entre eux. La Rochefoucauld, que sa conception de l'honnête homme éloigne de tout discours savant, ne sollicite le domaine médical qu'en profane, et comme en passant, histoire de parachever le portrait peu flatteur de la marionnette humaine : en posant que « la force et la faiblesse de l'esprit [...] ne sont en effet que la bonne ou la mauvaise disposition des organes du corps », que « les humeurs du corps [...] ont une part considérable à toutes nos actions », le moraliste augustinien ne vise qu'à mettre en évidence un déterminisme physiologique et par là même à réduire l'empire de la volonté[7]. La Bruyère, quant à lui, prend d'emblée ses distances à l'égard de ceux qui, « contents que l'on réduise les mœurs aux passions et que l'on explique celles-ci par le mouvement du sang, par celui des fibres et des artères, quittent un auteur de tout le reste »[8] – allusion aux *Caractères des passions* de Cureau de La Chambre et, dans une mesure différente, au traité des *Passions de l'âme* de Descartes.

En revanche, ces mêmes auteurs ne laissent pas de mettre à contribution l'anatomie – à tout le moins un imaginaire anatomique – lorsqu'il s'agit de s'expliquer sur leur dessein : La Rochefoucauld se donne pour projet de « faire l'anatomie de tous les replis du cœur »[9], La Bruyère fait valoir qu'il « s'est plus appliqué [...] aux replis du cœur et à tout l'intérieur de l'homme que n'a fait Théophraste »[10]. Mais que penser de la portée de ces déclarations programmatiques et, plus largement, de la valeur de l'image anatomique dans la théorie du genre moral à l'âge classique ? Ne s'agit-il, précisément, que d'une image, ornement rhétorique qui viendrait habiller après coup la pensée qu'elle « illustre » ? Doit-on supposer au contraire qu'une telle image, pour usée qu'elle soit à la longue, et peut-être à raison même de sa banalité, révèle la prégnance d'un modèle latent ?

À vrai dire, l'hypothèse d'un modèle anatomique de l'analyse (et de l'écriture) morale n'est pas nouvelle. Elle doit beaucoup aux stimulantes études de L. Van Delft, qui s'attachent à faire valoir l'emprise durable de ce modèle et à en dénombrer, dans une perspective interdisciplinaire et

7. La Rochefoucauld, *Réflexions ou Sentences et Maximes morales* (1664-1678), J. Lafond (éd.), Paris, Gallimard, 1976, maximes 44 et 297. Désormais cité *Maximes*.

8. La Bruyère, « Discours sur Théophraste », *Les Caractères ou les mœurs de ce siècle* (1688-1696), E. Bury (éd.), Paris, L.G.F., 1995, p. 61. Désormais cité *Caractères*.

9. La Rochefoucauld, Lettre au P. Thomas Esprit du 6 février 1664 (*Maximes*, p. 270).

10. *Caractères*, p. 72.

comparatiste, les multiples avatars [11]. Cependant, cette approche « panoramique » comporte l'inconvénient de faire entrer dans le modèle qu'elle entend mettre au jour des éléments disparates dont l'unité profonde apparaît incertaine. Il importe en effet de prendre en compte la diversité des contextes et des projets, et les ambiguïtés qui affectent à la fois la signification du terme d'*anatomie*, l'idée que l'on se fait du geste anatomique et, partant, la cohérence du modèle qui leur est associé : on pourra se demander, par exemple, dans quelle mesure un seul et même « modèle anatomique » commande indifféremment la structure fortement articulée de l'*Anatomie de la mélancolie* et celle, toute en « pièces détachées », des *Maximes* [12].

Je me propose ici de ressaisir cette hypothèse à l'intérieur d'un cadre plus étroitement circonscrit, limité pour l'essentiel à nos « moralistes classiques » : convenons, pour aller (très) vite, de désigner ainsi les auteurs qui, dans la seconde moitié du XVIIe siècle, parce qu'ils réinventent le genre des pensées séparées, font entrer la littérature morale... en littérature [13]. Il s'agira de définir la consistance particulière de l'image anatomique dans ce contexte spécifique. Encore sera-t-il nécessaire, au préalable, de la situer dans le fil d'une histoire où les similitudes apparentes dissimulent de décisifs déplacements.

DES *ESSAIS* AUX *MAXIMES* : L'INVENTION D'UNE MÉTAPHORE

Les moralistes n'ont pas inventé la métaphore anatomique. Celle-ci s'impose dès 1552 dans le contexte de la controverse religieuse, avec la publication par Agostino Mainardo d'une *Anatomie de la messe et du missel*, titre qui reflète le dessein d'appliquer à la critique de la messe le modèle opératoire de la dissection : ainsi, commente R. Mandressi,

> [...] neuf ans seulement après la publication de la *Fabrica* de Vésale, l'anatomie est devenue déjà une métaphore complète pour organiser et encadrer des opérations de connaissance qui ne relèvent pas de la médecine [...] ni n'ont de corps véritables à examiner; [de là], poursuit-il,

11. Voir en particulier *Littérature et anthropologie. Nature humaine et caractère à l'âge classique*, Paris, PUF, 1993, 3 e partie (« Littérature et anatomie »). Désormais cité *LA*.

12. Voir L. Van Delft, *Les Moralistes. Une apologie*, Paris, Gallimard, 2008, p. 263-293.

13. Cette définition de travail est assurément réductrice, mais elle n'est pas dénuée de pertinence d'un double point de vue historique (c'est bien sur la base de cette parenté formelle, très tôt perçue, entre *Pensées*, *Maximes* et *Caractères*, que l'histoire littéraire a forgé la figure du « moraliste classique ») et méthodologique (elle me permet ici de circonscrire, pour les besoins de l'enquête, un corpus relativement homogène).

l'ubiquité, dès la seconde moitié du XVIe siècle, de l'expression « faire l'anatomie », couvrant un champ extrêmement vaste d'objets et de domaines [14].

Reste que la métaphore trouve logiquement son domaine d'application privilégié dans le champ de l'analyse morale, dans la mesure même où celle-ci se comprend comme exploration de l'intériorité [15].

Dans son plaidoyer pour les *Essais*, Marie de Gournay porte au crédit de leur auteur « le très difficile Examen [...] de tant de diverses actions des hommes, et l'Anatomie parfaite de leurs passions et mouvements intérieurs » [16] : le terme est d'autant mieux venu que Montaigne a contribué, pour une part décisive, à fonder l'usage de l'anatomie comme outil de représentation et de modélisation de l'analyse morale. De fait, c'est pour définir la visée même de son livre, la « description de soi-même », que, dans une addition au chapitre « De l'exercitation », il sollicite expressément la métaphore :

> C'est une épineuse entreprise, et plus qu'il ne semble, de suivre une allure si vagabonde que celle de notre esprit ; de pénétrer les profondeurs opaques de ses replis internes : de choisir et arrêter tant de menus airs de ses agitations [...]. Je peins principalement mes cogitations, sujet informe, qui ne peut tomber en production ouvragère. [...] Des plus sages hommes, et des plus dévots, ont vécu fuyant tous apparents effets. Les effets diraient plus de la fortune que de moi. Ils témoignent leur rôle, non pas le mien, si ce n'est conjecturalement et incertainement : échantillons d'une montre particulière. Je m'étale entier : c'est un *skeletos*, où d'une vue les veines, les muscles, les tendons paraissent, chaque pièce en son siège. [...] Ce ne sont mes gestes que j'écris, c'est moi, c'est mon essence [17].

Ces lignes célèbres sont à rapprocher d'un premier emploi de l'image, convoquée à propos de l'histoire (celle dont les *Vies parallèles* de Plutarque fournissent le modèle), désignée comme « l'anatomie de la Philosophie,

14. *RA*, p. 231.

15. Les moralistes n'ayant pas le monopole de cette exploration, la métaphore anatomique ne leur est pas réservée ; à preuve, les termes dans lesquels Longepierre loue l'habileté de Racine à « peindre au vif tous les mouvements [du cœur] : il en développe tous les replis ; il en sonde toute la profondeur ; il en perce tous les détours ; et ce labyrinthe obscur et impénétrable n'en a aucun qui échappe à sa pénétration. » (*Parallèle de Monsieur Corneille et de Monsieur Racine*, cité par B. Papasogli, *Le Fond du cœur. Figures de l'espace intérieur au XVIIe siècle*, Paris, Champion, 2000, p. 95).

16. Marie Le Jars de Gournay, *Préface sur les Essais de Michel Seigneur de Montaigne, par sa Fille d'Alliance* (1635), Paris, Augustin Courbé, 1652, n.p. (version remaniée de la Préface de 1595).

17. Montaigne, *Les Essais* (1580-1588), J. Céard (éd.), Paris, L.G.F., 2001, II, 6, « De l'exercitation », p. 603. Désormais cité *Essais*.

par laquelle les plus abstruses parties de notre nature se pénètrent ». En d'autres termes : ce dont la philosophie morale procure la connaissance générale, l'histoire en constitue l'analyse détaillée, pour peu que celui qui l'enseigne

> [...] n'imprime pas tant à son disciple la date de la ruine de Carthage, que les mœurs de Hannibal et de Scipion : ni tant où mourut Marcellus, que pourquoi il fut indigne de son devoir [...] [18].

Aussi les deux occurrences sont-elles étroitement solidaires. Appliquée dans un cas à l'étude de soi-même, dans l'autre à celle de « notre nature », la métaphore renvoie, ici et là, au projet que Montaigne, au début du livre II, esquisse en des termes où se devine à nouveau, en filigrane, un modèle anatomique :

> [...] ce n'est pas tour de rassis entendement, de nous juger simplement par nos actions de dehors ; il faut sonder jusqu'au-dedans, et voir par quels ressorts se donne le branle [19].

D'occurrences explicites en notations disséminées, les inscriptions protéiformes de l'image anatomique dans le texte des *Essais* disent en effet le double dessein de se « recherche[r] jusques aux entrailles » [20] et de se décrire « en détail et distinctement, pièce à pièce » [21] : double procès du regard qui tout ensemble pénètre et distingue, approfondit et dissocie. Or, tels sont en règle générale, selon R. Mandressi,

> [...] les deux axes principaux sur lesquels s'opèrent le jeu des analogies et le transfert de sens qui fondent la métaphore anatomique et font sa fortune en tant qu'outil de la pensée et clé du discours [22].

Et si, bien souvent, le « transfert de sens » s'opère essentiellement sur l'un *ou* l'autre des deux axes (de là procède en partie l'instabilité sémantique de la métaphore), on observe que chez Montaigne il s'effectue concurremment sur l'un *et* l'autre : de l'extérieur à l'intérieur, du visible au caché (des actions aux mobiles) ; du global au local, de l'ensemble (« je m'étale *entier* ») au détail (c'est-à-dire à « chaque *pièce* »). C'est un modèle complexe et complet qui se trouve ainsi mis à l'essai de l'analyse morale, et dont la structure paraît analogue, en première approximation, à celle qui régit chez nos moralistes, chez La Rochefoucauld par exemple, le double

18. *Essais*, I, 25, « De l'institution des enfants », p. 24.
19. *Essais*, II, 1, « De l'inconstance de nos actions », p. 544.
20. *Essais*, III, 5, « Sur des vers de Virgile », p. 1324.
21. *Essais*, II, 1, « De l'inconstance de nos actions », p. 535.
22. *RA*, p. 233.

cheminement du regard : de la surface au fond (il « *pénètre le fond des choses* »), du massif au ténu (il « aperçoit celles qui semblent *imperceptibles* »[23]). Est-ce à dire que, des *Essais* aux *Maximes*, alors que la conjoncture épistémologique s'est modifiée, que le soubassement doctrinal est différent, le modèle demeure rigoureusement le même ?

Si l'« épineuse entreprise » engagée par Montaigne ouvre la voie à celle des moralistes, il y a lieu pourtant de se défier des raccourcis. Une indication nous est donnée, dans le passage initialement cité, par le mot de *skeletos*, qui désigne en cet emploi métonymique une sorte d'écorché (« où d'une vue les veines, les muscles, les tendons paraissent, chaque pièce en son siège ») : J. Céard a souligné l'intérêt d'une image qui traduit non seulement le dessein « de se donner à voir tout entier », mais encore celui de prendre pour modèle de la description de soi-même « une anatomie qui n'enlève pas au corps sa complétude et sa structure, mais lui garde l'unité du vivant »[24].

En quoi cette image assure, au sein du texte qu'elle illustre, une fonction comparable à celle qui, selon G. Canguilhem, est dévolue aux planches dans la *Fabrica* : « si le discours de l'anatomiste démonte la fabrique du corps, l'image du graveur en restitue l'unité dynamique », signe que « Vésale ne peut se représenter le corps humain autrement que comme une totalité organique en action »[25].

De la même façon, en effet, Montaigne ne peut ou ne veut se représenter autrement ce « moi » qu'il sait pourtant fait « de lopins »[26], écartant tout cela (« gestes », « apparents effets ») qui n'en fait voir que des « échantillons » : le sentiment de l'hétérogénéité du moi, de sa complexité, de son opacité, ne le détourne pas de vouloir en décrire l'« essence ».

Aussi la mise au point de G. Canguilhem au sujet de l'anatomie vésalienne me paraît-elle transposable, *mutatis mutandis*, à l'« anatomie » montaignienne : celle-ci « n'est pas d'abord elle-même l'équivalent de sa postérité »[27]. Attentive à discerner sans disloquer, à sonder jusqu'à l'os sans disperser les chairs, elle n'est pas rigoureusement assimilable au procès de dislocation qui, chez nos moralistes, fait voler en éclats, avec les

23. *Maximes*, max. 97 (je souligne).

24. J. Céard, « Montaigne anatomiste », *Cahiers de l'Association internationale des études françaises*, n° 55, mai 2003, p. 310-314. Ajoutons qu'en conservant la forme grecque (savante et technique) du terme, Montaigne met en relief la valeur très concrète de la métaphore dans l'ensemble du passage.

25. G. Canguilhem, *L'Homme de Vésale dans le monde de Copernic : 1543*, Paris, Les empêcheurs de penser en rond, 1991, p. 15. Désormais cité *HV*.

26. *Essais*, II, 1, « De l'inconstance de nos actions », p. 543.

27. *HV*, p. 6.

entités de la morale, l'intégrité d'un moi devenu « introuvable »[28]. Tout du moins convient-il de prendre en compte la redoutable complexité d'une pensée (et d'une écriture) tendue entre la volonté de cerner cette « forme entière de l'humaine condition » que « chaque homme porte » en lui-même[29], et le sentiment d'avoir affaire à un sujet « ondoyant et divers »[30]. On perçoit ici l'ambivalence d'une métaphore dont la valeur et la portée sont sujettes à de notables variations selon que l'anatomie se comprend comme une opération visant à exhumer, sous des dehors changeants et bigarrés, une structure stable et cohérente, ou bien comme un processus aboutissant à mettre à nu, sous les surfaces unies et lisses, la profusion indéfinie, la prolifération vertigineuse du divers. Tels sont précisément les deux pôles entre lesquels la métaphore anatomique déploie l'éventail de ses modulations successives au fil du Grand Siècle.

C'est peut-être chez Montaigne, dont il fut longtemps le disciple, que Jean-Pierre Camus a trouvé l'image qui vient justifier, dans ce manuel de spiritualité salésienne qu'est le *Traité de la Réformation intérieure* (1631), la présentation détaillée de « l'économie de l'âme » :

> Car tout de même que les médecins avant que d'entreprendre la cure des corps humains, s'étudient fort à l'anatomie, et en examinent par le menu la composition; si nous voulons réformer l'intérieur et remettre l'âme détraquée de son devoir en sa droite assiette, il est nécessaire que nous voyions bien clair dans tous ses ressorts, et que nous pénétrions dans tous ses replis, ses détours et ses cachettes[31].

La « parfaite connaissance de *l'anatomie de l'âme*, c'est-à-dire de toutes ses parties et facultés » (comme la nomme à son tour Eustache de Saint-Paul), vise à faire « discerner les mouvements désordonnés qui y surviennent »[32] : elle constitue, au point de contact entre réflexion morale et tradition spirituelle, le fondement d'une médecine de l'âme, dont elle entend rendre visible la structure intime. Il est permis de penser que cet emploi de l'image en contexte dévot a favorisé son acclimatation dans le milieu de la préciosité, en neutralisant ce qui pouvait l'y rendre

28. J'emprunte la formule à H. Birault (« Pascal et le problème du moi introuvable », dans *La Passion de la raison. Hommage à Ferdinand Alquié*, Paris, PUF, 1983, p. 161-201).

29. *Essais*, I, 1, « Par divers moyens on arrive à pareille fin », p. 58.

30. *Essais*, III, 2, « Du repentir », p. 1256.

31. J.-P. Camus, *Traité de la Réformation intérieure*, Paris, Sébastien Huré, 1631, chap. IV, p. 28. Désormais cité *TRI*. Il n'est pas jusqu'au motif des *replis* qui ne rappelle ici Montaigne… et qui n'annonce les moralistes.

32. E. de Saint-Paul, *Bref traité des puissances et facultés de notre âme*, 1634 (je souligne); cité par M. Bergamo, *L'Anatomie de l'âme. De François de Sales à Fénelon*, Grenoble, Jérôme Millon, 1994, p. 6. Désormais cité *AA*.

inopportune : la part du corps et du cadavre. Toujours est-il que, lorsque Madeleine de Scudéry loue Sapho, dans *Le Grand Cyrus* (1649-53), de savoir « si bien faire l'anatomie d'un cœur amoureux »[33], l'image est tout sauf une métaphore morte; elle n'a rien perdu de sa valeur figurative, que suffit encore à souligner, quelque trente ans plus tard, la modalisation dont la romancière devenue moraliste (recyclant dans ses *Conversations morales* la morale de ses romans) prend soin de l'assortir : « Souffrez donc, ma chère Cylénie [...], que nous fassions l'anatomie de l'avarice, *si l'on peut parler ainsi*, afin que je justifie la crainte que j'ai de trouver un mari avare »[34].

Si l'on considère, par-delà l'évidente parenté des images, les modèles singuliers qui les habitent, on peut assigner schématiquement à cette « anatomie des cœurs »[35] une position médiane entre « l'anatomie de l'âme » étudiée par la littérature spirituelle et « l'anatomie de tous les replis du cœur » telle que l'entendent les moralistes classiques. Un rapprochement s'impose, au premier abord, avec cette dernière, et l'on a souvent mis l'accent sur la démarche dissociative qui leur est apparemment commune, sur cet art de la nuance subtile et délicate qui sous-tend, dans l'un et l'autre cas, le travail définitionnel et qui consiste, en somme, à faire voir de la différence où l'on ne voit ordinairement que du semblable : entre l'estime et l'admiration (Mlle de Scudéry), entre « ceux qui tendent à nous imiter » et « ceux qui tâchent à nous égaler » (Mme de Sablé), entre les « espèces de courage » ou les « diverses sortes d'hypocrisie » (La Rochefoucauld), entre l'honnête homme, l'habile homme et l'homme de bien (La Bruyère)[36]... Une lecture attentive des textes conduit cependant à nuancer ce rapprochement. Ce qui, chez les Précieuses, se conçoit comme un exercice de discrimination et de dénombrement se trouve subrepticement infléchi, chez nos moralistes, en un procès de dislocation sans terme ni retour : il ne s'agit pas tant de décomposer des composés que de désagréger des agrégats. Dans la mesure où

> [...] ce que nous prenons pour des vertus n'est souvent qu'un assemblage de diverses actions et de divers intérêts, [où] les vices entrent dans la

33. Cité par B. Piqué, « L'anatomie précieuse », *Cahiers de l'Association internationale des études françaises*, n° 55, mai 2003, p. 317-332.

34. M. de Scudéry, *Conversations morales*, Paris, Quai des Augustins, 1686, vol. II, p. 702.

35. Autre occurrence sous la plume de Mlle de Scudéry, cette fois dans *Clélie, histoire romaine* (1654-1660).

36. M. de Scudéry, *Nouvelles Conversations de Morale*, Paris, Vve Mabre-Cramoisy, 1688, vol. I, p. 365, désormais cité *NCM*; Mme de Sablé, *Maximes* (1678), n° 52, dans *Maximes*, p. 240; de ce dernier, les maximes 215, et 233; enfin *Caractères*, « Des jugements », 56.

> composition des vertus comme les poisons entrent dans la composition des remèdes [37],

une anatomie de ces vertus a vocation à n'en *rien* laisser subsister, à les *dissoudre* en tant que telles : ainsi l'anatomie de la constance [38] illustre-t-elle exemplairement, dans les *Maximes*, cet insensible glissement de l'analyse à la dislocation.

Sous ce rapport, l'œuvre taxinomique à laquelle les Précieuses donnent le nom d'anatomie ressortit plus nettement au modèle qui régit l'anatomie de l'âme chez un J.-P. Camus : celle-ci se conçoit en effet comme inventaire achevable – en l'espèce achevé – d'un nombre fini de parties, dont la diversité est *in fine* recomposable – en l'espèce recomposée – dans l'unité d'un tout, puisque conformément à la conception salésienne de l'« uni-divers » (et au modèle monarchique qui la fonde explicitement), il en est de l'âme comme du corps (naturel ou politique) qui, « pour avoir divers sens et membres, ne laisse pas d'être un » [39]. De l'anatomie spirituelle, l'anatomie précieuse se rapproche également en ceci qu'elle repose, tout comme elle, sur une modélisation spatiale de l'intériorité (« âme » ou « cœur »), que manifestent en particulier, chez Mlle de Scudéry, de récurrentes métaphores cartographiques : faire l'anatomie des cœurs et des passions revient à les cartographier, puisque

> [...] les vices et les vertus ont leurs limites et leurs frontières comme des Empires et des Royaumes, avec cette différence que la carte du cœur humain [...] est plus difficile à bien savoir que la carte universelle [40].

Mais si les deux réseaux d'images (topographiques, anatomiques) sont ici rigoureusement interchangeables, c'est dans la mesure où, dans les deux cas (carte ou corps), le modèle, quant au fond, est un système *fini*.

Certes, il est possible de repérer dans les *Maximes* diverses survivances de cet imaginaire topographique. La maxime 3 fournit l'exemple le plus remarquable; dans l'édition de 1665, elle était ainsi rédigée : « Quelque découverte que l'on ait faite dans le pays de l'amour-propre, il reste bien encore des terres inconnues ».

Or, La Rochefoucauld la corrige en 1671 : « Quelque découverte que l'on ait faite dans le pays de l'amour-propre, il y reste encore bien des terres inconnues ».

37. *Maximes*, maximes 1 et 182.

38. *Maximes*, maximes 175-181 (la maxime 182, citée à l'instant, vient éclairer globalement cette série).

39. *TRI*, p. 30.

40. *NCM*, vol. I, p. 408. Sur la modélisation spatiale comme fondement des anatomies de l'âme en contexte spirituel, voir *AA*.

Déplacement significatif : naguère circonscrites à la périphérie de la carte du cœur (de la *Carte de Tendre* dans la géographie précieuse), les terres inconnues s'y multiplient désormais, elles la saturent, frappant de caducité tout l'édifice de la « cartographie morale »[41]. La transformation que subit notre maxime reflète un décisif changement de modèle : l'anatomie (ou la cartographie) du cœur ne se conçoit ici ni comme perfectionnement d'un cadastre existant ni comme élaboration d'un cadastre nouveau. De cadastres, du reste, il n'en est plus question : les moralistes classiques, résume B. Parmentier, « voient le monde éclater en une infinité d'atomes isolés, et ce sont les détails singuliers qui accaparent leur attention »[42].

LE SENS DU DÉTAIL : ANATOMIE MORALE ET RÉGLAGE PERSPECTIF

Rien de plus trompeur, donc, que ce foisonnement d'images, dont la trop visible redondance à la surface des textes tend à dissimuler les glissements souterrains qui en reconfigurent le socle (épuisement de modèles devenus inadéquats, surgissement de modèles inédits). Il n'en est que plus nécessaire de considérer ces images *en contexte*. De là aussi la nécessité de prendre en compte, plutôt que l'image artificiellement isolée, le *complexe d'images* auquel elle se rattache, et les reconfigurations qui, le cas échéant, affectent ce complexe. Il n'est pas indifférent, on l'a vu, que l'image anatomique entretienne, en contexte spirituel ou précieux, des affinités électives avec la métaphore cartographique. Il ne l'est pas non plus que ce rapport privilégié tende à se dénouer chez nos moralistes classiques. Plus significatif encore est le rapport nouveau qui s'instaure, chez ces derniers, entre l'image anatomique et la métaphore de la perspective (ou du tableau perspectif). C'est bien le glissement de l'anatomie-topographie des auteurs spirituels à l'anatomie-dislocation des moralistes qui se donne à voir dans cette configuration singulière.

À vrai dire, la métaphore du tableau perspectif – dans l'emploi qui m'intéresse ici, c'est-à-dire en concurrence avec l'image anatomique et comme doublon de cette image – apparaît sous la plume de J.-P. Camus, à l'incipit du chapitre sur « l'économie de l'âme » :

> Puisque c'est sur le fond de l'âme que nous allons travailler, et ce tableau défiguré que nous désirons remettre en une meilleure forme, il est bien raisonnable [...] que je vous en fasse voir le plan et l'assiette, que je vous

41. J'emprunte la formule à L. Van Delft (*LA*, chap. III, p. 65-86).

42. B. Parmentier, *Le Siècle des moralistes. De Montaigne à La Bruyère*, Paris, Seuil, 2000, p. 44.

> découvre les ressorts et les rouages de cette horloge, et que je vous en déchiffre l'économie[43].

Mais alors qu'il est ici question de corriger les effets de distorsion, de stabiliser le dispositif perspectif (le *plan* et l'*assiette*) pour rendre lisible (déchiffrable) la structure de l'âme, il s'agit tout au contraire, pour nos moralistes, de jouer de tels effets, de mettre en mouvement le point de perspective. C'est ce que montre un fragment bien connu de Pascal – où ni l'anatomie ni la perspective ne sont plus métaphores, mais bien modèles à l'essai :

> Diversité.
> La théologie est une science, mais en même temps combien est-ce de sciences ? Un homme est un suppôt ; mais si on l'anatomise, sera-ce la tête, le cœur, les veines, chaque veine, chaque portion de veine, le sang, chaque humeur du sang ?
> Une ville, une campagne, de loin est une ville et une campagne ; mais, à mesure qu'on s'approche, ce sont des maisons, des arbres, des tuiles, des feuilles, des herbes, des fourmis, des jambes de fourmis, à l'infini. Tout cela s'enveloppe sous le nom de campagne[44].

Comme l'a fait voir L. Marin[45], trois analyses sont ici successivement esquissées – esquissées, mais non pas achevées, puisque précisément elles sont inachevables, chacune dans son ordre. Celle de la théologie n'est amorcée qu'en creux. Celle de la substance humaine consiste dans un démembrement anatomique. Celle du paysage de campagne repose sur la déconstruction d'une construction perspective par déplacement du point de vue (et réduction de la distance) : le modèle du tableau perspectif, dont on sait l'importance chez Pascal, affleure ici sous l'espèce du *paysage* (tout particulièrement exposé, comme le montre D. Arasse, au péril de la dislocation lorsqu'on le soumet à l'épreuve de la vision de près[46]). Il y a donc

43. *TRI*, p. 22. La métaphore mécanique fait également partie, on le voit, de ce complexe d'images : les différentes métaphores s'ajustent idéalement les unes aux autres (on sait que la conception du tableau comme machine sera développée plus tard par R. de Piles).

44. Pascal, *Pensées* (1670), Ph. Sellier (éd.), Paris, Garnier, 1993, p. 99.

45. L. Marin, « La critique pascalienne : le problème du propre », dans *La Critique du discours. Sur la* Logique de Port-Royal *et les* Pensées *de Pascal*, Paris, Minuit, 1975, p. 113-150 ; L. Marin, « "Une ville, une campagne, de loin..." Paysages pascaliens », dans *Pascal et Port-Royal*, Paris, PUF, 1997, p. 196-213. Voir aussi J. Mesnard, « Point de vue et perspective dans les *Pensées* de Pascal », *Courrier du Centre International Blaise Pascal*, 16, 1994, p. 3-8.

46. D. Arasse, *Le Détail. Pour une histoire rapprochée de la peinture*, Paris, Flammarion, 1996, p. 248 *sq.*

ici relation d'équivalence (voire de modélisation réciproque) entre le démembrement anatomique et la déconstruction du dispositif perspectif (paysage réel ou peint, cela revient au même). La seconde est susceptible, au reste, d'être reformulée, métaphoriquement, dans les termes du premier : elle passe en effet par l'exercice de la vision rapprochée, c'est-à-dire par cela même dont l'anatomie constitue la figure ; elle affecte à la fois, du côté des choses, la cohérence du tableau (la campagne comme construction perspective) et, du côté des mots, le « *nom* de campagne » dont la fonction d'*enveloppe* est analogue, à tout prendre, à celle de la peau, puisqu'à l'instar de l'enveloppe dermique, l'enveloppe verbale a vocation à faire tenir ensemble, dans la provisoire unité d'un signe qui n'a d'équivalent que la provisoire intégrité d'un corps, une série indéfinie d'éléments hétérogènes – dont elle contient pour un temps la désagrégation ; et si le regard perd de vue, paradoxalement, l'objet dont il s'approche à mesure qu'il s'en approche, s'il se perd dans le détail, c'est précisément parce que tout cela qui constituait ledit objet cesse alors, littéralement, de *faire corps*.

Pour autant, si quelque « modèle anatomique » est ici sous-jacent, il est très différent de celui que le cartésien Bernard Lamy a dans l'esprit lorsqu'il évoque ces prédicateurs « heureux à trouver des divisions par le moyen desquelles faisant, pour ainsi dire, l'anatomie d'une vérité, ils en font voir toutes les parties »[47] : l'ombre portée de l'augustinisme induit nos moralistes classiques, et singulièrement Pascal, à se défier de la raison, de son inaptitude à faire voir distinctement « *toutes les parties* d'une vérité ». Il est communément admis, en terres augustiniennes, que « rien n'est plus difficile que de connaître le cœur de l'homme [car] il est enveloppé de ténèbres, et la plupart de ses replis sont impénétrables »[48]. Le modèle, en l'espèce, n'est pas celui d'une anatomie qui viserait à mettre au jour la structure cachée de l'homme et du monde, mais bien plutôt celui d'une anatomie qui les désagrège (qui pressent et fait voir en eux d'instables agrégats). C'est l'arrière-plan épistémologique de ce fragment célèbre (et, plus généralement, du texte pascalien) que l'on devine en filigrane : les progrès conjugués de la microscopie et de l'anatomie micrologique, capables de faire reculer les frontières de l'invisible et de l'indivisible, qui nourriront sous d'autres plumes (celle d'un Perrault par exemple) l'admiration due aux avancées des connaissances humaines, alimentent ici le vertige de la dislocation.

47. B. Lamy, *Entretiens sur les sciences* (1684), F. Girbal et P. Clair (éds.), Paris, PUF, 1966, p. 308.

48. A. Rousseau, *Nouvelles maximes ou réflexions morales*, Paris, P. Le Petit, 1679, maxime 215, p. 77.

Si La Rochefoucauld n'est en rien l'homme de science qu'est l'auteur des *Pensées*, ces deux modèles (anatomique et perspectif) ne sont pas moins prégnants chez lui, et ne sont pas moins étroitement solidaires : le projet d'une « anatomie de tous les replis du cœur »[49] n'est jamais dissocié de la conviction, continûment réaffirmée, que « les hommes et les affaires ont leur point de perspective »[50]. À preuve, ce texte-clé dans les *Réflexions diverses* :

> [...] On doit aller au-devant de ce qui peut plaire à ses amis [...]. On peut leur parler des choses qui les regardent, mais ce n'est qu'autant qu'ils le permettent, et on y doit garder beaucoup de mesure ; il y a de la politesse, et quelquefois même de l'humanité, à *ne pas entrer trop avant dans les replis de leur cœur* ; ils ont souvent de la peine à laisser voir tout ce qu'ils en connaissent, et ils en ont encore davantage quand on pénètre ce qu'ils ne connaissent pas. [...]
> Comme on doit *garder des distances* pour voir les objets, il en faut garder aussi pour la société : chacun a son *point de vue*, d'où il veut être regardé ; on a raison, le plus souvent, de ne vouloir pas être éclairé *de trop près*, et il n'y a presque point d'homme qui veuille, en toutes choses, se laisser voir tel qu'il est[51].

Certes, La Rochefoucauld prend apparemment dans ces lignes le contre-pied de sa déclaration programmatique, puisqu'il nous y enjoint, pour tous les cas où nous nous trouvons dans la compagnie de nos amis, de « *ne pas* entrer *trop avant* dans les replis de leur cœur ». Il est permis d'imputer à l'influence exercée sur le moraliste par les milieux mondains et précieux cette résistance qu'il paraît opposer, au cœur de son texte, à son propre projet – cette limite qu'il assigne à sa « cruauté scopique »[52]. Elle marque en tout cas la volonté de préserver les conditions d'une sociabilité harmonieuse ; en quoi elle s'oppose à cette vision foncièrement belliqueuse de la vie de société qui, chez Gracián, requiert de « l'homme judicieux et pénétrant » qu'il soit habile « à faire l'anatomie de la capacité des gens »[53]. Il n'est pas certain, au demeurant, que la contradiction entre les deux discours ne puisse être résorbée, dès lors qu'ils s'inscrivent sur

49. Voir ci-dessus note 9.

50. *Maximes*, maxime 104.

51. *Maximes*, *Réflexions diverses*, II, « De la société » (je souligne).

52. J'emprunte la formule à M. Maître (« Une anti-curiosité : la discrétion chez Mlle de Scudéry et dans la littérature mondaine, 1648-1696 », dans *Curiosité et* libido sciendi *de la Renaissance aux Lumières*, N. Jacque-Chaquin et S. Houdard (éds.), Fontenay Saint-Cloud, ENS Éditions, 1998, vol. 2, p. 335-358).

53. B. Gracián, *L'Art de la prudence*, trad. fr. N. Amelot de la Houssaie (1684), Paris, Rivages, 1994, aphorisme 49, p. 62. Voir aussi l'aphorisme 37, p. 54.

des plans bien distincts : la Réflexion II (sur « le commerce des honnêtes gens ») engage la gestion des rapports entre des *individus* (il s'agit de ne pas entrer trop avant dans les replis de *leur* cœur) quand la formule programmatique de la lettre au P. Esprit intéresse la connaissance de l'homme *en général* (il s'agit de faire l'anatomie de tous les replis *du* cœur). Quoi qu'il en soit, il est frappant de constater que les exigences de la sociabilité, tout comme celles de l'anatomie morale dont elles constituent le négatif (et qu'elles font voir en négatif), s'énoncent successivement en deux métaphores concurrentes : celle de l'*exploration anatomique* (à laquelle il convient de fixer des limites) et celle de la *distance* (qu'il faut savoir conserver pour ménager la cohésion du corps social). Or, c'est exactement sur le même modèle que se conçoit « l'anatomie de tous les replis du cœur » :

> [...] Quand je dis nous, j'entends parler de l'homme qui croit ne devoir qu'à lui seul ce qu'il a de bon, comme faisaient les grands hommes de l'antiquité, et comme cela je crois qu'il y avait de l'orgueil, de l'injustice et mille autres ingrédients dans la magnanimité et la libéralité d'Alexandre et de beaucoup d'autres ; que dans la vertu de Caton, il y avait de la rudesse, et beaucoup d'envie et de haine contre César ; que dans la clémence d'Auguste pour Cinna il y eut un désir d'éprouver un remède nouveau, une lassitude de répandre inutilement tant de sang, et une crainte des événements *à quoi on a plutôt fait de donner le nom de vertu que de faire l'anatomie de tous les replis du cœur*[54].

Comme chez Pascal, le processus anatomique affecte concurremment l'ordre des choses et celui des mots : il s'agit de *faire l'anatomie de tous les replis du cœur* plutôt que de donner le *nom* de vertu à tout cela qui, vu de loin, s'enveloppe sous ce nom de vertu – tout cela dont l'analyse, comme chez Pascal, est proprement interminable (« il y avait de l'orgueil, de l'injustice et *mille autres ingrédients* », qu'il faut bien renoncer à compter, « dans la magnanimité et la libéralité d'Alexandre »)[55]. Et, comme chez Pascal, l'anatomie a partie liée avec la perspective. L'analyse en contexte montre en effet que, nonobstant sa portée générale, ce projet d'une anatomie de tous les replis du cœur est originairement solidaire d'une réflexion critique sur la vertu des grands hommes (réflexion qui amène, dans la lettre au P. Esprit, la célèbre formule). Or, le discours sur la vertu des grands hommes constitue, chez La Rochefoucauld, une zone

54. « Lettre au P. Thomas Esprit », 6 février 1664 (je souligne).

55. Thème récurrent dans les *Maximes* que cette vocation des mots à servir d'*enveloppe* à des agrégats d'éléments hétérogènes ; par exemple : « L'amour prête *son nom* à un *nombre infini* de commerces qu'on lui attribue, et où il n'a non plus de part que le Doge à ce qui se fait à Venise. » (maxime 77).

d'affleurement remarquable du modèle perspectif, comme en témoigne exemplairement la Réflexion XIV (« Des modèles de la nature et de la fortune ») ; on y comprend que les actions moralement exemplaires des grands hommes sont ce que l'on ne peut voir autrement qu'en peinture, parce qu'elles ne sont précisément que *peinture* : « tableaux parfaits » que le moraliste anatomise en *connaisseur*, habile à discerner la raison des effets d'une illusion morale (la nature réputée vertueuse des actions des grands hommes) appréhendée sur le modèle de l'illusion picturale (ou perspective) [56]. Car le connaisseur est en morale ce qu'il est en peinture : celui-là, explique R. de Piles, qui a vocation à regarder de près [57], celui-là qui sait entrer dans le détail. C'est assez du moins pour n'être pas dupe de ce qui, à bonne distance, fait son effet. Cela ne suffit pas, pour autant, à atteindre le fond de l'homme ni celui des choses ; au demeurant l'auteur des *Maximes* n'y prétend pas davantage que celui des *Pensées* : « Pour bien savoir les choses, il en faut savoir le *détail*; et comme il est *presque infini*, nos connaissances sont toujours *superficielles et imparfaites* » [58].

La figure du connaisseur se rencontre enfin chez La Bruyère, dans un cadre doctrinal certes moins homogène – avec son augustinisme diffus, mâtiné d'un cartésianisme qui ne l'est guère moins et (d'un peu) de confiance en la raison – mais dans un texte d'autant plus intéressant que s'y dessine une fois encore la conjonction des deux paradigmes – le cœur et le tableau (l'exploration de l'intérieur et l'éducation du regard) :

> Il ne faut pas juger des hommes *comme d'un tableau ou d'une figure*, sur une seule et première vue : il y a *un intérieur et un cœur qu'il faut approfondir*. Le voile de la modestie couvre le mérite, et le masque de l'hypocrisie cache la malignité. Il n'y a qu'un très petit nombre de *connaisseurs* qui discerne, et qui soit en droit de prononcer ; ce n'est que peu à peu, et forcés même par le temps et les occasions, que la vertu parfaite et le vice consommé viennent enfin à se déclarer [59].

56. Je résume ici très succinctement une analyse donnée dans une précédente étude à laquelle je me permets de renvoyer : « L'optique des mœurs : anatomie morale et paradigme perspectif chez La Rochefoucauld », dans *Anatomie et Écriture. Médecine, art, littérature*, G. Dotoli (éd.), Fasano, Schena, 2004, p. 261-283.

57. « Tous les tableaux ne sont pas faits pour être vus de près ni pour être tenus à la main, et il suffit qu'ils fassent leur effet du lieu où on les regarde ordinairement, si ce n'est que les Connaisseurs après les avoir vus d'une distance raisonnable, veuillent s'en approcher pour en voir l'artifice. » (R. de Piles, *Conversations sur la connaissance de la Peinture et sur le jugement qu'on doit faire des tableaux*, Paris, Langlois, 1677, p. 300).

58. *Maximes*, maxime106 (je souligne).

59. *Caractères*, « Des jugements », 27 (je souligne).

On doit comprendre ici qu'il ne faut pas juger des hommes comme ceux-ci jugent *ordinairement* d'un tableau (« sur une seule et première vue », dans la mesure où cette première vue suffit à faire son effet) ; en d'autres termes, la façon dont on regarde ordinairement les tableaux fournit le modèle inversé de la façon dont il convient d'examiner les hommes – en connaisseur, et comme objet de connaissance, avec ce discernement qui n'est pas la chose du monde la mieux partagée, et cette aptitude à remarquer le trait qui, si « délié » et si « imperceptible » soit-il, nous décèle[60] : non seulement, donc, le modèle du tableau n'est pas invalidé, mais c'est à partir de lui que se définit un regard, regard de connaisseur ou d'anatomiste, capable d'affronter l'opacité des signes, d'« approfondir » le cœur. Davantage, ce n'est que « peu à peu » que le vrai se déclare, que le regard s'ajuste ; c'est par mises au point et décentrements successifs (avec « le temps », au gré des « occasions ») que ce regard s'invente et, peu à peu, se façonne.

Ainsi, de Pascal à La Bruyère, une configuration relativement stable tend à se dessiner, qui associe, à des titres et sous des formes évidemment variables, mais dans une relation de réciproque implication, anatomie morale et réglage perspectif. Il n'y a rien là de surprenant : les moralistes classiques appartiennent encore à cet âge que l'on a pu placer sous le double patronage de Vésale et d'Alberti, et qui a senti la profonde solidarité du scalpel et du tableau[61]. Or c'est précisément cette solidarité qu'il importe de ne pas perdre de vue : si l'anatomie, à l'instar de la perspective et dans le même temps qu'elle, fournit à nos moralistes un modèle aussi bien qu'une image, c'est à la fois celui d'une exploration des dessous du visible et celui d'une réflexion sur la façon dont le visible peut mentir.

Sans répondre à toutes les questions, j'ai tenté de faire le point sur la portée de l'image anatomique dans le discours des moralistes : entreprise d'autant plus « épineuse » que cette image est solidaire de tout un réseau de métaphores d'époque, véritables lieux de la culture classique, dont les moralistes sont héritiers et tributaires, après d'autres et parmi d'autres. Il s'agissait – et c'est en quoi malgré tout l'entreprise n'était pas dépourvue de quelque légitimité et de quelque intérêt – de mettre à l'essai l'hypothèse consistant à lire dans cette image la trace d'un modèle susceptible

60. « Il n'est rien de si délié, de si simple et de si imperceptible où il n'entre des manières qui nous décèlent. » (« Du mérite personnel », 37).

61. Sur « le profond investissement culturel » dont ils furent ensemble l'objet, voir C. Havelange, *De l'œil et du monde. Une histoire du regard au seuil de la modernité*, Paris, Fayard, 1998 (en particulier le chap. IX). Sur la prégnance du modèle du tableau chez les moralistes, je me permets de signaler un précédent article : « Une ombre au tableau : les moralistes et le paradigme pictural », *Europe*, 933, janv.-fév. 2007, p. 75-90.

d'informer, dans une mesure variable, la pensée (voire l'écriture) des moralistes. En d'autres termes, il s'agissait de savoir jusqu'à quel point il y a lieu de prendre *au pied de la lettre* les formules imagées qu'on leur doit en l'espèce. Je me suis efforcé de faire valoir la fécondité de cette hypothèse, mais aussi les précisions qu'elle appelle et les questions qu'elle soulève. Il a fallu croiser deux démarches distinctes, deux mises en perspective complémentaires. La première consistait à considérer diachroniquement les avatars remarquables de la métaphore anatomique dans le champ de l'analyse morale pour tenter de mettre au jour la visée *spécifique* à laquelle elle s'ordonne sous la plume de nos auteurs. La seconde conduisait à ressaisir la question dans le cadre d'une « anatomie » des modèles qui, parce qu'ils travaillent concurremment dans le discours des moralistes, se déterminent ou se contaminent réciproquement.

Ce que cette double enquête, me semble-t-il, a permis de faire voir au sujet du « modèle anatomique » en état de fonctionnement latent chez nos auteurs, c'est à la fois ce qui le distingue assez nettement d'une anatomie topographique (la distance qui sépare le monde et le moi désagrégés d'un Pascal de l'âme une et diverse à la fois de la spiritualité salésienne donnant la mesure de cette différence) et ce qui le rattache tout aussi nettement au paradigme perspectif (le subtil écheveau des métaphores anatomique et picturale inscrivant la marque, chez nos auteurs, de cette affinité). J'espère aussi qu'elle aura permis de mettre en évidence, au-delà de la compétence heuristique qui lui est implicitement conférée par les moralistes eux-mêmes, la *force critique* de la métaphore anatomique, au demeurant presque toujours associée, chez nos auteurs, à une entreprise de démolition des valeurs, et singulièrement de la valeur humaine.

Cette puissance critique explique probablement les réticences que bien des moralistes du siècle suivant, et dans un climat intellectuel profondément transformé par l'humanisme des Lumières, témoignent à l'égard du modèle anatomique :

> Que dire, interroge Rivarol, d'un architecte qui, chargé d'élever un édifice, briserait les pierres, pour y trouver des sels, de l'air et une base terreuse, et qui nous offrirait ainsi une analyse au lieu d'une maison ? Le prisme qui dissèque la lumière gâte à nos yeux le spectacle de la nature [62].

Il ne reste à Sénac de Meilhan, à la veille d'un nouveau changement de monde, qu'à lui substituer l'improbable modèle d'une anatomie sans scalpel : ainsi se prend-t-il à rêver d'un temps où « l'on connaîtra les plus

62. C. Le Meur (éd.), *Trésor des moralistes du XVIII*^e^ *siècle*, Pantin, Le Temps des Cerises, 2005, p. 118.

petits replis de l'amour-propre », où « l'homme ainsi exposé aux yeux de tous sera comme une pendule à jour dont on voit tous les ressorts, dont l'œil suit tous les mouvements »[63]. Joubert, en 1800, fait à peu près le même rêve : « Si vous voulez donner de l'homme et du monde une idée exacte et claire, rendez-les transparents, ne les disséquez pas »[64]. Il faut peut-être attendre le Valéry de *Tel quel* pour retrouver, autrement dite et sur d'autres bases, ce que fut la ténébreuse intuition des moralistes français de l'âge classique :

> L'homme n'est l'homme qu'à sa surface.
> Lève la peau, dissèque : ici commencent les machines. Puis, tu te perds dans une substance inexplicable, étrangère à tout ce que tu sais et qui est pourtant l'essentielle.
> C'est de même pour ton désir, pour ton sentiment et ta pensée. La familiarité et l'apparence humaine de ces choses s'évanouissent à l'examen. Et si, levant le langage, on veut voir sous cette peau, ce qui paraît m'égare[65].

BIBLIOGRAPHIE

Littérature primaire

BURTON R., *Anatomie de la Mélancolie* (1621), trad. fr. G. Venet, Paris, Gallimard, 2005.

CAMUS J.-P., *Traité de la Réformation intérieure*, Paris, Sébastien Huré, 1631.

GRACIÁN B., *L'Art de la prudence*, trad. fr. N. Amelot de la Houssaie (1684), Paris, Rivages, 1994.

JOUBERT J., *Carnets*, A. Beaunier (éd.), Paris, Gallimard, 1994.

LA BRUYÈRE, *Les Caractères ou les mœurs de ce siècle* (1688-1696), E. Bury (éd.), Paris, L.G.F., 1995.

LA ROCHEFOUCAULD, *Réflexions ou Sentences et Maximes morales* (1664-1678), J. Lafond (éd.), Paris, Gallimard, 1976.

LAMY B., *Entretiens sur les sciences* (1684), F. Girbal et P. Clair (éds.), Paris, PUF, 1966.

LAMY F., *De la connaissance de soi-même*, Paris, Pralard, 1694-1698.

LE JARS DE GOURNAY M., *Préface sur les Essais de Michel Seigneur de Montaigne, par sa Fille d'Alliance* (1635), Paris, Augustin Courbé, 1652, n.p.

LE MEUR C. (éd.), *Trésor des moralistes du XVIIIe siècle*, Pantin, Le Temps des Cerises, 2005.

63. G. Sénac de Meilhan, *Considérations sur l'esprit et les mœurs*, Londres, s.n., 1787, p. 38.
64. J. Joubert, *Carnets*, A. Beaunier (éd.), Paris, Gallimard, 1994, t. I, p. 336-337.
65. Valéry, *Tel quel*, Cahier B1910.

MONTAIGNE, *Les Essais* (1580-1588), J. Céard (éd.), Paris, L.G.F., 2001.
PASCAL, *Pensées* (1670), Ph. Sellier (éd.), Paris, Garnier, 1993.
PERRAULT Ch., *Parallèle des Anciens et des Modernes*, Paris, J.-B. Coignard, 1688-1697, t. II.
PILES R. de, *Conversations sur la connaissance de la Peinture et sur le jugement qu'on doit faire des tableaux*, Paris, Langlois, 1677.
ROUSSEAU A., *Nouvelles maximes ou réflexions morales*, Paris, P. Le Petit, 1679.
SCUDÉRY M. de, *Conversations morales*, Paris, Quai des Augustins, 1686.
– *Nouvelles Conversations de Morale*, Paris, Vve Mabre-Cramoisy, 1688.
SÉNAC DE MEILHAN G., *Considérations sur l'esprit et les mœurs*, Londres, [s.n.], 1787.
VALÉRY P., *Tel quel*, Paris, Gallimard, 1996.

Littérature secondaire

ARASSE D., *Le Détail. Pour une histoire rapprochée de la peinture*, Paris, Flammarion, 1996.
BERGAMO M., *L'Anatomie de l'âme. De François de Sales à Fénelon*, Grenoble, Jérôme Millon, 1994.
BIRAULT H., « Pascal et le problème du moi introuvable », dans *La Passion de la raison. Hommage à Ferdinand Alquié*, Paris, PUF, 1983, p. 161-201.
CANGUILHEM G., *L'Homme de Vésale dans le monde de Copernic : 1543*, Paris, Les empêcheurs de penser en rond, 1991.
CÉARD J., « Montaigne anatomiste », *Cahiers de l'Association internationale des études françaises*, n° 55, mai 2003, p. 310-314.
HAVELANGE C., *De l'œil et du monde. Une histoire du regard au seuil de la modernité*, Paris, Fayard, 1998.
MAÎTRE M., « Une anti-curiosité : la discrétion chez Mlle de Scudéry et dans la littérature mondaine, 1648-1696 », dans *Curiosité et* libido sciendi *de la Renaissance aux Lumières*, N. Jacque-Chaquin et S. Houdard (éds.), Fontenay Saint-Cloud, ENS Éditions, 1998, vol. 2, p. 335-358.
MANDRESSI R., *Le Regard de l'anatomiste. Dissections et invention du corps en Occident*, Paris, Seuil, 2003.
MARIN L., « "Une ville, une campagne, de loin…" Paysages pascaliens », dans *Pascal et Port-Royal*, Paris, PUF, 1997, p. 196-213.
– « La critique pascalienne : le problème du propre », dans *La Critique du discours. Sur la* Logique de Port-Royal *et les* Pensées *de Pascal*, Paris, Minuit, 1975, p. 113-147.
MESNARD J., « Point de vue et perspective dans les *Pensées* de Pascal », *Courrier du Centre International Blaise Pascal*, 16, 1994, p. 3-8.
PAPASOGLI B., *Le Fond du cœur. Figures de l'espace intérieur au XVIIe siècle*, Paris, Champion, 2000.
PARMENTIER B., *Le Siècle des moralistes. De Montaigne à La Bruyère*, Paris, Seuil, 2000.
PIQUÉ B., « L'anatomie précieuse », *Cahiers de l'Association internationale des études françaises*, n° 55, mai 2003, p. 317-332.

ROUKHOMOVSKY B., « L'optique des mœurs : anatomie morale et paradigme perspectif chez La Rochefoucauld », dans G. Dotoli (éd.), *Anatomie et Écriture. Médecine, art, littérature*, Fasano, Schena, 2004, p. 261-283.

– « Une ombre au tableau : les moralistes et le paradigme pictural », *Europe*, n° 933, janv.-fév. 2007, p. 75-90.

VAN DELFT L., *Les Moralistes. Une apologie*, Paris, Gallimard, 2008.

– *Littérature et anthropologie. Nature humaine et caractère à l'âge classique*, Paris, PUF, 1993.

Les fausses évidences
Dire et représenter la mort à l'âge classique

Sarah CARVALLO

Qu'est-ce que mourir? La législation, l'institution hospitalière, les sciences et les techniques contemporaines déterminent profondément notre représentation de la mort[1], mais n'annulent pas notre questionnement. Y a-t-il réellement un point de rupture à la fois temporel et organique, qui marquerait un avant et un après? Entre la vie et la mort, s'agit-il d'une différence de degré ou de nature? Pouvons-nous définir la mort dans son rapport à la vie ou à la maladie? Y a-t-il vraiment un critère satisfaisant de la mort? Comment établir ses causes? Si la réponse à ces questions reste difficile et prête à polémique en dépit des progrès techniques et scientifiques, c'est que, sous son apparente évidence, la mort ne constitue pas un pur fait. Sans doute, il y a une mort naturelle, mais son sens n'est pas univoque, et la médecine ne peut faire l'économie de la signification de la mort. Cette ambiguïté nourrit notre compréhension, qui s'inscrit non seulement dans des conditions scientifiques et techniques, mais aussi dans une histoire des mentalités. Plusieurs études récentes analysent le sens de ces interrogations entre le dix-huitième siècle et aujourd'hui, et prouvent que les réflexions anciennes éclairent assez nos perplexités actuelles[2]. Dans le prolongement de ces travaux, cet article

1. Ph. Ariès, *L'homme devant la mort*, Paris, Seuil, 1977, en particulier chap. 8, p. 63-104; Ph. Ariès, *Essais sur l'histoire de la mort en Occident : du Moyen Âge à nos jours*, Paris, Seuil, 1975; M. Vovelle, *Mourir autrefois : attitudes collectives devant la mort aux XVIIe et XVIIIe siècles*, Paris, Gallimard, 1974; M. Vovelle, *La Mort et l'Occident de 1300 à nos jours*, Paris, Gallimard, 1983.

2. A. Carol, *Les médecins et la mort, XIXe-XXe siècles*, Paris, Aubier, 2004; A. Fagot Largeault, *Les causes de la mort. Histoire naturelle et facteurs de risques*, Paris, Vrin, 1989; Cl. Milanesi, *Mort apparente, mort imparfaite*, Paris, Payot, 1991. Pour une analyse de la mort dans un contexte culturel différent, M. Leenhart, *Do Kamo, La personne et le mythe dans le monde mélanésien*, Paris, Gallimard, 1947, cité désormais *PMMM*.

convoque l'âge classique pour dresser l'état des problèmes, arguments et savoirs, que les médecins modernes mettent en place pour définir théoriquement et identifier cliniquement la mort à la fin du dix-septième siècle et au début du dix-huitième siècle.

Aux yeux des modernes, la mort revêt un enjeu médical d'importance : elle oblige à prendre position sur la nature de vie – spécifique ou non vis-à-vis des machines –, sur le fonctionnement du vivant – mécanique ou téléologique –, sur la nature de l'explication – causale, efficiente ou finale, avec ou sans recours aux hypothèses, purement clinique. Les faits discutés s'articulent autour d'expériences types (l'extraction du cœur, l'observation de mort-vivant, la différenciation des morts selon les règnes végétal, animal, humain), mais aussi à partir des différentes conceptions de la pathologie et du vieillissement. L'ambition théorique de connaître la mort implique enfin une thèse concernant ce que doit être la médecine : causaliste au même titre que la mécanique, téléologique, descriptive à un niveau clinique ou épidémiologique.

Trois modes explicatifs se dégagent. Le premier cherche à comprendre la mort à partir d'un modèle mécanique ; Descartes et Hoffmann en sont deux porte-parole. Le deuxième critique la fausse évidence du premier soit au nom de l'empirisme – c'est le cas de Sydenham – soit au nom de la finalité à l'œuvre dans le vivant – c'est le cas de Stahl. Le troisième ouvre une conciliation possible entre les deux premiers, tout en les complétant par une nouvelle forme de rationalité capable de tenir compte de l'infini et de la contingence caractéristique du vivant : Leibniz cherche en effet à dépasser l'opposition simple des deux premiers pour penser la complexité de la mort. Deux arguments motivent son analyse : une science ne peut se contenter d'une pure description empirique ; la mort – comme tout phénomène organique – apparaît comme une fausse évidence dont il faut rendre compte parallèlement, c'est-à-dire mécaniquement et finalement. Certes, tout se passe de façon mécanique, mais ces déterminations répondent encore à des fins.

Les thèses iatromécaniques

Bien que les médecins cartésiens *stricto sensu* soient en fin de compte assez rares[3], tous les partisans du mécanisme reconnaissent à Descartes

3. Hoffmann cite par exemple Theodorus Craanius, Bontekoë, Regius, Blancardus, Wald Schmidius : Fr. Hoffmann, *Opera omnia*, Genève, Fratres de Tournes, 1748, p. 16-19, cité désormais *OO*.

d'avoir énoncé clairement et distinctement les thèses constitutives de l'iatromécanisme. Il ne s'agit pas ici de développer les raisons qui justifient de façon interne la position cartésienne, mais d'en rappeler les conditions principales qui constituent le fonds commun de l'iatromécanisme jusqu'au milieu du dix-huitième siècle.

Les fondements cartésiens de la représentation mécanique de la mort

Ces conditions sont doubles. D'une part, la vie relève de la matière, non de l'âme; elle constitue un phénomène mécanique, donc la mort aussi[4], et l'épigenèse décrit suffisamment l'origine de la vie dans le monde. D'autre part, il n'y a pas de différence radicale entre le mort et le vivant. Descartes compare à cet effet le cadavre à une montre démontée :

> § 6. Quelle différence il y a entre un corps vivant et un corps mort. Considérons que la mort n'arrive jamais par la faute de l'âme, mais seulement parce que quelcune des principales parties du corps se corrompt; et jugeons que le corps d'un homme vivant differre autant de celuy d'un homme mort que fait une montre ou autre automate (c'est-à-dire autre machine qui se meut de soy même) lorsqu'elle est montée et qu'elle a en soy le principe corporel des mouvements pour lequel elle est instituée, avec tout ce qui est requis pour son action, et la même montre ou machine, lorsqu'elle est rompue et que le principe de son mouvement cesse d'agir[5].

Par conséquent, la connaissance de la vie pratique, de façon légitime et nécessaire, une méthode réductionniste, que peut justifier le philosophe. En particulier, il faut distinguer nettement le corps mortel dont traite le médecin et l'*ego*, qui ne meurt pas.

> [...] et encore que tous ces mouvements cessent dans le corps lorsqu'il meurt et que l'âme le quitte, on ne doit pas inférer de là que c'est elle qui le produit; mais seulement que c'est une même cause qui fait que le corps n'est plus propre à les produire et qui fait aussi que l'âme s'absente de lui[6].

La dimension anthropologique de la mort entendue comme séparation de l'âme et du corps ne relève pas de la médecine, et il convient de réduire

4. A. Georges Berthier, « Le mécanisme cartésien et la physiologie au XVIIe siècle », *Isis*, 1914, Hors Série, p. 37-89; A. Bitbol Hesperies, *Le principe de vie chez Descartes*, Paris, Vrin, 1990. Sur les contestations que soulève cette assertion, *cf.* Roger French, « Harvey in Holland : circulation and the Calvinists », dans *The medical revolution of the seventeenth century*, R. French and A. Wear (eds.), p. 46-86.

5. Descartes, *Traité des passions*, *Œuvres*, Ch. Adam et P. Tannery (éds.), Paris, Vrin-CNRS, 1964-74 (désormais cité *AT*), XI, p. 330-331.

6. Descartes, « Description du corps humain », préface, *AT*, XI, p. 225.

l'ambiguïté du terme au même titre que Descartes s'attache à définir l'identité d'un corps individuel sans équivocité [7]. Cette ambiguïté entrave la connaissance et constitue un préjugé que doit dénoncer la connaissance scientifique de la mort.

La médecine raisonnée de Friedrich Hoffmann (1660-1742)

En dépit d'une certaine critique de Descartes et surtout des médecins cartésiens qui partent d'hypothèses plutôt que d'observations [8], Hoffmann s'inscrit globalement dans l'héritage iatromécaniste. À l'égard de la méthode, le médecin de Halle reprend à son compte la distinction claire entre théologie et médecine, tout en précisant deux autres différences pour spécifier l'objet médical. Au sujet de la mort, il reconnaît à son tour son ambiguïté et restreint le médecin à ne traiter que du seul phénomène mécanique.

Non seulement par stratégie [9], mais aussi par conviction, Hoffmann estime que le médecin doit être chrétien sans être superstitieux [10]. Il y a

7. La question de la mort pose un problème analogue à celui de l'individualité qui s'énonce à deux niveaux : au niveau de la composition matérielle des parties avec les implications scientifiques que cela suppose, au niveau de la reconnaissance par autrui pour les choses ou de l'union avec l'âme pour les hommes. « nous pouvons dire que la Loire est la même rivière qui était il y a dix ans, bien que ce ne soit plus la même eau, et que peut-être aussi, il n'y ait plus aucune partie de la même terre qui environnait cette eau. [...] nous avons les mêmes corps que nous avons eus dès notre enfance, bien que leur quantité soit de beaucoup augmentée, et que, selon l'opinion commune des médecins, et sans doute selon la vérité, il n'y ait plus en eux aucune partie de la matière qui y était alors, et même qu'il n'aient plus la même figure; en sorte qu'ils ne sont *eadem numero*, qu'à cause qu'ils sont informés de la même âme », Lettre au P. Mesland (?), février 1645, *Correspondance*, Ch. Adam et G. Milhaud (éds.), Paris, PUF, 1956, VI, p. 191-192. La question de l'individualité devient critique à la mort. Sur cette ambiguïté, G. Rodis Lewis, *L'individualité selon Descartes*, Paris, 1950; F. De Buzon, « L'individualité des corps », dans Y.-C. Zarka, *L'Individu dans la pensée moderne*, *XVIe-XVIIIe siècles*, Pisa, ETS, 1995. Nous verrons que les questions de l'individualité et de la mort s'impliquent l'une l'autre, *cf.* 3.2.

8. Fr. Hoffmann, *La médecine raisonnée*, trad. fr. J. J. Bruhier, Paris, Briasson, 1751 (désormais cité *MR*), VI, p. 125. En tant que leibnizien, Hoffmann conteste aussi la définition cartésienne de la matière.

9. L'Université de Halle est une fondation piétiste instaurée par Frédéric III de Brandesburg-Prusse en 1694. Hoffmann critique les médecins cartésiens (et Descartes lui-même) qui pensent que les esprits ne peuvent rien sur le corps, *De Diaboli potentia in corpora*, *OO*, t. 5, 6, p. 94-103, en particulier p. 95.

10. Première règle contre l'enthousiasme, le fanatisme, le quakerianisme; contre la chiromantie, l'alchimie, l'astrologie, la physionomantie, les magies naturelles et diaboliques; Troisième règle : « Il ne faut pas que le Médecin soit athée », Fr. Hoffmann, « La politique du médecin », dans *MR*, II, p. 303.

une harmonie entre la médecine de l'âme (la théologie) et celle du corps [11]. Cependant il convient de délimiter les fonctions respectives du théologien et du médecin, et par conséquent, de réduire l'ambiguïté de la mort entre un sens médical et ses autres interprétations. Or la pratique médicale met en cause non seulement la religion mais aussi le droit et la philosophie. En ce qui concerne les rapports entre droit et médecine, le médecin se trouve souvent sollicité pour une expertise médicale, en particulier sur les causes de la mort (blessures, maladies contagieuses, poisons). Dans tous ces cas, le médecin ne doit pas sortir de son champ [12]. De nouveau, l'objet du juriste et celui du médecin ne se recouvrent pas. Enfin, le médecin n'a pas à traiter des questions métaphysiques, en particulier de l'esprit et de l'âme. Si Hoffmann reprend la tripartition biblique du corps, de l'âme et de l'esprit, le médecin n'étudie que le corps et l'âme sensitive [13]. Certes, dans cette vie, ces trois principes restent unis, mais « il ne faut pas cependant conclurre de la grande puissance de l'ame sur le corps qu'elle est cause de tous les mouvemens qui s'y font, même des maladifs » [14]. La médecine ne traite donc ni l'âme, ni de l'âme, elle s'occupe uniquement du corps.

> La fonction des Médecins est au contraire purement méchanique, & ne consiste qu'à sçavoir 1° comment le mouvement arrange la matiere, &

11. *Dissertationes duae Theologi-Physico-Medicae*, dans Fr. Hoffmann, *Operum omnium physico-medicorum supplementum*, Genève, Tournes, 1754 (désormais cité *OOPMS*), I, p. 57. Dans la Première Dissertation, Hoffmann traite : *De officio boni theologogi ex idea boni medici*. Il établit un parallélisme entre les objets (les cœurs spirituel et organique), entre les méthodes, entre les buts.

12. Seconde règle : « il faut que le médecin évite dans son rapport de sortir de sa sphère, & qu'il laisse la décision aux Jurisconsultes ». Par exemple, il importe de distinguer manie et mélancolie ; de contrôler les déclarations au sujet des maladies contagieuses (peste, lèpre, grosse vérole) ; au sujet des ensorcellements ; au sujet des poisons ; au sujet de la surdité (car il y a une loi qui exclut les sourds des charges) ; au sujet des blessures, au sujet de l'impuissance et de la stérilité, Fr. Hoffmann, « La politique du médecin », *MR*, II, p. 402-414. Ces distinctions soulèvent des enjeux cruciaux par exemple à l'égard de la sorcellerie (crime majeur passible de la peine de mort) et de l'exorcisme ; Hoffmann entend clarifier le débat grâce à ses connaissances médicales. S'il ne nie pas la réalité diabolique, il en restreint les modalités pour distinguer l'ordinaire de l'extraordinaire. « *De Diaboli Potentia in corpora* », *MR*, V, *OO*, p. 94-103, *cf.* S. Carvallo, « Le calcul de Minerve : Dialogue entre Leibniz et Spee sur le principe de justice », *Studia Leibnitiana*, Band XXXII/2, 2001, p. 166-190.

13. « [...] c'est une question qui appartient plutôt à la haute métaphysique qu'à la médecine d'examiner s'il n'y a pas, outre le corps, et l'esprit, une autre substance qui soit un élément très pur, très simple et homogene propre à recevoir les impressions et à les produire suivant les loix des réactions ». « La philosophie du corps humain », *MR*, II, p. 288.

14. *MR*, p. 295.

> quelles modifications différentes reçoit le mouvement à l'occasion de la différente nature de la matière. 2° qu'à appaiser les mouvemens trop violens, ranimer ceux qui languissent... toutes opérations purement méchaniques [15].

Par conséquent, la mort *stricto sensu* caractérise un fait organique, et ses enjeux théologiques, juridiques ou métaphysiques ne concernent pas le médecin qui n'a pas à prendre position sur ces autres aspects. Ces distinctions établies, le médecin peut définir réellement la vie et la mort.

> 2. On définit exactement la vie, le mouvement progressif, & circulaire des liqueurs, causé par la pression du cœur, & des arteres, & le ressort des fibres, lequel au moïen des secretions, & excretions, conserve tout le corps dans son intégrité, le preserve de la corruption, & regle toutes les fonctions [16].
> [...] la mort est une destruction totale de la circulation du sang, et la parfaite cessation des mouvemens qui se doivent faire dans les solides et les fluides, qui entraîne après soi la corruption et la putréfaction du corps [17].

Contre son collègue Stahl, Hoffmann soutient que les causes à l'œuvre dans le corps relèvent uniquement de la matière et du mécanisme. Contre Sydenham, Hoffmann affirme pouvoir connaître ces causes. Pour démontrer cette double thèse, il doit d'une part expliquer mieux que Stahl les mêmes phénomènes [18], d'autre part établir une médecine pronostique susceptible d'être sanctionnée par l'expérience. À ce sujet, Hoffmann critique « les prognostics purement empiriques des Anciens qui ne connoissoient pas la nature, & la raison formelle de la vie, des maladies, ou de la mort » [19] et prétend établir une « prognostique » rationnelle :

> [...] lors donc qu'on connoîtra parfaitement les causes qui produisent nécessairement la mort dans les maladies, il est indubitable qu'on devinera, & qu'on prédira la mort qui doit arriver, lorsqu'on les apercevra [20].

Ce projet se décline au niveau de chaque catégorie de maladie, qu'il serait trop long d'énumérer ici [21]. Le seul exemple de l'hydropisie suffit à en saisir l'enjeu :

15. *Ibid.*
16. *MR*, I, t. 1, p. 114.
17. *MR*, III, p. 470.
18. *Commentarius de differentia doctrinae stahlianae et Hoffmannianae*, § 5, *OOPMS*, I, p. 450.
19. « La thérapeutique », Section 1, chap. 16, *MR*, VIII, p. 5.
20. *MR*, VIII, p. 7. Le faciès hippocratique ou la distension des nerfs valent comme signes avant-coureurs certains de la mort, *MR*, VIII, p. 13.

> [...] on peut sans crainte de se tromper prognostiquer la mort quelques mois avant qu'elle arrive; [...] on peut aussi annoncer longtemps auparavant la mort à ceux qui sentent souvent, surtout après un exercice violent, ou quelque forte passion de l'ame, de grandes & opiniâtres palpitations de cœur, car la cause de tous ces accidens est une matière polypeuse adhérente aux vaisseaux du cœur, qu'aucun secours humain ne peut dissoudre[22]...

Bref, le médecin peut connaître les causes létales et donc prédire la mort, et les descriptions cliniques accompagnées de l'anatomie confirment un certain nombre de thèses à la fois épistémologiques et ontologiques[23]. La première thèse pose que la mort a des causes, que nous pouvons connaître[24]. Ces causes relèvent globalement de deux ordres, selon que la mort est violente ou naturelle[25]. Cette thèse découle en réalité de la définition de la vie comme mouvement perpétuel s'effectuant au niveau de la circulation sanguine et du cœur[26]. Si l'idée de mouvement perpétuel suffit à distinguer les faits proprement organiques des phénomènes inertes, elle suppose aussi la matérialité de la vie. Par conséquent, la mort est

21. Ces catégories sont le sphacèle, la suffocation, les maladies chroniques, les complications de l'accouchement, les pathologies pédiatriques. La première catégorie importe notamment dans la mesure où Stahl et Hoffmann s'opposent sur la fréquence du sphacèle, donc de sa responsabilité à l'égard de la mort : « je suis donc bien éloigné de dire avec quelques médecins, que le sphacèle se rencontre si rarement que de cent mille hommes, à peine en meurt il un. Je dis au contraire que de cent mille, à peine s'en trouve-t-il un qui meure sans corruption sphacéleuse et fétide, de quelque partie interne ». « La philosophie du corps humain », *MR*, III, p. 478, et « La thérapeutique », Section 1, chap. 16, *MR*, VIII, p. 5. Sur les autres, *cf.* « La thérapeutique », Section 1, chap. 16 *MR*, VIII, p. 7-40.

22. « La thérapeutique », Section 1, chap. 16, *MR*, VIII, p. 30-31.

23. « [...] voilà à quoi se réduisent les observations sur les vraies causes de la mort, que l'ouverture des cadavres fait connoître. Il est bon d'avertir à ce propos qu'il faut bien prendre garde à ne pas confondre les causes de la mort avec celles des maladies, ce qui arrive très souvent », « La thérapeutique », Section 1, chap. 17, *MR*, VIII, p. 93.

24. « [...] des causes qui produisent la mort dans les maladies », « La thérapeutique », Section 1, chap. 17, *MR* VIII, p. 43.

25. « La philosophie du corps humain », *MR*, III, p. 475.

26. « [...] on définit donc exactement la vie en disant que c'est le mouvement progressif et circulaire des liqueurs causé par la pression du cœur, et des artères, et le ressort des fibres, lequel au moien des sécrétions & excrétions conserve tout le corps dans son intégrité le préserve de la corruption et règle toutes les fonctions. On définit mal la vie en disant qu'elle est dans un mixte la préservation de la pourriture », *MR*, I, p. 118. Cette définition s'oppose directement à la conception stahlienne.

mécanique : « 21. La vie et la mort arrivent donc méchaniquement, & ne dépendent que de causes mechaniques, physiques, & necessaires »[27].

De nouveau, il faut critiquer Stahl qui définit la vie par l'âme[28]. Cette conséquence suppose comme corollaire qu'il y a un instant, une cause et un critère diagnostic de la mort, même si cette mort peut n'être que provisoire et s'ensuivre d'une reprise de vie. D'ailleurs, même lorsque le cœur arrête définitivement de battre, les cheveux et les ongles croissent encore; en un sens figuré, la vie peut persévérer localement et s'arrêter globalement. Cette prolongation indique de nouveau la pure matérialité de la vie. La cause de la longévité s'avère bien mécanique, sans ressortir à une quelconque énergie de l'âme[29].

La deuxième thèse circonscrit le lieu de la mort dans le cœur. La mort dépend en effet d'une cause localisable : « on trouve toujours en ouvrant un corps ce qui lui a causé la mort, qu'elle soit naturelle ou violente »[30]. Le mouvement du cœur constitue la cause du mouvement circulaire du sang, et, par conséquent, de la vie. On a donc raison d'appeler le cœur « le premier vivant et le dernier mourant » à la suite d'Aristote[31]. *A contrario*, « 16. la mort est donc l'anéantissement total du mouvement du cœur & des arteres, & du mouvement progressif du sang, qui entraîne la corruption du corps »[32]. Plusieurs expériences confirment ces définitions : on peut rendre la vie aux chiens morts en insufflant de l'air dans le cœur[33]; ces techniques peuvent être appliquées à l'homme, et de fait elles le sont en cas de noyade; elles peuvent encore expliquer la « résurrection » de Lazare[34]. Il suffit ensuite de décliner cette cause générale et naturelle

27. *MR*, p. 131. « *Mors inevitabilis mechanice* [...] *unice adscribenda est structurae immutatae solidorum, quae plane peculiaris est inaetate valde senili* », *Pathologia medicae*, § 4, *MR*, p. 13.

28. *Commentarius de differentia doctrinae Stahlianae et Hoffmannianae*, § 5, *OOPMS*, I, p. 430.

29. *Commentarius*, § 71, *OOPMS*, p. 451

30. « La philosophie du corps humain », *MR*, III, p. 476.

31. *MR*, I, p. 119.

32. *MR*, I, p. 127. Cette localisation connaîtra un déplacement en 1960, puis de façon officielle en 1976, avec la loi Cavaillet. Avant la définition de la mort cérébrale, il fallait admettre la possibilité de revivre après le diagnostic de mort : la mort était réversible, comme le montrait l'expérience des morts enterrés vivants, individus en défaillance cardiaque non mortelle. Cette réversibilité posait un problème que Leibniz résout à sa manière (enveloppement, développement), qu'Hoffmann assume mais qui s'avère sujet à critiques et désaccords. Le massage cardiaque et la respiration artificielle sont mis au point en 1904 par Halhuin.

33. [...] *in ranis avulso corde e pectore, remanet vita, et motus, saltant enim et aufugiunt absque corde*, Borelli, Jo. Alphonsi, *De motu animalium... opus posthumum*, Roma, A. Bernabo, 1680-1681 (désormais cité [1680-81]), partie II, p. 211.

34. L'anglais distingue à juste titre « resurrection » et « resurrectionness ».

selon les différentes maladies[35]. La troisième thèse pose une différence de nature entre les végétaux et les animaux. Les plantes ne vivent pas, puisqu'elles n'ont pas de cœur; elles ne meurent pas non plus, elles sèchent[36]. Enfin, ces trois thèses en induisent une dernière portant sur le statut de la médecine. Si la compréhension de la mort fait partie de la médecine, sa définition réelle sert de pierre de touche à la constitution d'une vraie théorie médicale. Selon Hoffmann, cette connaissance requiert la localisation et la description du processus mécanique, en d'autres termes elle inclut l'anatomie et la physiologie dans la médecine.

> [...] le premier et principal but que la médecine se propose étant de traiter les maladies de manière à garantir le corps de la mort à laquelle elles conduisent aisément, & assez ordinairement, & de le faire au moien des principes surs & bien établis, il est donc nécessaire à tous ceux qui s'appliquent à cette profession de rechercher exactement et de découvrir les causes prochaines et complettes de la mort a la maniere dont elle s'engendre dans les maladies, & par elles. Or, pour parvenir à cette connoissance, il n'y a pas de moien plus sur, & plus convenable que l'ouverture des corps morts de maladies, puisqu'elle rend visible et palpable ce que c'est que la mort, & qu'elle est sa cause formelle. Toutes les histoires, & observations de pratiques, & d'Anatomie, nous apprennent que la mort n'est autre chose que la cessation totale du mouvement progressif et circulaire du sang, et des liqueurs, que produit celui du cœur et des artères; cessation causée par les obstructions que forment des concrétions polypeuses dans les vaisseaux, surtout ceux qui sont près du cœur et des poumons[37]...

35. La mort naturelle agit toujours selon les mêmes causes : épaississement des membranes et parties solides qui entravent la circulation, les excrétions et sécrétions, « La thérapeutique », Section 1, chap. 17, *MR*, p. 100. Sur les maladies cérébrales, « La thérapeutique », Section 1, chap. 17, *MR*, p. 47. À partir de l'ouverture de cadavres morts d'apoplexie, léthargie, épilepsie ou phrénésie, « La thérapeutique », Section 1, chap. 17, *MR*, p. 52. Ou « je puis assurer avec vérité que toutes les personnes que j'ai vu mourir de quelque fievre aigue sont toujours mortes d'inflammation d'estomac, d'intestins ou des membranes du cerveau. *MR*, p. 87. Sur ce point, Hoffmann critique Stahl qui affirme qu'il n'y a pas de cause de la nécessité de mourir dans la structure de notre corps », *Commentarius de differentia doctrinae stahlianae et Hoffmannianae*, § 5, *OOPMS*, I, p. 430.

36. Les plantes posent un problème crucial. Dans le sens commun en Occident, elles meurent. Lorsqu'il relate son séjour chez les Canaques, Leenhart remarque que les plantes se caractérisent par leur non-individualité, donc leur non-mort : la vie d'une plante se prolonge à travers celle de ses graines. Or les Canaques pensent leur corps sur le modèle des plantes; donc ils ne connaissent pas la mort. « Le canaque connaît-il la mort? [...] La langue ne contient aucun terme pour traduire avec précision le verbe mourir. On ne meurt pas. On est seulement dans un état différent [...] Ainsi l'idée de mort n'existe pas. On ne meurt pas en Mélanésie... », *PMMM*, p. 49-50.

37. « La thérapeutique », Section 1, chap. 17, *MR*, p. 45.

Difficultés persistantes et inhérentes à l'iatromécanisme

Trois problèmes demeurent posés aux iatromécaniciens, une fois ce schéma établi.

Comment être certain de la mort?

Cette question prend deux significations. Premièrement, y a-t-il des signes certains de la mort lors de l'auscultation d'un corps apparemment défunt? Cette interrogation lancinante s'accompagne de cas plus ou moins légendaires depuis l'Antiquité : Démocrite ou Jean Duns Scot enterrés vivants, Vésale ayant disséqué une femme hystérique en syncope [38]. Pour Hoffmann, « il y a cependant des indices certains de la mort » [39], dans la mesure où mort et syncope supposent deux étiologies et définitions différentes [40]. Les erreurs ne tiennent donc pas à la médecine, mais au médecin ignorant sa discipline [41]. Affirmer la mort certaine constitue en effet selon Hoffmann une conséquence logique de l'iatromécanisme. Pourtant beaucoup de contemporains nuancent cette assertion, tel Winslow dans sa *Dissertation sur l'incertitude des signes de la mort* parue en 1740 devant l'Académie Royale des Sciences [42]. Le diagnostic de mort réelle sert donc de pierre de touche pour conforter ou infirmer l'iatromécanisme. Hoffmann l'assume jusqu'au bout; ni Stahl, ni Leibniz n'acceptent cette certitude. Deuxièmement, peut-on assurer que telle maladie évolue nécessairement vers la mort? Pour Hoffmann, le pronostic de mort possède tous les critères nécessaires et suffisants de la certitude, dans la mesure où la connaissance des maladies est étiologique et l'évolution pathologique déterministe [43].

38. « [...] le malheureux exemple du restaurateur de l'Anatomie, le célèbre Vésale, qui, appelé pour ouvrir une femme hystérique », « La philosophie du corps humain », *MR*, III, p. 473. Cette interrogation sur la certitude de la mort demeure sans réponse catégorique jusqu'à aujourd'hui, dans la mesure où elle soulève justement l'ambiguïté entre le décès d'une personne et la mort organique. Alors que le sens commun suppose un point de rupture entre la vie et la mort, la médecine assume l'incertitude des signes de la mort.

39. « La philosophie du corps humain », *MR*, III, p. 474

40. « [...] il faut se garder de confondre avec la mort qui est une destruction si complette des mouvemens qu'ils ne peuvent être rétablis, une syncope qui n'est qu'une cessation passagère », « La philosophie du corps humain », *MR*, III, p. 473.

41. « [...] c'est moins à l'imperfection de la Médecine qu'il faut s'en prendre qu'à l'ignorance ou la négligence de ceux qui l'exercent ou en font profession », *MR*, p. 55.

42. « [...] la mort est certaine & elle ne l'est pas. Elle est certaine, puisqu'elle est inévitable; elle n'est pas, puisqu'il est quelques fois incertain qu'on soit mort ». « Dissertation sur l'incertitude des signes de la mort », § 1, p. 41.

43. « La thérapeutique », Section 1, chap. 16, *MR*, VIII.

Comment concilier la mort de l'individu et la non-mort de certains de ses organes ou phénomènes organiques ?

L'expérience de l'extraction du cœur qui bat encore à l'extérieur du corps, l'insufflation d'air dans le cœur des noyés ou des chiens déjà morts, le constat que les ongles et les cheveux continuent de pousser après la mort obligent à distinguer plusieurs niveaux de mort. Premièrement, dans le cas de l'homme, il faut dissocier le niveau de l'individu qui implique l'âme et celui du corps, pour lequel le critère de mort cardiaque suffit [44]. Deuxièmement, et pour tous les animaux, au niveau de l'organisme, il faut articuler des degrés de vie, en représentant une série de petites vies particulières composées dans une grande vie individuelle [45], mais au sens strict, seul l'individu meurt, puisque le critère cardiaque ne vaut qu'à son niveau. Le diagnostic de mort dépend donc directement de la conception de l'individu, qui lui-même pose problème et met en jeu les rapports entre philosophie et médecine.

Comment établir les causes de la mort ?

Cette question doit trouver une réponse double au niveau des mécanismes organiques et au niveau des populations. Au premier niveau, l'étiologie mécanique, confortée par l'anatomie, prétend assigner des

44. La Mettrie commente ainsi un passage de Boerhaave analysant des exemples parus dans le *Mercure Suisse*, 1735 : « On ne peut guéres donner la définition de la vie qu'à la fin de la physiologie, car c'est l'assemblage de toutes les actions que cette science du corps humain explique ». Resté plusieurs heures sous l'eau, un jeune homme respire de nouveau grâce à une trachéotomie ; un Indien met des herbes dans le nez d'une jeune fille d'un Colon Hollandais en Amérique expirée d'une fièvre épidémique, la fille respire. « Si je raconte ces Histoires, c'est pour avoir occasion de réflechir sur ce qu'est la vie en cet état. Le mouvement du cœur, du sang, de la respiration, s'étoit arrêté. Cette fille étoit donc morte suivant la définition reçûe de la mort. Il n'est pas surprenant qu'on puisse faire cesser le repos du cœur ; ne réveille-t-on pas son mouvement par plus d'un moyen dans les genres d'animaux, soit en soufflant par le canal thoracique, soit en soufflant par de grandes veines, comme Peyer nous l'a appris. On est donc alors entre la vie et la mort ; & si vous voulez appeler vie, le mouvement circulaire du sang par le cœur, le poulmon et le cervelet ; & la mort, la destruction absoluë de ces organes vitaux, ensorte qu'ils ne puissent jamais se rétablir ; l'état moyen sera ce repos de la circulation, qu'on peut quelque fois faire cesser. La plus petite vie, est celle dont on ne peut rien ôter sans que la mort arrive ; et l'expérience prouve que la circulation n'est souvent que suspenduë entre le cervelet, et qu'on a souvent enterré des gens qui n'étoient pas morts », *Institutions de médecine*, de M. Hermann Boerhaave, avec un commentaire de M. de La Mettrie, Paris, Huart, Briasson, Durand, 1742 (cité désormais *IM*), t. 1, p. 136-138.

45. Boerhaave distingue différents phénomènes de la vie : la vie du cœur, de l'ongle, du cheveu… toutes les petites vies particulière, dont est, pour ainsi dire, composée la grande vie de l'homme, *IM*, § 53, t. 1, p. 138.

causes certaines, locales et directes à la mort, sans recourir à l'âme; l'animisme et l'empirisme contestent cette assertion, comme nous le verrons par la suite. Au second niveau, les économistes politiques mettent en place une nouvelle méthode susceptible de constituer une théorie de la mort comme phénomène collectif. À la suite d'épidémies de peste à Londres en effet, les registres de la ville établissent les recensions des décès en signalant les causes. Ainsi Graunt distingue deux types de données chiffrées : d'un côté, les taux de mortalité par classe (âge, sexe...), de l'autre, les taux de mortalité par cause présumée du décès (vieillesse, maladies aiguës, maladies chroniques, accidents). De façon classique, Graunt souligne la nécessité de prendre en compte l'air, la nourriture comme supports potentiels ou causes externes de la maladie, mais de façon nouvelle, il pense prouver leur statut causal grâce au raisonnement mathématique[46]. Graunt allie donc une explication de type mécanique concernant les vecteurs avec une description de type conditionnel, au sens des conditions favorisant les causes de décès. Si nulle synthèse ne permet d'établir une causalité simple entre vecteurs et conditions, la méthode quantitative dégage cependant des corrélations probables à la fois dans l'organisme et en lien avec des réalités sociales telles que la salubrité des villes ou l'immigration[47]. Ainsi

46. A. Fagot-Largeault, *Les causes de la mort. Histoire naturelle et facteur de risque*, Paris, Vrin, 1989, Annexe 0, p. 39. A. Fagot-Largeault montre que la médecine contemporaine réduit un événement nécessairement inscrit dans l'évolution du vivant à un événement accidentel : la mort naturelle demeure impensable, parce que sa signification biologique – de même que celle de la vieillesse d'ailleurs – reste méconnue. La mort se réduit alors à une grille de symptômes, dont aucun n'en constitue pourtant une cause à proprement parler. Avec le développement des statistiques, les médecins rabattent la mort sur des tables de mortalité, de sorte que la mort naturelle se définit négativement, lorsqu'on n'a eu aucune autre raison « accidentelle » de mourir. Une cause de la mort n'est alors qu'une affection forcément accidentelle qui abrège la vie moyenne.

47. Établis dans le cadre des paroisses qui tiennent les registres des naissances via les baptêmes [les enfants non baptisés ne sont pas comptabilisés] et les enterrements, les premiers bulletins hebdomadaires de mortalité paraissent dès 1592, mais avec des interruptions. Ils sont repris en 1603 à Londres, dans une période de peste, et deviennent systématiques en 1661. Comme Petty, Graunt se plaint du manque de vigilance des femmes chargées de constater le décès. « 11. les chercheuses "searchers" (qui sont d'anciennes matrones assermentées) se rendent à l'endroit où repose le mort; en l'examinant et au moyen d'autres enquêtes, elles reconnaissent de quelle maladie ou de quel accident l'individu est mort. Là-dessus, elles donnent leur rapport au clerc de paroisse et celui-ci, tous les mardis soirs, présente un compte rendu de tous les enterrements et baptêmes ayant eu lieu pendant la semaine au clerc de la salle. Le mercredi, le compte rendu général est dressé et imprimé, et le jeudi, il est publié et distribué aux différentes familles qui ont payé 4 schillings par an pour l'avoir », « Observations naturelles et politiques... faites sur les Bulletins de Mortalité, par le Capitaine John Graunt, Londres », 1662, dans *Les œuvres économiques de Sir William Petty*, Paris, Giard & Brière, 1905, t. 2, p. 371-372.

Graunt propose un usage descriptif et inductif de l'arithmétique politique pour remonter à des causes valables en termes de santé publique; ces descriptions complètent les explications mécaniques et relèvent de la même épistémologie étiologique déterministe [48].

LES CRITIQUES EMPIRIQUES ET ANIMISTES

Face aux certitudes iatromécanistes, deux autres écoles médicales – l'empirisme et l'animisme – élaborent une représentation différente de la mort, à la fois en tant qu'objet et dans la connaissance que nous pouvons en recueillir.

La médecine clinique

À la différence de Graunt, Thomas Sydenham (1624-1689) renonce à l'étiologie : de la classification des maladies, on ne peut inférer des causes de la maladie ou de la mort. Même quantifié, le raisonnement ne vaut pas comme preuve d'une relation causale. Dans la *Médecine pratique*, Sydenham définit les critères nécessaires à respecter pour perfectionner la médecine. Il faut établir, premièrement, une histoire ou description de toutes les maladies en les classant selon les méthodes mises au point par la botanique; deuxièmement, une méthode sûre et constante pour les traiter. Cet objectif suppose l'identité des maladies en dépit de leurs variations contingentes selon les individus, les saisons ou les lieux. Cette identité pathologique permet alors de distinguer les symptômes propres, essentiels ou accidentels à une maladie, mais elle ne suffit pas à mettre au jour une cause spécifique à chaque maladie. Conformément à l'option nominaliste et empirique qui caractérise la philosophie médicale de Sydenham, l'ontologie des maladies se réduit à une série de symptômes ou signes caractéristiques de la maladie. Pour constituer la médecine clinique, il faut et il suffit de supposer l'uniformité de la maladie sans prétendre atteindre les causes, parce que, même si elles existent, la relation causale s'avère trop complexe à discerner. Certes, chaque maladie constitue un être spécifique, de même que chaque plante ressortit à une espèce propre; mais le médecin ne peut expliquer ni pourquoi ni comment. D'ailleurs, il n'en a pas besoin. « [...] il est absolument impossible qu'un Médecin connoisse les causes morbi-

48. Nous verrons qu'il peut y avoir un usage heuristique des statistiques qui permettent de construire des concepts, *cf.* 3.3.

fiques qui n'ont aucun rapport avec les sens; mais aussi cela n'est-il pas nécessaire »[49].

Cette critique des causes hypothétiques de la maladie relève donc d'une double argumentation épistémologique et pratique : nous ne pouvons par aucune méthode sûre connaître de telles causes, leur connaissance n'est pas utile pour soigner. Cette analyse s'applique encore au cas du vieillissement ou de la mort. De même qu'il ne sert à rien de demander pourquoi telle fièvre a ce foyer, de même nul ne peut savoir pourquoi le cheval atteint son plus grand accroissement à sept ans, l'homme à vingt-et-un, ni pourquoi les plantes fleurissent à telle saison[50]. De même encore, la mort s'inscrit dans le développement normal ou accidentel de la maladie, selon les sujets plus ou moins fragiles (personnes âgées, enfants). Ainsi, dans le cas des fièvres d'automne, les personnes âgées ou les enfants meurent souvent, l'inflammation des amygdales ayant valeur de signe précurseur[51]. Mais nul médecin ne peut établir de pronostic certain.

> La maladie commence presque toujours par un frisson, de même que les accès de fièvres intermittentes; ensuite des vomissement énormes, une douleur vers la région du cœur, comme si elle étoit serrée par un pressoir, une fievre ardente accompagnée de ses symptomes ordinaires, tourmentent sans cesse les malades, jusqu'à ce que la mort vienne terminer leurs souffrances, ou qu'un bubon ou une parotide, venant heureusement à paroître, les mettent hors de danger, en attirant au dehors la matiere morbifique. [...] Au reste, je n'entreprends pas de déterminer précisément en quoi consiste essentiellement la peste.
> [...] La nature produit toutes choses par des loix invariables, mais avec un art qui n'est connu que d'elle seule; et elle couvre d'épaisses ténebres les essences de ses productions, & les formes qui constituent leurs différences. Aussi chaque espece de maladie, de même que chaque espece d'animal ou de plante, a des propriétés constantes qui ne conviennent qu'à elle-même seule, qui coulent de son essence, & qui en sont inséparables. Et qu'on ne

49. *Médecine pratique de Sydenham*, trad. fr. M.A.F. Jault, Montpellier, Mme Vve Picot, 1816, Préface, XXXI (désormais cité *MPS*). Les *Observationes medicae* sont publiées en 1676. Sur la relation entre Locke et Sydenham, *cf.* François Duchesneau, *L'empirisme de Locke*, La Haye, M. Nijhoff (Kluwer), 1973; *Les modèles du vivant de Descartes à Leibniz*, Paris, Vrin, 1998; G.G. Meynell, « John Locke and the Preface to Thomas Sydenham's Observationes Medicae », *Medical History*, 2006, January 1, 50 (1), p. 93-110.

50. *MPS*, p. 50 : « je ne vois pas qu'on doive me blamer si je n'entreprens pas d'expliquer une chose qui n'est pas moins difficile, & qui est peut-être entièrement inexplicable, étant très persuadé, comme je suis, que, dans la production des fièvres intermittentes, de même que par-tout ailleurs, la Nature suit une méthode & un ordre certain », *MPS*, p. 51

51. *MPS*, p. 62, voir aussi p. 67, 73.

> me demande pas comment on pourra guérir les maladies, tandis qu'on ignore leurs causes : car ce n'est pas par la connoissance des causes qu'on guérit les maladies, mais par la connoissance d'une méthode convenable et confirmée par l'expérience [52].

Comme diagnostic et comme pronostic, la mort n'est jamais certaine mais seulement probable. Elle vaut surtout comme pierre de touche pour juger la valeur d'un traitement : est valable le soin qui évite la mort autrement probable à l'issue de la maladie parce que celle-ci laisse le corps épuisé, est dangereux le traitement qui accélère la mort ou la suscite alors que la maladie livrée à elle-même eût guéri [53].

La comparaison entre Graunt et Sydenham révèle la différence entre leurs deux points de vue. Certes tous les deux ont conscience de la nécessité de prendre en compte la santé publique et de l'articuler à la pratique médicale; en particulier, tous les deux conçoivent la mort non seulement comme un phénomène organique mais aussi comme une réalité collective. Mais Graunt l'inscrit dans une épistémologie étiologique, Sydenham dans une épistémologie empirique. Deux représentations de la mort en dérivent : la première comme résultat d'un processus causal, la deuxième comme signe purement phénoménal. La médecine empirique constitue ainsi une critique radicale de l'iatromécanisme aussi bien au niveau des objets – l'identité de la mort – que de la discipline – le statut de la connaissance médicale, à la fois comme diagnostic, pronostic et thérapie. La médecine animiste offre une autre forme de critique aux prétentions iatromécanistes; et la connaissance de la mort y joue de nouveau un rôle.

L'animisme et la mort

L'animisme nie qu'on puisse expliquer la vie, la maladie ou la mort par les seules causes efficientes physcio-chimiques; il conteste aussi la valeur des pronostics et de l'anatomie, dans la mesure où ni les uns ni l'autre ne prennent en compte la source réelle de la vie et de la santé : l'âme [54]. Selon la thèse majeure de l'animisme, la vie ne se réduit pas à la matière; par

52. *MPS*, p. 82-83.

53. T. Sydenham relate ses tâtonnements pour soigner tel ou tel individu, la difficulté d'identifier la valeur du symptôme, essentiel ou accidentel, dans des cas singuliers qui lui servent ensuite à élaborer une tactique générale. Selon les maladies, il préconise soit des traitements chimiques, soit des actions mécaniques, qui visent à guider le dénouement de la crise pathologique, *MPS*, p. 95-100.

54. G.E. Stahl, *Paroenesis, sive exhortatio de alienis ex re medica arcendis*, § 17, *Theoria medica vera*, Halle, Litteris et impensis Orphanotrophei, 1737 (cité désormais *TMV*), p. 50. Stahl mentionne particulièrement l'anatomie du muscle, autour de laquelle se cristallise un débat pour savoir si, lors de la contraction, son volume augmente ou non.

conséquent, la mort organique dépend uniquement et directement de l'âme, et non d'un phénomène chimique ou mécanique. Ainsi comprendre la mort revient à saisir l'action de l'énergie vitale à l'œuvre dans le corps – en particulier, sous la forme des périodes de la vie. En d'autres termes, Georg Ernst Stahl (1660-1734) affirme que la mort a une cause, mais qu'elle ne relève pas de la seule matière. Il doit alors se positionner aussi bien vis-à-vis de l'empirisme que de l'iatromécanisme.

Stahl connaît l'œuvre de Sydenham, qu'il loue d'avoir identifié la fièvre à un travail salutaire de la *natura medicatrix*. À la différence des iatromécaniciens tels que Hoffmann[55], Sydenham a compris que la maladie ne marque pas la négation de la vie, mais une réaction organique positive pour surmonter le désordre pathologique et retrouver la santé. Cette compréhension de la pathologie vaut tout particulièrement pour les fièvres, qui constituent pour Sydenham comme pour Stahl un symptôme décisif[56]. Mais Stahl se démarque radicalement de Sydenham, dans la mesure où il prétend expliquer causalement ces mêmes maladies ; certes, cette causalité ne se réduit pas à l'efficience de causes mécaniques ou chimiques comme le suppose Hoffmann, mais elle inclut une finalité à partir du but poursuivi par le vivant en réaction au trouble organique. Ainsi, dans le cas de la fièvre, Stahl établit un enchaînement causal qui part de l'âme, excite le mouvement tonique et se traduit à travers la circulation, la sécrétion et l'excrétion, en surdéterminant les raisons purement mécaniques et hydrauliques du fonctionnement corporel. Du coup, Stahl explique justement ce que Sydenham renonçait à justifier, mais en proposant un nouveau schème explicatif sur le modèle téléologique :

> [...] ne considérer qu'au simple point de vue mécanique et anatomique les raisons finales des mouvements exécutés dans le but d'accomplir des actes, c'est vouloir s'exposer à ignorer toujours pourquoi les phénomènes vitaux

55. Fr. Hoffmann critique cette définition de la pathologie : « je ne fais pas plus de cas de celles des Modernes qui disent que la maladie est [...] un effort, ou bien un mouvement extraordinaire de la nature subordonné à une fin qui est l'expulsion de ce qui est contraire à la température du corps, & par conséquent à la préservation de la mort, ou de la corruption. [...] sur ce principe on ne concevra jamais comment les maladies se terminent si souvent par la mort »..., « La philosophie du corps humain », *MR*, III, p. 492. Pour sa part, et comme nous l'avons vu, Hoffmann propose une définition purement quantitative et mécanique.

56. *Réclamations, défense et indications justificatives*, 1707, § 64, dans *Œuvres médico-philosophiques et pratiques*, trad. fr. T. Blondin, Paris, Baillière, 1859-1864 (cité désormais *OMPP*) t. 2, p. 445.

> ont ainsi lieu, dans tel ordre, en tel temps, avec une telle précision et avec une universelle proportion vers un but final [57].

Selon Stahl, les mécanistes n'expliquent pas vraiment la mort – ni la maladie d'ailleurs –, parce qu'ils s'en font une mauvaise représentation en la réduisant à un processus mécanique. Mais une position purement empirique comme celle de Sydenham demeure tout aussi insatisfaisante. Stahl prétend alors redessiner le paysage de la médecine moderne en articulant les trois écoles médicales autour d'un problème commun et décisif pour l'identité de la médecine : que veut dire connaître la maladie ou la mort ?

Pour répondre à cette interrogation, Stahl propose une théorie générale de la connaissance, une description précise de la médecine, ainsi que de ses limites. La théorie de la connaissance stahlienne distingue le raisonnement à l'œuvre dans les disciplines mathématiques, physiques ou chimiques, et, la rationalité propre à la médecine. Dans le premier cas, la méthode suit un enchaînement causal sur le modèle soit mécanique, soit chimique ; l'anatomie en relève encore. Dans le second cas, la connaissance équivaut à une intuition de la vie qui se connaît soi-même, dans la mesure où le vivant constitue à la fois l'objet et le sujet de la médecine. Cette intuition oblige à ressaisir l'ordonnancement finalisé des actes qui cherchent à préserver la vie malgré ses différentes affections. La méthode médicale doit donc assumer de se démarquer des autres méthodes scientifiques en raison de la spécificité de son objet [58]. Trois phénomènes particuliers apportent la preuve de cette nécessité : la maladie, le vieillissement, la mort.

Premièrement, comme l'a montré Sydenham, une juste compréhension de la maladie oblige à la penser non comme un effet dû à une agression, mais comme une réaction organique positive en vue de résorber le trouble organique.

> La théorie médicale n'a vraiment pour objet que d'enseigner comment tout ce qui peut nuire au corps et tourner à son détriment en est ordinairement et paisiblement éliminé sans effort à l'aide d'une incessante excrétion, d'un acte vital permanent ainsi qu'au moyen du mouvement perpétuel paisible et gradué des humeurs [59].

En effet, le corps humain présente une disposition naturelle à tomber malade : la vie implique cette tendance à l'altération pathologique. À cet

57. Réclamations, défense et indications justificatives, 1707, § 64, *OMPP*, t. 2, p. 441.

58. Walter Pagel a souligné l'héritage helmontien de cette épistémologie, « Helmont-Leibniz-Stahl », *Sudhoffs Archiv für Geschichte der Medizin*, n° 24, Leipzig, 1929, p. 43-44.

59. *Paroenesis*, *OMPP*, t. 2, p. 174. Stahl reprend l'idée de mouvement perpétuel présente chez Hoffmann, mais en le rapportant à l'âme qui seule peut l'expliquer.

égard, le vivant ressemble à la machine qui tend toujours à se dérégler, comme l'ont perçu les iatromécaniciens. Mais le vrai problème consiste à se demander pourquoi l'homme n'est pas toujours malade actuellement. Une fois n'est pas coutume, il faut critiquer l'aphorisme hippocratique selon lequel « depuis sa naissance, l'homme n'est que maladie » (τοτυσ ηομο σιτ μορβυσ). De fait, la plupart des hommes ne sont pas malades, et la maladie s'avère relativement rare au cours d'une vie [60]. Pourquoi le corps si disposé à la corruption ne subit-il que rarement l'effet de cette imminente corruptibilité? L'étude des éléments matériels – mécaniques et chimiques – de la structure et de la texture organiques ne suffit pas à répondre, par définition, mais c'est précisément « là où finit le physicien que commence le médecin » selon l'aphorisme cette fois juste d'Aristote. Il faut, en d'autres termes, montrer jusqu'à quel point le mécanisme et la mixtion demeurent subordonnés à l'organisme.

Deuxièmement, comme ne l'a pas compris Sydenham en dépit de son attention aux périodes de la maladie ou de la vie humaine, le vieillissement et l'âge en général expriment encore la même fonction. L'âge correspond en effet à la disposition des actes vitaux selon un temps déterminé [61] : il est marqué par des signes ou comportements, tels que la dentition, la puberté, la menstruation, le mariage, le veuvage, la fécondité, la stérilité, la ménopause. D'une façon générale, tout phénomène organique évolue au sein d'une période : une maladie est aiguë, chronique ou périodique; la circulation sanguine détermine des périodes analogues à la marée. Ces différents cycles correspondent à une intensité d'énergie vitale :

> § 2. [...] il faut savoir que les actions s'accomplissant dans le corps humain, et même dans chaque espèce animale, entretiennent un rapport et une relation particuliers avec une mesure temporelle particulière. Ainsi la plupart des actions prennent une certaine dimension restreinte dans le temps, et d'autres n'en ont qu'une et occupent presque toute la période

60. « Pathologie générale », *Vraie théorie médicale*, *OMPP*, t. 4, p. 14-15, ou *TMV*, p. 445; cependant, deux pages plus loin, Stahl nuance sa critique et donne une interprétation acceptable d'Hippocrate à condition d'interpréter la maladie comme virtuelle. Leibniz porte un jugement analogue, à partir d'un autre point de vue : « Si nous étions ordinairement malades et rarement en bonne santé, nous sentirions merveilleusement ce grand bien et nous sentirions moins nos maux; mais ne vaut-il pas mieux néanmoins que la santé soit ordinaire et la maladie rare? [...] Je ne m'étonne pas si les hommes sont malades quelque fois, mais je m'étonne qu'ils le sont si peu et qu'ils ne le sont point toujours », *Essais de Théodicée*, § 13, *Gerhardt Philosophische Schriften* (désormais cité *GP*), VI, p. 109.

61. Les âges et périodes de la vie caractérisent des variations de l'énergie vitale (enfance, jeunesse, puberté, adolescence, âge viril, vieillesse, décrépitude), *Physiologia*, I, 5, 1, § 3, *TMV*, p. 241, je traduis, ou *Paroenesis*, § 37, *TMV*, p. 57. Stahl mêle des critères que nous pensons biologiques et des critères que nous pensons sociologiques.

globale. Cette période globale est la dimension particulière qui caractérise une vie ; chaque espèce en jouit à un degré particulier, de sorte que certains vivent plus longtemps que d'autres.
§ 9. De toutes ces remarques, on déduit un fait digne d'attention : c'est qu'aucune n'explique pourquoi l'homme meurt naturellement, ni pourquoi il éprouve les changements de plus courte période (c'est-à-dire le vieillissement) [62].

La vie est périodique ; comprendre la mort ou la maladie requiert de justifier le début ou la fin d'une période. Or cette explication implique l'âme comme source de toute énergie vitale.

D'où la troisième question de savoir pourquoi l'homme ne vit pas plus de cent ans, pourquoi il meurt de vieillesse, pourquoi la maladie au bout d'une certaine période débouche soit sur la mort, soit sur la convalescence [63]. Comme l'ont bien perçu Sydenham ou Hoffmann, la mort fait partie de la maladie et de la vie en général, mais le médecin anglais renonce à l'expliquer et le collègue de Halle la réduit à ses manifestations matérielles. Il revient encore à Stahl d'ouvrir une troisième voie à la connaissance médicale de la mort.

> La tradition vulgaire qui veut que la mort arrive *a posteriori*, à cause de la perversion de la matière et des organes matériels n'explique rien ; en effet, selon cette même hypothèse, on peut restaurer entièrement n'importe quelle partie défectueuse en restaurant leurs défauts les uns après les autres et en les guérissant. Ainsi il s'avère certain que ces défauts dépendent plutôt de la limitation de l'énergie, qui caractérise un manque *a priori*. En effet, on ne peut alléguer aucune raison qui justifie la non-conservation de la vie au-delà de 70 ou 100 ans, ni aucune raison justifiant que la vie ne se conserve pas à perpétuité. Car la matière n'a jamais de prérogative : elle possède la même tendance à la corruption aux premiers jours ou aux premières années, comme à 100 ou 1000 ans [64].

La question du vieillissement pose un beau problème à la médecine. Les explications mécanistes ne peuvent rendre compte du changement de régime qui caractérise le fonctionnement organique de l'enfance, la puberté, l'âge adulte ou la vieillesse. Il faut recourir à un autre type d'explication qui vise davantage à expliquer le pourquoi que le comment, apanage du modèle mécaniste. Dans cette perspective, la mort n'apparaît

62. *TMV*, 1737, p. 241, je traduis.

63. « [...] l'homme ne meurt pas de maladie, mais seulement des maux qui lui succèdent », *TMV*, p. 481, je traduis.

64. *TMV*, 1737, p. 244, je traduis.

plus comme un phénomène antagoniste à la vie[65], mais comme une tendance virtuellement inscrite dans la vie elle-même, sous la figure de la corruption toujours à l'œuvre dans la texture chimique de l'organisme qui lutte contre la désorganisation.

> Il faut même aller plus loin : cette disposition si encline à la corruption, qui est même la corruptibilité, demeure cachée et comme contenue durant tout ce temps, comme si elle n'existait pas.
> § 5. Donc la question tout entière, et tous les arguments afférents, ne consiste pas tant à demander : pourquoi le corps se fatigue et subit des corruptions matérielles, mais plutôt : pourquoi l'acte vital – lui qui conserve cette corruptibilité – dépérit et cesse ? Il faut cependant tout de suite noter que la vie n'est pas simplement la préservation de la corruption, elle n'est pas que la conservation corruptible : plus l'acte vital agit sur le corps tant soit peu, plus le corps est sain, épanoui, et plus il doit être sujet à la corruption[66].

Effectivement, la rapidité et la brutalité de la mort croissent parallèlement à la santé de l'individu. Sydenham faisait d'ailleurs la même remarque et comparait cet effet à l'aiguille : si sa pointe est acérée, elle perce le coussin ; si sa pointe est émoussée, elle se contente d'y marquer une bosse[67]. Mis à part le cas d'une blessure ou d'une cause violente externe, assigner la mort directement à une cause naturelle révèle une illusion de perspective due à la comparaison entre l'animal et la machine. Rendre compte de la mort demande au contraire de répondre au préalable à au moins deux questions : pourquoi l'homme meurt-il après un certain laps de temps ? Puisque l'homme peut ne pas mourir longtemps et jouir d'une longue vie, pourquoi ne peut-il pas vivre toujours[68] ? À la lumière de ces deux questions, la vie apparaît comme la conservation de la disposition naturelle du corps à la corruption : en d'autres termes, il est naturel que la mixtion se corrompe, la vie consiste seulement à entretenir la mixtion dans un état de corruption purement virtuelle sans qu'elle ne puisse s'actualiser.

65. « Ceux qui pensent que la mort a une raison certaine, mais que la vie n'en a pas, me paraissent halluciner et se tromper gravement. [...] Pourquoi ne pouvons-nous pas donner avec certitude de raison physique de la mort naturelle de l'homme, si ce n'est parce qu'il meurt à cause d'une force très simple qui n'est pas physique ? », *TMV*, p. 455-456.

66. G.E. Stahl, *Qu'on ne peut rendre raison de la mort humaine*, *TMV*, je traduis, p. 244, repris p. 460-463.

67. *MPS*, p. 85.

68. G.E. Stahl, « Pathologie générale », *OMPP*, t. 4, p. 29.

Leçons épistémologiques et historiographiques de la mort

Cette correction apportée aux représentations mécanistes traditionnelles de la mort justifie trois remarques qui importent aux yeux de l'histoire de la médecine. Premièrement, on considère souvent que l'animisme, puis le vitalisme, opposent de façon binaire mort et vie, sans tiers exclu. Au contraire, Stahl intègre la mort à la vie et soulève le paradoxe d'une utilité de la mort pour la vie. Certes, la mort correspond à des phénomènes chimiques et physiques, mais il ne s'agit encore que de corruption et de mouvement; il n'y a de mort qu'en un sens organique. Il convient donc de corriger l'image caricaturale que nous nous faisons aujourd'hui de ces doctrines. Deuxièmement, comme le souligne Michel Morange en réaction à la pensée unique qui menace sans cesse la biologie, « les pourquoi – au sens de "pourquoi telle chose et pas telle autre" – font pleinement partie des questions accessibles à la connaissance scientifique »[69]. C'est particulièrement vrai si l'on veut comprendre le vieillissement ou la mort. La finalité ne constitue pas l'autre de la raison, mais participe à une juste représentation du réel, au moins en ce qui concerne le vivant. Troisièmement, la difficulté consiste alors dans l'articulation des différentes formes de rationalité qu'appelait de ses vœux Georges Canguilhem[70] en soulignant particulièrement l'importance de la probabilité et de la finalité[71] :

69. M. Morange, *Les secrets du vivant. Contre la pensée unique en biologie*, Paris, La Découverte, 2005, p. 73. Reprenant la question du vieillissement à partir des travaux de d'Arcy Thomson, M. Morange souligne le rapport entre la taille et l'âge : « De nombreux travaux ont progressivement dégagé des lois dites allométriques – ou lois d'échelle – qui relient un certain nombre de caractéristiques des êtres vivants à leur taille. Par exemple, l'activité métabolique, c'est-à-dire l'intensité des réactions chimiques qui se produisent à l'intérieur d'un organisme, varie en fonction de la masse des organismes portée à la puissance trois quarts : deux organismes, dont la masse de l'un est dix fois supérieure à celle de l'autre, différeront d'un facteur égal à environ 5,6 dans leurs activité métaboliques. De même, le temps que met le sang à faire le tour de l'organisme, celui nécessaire à la formation de l'organisme adulte et la durée de vie sont tous trois proportionnels à la masse de l'organisme portée à la puissance un quart. Le fait que nos fidèles compagnons, chiens, chats, vivent moins que nous alors que les éléphants du zoo peuvent être plus que centenaires n'est que l'expression de cette loi », *ibid.*, p. 97. Si Stahl n'a pas les moyens de quantifier ces relations, il dégage précisément ces mêmes phénomènes : circulation, âge, vieillissement.

70. G. Canguilhem, « Puissance et limite de la rationalité en médecine » (1978), dans *Études d'histoire et de philosophie des sciences*, Paris, Vrin, 2002, p. 392-412 (cité désormais *EHPS*).

71. J. Roger, « Le statut épistémologique de la médecine », dans *EHPS*, p. 425. J. Roger dégage aussi la modernité de la critique animiste et vitaliste, dans *Les sciences de la vie dans la pensée française du XVIIIe siècle*, Paris, Armand Colin, 1963, p. 419-431. En ce qui concerne le

> La rationalité médicale parce qu'elle est d'abord la rationalité appliquée à la biologie n'est pas asservie par les principes de la logique classique. Pourquoi ne tolérerait-elle pas la contradiction, alors que l'organisme lui-même opère le renversement de la protection en attaque ? [...] De même la rationalité médicale n'est pas contrainte par les règles de l'arithmétique élémentaire, lorsqu'elle reconnaît que l'addition de plusieurs médicaments n'est pas indépendante de l'ordre dans lequel ils sont administrés. De même enfin, la rationalité médicale a renoncé à la conception d'un déterminisme vérifié [72].

Or entre Hoffmann et Stahl, un tiers a choisi d'inclure le meilleur de leurs théories et de proposer une représentation subtile de la mort qui permette d'allier différentes rationalités scientifiques.

LA MORT ENVELOPPEMENT

En effet, bien qu'il ne soit pas médecin, Leibniz explore une voie intermédiaire pour connaître le vivant en général, et la mort en particulier. De façon générale, et au-delà de la médecine, il défend l'usage complémentaire des causes efficientes et finales pour comprendre les phénomènes. Contre Descartes, il affirme que les seules causes efficientes ne suffisent pas à expliquer les choses, tout particulièrement en médecine, où il est urgent de réintroduire un raisonnement *de usu partium* [73]. Certes, l'explication par les causes efficientes marque un certain achèvement des connaissances, mais la plupart du temps, nous ne pouvons arriver à un tel degré de précision et de certitude, il faut alors recourir à la finalité. À cause de la complexité des phénomènes, nous n'avons pas accès à la

vitalisme, André Pichot réévalue à juste titre Bichat : « hormis sa célèbre définition de la vie, on le remarque à peine (au point qu'on pourrait parfois douter de son vitalisme). Cela tient non pas à Bichat, mais à l'idée qu'on se fait aujourd'hui du vitalisme [...] bien que les travaux de G. Canguilhem aient montré qu'il fut en son temps une doctrine plus féconde que l'animal-machine cher aux mécanistes des XVIIe et XVIIIe siècles », *Recherches physiologiques sur la vie et la mort*, A. Pichot (éd.), Paris, Flammarion, 1994, p. 7.

72. *EHPS*, p. 404-405.

73. « La véritable science est de savoir les fins et l'usage des choses, car la science est de savoir les raisons, et les raisons de ce qui a été fait par entendement sont les causes finales ou desseins de celui qui les a faites, et qu'elles paraissent par l'usage et la fonction qu'elles dont. C'est pourquoi la considération de l'usage des parties est finale dans l'anatomie », *Leibniz et Malebranche, Relations personnelles*, A. Robinet (éd.), Paris, Vrin, 1955, p. 117.

connaissance distincte des enchaînements causaux, mais nous pouvons malgré tout en avoir une connaissance certaine [74].

> Et même si nous ne pouvons pas connaître complètement les secrets de la nature, parce que ses subdivisions procèdent à l'infini, nous espérons cependant pouvoir pénétrer davantage dans ses entrailles, comme nous avons déjà commencé à le faire, et avec le plus grand fruit, en ce qui concerne la physiologie et la médecine. L'investigation doit s'effectuer progressivement [75].

Pour y accéder, il faut mettre en place des stratégies optimisées du savoir, selon la métaphore de la clef requise pour déchiffrer un cryptogramme : la mise au jour d'un principe d'économie (le plus d'effet pour le moins de matière) relève d'une telle pratique cognitive, encore faut-il savoir l'appliquer. Lors de sa controverse avec Stahl, Leibniz cherche justement à introduire des principes régulateurs du raisonnement final : il critique la téléologie organique stahlienne au nom du principe de raison suffisante [76]. L'usage raisonné des causes efficientes et finales rend possible une ruse de la raison qui consiste à opérer des changements d'échelle pour passer outre l'analyse interminable de l'infini. Seul un changement d'échelle rend accessible la compréhension de certains phénomènes : aux degrés de complexité de la réalité répondent les degrés de la recherche. *In inquirendo sunt gradus.* Au sujet de la mort, Leibniz opère ce changement d'échelle au moins à trois reprises. Ce stratagème implique d'instituer une nouvelle philosophie du vivant comme fondement de la médecine capable de concilier les raisonnements efficients, finaux et probables.

L'infini et l'infinitésimal

En premier lieu, Leibniz propose un modèle consistant du parasitisme, de la chaîne des êtres et de l'emboîtement des parties, qui correspond

74. Leibniz, « Unicum opticae, catoptricae et dioptricae principium », *Acta eruditorum*, juin 1682, rééd. *Essais scientifiques et philosophiques*, 3 vols., A. Lamarra et R. Palaia (éds.), Hildesheim, G. Olm Verlag, 2005 ; *Discours de métaphysique*, 1686, § 19-21 ; *Lettre sur un principe général utile à l'explication des lois de la nature*, 1687, *GP*, III, p. 54-55 ; *Tentamen anagogicum*, 1697, *GP*, VII, p. 270-279 ; *Essais de théodicée*, 1710, § 212-214, *GP*, VI, p. 245-247.

75. Leibniz, « Lettre à Bierling », 12 août 1711, *GP*, VII, p. 500, je traduis. Sur les degrés de la connaissance, Ph. Beeley, « In inquirendo sunt gradus. Die Grenzen der Wissenschaft und wissenschaftlichen Grenzen in der Leibnizschen Philosophie », *Studia leibnitiana*, vol. 36, cahier 1, 2004, p. 22-41.

76. Stahl-Leibniz, *Controverse sur la vie, l'organisme et le mixte*, Préambule, S. Carvallo (éd.), Paris, Vrin, 2004, p. 71-85.

encore au thème métaphysique de l'enveloppement et du développement [77]. Puisque tout individu existe depuis l'origine de la création et jusqu'à son terme, la vie de l'individu ne s'achève jamais totalement mais connaît une série d'enveloppements et de développements [78]. Ou encore, elle change de scène. De même, tout individu en enveloppe une infinité d'autres à l'infini. En outre, chaque être s'inscrit dans une série qui relie tous les vivants ensemble, et encore aux corps qui paraissent morts :

> Je pense donc avoir de bonnes raisons pour croire que toutes les différentes classes des êtres, dont l'assemblage forme l'univers, ne sont dans les idées de Dieu qui connaît distinctement leurs graduations essentielles, que comme autant d'ordonnées d'une même courbe, dont l'union ne souffre pas qu'on en place d'autres entre deux. Les hommes tiennent donc aux animaux, ceux-ci aux plantes, et celles-ci derechef aux fossiles, qui se lieront à leur tour aux corps que les sens et l'imagination nous représentent comme parfaitement morts et informes [79].

Ainsi l'infini se développe selon deux dimensions, en intension et en extension. Et les nouvelles mathématiques de l'infini (les séries ou la division à l'infini en géométrie) offrent un guide méthodologique pour concevoir cet infini concret.

> Il suffit pour le calcul que ces grandeurs soient fictives, comme les racines imaginaires en algèbre. Même si en effet je concédais qu'il n'y a aucune partie de matière qui ne soit divisible en acte, cependant, je n'en viens pas

77. *Generatio animalium non nisi augmentatio est ut evolutio, ita et mortem eorum non esse, nisi diminutionem et involutionem, salvo semper aliquo vitae gradu*, « Lettre 21 à Kortholt », 17 juin 1712, L. Dutens (éd.), 1768, t. 5, p. 319, ou « Pacidius Philalethi », dans *Opuscules inédits*, L. Couturat (éd.), 1903, p. 599 *sq. Animadversiones in partem generalem principiorum cartesianorum* § 54-55, Paris, Vrin, p. 67 ; *Principes de la nature et de la grâce* § 6 ; 7 ; *GP*, VI, p. 601-602.

78. « Chaque animal est à l'épreuve de tous les accidents et ne saurait jamais être réservé à la mort, comme un serpent quitte sa vieille peau ; car la naissance et la mort ne sont que des développements et enveloppements pour prendre une nouvelle nourriture et pour la quitter par après, après en avoir pris la quintessence », « Lettre à Sophie », *GP*, VII, p. 563.

79. La citation continue : « Or puisque la loi de continuité exige que quand les déterminations essentielles d'un être se rapprochent de celles d'un autre qu'aussi en conséquence de toutes les propriétés du premier doivent s'approcher graduellement de celles du dernier, il est nécessaire que tous les ordres des êtres naturels ne forment qu'une seule chaîne, dans laquelle les différentes classes, comme autant d'anneaux, tiennent si étroitement les uns aux autres, qu'il est impossible aux sens et à l'imagination de fixer précisément le point où quelqu'une commence ou finit : toutes les espèces qui bordent ou qui occupent pour ainsi dire les régions d'inflexion et de rebroussement, devant être équivoques et douées de caractères qui peuvent se rapporter aux voisines également », « Lettre à Varignon », citée par E. Cassirer, *Leibniz. Hauptschriften zur Grundlegung der Philosophie*, Leipzig, Buchenau, 1906, II, p. 558.

> aux éléments insécables, ni aux plus petites parties, et pas plus aux infiniment petites, mais seulement à des plus petites de manière continue, et cependant ordinaire ; semblablement on accède aux plus grandes en accroissant de manière continue. C'est ainsi que je concède aisément qu'il y a toujours de plus petits animaux dans les petits animaux donnés ; et cependant il n'est pas nécessaire que soit donné un animal infiniment petit, pas plus que dernier [80].

Ces analyses théoriques s'appliquent particulièrement bien aux observations de Leeuwenhoek, Swammerdam ou Malpighi sur l'emboîtement des parties, mais elles permettent aussi de critiquer l'idée simpliste de la mort comme négation et de résoudre la difficulté que rencontraient les iatromécaniciens : comment concilier la mort de l'individu avec la survie de certains organes, fussent-ils aussi décisifs que le cœur ? La théorie de l'infinitésimal implique en effet une juste compréhension de la mort par passage à la limite aussi bien dans le temps que dans l'espace. « Aussi n'y a-t-il personne qui puisse bien marquer le véritable temps de la mort, laquelle peut passer longtemps pour une simple suspension des actions notables » [81]. Spatialement, certaines parties composantes meurent tandis que d'autres vivent, et globalement, l'individu peut mourir, tandis que la plupart de ses parties continuent à vivre : il n'y a pas d'instance dernière à l'existence. Du coup, Leibniz déplace la question de la mort à la frontière de la médecine vers la philosophie ; lorsqu'on somme la médecine d'indiquer un terme, un indice certain, voire une cause, elle doit s'avouer incapable de dénouer le nœud gordien, parce que ce terme pointe précisément l'ambiguïté de tout phénomène organique que seule l'harmonie préétablie peut articuler. Certes, il faut séparer médecine, théologie, droit et métaphysique, mais il faut encore les concilier harmonieusement dans une ontologie et une épistémologie cohérentes. Les erreurs médicales sur les morts enterrés vivants correspondent à cette méconnaissance du juste statut de la limite, qui oblige à renoncer au modèle mécaniste discret et requiert une analyse philosophique de la notion de limite, analyse elle-même nourrie par les mathématiques.

Qui meurt ?

Deuxièmement, comme le suggérait Stahl mais pour d'autres raisons, cette présence de l'infini oblige à corriger une version naïve de la contra-

80. « Lettre à Johann Bernouilli », 22 juillet 1698, *Gerhardt Mathematische Schriften* (désormais cité *GM*) III p. 516. Sur ces questions, voir aussi « Lettre au R. P. des Bosses », 16 juin 1712, Ch. Frémont (éd.), dans *L'être et la relation*, Paris, Vrin, 1981, p. 172.
81. *GP*, IV, p. 480.

diction entre la vie et la mort pour mettre au jour une rationalité plus subtile. Cette correction remet en question directement la conception cartésienne de la rationalité à l'œuvre dans les sciences.

> Je doute aussi de la certitude de cet axiome : si une chose est la plus contraire à une autre, alors la cause de la première est aussi la plus contraire à la seconde. En effet, qu'y a-t-il de plus contraire à la mort que la vie ? Et cependant la mort d'un animal est sans doute très souvent causée par un être vivant. [...] j'ai souvent constaté que ces très grands philosophes et, à plus forte raison, les autres hommes tombent souvent en erreur, dans les choses les plus graves, parce qu'ils négligent cette logique élémentaire, et que c'est même presque l'unique cause de leurs erreurs [82].

Expliquer des phénomènes concrets peut induire des chaînes non linéaires de raisons qui obligent à faire des détours par la contingence des phénomènes pour affiner le modèle de la rationalité scientifique [83]. Cette nuance apportée à l'opposition entre la vie et la mort trouve aussi des résonances dans les études anatomiques elles-mêmes. S'il n'y a pas d'opposition simple, s'il n'y a pas de contradiction, il faut se demander qui meurt ou qu'est ce qui meurt quand nous mourrons. Hoffmann nie que les plantes meurent, et d'autres anatomistes adoptent des positions analogues. Par exemple, Leeuwenhoek soutient que les poissons ne meurent pas de maladie ou de vieillesse [84]. Il mentionne deux raisons à cette affirmation surprenante : les poissons connaissent un mouvement continuel, l'absence d'air dans l'eau empêche les os de durcir, par conséquent, ils ne vieillissent ni ne connaissent la maladie. D'autres auteurs soutiennent aussi cette thèse, de façon moins radicale au sujet de la rareté des maladies chez la bête, comme le souligne Stahl. Mais Hartsoeker soutient l'analogie de la mort entre les plantes, les bêtes et les hommes, et Leibniz le suit sur ce point, même s'il distingue un sens phénoménal et un sens ontologique de la mort : tous les êtres vivants meurent, mais ne meurent pas à la rigueur [85]. Sur ces questions, il n'y a pas de consensus, parce que la représentation de la mort varie.

82. *Animadversiones in partem generalem Principiorum Cartesianorum*, § 54-55, P. Schrecker (éd.), Paris, Vrin, 1966, p. 67.

83. Cette assertion trouve son application par exemple dans les théories épidémiologiques de Hartsoeker. *Dissertation sur la peste et sur les moyens de s'en garantir*, dans *Cours de Physique*, La Haye, Jean Swart, 1730 (désormais cité *DPMG*), p. 116.

84. « Lettre du 1 avril 1689 »; « lettre du 27 septembre 1696 »; « lettre du 22 mai 1716 ». Hartsoeker critique cette théorie, *DPMG*, p. 28, 41, 62. Cette critique naît aussi d'une querelle de priorité sur l'observation des animalcules.

85. « Peut être que cet ancien Auteur [Hippocrate] en niant une veritable generation et une veritable destruction, a eu en veue les Atomes de Démocrite [...] Mais peut être aussi

Pour sa part, Leibniz assume la difficulté des médecins à concevoir une identité du phénomène létal à travers les trois règnes en ne cherchant pas à réduire ce problème à une indigence de la science, mais en la rapportant à la complexité réelle du phénomène. Par ailleurs, la possibilité technique de maintenir en vie artificielle des animalcules pose un problème conceptuel nouveau. Depuis longtemps, on sait que le cœur extrait d'une grenouille continue à battre [86] ; faut-il alors dire l'individu mort en faisant passer à l'extrême l'aphorisme « premier vivant, dernier à mourir », ou poser que la vie du cœur équivaut à la vie de l'individu ? Désormais, Leeuwenhoek ou Hartsoeker prétendent pouvoir conserver « en vie dans un tube de verre, les petits animaux de la semence d'un chien pendant plus de sept jours » [87]. Ce succès technique ouvre un nouveau champ d'investigation : qui ou qu'est-ce qui meurt, lorsqu'un individu meurt ? Leeuwenhoek propose des expériences imaginaires dans la même veine : si l'on ôte la semence de la plante pour l'insérer dans la semence d'une autre plante, obtient-on une plante hybride ou retrouve-t-on la première plante comme dans les greffes ? Hartsoeker observe que, lorsqu'on coupe les pattes d'une écrevisse, elles repoussent. Cette capacité régénératrice l'incline à poser un agent intelligent capable de restaurer l'organisme à l'état originel ; il départage donc la dimension matérielle de la dégradation physique et l'acte vital de l'âme végétative intelligente. Ainsi le problème de la mort met en jeu le principe d'individuation, et la résolution de l'un suppose la solution de l'autre ; or, comme le constatait déjà Descartes, la définition de l'individu dépasse les limites de la médecine. Même dans une perspective purement médicale, Leibniz souligne à son tour, mais de façon positive, qu'on ne peut faire l'économie de la dimension anthropologique de la mort.

À défaut de résoudre les difficultés techniques de la médecine à la recherche d'un indice certain de la mort, Leibniz montre que l'identification de la mort suppose au préalable une théorie de l'individu et une philosophie de la vie capables de tenir compte de l'infini. À quel niveau de phénoménalité repérer la vie ? Quels sont les critères phénoménaux de

que ces paroles : Un être vivant ne sauroit mourir à moins que l'univers entier meure (ou perisse) aussi, disent quelque chose de plus. Car les prenant à la lettre, je n'en saurois trouver de plus propres à exprimer mon sentiment. Je ne say s'il est vraysemblable, que par le mot Zwon, être vivant, l'auteur ait voulu entendre toute réalité, comme par exemple un Atome, selon ceux qui en admettent. Il est vray que selon moi tout ce qu'on peut appeler véritablement une substance est un être vivant », 1716, « lettre à ? » *GP*, VI, p. 624-626.

86. *DMA*, p. 211.

87. *DPMG*, p. 16.

l'individualité ? Ces questions précèdent la médecine et conditionnent la représentation à la fois de son objet et de son opération cognitive.

D'un nouvel usage de l'arithmétique politique

Troisièmement, le début des études qu'on appellera par la suite statistiques [88] et probabilistes permet d'appréhender le grand nombre de façon systématique. À son tour, Leibniz cherche à concilier le point de vue collectif de la santé publique et le point de vue singulier du médecin pour comprendre la mort comme un phénomène relevant de ces deux ordres de réalité ; dans le même temps, il utilise l'arithmétique politique en un sens nouveau. Si Leibniz prétend s'inscrire dans la continuité de Graunt, Sydenham ou de son homologue italien, Ramazzini, en réalité, le philosophe mathématicien va bien plus loin dans la mesure où il propose une formalisation mathématique de ces études. D'une façon générale, Leibniz ne se contente pas d'une utilisation descriptive ou inductive des recensements, mais soutient l'usage heuristique de la probabilité [89] :

> [...] lors même qu'il s'agit d'une question de fait, et qu'il reste encore des expériences à faire, qui ne sont pas toujours dans le pouvoir des hommes, ce calcul serait suffisant pour nous conduire en attendant le mieux qu'il est possible de faire suivant la raison, sur les connaissances déjà données. Car par là nous pourrions estimer les degrés de probabilité [90]...

Leibniz applique la méthode de l'estime [91] à la médecine pour déterminer, par exemple, le statut du symptôme sur le modèle des preuves ou demi preuves juridiques :

> [...] je n'exclus ni la médecine elle-même ni les autres sciences conjecturales faisant intervenir une sorte de calcul des hasards et d'estimation de la probabilité, mais en ce domaine il est besoin d'une caractéristique d'un nouveau genre et de laborieux préliminaires [92].

88. Terme anachronique forgé par Achenwall (1719-1772) en Allemagne.

89. « [...] la probabilité même se peut démontrer », « Lettre à Jean Frédéric », avril 1679, dans *Sämtliche Schriften und Briefe*, Akademie Verlag (désormais cité *SSB*), Berlin, F. Steiner, 1923-..., II, 1, p. 557. Sur l'enjeu des statistiques en médecine : Correspondance avec Ramazzini, *SSB*, III 4, p. 447-452, *SSB* III 5, p. 283 ; *Directiones ad rem medicam pertinentes*, *Essai de quelques raisonnements nouveaux*, *SSB* III, 4, 1683, p. 489-491. *Nouveaux Essais sur l'entendement humain* (désormais cité NEEH) II, 27, § 8 ; NEEH III, 6.

90. « Lettre à Jean Frédéric », février, *SSB* II, 1, p. 554.

91. M. Parmentier, *L'estime des apparences*, Paris, Vrin, 1995. Par exemple pour le calcul des rentes, ou « Méditation juridico-mathématique sur les intérêts simples », 1683.

92. « Geometriae utilitas medicinae mentis », *SSB* VI, 3, p. 451. Voir aussi *Essay de quelques raisonnements nouveaux*, 1680, *SSB* IV, 1, p. 459.

L'intérêt des quantifications ne se réduit pas à décrire un état de fait, ni même à induire des causes d'événements passés : elles possèdent un effet heuristique majeur. Une fois établies les données chiffrées, l'outil mathématique permet effectivement de définir précisément de nouvelles catégories utiles en santé publique, non pas qu'elles correspondent à des entités ontologiques, mais parce qu'elles organisent mieux et différemment la rationalité médicale que les seuls raisonnements efficient ou final. En particulier, l'arithmétique politique permet d'appréhender la question du vieillissement d'un point de vue qui ne relève pas des causes, mais qui ne se contente pas non plus de l'empirie de Sydenham[93]. Elle donne un nouveau sens aux périodes de la vie, qui trouvent leur raison d'être non plus *a priori* à partir de l'âme comme chez Stahl, mais au niveau de l'espèce. Ou encore, elle permet d'appréhender la question de l'énergie vitale ou de la vitalité, non plus comme une catégorie ontologique au sens de Stahl, mais, là encore, comme une caractéristique valable pour décrire des phénomènes de santé publique en les rapportant à des réalités individuelles[94]. Leibniz introduit par conséquent de nouveaux concepts qui ne renvoient ni à une interprétation vitaliste ni à une lecture mécanique, mais proposent une troisième voie pour appréhender médicalement l'homme.

Ainsi les mathématiques modernes de l'infinitésimal et du probable garantissent la scientificité de cette connaissance du vivant, tout en permettant d'affiner les modalités cognitives jusqu'à créer de nouvelles représentations du phénomène vital. Bref, Leibniz opère un triple changement d'échelle pour établir des lois dites « allométriques », où l'outil mathématique (statistique, analyse des séries, étude des points d'inflexion ou de rebroussement d'une courbe) s'avère essentiel pour garantir la ratio-

93. « Quant à la vie humaine, je suppose suivant la Sainte écriture et l'expérience, que sa plus grande longueur usitée est de 80 ans, c'est-à-dire que les hommes passent au plus 80 ans, mais qu'ils ne passent pas 81 ans, nombre qui est appelé de quelques uns le plus grand climactérique, car il est 9 x 9. Comptant pour rien en cette matière le petit nombre de ceux qui vont au-delà de cet âge », *SSB* IV, III, 458. L'opuscule « Espérance de vie » détermine la vie présomptive d'un individu d'âge t rapporté à la vie présomptive collective de n hommes du même âge ; la longévité présomptive d'un nouveau-né à partir de la durée de vie maximale (80 ans). Dans les *Nouveaux Essais sur l'entendement humain*, Leibniz réfléchit sur la présomption qu'un individu monstrueux soit un homme, NEEH II, 27, § 8, *SSB* VI, 6, p. 234 ; NEEH III, 6, *SSB* VI 6, p. 315-317, 325. Voir encore la définition de la puberté *per aversionem*, « Lettre à Spanheim », dans G. Grua, *La justice humaine selon Leibniz*, Paris, PUF, 1956, p. 256.

94. *SSB* IV, III, 458 : Leibniz détermine en effet la vitalité, comme l'intensité de vie des individus : pour calculer la durée de vie présomptive d'un groupe d'individus, il faut attribuer à tous les hommes la même vitalité.

nalité de la loi. Mais cette formalisation mathématique constitue aussi le point faible de ces conceptualisations de la mort ou du vieillissement, au point qu'on peut se demander s'il s'agit encore d'explication. En effet, par nature, ces descriptions ne dépendent pas de raisons physiques ou mécaniques, bien qu'elles suggèrent qu'un jour, peut-être, nous puissions les confirmer par la mise au jour des enchaînements causaux. Cette situation épistémologique correspond assez bien aux analyses que Leibniz propose au sujet d'un autre phénomène physico-chimique : le changement d'état de l'eau [95]. L'âge, le vieillissement, la mort constituent des phases analogues articulées par un seuil critique [96]. Or à l'époque, nulle théorie ne permet d'expliquer les changements critiques par seuil; Leibniz y voit néanmoins l'œuvre d'un principe structurant la réalité, qui permet d'attester l'identité et la permanence d'un être en dépit de ses changements phénoménaux critiques (en l'occurrence, gazeux, liquide, solide) [97]. Il reste à en faire la science qui ne viendra que bien plus tard, aussi bien en thermodynamique qu'en biologie.

L'analyse leibnizienne de la mort laisse donc un bilan nuancé : si Leibniz repère un défaut des connaissances contemporaines, il reconnaît que nulle théorie ne peut encore le combler. Cela dit, il peut déjà garantir la rationalité du processus à connaître et, par conséquent, critiquer les renoncements comme celui de Sydenham, les tentatives irrationnelles comme celle de Stahl, ou les simplifications outrancières comme celle de Descartes. Certes, toute mort a une cause, mais son identification nous échappe, et sans doute faut-il changer de niveau d'explication; cependant, au début du XVIIIe siècle, nul ne saurait dire encore lequel. Par manque de connaissances scientifiques suffisantes, Leibniz propose donc de multiplier les modalités de compréhension du phénomène pour ne pas le réduire à une logique simpliste incapable de tenir compte de l'infinitésimal et de la contingence à l'œuvre dans le réel : la mort ne se laisse réduire ni à une connaissance déterministe, ni à une logique finale, ni à une description probabiliste, mais les requiert toutes les trois. « Il y a un proverbe

95. *De modo distinguendi phaenomena realia ab imaginiariis*, *GP*, VII, trad. fr. J.-B. Rauzy, dans *Recherches générales sur l'analyse des notions et des vérités*, Paris, PUF, p. 396; NEEH IV, p. 9; IV, 15, *GP*, V, p. 414.

96. « Nous aussi nous changeons de corps, en sorte que vieux, nous ne retenons peut-être rien de la matière de l'enfant : la seule différence est que nous ne nous dépouillons de notre corps ni subitement ni suivant notre pouvoir ». Lettre à des Bosses. Et, Leibniz poursuit par un passage à la limite qui déborde la médecine : « Il est souvent nécessaire de reculer pour mieux sauter : la mort et les souffrances ne seraient point dans l'univers si elles n'étaient nécessaires à de grands changements en mieux. Comme un grain paraît périr dans la terre pour pouvoir pousser un épi », *GP*, VII, p. 568.

97. NEEH, IV, 9, § 1, *GP*, V, p. 414.

allemand qui dit que la mort veut toujours avoir une cause ; et il n'y a rien de si vrai »[98], mais cela ne suffit pas encore.

Bien que philosophes et médecins reconnaissent la valeur sémiologique de l'arrêt de la circulation sanguine et des contractions cardiaques, il n'y a pas de consensus médical sur les critères de la mort, parce que fondamentalement la représentation de la mort varie : se réduit-elle vraiment à la seule fonction organique dont traite le médecin ? Est-elle d'origine mécanique, chimique, animique ou vitale ? Comment concilier la mort en termes de santé publique et ma mort ? Pouvons-nous dire en toute rigueur qu'une plante meurt ? À l'âge classique, le critère de la mort repose sur un diagnostic clinique concernant les fonctions cardiovasculaires (abolition du pouls, absence de tension, asystolie, confirmé par l'absence de respiration spontanée). Aussi contesté soit-il – et surtout aussi peu appliqué soit-il, puisqu'à l'époque, la mort est rarement attestée par un médecin –, le critère clinique devrait suffire à marquer la mort, mais de nombreux cas le remettent en cause, et les explications iatromécanistes, empiriques ou animistes n'épuisent pas la réalité vitale de la mort.

Au sein de ces contestations, Leibniz dénoue le nœud gordien en soulignant deux points : certes, le critère médical vaut comme référence nécessaire pour penser la mort, mais il ne suffit pas à en rendre compte, dans la mesure où nul ne peut faire l'économie d'une anthropologie de la mort, qui suppose une théorie de l'individu et relève à la fois de la théologie, de la philosophie, du droit et de la médecine. Si la philosophie ne peut penser la mort sans la médecine, l'inverse vaut aussi : la médecine ne peut connaître la mort sans comprendre son objet à partir d'une anthropologie et d'une ontologie justes. Cette complémentarité permet d'inclure la mort dans les phénomènes rationnels, donc d'en rendre raison, mais à condition d'affiner la rationalité elle-même.

À un niveau de technicité différent, la médecine contemporaine, la nôtre, rencontre les mêmes problèmes épistémologiques et anthropologiques que les médecins et philosophes de l'âge moderne, sauf qu'elle ne prend pas toujours le temps et la peine de penser globalement la mort. Relire les textes anciens nous donne le temps (au double sens de : la durée et l'occasion) de comprendre la mort, donc notre médecine, dans la mesure où nous héritons des concepts de la médecine classique. Cette relecture nous permet aussi de résoudre la fausse opposition entre animisme et mécanisme. Comme l'indique Jacques Lambert dans ses études médicales, l'histoire de la médecine participe au double projet

98. *Théodicée*, § 55.

philosophique de dénoncer les fausses évidences rétrospectives et de rendre évident – c'est-à-dire intelligible – le réel.

BIBLIOGRAPHIE

Sources primaires

BOERHAAVE H., *Methodus studii medici emaculata ab Alberto Haller*, Amsterdam, Jacob Wetstein, 1751, 1re éd. 1708.

– *Institutions de médecine*, de M. Hermann Boerhaave, avec un commentaire de M. de La Mettrie, Paris, Huart, Briasson, Durand, 1742 (5 vols.).

BORELLI Jo. A., *De motu animalium… opus posthumum*, Romae, Ex typ. A. Bernabo, 1680-1681.

DESCARTES, *Œuvres de Descartes*, Ch. Adam et P. Tannery (éds.), nouvelle présentation B. Rochot et P. Costabel, 11 vols., Paris, Vrin, 1964-1974.

HARTSOECKER N., *Cours de physique*, La Haye, Jean Swart, 1730.

HOFFMANN F., *Opera omnia physico-medica*, Genève, Fratres de Tournes, 1748.

– *Operum omnium physico-medicorum supplementum*, Genève, Fratres de Tournes, 1754.

– *La médecine raisonnée*, trad. fr. J.J. Bruhier, Paris, Briasson, 1751.

GRAUNT J., « Observations naturelles et politiques… faites sur les Bulletins de Mortalité, par le Capitaine John Graunt, Londres », 1662, dans *Les œuvres économiques de Sir William Petty*, Paris, Giard & Brière, 1905, t. 2.

LEIBNIZ, *Sämtliche Schriften und Briefe*, Berlin-Darmstadt, Akademie Verlag, 1923.

– *Stahl-Leibniz, Controverse sur la vie, l'organisme et le mixte*, trad. fr. S. Carvallo, Paris, Vrin, 2004.

– *Opera omnia*, L. Dutens (éd.), Genève, Fratres de Tournes, 1768.

– *Hauptschriften zur Grundlegung der Philosophie*, E. Cassirer (éd.), Leipzig, Buchenau, 1906, II.

LEEUWENHOEK A. van, *Arcana Naturae*, Lyon, Cornelius Boutestein, 1696 (ce recueil contient plusieurs traités, dont notamment *Anatomia et contemplatio*, 1685, et *Continuatio epistolarum*).

STAHL G.-E., *Opusculum chymico-physico-medicum*, Halle, 1715.

– *Theoria medica vera*, Halle, 1737.

– *Negotium otiosum, seu Skiamaxia adversus positiones aliquas fundamentales theoriae verae medicae a Viro quodam celeberrimo intentata sed adversis armis conversis enervate*, Halle, Litteris et impensis Orphanotrophei, 1720.

– *Œuvres médico-philosophiques et pratiques*, trad. fr. T. Blondin, Paris, Baillière, 1859-1864.

SYDENHAM T., *Opera omnia medica*, Genève, Fratres de Tournes, 1696.

– *Médecine pratique de Sydenham*, trad. fr. M.A.F. Jault, Montpellier, Mme Vve Picot, 1816.

WINSLOW J.-B., *Dissertation sur l'incertitude des signes de la mort et l'abus des enterremens, et embaumemens précipités* (1740), trad. fr. J.J. Bruhier, Paris, Morel, Prault, Simon, 1742.

Sources secondaires

ARIES Ph., *Essais sur l'histoire de la mort en Occident : du Moyen Âge à nos jours*, Paris, Seuil, 1975.

– *L'homme devant la mort*, Paris, Seuil, 1977.

BAUER A.W., « Der Körper als Marionette ? Georg Ernst Stahl und das Wagnis einer psychosomatischen Medizin », *Acta historica Leopoldina*, 30, 2000, p. 81-95.

BEELEY Ph., « *In inquirendo sunt gradus.* Die Grenzen der Wissenschaft und wissenschaftlichen Grenzen in der Leibnizschen Philosophie », *Studia leibnitiana*, vol. 36, cahier 1, 2004, p. 22-41.

BERTHIER A.-G., « Le mécanisme cartésien et la physiologie au XVII e siècle », *Isis*, Hors Série, 1914, p. 37-89 et *Isis*, III, 1920-1921.

BITBOL-HESPERIES A., *Le principe de vie chez Descartes*, Paris, Vrin, 1990.

CANGUILHEM G., « Puissance et limite de la rationalité en médecine » (1978), dans *Études d'histoire et de philosophie des sciences*, Paris, Vrin, 2002, p. 392-412.

– *La connaissance de la vie*, Paris, Vrin, 1965.

CAROL A., *Les médecins et la mort, XIX e-XX e siècles*, Paris, Aubier, 2004.

DUCHESNEAU F., *La physiologie des Lumières. Modèles et théories*, La Haye, Maritus Nijhoff, 1982.

– « G.-E. Stahl : antimécanisme et physiologie », *Archives internationales d'histoire des sciences*, vol. 26, 1976, p. 10.

– « Malpighi, Descartes and the epistemological problems of iatromechanism », dans *Reason, Experiment and mysticism in the scientific revolution*, M.L. Righini Bonelli and W. Shea (eds.), London, MacMillan Press Ltd, 1975.

– « Leibniz et Stahl : divergences sur le concept d'organisme », *Studia leibnitiana*, 27, 1995, p. 185-191.

– *Les modèles du vivant de Descartes à Leibniz*, Paris, Vrin, 1998.

FAGOT-LARGEAULT A., *Les causes de la mort. Histoire naturelle et facteurs de risques*, Paris, Vrin, 1989.

FRENCH R., « Harvey in Holland : circulation and the Calvinists », dans *The medical revolution of the seventeenth century*, R. French and A. Wear (eds.), Cambridge, Cambridge UP, 1989, p. 46-86.

GEYER-KORDESCH J., « Passions and the ghost in the machine : or what not to ask about science in seventeenth-century Germany », dans *The medical revolution of the seventeenth-century*, R. French and A. Wear (eds.), Cambridge, Cambridge UP, 1989, p. 145-163.

HOFFMANN P., « La théorie de l'âme dans la Medicina rationalis systemica de Friedrich Hoffmann », *Revue de Synthèse*, 59, janvier-juin 1984, *Médecine et sciences de la vie au XVIII e siècle*, p. 113-114.

KING L.-S., « Stahl & Hoffmann : a study in eighteenth century animism », *Journal of the history of medicine and allied sciences*, 19, Avril 1964, p. 118-130.

MANDRESSI R., *Le regard de l'anatomiste*, Paris, Seuil, 2003.

MILANESI Cl., *Mort apparente, mort imparfaite*, Paris, Payot, 1991.

MORANGE M., *Les secrets du vivant. Contre la pensée unique en biologie*, Paris, La Découverte, 2005.

PAGEL W., « Helmont-Leibniz-Stahl », *Sudhoffs Archiv für Geschichte der Medizin*, n° 24, Leipzig, 1929, p. 19-59.

RAMOND Ch., « Sur quelques problèmes posés par la conception mécaniste du corps humain au XVIIe siècle », dans *Le corps*, J.-Ch. Goddard et M. Labrune (éds.), Paris, Vrin, 1992, p. 107-122.

RATHER L.-J. et FRERICHS J.-B., « The Leibniz-Stahl Controversy. I. Leibniz' Opening objections to the Theoria medica vera », *Clio Medica* III, 1968, p. 21-40.

– « The Leibniz-Stahl Controversy. II. Stahl survey of the principal points of doubt », *Clio Medica*, V, 1970, p. 58-67.

ROGER J., « Le statut épistémologique de la médecine », dans *Études d'histoire et de philosophie des sciences*, Paris, Vrin, 2002.

– *Les sciences de la vie dans la pensée française du XVIIIe siècle*, Paris, Armand Colin, 1963.

ROTSCHUH K., Erster Teil : « F. Hoffmann und die Medizingeschichte. Das Hoffmannsche System und das Aetherprinzip » (Heft 2, p. 162-193) ; Zweiter Teil : « Hoffmann, Descartes und Leibniz » (Heft 3, p. 235-270), *Studien zu Friedrich Hoffmann*, *Südhoffs Archiv*, Band 60, 1976.

STRICKLAND L., « How modern was Leibniz's Biology ? », *Studia Leibnitiana*, 37/2, 2005, p. 186-207.

VOVELLE M., *Mourir autrefois : attitudes collectives devant la mort aux XVIIe et XVIIIe siècles*, Paris, Gallimard, 1974.

– *La Mort et l'Occident de 1300 à nos jours*, Paris, Gallimard, 1983.

WILLIAMS E., *A cultural history of medical vitalism in Enlightment Montpellier*, Aldershot (England), Ashgate, 2003.

Les pharmaciens français dans les grandes institutions scientifiques

Philippe JAUSSAUD

Un nombre considérable de pharmaciens œuvrèrent au sein des grandes institutions scientifiques françaises, s'illustrant dans des champs disciplinaires très divers : outre les sciences purement pharmaceutiques (pharmacie chimique ou galénique, matière médicale), il faut mentionner aussi bien les sciences physiques (chimie, physique) que les sciences de la vie (biologie moléculaire, zoologie, botanique, cryptogamie, physiologie) ou de la Terre (minéralogie, géographie, paléontologie). Cette intégration réussie au monde savant s'est traduite par des réussites marquantes : récemment, il a été rappelé que le premier prix Nobel de chimie français avait couronné les travaux du pharmacien Henri Moissan (1852-1907) [1], tandis que la célébrité de Marcelin Berthelot (1827-1907) est bien connue de tous. Mais, beaucoup d'autres exemples pourraient être cités. Les succès observés sont dus en grande partie à la pluridisciplinarité de l'enseignement pharmaceutique, un élément constant à travers les siècles, qu'aucun changement de régime ne vint modifier depuis le XVIIe siècle jusqu'à nos jours. Déjà en 1867, Alphonse Milne-Edwards (1835-1900) remarquait :

> La chimie et les sciences naturelles sont, comme chacun le sait, les principales bases de la pharmacologie [...]. Il n'est donc pas surprenant que la pharmacie ait fourni à la chimie et aux sciences naturelles un grand

1. C. Viel, *Henri Moissan, pharmacien, premier Français prix Nobel de chimie*, Paris, Pharmathèmes, 2007.

nombre d'investigateurs et ait payé amplement par des découvertes les services qu'elle en recevait[2].

De plus, le long stage en officine préalable aux études pharmaceutiques initiait aux manipulations de laboratoire et l'internat permettait au jeune pharmacien de gagner sa vie à l'hôpital, dans l'attente de la libération d'un poste « institutionnel ».

Pour traiter notre sujet, nous nous sommes heurté à plusieurs difficultés : comment, par exemple, exposer le cadre dans lequel évoluent les personnages, sans trop favoriser le premier par rapport aux seconds? Comment ne pas céder à la tentation d'analyser de façon séparée la position de chaque savant et l'importance de son œuvre, tentant ainsi de rassembler les fragments d'une mosaïque scientifique forcément incomplète, au détriment de la mise en lumière des grands thèmes développés au sein des institutions? Si l'on préfère une comparaison littéraire, l'enjeu était d'ordonner une cohorte d'« hommes de bonne volonté », selon le plan général d'une « Comédie humaine » rassemblant plusieurs romans, dont l'intrigue se déroulerait chaque fois dans un cadre différent. Nous avons choisi de tourner la difficulté d'abord, sans négliger pour autant les aventures individuelles, en tentant de dégager des convergences ou des logiques communes de travaux. Ensuite, une ambition illusoire à l'exhaustivité devant inéluctablement se heurter aux écueils de la dispersion, en limitant le nombre des institutions envisagées. Nous avons ainsi délibérément écarté de notre propos, d'une part les sociétés savantes (Académie des sciences, Académie d'agriculture, etc.), d'autre part les grandes écoles (École polytechnique, École des mines, etc.), ainsi que les instituts de recherche créés au XXe siècle (Institut du radium, CNRS, INRA, INSERM, etc.). Ceci nous a conduit restreindre notre analyse à quatre grands établissements d'enseignement et de recherche de fondation ancienne, implantés dans la capitale. Le premier, la faculté de pharmacie de Paris, a sans conteste dépassé l'échelon local, voire national, tandis que les trois autres, le Muséum national d'Histoire naturelle, le Collège de France et l'Institut Pasteur, possèdent indiscutablement un rayonnement international.

2. A. Milne-Edwards, « Éloge de M. Valenciennes », *Journal de Pharmacie et de Chimie*, IVe série, t. V, 1867, p. 5 (désormais cité *Milne-Edwards*).

Du Jardin des Apothicaires à la Faculté de Pharmacie de Paris

L'apothicaire philanthrope Nicolas Houël (v. 1524-1587) eut l'idée de créer en 1576, sous le règne d'Henri III, un établissement où les orphelins apprendraient l'art de cultiver les simples et de préparer les médicaments, afin de soigner les « pauvres honteux ». Cette « Maison de la Charité Chrétienne » fut dotée en 1580 d'un jardin de plantes médicinales, qui est considéré comme le plus ancien de France. Héritière en 1624 de la fondation d'Houël, la Communauté des apothicaires parisiens la transforma et la développa : ainsi naquit le Jardin des Apothicaires de la rue de l'Arbalète, berceau de la future École de pharmacie de Paris [3]. Des leçons de botanique s'y trouvèrent dispensées aux XVII e et XVIII e siècles, tandis que des démonstrations de chimie étaient effectuées dans leurs locaux par des membres de la Communauté [4]. Il faut citer parmi les enseignants de l'époque Gilles-François Boulduc (1675-1742) – dont nous reparlerons plus loin – et Claude-Joseph Geoffroy (1685-1752) pour la chimie, ainsi que Jean-Pierre Buisson (date inconnue-1802) pour la botanique ou « histoire naturelle phytologique ». Considérant les cours des apothicaires comme une atteinte à ses prérogatives, la Faculté de médecine de Paris les combattit et même les interrompit plusieurs fois. Un « Cabinet d'histoire naturelle » créé en 1768, simple collection de drogues relevant de la seule matière médicale [5], souleva notamment la colère de la Sorbonne. Il fallut attendre une Déclaration du Roi en date du 25 avril 1777 pour que soit fondé le Collège de pharmacie de Paris, établissement sans équivalent en province, où se trouvèrent dispensés officiellement des cours publics de chimie, de botanique et d'histoire naturelle des médicaments. Parmi les démonstrateurs figurèrent notamment Jacques-François Demachy (1728-1803) pour l'histoire naturelle, Buisson et Louis-Jacques Guiart

3. Une histoire détaillée du « Jardin des Apothicaires » est donnée dans G. Planchon, « L'enseignement de l'histoire naturelle des médicaments au Jardin des apothicaires », *Journal de Pharmacie et de Chimie*, t. III, 1896, p. 265-284 et 321-377 ; G. Planchon, « L'enseignement de la chimie au Jardin des apothicaires », t. V, 1897, p. 201-208, 254-262, 306-310 et 357-365 ; G. Planchon, « L'enseignement de la chimie au Collège des apothicaires », t. VI, 1897, p. 324-329, 373-380, 413-420, 465-470, 522-526 et 564-571 (désormais cité *Planchon*).

4. Concernant les modalités et la teneur des cours dispensés au Jardin, puis au Collège des Apothicaires, cf. *Planchon*. Des éléments biographiques sur les enseignants s'y trouvent aussi, comme dans des ouvrages cités plus loin (*cf.* notes 10 et 11).

5. Nous sommes à l'époque où les « cabinets d'histoire naturelle » commencent à succéder aux « cabinets de curiosités ». Nombre de ces derniers, parmi les plus prestigieux, avaient été constitués par des apothicaires (*cf.* note 12).

(1731-1818) pour la botanique, Nicolas Deyeux (1745-1837), Antoine-Louis Brongniart (1742-1804), membre d'une célèbre dynastie d'artistes et de savants (cf. *infra*) et Louis Nicolas Vauquelin (1763-1829) pour la chimie. Le dernier apothicaire cité mérite une attention particulière dès ce stade de notre exposé, compte tenu de son influence, aussi bien scientifique qu'institutionnelle ou même littéraire. De très modeste origine, soutenu par son grand ami Antoine de Fourcroy, Vauquelin utilisa la science et ses institutions comme ascenseur social. Il fut le type même du « cumulard », occupant des chaires magistrales dans les établissements les plus divers : École des mines, École polytechnique, Collège de France, Muséum national d'Histoire naturelle (cf. *infra*) et faculté de médecine de Paris. Il fut aussi membre de l'Académie des sciences, de l'Académie de médecine, essayeur à la Monnaie et député du Calvados. Mis en scène par Balzac dans « César Birotteau », Vauquelin revêt donc la qualité de personnage à part entière de la « Comédie humaine ».

La Révolution reconnut l'utilité pour la patrie des ex-apothicaires, devenus définitivement des pharmaciens : ceux-ci pouvaient, grâce à leurs multiples compétences, fabriquer l'indispensable salpêtre, apporter leur aide aux chirurgiens sur le champ de bataille, s'occuper du ravitaillement et surveiller l'hygiène publique. Supprimé lors de la Révolution, le Collège de pharmacie fut transformé par ses membres, le 20 mars 1796, en une Société libre des pharmaciens de Paris. Celle-ci se donna pour mission de contribuer au progrès des sciences physiques ou naturelles, et de les enseigner dans une École gratuite de Pharmacie, reconnue par un arrêté du Directoire en date du 30 floréal an IV. Des cours publics de chimie, de pharmacie et d'histoire naturelle furent alors dispensés, jusqu'à ce que la loi du 21 germinal an XI décharge la Société libre des pharmaciens de Paris de toute formation professionnelle[6]. Nous retrouvons notamment Vauquelin et Demachy, aux côtés d'autres personnalités comme le chimiste Edmé-Jean-Baptiste Bouillon-Lagrange (1764-1844), dans le corps enseignant de l'École gratuite de Pharmacie. La loi de Germinal prévoyait la création de trois Écoles de Pharmacie, à Paris, Montpellier et Strasbourg. Le 8 octobre 1803, Bonaparte installa l'établissement dévolu à la capitale. Il est intéressant de signaler que le premier directeur de l'École supérieure de pharmacie de Paris, la seule qui nous intéressera ici, fut Vauquelin. L'École parisienne quitta en 1882 ses locaux étroits et vétustes de la rue de l'Arbalète pour se trouver transférée dans des bâtiments

6. Celle-ci se transforma alors en une société savante, préfigurant la future Académie nationale de Pharmacie.

convenables au Luxembourg[7]. Elle entra dès 1841 dans l'Université, mais ce fut seulement en 1920 que les Écoles de pharmacie – désormais au nombre de quatre, avec celle de Nancy – furent autorisées à prendre le nom de facultés.

Une description détaillée de la complexe arborescence chronologique des chaires de l'École de Pharmacie[8], puis de la Faculté de pharmacie de Paris[9] étant ici hors de propos, nous nous bornerons à relever quelques faits importants. Quatre cours confiés à des professeurs furent initialement ouverts : « chimie », « botanique », « histoire naturelle des médicaments » et « pharmacie ». Ils se trouvèrent ensuite institutionnalisés dans le cadre de chaires magistrales, où s'illustrèrent de très nombreux pharmaciens. Il suffit d'évoquer à ce propos les travaux communs de Joseph Pelletier (1788-1842, troisième professeur d'« Histoire naturelle des médicaments ») et de Joseph Bienaimé Caventou (1795-1877, premier titulaire de la chaire de « Toxicologie ») [10], qui isolèrent plusieurs alcaloïdes, comme la célèbre quinine à partir l'écorce de quinquina. Cette réussite, fondant la chimiothérapie antipaludéenne, éleva les deux pharmaciens au rang de bienfaiteurs de l'humanité. Nous avons déjà cité Moissan, qui fut dans sa jeunesse l'élève d'Edme Frémy au Muséum, où s'éveilla sa vocation pour la chimie minérale, une discipline pourtant alors en perte de vitesse qu'il devait contribuer à relancer. Moissan occupa la chaire de « Toxicologie » de l'École de Pharmacie. Son isolement du fluor et sa synthèse du diamant artificiel dans un four électrique représentent ses plus éclatantes réussites

7. Certains laboratoires de l'École de Pharmacie étaient mieux équipés que ceux de la Sorbonne, donc plus attractifs pour les chercheurs. Ainsi, celui de « Physique » accueillit les frères Curie alors qu'ils débutaient dans leur carrière scientifique, *cf.* Ph. Jaussaud, « Pierre Curie à l'École de Pharmacie », *Actualités pharmaceutiques*, n° 409, 2002, p. 17-18 et Ph. Jaussaud, « La physique à l'École de pharmacie de Paris », *Bulletin de la Société Française de Physique*, n° 145, 2004, p. 20-22.

8. *Cf.* à ce sujet, L. Guignard (éd.), *Centenaire de l'École Supérieure de Pharmacie de l'Université de Paris, 1803-1903*, volume commémoratif, Paris, Joannin et Cie, 1904, (désormais cité *Guignard*).

9. *Cf.* à ce sujet, H. Bonnemain, *La Faculté de Pharmacie de Paris*, 1882-1982, Paris Comarco, 1982, et la série d'articles suivante : G. Dillemann, « Historique de la Faculté de pharmacie de Paris et de ses chaires », *Produits et Problèmes pharmaceutiques*, janvier 1970-juillet 1971, puis *Le Pharmacien Biologiste*, septembre 1977-juin 1981 (désormais cité *Dillemann*).

10. Les notices bibliographiques des professeurs de l'École et de la Faculté de Pharmacie de Paris peuvent être consultées dans C. Bedel (dir.), *Figures pharmaceutiques françaises : notes historiques et portraits*, 1803-1953, Paris, Masson, 1953; M. Chaigneau, *Les médaillons de la Faculté de pharmacie de Paris*, Paris, Louis Pariente, 1986, *Dillemann* et *Guignard.*

scientifiques [11]. Premier titulaire de la chaire de « Chimie organique », spécialement créée pour lui, Berthelot ouvrit la possibilité de reproduire la nature par la synthèse et, encore mieux, celle de créer des molécules jusque-là inconnues. Il était équivalentiste, mais l'un de ses successeurs, Auguste Béhal (1859-1941) fut l'un des champions français de la notation atomique, qu'il enseigna, avant même d'accéder au professorat, dans un cours libre : une telle prise de position n'était pas sans risques, car les professeurs de l'École de Pharmacie adhéraient alors à la théorie des équivalents. En zoologie, Alphonse Milne-Edwards bâtit une œuvre colossale sur laquelle nous reviendrons, car il occupa aussi une chaire au Muséum. Il créa pour sa discipline un enseignement original, adapté aux études pharmaceutiques, et accrut les collections zoologiques de l'École de pharmacie, jusqu'à leur faire occuper plus de cent mètres de vitrines [12]. Autre exemple d'une éclatante réussite scientifique et institutionnelle, Léon Guignard (1852-1928), professeur de « Botanique », fit des découvertes majeures dans les domaines de la cytologie, de l'anatomie, de l'embryologie et de la biochimie végétales. Quant à Émile Perrot (1867-1951), titulaire de la chaire d'« Histoire naturelle des médicaments », il insuffla un fort développement à la pharmacognosie, n'hésitant pas à explorer les ressources de la flore tropicale pour mettre des drogues nouvelles au service de la thérapeutique. Il enrichit par ailleurs la collection de matière médicale héritée du Cabinet du Jardin des Apothicaires, le transformant en un splendide musée [13] qu'envient toujours de grandes institutions étrangères. Dans le domaine de la chimie biologique, on relève les noms d'Émile Bourquelot (1851-1921) et d'Henri Hérissey (1873-1959), qui constituèrent en France, avec leurs confrères Marc Bridel (1883-1931) et Jacques Rabaté (1907-1941) du Muséum national d'Histoire naturelle, une prestigieuse école dévolue à l'étude des glucides d'origine végétale et de leurs enzymes.

11. Son contemporain Alphonse Allais, qui poursuivit des études de pharmacie sans les achever, travailla lui aussi sur la synthèse des pierres précieuses dans le laboratoire de Charles Cros, *cf.* François Caradec, *Alphonse Allais*, Paris, Belfond, 1994.

12. *Cf.* H. Coutière, « A. Milne-Edwards », dans *Guignard*, p. 342. Alphonse Milne-Edwards lui-même avait souligné la vocation muséographique des pharmaciens : « Les pharmaciens ont toujours eu le goût des collections, et plus d'une officine est devenue peu à peu un riche musée ». *Cf.* Milne-Edwards, p. 6. Le pharmacien Alfred Lacroix, que nous retrouverons au Muséum national d'Histoire naturelle, avait contracté dès l'enfance le goût de la minéralogie, grâce à la belle collection pétrographique que son grand père avait rassemblée dans une pièce jouxtant son officine.

13. P. Delaveau, R. Paris et G. Clair, « The Museum of materia medica of Paris », *Journal of Ethnopharmacology*, t. XVII, 1986, p. 201-203.

Il faut signaler au passage que d'autres facultés parisiennes accueillirent des pharmaciens comme professeurs. Ainsi, Jean-Baptiste Dumas (1800-1884) et Maurice Javillier (1875-1956) enseignèrent la chimie à la faculté des sciences (cf. *infra*), Marc Tiffeneau (1873-1945) la pharmacologie à la faculté de médecine et Charles Vélain (1845-1925) la géologie et la géographie physique à la Sorbonne. Malgré cela, un recrutement endogamique sévit à l'École, puis à la Faculté de pharmacie de Paris, dont nombre d'anciens élèves furent choisis par leurs maîtres, pour leur succéder. Un tel phénomène se trouve bien illustré par le cas complexe d'Henri Beauregard (1851-1900). Cet agrégé d'histoire naturelle de l'École de Pharmacie de Paris, féru de zoologie, choisit de quitter son établissement d'origine pour occuper un poste d'aide-naturaliste dans la chaire d'« Anatomie comparée » que dirigeait Georges Pouchet au Muséum national d'Histoire naturelle. Aucune chaire ne s'étant libérée au terme de la période statutaire d'agrégé [14] du pharmacien, Beauregard faillit devoir quitter l'École de la rue de l'Arbalète sans avoir atteint le grade de professeur, lorsqu'une opportunité s'ouvrit à lui : Léon Marchand, titulaire de la chaire de « Cryptogamie » de l'établissement parisien, prit sa retraite en 1898. Beauregard put enfin être nommé professeur et la boucle fut bouclée. Ces considérations de carrière nous amènent tout naturellement à aborder le cas des pharmaciens du Muséum.

DU JARDIN ROYAL AU MUSÉUM

Fondé en 1626 sous le règne de Louis XIII, grâce à l'initiative de Guy de la Brosse, le Jardin royal des Plantes médicinales ou Jardin du Roi [15] fut à ses débuts, comme le souligna Alphonse Milne-Edwards, une « véritable école de pharmacie » [16]. Rien d'étonnant à cela, puisque la vocation première de l'établissement était la culture des simples et l'enseignement de la pharmacopée. Pour répondre à une mission, qui nous apparaît aujourd'hui comme visionnaire, de protection de la santé publique, il

14. L'agrégation de pharmacie était requise pour devenir professeur, mais si l'agrégé ne trouvait pas l'opportunité d'occuper une chaire au terme légalement défini de quinze ans, il perdait ses droits, *cf.* G. Dillemann, « Professeurs et agrégés de l'École supérieure de Pharmacie de Paris », *Revue d'Histoire de la Pharmacie*, t. XXXIV, n° 274, 1987, p. 201-211.

15. Y. Laissus, « Le Jardin du Roi », dans R. Taton (éd.), *Enseignement et diffusion des sciences en France au XVIIIe siècle*, Paris, Hermann, 1964, p. 287-341 (désormais cité *Laissus*).

16. J.-P. Contant, *Contribution à l'histoire de l'enseignement de la pharmacie : l'enseignement de la chimie au Jardin royal des plantes de Paris*, Thèse de Doctorat en Pharmacie soutenue à la Faculté de Strasbourg, Cahors, Imprimerie A. Coueslant, 1952, p. 7.

s'agissait d'abandonner la vieille médecine galénique professée en Sorbonne, verbeuse, latine, sanglante et purgative, au profit d'une thérapeutique moderne et efficace. Celle-ci se baserait sur la « chimiatrie » ou « iatrochimie », c'est-à-dire l'emploi de médicaments chimiques, que prônait la faculté de médecine de Montpellier. La chimie médicinale, annonçant notre moderne chimie thérapeutique, se trouva donc enseignée dans deux chaires magistrales, l'une principale, occupée par un médecin « démonstrateur », l'autre secondaire, dévolue à un apothicaire « sous-démonstrateur ». De même, la botanique médicinale et l'anatomie – associée à la chirurgie – bénéficièrent chacune de deux chaires [17].

Huit apothicaires se succédèrent dans la chaire secondaire de chimie, à travers les tourmentes, les persécutions religieuses et les guerres de l'Ancien Régime, jusqu'à la Révolution. Leurs œuvres scientifiques sont aujourd'hui jugées comme étant de valeurs inégales, mais toutes frappées au coin d'une incontestable originalité. Parallèlement à l'exercice de leurs fonctions au Jardin royal, ils enseignèrent quelquefois dans d'autres établissements (le Collège royal, le Jardin des Apothicaires), tinrent des officines dans la capitale, soignèrent les grands personnages de la Cour et entrèrent à l'Académie des sciences [18].

Les trois premiers d'entre eux, Nicaise Le Febvre (v. 1610-1669), Christophe Glaser (v. 1629-v. 1672) et Moïse Charas (1619-1698), appartenaient à la religion réformée. Pour cette raison, avant même la révocation de l'Édit de Nantes, Le Febvre et Charas, choisirent de quitter la France. Le premier, qui rédigea un *Traicté de la Chymie* (1660) pour contribuer à une renaissance pharmaceutique par la chimiâtrie, joignit en 1681 l'Angleterre. Il y devint apothicaire de l'impécunieux Charles II et l'un des premiers membres de la Royal Society. Spécialiste de la thériaque d'Andromaque [19],

17. Nous utilisons ici la dénomination moderne de « chaire », que les historiens adoptèrent *a posteriori* dans un but de simplification. Il s'agissait en réalité de « charges » d'Ancien Régime aux intitulés complexes, comme celles de « démonstrateur et opérateur pharmaceutique pour faire la démonstration de l'intérieur des plantes » (c'est-à-dire matière médicale et chimie) ou de « démonstrateur et opérateur pharmaceutique pour faire la démonstration de l'extérieur des plantes » (c'est-à-dire botanique), cf. *Laissus*.

18. Pour consulter des notices biographiques de tous les savants du Jardin royal cités, *cf.* Ph. Jaussaud et É.R. Brygoo, *Du Jardin au Muséum en 516 biographies*, Paris, Éditions du Muséum national d'Histoire naturelle, 2004 (désormais cité *Jaussaud et Brygoo*).

19. La formule de la thériaque avait été établie par Andromaque, médecin de Néron. Il s'agissait d'un mélange aussi hétérogène et fantaisiste qu'inefficace, dont la composition varia au cours des siècles. À la suite d'une initiative de Charas prise en 1667, la thériaque fut désormais préparée publiquement par les apothicaires, en présence d'autorités administratives, afin d'éviter les fraudes, *cf.* G. Planchon, « Sur la confection publique de la thériaque à Paris », *Journal de Pharmacie et de Chimie*, t. XXV, 1892, p. 441-448 et 489-496.

de la Pharmacopée[20] et des vipères[21], Charas passa en Angleterre, en Hollande, puis en Espagne où il dut se convertir au catholicisme pour échapper aux geôles de l'Inquisition. Il revint finalement en France, où il entra à l'Académie des sciences. Quant à Glaser, il se trouva impliqué dans le procès d'une célèbre empoisonneuse, la marquise de Brinvilliers[22] et connut quelques temps les rigueurs de la Bastille. Ce chimiste compétent et novateur, bien qu'injustement calomnié par certains de ses contemporains – comme Madame de Sévigné – publia en 1663 un traité de chimie concurrent de celui de Le Febvre, dans lequel il faisait table rase des vieilles considérations alchimiques pour exposer, dans un langage clair et accessible à tous, des manipulations effectuées par lui-même.

Sous l'intendance, puis la surintendance de Fagon, des membres de deux grandes dynasties d'apothicaires parisiens, les Boulduc et les Geoffroy, furent recrutés au Jardin royal. Ces riches bourgeois éclairés, qui arboraient fièrement leur blason et rassemblaient chez eux des cercles savants, bénéficiaient de privilèges au sein de leur corporation. Par ailleurs, les deux familles s'entraidaient professionnellement. Gilles-François Boulduc succéda à son père Simon (1652-1729), non seulement au Jardin royal, mais aussi dans toutes ses places et charges, tant à l'Académie des sciences qu'au sein de la corporation des apothicaires ou à la Cour[23]. Ce personnage influent, mentionné par Saint-Simon dans ses « Mémoires », accueillit Buffon dans son domicile parisien. Étienne-François Geoffroy (1672-1731), lui aussi académicien, eut une plus grande envergure scientifique que les Boulduc. Son œuvre majeure consista en l'élaboration d'une « table des affinités », basée sur une théorie corpusculaire de la matière, et permettant de prévoir les combinaisons et décompositions possibles des substances. Comme il était également médecin, Geoffroy put occuper la

20. Il s'agit là de l'ouvrage à caractère officiel, encore appelé *Codex* et employé de nos jours par les pharmaciens pour préparer et contrôler les médicaments selon les bonnes pratiques et règlements en vigueur.

21. Charas étudia la biologie de la vipère, les médicaments que l'on en tirait et les effets toxiques de son venin. Ceci préludait aux investigations relatives à la sérothérapie antivenimeuse, qui furent conduites plus tard au Muséum par Phisalix et Bertrand (cf. *infra* le chapitre sur l'Institut Pasteur).

22. Ce fut la première péripétie judiciaire de la célèbre « affaire des poisons », qui marqua le règne de Louis XIV et l'amena à jeter les bases de la législation des substances vénéneuses en pharmacie, *cf.* A. Lebigre, 1679-1682, *L'affaire des poisons*, Paris, Éditions Complexes, 1989 ; et C. Quétel, *Une ombre sur le Roi-Soleil. L'affaire des poisons*, Paris, Larousse, 2007.

23. Le népotisme sévit constamment, tant au Jardin royal qu'au Muséum (*cf.* les Du Vernay, les Jussieu, les Thouin, les Brongniart, les Becquerel, etc.).

chaire principale de chimie du Jardin royal, celle de médecine du Collège royal et devenir doyen de la faculté de médecine de Paris.

Après la mort de Fagon survenue en 1718, l'établissement perdit son caractère purement médical : les sciences y furent désormais étudiées pour elles-mêmes. Les apothicaires continuèrent néanmoins de se succéder dans la chaire « secondaire » de chimie. Buffon en recruta trois : Guillaume-François Rouelle (1703-1770), son frère cadet Hilaire-Marin (1718-1779) et Antoine-Louis Brongniart (cf. *supra*). Le premier d'entre eux marqua profondément son temps. Ce chimiste aux distractions légendaires, hanté par la crainte du plagiat et cultivant une vertu inflexible, publia seulement cinq mémoires, dont trois éclairèrent la question des « sels neutres ». Mais, Rouelle fut surtout un grand vulgarisateur de la chimie, un pédagogue à la parole enflammée, qui attirait dans son amphithéâtre un vaste public où figuraient en bonne place les grands philosophes et savants de l'époque, tels Diderot, Rousseau, Grimm, Turgot, Lavoisier ou Venel. Rouelle diffusa la théorie du phlogistique de Stahl, que l'émergence de la chimie lavoisienne devait rendre rapidement obsolète. Par ailleurs, il eut des idées originales dans des disciplines aussi variées que la physique, la cristallographie, la minéralogie, la géologie, la paléontologie ou la biologie. Il intégra l'Académie des sciences, à la différence de son frère cadet moins heureux que lui. Antoine-Louis Brongniart[24] fut le dernier apothicaire démonstrateur recruté au Jardin royal. Il mena une vie d'homme pressé, se partageant entre ses enseignements dans divers établissements et ses fonctions militaires au Service de santé des armées. Davantage professeur que chercheur, Brongniart s'intéressa à des sujets très variés, comme la cristallisation des métaux ou le vieillissement foliaire, et publia sous forme d'ouvrage les cours qu'il avait dispensés.

Durant la Révolution, le Jardin royal ayant traversé sans dommages – comme le Collège royal et le Collège de Pharmacie – les tourmentes institutionnelles, devint par décret de la Convention en date du 10 juin 1793 le Muséum national d'Histoire naturelle[25]. La gestion de l'établisse-

24. Outre Antoine-Louis, trois autres membres de la famille Brongniart enseignèrent au Muséum : Alexandre, Adolphe et Charles, cf. *Jaussaud et Brygoo.*

25. Pour l'histoire de la transformation du Jardin en Muséum, *cf.* E. Sparry, *Le Jardin d'Utopie*, Paris, Éditions du Muséum national d'Histoire naturelle, 2005. L'histoire du Muséum et de ses savants est rapportée notamment dans A. Cap, *Le Muséum d'Histoire naturelle*, Paris, Curmer, 1854 ; Y. Laissus, « Le Muséum national d'Histoire naturelle. I : trois siècles d'histoire », *Revue de l'Enseignement supérieur*, n° 2, 1962, p. 53-76 ; Y. Laissus, *Le Muséum national d'Histoire naturelle*, Gallimard, Paris, 1995 ; et C. Schnitter, « Le développement du Muséum national d'histoire naturelle de Paris au cours de la seconde moitié du XIXe siècle ; se transformer ou périr », *Revue d'Histoire des Sciences*, t. XLIX, n° 1, 1996, p. 53-97.

ment se trouvait désormais confiée aux soins de douze professeurs-administrateurs, titulaires de chaires bien rémunérées et disposant, grâce à la confiscation des biens des ennemis de la République, de riches collections, ainsi que d'une grande bibliothèque. Le directeur de l'établissement, choisi dans le corps des professeurs, était élu par ses pairs. Parmi les vingt-sept professeurs ayant rempli cette fonction entre 1793 et 1985 figurent trois pharmaciens : le chimiste André Laugier (1770-1832), le zoologiste Alphonse Milne-Edwards (1835-1900) et le physiologiste Maurice Fontaine (1904-) [26]. Nous ne développerons pas notre étude au-delà de 1985, date d'un radical changement statutaire incluant la suppression des chaires magistrales.

Au Muséum, les pharmaciens n'œuvrèrent pas seulement au sein des chaires de chimie, comme sous l'Ancien Régime [27]. Ils s'illustrèrent également dans le champ de l'histoire naturelle, qu'il s'agisse de zoologie, de botanique, de cryptogamie, de physiologie animale ou végétale, de biophysique, de biochimie ou même de minéralogie [28]. Si certains d'entre eux, comme les chimistes Vauquelin et Charles Mentzer (1911-1967), l'agronome Georges Ville (1824-1897), l'entomologiste Louis Bouvier (1856-1944), le biochimiste Marc Bridel (cf. *supra*), l'ornithologiste Jacques Berlioz (1891-1975) ou le biophysicien Pierre Douzou (1926-2000) furent titulaires d'une chaire, d'autres, tels les chimistes Stanislas Cloëz (1817-1883), Georges Kersaint (1900-1971) et Victor Plouvier (1932-1992) ou les cryptogamistes Narcisse Patouillard (1894-1926) et Paul Hariot (1854-1917) [29], firent carrière au Muséum, mais sans jamais accéder au

26. Pour consulter des notices biographiques de tous les savants du Jardin royal cités, cf. *Jaussaud et Brygoo.*

27. Deux chaires de chimie furent initialement créées au Muséum : celle de « Chimie générale », dévolue à Fourcroy, et celle des « Arts chimiques », dont le premier titulaire fut Brongniart avant que Vauquelin ne l'occupe, *cf.* V. Plouvier, « Historique des chaires de Chimie, de Physique végétale et de Physiologie végétale du Muséum », *Bulletin du Muséum national d'Histoire naturelle*, Miscellanea, 4 ^{e} série, t. III, 1981, p. 93-155. Dernier apothicaire démonstrateur de chimie nommé au Jardin royal, Brongniart fut donc aussi le premier pharmacien titulaire d'une chaire magistrale au Muséum.

28. La remarque d'Alphonse Milne-Edwards sur la formation naturaliste et la vocation muséographique des pharmaciens (*cf.* note 12) explique en partie leur succès au Muséum. Même les chimistes participèrent à l'enrichissement des collections de l'établissement, en l'occurrence celle des produits « historiques », *cf.* V. Plouvier, « Sur l'enrichissement de la collection de substances organiques du laboratoire de chimie », *Bulletin du Muséum national d'Histoire naturelle*, 2 ^{e} série, t. XXXVI, 1964, p. 79-882.

29. Ces deux pharmaciens furent les collaborateurs de Louis Mangin, pour lequel fut créée une chaire de « Botanique (classification et familles naturelles de Cryptogames) », plus communément appelée « Cryptogamie », *cf.* S. Jovet-Ast, « Histoire de la chaire de cryptogamie », *Bulletin du Muséum national d'Histoire naturelle*, Miscellanea, 4 ^{e} série, vol. I,

professorat. D'autres enfin, parmi lesquels figurent Moissan, le zoologiste Henri Coutière (1869-1952) et le biochimiste Gabriel Bertrand (1867-1952) (cf. *infra*), n'effectuèrent qu'un séjour réduit, durant leurs jeunes années, au sein de l'établissement.

Comme pour l'École de Pharmacie de Paris, nous ne donnerons pas ici le détail, ni de l'histoire, fort complexe, ni de l'intitulé de toutes les chaires magistrales où œuvrèrent les pharmaciens du Muséum. Parmi ceux dont l'œuvre scientifique revêtit une importance majeure au plan international, nous nous bornerons à citer deux noms : il s'agit d'Alphonse Milne-Edwards, titulaire de la chaire de « Zoologie (Mammifères et Oiseaux) » et d'Alfred Lacroix (1863-1948) professeur de « Minéralogie ». Le premier publia plus de deux cents livres ou articles. Au début de sa carrière, Milne-Edwards eut l'opportunité d'étudier les premiers invertébrés jamais découverts dans les grands fonds marins, révélant ainsi les richesses d'un monde jusque-là inconnu [30]. Il participa à plusieurs expéditions océanographiques. Les autres grands axes de ses recherches scientifiques concernèrent les Crustacés, les Oiseaux, les Mammifères, qu'il considéra avec les yeux du zoologiste et du paléontologue, et la faunistique générale. Directeur du Muséum de 1892 à 1900, il favorisa institutionnellement l'histoire naturelle par rapport aux sciences physiques, l'inverse s'étant produit sous les directorats précédents des chimistes Chevreul et Frémy [31]. Lacroix se distingua, comme Milne-Edwards, par une œuvre basée sur plusieurs champs d'investigations : il unit la minéralogie à la géologie et à la physique du globe. Outre la découverte d'une cinquantaine de minéraux nouveaux, il faut porter à son crédit la description de quatre-vingt-cinq types nouveaux de roches éruptives, ainsi que des études générales relatives au métamorphisme, à la formation des roches et à la volcanologie. Voyageur aussi infatigable qu'audacieux, le pharmacien sillonna le globe pour étudier sur place, parfois au péril de sa vie, les volcans en activité et certaines

1979, p. 105-116. Il est intéressant de noter, dans l'optique d'une histoire comparée des deux établissements, qu'à l'École de Pharmacie de Paris une chaire de « Cryptogamie » avait été instaurée dès 1882.

30. Un câble télégraphique sous-marin reliant l'Algérie à la Sardaigne s'étant fortuitement rompu en 1861, les travaux de réparation amenèrent à la surface des fragments métalliques auxquels adhéraient les espèces animales les plus diverses : mollusques, coraux, gorgones, etc. Or, il avait été estimé jusque-là que les abysses n'abritaient aucune forme de vie, *cf.* A. Lacroix, *Notice historique sur Alphonse Milne-Edwards : lecture faite dans la séance publique annuelle du 22 décembre 1924*, Institut de France, Paris, Gauthier-Villars, 1924, p. 8-15.

31. *Cf.* C. Schnitter, « Le Muséum National d'Histoire Naturelle de Paris ; un terrain d'affrontement entre naturalistes et expérimentalistes ? », *Bulletin d'Histoire et d'Épistémologie de la Vie*, t. II, 1995, p. 41-49.

formations géologiques remarquables. Cinq cents publications rendent compte de ses travaux [32].

Nous observons donc une présence massive des apothicaires et pharmaciens au Jardin royal et au Muséum. Une évaluation quantitative nous permet d'estimer qu'ils représentèrent environ 7% de l'effectif total des scientifiques de l'institution considérée, ce qui est loin d'être négligeable. À titre de comparaison, la place occupée par les médecins et les chirurgiens fut trois fois plus importante que celle des pharmaciens [33]. Il est enfin possible de relever quelques cas de corporatisme pharmaceutique au Muséum : Alphonse Milne-Edwards [34] encouragea son élève Louis Bouvier à suivre des études de pharmacie pour parfaire sa formation scientifique, et Maurice Fontaine recruta, dans sa chaire de Physiologie, les pharmaciens Odette Callamand et Jacques Leloup. Le même phénomène se retrouve au sein du Collège de France, le troisième établissement dont il sera question ici.

Du Collège royal au Collège de France

Fondé en 1530 par François Ier sur la suggestion de Guillaume Budé, le Collège royal est une institution née du mouvement humaniste [35]. La pharmacie s'y trouva initialement enseignée sous la forme d'un cours de matière médicale, que dispensèrent des « lecteurs royaux » dans le cadre de

32. R. Courrier, « Notice historique sur Alfred Lacroix », *Mémoires de l'Académie des Sciences*, n° 67, 1949, p. 1-127.

33. Cf. *Jaussaud et Brygoo*, p. 13 et la note 14.

34. Dans le même ordre d'idées, Achille Valenciennes (1794-1865) aurait pu être dispensé, comme membre de l'Institut, de passer l'agrégation de pharmacie pour occuper la chaire de « Zoologie » de l'École de Pharmacie de Paris, dont il fut le premier titulaire. Ce professeur d'« Histoire naturelle des Mollusques, des Vers et des Zoophytes » au Muséum tint cependant à soutenir les thèses nécessaires à l'obtention du titre de pharmacien de première classe, *cf. Jaussaud et Brygoo*, p. 507-508. Milne-Edwards, qui lui succéda à l'École de Pharmacie, était titulaire de l'agrégation.

35. En réalité, l'établissement reçut d'abord les noms de Collège des lecteurs royaux (1530), puis de Collège des trois langues (1534), avant de devenir Collège royal (1545). Pour son histoire, *cf.* A. Lefranc, *Histoire du Collège de France depuis ses origines jusqu'à la fin du premier Empire*, Paris, Hachette, 1893 ; A. Lefranc (éd.), *Les quatre siècles du Collège de France - Exposition commémorative du 4 e centenaire de la fondation du Collège de France*, 16 juin-4 juillet 1931, Paris, Bibliothèque Nationale, 931 ; M. Bataillon, « Le Collège de France », *Revue de l'Enseignement Supérieur*, n° 2, 1962, p. 5-50 ; J. Torlais, « Le Collège Royal », dans R. Taton (éd.), *Enseignement et diffusion des sciences en France au XVII e siècle*, Paris, Hermann, 1964, p. 261-286 ; A. Tuilier (éd.), *Histoire du Collège de France*, I. *La création*, 1530-1560, Paris, Fayard, 2006.

l'une des chaires initialement dévolues à la « Médecine »[36]. Une telle tendance s'institutionnalisa à la fin du XVIIe siècle, l'intitulé des chaires médicales devenant « Médecine, chirurgie, pharmacie et botanique ». Chacun des quatre titulaires se spécialisait dans l'une de ces disciplines[37]. Ainsi Étienne-François Geoffroy, que nous retrouvons ici, donna entre 1709 et 1731 des leçons de matière médicale extrêmement détaillées. Il envisagea d'abord les drogues tirées du règne minéral, puis celles issues des plantes, selon l'ordre alphabétique. La mort vint le surprendre alors qu'il avait atteint la lettre « M » et son cours s'acheva sur la monographie dévolue à la mélisse. De 1756 à 1774, la chimie s'était substituée à la pharmacie dans les cours dispensés par Florent-Charles Bellot[38]. Cette évolution se confirma, puisque Jean D'Arcet occupa en 1774 une chaire rebaptisée « Chimie et histoire naturelle ». Mais, le savant n'enseigna que la première des deux disciplines, sachant que la seconde s'individualiserait prochainement. Effectivement, la conversion d'une autre chaire initiale de « Médecine » permit à Daubenton de dispenser, dès 1778, un cours d'« Histoire naturelle ».

Sous la Révolution, le Collège subsista malgré quelques jours difficiles et même une menace de démantèlement : la Convention le maintint par un décret en date du 13 juillet 1795, se bornant à le rebaptiser Collège de France[39]. Le second pharmacien que nous trouvons dans l'établissement arriva peu après. Il s'agissait de Vauquelin, qui succéda en 1801 à Darcet dans une chaire intitulée « Chimie » *sensu stricto*. Désormais, tous les pharmaciens nommés dans l'établissement le seraient en qualité de chimistes, à la différence de leurs collègues du Muséum qui, nous l'avons vu, servirent des disciplines variées. Vauquelin abandonna en 1804 le Collège, pour rejoindre son ami Fourcroy au Muséum. Sa chaire revint alors à Thénard, qui eut pour suppléants deux pharmaciens : Dumas[40] et Théophile-Jules Pelouze (1807-1867)[41]. Ce dernier succéda en 1845 à Thénard, comme

36. G. Lardy, *L'enseignement des sciences pharmaceutiques au Collège royal de Paris avant la Révolution*, thèse de Doctorat en Pharmacie, Université de Strasbourg, Le Mans, Imprimerie Maurice Vilaire, 1946.

37. A. Horeau, dans Alain Horeau, Marcel Delépine et Léon Velluz, « Centenaire de la création d'un enseignement de chimie organique au Collège de France », *Bulletin de la Société Chimique de France*, 5e série, Mémoires, 1964, p. 1681-1682.

38. *Ibid.*, p. 1682.

39. Il deviendra Collège impérial sous Napoléon, pour retrouver définitivement sa dénomination de Collège de France lors de la Restauration. Pour son histoire, *cf.* les trois premières références de la note 35.

40. Nous ne développerons pas ici les travaux de Dumas, *cf.* M. Chaigneau, *J.B. Dumas, chimiste et homme politique, sa vie, son œuvre – 1800-1884*, Paris, Guy Le Prat, 1984.

41. J.-B. Dumas, *Éloge historique de Jules Pelouze*, Paris, Firmin-Didot, 1870.

professeur de « chimie minérale ». Surtout axé sur l'expérimentation, Pelouze aborda des sujets très divers, notamment, durant son professorat au Collège, les propriétés de la glycérine, les curares ou la saponification du suif. Le savant quitta l'établissement en 1850, pour occuper la place de conseiller de la Manufacture de Saint-Gobain. Son successeur fut le pharmacien montpelliérain Jérôme Balard (1802-1876)[42], surtout connu pour sa découverte du brome, bien que certaines méchantes langues aient prétendu que c'était le brome qui l'avait découvert! Faisant ses adieux à Dumas sur son lit de mort, Balard prononça dit-on cette simple phrase : « N'oubliez pas que j'ai été élève en pharmacie ».

En 1851, Balard avait accueilli dans son laboratoire un jeune chimiste d'avenir, qui resta huit ans son préparateur tout en accomplissant un cursus pharmaceutique : il s'agissait de Berthelot. Celui-ci devint dès 1860 professeur de chimie organique à l'École de pharmacie de Paris. Deux ans plus tard, Berthelot réalisa au Collège la synthèse totale de l'acétylène dans son célèbre « œuf électrique ». Un tel exploit lui valut l'estime de sept de ses aînés, dont les chimistes Balard, Chevreul et Dumas, qui réclamèrent la création d'une chaire de « Chimie organique » pour le jeune savant. Mais Berthelot dut se contenter dans un premier temps d'une charge de cours. Une fois cette fonction transformée en chaire professorale, il s'installa définitivement au Collège, où il œuvra dans les domaines de la synthèse organique, de la thermochimie et de la chimie végétale. Les cinq autres pharmaciens qui lui succédèrent sans rupture de continuité avaient été, pour les trois premiers d'entre eux, ses élèves : Émile Jungfleisch (1839-1916), Charles Moureu (1863-1929), Charles Dufraisse (1885-1959), Marcel Delépine (1871-1965) et Alain Horeau (1909-1992). Ici, la place du corporatisme est donc indéniable. Jungfleisch quitta en 1908 son laboratoire bien équipé de l'École de Pharmacie, afin de prendre possession au Collège de locaux délabrés, qu'il dut aménager. Car pour loger ses savants, comme l'a récemment souligné un romancier, la Troisième République

> [...] économisait jusqu'au dernier sou. Dans ses ministères, ses préfectures, elle entretenait avec soin les dorures de l'Ancien Régime pour proclamer son pouvoir. Les savants recevaient, comme les artistes et les prêtres, la portion congrue réservée à ceux qui œuvrent, et dont le bénéfice était attribué à ceux qui ont l'habitude du privilège[43].

42. J.-B. Dumas, « Éloge de M. Antoine-Jérôme Balard », *Mémoires de l'Académie des Sciences*, 2e série, t. 41, 1879, p. LV-LXXX.

43. J. Neyrinck, *La mort de Pierre Curie*, Paris, 10/18, 2007, p. 85.

Après des travaux sur les composés aromatiques substitués, Jungfleisch se passionna surtout pour la dissymétrie moléculaire [44]. Le Collège conserve aujourd'hui des échantillons d'acide tartrique synthétisés par lui-même au laboratoire, pour démontrer que l'existence d'un pouvoir rotatoire moléculaire n'est pas l'apanage des phénomènes vitaux. Équivalentiste comme son maître Berthelot, Jungfleisch ne se rallia que tardivement à la théorie atomique. Son successeur Charles Moureu quitta sa chaire de « Pharmacie chimique » de l'École de Pharmacie de Paris, en pleine guerre mondiale, afin de rejoindre le Collège au cours de l'été 1917. Il présidait alors la sous-commission des produits agressifs, au sein de la commission des études et expériences chimiques du Ministère de la Guerre. De telles fonctions permirent à Moureu de moderniser le laboratoire de chimie organique du Collège, resté vétuste malgré l'action de Jungfleisch. Après la guerre, le savant participa activement à la rénovation des organismes scientifiques français et fonda l'Union Internationale de Chimie Pure et Appliquée. Il fut très actif sur le plan scientifique, étudiant les propriétés de nombreuses molécules organiques, poursuivant des études thermochimiques dans le champ ouvert par Berthelot et découvrant avec son élève Dufraisse les antioxygènes [45]. Delépine abandonna comme ses deux prédécesseurs sa chaire à la Faculté de Pharmacie de Paris, celle de « Minéralogie et Hydrologie », pour rejoindre le Collège. Ce savant élabora une œuvre très riche et diversifiée, dans les domaines de la chimie générale, de la chimie minérale et de la chimie organique. Delépine adopta d'emblée la notation atomique, une attitude qui le mit parfois dans une position délicate face aux émules équivalentistes de Berthelot. Nous citerons parmi ses nombreux travaux la découverte de l'« oxyluminescence », celle d'une réaction de préparation des amines, ainsi que des études relatives aux complexes métalliques et à l'activité optique des molécules [46]. Durant la première guerre mondiale, Delépine fit partie du groupe des experts en chimie militaire du Collège [47]. Ce groupe compta aussi Dufraisse, dernier titulaire de la chaire de « Chimie organique » du Collège, qui fut un

44. E. Léger, « Notice sur la vie et les travaux de Émile-Clément Jungfleisch », *Bulletin de la Société Chimique de France*, t. XXI, 1917, p. I-XXXIV ; M. Delépine, É. Jungfleisch, *Bulletin des Sciences Pharmacologiques*, t. XXIII, n° 11-12, 1916, p. 338-358.

45. C. Dufraisse, « C. Moureu (1863-1929) », *Bulletin de la Société Chimique de France*, t. XLIX, 1931, p. 741-825.

46. C. Dufraisse, « Notice nécrologique sur Marcel Delépine, membre de la section de chimie », *Comptes-rendus des Séances de l'Académie des Sciences*, t. CCLXI, 1965, p. 4931-4935.

47. J. Jacques, *Un chimiste au passé simple*, Paris, Odile Jacob, 2000, p. 47-50.

spécialiste de la stéréochimie éthylénique et des antioxygènes [48]. Lors de son départ en retraite, sa chaire fut rebaptisée « Chimie organique des hormones » pour son successeur Horeau [49], dont les travaux portèrent sur les hormones stéroïdiques et la stéréochimie des énantiomères.

L'importance de l'œuvre scientifique des pharmaciens du Collège de France ne peut, bien sûr, être évaluée à la seule aune du nombre de leurs publications. Mais, il est intéressant de constater que ce nombre dépasse habituellement les deux cents. S'il frôle, par exemple, les trois cents dans le cas de Delépine, il les dépasse avec Vauquelin, tandis que Jungfleisch fait exception avec la centaine. Enfin, les pharmaciens chimistes du Collège participèrent, comme leurs confrères du Muséum, à la constitution d'une précieuse collection de produits « historiques » [50]. Nous allons retrouver le même phénomène de classement d'un grand nombre de substances chimiques au sein de la dernière institution évoquée ici : l'Institut Pasteur.

Les pharmaciens de l'Institut Pasteur

Créé en 1887 grâce à une souscription internationale, et inauguré le 14 novembre 1888 par Sadi Carnot [51], l'Institut Pasteur de Paris est une fondation privée d'intérêt public. Il est intéressant de noter que l'un des terrains affectés à sa construction se trouvait situé rue Vauquelin. Au sein de cet établissement œuvrèrent plusieurs grands pharmaciens, principalement Bertrand, Javillier et Ernest Fourneau (1872-1949) [52]. Le premier et le dernier savant cités dirigèrent respectivement les services de chimie biologique [53] et de chimie thérapeutique [54].

48. J. Rigaudy, « Charles Dufraisse. Membre de l'Institut, Président d'honneur de la Société Chimique de France (1885-1969) », *Bulletin de la Société Chimique de France*, n° 4, 1971, p. 1141-1153.

49. J. Fournier, « Alain Horeau (1909-1992) », dans Laurence Lestel (éd.), *Itinéraires de chimistes*, 1857-2007, Paris, EDP Sciences et Société française de chimie, 2007, p. 259-263.

50. J. Jacques, « Les produits historiques », *Pour la Science*, n° 227, 1996, p. 12-15.

51. D. Wrotonowska et P. Mercier, « L'Institut Pasteur des origines à nos jours », *Revue de l'Enseignement supérieur*, n° 4, 1964, p. 7-21.

52. M. Delépine, « Notice sur la vie et les travaux d'Ernest Fourneau (1872-1949) », *Bulletin de la Société chimique de France*, t. 17, 1950, p. 905-982; C. Viel, « Ernest Fourneau (1872-1949), créateur de la chimie thérapeutique en France », *L'Actualité Chimique*, n° 6, 2000, p. 43 -53.

53. A. Delaunay, *L'Institut Pasteur des origines à aujourd'hui*, Paris, Éditions France-Empire, 1962, p. 111-112 (désormais cité *Delaunay*).

Élève de Frémy et de Béhal, Bertrand avait soutenu une thèse de pharmacie utilisant la notation atomique. Il avait ensuite occupé un poste de préparateur de chimie dans le laboratoire d'Albert Arnaud (1853-1915) au Muséum, un établissement où il avait découvert en 1894, avec son collègue Césaire Phisalix, la sérothérapie antivenimeuse. Albert Calmette fut parallèlement crédité de la même découverte à l'Institut Pasteur, ce qui souleva des questions de priorité [55]. Bertrand ayant aussi mis en évidence au Muséum les oxydases, le pastorien Émile Duclaux impressionné par cette réussite scientifique le fit entrer en 1897 dans son service de chimie biologique. Le pharmacien mena ensuite des travaux sur les enzymes, les biomolécules présentes dans les végétaux (glucides, phénols, caoutchouc) et les oligoéléments. Bertrand prit la succession de Duclaux, non seulement à la tête du service de chimie biologique de l'Institut Pasteur en 1900, mais aussi de la chaire de chimie biologique de la Sorbonne en 1908 [56]. Le savant participa très activement aux travaux de nomenclature de l'Union Internationale de Chimie Pure et Appliquée, présidant durant plusieurs années la « Commission internationale de réforme de la nomenclature de chimie biologique ». À ce stade de notre exposé, il est important de signaler que plusieurs pharmaciens des institutions scientifiques évoquées ici contribuèrent de façon décisive à l'élaboration d'une nomenclature chimique, officielle et universelle. Nous citerons par exemple Kersaint et Bridel pour le Muséum, Jungfleisch et Delépine pour le Collège de France, Raymond Delaby (1891-1958) et Jean-Émile Courtois (1907-1989) pour la Faculté de Pharmacie de Paris [57].

Bertrand eut comme collaborateur à l'Institut Pasteur, de 1908 à 1914, le pharmacien Maurice Javillier, dont il avait fait la connaissance dans le laboratoire de chimie du Muséum. Ce dernier, que nous avons déjà cité parmi les pharmaciens universitaires, devint ensuite maître de conférences en 1919, puis professeur de chimie biologique en 1927 à la Faculté des sciences de Paris et professeur de chimie agricole et biologique au Conservatoire national des arts et métiers en 1931 [58]. Il étudia les rôles

54. *Delaunay*, p. 157-160 et 258-263, André-Romain Prévot, « La recherche à l'Institut Pasteur à Paris », *Revue de l'Enseignement supérieur*, n° 4, 1964, p. 21-32.

55. E.-R. Brygoo, « La découverte de la sérothérapie antivenimeuse en 1894 : Phisalix et Bertrand ou Calmette ? », *Mémoires de l'Institut Butantan*, t. XLVI, 1982, p. 59-77.

56. L. De Saint-Rat, « Gabriel Bertrand (1867-1962) », *Bulletin de la Société Chimique de France*, n° 12, 1969, p. 4197-4219.

57. Ph. Jaussaud, « Les pharmaciens français et la nomenclature des composés organiques », *L'Actualité Chimique*, n° 299, 2006, p. 41-46.

58. J. Lavollay, « Maurice Javillier (1875-1955) », *Bulletin de la Société de Chimie Biologique*, t. XXXVII, n° 2, 1955, p. 1235-1245.

biologiques des substances minérales, les diverses formes de phosphore cellulaire, la nature chimique de la vitamine A et il œuvra, suivant en cela l'exemple de son maître Bertrand, au sein de la commission nationale de nomenclature des produits biologiques. Comme leurs collègues Moureu, Delépine (cf. *supra*) et Paul Lebeau (1868-1959), professeur de « Toxicologie » à l'École de pharmacie de Paris, Bertrand et Javillier participèrent durant la première guerre mondiale à la lutte chimique offensive et défensive. Bertrand mit au point des procédés de fabrication de la chloropicrine, de l'ypérite, ainsi que de grenades à gaz. C'est aussi dans son laboratoire que furent conçues, avec Javillier et d'autres collaborateurs, les premières lunettes de protection efficaces contre les corps toxiques volatils [59].

Élève de Moureu, Fourneau paracheva sa formation de chimiste en Allemagne, auprès de maîtres aussi prestigieux que les prix Nobel Richard Willstätter et Emil Fischer. Le pharmacien entra en 1901 dans la firme Poulenc, où il prépara en1904 l'un des premiers anesthésiques locaux de synthèse, l'amyléine. Appelé ensuite par Roux à diriger le service de chimie thérapeutique de l'Institut Pasteur, Fourneau bénéficia à ses débuts dans l'établissement des conseils de savants réputés, comme Alphonse Laveran ou Constantin Levaditi. Il établit avec la Société Rhône-Poulenc une étroite collaboration et réunit autour de lui une équipe très performante. De nombreux principes actifs médicamenteux se trouvèrent ainsi synthétisés, dont les plus célèbres sont bien sûr les sulfamides antibactériens. Mais, il ne faut pas oublier de mentionner également la préparation d'autres médicaments, tels des arsenicaux organiques ou des dérivés de l'urée, efficaces contre divers protozoaires ou bactéries pathogènes [60]. Fourneau constitua dans son service une chimiothèque, où se trouvaient conservés plusieurs milliers de produits soigneusement répertoriés. Comme ses collègue du service de chimie biologique, il participa à la lutte chimique durant la Grande Guerre. Le pharmacien étudia et proposa dans ce cadre l'emploi d'un redoutable agent toxique : le chlorure de méthylarsine [61]. Fourneau se trouva donc alors considéré comme un patriote actif. Après la fin de la seconde guerre mondiale, il n'en fut malheureusement pas de même, puisque le savant fut accusé par le comité d'épuration de l'Institut Pasteur de collaboration avec l'ennemi et connut la prison. Mais, la capacité de Fourneau à se défendre face aux attaques portées

59. A.-C. Déré, « Maurice Javillier, Gabriel Bertrand, deux chimistes pastoriens dans l'Institut en guerre », dans D. Aubin et P. Bret (éd.), *Le sabre et l'éprouvette. L'invention d'une science de guerre, 1914/1939*, Paris, Noésis, p. 74-87, *Delaunay*, p. 183-184.

60. D. Bovet, *Une chimie qui guérit*, Paris, Payot, 1988, *Delaunay*, p. 258-263.

61. *Delaunay*, p. 184.

contre lui, ainsi que le soutien de plusieurs de ses collègues pastoriens, de son beau-frère Marc Tiffeneau et de Frédéric Joliot-Curie, lui permirent d'obtenir finalement un non lieu [62].

En guise de conclusion, nous désirons souligner deux points qui nous paraissent remarquables. D'abord, l'importance des liens qu'établirent les pharmaciens entre leurs divers établissements d'accueil. En effet, des savants comme Geoffroy, Vauquelin, Laugier, Dumas, Pelouze, Brongniart, Berthelot, Milne-Edwards ou Douzou cumulèrent, ou bien occupèrent successivement plusieurs postes dans diverses institutions [63]. L'hypothèse de l'instauration d'une osmose scientifique et pédagogique génératrice de bénéfices réciproques est alors plus que probable. Dans le même ordre d'idées, de jeunes pharmaciens, comme Moissan, Bertrand, Coutière ou Léon Guignard [64], établirent des transferts de connaissances ou de compétences, lorsque la progression de leur carrière les fit passer d'un établissement à l'autre : du Muséum à l'Institut Pasteur pour le premier, du Muséum à l'École de Pharmacie pour les deux suivants [65]. Un cas particulier de migrations tardives nous est offert par les élèves de Berthelot, Jungfleisch, Moureu et Delépine, qui abandonnèrent successivement leurs chaires magistrales de la Faculté de Pharmacie pour aller occuper celle de leur maître au Collège de France : le prestige d'une grande institution, où la légèreté des charges de cours permettait de se concentrer sur la recherche, fournit alors une explication satisfaisante. Cependant, les flux de jeunes pharmaciens entre établissements que nous venons d'évoquer ne constituèrent parfois que des détours plus ou moins longs, préludant à une réintégration finale au sein de l'*Alma mater*.

62. N. Chevassus-au-Louis, *Savants sous l'Occupation*, Paris, Seuil, 2004, p. 216-224.

63. Pharmacien militaire, Douzou fut en poste au Muséum, au Val-de-Grâce, à l'EPHE, à l'INRA, à l'INSERM et à l'Institut de biologie physico-chimique, *cf.* P. Douzou, *Vous cherchez quoi au juste ?*, Paris, Odile Jacob, 1994, et *Jaussaud et Brygoo*, p. 194-195. Par ailleurs, les pharmaciens Pelouze, Vauquelin, Dumas et Cloëz enseignèrent tous un temps à l'École polytechnique, un établissement que nous n'avons pas inclus dans notre étude (*cf.* introduction).

64. Tous les quatre achevèrent leur carrière comme titulaires de chaires magistrales. Nous l'avons déjà signalé à propos de Moissan, Guignard et Bertrand. Coutière succéda quant à lui à Alphonse Milne-Edwards, dans la chaire de « Zoologie » de l'École de Pharmacie de Paris.

65. À propos d'osmose institutionnelle, il est intéressant de signaler que de nombreux pharmaciens suivirent des cours dispensés au Muséum, en particulier ceux de Lamarck, *cf.* R. Bange, P. Corsi, C. Bange, « Des pharmaciens assistent au cours des animaux sans vertèbres professés par Lamarck au Muséum », *Revue d'Histoire de la Pharmacie*, n° 333, 2002, p. 95-110.

L'endogamie signalée à propos des recrutements à la Faculté de pharmacie de Paris constitue une manifestation bien perceptible de ce phénomène.

Le second aspect sur lequel nous voulons insister concerne l'œuvre des pharmaciens au sein de leurs établissements de tutelle. Une analyse de leurs travaux administratifs, techniques ou logistiques, bien que digne d'intérêt, nous aurait entraîné trop loin [66]. Nous avons donc privilégié, à quelques rares exceptions près, la description des œuvres purement scientifiques. Sur ce plan, il est frappant de constater à quel point les pharmaciens « institutionnels » s'impliquèrent dans les grandes questions vives de leur temps, dont certaines sont encore de pleine actualité : notamment la découverte, la description, la classification et l'étude de la répartition d'« espèces » nouvelles – qu'il s'agisse d'éléments chimiques, de molécules, de principes actifs médicamenteux, de minéraux ou d'êtres vivants –, l'établissement d'une nomenclature rationnelle des molécules et l'étude de leur chiralité, ou bien encore la compréhension des mécanismes intimes de la vie. Les scientifiques évoqués furent des précurseurs dans des champs d'investigation très modernes, comme ceux de la biodiversité, de la spéciation, de la biologie des conditions extrêmes et de l'écotoxicologie. À tout cela s'ajoute la constitution de collections de référence conservées dans des chimiothèques ou des musées, une activité ainsi versifiée par Victor Hugo : « [...] les savants formant leurs bataillons/contemplent les herbiers et les échantillons » [67].

Tous les pharmaciens ici recensés participèrent à la formation de la longue cohorte d'hommes de science qui s'attachèrent à explorer, du XVIIe au XXe siècle, le vaste domaine des sciences physiques et naturelles, allant de la molécule à l'organisme, du minéral au volcan, de l'inanimé au vivant. Ils peuvent donc être qualifiés d'« hommes admirables », selon l'expression de Georges Duhamel, mais seulement « quand les circonstances les portent et que l'inspiration les visite » [68].

66. Pour cette même raison, l'action « politique » des pharmaciens n'a été évoquée qu'à propos de Fourneau. Ce type d'engagement sort d'ailleurs souvent du cadre de l'histoire institutionnelle *sensu stricto*, comme dans le cas de Berthelot, dont les fonctions sénatoriales et ministérielles n'eurent guère de conséquences sur les établissements qui nous intéressent ici. Quant aux aspects techniques, il y a été fait allusion à propos de Vauquelin essayeur à la Monnaie. Pelouze remplit les mêmes fonctions. Enfin, certains pharmaciens « institutionnels » occupèrent des fonctions de conseil auprès d'établissements industriels et Vauquelin fonda même, avec Fourcroy et Desserres, une petite fabrique de produits chimiques.

67. Victor Hugo, *L'âne*, Cahiers Victor Hugo, Paris, Flammarion, 1966, p. 109.

68. Georges Duhamel, « Les maîtres », dans Georges Duhamel, *Chronique des Pasquier*, Paris, Omnibus, 1999, p. 768.

Bibliographie

BANGE R., CORSI P., BANGE C., « Des pharmaciens assistent au cours des animaux sans vertèbres professés par Lamarck au Muséum », *Revue d'Histoire de la Pharmacie*, n° 333, 2002, p. 95-110.

BATAILLON M., « Le Collège de France », *Revue de l'Enseignement Supérieur*, n° 2, 1962, p. 5-50.

BEDEL C. (dir.), *Figures pharmaceutiques françaises : notes historiques et portraits, 1803-1953*, Paris, Masson, 1953.

BONNEMAIN H., *La Faculté de Pharmacie de Paris, 1882-1982*, Paris, Comarco, 1982.

BOVET D., *Une chimie qui guérit*, Paris, Payot, 1988.

BRYGOO E.-R., « La découverte de la sérothérapie antivenimeuse en 1894 : Phisalix et Bertrand ou Calmette ? », *Mémoires de l'Institut Butantan*, t. XLVI, 1982, p. 59-77.

CAP A., *Le Muséum d'Histoire naturelle*, Paris, Curmer, 1854.

CARADEC F., *Alphonse Allais*, Paris, Belfond, 1994.

CHAIGNEAU M., *J.B. Dumas, chimiste et homme politique, sa vie, son œuvre – 1800-1884*, Paris, Guy Le Prat, 1984.

– *Les médaillons de la Faculté de pharmacie de Paris*, Paris, Louis Pariente, 1986.

CHEVASSUS-AU-LOUIS N., *Savants sous l'Occupation*, Paris, Seuil, 2004.

CONTANT J.-P., *Contribution à l'histoire de l'enseignement de la pharmacie : l'enseignement de la chimie au Jardin royal des plantes de Paris*, Thèse de Doctorat en Pharmacie soutenue à la Faculté de Strasbourg, Cahors, Imprimerie A. Coueslant, 1952.

COURRIER R., « Notice historique sur Alfred Lacroix », *Mémoires de l'Académie des Sciences*, n° 67, 1949, p. 1-127.

DELAUNAY A., *L'Institut Pasteur des origines à aujourd'hui*, Paris, Éditions France-Empire, 1962.

DELAVEAU P., PARIS R. et CLAIR G., « The Museum of materia medica of Paris », *Journal of Ethnopharmacology*, t. XVII, 1986, p. 201-203.

DELÉPINE M., « Émile Jungfleisch », *Bulletin des Sciences Pharmacologiques*, t. XXIII, n° 11-12, 1916, p. 338-358.

– « Notice sur la vie et les travaux d'Ernest Fourneau (1872-1949) », *Bulletin de la Société chimique de France*, t. XVII, 1950, p. 905-982.

DÉRÉ A.-C., « Maurice Javillier, Gabriel Bertrand, deux chimistes pastoriens dans l'Institut en guerre », dans D. Aubin et P. Bret (éds.), *Le sabre et l'éprouvette – L'invention d'une science de guerre, 1914/1939*, Paris, Noésis, 2003, p. 74-87.

DE SAINT-RAT L., « Gabriel Bertrand (1867-1962) », *Bulletin de la Société Chimique de France*, n° 12, 1969, p. 4197-4219.

DILLEMANN G., « Historique de la Faculté de pharmacie de Paris et de ses chaires », *Produits et Problèmes pharmaceutiques*, janvier 1970-juillet 1971.

– « Historique de la Faculté de pharmacie de Paris et de ses chaires », *Le Pharmacien Biologiste*, septembre 1977-juin 1981.

– « Professeurs et agrégés de l'École supérieure de Pharmacie de Paris », *Revue d'Histoire de la Pharmacie*, t. XXXIV, n° 274, 1987, p. 201-211.

DOUZOU P., *Vous cherchez quoi au juste ?*, Paris, Odile Jacob, 1994.

DUFRAISSE C., « Charles Moureu (1863-1929) », *Bulletin de la Société Chimique de France*, t. XLIX, 1931, p. 741-825.
– « Notice nécrologique sur Marcel Delépine, membre de la section de chimie », *Comptes-rendus des Séances de l'Académie des Sciences*, t. CCLXI, 1965, p. 4931-4935.
DUHAMEL G., « Les maîtres », dans G. Duhamel, *Chronique des Pasquier*, Paris, Omnibus, 1999, p. 768.
DUMAS J.-B., *Éloge historique de Jules Pelouze*, Paris, Firmin-Didot, 1870.
– « Éloge de M. Antoine-Jérôme Balard », *Mémoires de l'Académie des Sciences*, 2e série, t. XLI, 1879, p. LV-LXXX.
GUIGNARD L. (éd.), *Centenaire de l'École Supérieure de Pharmacie de l'Université de Paris, 1803-1903*, volume commémoratif, Paris, Joannin et Cie, 1904.
HOREAU A., DELÉPINE M. et VELLUZ L., « Centenaire de la création d'un enseignement de chimie organique au Collège de France », *Bulletin de la Société Chimique de France*, 5e série, *Mémoires*, 1964, p. 1681-1689.
HUGO V., *L'âne*, *Cahiers Victor Hugo*, Paris, Flammarion, 1966.
JACQUES J., « Les produits historiques », *Pour la Science*, n° 227, 1996, p. 12-15.
– *Un chimiste au passé simple*, Paris, Odile Jacob, 2000.
JAUSSAUD Ph., « Les pharmaciens au Collège de France », *Actualités pharmaceutiques*, n° 358, 1997, p. 69-71 et n° 359, 1997, p. 75-77.
– *Pharmaciens au Muséum. De la chimie à l'histoire naturelle*, Paris, Éditions scientifiques du Muséum national d'Histoire naturelle, 1997.
– « Pierre Curie à l'École de Pharmacie », *Actualités pharmaceutiques*, n° 409, 2002, p. 17-18.
– « La physique à l'École de pharmacie de Paris », *Bulletin de la Société Française de Physique*, n° 145, 2004, p. 20-22.
– « Les pharmaciens français et la nomenclature des composés organiques », *L'Actualité Chimique*, n° 299, 2006, p. 41-46.
— et BRYGOO E.-R., *Du Jardin au Muséum en 516 biographies*, Paris, Éditions du Muséum national d'Histoire naturelle, 2004.
JOVET-AST S., « Histoire de la chaire de cryptogamie », *Bulletin du Muséum national d'Histoire naturelle*, Miscellanea, 4e série, t. I, 1979, p. 105-116.
LACROIX A., *Notice historique sur Alphonse Milne-Edwards : lecture faite dans la séance publique annuelle du 22 décembre 1924, Institut de France*, Paris, Gauthier-Villars, 1924.
LAISSUS Y., « Le Jardin du Roi », dans R. Taton (éd.), *Enseignement et diffusion des sciences en France au XVIIIe siècle*, Paris, Hermann, 1964, p. 287-341.
– « Le Muséum national d'Histoire naturelle, I. Trois siècles d'histoire », *Revue de l'Enseignement supérieur*, n° 2, 1962, p. 53-76.
– *Le Muséum national d'Histoire naturelle*, Paris, Gallimard, 1995.
LARDY G., *L'enseignement des sciences pharmaceutiques au Collège royal de Paris avant la Révolution*, Thèse de Doctorat en Pharmacie, Université de Strasbourg, Le Mans, Imprimerie Maurice Vilaire, 1946.
LAVOLLAY J., « Maurice Javillier (1875-1955) », *Bulletin de la Société de Chimie Biologique*, t. XXXVII, n° 2, 1955, p. 1235-1245.

LEBIGRE A., *1679-1682, l'affaire des poisons*, Paris, Éditions Complexes, 1989.

LEFRANC A., *Histoire du Collège de France depuis ses origines jusqu'à la fin du premier Empire*, Paris, Hachette, 1893.

LEFRANC A. (éd.), *Les quatre siècles du Collège de France – Exposition commémorative du 4ᵉ centenaire de la fondation du Collège de France, 16 juin-4 juillet 1931*, Paris, Bibliothèque Nationale, 1931.

LÉGER E., « Notice sur la vie et les travaux de Émile-Clément Jungfleisch », *Bulletin de la Société Chimique de France*, t. XXI, 1917, p. I-XXXIV.

LESTEL L., *Itinéraires de chimistes, 1857-2007*, Paris, EDP Sciences et Société française de chimie, 2007.

MILNE-EDWARD A., « Éloge de M. Valenciennes », *Journal de Pharmacie et de Chimie*, 4ᵉ série, t. V, 1867, p. 5-17.

NEYRINCK J., *La mort de Pierre Curie*, Paris, 10/18, 2007.

PLANCHON G., « Sur la confection publique de la thériaque à Paris », *Journal de Pharmacie et de Chimie*, t. XXV, 1892, p. 441-448 et 489-496.

– « L'enseignement de l'histoire naturelle des médicaments au Jardin des apothicaires », *Journal de Pharmacie et de Chimie*, t. III, 1896, p. 265-284 et 321-377.

– « L'enseignement de la chimie au Jardin des apothicaires », *Journal de Pharmacie et de Chimie*, t. V, 1897, p. 201-208, 254-262, 306-310 et 357-365.

– « L'enseignement de la chimie au Collège des apothicaires », *Journal de Pharmacie et de Chimie*, t. VI, 1897, p. 324-329, 373-380, 413-420, 465-470, 522-526 et 564-571.

PLOUVIER V., « Sur l'enrichissement de la collection de substances organiques du laboratoire de chimie », *Bulletin du Muséum national d'Histoire naturelle*, 2ᵉ série, t. XXXVI, 1964, p. 879-882.

– « Historique des chaires de Chimie, de Physique végétale et de Physiologie végétale du Muséum », *Bulletin du Muséum national d'Histoire naturelle*, Miscellanea, 4ᵉ série, t. III, 1981, p. 93-155.

PRÉVOT A.-R., « La recherche à l'Institut Pasteur à Paris », *Revue de l'Enseignement supérieur*, n° 4, 1964, p. 21-32.

QUÉTEL C., *Une ombre sur le Roi-Soleil. L'affaire des poisons*, Paris, Larousse, 2007.

SPARRY E., *Le Jardin d'Utopie*, Paris, Éditions du Muséum national d'Histoire naturelle, 2005.

RIGAUDY J., « Charles Dufraisse. Membre de l'Institut, Président d'honneur de la Société Chimique de France (1885-1969) », *Bulletin de la Société Chimique de France*, n° 4, 1971, p. 1141-1153.

SCHNITTER C., « Le Muséum National d'Histoire Naturelle de Paris ; un terrain d'affrontement entre naturalistes et expérimentalistes ? », *Bulletin d'Histoire et d'Épistémologie de la Vie*, t. II, 1995, p. 41-49.

– « Le développement du Muséum national d'histoire naturelle de Paris au cours de la seconde moitié du XIXᵉ siècle ; se transformer ou périr », *Revue d'Histoire des Sciences*, t. 49, n° 1, 1996, p. 53-97.

TORLAIS J., « Le Collège Royal », dans R. Taton (éd.), *Enseignement et diffusion des sciences en France au XVIIᵉ siècle*, Paris, Hermann, 1964, p. 261-286.

TUILIER A. (éd.), *Histoire du Collège de France, I. La création, 1530-1560*, Paris, Fayard, 2006.

VIEL C., *Henri Moissan, pharmacien, premier Français prix Nobel de chimie*, Paris, Pharmathèmes, 2007.

– « Ernest Fourneau (1872-1949), créateur de la chimie thérapeutique en France », *L'Actualité Chimique*, n° 6, 2000, p. 43 -53.

WROTONOWSKA D. et MERCIER P., « L'Institut Pasteur des origines à nos jours », *Revue de l'Enseignement supérieur*, n° 4, 1964, p. 7-21.

Georges Canguilhem : la connaissance de la vie

Claude DEBRU

En hommage à Jacques Lambert, j'ai choisi de parler de notre maître commun, Georges Canguilhem. Canguilhem avait remarqué Jacques. C'était un découvreur de personnalités.

Publiée en 1952, *La connaissance de la vie* est une collection d'essais philosophiques rédigés entre 1945 et 1951, à une époque où Canguilhem est professeur à Strasbourg, puis devient Inspecteur général. Remaniés en vue de la publication, ces essais sont tous devenus classiques. Ils témoignent de l'approfondissement de la pensée de Canguilhem entre ses deux thèses, la thèse de médecine, *Essai sur quelques problèmes concernant le normal et le pathologique* (1943) et la thèse de philosophie, *La formation du concept de réflexe aux XVIIe et XVIIIe siècles* (1955) – approfondissement de la tentative canguilhemienne de saisir l'originalité des sciences de la vie en liant les deux plans ontologique et épistémologique. C'est cette grille de lecture, fort simple, que je vais tenter d'utiliser pour commenter certains de ces textes.

Le projet philosophique de Canguilhem dans cet ouvrage est de mesurer la connaissance de la vie à l'aune de la vie elle-même. La force et l'authenticité de ce projet, constant tout au long de l'œuvre de Canguilhem, sont frappantes. Il s'agit de retrouver le sens vital de la connaissance, de la connaissance de la vie en particulier, et pour cela d'effectuer une sorte de retour en arrière vers les sources de la connaissance. Au début de *L'évolution créatrice*, Henri Bergson avait affirmé que la théorie de la connaissance et la théorie de la vie sont « inséparables l'une de l'autre »[1]. Dans une perspective moins totalisante (il s'agit de la connaissance de la vie), et dans des formulations plus maîtrisées et plus

1. H. Bergson, *L'évolution créatrice*, Paris, PUF, 1959, p. IX.

avancées que celles de 1943, Canguilhem se donne pour but philosophique d'intégrer à la connaissance biologique, vue comme connaissance analytique des fonctionnements vitaux, « la conscience du sens des fonctions correspondantes »[2]. À cette époque, Canguilhem est manifestement dominé par le mode de pensée de la physiologie, imprégné par lui. À ses yeux, la génétique et le mendélisme « restent quand même, aujourd'hui, des théories »[3]. Il n'était certainement pas seul à penser ainsi à ce moment-là. Les diverses études dans lesquelles le projet philosophique de Canguilhem se réalise, qu'elles soient déjà présentes dans la première édition ou qu'elles soient ajoutées dans la deuxième, celle de 1965, sont chacune des recherches où une grande érudition historique soutient une démonstration épistémologique sans faille ou presque, caractérisée par cette exceptionnelle vigueur intellectuelle qui caractérisera également *La formation du concept de réflexe*. Deux de ces études, « La théorie cellulaire », qui date de 1945, et « Le vivant et son milieu », de 1947 feront l'objet du présent travail de commentaire, car elles forment une unité, les autres études de 1946-1947, « Aspects du vitalisme », et « Machine et organisme » formant elles aussi une autre unité thématique qui ne sera pas envisagée ici. Dans ces travaux des années 1945-1947, c'est le Canguilhem à peine sorti de sa thèse de médecine, en pleine activité strasbourgeoise, vivant dans un milieu extrêmement riche scientifiquement et extrêmement réfléchi, dont il s'agit de ressaisir la pensée.

L'article sur la théorie cellulaire, rédigé en 1945, a été précédé en 1936 par l'ouvrage du biologiste strasbourgeois Marc Klein, *Histoire des origines de la théorie cellulaire*[4]. Dans cet ouvrage, Marc Klein évoquait de nombreux auteurs dans un propos largement historiographique. Canguilhem, pour sa part, cherche à défendre et à illustrer la valeur de l'histoire des sciences comme partie d'un rapprochement entre la philosophie et les sciences illustré par les exemples de Boutroux, Poincaré et Bergson. Il s'agit de

> [...] chercher les éléments d'une conception de la science et même d'une méthode de culture dans l'histoire des sciences entendue comme une psychologie de la conquête progressive des notions dans leur contenu actuel, comme une mise en forme de généalogies logiques et, pour employer une expression de M. Bachelard, comme un recensement des

2. G. Canguilhem, *La connaissance de la vie*, Paris, Vrin, 1965, p. 12. Désormais cité *CV*.
3. *CV*, p. 29.
4. M. Klein, *Histoire des origines de la théorie cellulaire*, Paris, Hermann, « Actualités scientifiques et industrielles », n° 328, 1936, rééd. dans Marc Klein, *Regards d'un biologiste*, Introduction de Georges Canguilhem, Préface de Pierre Karli, Paris, Hermann, 1980.

> obstacles épistémologiques surmontés. Nous avons choisi, comme premier essai de cet ordre, la théorie cellulaire en biologie [5].

C'est donc le versant épistémologique de l'œuvre de Canguilhem que l'essai sur la théorie cellulaire va nous permettre d'explorer. Mais par son objet même, la cellule, et à travers la cellule en réalité l'organisme, le versant ontologique est tout aussi présent. Nous allons donc tenter d'explorer comment, dans son progrès, la connaissance finit par se régler sur une ontologie sous-jacente qu'elle découvre. Telle est bien la démarche philosophique de Canguilhem en biologie.

À première vue, pourtant, cette démonstration n'est pas facile. En effet, ce que nous montre l'analyse des évolutions qui ont conduit à la théorie cellulaire, sur le plan épistémologique, c'est que « les théories ne procèdent jamais des faits » [6]. « Il nous faut chercher ailleurs que dans la découverte de certaines structures microscopiques des êtres vivants les origines authentiques de la théorie cellulaire ». À cet égard, la théorie cellulaire s'inscrit dans la continuité de spéculations (Haller, Buffon) sur une unité vivante de composition des êtres vivants (élément spéculatif ontologique). La démonstration de Canguilhem, qui effectue une véritable mise en continuité de la théorie cellulaire par rapport aux théories qui l'ont précédée et qui portent sur la constitution matérielle des êtres vivants est assez saisissante, en particulier sur Buffon et son newtonianisme. La vie est dans chacune des parties du vivant. Les « molécules organiques », selon Buffon, sont en effet « ces molécules actives dont la vie est primitive et paraît ne pouvoir être détruite : nous avons trouvé ces molécules vivantes dans tous les êtres vivants ou végétants » [7]. Cette citation de Buffon n'est pas sans rappeler les spéculations sur la protéine vivante de certains chimiophysiologistes allemands à la fin du XIXe et au début du XXe siècles. Canguilhem, pour sa part, qualifie d'« associationnisme biologique » la théorie des molécules organiques de Buffon [8]. Il paraît assuré que cette théorie, qui cherche à identifier « un seul ressort et un seul sujet » par lequel la nature peut « varier ses œuvres à l'infini », constitue par son objectif une préfiguration de la théorie cellulaire. Les théories naissent de théories – c'est la thèse de Canguilhem, qui en trouve d'autres illustrations dans la *Naturphilosophie* allemande, chez Lorenz Oken, Matthias Jakob Schleiden, Théodore Schwann (dont l'œuvre a été étudiée par Marcel Florkin auquel Canguilhem rend hommage) et d'autres auteurs.

5. *CV*, p. 47.
6. *CV*, p. 50.
7. *CV*, p. 56.
8. *CV*, p. 57.

Canguilhem s'attarde quelque peu sur Lorenz Oken, chez lequel il voit une véritable anticipation de la théorie cellulaire. Oken a considéré les Infusoires comme les animaux primitifs, dont les grands organismes sont formés par agrégation. C'est à ce point que prend place un développement d'un grand intérêt sur les différents niveaux de réalité auxquels s'applique la notion d'individu. « Tous les organismes naissent de cellules et sont formé de cellules ou vésicules ». Les grands organismes sont produits par « agglomération d'infusoires ». Mais cette vision additive ou multiplicative n'est pas le dernier mot de la pensée d'Oken. Selon lui, il se produit dans l'organisme

> [...] une véritable interpénétration, un entrelacement et une unification de tous les animalcules. Ils ne mènent plus de vie propre à partir de ce moment. Ils sont tous mis au service de l'organisme plus élevé, ils travaillent en vue d'une fonction unique et commune, ou bien ils effectuent cette fonction en se réalisant eux-mêmes. Ici aucune individualité n'est épargnée, elle est ruinée tout simplement. Mais c'est là un langage impropre. Ces individualités réunies forment une autre individualité, celles-là sont détruites et celle-ci n'apparaît que par la destruction de celles-là [9].

Canguilhem commente :

> L'organisme n'est pas une somme de réalités biologiques élémentaires. C'est une réalité supérieure dans laquelle les éléments sont niés comme tels. Oken anticipe avec une précision exemplaire la théorie des degrés de l'individualité [10].

Les cellules conservent-elles leur individualité ou la perdent-elles dans l'organisme ? Telle est la question qui semble se poser aux biologistes dans les années 1830. Canguilhem commente :

> La contradiction n'est qu'apparente... Elle serait effective si le rapport simplicité – composition était lui-même un rapport simple. Mais précisément il ne l'est pas. Et spécialement en biologie [11].

Tout un domaine de régulations, que Canguilhem va évoquer par la suite, un domaine de communications cellulaires, via des facteurs biochimiques nombreux et variés, peut être évoqué ici – avec en arrière plan le problème du cancer. Certes, les biologistes de l'époque romantique n'en étaient pas là, mais on ne saurait oublier que Rudolf Virchow en sera là précisément un peu plus tard. La manière assez visionnaire dont Lorenz

9. Citation d'Oken empruntée à Marc Klein, *CV*, p. 61.
10. *CV*, p. 61.
11. *CV*, p. 62.

Oken pose le problème des degrés de l'individualité fournit à Canguilhem l'occasion de développements intéressants car difficiles à caractériser.

Revenons à notre point de départ, aussi mal formulé et impropre soit-il : épistémologie et ontologie. Epistémologie est impropre, car il ne s'agit pas ici de théorie de la science mais de théorie scientifique, en donnant à cette expression un sens assez élargi. Il s'agit de théorie scientifique ou plus exactement de concept scientifique. Si nous poursuivons notre exercice de dépouillement dans la pensée, nous trouvons qu'il s'agit d'un concept pour lequel le qualificatif de scientifique n'est pas essentiel. Il s'agit d'un concept, celui d'individualité, que nous pouvons traiter philosophiquement, c'est-à-dire par concepts, dans l'acception canguilhemienne de ce traitement. Il est assez caractéristique de la manière canguilhemienne de faire de la philosophie que de s'interroger sur la formation des concepts scientifiques. La question, ici, est la suivante : l'analyse des concepts scientifiques à tel ou tel stade de leur formation ou de leur évolution – par exemple, à l'époque romantique, l'indivisibilité comme attribut essentiel de l'individualité – nous permet-elle de déterminer réellement et généralement ce qu'est un concept scientifique ? Telle était (me semble-t-il) la question canguilhemienne. Il n'est pas sûr que Canguilhem (pas plus que quiconque d'ailleurs) ait réussi à apporter une réponse à cette question [12]. Le problème que pose à Canguilhem la théorie cellulaire semble être de cet ordre.

Poursuivons la présentation de l'individualité.

> L'individualité, par les difficultés théoriques qu'elle suscite, nous oblige à dissocier deux aspects des êtres vivants immédiatement et naïvement intriquées dans la perception de ces êtres : la matière et la forme. L'individu c'est ce qui ne peut être divisé quant à la forme, alors même qu'on sent la possibilité d'une division quant à la matière. Dans certains cas l'indivisibilité essentielle à l'individualité ne se révèle qu'au terme de la division d'un être matériellement plus vaste, mais n'est-elle qu'une limite à la division commencée, ou bien est-elle *a priori* transcendante à toute division ? L'histoire du concept de cellule est inséparable de l'histoire du concept d'individu [13].

On voit bien ici à quel point la recherche canguilhemienne porte sur ce que l'on pourrait appeler la généalogie des concepts. Caractérisant le concept d'individu par un mixte d'indivisibilité quant à la forme et de

12. Je souhaite à ce point rapporter une conversation avec le physicien théoricien devenu sociologue des sciences Simon Schaffer à Cambridge. La substance en était que nous ne savons toujours pas ce qu'est un concept scientifique.

13. *CV*, p. 62.

divisibilité quant à la matière, Canguilhem opère une réduction à des concepts philosophiques bien connus, dont il serait bien difficile de dire s'ils appartiennent au domaine « cognitif » (ou épistémologique *sensu lato*), ou au domaine ontologique. Nous sommes en plein aristotélisme.

Maintenant, qu'est-ce que la généalogie d'une théorie ou d'un concept scientifiques peut nous apprendre sur la question de savoir ce qu'est un concept scientifique ? On est en droit de poser cette question à l'essai de Canguilhem sur la théorie cellulaire. La réponse que l'on peut en extraire n'a rien de simple – ni d'ailleurs d'entièrement satisfaisant, au bout du compte. Reprenons pour cela le fil de l'historiographie. L'ouvrage d'Oken, *La génération*, date de 1805. Le *Traité des membranes*, de Bichat, date de 1800. Cette comparaison est l'occasion pour Canguilhem d'introduire la notion de tissu et les résistances à la théorie cellulaire manifestées par Comte fondant la biologie sur les représentations de Bichat. S'agissant de tissu, Canguilhem savait parfaitement de quoi il parlait.

> On doit toucher, palper, froisser un tissu pour en apprécier le grain, la souplesse, le moelleux. On plie, on déploie un tissu, on le déroule en ondes superposées sur le comptoir du marchand [14].

Bichat, commente Canguilhem, n'aimait pas le microscope et préférait le scalpel. Comte, poursuit-il, n'aimait ni le microscope ni la théorie cellulaire. Comte n'admettait pas, conclut-il, « que la vie d'un organisme soit une somme de vies particulières » [15]. Les « monades organiques » sont pour lui des abstractions. Canguilhem, qui manifeste à l'égard d'Auguste Comte autant d'ambivalence qu'à l'égard de Claude Bernard, se demande si Comte a si entièrement tort. Une cellule isolée ne se multiplie pas. Il faut tout un milieu, un nombre minimum de cellules qui, on le sait mieux depuis Canguilhem, sécrètent les fameux *Colony stimulating factors* (CSF). La prudence doit donc être de mise lorsqu'on évalue la théorie cellulaire, lorsqu'on cherche à établir sa signification véritable. La critique de Comte à l'égard de la théorie cellulaire s'adresse à une certaine version de celle-ci.

> Comte n'admet pas – Canguilhem *dixit* – que la vie d'un organisme soit une somme de vies particulières, non pus qu'il n'admet, contrairement à la philosophie politique du XVIIIe siècle, que la société soit une association d'individus [16].

C'est pour cela que les « monades organiques » ne sont que des abstractions. « En quoi pourrait donc consister réellement soit

14. *CV*, p. 64.
15. *Ibid.*
16. *CV*, p. 65.

l'organisation, soit la vie d'une simple monade ? » demande Comte repris par Canguilhem. Ce qui prolifère n'est pas la cellule, c'est la culture de tissus. D'où la prudence nécessaire dans les jugements rétrospectifs. D'où aussi le sens de la hiérarchisation dans les niveaux de l'individualité.

Avons-nous maintenant perdu le fil de notre discussion sur l'essence des concepts scientifiques ? Canguilhem, amateur de tissu comme œuvre humaine ouverte plus que de cellule comme structure close et fragile, est maître dans l'art de nouer ses textes, d'entrecroiser ses divers fils, scientifiques, historiques, philosophiques. Si la cellule s'est substituée au tissu comme concept biologique plus pertinent, c'est que la théorie cellulaire a pu concilier le point de vue analytique (le plus petit porteur des caractéristiques de la vie) et le point de vue génétique (au sens de la genèse des organismes) qui fait dériver toute cellule d'une cellule antérieure, selon l'adage bien connu de Virchow. Commentaire de Canguilhem :

> C'est à partir de Virchow et de Kölliker que l'étude de la cellule devient une science spéciale, la cytologie, distincte de ce que l'on appelait depuis Heusinger l'histologie, la science des tissus [17].

À la lecture de ces remarques, on ne peut s'empêcher de penser qu'un concept scientifique comme la cellule tient sa supériorité sur un autre concept scientifique comme le tissu du fait qu'il est à la fois plus élémentaire et plus unificateur. Il est au cœur d'un double mouvement, d'analyse et de recomposition, auquel le tissu ne se prête pas, car il est d'emblée divers, ne peut se réduire à un type structural assez uniforme. La cellule se prête ainsi merveilleusement à une composition de structures de niveaux hiérarchiques de plus en plus élevés, mais toujours frappées d'un caractère d'individualité. Ce terme d'individualité revient comme un fil conducteur dans l'analyse canguilhemienne. Canguilhem cite un ouvrage classique, le *Traité d'histologie* de Prenant, Bouin et Maillart (1904), dont il extrait quelques lignes d'Auguste Prenant.

> « C'est le caractère d'individualité qui domine dans la notion de cellules, il suffit même dans la définition de celle-ci ».
> Les unités individuelles peuvent être, à leur tour, de tel ou tel degré… Ce qui se passe quand on examine la série ascendante des multiples de la cellule, qui sont la personne et la société, se retrouve pour les sous-multiples cellulaires : les parties de la cellule à leur tour possèdent un certain degré d'individualité en partie absorbée par celle plus élevée et plus

17. *CV*, p. 68.

> puissante de la cellule. Du haut en bas existe l'individualité. La vie n'est pas possible sans individuation de ce qui vit [18].

La cytologie a donné raison à Prenant : les structures subcellulaires sont individuées, y compris pour certaines d'entre elles au sens génétique. Ce texte a inspiré à Canguilhem des commentaires profonds.

> L'étymologie fait du concept d'individu une négation. L'individu est un être à la limite du non-être, étant ce qui ne peut plus être fragmenté sans perdre ses caractères propres. C'est un minimum d'être. Mais aucun être en soi n'est un minimum. L'individu suppose nécessairement en soi sa relation à un être plus vaste. Il appelle, il exige un fond de continuité sur lequel sa discontinuité se détache. En ce sens, il n'y a aucune raison d'arrêter aux limites de la cellule le pouvoir de l'individualité. En reconnaissant, en 1904, aux parties de la cellule un certain degré d'individualité absorbé par celle de la cellule, Auguste Prenant anticipait sur les conceptions récentes concernant la structure et la physiologie ultra-microscopique du protoplasma [19].

Nous sommes ici dans un raisonnement typique d'établissement d'une hiérarchie. Canguilhem en conclut :

> En bref, l'individualité n'est pas un terme si l'on entend par là une borne, elle est un terme dans un rapport. Il ne faut pas prendre pour terme du rapport le terme de la recherche qui vise à se représenter ce terme comme un être [20].

Qu'est-ce que Canguilhem peut bien vouloir dire par cette énigmatique remarque ? Si le rapport est plus significatif que le terme, et si le terme d'un rapport ne peut être un être déterminé par une recherche, une sorte de support ontologique, une réalité toujours identique à elle-même, comment saisir ce fameux rapport ? Et de quelle ontologie s'agit-il ?

Canguilhem fait ici appel à Gobineau, l'auteur d'un *Mémoire sur diverses manifestations de la vie individuelle* (1867). Gobineau

> ne conçoit pas l'individualité comme une réalité toujours identique à elle-même, il la conçoit comme un des termes d'un rapport mobile liant des réalités différentes à des échelles d'observation différentes. L'autre terme du rapport, il l'appelle le milieu [21].

Et de citer Gobineau :

18. *CV*, p. 70.
19. *CV*, p. 71.
20. *Ibid.*
21. *CV*, p. 72.

> Il ne suffit pas qu'un être individuel soit pourvu de l'ensemble bien complet des éléments qui lui reviennent pour qu'il lui soit loisible de subsister. Sans un milieu spécial, il n'est pas, et s'il était, il ne pourrait pas durer une seconde. Il y a donc nécessité absolue à ce que tout ce qui vit vive dans le milieu qui lui convient. En conséquence, rien n'est plus important pour le maintien des êtres, c'est-à-dire pour la perpétuité de la vie, que les milieux [22].

En d'autres termes, l'individualité n'est pas l'autarcie. Aux différents niveaux hiérarchiques de l'individualité il faut ajouter tout ce qui touche les communications entre l'individu et le milieu ainsi qu'entre les individus eux-mêmes. On voit ici à quel point l'ontologie sous-jacente à la théorie cellulaire s'enrichit nécessairement.

Quel est maintenant le pouvoir unificateur de la théorie cellulaire ? Les données recueillies par Canguilhem en 1945 montrent bien que la théorie cellulaire ne peut couvrir adéquatement toutes les structures des organismes évolués. En outre, les cellules ne sont pas des systèmes fermés, entièrement autonomes, des organismes indépendants. L'admettre reviendrait à s'interdire de penser comment l'organisme vit et agit comme un tout [23]. Il y a bien des versions, plus ou moins déviantes, de la théorie cellulaire. La théorie cellulaire possède une certaine plasticité, elle peut être vue de différentes manières. Canguilhem a d'ailleurs des remarques très critiques, dans son essai, touchant les pensées trop rigides, trop systématiques. Il loue les scientifiques dotés d'une « ambivalence théorique » [24] que la fraîcheur de leur recherche préserve du dogmatisme. Il va même jusqu'à présenter Comte, dont on a parfois l'impression qu'il est son intime ennemi, comme l'un de ces auteurs « dont l'esprit systématique est assez large pour les empêcher de clore rigidement ce qu'on appelle leur système » [25]. La théorie cellulaire en est l'exemple : elle constitue en quelque sorte un champ de forces, elle établit une polarité, entre les idées d'autonomie et de communauté (voire de communication), de discontinuité et de continuité. Canguilhem ne peut guère aller plus loin, et sa conclusion, après de magnifiques analyses, est un peu une retombée. Nous avons appris la plasticité d'une théorie biologique. Nous ne savons toujours pas ce qu'est un concept scientifique, objectif, en biologie. Nous avons vu un concept surgir d'un champ métaphorique préexistant, celui de la ruche d'abeilles, et se prêter à des extensions très larges, vers la personne et la société. Nous avons constaté la présence de thèmes

22. *Ibid.*
23. *CV*, p. 74.
24. *CV*, p. 61.
25. *CV*, p. 66.

philosophiques, matière, forme, individu, continu et discontinu. Nous avons donc élargi le spectre des significations impliquées, et nous avons, pour finir, fait appel à l'intuition.

> Nous avons proposé, conclut Canguilhem, que les théories ne naissent pas des faits qu'elles coordonnent et qui sont censés les avoir suscitées. Ou plus exactement, les faits suscitent les théories mais ils n'engendrent pas les concepts qu'elles unifient intérieurement ni les intentions intellectuelles qu'elles développent. Ces intentions viennent de loin, ces concepts sont en petit nombre et c'est pourquoi les thèmes théoriques survivent à leur destruction apparente qu'une polémique et une réfutation se flattent d'avoir obtenue [26].

Canguilhem verse dans la psychologie, et cite Jung. Il ose une comparaison entre la cellule et le limon de la Bible, empruntant la métaphore à Charles Naudin. Nous sommes loin des concepts scientifiques, nous sommes dans le domaine « d'antiques intuitions ». Nous sommes en train de verser dans une conception continuiste. Cependant, l'un des résultats de l'enquête sur la formation de la théorie cellulaire en ce qui concerne la question de la nature des théories et concepts scientifiques est la souplesse et le sentiment de possibilités différentes. La question de l'ontologie propre du scientifique a été posée, et une solution esquissée, les rapports devant être considérés tout autant que leurs termes, ces derniers ne devant pas être considérés « en eux-mêmes et pour eux-mêmes ». Cette considération nous amène tout naturellement à l'étude « Le vivant et son milieu », qui date de 1947.

Pour l'instant, restons dans cette problématique des concepts scientifiques. Canguilhem, qui prenait souvent les définitions comme points de départ d'analyses plus élargies, n'aimait pas les « définitions essentielles », selon la terminologie de Leibniz. Sa manière de répondre à la question de savoir ce qu'est un concept scientifique ne pouvait être qu'historique. Entre *La formation de l'esprit scientifique*, de Bachelard, et *La formation du concept de réflexe*, de Canguilhem, la parenté est manifeste. Mais devant les analyses, typiques de l'épistémologie historique, sur les versions successives et les enrichissements progressifs de la théorie cellulaire, allant jusqu'à la reconnaissance de ses propres limitations, on peut se poser la question suivante : Canguilhem, au bout du compte, fait reposer la théorie cellulaire sur certaines intuitions (le limon de la Bible etc.). Qu'en est-il du contre-intuitif dans la connaissance de la vie? Quelle place le contre-intuitif pourrait-il occuper dans une philosophie qui se propose de mesurer la connaissance de la vie à l'aune de la vie elle-même? La plupart

26. *CV*, p. 79.

des découvertes – souvent paradoxales – de la biologie la plus récente, biologie moléculaire et génétique, immunologie, neurosciences, sont contre-intuitives, et leur rationalité se découvre *a posteriori*, non *a priori*. Les mécanismes inventés par l'évolution biologique ne sont pas nécessairement ceux que l'esprit humain aurait inventés. L'esprit les a découverts au cours d'un très long apprentissage. Sans doute Canguilhem ne l'ignorait-il pas, lui qui cite l'Introduction de *L'évolution créatrice* d'Henri Bergson en exergue de sa première partie, sur le fait que la manière d'opérer de la vie est précisément celle à laquelle nous n'aurions jamais pensé. Mais son rationalisme foncier ne le conduisait pas tellement dans cette direction.

Dans l'étude « Le vivant et son milieu », Canguilhem cherche à ressaisir tous les aspects les plus divers du problème, ce qui rend sa tentative d'autant plus frappante. Cependant, la continuité d'une certaine problématique par rapport aux réflexions sur la théorie cellulaire est apparente d'emblée, puisqu'il s'agit de « présumer la fécondité (du concept de milieu) pour une philosophie de la nature centrée par rapport au problème de l'individualité »[27]. L'enquête historico-épistémologique de Canguilhem, à travers de nombreux auteurs, Newton, d'Alembert et Diderot, Buffon, Lamarck, Comte et Taine, Darwin, Carl Ritter et Alexandre de Humboldt, John Dewey, Jennings et Loeb, von Uexküll et Goldstein, et beaucoup d'autres, aboutit à quelques conclusions fermes. La première est la suivante :

> Le bénéfice d'un historique même sommaire de l'importation en biologie du terme de milieu dans les premières années du XIXe siècle est de rendre compte de l'acception originairement strictement mécaniste de ce terme[28].

Et cela même chez Comte si attentif aux spécificités de la biologie : le monde d'abord, l'homme ensuite. Canguilhem s'interroge sur la géométrie, la topologie sous-jacente à l'idée de milieu. Il écrit :

> Dans le succès du terme de milieu la représentation de la droite ou du plan indéfiniment extensible, l'un et l'autre continus et homogènes, sans figure définie et sans position privilégiée, l'emporte sur la représentation de la sphère ou du cercle, formes qui sont encore qualitativement définies, et, si l'on ose dire, accrochées à un centre de référence fixe… Le milieu est vraiment un pur système de rapports sans support. À partir de là, on peut comprendre le prestige de la notion de milieu pour la pensée scientifique analytique[29].

27. *CV*, p. 129
28. *CV*, p. 134.
29. *Ibid.*

On se souvient qu'une idée analogue concernait la cellule, déjà.

L'aspect plus proprement biologique des choses refait surface dans les polémiques entre les darwiniens et les lamarckiens. Jeune lecteur de Canguilhem, j'ai été extrêmement frappé par cette très philosophique et mélancolique phrase : « Selon Lamarck, la situation du vivant dans le milieu est une situation que l'on peut dire désolante, et désolée » [30]. Mais l'éloge de l'effort qui s'ensuit est une sorte d'antidote. Le lamarckisme est un « vitalisme nu ». « Il y a une originalité de la vie dont le milieu ne rend pas compte, qu'il ignore. Le milieu… est étranger, il ne fait rien pour la vie » [31]. Par contraste,

> […] le rapport biologique fondamental, aux yeux de Darwin, est un rapport de vivants à d'autres vivants, il prime le rapport entre le vivant et le milieu, conçu comme ensemble de forces physiques. Le premier milieu dans lequel vit un organisme, c'est un entourage de vivants [32].

On voit donc s'opérer ici un renversement des rapports précédents entre le vivant et le milieu qui va être retrouvé d'une manière systématique dans l'ensemble des disciplines évoquées par Canguilhem – par exemple la géographie.

> L'homme devient ici, en tant qu'être historique, un créateur de configuration géographique, il devient un facteur géographique… l'homme ne connaît pas de milieu physique pur [33].

La psychologie animale de von Uexküll, la pathologie humaine de Goldstein en fournissent d'autres exemples. Dans les deux cas, « le propre du vivant, c'est de se faire son milieu, de composer son milieu » [34]. Pour Canguilhem en effet, l'individualité du vivant ne cesse pas à ses frontières ectodermiques, pas plus qu'elle ne commence à la cellule. Le rapport biologique entre l'être et son milieu est un rapport fonctionnel, et par conséquent mobile, dont les termes échangent successivement leur rôle » [35]. Commentant Goldstein, Canguilhem précise :

> Entre le vivant et le milieu, le rapport s'établit comme un débat (*Auseinandersetzung*) où le vivant apporte ses normes propres d'appréciation des situations, où il domine le milieu, et se l'accommode [36].

30. *CV*, p. 136.
31. *Ibid.*
32. *CV*, p. 137.
33. *CV*, p. 142.
34. *CV*, p. 143.
35. *CV*, p. 144.
36. *CV*, p. 146.

> Goldstein dit que le sens d'un organisme, c'est son être ; nous pouvons dire que l'être de l'organisme, c'est son sens [37].
> La biologie doit donc d'abord tenir le vivant pour un être significatif, et l'individualité, non pas pour un objet, mais pour un caractère dans l'ordre des valeurs. Vivre c'est rayonner, c'est organiser le milieu à partir d'un centre de référence qui ne peut lui-même être référé sans perdre sa signification originale [38].

Nous parlions d'ontologie. Nous sommes en réalité dans un domaine où l'ontologie n'est rien d'autre qu'une axiologie.

Canguilhem rencontre alors l'objection de la génétique, porteuse, pourrait-on dire, de l'ontologie substantialiste du gène – et il rencontre les polémiques contemporaines autour des idées de Lyssenko. Il ne s'y attarde guère. Son commentaire est que le lyssenkisme n'est pas une théorie essentiellement lamarckienne. Il continue d'ignorer la génétique pour retourner au milieu, et pour en dégager un certain fond mythique, voire astrologique, ésotérique même. Il note la dualité, et donc le choix, entre deux théories du milieu : « un espace centré, qualifié, où le milieu est un centre ; un espace décentré, homogène, où le milieu est un champ intermédiaire » [39]. La physique newtonienne s'est constituée sur cette polarité. Pour Canguilhem, qui suit sur ce point le physiologiste John Scott Haldane, la physique n'est pas une science exacte en biologie. « Le milieu dont l'organisme dépend est structuré, organisé par l'organisme lui-même » [40]. Il y a donc autant de milieux que d'organismes. Il en résulte une conséquence très significative.

> En fait, en tant que milieu propre de comportement et de vie, le milieu des valeurs sensibles et techniques de l'homme n'a pas en soi plus de réalité que le milieu propre du cloporte ou de la souris grise [41].

Ces systèmes de référence sont autant d'absolus distincts.

Canguilhem pose donc à la biologie de son temps, trop soumise, à ses yeux, à l'emprise des sciences physicochimiques, une question philosophique. La philosophie est en droit de poser aux sciences, dans leur devenir, leurs orientations, des questions de sens. À ses yeux, une biologie qui négligerait toute considération de sens faillirait à sa tâche [42]. C'est à la fois un diagnostic et un avertissement. Secrètement ou ouvertement,

37. *CV*, p. 147.
38. *Ibid.*
39. *CV*, p. 150.
40. *CV*, p. 152.
41. *CV*, p. 153.
42. *CV*, p. 154.

Canguilhem pariait sur la vie plutôt qu'il ne célébrait la connaissance. C'est la raison pour laquelle la partie épistémologique de sa descendance, conforme à un certain esprit du temps, est un appauvrissement.

BIBLIOGRAPHIE

BERGSON H., *L'évolution créatrice*, Paris, PUF, 1959.

CANGUILHEM G., *La connaissance de la vie*, Paris, Vrin, 1965.

KLEIN M., *Histoire des origines de la théorie cellulaire*, « Actualités scientifiques et industrielles » n° 328, Paris, Hermann, 1936 ; rééd. dans M. Klein, *Regards d'un biologiste*, introd. G. Canguilhem, préface P. Karli, Paris, Hermann, 1980.

***De la Renaissance à l'*Encyclopédie**

L'Un et les figures de la rationalité chez Jérôme Cardan

Jean-Marie LARDIC

S'il est un philosophe pour lequel la rationalité est riche, ouverte et fantaisiste – dans le meilleur sens du terme, c'est-à-dire imaginative et créative –, c'est bien mon ami Jacques Lambert. Les barrières alors tombent, on saisit l'art dans la science, la science dans l'art, et, derrière l'histoire des sciences, perce l'œil du peintre. C'est bien pourquoi l'épistémologie, avec Jacques, est devenue sympathique au métaphysicien que je suis.

Si l'on peut dire que rien du culturel ne lui est étranger et qu'il tend à savoir tout et plus encore, seule sa modestie l'empêcherait d'adopter la devise de Pic. Mais il y a quelque chose chez lui des monstres sacrés de la Renaissance et de Léonard bien sûr, dans son appétit mirandolier, et l'unité de sa recherche se nourrit de l'amour pour la diversité de la rationalité.

Voilà donc pourquoi, pour honorer Jacques Lambert, j'évoquerai Cardan, qui me fait penser à lui, mais en plus fantaisiste au sens critique du terme cette fois-ci : je n'imagine pas notre ami se battant en duel pour revendiquer la paternité d'une équation – fût-elle du troisième degré ! – ni dressant l'horoscope du Christ ou le sien propre, et encore moins se donnant la mort à l'heure prévue par ledit horoscope pour avoir raison ! Pourtant, dans l'originalité des découvertes mathématiques ou techniques et les écrits métaphysiques hardis de celui qui se définit comme « philosophe et médecin », conciliant platonisme et aristotélisme, il y a le même refus des barrières et des limitations stériles, au profit de la créativité du savoir.

Mes compétences, plus limitées que celles de Jacques, m'ont incité à prendre pour thème, non la diversité foisonnante de l'œuvre cardanienne, mais plutôt l'unité qui, chez Cardan, « anime » la réalité multiple, c'est-à-dire l'Un vivant qui, à cette époque bénie de la Renaissance, n'est pas encore structuré, et qui se dessine comme l'aiguillon d'une curiosité et le miroir de notre âme.

L'un, l'ordre, la fin, tels sont ainsi les termes qui, dans le texte de Cardan, désignent la forme de la rationalité ou du moins vers lesquels tend toute son explication du monde. D'où un double aspect constamment présent dans l'œuvre : l'attrait pour diversité ou variété des choses – qui fournira d'ailleurs l'impulsion à son ouvrage ultérieur *De Varietate* –, la tendance à ramener tout le divers à une même source, à le faire exister au même rythme, ce qui le conduira, notamment dans le *De Subtilitate*, à une doctrine de l'analogie et de la sympathie universelles dont on trouve déjà ici les linéaments. Comment peut-on donc esquisser une analyse thématique du *De Uno* [1] en fonction de cette double direction qui est loin de nous fournir un principe d'argumentation unique ou du moins systématique se déployant à travers toute l'œuvre?

Il nous semble que le plus important est ici de saisir de quelle manière l'Un s'avère être un principe d'explication dans les différents domaines soumis à l'investigation de Cardan. Selon quels schèmes s'applique-t-il, au travers de quels concepts surgit-il? Comment ces concepts qui semblent se situer dans une ligne aristotélicienne sont-ils ici intégrés à une problématique, qui par le sujet même, ressortit à un certain platonisme?

Telles sont les questions qui délimitent à la fois la portée du texte et l'originalité de Cardan dans le mode de pensée certes éclectique, mais aussi synthétique, propre à la Renaissance italienne. Aussi conviendra-t-il plus dans notre analyse de souligner l'enjeu thématique de différents passages du texte, que de donner à celui-ci une cohérence argumentative artificielle, qui serait bien extérieure à la pensée de Cardan. Ce qui, pourtant, peut nous fournir une voie de recherche, c'est de déceler comment Cardan dépasse la seule distinction de genres d'unités en tentant d'exhiber en l'Un un fondement explicatif de la réalité dans son ensemble et dans sa variété. Nous nous proposons donc de développer notre lecture de l'œuvre autour des problèmes clefs qui nous semblent l'ordonner, et tout d'abord de dégager la notion d'Un-principe de celle de l'Un-nombre; nous pourrons ainsi voir ensuite comment l'Un se spécifie dans les domaines du réel sous les figures de l'ordre, de l'harmonie et de la sympathie.

1. *Hieronymi Cardani Mediolanensis Pilosophi ac Medici celeberrimi Opera Omnia*, Lyon, C. Spon, 10 vols. in fol., 1663, t. I, p. 277-283. Désormais cité *De Uno.*

UNITÉ ET PRINCIPE

Toute la valorisation attachée à l'Un par la tradition néoplatonicienne est présente dès le début de l'ouvrage : l'Un est le bien, la pluralité est mauvaise. S'agira-t-il de justifier cette affirmation en montrant dans les choses les traces d'une unité à laquelle elles se ramèneraient pour se perfectionner, ou dont elles s'éloigneraient pour se perdre ? *Indico est, quod omnia, dum ad unitatem rediguntur, perfeciuntur et quaecumque sunt, ad unum tendunt*[2]. Ainsi les hommes dans leur singularité et leur multitude sont bien mortels, tandis que l'espèce humaine est immortelle, ainsi l'amour est-il réunion et gage de bonheur de la vie. Et pourtant la pluralité existe bien et ce ne peut être que l'Un qui en soit la cause, ne fût-ce qu'en fonction de sa précellence même : *Unum praeteria multorum causa est, multa autem unius nunquam*[3]. Aussi l'interrogation métaphysique sur la nécessité de l'existence de la pluralité pourrait immédiatement se poser. Mais ce n'est qu'assortie d'une réflexion plus développée sur le réel et le nombre, notamment dans le domaine des espèces animales comparées à l'homme, que celle-ci interviendra, et encore comme incidemment et relativement tardivement :

> Si l'Un est en soi-même à ce point le Bien, pourquoi donc tant de choses ont-elles été faites ? Et si elles ont été faites de toute nécessité, cette nécessité procède du Bien comme auteur et tend vers le Bien comme fin : donc la multitude est bonne. Mais la matière, qui est une, est cependant mauvaise, si quelque chose dans la nature mérite d'être appelé mauvais. Or cette multitude que sera-t-elle si c'est le mal ? Le Bien est en effet la même chose que l'Être : la multitude ne sera-t-elle donc rien ?[4].

C'est que, plutôt que de poursuivre une analyse ontologique (ou énologique) de ce que l'on pourrait appeler une sorte de « convertibilité des transcendantaux », Cardan, selon l'orientation de son esprit, se livre à une distinction de genres d'unité et à une investigation du réel détaillées, en ce qui concerne le règne animal notamment. C'est pourquoi le problème de l'Un et de la pluralité se spécifiera en celui de l'unité numérique par exemple ; c'est pourquoi aussi l'analyse mentionnée plus haut sera suivie de réflexions sur le nombre comparé des ânes, des éléphants et des hommes en leur génération.

Distinction de genres d'unité disions-nous, et en effet, s'il s'agit d'abord de l'Un, – identifié au Bien comme principe ontologique, comme

2. *De Uno*, p. 277, colonne gauche.
3. *Ibid.*
4. *De Uno*, p. 280, colonne gauche.

cause, tel que l'entend un Plotin, – c'est dans la nature, sous la figure de l'unité numérique qu'il peut paraître. Dès lors, il nous est possible d'indiquer deux directions parallèles autour desquelles gravitent les remarques de Cardan. La conception générale de l'Un comme principe confère aux distinctions de genres une homogénéité en tant que ce n'est pas de manière rigoureuse qu'il les détermine, mais en tant que c'est beaucoup plus l'unité réelle du monde et de ses manifestations qui intéressent Cardan. Ainsi nous verrons l'ordre, l'harmonie, la sympathie définir les figures réelles de l'unité du divers et se substituer aux figures discursives du divers de l'unité que seraient les strictes définitions des significations de l'Un selon une terminologie aristotélicienne. Nous pourrons dire alors qu'à un discours homonymique sur l'un se substitue la synonymie de sa signification réelle. D'autre part, nous le disions, l'Un apparaissant dans la singularité des êtres ou des espèces sous sa forme numérique, Cardan se posera le problème bien particulier du rapport entre la valeur des êtres et leur nombre; et la résolution de celui-ci par la réduction de l'Un nombré à l'Un au-delà du nombre se fera par la même référence à l'ordre, à la finalité. Ces deux voies convergent donc dans les mêmes thèmes propres à la philosophie de la Renaissance italienne.

Le problème du rapport de la valeur des êtres et de leur nombre est celui qui se pose immédiatement à Cardan, en tant que l'Un serait déterminé numériquement et rapproché du plus petit nombre : c'est « l'Un qui survient par diminution comme une pluralité mutilée ». Ainsi les espèces animales, dont les représentants semblent davantage tendre vers l'Un que l'homme parce qu'ils sont moins nombreux, ne peuvent pourtant pas être réputées meilleures que lui : « les serpents qui sont en plus petit nombre que les êtres nombreux en leur génération – les hommes et les lions – ne sont cependant pas meilleurs »[5]. C'est qu'ici *non valet consequentia* : l'Un n'est plus entendu dans toute sa force de principe, et, à l'intérieur du monde, sa signification numérique est pour le moins ambiguë. La raison du nombre d'individus n'est assignable aux yeux du médecin Cardan, qu'à des causes naturelles, les plus concrètes : leur rythme de vie, de croissance[6], leurs conditions de vie; et de même quand Cardan opposera la fréquence de la naissance de jumeaux chez l'homme à ce qu'il en est chez l'âne ou l'éléphant[7]. Or, si Cardan est attentif à la causalité la plus naturelle, c'est pourtant (en tant que le problème du rapport du nombre et de la valeur des êtres s'étendra à celui de la raison de la multiplicité) la

5. *De Uno*, p. 277, colonne gauche, second alinéa.
6. *Celeribus adolescant*; cf. *De Uno*, p. 280.
7. *De Uno*, p. 280.

causalité par la fin, selon un mode de pensée aristotélicien, qui servira à résoudre les difficultés. Ainsi y a-t-il un principe régulateur du nombre des animaux, si l'on peut dire, que Cardan exposera plus loin :

> Les animaux pour lesquels le risque de mort était important, la nature les crée en très grand nombre. Ce risque est important à deux points de vue : pour les animaux qui sont faibles et qui sont le plus nécessaire au monde [8].

Ainsi selon leur caractère nécessaire, nuisible ou indifférent au monde, existe-t-il un raison d'existence ou de tolérance d'animaux, de l'homme au serpent, en passant par les « fourmis, les frelons, les scarabées ».

L'on voit donc que l'Un numérique figurant comme moindre nombre ne va pas de pair avec la perfection ou le principe du meilleur et que ce n'est pas en lui que se manifeste la primauté de l'Un, mais bien plutôt dans le principe régulateur dont nous avons parlé, qui est du moins principe de valeur. Et, pourtant, même en en ce qui concerne cet aspect, la pluralité, quelque justifiée qu'elle soit, procède d'un défaut, tout en étant en quelque sorte le moyen de le pallier. C'est la pauvreté qui crée la multitude [9]. Ainsi, à cause de fléaux qui peuvent frapper les hommes, vaut-il mieux avoir plusieurs fils qu'un seul, avec la mort duquel s'éteindrait la race ; de même vaut-il mieux avoir plusieurs champs afin de pouvoir « produire tout ce qui est nécessaire ». Pourtant la valeur de l'Un demeure puisque « si la même chose peut être faite par un ou par plusieurs, il n'est pas nécessaire de recourir à ceux-ci, mais ce seul serait meilleur que tous les autres » [10].

C'est pourquoi, par contre, dans la surabondance de l'œuvre de salut, « Dieu n'a qu'un seul fils puisqu'il n'a pas craint de le perdre au point qu'il disparaisse » [11], sa perte n'étant qu'un accomplissement, considérée dans le plan de la grâce.

Nous pouvons désormais dire que, malgré ces ponts particuliers du développement cardanien où il nous semblait que se nouaient quelques unes des difficultés rencontrées dans la prise en considération de l'Un-nombre, subsiste de toute façon la précellence de l'Un, qu'il ne faudra plus entendre comme singularité mais comme unification, comme terme qui finalise et organise, et à cet égard il reprend toute sa dignité de principe. La valeur de la famille, des cités et des collectivités provient de ce qu'elles « sont rapportées à l'unité » [12], les régimes politiques étant jugés selon la même norme.

8. *De Uno*, p. 281, colonne gauche.
9. *Multitudo ab indigentia oritur*, *ibid.*
10. *Ibid.*
11. *Ibid.*
12. *Ad unum referuntur*, *De Uno*, p. 277, colonne droite.

Il est temps désormais d'étudier quelles précisions Cardan apporte sur la nature de l'Un. De manière très claire d'ailleurs, il dégage l'Un de la dépendance du nombre : « Certains disent que l'Un est par le nombre, mais il n'en est rien : même mille sont UN millier »[13]; et plus loin : « Moi je cherche la raison pour laquelle l'Un est dit un et l'est. Donc qu'il prévaille, cet Un qui est le principe du nombre »[14]. Ainsi s'agit-il bien de différencier les genres de l'Un et, précisément, comment et de quoi l'on peut le prédiquer : *Quaeramus ergo, quot modis Unum dicitur*[15]. Dès lors, c'est une sorte de catalogue des raisons pour lesquelles on peut dire qu'une chose est une, qui nous est livré. De l'unité par le genre, l'espèce ou l'accident (et c'est bien l'exemple aristotélicien de la blancheur que reprend Cardan en ce dernier cas), à l'unité par continuité ou indivisibilité, de l'unité du monde à celle des parties de l'homme, « il y a huit sortes d'Un, Dieu inclus »[16], nous dit Cardan, sans les énumérer de manière précise. Ce qui ne le gêne d'ailleurs pas pour en mentionner, toujours dans la même colonne, deux alinéas plus loin, dix genres : *Ita ut jam decem genera unitatis habeantur*[17]. On sait que c'est un procédé habituel chez Cardan que de chercher à établir une classification tout en ne se tenant pas de manière fixe aux termes de celle-ci, ni surtout aux nombres qu'il y énonce ! Mais ici ce dépassement de la répartition en genres et surtout de leur nombre nous semble particulièrement significatif. En effet, l'analyse qui se substitue, dans le *De Uno*, à la recherche taxinomique, unifie – si l'on peut dire – les

13. *De Uno*, p. 270, colonne gauche, second alinéa.

14. *Ibid.* On reconnaît ici, de façon sous-jacente, la résolution du problème telle qu'elle est formulée par Plotin dans le Livre VI des *Ennéades* : l'Un est principe générateur du nombre, loin de n'être que l'un des nombres représentés par l'âme. En effet, si l'Un n'était que par le nombre, comment ferait-il l'unité de la décade par exemple ? Il n'y aurait plus que juxtaposition d'unités dont on ne saurait plus en quoi cette espèce de caractère commun qu'elles auraient ferait pourtant d'elles un nombre distinct (parce qu'un) : dix. Ainsi se poserait également le problème du substrat du nombre UN : en effet, s'il devait y en avoir un, à partir de quoi ce nombre surgirait-il, puisqu'il unirait des choses qui n'ont justement rien en commun ? Il faut donc dans tous les cas reconnaître que : « il y a un UN qui n'est rien d'autre que purement un » (Plotin, *Ennéades*, Livre VI, 11). On peut de même remarquer que le rapport du sujet à l'attribut n'est pas le même dans le cas d'un nombre et dans celui d'une qualité : le dix attribué à l'ensemble n'est pas un caractère de chacun des éléments, comme ce serait le cas pour le blanc, par exemple. Concluons donc que l'Un est principe générateur du nombre comme des êtres nombrés.

15. *De Uno*, p. 278, colonne gauche.

16. *De Uno*, p. 278, colonne droite.

17. *De Uno*, troisième alinéa.

significations de l'Un-principe [18]. Dès lors, l'équivocité des sens de l'Un qui, selon le langage de la *Métaphysique* d'Aristote [19], répond à celle des sens de l'Être, laissera la place à l'unité réelle organisatrice d'où procèdent le monde et l'homme et vers laquelle ils tendent. Cette unité n'est autre que l'ordre, notion sur laquelle repose, dans le *De Uno*, toute l'investigation cardanienne du réel, corrélativement aux notions d'harmonie et de sympathie.

ORDRE, HARMONIE, SYMPATHIE

« Il faut s'efforcer de ramener toutes les choses à l'ordre lui-même et à un principe unique » [20] nous dit Cardan. De quelle manière faut-il entendre ce principe d'ordre et d'organisation ? Il nous semble que la précision essentielle, pour nous aider à comprendre que l'unité soit en même temps ordre et organisation, nous est fournies par cette phrase : « Tout n'est pas fait pour tout, mais tout est fait en vue de l'Un » [21]. Et Cardan d'ajouter, comme il est naturel pour celui qui connaît la théorie des correspondances de l'homme microcosme au macrocosme [22], et pour le médecin qu'il était, qu'« il est plus facile de voir cela dans l'homme que dans l'univers » [23].

Arrêtons-nous donc tout d'abord un instant à l'analyse de l'âme comme principe d'unité organique. Nous pouvons remarquer que Cardan envisage avec une incontestable rigueur la nature principielle de l'âme comme Un et source d'unité. La nécessité de recourir à un principe vital

18. On peut ici mentionner le *De Ordine* de Saint-Augustin, où celui-ci revient sur la distinction entre l'Un dans les nombres et l'Un dans la loi suprême et l'ordre de l'univers (cf. *De Ordine*, II, 18, 47).

19. « Or l'Un recevant les mêmes acceptions que l'Être, il en résulte que si, dans le domaine de qualité, l'Un est une chose déterminée, une réalité particulière, et s'il en est de même pour les quantités, il faut évidemment se poser, pour toutes les catégories, la question de la nature de l'Être » (*Métaphysique*, I, 2, 1053b25). Ou encore : « Or que l'Un et l'Être aient à peu près la même signification, cela résulte clairement de ce que l'Un est lié également à l'une quelconque des catégories et ne réside spécialement en aucune d'elles, par exemple ni dans la substance, ni dans la qualité, mais il se comporte de la même façon que l'Être envers les catégories » (*Métaphysique*, I, 2, 1054a15).

20. *De Uno*, p. 281, colonne droite, second alinéa.

21. *De Uno*, p. 279, colonne gauche.

22. « De même que dans le corps humain toutes choses s'accordent mutuellement entre elles, bien qu'elles soient dues à des causes diverses, de même dans le monde ». *De Varietate* (*De Rerum Varietate*), cité dans J. Céard, *La nature et les prodiges. L'insolite au XVIe siècle en France*, Travaux d'Humanisme et Renaissance, CLVIII, Genève, Droz, 1977, p. 231. Désormais cité *NP*.

23. *De Uno*, p. 279, colonne gauche.

qui fût un, pour exprimer la cohésion des fonctions dans le corps, est certes tout d'abord mentionnée. Mais le problème se pose de savoir comment, quoique ce principe soit celui « qui perçoit tout » ou plutôt par lequel on perçoit tout, il peut se diversifier selon les fonctions ou les parties du corps. Ainsi nous dit-il par exemple que l'« âme, liée aux parties nutricielles, ne sent pas parce que les parties ne sont pas liées comme il faudrait pour qu'elles fussent un instrument des sens »[24]. L'Un se diversifie donc selon les fonctions du corps auxquelles il est lié, tout en conférant à celles-ci l'organisation et l'ordre grâce à quoi elles remplissent leur tâche. Car l'ordre n'est pas indifférent : « Tout n'est pas fait pour tout », rappelions-nous plus haut, mais « les pieds pour la marche, la main pour la préhension et non les mains pour les pieds ni les pieds pour les mains »[25]. Ce qui va de pair, par ailleurs, avec une hiérarchie fonctionnelle des organes les uns par rapport aux autres : « l'estomac en vue du foie, le foie en vue du cœur »[26], etc. Or la manière dont il faut dès lors entendre cette existence et cette prégnance de l'âme procède justement de cette exigence d'unité et d'organisation diversifiée. Ainsi Cardan doit-il à la fois affirmer que l'âme n'est pas diffuse à travers le corps et qu'elle n'est pour autant dans aucune partie. Elle n'est pas diffuse sinon :

> [...] lorsque les pieds auraient une sensation, les mains sentiraient également. Et, de fait, si l'âme tout entière sentait, alors nous sentirions ou par les mains ou par les pieds, et cependant les pieds ne sentent pas lorsque les mains sentent[27].

Elle n'est dans aucune partie, pas plus dans le cœur qu'ailleurs, car alors « ce n'est pas l'homme tout entier qui verrait ou sentirait »[28]. Ainsi l'âme n'est-elle pas étendue, comme « principe un, non continu, ni contigu, mais en soi-même dans aucun lieu ni temps »[29], puisqu'en nous est une âme unique qui ne se diversifie pas selon les fonctions qu'elle différencie. Cette brève analyse de l'âme nous a montré de quelle façon, si l'Un trouve bien dans le réel une acception univoque sous la figure du principe et de l'ordre, cette figure possède l'idéalité qu'elle reçoit de la finalité qu'elle manifeste. D'ailleurs Aristote ne disait-il pas, même si pour lui « l'Un et l'Être se prennent en plusieurs acceptions », que « leur sens

24. *Ibid.*
25. *Ibid.*
26. *Ibid.*
27. *De Uno*, p. 279, colonne gauche.
28. *Ibid.*
29. *Ibid.*

fondamental c'est l'entéléchie »[30]? Nous pouvons donc étendre cette analyse à celle du monde, puisque « l'âme n'est pas autre chose que le monde »[31]. Cette correspondance est marquée de la manière la plus directe puisque le mouvement de ce qui est « lourd vers le bas » et de ce qui est « léger vers le haut » concerne aussi bien les fonctions organiques, le rapport du foie aux urines ou au cœur, par exemple, que le fait pour l'air de monter et pour la terre de descendre.

« Il faut donc s'efforcer de ramener toute chose à l'ordre lui-même et à un principe unique »[32]. Et en effet, l'Un s'avère à la fois principe d'être et principe d'intelligibilité si comprendre vraiment les choses c'est saisir la raison de leur existence en fonction de la fin qui est la leur et qui les ordonne les unes aux autres. C'est ainsi que le problème capital de la raison de la pluralité dont nous parlions au début trouve sa définitive résolution dans l'harmonie.

L'harmonie est tout d'abord la manifestation immédiate sensible de la bonté de l'Un sous la forme du beau ou de l'agréable. Ainsi en ce qui concerne les sonorités, « celles qui s'harmonisent sont bonnes et agréables à entendre, parce qu'elles s'unissent en l'Un : comme l'octave »[33], et les références à l'art musical abondent à ce propos[34]. Mais si l'on peut dire que c'est au nom de ce que l'on a déjà appelé « la convertibilité des transcendantaux » que le Beau intervient ici en tant qu'il est l'Un « rapporté aux sens »[35], il n'en demeure pas moins que l'harmonie vaut comme modèle global de l'interprétation cardanienne du monde, d'autant plus que c'est justement la diversité du sensible qu'il convient de justifier : « À quoi bon tant de choses ont-elles été faites ? ». C'est que, quoique ce qui fait la valeur de l'harmonie ne soit pas la multitude mais l'Ordre qui la régit, « l'Ordre ne peut exister sinon entre plusieurs éléments »[36], puisqu'il se définit comme « l'Un dans la pluralité ». Ainsi la finalité ressort avec d'autant plus d'éclat dans toute sa force de principe : la multitude

30. *De Anima*, Livre II, 1, 412b.

31. *De Uno*, p. 279, colonne gauche, *in fine*. La comparaison de l'homme et du monde peut se développer et se fonder dans la notion de « l'Âme du Monde »; cette théorie, procédant directement de la lignée platonicienne et néoplatonicienne, exprime en effet l'un des principes éternels pour Cardan. *Cf.* « Cardan, interprète d'Aristote » de J.-C. Margolin, dans *Platon et Aristote à la Renaissance, XVIe Colloque international de Tours*, Paris, Vrin, 1976, p. 321.

32. *De Uno*, p. 281, colonne droite, second alinéa.

33. *De Uno*, p. 277.

34. Que l'on rappelle ici le *De Musica* de Saint-Augustin, référence souvent privilégiée de Cardan, même si celui-ci n'y fait pas une expresse allusion dans le *De Uno*.

35. *De Uno*, p. 278, colonne gauche.

36. *De Uno*, p. 280, colonne droite, quatrième alinéa.

ordonnée est une « image de la bonté et de la sagesse divines »; et « est-ce que l'architecte qui construit un édifice splendide n'agira pas de façon plus remarquable que s'il n'en construit pas ? »[37]. C'est la beauté causée par l'harmonie qui cause la finalité. Dès lors, Cardan tire la matière du néant – ou de l'apparence d'être – dans lequel la reléguait Plotin, et où il semblait la cantonner lui-même en disant au début de son traité : « la matière qui est une est cependant mauvaise, si tant est que quelque chose dans la nature peut être réputé mauvais »[38]. En effet, l'on peut dire maintenant que « la matière est un bien, mais le dernier des biens »[39]; et si Dieu l'a permise, c'est qu'il « importait que le Bien divin soit communiqué jusqu'où il pouvait l'être »[40].

Il est désormais possible d'envisager non plus seulement l'unité principielle ou la médiation de l'Ordre à partir de laquelle l'Un se communique, mais l'Un comme mouvement même du réel, rythme de la nature. C'est le concept de Sympathie qui explique cet aspect du réel, Sympathie que Cardan définira dans le Livre XVIII du *De Subtilitate* ainsi : *Sympathiam voco consensus rerum absque manifesta ratione*[41].

Tel est le lien naturel entre les êtres quels qu'ils soient et quel que soit le domaine qui les concerne. La sympathie, mais aussi l'antipathie qui lui répond et dont la source est aussi naturelle, et aussi peu explicite, forment donc la texture même de la nature, qu'il s'agisse du rapport entre les hommes, entre choses de la même espèce, corrompues ou saines[42], ou de géodésie, de la « pierre d'Hercule »[43] dans son mouvement rapporté à sa situation naturelle, ou bien encore du rapport entre plantes ou surtout entre métaux. C'est justement la référence à ces derniers, c'est-à-dire la réflexion sur les métaux, qui se révèle la plus importante et reçoit le plus grand développement. Cela n'est pas étonnant, dans la mesure où le magnétisme figure bien le « type d'une causalité universelle » naturelle, comme le remarque Jean-Claude Margolin[44]. En effet, cette causalité par attraction et répulsion, qui procède comme de manière occulte, établit bien le rapport entre la « pierre d'Hercule », le fer, l'ambre et les diverses

37. *De Uno*, p. 280, *in fine*.

38. *Ibid.*, colonne gauche, premier alinéa.

39. *Ibid.*, *in fine*.

40. *De Uno*, p. 281, début.

41. Cité dans de J.-C. Margolin, « Analogie et causalité chez Jérôme Cardan », dans *Science de la Renaissance*, VIIIe Congrès International de Tours, Paris, Vrin, 1973, p. 67-81. Désormais cité *ACJC*.

42. *De Uno*, p. 282, colonne droite, début.

43. *Ibid.*

44. *Cf.* Margolin, *ACJC*, p. 71-72.

choses sur lesquelles ils agissent. Ainsi Cardan peut-il dresser un tableau, selon ce qu'il aime à faire, de l'attraction et de la répulsion de l'aimant et du fer entre eux. Ainsi, d'autre part, intervient cette sexualisation que Cardan utilise d'ailleurs au sujet des astres, – notamment dans son *Commentaire sur Ptolémée* : « La pierre d'Hercule joue le rôle de mâle, et le fer celui de la femelle »[45]. Et c'est ce type de rapport qui préside à la catégorialisation de l'attraction et de la répulsion dont nous parlions plus haut, selon qu'il faut entendre que « le mâle, plus fort, attire la femelle qui est plus faible », ou bien que « ne pouvant attirer la femelle à lui, ainsi que chez les animaux, il s'approche d'elle »[46]. C'est que la sympathie réelle des choses explique selon l'analogie entre les ordres ; dans le *De Subtilitate*, Cardan précisera : « cecy advient pour ce que l'aymant désire le fer, comme son aliment, lequel, quand il ne peut l'attirer, il est attiré vers le fer »[47].

Ainsi, selon les domaines, la Sympathie est bien explicative et ceci d'autant plus qu'elle va de pair avec l'analogie ou qu'elle concilie les différents ordres entre eux. D'ailleurs Cardan n'exprime-t-il pas cette nécessaire union lorsque, envisageant la pluralité des ordres, il écrit : « Il faut donc transposer les ordres eux-mêmes en un seul ordre »[48] ? La doctrine de la Sympathie justifie dès lors la facilité avec laquelle Cardan passe d'un domaine de la réalité à un autre, puisque le fondement réel, quoiqu'occulte, que représentent Sympathie et Antipathie, est en quelque sorte la trame du monde et favorise l'universelle communicabilité.

Nous l'avons dit, il nous semble que l'analyse de l'œuvre révèle que Cardan dépasse l'équivocité des sens de l'Un pour lui resituer la synonymie selon tous les ordres du réel qu'il unifie, fût-ce en les diversifiant, car après tout, il n'y a d'ordre que si les différences sont manifestes, sauf à tomber dans un chaos où tout se mêle[49]. Or, justement, il n'y a rien de moins confus que l'Un tel qu'il est entendu par Cardan. Mais l'on peut dire que toutes les différences auxquelles il s'arrête, ne sont que pour scander le périple de l'Un que la diffusion et l'aspiration créatrices entraînent, aussi bien lorsqu'il s'agit des exemples particuliers, que lorsque Cardan distingue les genres de la causalité elle-même, se référant à l'antique répartition : « il y a des effets selon trois genres : les uns viennent

45. *De Uno*, p. 283.

46. *Ibid.*

47. Cité dans *ACJC*, p. 71-72.

48. *De Uno*, p. 281, troisième alinéa.

49. C'est d'ailleurs ce qui peut expliquer, en pendant, l'œuvre qu'est le *De Varietate* ainsi que le fait remarquer Jean Céard, *NP*, p. 232.

de l'art, d'autres de la nature… d'autres du hasard »[50], la causalité naturelle étant analysée selon l'efficience et la finalité.

La tentative de Cardan, au fil de l'œuvre, pour dégager l'Un principiel de toute confusion, et notamment de celle qui aurait pu intervenir entre lui et la singularité est remarquable. Nous le disions lorsqu'il s'agissait de distinguer l'Un-nombre et l'Un-principe. Mais, même au sujet de ce dernier, entendu comme fondement réel, il n'est pas sans importance d'y insister. Telle est, en effet, la preuve que Cardan saisit bien la spécificité intelligible de l'Un. C'est à propos d'un point doctrinal très classique que l'on peut au mieux s'en rendre compte : lorsque Cardan mentionne la pensée d'Averroès, pour lequel « l'âme était unique dans tous les hommes »[51]. Or, pour Cardan, il faut ici différencier cette unité idéelle d'une unité quantitative : « une chose est l'Un, autre chose est d'avoir les conditions de l'unité »[52]. Dès lors, les conditions singularisantes que sont « la matière, la quantité, la figure, le lieu, les qualités premières et secondes, le temps » ne valent pas pour les choses incorporelles qui sont « l'unité en soi pour tous »[53]. C'est ce que Averroès n'a pas compris en ce qui concerne cette unité[54].

Ainsi, si l'unité réelle, sous la forme du principe d'Ordre, de l'Harmonie et de la Sympathie, importait plus à Cardan qu'une diversité abstraite des significations, il ne faut pas croire que pour autant il négligerait ce qui, dans le langage de l'École, peut être utilisé comme distinctions. Mais il subordonne celles-ci à la saisie du réel et à son explication effective plus qu'il n'analyse des essences. Qu'on n'aille pas dire qu'il ne saurait s'agir d'une véritable explication, sous prétexte que nous nous trouvons devant un perpétuel recours soit au finalisme, soit à une force occulte, la Sympathie. En ce qui concerne le finalisme, le reproche serait en effet d'autant moins justifié que, si Cardan en fait montre, ce n'est pas d'une manière simpliste qui justifierait tout en fonction de l'homme, mais selon le principe exprimé que « tout est fait en vue de l'Un »… C'est donc que le réel s'explique en coïncidant avec l'unité du rationnel lui-même, puisque « nous saurons vraiment toutes choses quand nous les

50. *De Uno*, p. 281, colonne droite.

51. *De Uno*, p. 282, colonne gauche. L'allusion à Averroès, qui d'ailleurs n'est pas isolée dans le texte, n'a rien d'étonnant de la part d'un auteur qui se rattache à l'école de Padoue et pour lequel Averroès est « *maximus Aristotelis interpres* ». Mais on voit que la position de Cardan est ici plus nuancée vis-à-vis de lui qu'on ne l'a souvent dit.

52. *De Uno*, p. 282, colonne gauche.

53. *Ibid.*

54. *Ibid.*

ramènerons à une seule cause »[55]. D'autre part, si la Sympathie n'est pas la causalité mécanique à laquelle la science actuelle nous a habitués, il n'en demeure pas moins que, comme figure de l'unité, elle accomplit ce passage au réel dont, au niveau ontologique, l'Un expliquait bien l'exigence.

Dès lors, il s'avère que nous pouvons déterminer le néoplatonisme sous-jacent au texte, dont nous disions en commençant qu'il s'indiquait par le thème même de l'œuvre, dans son rapport avec l'aristotélisme où se moule la pensée de Cardan. Le souci cardanien de trouver en l'Un le principe d'intelligibilité qui soit en même temps fondement, ou mouvement du réel, l'emporte sur des distinctions de sens de l'attribution, de telle sorte que, comme Plotin, Cardan tient ensemble cet Un fameux en soi et cet Un « qui est attribué à chacune des formes »[56] et qui, loin de venir d'un « substrat », l'engendre dans sa diffusion. C'est donc dans la richesse même de la diversité qu'il organise, que l'Un en soi se trouve ressaisi dans le sens unique de l'être qui le développe et tend vers lui.

BIBLIOGRAPHIE

CARDAN J., *Hieronymi Cardani Mediolanensis Pilosophi ac Medici celeberrimi Opera Omnia*, Lyon, C. Spon, 10 vols. in fol., 1663.

CÉARD J., *La nature et les prodiges. L'insolite au XVIe siècle en France*, « Travaux d'Humanisme et Renaissance », CLVIII, Genève, Droz, 1977.

MARGOLIN J.-C., « Cardan, interprète d'Aristote », dans *Platon et Aristote à la Renaissance, XVIe Colloque international de Tours*, Paris, Vrin, 1976.

– « Analogie et causalité chez Jérôme Cardan », dans *Science de la Renaissance, VIIIe Congrès International de Tours*, Paris, Vrin, 1973.

55. *De Uno*, p. 281, second alinéa.

56. Plotin, *Ennéades*, Livre VI, 5, 37.

Un miroir des Princes Florentin : la lettre de Coluccio Salutati à Charles de Duras, roi de Naples

Jean-Yves GOFFI

Au début du chapitre XV du *Prince*, Machiavel indique que, se proposant de traiter des modes et gouvernements d'un prince envers ses sujets ou envers ses amis, il n'innovera pas quant au sujet, mais plutôt quant à son traitement : il s'écartera de l'ordre suivi par de nombreux autres en ce qu'il ira directement à la vérité effective de la chose, au lieu d'emprunter le détour de l'image que l'on s'en fait. Et de mettre en cause ceux, nombreux, qui se sont imaginé des Républiques ou des Principats dont on n'a jamais vu ou su qu'ils existaient vraiment. Évidemment, on est tenté de se demander qui sont ces nombreux prédécesseurs mal inspirés.

Bien des réponses et interprétations ont été proposées depuis que P. Villari a suggéré, à la fin du XIXe siècle, que sont ici visés non pas tant les Anciens (au premier rang desquels Platon) que des auteurs médiévaux tels que Dante et Gilles de Rome ; ou humanistes tels que Le Panormite (Antonio Beccadelli), Le Pogge (Poggio Bracciolini) ou encore Pontano [1]. Les interprètes ont rivalisé d'ingéniosité et d'érudition pour ajouter des noms et des œuvres à cette liste programmatique. Sans idée d'exhaustivité, on mentionnera les plus pertinentes, les plus accessibles et les mieux informées de ces tentatives : celle de F. Gilbert, celle de A.H. Gilbert, celle de Q. Skinner et celle de M. Senellart [2]. Une chose au moins semble

1. P. Villari, *Niccolo Machiavelli e i suoi tempi*, Firenze, Le Monnier, 1881, II, p. 385. Dante, *Monarchia* (écrit vers 1310) ; Gilles de Rome, *De Regimine principum libri III* (écrit vers 1287) ; Le Panormite, sans doute le *De Dictis et factis Alphonsis regis Aragonorum*, 1485 ; Le Pogge, sans doute le *De Infelicitate principum*, 1440 ; G. Pontano, *De Principe*, 1490.

2. Respectivement : F. Gilbert, « The Humanist concept of the Prince and *The Prince* of Machiavelli », *The Journal of Modern History*, XI-4, 1939, p. 449-483 ; A.H. Gilbert, *Machiavelli's* Prince *and Its Forerunners.* The Prince *as a Typical Book* de Regimine Principum,

certaine : toute lecture qui interpréterait les « molti » du passage[3] en présupposant un rapport exclusif de Machiavel aux historiens et aux philosophes de l'Antiquité serait radicalement défectueuse par le fait même. S'il affirme qu'il a acquis la connaissance des hommes grands par la longue expérience des choses modernes et par une lecture continuelle des antiques, sa science ne s'arrête pas là. Il connaît aussi les écrits des auteurs modernes, même s'il est vraisemblable qu'il n'y trouve guère matière à s'instruire de grandes actions. Parmi ces auteurs « modernes », il y a lieu de croire qu'il pense en priorité à des humanistes florentins : L'Arétin (Leonardo Bruni) est peut-être le principal de ceux qui ont dépeint une république qui n'a jamais existé que dans son imagination, à savoir la République de Florence[4]; quant à celui qui a construit un principat idéal que l'on n'a jamais vu ou su s'être réalisé quelque part, il pourrait bien s'agir de celui à qui l'Arétin a succédé à la Chancellerie, à savoir Coluccio Salutati. Ce dernier a rédigé, en effet, un véritable Miroir des Princes, sous la forme d'une lettre adressée à Charles de Duras, Roi de Naples. Les circonstances de la rédaction de cette lettre sont les suivantes : en avril 1378 Barthélémy Prignano, Archevêque de Bari, fut élu pape sous le nom d'Urbain VI, pour succéder à Grégoire XI, alors que la papauté venait de regagner Rome. Il ne tarda pas à entrer en conflit avec les cardinaux français qui firent élire un pape « avignonnais », Clément VII, ouvrant par là ce qu'il est convenu d'appeler « le Grand Schisme d'Occident ». La reine Jeanne 1re de Naples prit, fort maladroitement, le parti de Clément VII. Urbain VI soutint alors les prétentions de Charles de Duras, fils de Louis d'Anjou-Durazzo et de Marguerite de San Severino, sur le Royaume de Naples[5]. Jeanne 1re de Naples fut déclarée déchue en 1380 par Urbain VI, qui donna l'investiture à Charles de Duras. Celui-ci parvint à conquérir rapidement le royaume de Naples à la suite de l'effondrement de l'armée d'Othon de Brunswick, quatrième époux de la reine. La nouvelle de la victoire de Charles de Duras parvint à Florence en septembre 1381. Coluccio Salutati, Chancelier depuis 1375, rédigea d'abord une missive officielle pour féliciter le vainqueur puis entreprit d'écrire une lettre personnelle pour gagner à Florence, ville de tradition guelfe, mais qui s'était

Durham (N.C.), Duke UP, 1938; Q. Skinner, *The Foundations of Modern Political Thought*, Cambridge, Cambridge UP, 1978, I, p. 118-138; M. Senellart, *Les Arts de gouverner*, Paris, Seuil, 1995, p. 215-230.

3. « *E perché io so che molti di questo hanno scripto* [...]. *E molti si sono immaginati* [...] », Machiavel, *De Principatibus. Le Prince*, trad. fr. J.-L. Fournel et J.-Cl. Zancarini, Paris, PUF, 2000, p. 136.

4. *Laudatio Florentinae Urbis*, environ 1403-1404.

5. « Durras », quelquefois « Durrazzo » pour l'actuelle Durrës, en Albanie.

opposée de plus en plus violemment aux légats des Papes d'Avignon, les bonnes grâces du nouveau roi de Naples et de son protecteur Urbain VI. C'est de cette lettre que nous proposons une traduction française. Écrite en latin et inachevée, elle a pu être écrite fin 1381 ou début 1382 puisque Coluccio Salutati fait remonter à 116 ans en arrière l'accession au trône de Charles 1er de Sicile, laquelle a eu lieu en 1266. Elle figure dans *L'Epistolario di Coluccio Salutati*, édité par F. Novati[6]. F. Ercole en a donné une édition « populaire » en 1942[7]. Elle est accompagnée d'une traduction italienne, à laquelle nous avons eu recours. F. Novati estime que si la lettre n'a pas été achevée, ni envoyée à son destinataire c'est parce que devenu Charles III de Naples, Charles de Duras fit assassiner la reine Jeanne, sa prisonnière et confisqua les biens des Florentins domiciliés à Naples : en cela il se comporta de façon brutale et tyrannique et les conseils de modération prodigués par le Chancelier devenaient sans objet. Par ailleurs, Charles III se brouilla avec Urbain VI : en cela il devenait, du point de vue de *la Realpolitik*, un allié inutile et encombrant.

Destinée à un « prince nouveau », la lettre de Coluccio Salutai mobilise un certain nombre de thèmes qui permettent de souligner encore une fois la dette de Machiavel envers le genre littéraire du miroir des princes. Mentionnons : le thème des conseillers et des flatteurs ; la vertu de libéralité ; la valeur militaire des mercenaires ; la valeur militaire des soldats en fonction de la géographie et du régime politique de leur pays d'origine[8] ; la question du respect des coutumes anciennes et des usages reçus ; les abus sexuels sur les femmes des sujets ; la corruption de la justice ; la question des taxes, des impôts et des corporations ; la question du libre-arbitre et de l'influence astrale.

Cependant, l'univers mental de Coluccio Salutati et celui de Machiavel diffèrent du tout au tout. Ce n'est pas que les conseils du vieux chancelier soient naïfs, bien au contraire : ils manifestent souvent une certaine rouerie et, pour tout dire, un certain machiavélisme, au sens banal du terme[9]. Mais, sur une série de points essentiels, les perspectives divergent :

6. *Epistolario di Coluccio Salutati*, F. Novati (éd.), « Fonti per la Storia d'Italia », Forzani et C. Tipografi del Senato, Rome, 1893, vol. II, p. 11-46.

7. *Coluccio Salutati. Il trattato* « De Tyranno » *e lettere scelte*, « Istituto nazionale di cultura fascista. Scrittori politici italiani », Bologna, Nicolo Zanichelli, 1942, Le texte latin de cette édition est très négligé et certains passages ne sont pas traduits. Nous avons évidemment suivi le texte de l'Épistolaire.

8. Un *topos* évidemment hérité d'Aristote.

9. La façon dont il recommande de traiter les délateurs et les flatteurs, peut-être inspirée du *Policraticus* de Jean de Salisbury est parfaitement claire à cet égard. Coluccio Salutati connaît au moins des extraits de l'ouvrage de Jean de Salisbury qu'il mentionne et

Coluccio Salutati, grand lecteur de la *Cité de Dieu*, est persuadé que Dieu, par l'intermédiaire de la Providence, gouverne l'histoire humaine ; il considère le monde comme un cosmos stable et ordonné, tenant une fois pour toutes sa forme et son organisation de son créateur ; il adhère à une conception organiciste de la société ; il considère qu'il n'y a pas de solution de continuité entre les commandements de la morale, les principes de la politique, et les dogmes de la religion. Sur toutes ces questions, il est bien plus un médiéval qu'un humaniste : et c'est précisément à propos de toutes ces questions que Machiavel cesse d'être un humaniste.

LETTRE DU FLORENTIN COLUCCIO SALUTATI À CHARLES, ROI DE NAPLES

Roi très glorieux, Général illustre, Prince victorieux. Je sais bien, nonobstant le très grand dévouement, la très grande loyauté et l'immense attachement teinté de respect que j'ai toujours éprouvés à ton endroit et envers ceux de ton sang, comme il est téméraire de ma part, moi qui suis placé si bas, de te déranger, toi qui vient de t'élever si haut, avec ces pages peu travaillées ; comme il est téméraire, alors que tu es accaparé par les très importantes affaires qui s'attachent à un nouveau royaume, que je prétende t'en détourner afin que tu lises cet écrit négligé et sans apprêt – écrit d'ailleurs dont tu devras rire avant même que de le lire quand tu auras découvert le nom de celui qui l'a rédigé, ton très obscur serviteur. Je te supplie cependant, prince dont la mansuétude est extrême, de ne pas dédaigner d'y jeter un regard en les prenant telles qu'elles sont, quelle que soit leur valeur. Sans doute, à cause de leur rudesse, la lecture n'en charmera pas les oreilles du souverain que tu es, oreilles faites à des façons de s'exprimer élevées et recherchées ; sans doute, elles ne pourront en rien ajouter aux vertus qui te font, bien au-delà du trône royal, resplendir d'une lumière éclatante. Toutefois, à les lire d'un esprit patient, elles pourraient ne pas t'être dommageables. Tu y verras, en vérité, ce que moi-même et bien d'autres pensons de ta personne et de ta gloire. Tu y verras ensuite, si je ne m'abuse, de combien de modération il te faut faire preuve, au sommet de la Fortune où tu te trouves, dans le cours si heureux de tes succès et alors que tu diriges un État si puissant ; toutes choses qui, lorsque tu les auras lues, feront que, peut-être, tu ne dédaigneras pas le dévouement et la fidélité de mon humble personne. Je sais d'ailleurs que si

qu'il cite dans le *De Tyranno* (chap. 2), sous le titre de *Policratus*, tout en trouvant ce titre énigmatique.

tu t'occupes de choses nobles et élevées, tu ne négliges pas pour autant celles qui sont de moindre valeur, toi qui as vu le menu peuple de Naples et bien des homme de très médiocre origine et de très commun état t'être d'un secours qui fut loin d'être négligeable à l'occasion de ton élévation au trône. Mais ne va pas te figurer que c'est attiré par la félicité admirable de ta Fortune que je t'écrive d'une façon aussi familière, dans l'intention d'obtenir de toi des faveurs ou des honneurs. Dieu qui gouverne et régit toute chose m'a, dans sa bonté, accordé assez et même plus qu'assez : alors que je suis natif d'un bourg tout petit, encore que bien agréable, il m'a permis de m'installer dans une cité très illustre et là, bien au-delà de ce que mes mérites me permettaient d'espérer, de gagner la bienveillance d'un peuple très glorieux ; il m'a alors accordé, à côté de mes Seigneurs, la charge d'un office qui me vaut le comble des honneurs. Si bien qu'en réalité on croirait que c'est à mon propos qu'Horace a écrit :

> Que l'on m'accorde ce que je possède actuellement et même moins. Et que le temps qui me reste à vivre, si les dieux veulent qu'il y en ait, je le vive pour moi. Que j'aie bonne quantité de livre et provision de biens pour l'année [10].

Si assurément, Dieu m'a accordé tout cela ; si l'on y ajoute le bon ordre de cette cité, personne entre les mortels ne saurait être plus comblé que moi : qu'est-ce donc alors qui me pousse à t'écrire ? La foi inébranlable et la dévotion naturelle dont, suivant en cela l'exemple de mes ancêtres, j'ai toujours fait preuve à l'endroit de l'auguste sang royal qui est le tien. Ton humanité, également, m'a empli d'espoir, toi qui as toujours fait preuve de patience envers ceux qui te sont inférieurs et qui leur reste accessible. Ce qui m'a aussi incité à t'écrire, c'est la grandeur et la noblesse du sujet et tes hauts faits qui, tant par leur dignité que par leur abondance, ont pu mettre en mouvement même un esprit inactif et un talent assoupi.

Et pour faire un résumé de la suite de tes exploits, telle qu'elle nous est parvenue : à Rome ton esprit intrépide et ton immense ardeur t'ont fait comprendre les grandes choses que te permettait ta Fortune. Consacré et oint selon le rite de notre très Sainte Mère l'Église de la main même de l'authentique vicaire de Jésus-Christ, le Souverain Pontife Urbain VI, tu es élevé au trône glorieux du Royaume de Jérusalem et de Sicile. Ce fut précisément ce très saint jour où notre Seigneur et Sauveur Jésus-Christ a fait descendre le Saint Esprit, sous l'espèce visible du feu, sur les prédicateurs du Royaume de Dieu, sur les lutteurs et athlètes de la foi chrétienne, jour qui fut toujours célébré depuis lors le premier après les Calendes de juin ;

10. Horace, *Épîtres*, I, XVIII, 107-110.

ce fut aussi ce jour qui marqua le début du règne de l'illustre Charles, le premier de tes prédécesseurs, il y a de cela cent seize ans. D'où il résulte que nous nous trouvons dans la sixième année de la douzième décade à partir du moment où le titre d'une si grande souveraineté est revenu à tes ancêtres ; pour ce qui est de la plénitude et de la dignité de ces nombres, nous laisserons à ceux qui traitent d'arithmétique mystique le soin de spéculer à ce propos. Mais pour ce qui est de toi, le ciel t'étant propice et – ce que le résultat confirme – Dieu lui-même, l'architecte des cieux, t'étant favorable, tu accédas à la grandeur du trône royal. Alors, confiant dans la justice de ta cause, accompagné d'une petite troupe, le septième jour des Calendes de juillet, tu entras dans le royaume qui t'était destiné. Aucun ennemi ne s'étant porté à ta rencontre, c'est sans dommages que tu accédas aux villes et aux places fortes que la mâle vertu, l'audace virile et l'admirable grandeur d'âme de ta très glorieuse épouse t'avaient si longtemps conservées, au milieu des incursions continuelles de très puissants ennemis. Là, tu fis jonction avec les troupes de ton épouse qui attendaient impatiemment ta venue. D'autres, en nombre non négligeable, vous rejoignirent, accourues de leur patrie. Tu avanças plus vite que prévu, tel un fleuve qui se renforce en suivant son cours, jusqu'à la vallée communément nommée « Gaude » et que l'on appelait autrefois « Vallée Caudine ». C'est là que jadis, l'armée romaine fut défaite par celle des Samnites. C'est au milieu des gorges de cette vallée que vint à ta rencontre l'armée commandée par le célèbre prince, jusque là invaincu, le Seigneur Othon, Duc de Brunswick, en personne. Déjà on discernait, venant de ses quartiers, la lueur des feux ; déjà on entendait les signaux donnés par les trompes, les timbales, les trompettes et les cors. Cet homme dont l'état est la guerre, et auquel, si l'on en croit la renommée, ni sa Germanie, ni l'Italie ne peuvent opposer aucun homme de ce temps, mû par le souvenir de la gloire qui fut la sienne t'indique qu'il consent à la bataille et t'adresse, en signe de défi, un gantelet trempé de sang. À quel haut fait la grandeur de ton âme te poussa t-elle alors ? Tu accueilles d'un esprit intrépide ce défi te provoquant à une rencontre décisive et tu t'offres bravement à combattre pour ta cause, soit au cours d'un duel singulier, soit par un choc des armées en rase campagne. Ce n'est certes pas à cela qu'il s'attendait. Frappé de stupeur, soit qu'il ait perçu les signes de la très haute faveur divine qui s'attachait, avec ton armée, à toi-même ; soit, ce qui est plus vraisemblable, qu'il ait été saisi de crainte et d'abattement devant ton courage, fuyant le choc du combat qu'il avait réclamé avec tant d'audace, il décampa furtivement et sans bruit, avec toute son armée, aux premières heures de la nuit. Défait par la réputation de ton nom aussi sûrement que s'il avait été vaincu au cours d'une bataille, il ne trouva remède, avec tous les siens, que dans la fuite. Toi cependant, t'avançant vivement avec ton armée vers les murs de cette Parthénope qui t'était destinée, tu te présentas à ce peuple glorieux qui t'attendait avec inquiétude depuis si longtemps déjà, non comme un maître devant qui on tremble mais, bien qu'en armes, comme un seigneur bienveillant et patient. Ce fut un spectacle admirable et au plus haut point réjouissant que de voir avec quelle faveur, avec quelle allégresse, une fois abolie l'obéissance aux dirigeants et – qu'il me soit permis de parler selon la vérité – une fois libéré de l'antique et très léger joug de la majesté de la reine, ce peuple t'accueillit ainsi que toute ton armée, à l'intérieur des défenses et des remparts. Qui pourra dire les chants du peuple t'acclamant, qui pourra raconter l'exaltation de tous, narrer la faveur et la joie de chacun ? À y bien regarder, ce qui advint alors t'enseigna d'autant plus à quel point tous t'étaient attachés, que tu accédas si rapidement à un tel sommet alors que ta Fortune était encore incertaine et que tes ennemis en armes s'activaient encore un peu partout. Que cet ennemi en armes, très puissant, ait médité de s'opposer à ton entrée dans la ville depuis une autre partie de celle-ci ne t'effraya pas, pas plus que ceux de ton parti : c'est de l'extérieur qu'il assista, avec les siens, au spectacle de ton entrée comme roi dans cette ville royale. Ce jour donc, très glorieux, jour de confusion pour tes ennemis et qui fut aussi celui qui marqua le début de ta souveraineté, tu le marqueras à jamais d'une pierre blanche. Et, afin que ceux qui viendront après nous ne l'ignorent pas : ce jour fut celui qui tombe au milieu du mois de Jules César, le dix-septième des calendes d'août. Et en effet, il convenait parfaitement qu'un prince tel que tu es et tel que nous souhaitons et espérons que tu demeures, s'établisse au sommet de son excellence entre ces deux longs mois, qui tirent leur nom de ceux des plus nobles des princes. Quel autre jour pouvait être mieux approprié à un rite aussi solennel que celui qui divise exactement en deux le mois de juillet entre jours écoulés et jours qui restent à s'écouler et qui est en outre le premier à faire mention du mois d'août. ? Il a un je ne sais quoi de prophétique et de divin ce jour où il semble que t'aient été attribués le sceptre des plus grands rois et le titre même de monarque.

Mais j'en reviens à mon récit. Après ton entrée dans la capitale, une partie des ennemis prit la fuite à la hâte. L'autre partie se retrancha dans la forteresse de la garnison, avec cette fameuse reine qui parvenait au terme du temps fixé pour son règne : c'était le jour où elle devait déposer le diadème. Quant à toi, avec l'aide du peuple rempli de zèle à ton endroit, tu entrepris immédiatement d'assiéger cette forteresse d'un cœur vaillant, par terre aussi bien que par mer. Il n'y eut défaut ni de machines de guerre, ni d'engins, ni d'instruments ; il y eut aussi abondance de sapes, de galeries souterraines, de pièges et de tout ce que l'épreuve d'un long siège peut suggérer aux assiégés. Pendant ce temps, le Duc Othon lui-même avait pris le commandement de la troupe ennemie restée à l'extérieur. Il avait amalgamé en une seule unité les Bretons et les Germains. S'y étaient joints les hommes que d'autres nobles du parti de la reine avaient dépêchés à son secours. Tous ensemble, ils menaient une campagne désordonnée, envoyant sans relâche des colonnes jusque sous les murs de Naples. Ce fléau dura quarante jours, à ce que je crois, pendant lesquels on se disputa, à l'intérieur comme à l'extérieur, le pouvoir suprême sur le royaume. La supériorité de ton parti n'était pas encore assurée : si la miséricorde divine n'avait pas atténué la violence du fléau par tes succès, ta réussite et tes progrès, tu n'aurais pas été plus loin que tes brillants débuts, prince très glorieux. Mais, en réalité, pendant ces événements, les nobles venaient à ta rencontre, les peuples se soulevaient; chaque jour des camps retranchés et des villes se soumettaient. Tu n'avais pas les ressources qui t'auraient permis d'entretenir les mercenaires de ton armée, lesquels réclamant leur dû avec insistance, menaçaient de déposer les armes et même de passer dans le camp d'en face. Et voilà que, contre toute attente, Dieu te fit découvrir des trésors que tes ennemis avaient dissimulés en sûreté dans des lieux consacrés. Grâce à eux et à d'autres choses encore que tu vis arriver avec admiration, grâce aussi à l'extrême agrément de ta sereine présence, la guerre resta supportable au peuple. Tout cela avait suscité de la crainte chez tes ennemis : par conséquent de nombreux personnages éminents du royaume ou bien restèrent neutres entre les deux partis ou bien se rangèrent plus rapidement de ton côté. Pendant ce temps, la famine commençait à tourmenter les assiégés. Déjà, on réfléchissait à des offres de paix. Mais la reine, égarée par de mauvais conseils, refuser d'accéder aux nombreuses requêtes à elle adressées par cette commune qui était maintenant tout à fait acquise à ta cause. Alors, le mari de la reine, cet éminent homme de guerre, afin de porter secours aux assiégés, de libérer son épouse et de te faire prisonnier ou de te chasser une fois la ville conquise, installa son camp, avec l'ensemble de ses troupes, à la place forte de San Ermo. On était déjà le vingt-cinq août, jour mémorable destiné à voir le terme de tant de fatigues. Le seigneur Othon disposa son armée en ordre de bataille et harangua ses troupes, promettant à ses Teutons non seulement le sac de la ville qui s'offrait à leurs yeux, mais le pouvoir absolu sur le royaume. Sur ce, il commença à descendre, en formation de combat et dans un ordre admirable, du haut de la montagne afin de faire jonction avec les assiégés dans leur place forte et d'envahir ensuite la ville à partir de là. Toi de ton côté, avec ce peuple dont le sort était maintenant en jeu, tu avais pris les armes; allant à la bataille, pleins d'espoir et de courage, vous vous efforciez de rencontrer l'ennemi en un choc frontal. Ce fut alors qu'une poignée de tes voltigeurs s'élança hors des portes de la cité. Après avoir commencé par les affronter au cours de brèves escarmouches, comme il est habituel en ces circonstances, le Duc, cet expert en l'art de la guerre, s'en remettant à la Fortune, pressa son cheval et, avec quelques nobles, chargea ce groupe de cavaliers et les quelques fantassins qui les suivaient. Je pense que son intention était de faire en sorte qu'ils se débandassent, afin de venir plus facilement à bout du reste de ton armée, démoralisée par ce spectacle. Mais c'est sans chef et en désordre que cette avant-garde d'une armée très puissante se rue au combat : le Marquis de Montferrat, qui occupait au Piémont maintes places relevant de ton autorité est blessé à plusieurs reprises et finit par être tué ; le Duc lui-même est précipité à bas de sa monture et est capturé. Pendant ces événements, ton armée avançait et le combat décisif semblait imminent lorsque, les voltigeurs revenus, apparaît le Duc prisonnier. Alors s'élève une clameur joyeuse : la victoire semble déjà assurée. Aussitôt on donne aux troupes le signal de l'assaut. Voyant ton étendard sacré s'avancer, les ennemis comprirent que le Duc avait été fait prisonnier. Glacés d'épouvante, ils se mirent à songer plus à la fuite qu'au combat. Mais lorsque se révéla l'ordre de bataille de ton armée royale, la majeure partie se rendit, abandonnant même l'idée de prendre la fuite. Qui fut capable de se rendre, avec les siens, à un noble guerrier s'estima heureux. Quant aux autres, ils prirent la fuite vers la place fortifiée dans la montagne dont on a déjà parlé. Voilà donc, pour ne pas mentionner la reddition de la reine, du Seigneur d'Artois, ton parent, et de bien d'autres, voilà donc la somme de tes exploits. Voilà donc les faits qui t'ont valu un tel pouvoir sur un tel royaume. Ils paraissent si grands, si magnifiques, ils dépassent tellement ce que peuvent les hommes que, pour parler à ta Majesté le langage de la vérité, sans chercher à te flatter, ils sont directement l'œuvre de Dieu et destinés, à mon sens, à avoir d'immenses conséquences. Voici, en effet, ce qui est établi et qui témoigne de l'extrême grandeur de ton âme et de la vaillance de ton cœur : tu étais à peine sorti de l'adolescence, que tu avais cependant toujours parée d'extrêmes vertus ; tu n'as pas bénéficié du soutien de l'Église qui, à cause de la méchanceté des temps, était incapable de te tendre une main secourable ; les Romains n'ont pas pu t'aider, accablés qu'ils étaient de tous côtés : à l'extérieur par la guerre, à l'intérieur par des séditions quotidiennes, par la peste et par la famine ; tu n'as pas été soutenu par l'armée de ton cousin, le Sérénissime Roi de Hongrie : cela, la simple longueur du trajet à accomplir l'empêchait, sans même parler de l'astuce des envieux et la cupidité de ceux qui en auraient été chargés. Mais toi donc, tu pris la décision de t'emparer d'un si grand royaume, comme si c'était en toi seul et en ton autorité que se trouvaient toutes les ressources suffisantes à un tel dessein. Et ainsi, ayant reçu les insignes de la royauté, tu l'envahis, à la tête d'une petite armée, s'il est permis d'appeler « armée » une poignée de huit cents cavaliers. En matière de grandeur d'âme, en matière d'énergie, en matière de courage et d'audace, que pourrons nous trouver qui puisse égaler cela ? Quel général, quel prince trouverons-nous dans les récits historiques, qui aura entrepris de si grandes choses, ou avec une telle magnanimité ? Alexandre a envahi la Perse, confiant en la force et en la valeur de ses quatre mille cinq cents cavaliers et de ses trente deux mille fantassins. Et, s'il faut reconnaître qu'il s'agissait d'un royaume abondant en or, en pierres précieuses et en parures, habité par une multitude innombrable de peuples, il était aussi amolli par les plaisirs ; l'armée qui le défendait était lâche et peu aguerrie. Elle devait, après avoir lancé par une infinité de bouches un terrible cri destiné à effrayer l'ennemi, offrir à ses adversaires son cou, à son roi son sang et abandonner aux vainqueurs une proie sans valeur. Miltiade, stratège des Athéniens, opposa – si l'on peut se fier aux affabulations des Grecs – onze mille combattants sur le champ de bataille de Marathon à six cents mille adversaires ; et cela, chose inouïe, sans attendre le renfort des Lacédémoniens, confiant qu'il était en sa propre vitesse dans la manœuvre. Mais l'armée des barbares, surprise par cette attaque soudaine et inopinée alors qu'elle se consacrait à des cérémonies religieuses d'une durée de quatre jours ne fut pas capable de déployer ses archers, qui en faisaient principalement la valeur. Le tiers de ses forces tomba sous les coups des assaillants. Léonidas, le roi des Spartiates, opposa au roi Xerxès et à son armée qu'on estimait à plus de dix fois cent mille hommes, une troupe de quatre mille soldats. Mais l'étroitesse du défilée des Thermopyles et la disposition du terrain contribuèrent à sa victoire, arrachée le quatrième jour, alors qu'il était mourant, après trois jours de combats. Mais toi, tu es entré dans un royaume aux traditions guerrières, redoutables par ses hommes et par ses armes ; dans un royaume que devait défendre un général entreprenant, à la tête d'une très forte armée ; dans un royaume qui avait été préparé avec beaucoup de soin, bien avant ton arrivée, à la défense et au combat. Tu y es entrée sans bénéficier de l'avantage d'un terrain difficile : au contraire, tu as emprunté des plaines et de voies largement exposées. C'est ainsi que ton aïeul, l'illustre Charles 1er a investi la place forte de San Germano, bien défendue par les Allemands et par les archers Maures ; qu'il a écrasé le Roi Manfred, ou mieux, pour employer les termes mêmes de ton très glorieux ancêtre, qu'il a écrasé le Sultan de Nucérie, près de la cité de Bénévent. Vainqueur, en effet, il l'a forcé, la bataille achevée et la situation devenue désespérée, à chercher la mort au milieu de ses ennemis. C'est ainsi qu'il s'assura, avec une vertu et une fortune admirables, du royaume que le pape Clément lui avait transmis [11]. Mais tout cela, quelle qu'en soit la splendeur, est encore inférieur à tes exploits et à tes victoires. Souffre donc, prince très vaillant, qui à procuré tes descendants un si grand royaume, avec tant de peine et au prix de tels labeurs, prince dont les exploits glorieux ne pourront jamais tomber dans l'oubli; souffre donc, je te prie, que je compare à ta personne et que je compare à tes victoires celui qui t'a succédé; en quatrième rang par ordre de filiation et en cinquième rang selon l'ordre de succession royale [12]. Il me semble que déjà, si seulement le destin le veut permettre, il est destiné à s'élever à tant de gloire et à tant d'éclat qu'il en viendra à éclipser la réputation de tous les princes de ce temps, de la même façon que toi, tu as éclipsé celle des princes de ton temps. Toi, en effet, tu as investi San Germano; lui, c'est dans Naples qu'il et entré. Toi, c'est Manfred que tu as dominé et mis à mort; lui c'est le Duc Othon de Brunswick, rejeton de la famille impériale et uni par les liens du mariage à ton arrière petite fille, ce que tu n'aurais jamais imaginé, qu'il a commencé par mettre en fuite. Il l'a ensuite vaincu et fait prisonnier, transférant ainsi à une lignée masculine le royaume héréditaire dont une transmission d'origine transversale l'avait écarté, par la main d'une femme alliée à la férocité tudesque. Pour ce qui est du temps, c'est en soixante-deux jours qu'il a accompli de si grandes choses. Pour ce qui est des circonstances, c'est presque sans effusion de sang, et avec un tel succès qu'à peine est-il possible à l'intelligence humaine d'en concevoir de plus grand. Mais il y a tout de même trois choses qui diffèrent et qui parlent en faveur du nom et des titres de ton excellent et très glorieux arrière petit fils. À savoir que si vous avez porté sur vos épaules la charge d'une si grande entreprise et d'une guerre si hasardeuse, toi, c'était en bénéficiant du secours d'une très puissante armée et des conseils très avisés de personnages éminents; tandis que lui, c'était presque seul. En outre, si vous avez supporté d'une poitrine robuste le poids de la conquête d'un royaume et de la défense de notre Sainte Mère l'Église, toi, c'était

11. Coluccio Salutati met en parallèle le destin de Charles de Duras et celui de son ancêtre Charles 1 er. Charles 1 er fut investi du royaume de Sicile par le pape Clément IV et remporta sur Manfred de Hohenstauffen la bataille de Bénévent en 1266.

12. Les souverains ayant eu autorité sur le Royaume de Sicile, puis de Naples sont : Charles 1 er (1266-1285); Charles II dit le Boiteux (1285-1309); Robert le Sage (1309-1343); Charles d'Anjou Calabre; Jeanne de Naples (1343-1382); Charles III (1382- 1386); Jeanne de Naples est donc l'arrière-arrière petite fille de Charles 1 er. De son côté, Charles III est l'arrière-arrière petit-fils de Charles 1 er par le rameau Hongrois des Anjou, dont la filiation est la suivante : Charles 1 er; Charles II d'Anjou; Jean d'Anjou-Durazzo; Louis d'Anjou-Durazzo; Charles III. Il est à noter que, dans le passage qui suit, Coluccio Salutati ne s'adresse plus à Charles III, mais feint de s'adresser à Charles 1 er.

dans la force de l'âge, alors que tu étais riche de l'expérience de maintes choses ; tandis que lui, c'était au sortir de l'adolescence, alors qu'il était peu au courant des affaires : deux circonstances qui d'habitude, chez les autres, troublent la sûreté de la décision. Enfin, tu as pris les armes contre un roi d'une extrême cruauté, qui avait épuisé son royaume par des persécutions déguisées en impôts ; qui avait spolié l'Église ; qui avait persécuté le clergé ; qui avait, à ce qu'on dit, tué son frère et usurpé le royaume de celui-ci de la façon la plus inique. J'ajoute que ses sentiments envers la vraie religion et la foi chrétienne étaient d'une telle impiété que, non contant de tolérer au milieu de son royaume la férocité des Sarrasins sectateurs de Mahomet, il l'encourageait encore ; qu'il était tellement corrompu et avili d'adultère et de stupre qu'il allait jusqu'à déshonorer, poussé par ses désirs effrénés, non seulement des femmes du peuple, mais encore des dames de la noblesse et même les épouses des citoyens les plus éminents ; que les peuples comme les princes le tenaient pour haïssable et intolérable au plus haut point. Personne ne sera donc étonné de voir les grands personnages, dont il avait souillé les liens sacrés, abandonner un tel monstre, livrant et offrant son royaume à l'approche des tiens ; de voir Dieu livrer, comme par miracle, la place forte de San Germano à tes gens, les Chrétiens et les Sarrasins qui la défendaient n'étant pas parvenu à s'entendre ; de voir, au pont du Calore, fleuve qui coule près de Bénévent, une fois les Germains défaits par les nobles Gaulois de ton parti, avec l'aide des Guelfes de Florence, ses sujets abandonner non leur roi mais leur tyran et t'offrir la plénitude de la victoire. Mais le Charles de ce temps, Dieu tout-puissant, à qui lui fallut-il disputer le royaume ? À n'en pas douter, il trouva en face de lui une armée solide et un chef parfaitement expert en l'art de la guerre. Un chef, dis-je, issu d'un très noble lignée, qui comptait au nombre de ses ancêtres de nombreux rois et princes glorieux et plus d'une fois de rang impérial ; un chef d'une très grande réputation, rendu illustre pas d'innombrables victoires ; un chef à l'attitude bienveillante, prompt dans l'action, d'un maintien imposant, d'un esprit intrépide. J'ajoute qu'il était d'une telle obligeance envers ceux qui avaient affaire à lui que, si le fait qu'il soit issu de la nation allemande n'y avait fait obstacle – le souvenir de Manfred, en effet, rend encore aujourd'hui une telle origine odieuse à l'ensemble de la population, il aurait pu facilement s'élever jusqu'au trône royal. Il eut aussi à affronter la Dame la plus illustre de tous les temps, la petite fille de ton petit fils, le très avisé roi Robert, de divine mémoire : reine par droit de succession, elle a transmis, par les liens du mariage la couronne de tant de règnes d'une part dans la lignée de Charles Robert, d'autre part dans la branche de Philippe de Tarente, ton petit-fils [13]. Ne rougis pas, prince magnanime, toi que nous estimons digne de faire partie du chœur des bienheureux à ce triple titre : lutteur de notre Sainte Mère l'Église, terreur des infidèles et champion de la justice, ne rougis pas de consacrer quelque soin à ta gloire terrestre; ne rougis pas d'avoir, pour prix de tes peines, un héritier d'un tel éclat. Tu peux compter au nombre de tes ancêtres bien des hommes que leur sainteté, leur vertu et leurs exploits ont distingués. Tu le peux aussi en ce qui concerne tes descendants. Mais examine, je te prie, cette longue suite d'ancêtres dont ta race est issue : tu remonteras jusqu'à Électre, fille d'Atlas, qui, à ce que rapportent les Anciens, a engendré Dardanus après avoir eu commerce avec Jupiter. Ce Dardanus fut le premier de ton sang. Tu trouveras ensuite – je laisse de côté Priam, le dernier roi de Troie et la cohorte de ses fils, Érichtonios, Tros, Assaracus, Laomédon – Francus lui-même, fils d'Hector, dont sont issus votre lignée et le nom même du pays des Francs. Ses descendants Marcomir et Pharamond, chassés de Sicambrie par les Romains, régnèrent sur des terres plus assurées, près du Rhin, en Germanie. Tu trouveras encore – et j'en oublie de nombreux – Clovis, glorieux par les noms et par les mœurs, au baptême duquel une colombe envoyée par le ciel apporta le chrême qui faisait défaut : on a coutume, aujourd'hui encore, d'oindre de la sorte les rois de France. Tu trouveras ensuite le second Clovis, celui dont on rapporte que, au moment de recevoir le baptême il répondit, alors qu'il n'était âgé que de quarante jours, rendant par là muets de stupeur ceux qui assistaient à la scène – ainsi soit-il. Tu trouvera les Pépin, les Charles, les Louis, les Lothaire, les Robert, les Hughes, les Henri, les Philippe et bien d'autres innombrables que tu peux voir, dans l'infinie béatitude dont tu jouis à présent et dont tu jouiras indéfiniment, par surabondance de justice et dont tu peux contempler les exploits, les vertus et les mérites. Mais en ce qui concerne le sexe féminin, tu ne trouveras aucune dame qui puisse être comparée, par la grandeur d'âme les vertus ou la gloire, à cette Jeanne de ton sang, fille du Duc de Calabre. C'est donc cette femme, si considérable par la clémence et la bienveillance, qu'il trouva opposée à son entreprise; elle qui, après le décès de l'illustre roi Robert, non seulement fut en charge de la direction du royaume pendant quarante ans, mais l'exerça en toute humanité et en se conformant pleinement aux exigences de la justice. Elle s'acquitta donc de cette charge en soulageant grandement ses sujets et en

13. Jeanne de Naples avait épousé en premières noces André de Hongrie, fils de Charles-Robert de Hongrie et en secondes noces Louis de Tarente, fils de Philippe 1 er de Tarente; tous deux descendants de Charles 1 er de Naples.

promouvant l'utilité de tous. De sorte que si la vertu, la clémence, la justice et la bonté de ceux qui gouvernent pouvaient assurer les souverains sur leur trône, son sceptre aurait du être le plus ferme de tous, garanti qu'il était par la reconnaissance que ses sujets lui vouaient.

Revenons en à toi; immense et magnifique, ô prince très glorieux, immense est cette victoire que nous pouvons à bon droit comparer à celle de tes aïeux et à celles de l'histoire tout entière. Prends garde cependant de ne pas laisser ton esprit s'exalter : ne va pas attribuer à toi seul ainsi qu'à ta propre sagesse la gloire de tant de succès [14]. C'est pour toi un titre de gloire suffisant et même plus que suffisant, que Dieu, qui a créé et fait toute chose, ait insufflé dans ta poitrine tant de vaillance; qu'il ait tout arrangé de sa main afin que les conseils qu'il t'avait inspirés ne restassent pas vain; qu'il t'ait élevé à un si grand royaume, toi qui peu de temps auparavant était dépourvu de tout. Dieu, ce Dieu tout puissant qui ébranle les fondements de la terre [15] t'a fait roi; c'est lui qui, de sa main t'a guidé vers le trône; c'est lui qui a toujours été à tes côtés, de crainte que tu ne deviennes la proie de tes ennemis; c'est lui qui a disposé en ta faveur l'esprit des premiers personnages du royaume et le peuple lui-même; c'est lui qui a brouillé le jugement de ton si puissant adversaire et qui, au val Caudin où il s'opposait à toi, l'a rendu lâche et prêt à fuir; c'est lui qui a ouvert pour toi les portes de Naples; c'est lui qui a disposé les Napolitains à t'obéir; c'est lui qui, afin de te la livrer, a fait de la reine ta prisonnière; c'est lui qui t'a livré, sans fatigue et sans effusion de sang, ton ennemi et toute son armée; c'est lui enfin, chose au plus haut pont miraculeuse, qui a rassemblé, comme dans une outre [16], afin de les remettre en ton pouvoir, tous ceux qui étaient en mesure de te gêner, soit en acte, soit en intention, afin de combler tes désirs et ceux des tiens jusqu'à parachever la plénitude de ta gloire et la surabondance de ta victoire. Ne te laisse pas persuader par la foule de ceux qui t'entourent, dont l'habitude est de caresser de flatteries et de cajoler les oreilles ingénues des maîtres et des princes; ceux-là mesurent les mœurs et l'esprit des autres à l'aune de leur propre intégrité et pureté. Ne te laisse pas persuader, dis-je, que tu as réalisé tout cela par ta vertu et par ton jugement propres : il éclate aux yeux de tous que cela a été fait en toi et par toi, mais accompli par Celui à qui rien n'est impossible [17]. C'est déjà une fraude dans les sociétés humaines, que de s'attribuer la gloire qu'un autre a obtenue par ses efforts; mais il est

14. Saint Augustin, *Enchiridion*, I, 1.
15. Psaumes, 81, 5. Il s'agit de la numérotation de la Vulgate.
16. Psaumes, 32, 7.
17. Luc, I, 37.

monstrueux et sacrilège de se prévaloir de titres que l'on doit réserver à la gloire de la divine majesté : en effet, celui qui tente de se prévaloir de la gloire de Dieu s'attribuerait certainement sa puissance s'il en avait l'occasion. C'est un fait établi que tel fut le dessein de cette superbe intelligence et de la plus noble des créatures, si vite devenue la plus ignoble, lorsque nos parents ont pensé, en transgressant les préceptes divins, se rendre semblables à Dieu. Rends donc gloire à Dieu ton Seigneur[18]; répète, non avec la bouche, mais avec le cœur, cette parole de l'Apôtre :

> Grâce à Dieu, je suis ce que je suis[19].

Répète en toi-même : « Seigneur, moi qui suis né homme, moi qui ai été fait roi, moi qui ai vaincu mes ennemis, moi qui, couvert de gloire, ai triomphé au cours d'une telle guerre, je n'en suis pas moins l'œuvre de tes mains »[20]. C'est ainsi, par cet aveu sincère et par la crainte respectueuse devant la grâce et la bienveillance divines, que tu garantiras dans le futur les fruits à venir de ton élévation, comme nous le souhaitons. Tu penses peut-être que Dieu, par tant de miracles avérés t'a destiné à de plus grandes choses. Mais ne crois pas, je te prie; même si cela te heurte que je te parles selon la vérité – car le plus souvent les oreilles des princes sont soumises à la fourberie des flatteurs; ne crois pas, dis-je, ne te figure pas, en ta Sérénité, que c'est à cause de ton mérite que Dieu t'a élu pour être le dépositaire de tant de gloire et pour accomplir ce dessein secret dont je parlerai bientôt plus en détails. Sans même remonter jusqu'à ton enfance, remémore-toi le temps de ton adolescence. Représente-toi de façon très précise la raison de toutes tes pensées et de toutes tes actions; si tu t'es trompé, ne fais pas comme si cela n'existait pas. Dispose-toi en face de toi-même; dis-toi à toi-même, dis à ta conscience : « Ces bonnes actions, c'est moi qui les ai négligées; ces mauvaises actions, c'est moi qui les ai accomplies, et en cela j'ai offensé le caractère auguste de la majesté divine ». Et parce que tu es dans le monde, monde d'où l'innocence a disparu, ne va pas t'abuser et te mentir à toi-même en te disant : « car je suis exempt du péché »[21]. Fais plutôt sécession d'avec le monde, et dis comme l'apôtre : « Là je me suis souillé de désirs charnels. Là, je me suis trop complu en moi-même, par la concupiscence des yeux; là, je me suis trop élevé par la superbe de ma vie »[22].

18. Josué, VII, 19.
19. I re Épitre aux Corinthiens, 15, 10.
20. Job, 10, 3; 14, 15. Psaumes, 18, 2; 101, 26.; 137, 8.
21. Ire Épître de Jean, I, 8.
22. Inspiré de I re Épître de Jean, II, 16.

Lorsque tu auras fait tout cela avec soin, alors tu pourras recenser, si tu le désires, tes bonnes actions et considérer en toi-même tes mérites lorsque tu seras examiné par le juge qui a autorité sur ce district. Je ne doute pas que tu en viendras à estimer que, si tant de choses t'ont été accordées, c'est bien au-delà de tes mérites. Car, comme le dit le poète satirique, en matière de fautes « le premier châtiment, c'est que le coupable ne peut échapper à son propre jugement »[23]. C'est pour que tu défendes la foi chrétienne et pour que tu sois le champion de la juste cause de l'authentique vicaire du Christ, notre seigneur Urbain VI, que Dieu t'a fait roi et qu'il a voulu que tu triomphes sur les hommes en te concédant quelque chose de sa puissance admirable. Car le monde entier atteste, même si cette race de vipères prétend que c'est à la suite d'intimidations, qu'Urbain a accédé au Pontificat suprême ; car ceux-là même qui font état de leurs crainte, craintes bien peu viriles en vérité, on les a vus, dans une Rome paisible et sous les applaudissements du peuple, couronner Urbain, l'introniser et le désigner comme vénérable Souverain Pontife à la communauté des fidèles ; car eux qui ne seraient rien sans le Siège Apostolique, ils se sont tenus aux côtés d'Urbain lors des consistoires et pendant les autres actes ; et ce sont eux qui, pendant de longs mois, sans manifestation de défiance ni murmures d'illégalité, l'ont reconnu comme Pape authentique. Cependant, en faisant ainsi sécession, ils sèment le doute chez de nombreuses personnes, quant à la légitimité de notre Seigneur le Pape ; et, comme nous l'avons vu, ils sont parvenus à enrôler dans leur parti beaucoup de peuples et beaucoup de princes. Et ils n'en ont pas honte, dans la démesure de leur fureur et de leur aveuglement, alors même qu'ils avaient pris la peine d'adresser des courriers à presque tous les peuples et à presque tous les princes de la terre, courriers destinés à valider le caractère canonique de la désignation d'Urbain comme authentique souverain pontife. Mais à leur confusion – ou plutôt pour leur salut, tu as été l'agent de très grands et de très nombreux miracles. Sois bienheureux, sois le plus glorieux des princes ici-bas, toi à qui Dieu a permis de réprimer de tes mains cette abomination schismatique et de rétablir le corps déchiré de l'Église dans l'unité du Souverain Pontife. Fasse Dieu que tu mérites de devenir auteur et principe de si grandes choses, puisque le cours heureux des événements a montré que tu en étais capable. Dieu t'a élevé afin que tu guides vers la justice et l'équité les peuples qui se sont déclarés en ta faveur et pour que tu les libères de la servitude et du schisme de l'apostasie. Dieu t'a aussi élevé afin que tu sois l'asile et la protection salutaires de tous ceux qui sont fidèles au très saint sang royal et que, d'aussi loin

23. Juvénal, *Satires*, XIII, 2-3.

que le souvenir remonte, on a surnommé les Guelfes. Ne va pas prendre à la légère ce que je te dis là. Les Guelfes, en effet, constituent une élite pieuse parmi les hommes ; ils aiment la paix, ils vénèrent Dieu et la justice. Toujours, lorsque les princes du siècle se sont déchaînés contre l'Église on les a trouvés du côté des Souverains Pontifes dans leur détresse. Et parce que tes illustres ancêtres ont toujours été favorables à cette race d'homme, je veux dire en peu de mots, me fondant sur les écrits qui en perpétuent le souvenir et qui nous ont été transmis, l'origine du parti guelfe. Et suivant l'exemple de tes ancêtres qui se sont déclarés en leur faveur, tu voudras bien tolérer que, pour ce faire, nous remontions quelque peu en arrière dans le temps. À l'époque funeste d'Henri, l'impitoyable ennemi de l'Église – Henri que d'aucuns nomment « Henri III » et d'autres « Henri IV » – ce prince projeta une persécution détestable[24]. Il parvint à procéder à une partition de l'Italie et en excita la plus grande partie contre les partisans de l'Église ; il chercha à opprimer celle-ci en introduisant deux sectes que l'on devait appeler par la suite les Guelfes et les Gibelins. Ces deux partis se sont perpétués avec une incroyable opiniâtreté tout au long du conflit qui a opposé les papes et les empereurs. Ils se développèrent sur les passions qui opposaient les Italiens les uns aux autres au point non seulement d'infecter – tel un poison – les hommes de ce temps-là, mais de se transmettre, comme par droit d'héritage, à leurs enfants et descendants. On dit que ces noms eux-mêmes sont ceux de deux princes allemands qui, par leur affrontement belliqueux, avaient divisé leur propre pays. Car l'un d'eux que l'on tient (même si le mariage n'a jamais été réellement consommé) pour l'époux de la Comtesse Mathilde avait pour nom, selon certains : Welf ; et selon d'autres : Wulf[25]. L'autre avait pour nom Waibling. Et c'est de là que proviendraient les noms de ces deux factions. Mais d'autres contestent que ce soit le cas. Leur opinion est que l'on appelle ainsi les Gibelins, parce qu'ils sont belliqueux (*Gibellini dicti* [*sunt*] *quasi bella gerentes*), les individus de ce genre, qui soutiennent l'Empereur, se délectant des guerres, des bouleversements et du sang versé ; et que l'on appelle ainsi les Guelfes, parce qu'ils sont du côté de la foi (*Guelfi vero, quasi gerentes fidem appellati* [*sunt*]), ayant toujours combattu pour elle, pour

24. Il s'agit d'Henri IV d'Allemagne (1050-1106). L'antagonisme entre les factions guelfes et gibelines a trouvé sa première expression au moment de la Querelle des Investitures : dans son projet d'affirmer l'indépendance du Siège Pontifical contre les Empereurs d'Allemagne, le pape Grégoire VII excommunia l'Empereur Germanique Henri IV en 1076. Celui-ci réagit en faisant élire l'antipape Clément III en 1084. Les Guelfes sont les partisans de la papauté, les Gibelins ceux de l'Empire.

25. Mathilde de Toscane, dite de Canossa (1046-1115), épouse de Welf II Duc de Bavière, a soutenu le pape Grégoire VII dans son conflit avec Henri IV.

l'Église romaine et pour ses Souverains Pontifes [26]. Quoi qu'il en soit, ces noms déjà reçus du temps de nos ancêtres sont parvenus jusqu'au nôtre. Je n'ignore pas non plus que certains, recourant plus au miraculeux qu'au vraisemblable, enseignent, pour rendre raison de ces noms, qu'ils auraient été proférés d'une voix terrible, à la suite d'un prodige dont ils sont persuadés qu'il serait d'abord apparu dans les airs. Ceux-là, en effet, au premier rang desquels Saba Malaspina [27], le narrateur assez grossier, pour ne pas dire insultant, des faits et gestes de tes ancêtres, disent qu'à la naissance de Manfred (dont la conception aurait été adultérine) on vit apparaître en Toscane, à la stupéfaction des spectateurs, dans un ciel devenu rouge en plein jour, deux figures féminines dans les nuages, d'aspect redoutable, enlacées l'une à l'autre, comme en pleine lutte. On voyait tantôt l'une, tantôt l'autre être terrassée; tantôt l'une, tantôt l'autre se redresser : comme si elles semblaient prendre alternativement le dessus. Les témoins de la scène entendirent un mugissement de l'atmosphère, puis une voix de tonnerre appeler l'une des deux « Guelfe » et l'autre « Gibeline ». Ce prodige, même s'il était réel, je n'oserais le tenir pour certain, à cause du caractère inouï d'un tel miracle. Mais laissons les hommes à leurs affabulations relatives à ces noms. La chose certaine, c'est que cette scission – laquelle dure depuis bientôt deux cent trente-sept années selon le calcul des historiens – a entraîné les Italiens dans une guerre qui s'accompagne d'une grande désolation de leur patrie et d'une grande effusion de leur sang. Ce n'est pas à notre époque, selon moi, que l'on verra ce fléau prendre fin. En effet, s'il faut en croire ceux qui font profession d'astrologie, ce sont les puissances des cieux et des astres qui introduisent chez les hommes ces factions, ces sectes et, de façon générale, tout ce qui leur arrive. En effet, les astres ne peuvent pas forcer la volonté humaine; cependant même ceux qui parlent selon la vraie foi accordent que le ciel n'est pas sans influencer notre esprit et qu'il peut incliner notre libre-arbitre vers ceci plutôt que cela, mais sans caractère absolu de nécessité toutefois. Le fait, déjà bien avéré pour les actes des

26. Source possible : Bartole de Sassoferato, *De Guelphis et Gebellinis*, I. Bartole dérive le terme « Gibelin » des monts de Guelboé (*Second Livre de Samuel*, I, 19-27) qui selon l'ouvrage de saint Jérôme sur la signification des mots hébreux, voudrait dire « lieu de courage ». Par extension, Bartole prête au terme « Gibelin » le sens suivant : « confiant dans le courage temporel, celui des armes et des guerriers ». Il dérive le terme « Guelfe » de Zilpha, l'esclave que Léa a donnée à Jacob lorsqu'elle s'est aperçue qu'elle ne pouvait plus enfanter (Genèse, 30). S'inspirant de la même autorité, il estime que ce prénom veut dire « bouche qui parle », d'où il « conclut » que l'affinité des Guelfes est pour les choses divines et pour les prières.

27. D'après F. Novati, Saba Malaspina, *Rerum Sicularum Historia*, I, 1.

particuliers l'est encore plus en ce qui concerne les délibérations des communautés. Ceux qui s'efforcent de pénétrer la vertu des corps célestes à partir de leurs effets estiment donc que la fortune temporelle de l'Église varie, en bien ou en mal, avec la force et la position de Jupiter et du soleil, planètes dont ils affirment également qu'elles sont guelfes. Les Guelfes sont donc des hommes solaires et jupitériens, c'est-à-dire, selon l'enseignement traditionnel des astrologues, des hommes bienveillants, gracieux, aux traits nobles, d'aspect agréable, pacifiques, doux et religieux. Au contraire, ceux qui sont de Saturne et de Mars, comme on dit que sont les Gibelins, sont aussi mauvais et portés à faire le mal, irascibles, superbes et agités. Une telle différence de mœurs, confinant à la contrariété de nature, à quoi s'ajoutent les qualités opposées des instincts : tout cela rend difficile l'instauration de la concorde parmi les hommes. C'est d'autant plus vrai que, de toute nécessité, les péchés des mortels font surgir des scandales par lesquels la majesté de notre créateur est quotidiennement offensée; mais également incitée, par nécessité de justice, à châtier les pécheurs. Ne t'écarte donc pas de l'excellente coutume de tes ancêtres, qui ont toujours apporté leur appui à cette race d'hommes obligeants. Consolide l'Église et prends des mesures afin de faire reconnaître, par l'éclat de ton règne, non seulement dans les frontières de ton domaine, mais dans toute l'Italie, le nom pacifique que tes parents t'ont donné à la naissance. Présente-toi à tous avec la grâce qui convient à la signification de ton nom. « Charles », en effet, vient du grec *Charis* (en latin : *Gratia*) et du grec *Olon* (en latin : *Totus*); ce nom veut donc dire : « Parfaitement gracieux ». C'est, à coup sûr, un nom des plus glorieux et qu'il te faut, de toutes tes forces, faire correspondre à la signification des termes qui le composent et qu'il entrelace.

Et puisque nous voici parvenus à cette partie de mon propos que j'avais réservée pour la fin, mon intention est, non de d'admonester, mais de t'exhorter à faire ces choses qui peuvent affermir ton sceptre et étendre la gloire de ton nom. Et pour commencer, songe que tu es un roi et que ce mot provient de : « celui qui doit régir » (*a regendo*) et non de celui qui a vocation à régner (*non a regnando*)[28]. À ce titre, ce mot implique bien plus de charges que d'éclat[29]. Gouverner comporte certes de la dignité, mais aussi du labeur : si tu néglige le second, tu perdras la première. On n'est pas de loisir quand on porte le nom de roi; il n'est pas facile d'être, par sa

28. Isidore de Séville, *Étymologies*, IX, 3, 19-20.

29. Dans le passage qui suit, Coluccio Salutati développe le thème classique du pouvoir comme office; ses références explicites sont surtout romaines, fortement teintées de stoïcisme. Cependant, l'interprétation augustinienne (*Cité de Dieu*, XIX, 14) de Luc, XXII, 26-27 et de Jean, XIII, 16-17 n'est jamais bien loin.

fonction, en situation de commander aux autres. C'est donc à bon droit que Tibère, prince estimable mais qui a corrompu son principat par sa cruauté et sa luxure, répondit sur le ton de la réprimande à des proches qui le pressaient de ne plus hésiter à exercer le pouvoir : « vous ne savez pas quel monstre est l'empire »[30]. Il finit cependant par assurer la direction des affaires, mais à contre cœur, comme s'il se chargeait alors du joug d'une servitude lamentable et pénible. Cela n'a certainement pas échappé à ce roi, peu importe lequel qui, au moment où on lui apportait le diadème le considéra pendant quelques instants pour déclarer – je cite maintenant Valère Maxime :

> Ô bandeau! Insigne de gloire plutôt que de bonheur! Qui connaîtrait à fond ce qu'il comporte de soucis, de dangers et de misère ne voudrait même pas se baisser jusqu'à terre pour le ramasser[31].

Si les malheureux mortels pouvaient se persuader de cette vérité, on ne les verrait plus jamais s'affronter en vue de conquérir le pouvoir; on ne verrait plus les républiques ébranlées par l'ambition de dominer, née dans des esprits abusés par l'éclat des dignités. Tu es donc roi. Apprends à te commander toi-même avant de commander les autres. Gouverne-toi toi-même et n'abandonne pas la direction de toi-même au prétexte que tu te soucies de gouverner tes sujets. Un seul homme est le plus grand des royaumes. Que ce soit la raison qui commande et qui exerce en toi la suprématie; qu'elle soit la règle de ta volonté, qu'elle contienne tes instincts; qu'elle réprime ta colère; qu'elle éteigne tes désirs effrénés; qu'elle adoucisse ta cupidité. Lorsque tu auras le sentiment d'avoir réalisé tout cela, alors tu pourras commander aux autres. Sache qu'il est plus malhonnête d'être surpassé en matière de vertu par ses sujets que d'être vaincu par les armes des autres. Il est honteux, en effet, et ridicule, que quelqu'un commande à qui est meilleur que lui. Surpasse les tiens non par la force, mais par tes vertus. Efforce-toi non seulement d'être roi, mais encore d'être digne de la haute fonction royale. Un royaume est faible, en effet, dont on croit qu'il est tombé en des mains indignes. Nous désirons par-dessus tout que nos pères, nos fils, nos frères, nos amis et tous ceux qui nous sont proches par l'affection, le sang ou la simple affinité, soient non seulement bons, mais encore excellents. Ne penses-tu pas que tel sera aussi le désir des sujets à l'endroit de leur roi? S'il est honteux que les grands le cèdent à ceux qui sont moindres, qui ne trouvera plus honteux encore que ceux qui excellent le cèdent à ceux qui ne sont que bons? Le

30. Suétone, *Vie des douze César*, Tibère, 24.
31. Valère Maxime, *Faits et dits mémorables*, VII, II, exemples étrangers 5.

roi authentique n'est pas celui que la naissance met au premier rang, que la puissance impose ou qu'une élection institue : il est celui que la raison distingue. Et il est raisonnable que prédomine celui qui est tellement au-dessus des autres en matière de vertu que, lorsqu'on le compare à eux, il l'emporte toujours par quelque chose. Il n'y a rien de commun entre un roi et un tyran : en effet, un roi est bon tandis qu'un tyran est mauvais. Chez les Anciens, on appelait indifféremment les rois « tyrans » et les tyrans « rois ». Ce n'est pas leur signification qui différenciait ces termes, mais simplement la façon de les écrire. Car c'est à cause de leur vaillance que les tyrans sont dits tels. « Tyros » en grec est, en effet, la même chose que « fortis » en latin. D'où vient que nous appelons « tyrans » les chefs militaires vaillants. Et c'est ainsi que notre Virgile dit de son Énée tantôt que c'est un roi, tantôt que c'est un tyran : « Nous avions pour roi Énée : nul autre ne fut plus juste, ni plus grand par la piété, ni par la valeur des armes »[32].

Mais à un autre endroit, il dit de lui que c'est un tyran : « La paix sera pour moi en partie faite quand j'aurai touché la main du tyran »[33].

Cependant, c'est pour ajouter aussitôt : « Pour vous, rapportez au roi pour l'instant, mes mandats »[34].

Mais ceux qui détenaient le pouvoir et les rois eux-mêmes abusèrent de leur vaillance et de leur force : le mot, qui était le nom d'une vertu, devint celui d'un vice. De là vient que l'on appelle tyrans les maîtres injustes[35]. Et est un tyran celui qui a accédé injustement au pouvoir, ou qui règne de façon injuste[36]. Ce ne sont pas le titre, l'onction, le diadème ou la consécration qui donnent droit au nom de roi : c'est la vertu seule. Voici ce qui convient à un roi, au témoignage du plus grand des poètes, dans l'écrit dont on a parlé plus haut : la justice la piété, la science de la guerre[37]. Ce

32. *Énéide*, I, 544-5.

33. *Énéide*, VII, 266.

34. *Énéide*, VII, 267.

35. Isidore de Séville, *Étymologies*, IX, 3, 19-20.

36. Comme dans son *De Tyranno*, Coluccio Salutati s'inspire ici de la distinction opérée par Bartole de Sassoferato entre tyran « *ex defectu tituli* » et tyran « *ex parte exercitii* »; dans les deux cas et pour les deux auteurs, le tyran est, conformément à la définition de Grégoire le Grand, celui qui exerce le pouvoir en s'affranchissant du droit. Le tyran « *ex defectu tituli* » est celui qui exerce le pouvoir sans disposer d'un titre légitime; le tyran « *ex parte exercitii* » est celui qui, bien qu'il dispose initialement d'un titre légitime à exercer le pouvoir, gouverne sans se soucier du bien commun (Bartole de Sassoferato, *De Tyranno*, chap. VI et VIII).

37. Coluccio Salutati reprend en insistant sur leur contenu les vers déjà cités de l'*Enéide*, I, 544-5. On peut noter qu'Isidore de Séville ne relève que deux vertus royales : la justice et

sont ces qualités qui font les rois, c'est en elles que constitue l'ornement de leur sceptre : la justice, qu'il faut rendre à tous, la piété, dont il faut faire preuve envers Dieu, la pratique des armes, qui a pour finalité de combattre les torts, non de les provoquer. Nombreux sont ceux qui se laissent abuser par la toute puissance royale et qui, parce qu'elle est au-dessus des lois, font du bon plaisir le critère du licite. Ils sont très peu à reconnaître, avec les divins Sévère et Antonin : « Nous avons beau être affranchis des lois, cependant nous vivons selon les lois » [38].

Ce qui a été dit une fois, on s'en est persuadé à jamais : « Ce qui plaît au prince a force de loi ». Mais c'est contre l'opinion de l'Empereur Théodose que la plupart pensent que la faculté de commander d'un prince n'est limitée que par son pouvoir suprême de décision, et non par les lois [39].

Bénies les républiques, bienheureux les royaumes dont les rois et les princes sont justes et se conforment aux lois, de telle sorte que leurs ministres, qui tendent à présumer de la majesté royale et même souvent à abuser, dans leur superbe, de la puissance royale, soient rappelés, par leur exemple, aux devoirs qu'ils ont eux-mêmes à observer. Il te faut, en effet, t'assurer avec le plus grand soin que ceux auprès de qui tu prends conseil tous les jours ou qui t'assistent en permanence ne transforment le pouvoir que tu leur as délégué ou concédé en moyen de nuire aux humbles. Écoute les pauvres, prête l'oreille à ceux qui sont dans la misère, viens au secours de la veuve, protège l'orphelin. Souviens-toi que tu dois être un secours pour les petits, un frein pour les grands. Ne confie pas aux grands les procès qui concernent les grands. Réserve-toi de trancher, en dernière instance, dans les litiges qui opposent ceux qui te sont proches. Il est bien rare, en effet, que ceux qui fréquentent le Palais rendent des jugements où ils se condamnent les uns les autres. Ils se favorisent mutuellement, attendant la réciproque en échange. Quant à ceux que le peu de relations avec toi a rendu en peu de temps étrangers à la majesté qui est la tienne, comment penses-tu qu'ils se prononceront lorsqu'ils auront à juger tes dignitaires et tes courtisans ? Ils en ont besoin, ils les vénèrent, ils les craignent et leurs recommandations leur sont nécessaires ! Ne méprise pas les affaires où sont en cause les intérêts des petites gens, quand bien même elles seraient parfaitement mesquines. Car la plupart du temps, même si l'objet du litige est minime, il s'agit de la presque totalité du

la piété (*Étymologies*, IX, 3, 5). S'adressant à un conquérant, Coluccio Salutati s'inspire de Virgile qui met l'accent sur les vertus guerrières, même s'il s'agit d'un païen.

38. *Institutes*, II, XVII : « Par quels modes les testaments sont invalidés », 8.

39. *Code*, I, XIV, 4 : « Concernant les lois et Constitutions des Empereurs et leurs édits ».

bien du pauvre. Presque toujours, un tel litige met en jeu l'ensemble des moyens de subsistance d'un pauvre et pour lui, la perte d'un simple veau est un dommage aussi considérable que pour un riche la perte de tout son troupeau. Mais, pour en revenir à tes familiers, garde-toi de prêter l'oreille aux délations, même si tu sais déjà ce que l'on te rapporte et même si, en secret, tu es d'accord avec ce que l'on te rapporte. Fais celui qui n'y croit pas. Les délateurs penseront que tu as de la peine à admettre ce qu'ils te rapportent. Et si tu as appris quelque chose que l'on t'a rapporté à propos de ceux qui font courir des bruits, que tu estimes cela vrai ou faux, le mieux est de l'exposer, afin qu'ils ne pensent pas être eux-mêmes à l'abri d'accusateurs. Sois très attentif à ce que l'on te dit et enquête avec beaucoup de soin à propos de ce que l'on te rapporte. Si tu sévis, que ce soit à propos de ce que tu as découvert, pas à propos de ce que l'on t'a rapporté. Agis de la sorte et l'innocence ne pourra être opprimée auprès de ta Sérénité, ce qui est la cause principale de la chute des rois et des princes. Et ce ne sera pas de ton fait que l'envie fera des ravages, elle qui, trop souvent dans les cours royales, s'acharne sur les innocents, tend des pièges à ceux qui sont bons, fait obstacle aux vertus, divise le royaume et, infectant les esprits tel un venin mortel, conduit les rois à leur perte en les rendant sourds aux conseils de ceux qui leur sont fidèles. Il n'est pas de plus grande peste chez ceux qui fréquentent les cours royales : si l'un reçoit des honneurs, elle s'en irrite ; si l'autre reçoit des louanges, elle y fait obstacle ; si un autre enfin tombe en disgrâce, elle s'en réjouit. Que l'enfer t'engloutisse, bête mortifère qui corrompt la société des hommes par une infection secrète ! C'est surtout aux bons, afin qu'ils ne puissent montrer qui ils sont, que tu tends des pièges et que tu dresses des embuscades : c'est contre eux que tu machines des guet-apens. Ô bénis les rois, ô bienheureux les princes qui connaissent ce que tu combines, qui savent préserver l'innocent de tes traits, qui sont au fait de tes fourberies et qui savent te chasser et t'extirper de l'esprit de ceux qui les entourent. Je conclurai ce point avec le poète satirique : « Repousse la, toi qui es expert à distinguer ce qui rend un son plein de ce qui n'est que fioritures d'un propos trompeur » [40].

Car telle est la tâche dont il te faut venir à bout, telle est l'œuvre à accomplir. Et, en guise d'avertissement : « J'ose réclamer cent voix et souhaiter cent bouches et cent langues pour mes vers » [41].

40. Perse, *Satires*, V, 25. En écrivant « *pulsa* », Perse pense aux cordes d'une lyre. En employant ce terme, Coluccio Salutati donne l'injonction de repousser l'envie qui vient d'être flétrie et maudite dans le passage qui précède.

41. Dans ce passage, Coluccio Salutati combine les vers 1 et 26 du livre V des *Satires* de Perse.

Car d'autant plus je te semblerai désireux de te faire de telles représentations, d'autant plus tu te montreras circonspect en tout cela.

Mais après cette digression, je voudrais ramener le discours à toi. En effet, ce zèle spontané qui est le mien à rassembler par mes écrits ce qui me semble contribuer à ton élévation et à ta gloire n'est pas encore rassasié. Je veux donc, afin que tu montres que tu es un roi digne de ce nom, que tu promulgues de justes lois, en ayant à l'esprit le bien de tes sujets; et, afin que celles-ci aient la plus grande autorité, je veux que tu sois le premier à les observer. Les peuples, en effet, ont mauvaise opinion des lois dont ils se rendent compte qu'elles ne sont pas respectées par ceux qui les ont instituées. Et un fardeau, même s'il est très pénible, semble plus léger aux gens de modeste condition lorsque les grands le supportent de la même façon, malgré leurs privilèges. Souviens-toi, lorsque tu institues une loi, que ce ne sont pas tes intérêts qu'il faut consulter, mais ceux de tes sujets, et l'utilité publique elle-même. Aies toujours sous les yeux ces paroles du Prophète : « Malheur à ceux qui promulguent des décrets d'iniquité »[42]; « Que la loi soit la même pour tous, pour l'indigène et pour l'hôte qui est hébergé au milieu de vous »[43]. Que ta loi soit une loi de justice, de vérité et d'équité. Si tu promulgues une loi injuste, ton injustice sera réitérée chaque fois que la loi sera appliquée. Ce n'est pas un seul péché qu'il commet, celui qui pèche en promulguant une loi. Tous les autres délits ont une limite, mais la faute de celui qui légifère est, en quelque façon, infinie. Fais des lois telles que tu ne veuilles plus les changer, telles que tes sujets les reçoivent avec allégresse, telles que ceux qui viendront ensuite ne cherchent pas à les subvertir, telles qu'elles soient validées par l'accord de tous; Que tes lois ne visent pas seulement à administrer les choses temporelles selon l'utilité : mais qu'elles aient aussi en vue le salut de tes sujets. Qu'elles ne soient pas un piège pour les simples, une duperie pour les innocents, qu'elles ne soient pas non plus un asile pour les fourbes, ni une arme pour les calomnieux. Mais qu'elles soient, pour tout dire, droites, raisonnables, claires, simples, irréprochables; et, ce qui est le plus important, qu'elles soient instituées, avec l'assentiment du peuple, qu'elles visent le salut de tous et l'utilité publique. Mets en place dans ton royaume des magistrats capables d'administrer la justice avec une sévérité bienveillante; qu'ils ne fassent pas tomber les riches dans des embûches, qu'ils n'enserrent pas les pauvres dans les filets de la calomnie. En somme, qu'ils ne fassent pas commerce de la justice. Si je te parle ainsi, c'est avec de bonnes raisons. Car depuis longtemps l'habitude s'est prise et

42. Isaïe, X, 1.
43. Exode, XII, 49.

s'est répandue dans tout le royaume de remettre, moyennant finance, les peines prononcées : il s'agit là d'une coutume très dangereuse et honteuse de surcroît. Les meurtriers, les voleurs ; les brigands, ceux qui ont commis des voies de fait, ceux qui ont commis les pires méfaits s'assurent l'impunité en achetant les juges et en les corrompant. Chasse cette peste, chasse cette abomination, mets fin à ces infamies criminelles : « Que les méchants craignent de pécher par effroi du châtiment »[44].

Que ni l'indulgence, ni l'impunité, ni la cupidité des juges ne favorisent les délits, au risque de dégrader le royaume. Qu'y a-t-il, en effet, de plus dégradant que d'éclipser le soleil de la justice et, celui-ci une fois obscurci, de transformer en brigandages les royaumes les plus sûrs[45] ? Si tu tolères que la justice soit supprimée, n'enlèves-tu pas du même coup la sécurité à ceux qui sont bons ? Et ne rends-tu pas ceux qui sont mauvais encore plus effrontés et effrénés dans le crime ? À quoi sert au roi sa propre justice si celle de ses ministres ne s'y ajoute pas ? À quoi sert de promulguer ce qui est juste, de vouloir ce qui est bon, de prescrire conformément à l'équité, d'ordonner ce qui est honnête si tout cela est corrompu dans les mains des exécutants ? Sois donc extrêmement vigilant envers ceux à qui tu confies les institutions de ton royaume. Celui-ci sera assez stable pour toi et pour les tiens si tu le maintiens dans l'intégrité de la miséricorde et de la justice. Écoute le Psalmiste, ou plutôt l'Esprit Saint lui-même, s'exprimant par cette bouche royale : « Jugez en faveur du faible et de l'orphelin, rendez justice au malheureux et au pauvre »[46]. Voilà l'oracle de la voix divine, voilà le principe de cette authentique et ineffable sagesse : « Aimez la justice, vous qui êtes juges de la terre »[47]. Pour en revenir aux Psaumes, voici comment le Psalmiste qualifie ceux qui ont méprisé son injonction : « Ils ne savent pas, ils ne comprennent pas, ils vont dans les ténèbres »[48]. Il ajoute : « Tous les fondements de la terre sont ébranlés »[49]. Enfin, se tournant vers eux, il déclare : « Mais vous, comme des hommes vous mourrez et comme un prince quelconque vous tomberez »[50]. Ne vois-tu

44. On trouve dans les *Épîtres* d'Horace la formule : « *Oderint peccare boni virtutis amori* » (XVI, 52). Elle est devenue proverbiale sous la forme : « *Oderunt peccare mali formidine poenae, oderunt peccare boni virtutis amore* ».

45. L'opposition entre « *regna* » et « *latrocinia* » est augustinienne : « *remota itaque iustitia, quid sunt regna nisi magna latrocinia* », *Cité de Dieu*, IV, IV. Cette formule introduit la célèbre anecdote opposant un pirate à Alexandre le Grand, qu'Augustin a probablement relevée chez Cicéron (*De la République*, III, 14).

46. Psaumes, LXXXI, 3.

47. Sagesse de Salomon, I, 1.

48. Psaumes, LXXXI, 5.

49. Psaumes, LXXXI, 4.

50. Psaumes, LXXXI, 7.

pas, Prince excellent, ce à quoi les dieux, c'est-à-dire les rois que, dans leur aveuglement, les païens tenaient pour des dieux, doivent s'attendre s'ils renoncent à la justice ? Les fondements de la terre seront ébranlés : c'est-à-dire que sera ébranlée la volonté des hommes sur lesquels s'exerce le pouvoir, qui est le fondement sur lequel reposent les royaumes de ce monde. C'est Dieu lui-même qui excite, à titre de châtiment, l'esprit des peuples contre les rois et les princes, lorsque ceux-ci dédaignent la justice. Non seulement le châtiment des humbles, c'est-à-dire la mort, ne leur est pas épargnée ; mais ils ne s'effondrent pas sans ce terrible vertige propre aux princes qui, dans leur chute, sont d'autant plus écrasés qu'ils se sont élevés plus haut au-dessus des autres. Veille donc à observer ce principe comme s'il s'agissait de quelque chose d'aussi précieux que la prunelle de tes yeux : que soit constante et perpétuelle ta volonté de rendre justice à chacun et de faire en sorte que ceux dont tu as fait des magistrats la rendent également à tous. Souviens-toi aussi qu'en tout ce qui concerne les affaires du gouvernement, tu commandes à des hommes libres, non à des esclaves ou à des individus placés sous la puissance d'autrui (*mancipia*). Si, comme le recommande Praetextatus chez Macrobe, il faut se comporter avec bienveillance envers les esclaves, leur ménager, avec affabilité, une place dans la conversation et parfois même, quand c'est nécessaire, prendre conseil auprès d'eux ; s'il faut, en somme, que tes esclaves t'honorent plutôt qu'ils ne te craignent [51] : que devras-tu donc faire, ô Prince très glorieux, toi qui ne commandes pas à des esclaves, mais qui es à la tête d'hommes libres ? Ce qu'il faut commander à des hommes libres, tu le détermineras facilement, véridiquement et sans offrir prise au moindre doute si tu examines, en toute franchise, ce que tu voudrais qu'on te commandât à toi-même, comme individu privé. Et d'abord, ordonne à chacun ce qui convient à son état : une chose à l'agriculteur, une autre à l'artisan, une autre au marchand, une autre au noble, une autre à l'homme du peuple, une autre au soldat, une autre encore au juriste. Qu'à chacun soit commandé selon ce qu'il sait. Comme dit le proverbe grec : « Pratiquez le métier que vous connaissez » [52]. Outre qu'il est parfaitement vrai, il contient en outre cette vérité particulière qu'il n'est pas possible d'exiger de quelqu'un, même si l'ordre lui en a été donné, qu'il accomplisse ce qu'il ne sait pas faire. Qui commande quelque chose à quelqu'un qui ne sait pas s'y prendre ne veut donc pas, en réalité, que son ordre soit suivi d'effet : car une chose qui semble extrêmement facile à l'expert est infaisable pour celui qui n'y connaît rien. L'agriculteur creuse facilement un fossé là où

51. Macrobe, *Saturnales*, I, 11.
52. Cicéron, *Tusculanes*, I, 18, 41.

celui qui est habitué à la vie facile de la ville, quand bien même il s'y appliquerait de toutes ses forces, n'y parvient pas. Les philosophes disputent au moyen d'arguments d'une grande subtilité, que ceux qui sont étrangers à l'étude des lettres ne seraient pas capables de découvrir; bien mieux, qu'ils ne seraient pas capables de comprendre, même s'ils étaient exposés clairement et publiquement par ceux qui les ont découverts. C'est donc avec beaucoup de vérité que notre poète de Mantoue, dont ta glorieuse Naples mérite bien de conserver les cendres, a pu écrire : « Tous ne peuvent pas tout »[53].

Commande donc à chacun et ordonne à tous ce dont ils peuvent s'acquitter facilement. Il faut entendre par là non seulement ce qui n'excède pas les capacités de chacun, mais encore ce qu'il trouvera très facile à faire. Ainsi, chacun comprendra que ce qui a été promulgué n'a pas pour but de persécuter les sujets, mais tend à promouvoir ce qui est nécessaire à la chose publique et à l'utilité de tous. Veille à faire observer par le peuple les anciennes coutumes du royaume et les usages reçus et renonce de bonne grâce à ce qui va contre ces coutumes et usages. Très grand est le droit des rois. Mais si un roi peut tout commander à ses sujets, il ne lui est permis de le faire qu'avec mesure; en outre, ce qui est permis ne convient pas toujours et n'est même pas toujours expédient – c'est là surtout que le prince doit faire preuve de discernement. Un roi et ses sujets composent un seul corps. Lui représente la tête, eux représentent les autres membres. Qui néglige les pieds ne prend pas réellement soin de la tête; et il n'a pas soin des membres soumis à la tête celui qui omet de s'occuper de celle-ci[54]. Aie donc soin de tes sujets, comme tu auras soin de toi-même. Fais preuve de tant de bienveillance envers chacun que personne n'en vienne jamais à regretter l'époque de ceux qui t'ont précédé; que chacun désire que tu règnes longtemps et en bonne santé; et que, se souvenant de tes bienfaits, tous défèrent aux désirs de ceux qui te succèderont. Écoute chacun avec patience. Et ceux que tu auras écoutés, réponds-leur avec clémence et humanité. Aie toujours devant les yeux le dit de cet excellent prince, Tite Vespasien : « Nul ne doit sortir mécontent d'un entretien avec le prince »[55]. Et souviens toi que ce même empereur, plus libéral que son père Vespasien, se trouvant un soir à dîner et, se rendant compte du fait que, de toute la journée, il n'avait accordé de bienfait à personne, il se plaignit en ces termes auprès des

53. Virgile, *Bucoliques*, VIII, 63.

54. Source possible : la fable de Menenius Agrippa, Tite-Live, *Histoire romaine*, II, 32. Tite-Live parle non de la tête, mais de l'estomac et des autres membres.

55. Suétone, *Vie des douze César*, Titus, VIII. Suétone parle en fait d'un entretien avec l'Empereur.

convives qui se tenaient autour de lui : « Mes amis, j'ai perdu ma journée »[56]. Quel propos aurait-il dû tenir pour que quelque chose de plus digne d'éloge émanât de la bouche d'un prince ? C'est donc à juste titre que, devenu digne de l'Empire, il triompha avec la plus grande gloire en même temps que son père, ayant pris place sur le même char, après la soumission de Jérusalem et de la Judée tout entière et qu'il fut préféré, par le Sénat et par le Peuple Romain, à son frère Domitien.

Évite aussi de lever de nouveaux impôts. Réfléchis à ceci : tu es un roi nouveau : tu ne connais pas bien les ressources du peuple que tu diriges ; en tout cas, tu les connais moins bien que ceux qui t'ont précédé. Ce qu'ils ont soustrait, ne le garde pas ; ce qu'ils n'ont pas ratifié, ne le commande pas. Que les auspices de ton règne s'accompagnent d'un allégement des charges. Si le peuple voit, alors que tu commences à exercer le pouvoir, que tu le soulages quelque peu de ses redevances habituelles, il en éprouvera de l'allégresse, s'en réjouira et t'en rendra grâce avec tout un chœur de louanges. Il te révérera et t'honorera non pas comme un homme, mais comme un dieu envoyé par le ciel. N'oublie pas de repasser souvent dans ton esprit cette parole très avisée de l'excellent Empereur Hadrien, successeur de Trajan : il déclara qu'il gouvernait la république de manière à prouver qu'il la considérait comme la chose du peuple, et non comme la sienne propre[57]. Répète-toi bien souvent cette parole d'or : ainsi, lorsqu'il apparaîtra que tu n'administres pas ton bien privé, mais que tu exerces le pouvoir dans l'intérêt de tes sujets, les peuples qui te sont confiés ne pourront, en toute bonne foi, qu'être contents de toi. Je sais bien que, quoi que tu fasses et quoi que tu ordonnes, personne ne le blâmera en ta présence. Puisses-tu, puisque cela n'est pas utile pour assurer ta position, ne pas avoir de zélateurs ! C'est le plus grand malheur des princes, en effet, que de ne trouver personne pour les reprendre. En effet, tous recherchent leur bienveillance avec un tel zèle qu'ils craignent de les indisposer, même en leur donnant des conseils honnêtes ou en leur disant la simple vérité. Ainsi, en voulant éviter de déplaire à leur maître, ses proches le poussent et l'incitent à se tromper gravement. Mais toi, comporte-toi avec eux de telle façon qu'ils ne redoutent jamais de te dire la vérité. Pour y parvenir, accueille avec calme les conseils qui te sont donnés dans un esprit de loyauté ; montre que tu fais meilleur accueil à la vérité, même rude à entendre, qu'aux mensonges, même attrayants ; fais voir que tu ne prends aucun plaisir à l'approbation systématique ; fais comprendre par ton attitude que tu détestes qu'on mêle des flatteries à la vérité ; fuis ceux qui

56. *Ibid.*
57. *Histoire Auguste*, Aelius Spartianus, « Hadrien », VIII.

applaudissent, mais qui sont en réalité de la secte de Gnathon [58]; montre que tu prends plaisir à entendre ceux qui te disent la vérité, même si, ce faisant, ils se montrent sévères; non content de manifester que tu ne supportes pas les menteurs, châtie les; sois fermement persuadé de ceci : une flatterie est toujours un instrument de tromperie; aie toujours à la bouche ce vers de Properce : « Il n'est pas sûr d'en croire de trompeuses caresses » [59].

Enfin, pour ne pas insister trop lourdement sur ce thème, je conclurai, en guise d'avertissement pour toi et pour les autres, par l'autorité de ce même poète : « Qui que tu sois, fuis les caresses continuelles » [60].

Mais je reprends mon propos là où je l'avais interrompu : je réitère mon conseil de ne pas accabler ton peuple de charges et donc de mettre une limite à tes propres dépenses. Ne fais pas le magnifique aux frais de tes sujets. Sois libéral, certes; mais de façon telle que l'opulence d'un seul ne se réalise pas au prix de la spoliation de la plupart. C'est une chose non seulement honteuse et étrangère à l'honnêteté, mais encore détestable que de faire des largesses avec la chose d'autrui. Sois libéral; mais sois-le de façon telle que cela profite à celui qui reçoit, sans nuire pour autant à quiconque. Institue aussi, en matière de guerre et de paix, une méthode de gouvernement telle que tes sujets n'en soient pas accablés de charges. Prends exemple sur cet Empereur exceptionnel, le divin Marcus Antoninus [61]. On a, ce semble, le témoignage d'Aelius Spartianus; mais on lit aussi dans certains passages de Iulius Capitolinus [62] que cet Empereur fut à ce point hostile à l'idée de lever des tributs en s'affranchissant de la procédure régulière que, alors qu'il guerroyait avec tant de vaillance et tant de succès contre les Germains et contre les Marcomans, le trésor public vint à se trouver épuisé. Mais lui ne put se résoudre à ordonner aux habitants des provinces, quelque chose qui serait allé à l'encontre de la procédure régulière. Il organisa donc, dans le forum de l'Empereur Trajan, une vente aux enchères des ornements impériaux; il mit en vente – je cite les propres paroles de cet auteur – les coupes d'or et de cristal, les coupes murrhines et même les vases royaux; les vêtements féminins, tissés d'or et de soie; enfin toutes les pierres précieuses à l'inventaire du trésor d'Hadrien. Cette vente dura bien deux mois. Et, afin que nul habitant des

58. Dans l'*Eunuque*, Térence fait de Gnathon le type du flatteur.

59. *Élégies*, I, 15, 42.

60. *Élégies*, I, 9, 30.

61. Marcus Antoninus, dit « Le Philosophe » est en réalité Marc-Aurèle.

62. *Histoire Auguste*, Iulius Capitolinus, « Marc Antonin le Philosophe », XVII et XXI. Les deux passages sont repris, presque mot à mot par Coluccio Salutati dans l'exemple qui est développé ensuite.

provinces ne fût lésé, il vendit également, outre les vêtements et les vases d'or, les enseignes avec les décorations des plus grands artistes. Par la suite, le butin de la guerre avec les Marcomans fit affluer une telle quantité d'or qu'il accorda aux acheteurs pleine licence de rendre, s'ils le souhaitaient, ce dont ils s'étaient portés acquéreurs et de reprendre l'or qu'ils avaient donné. Et il ne chercha à léser personne : ni ceux qui gardèrent, ni ceux qui rendirent ce qu'ils avaient acheté. J'ai voulu exposer cette fidélité au devoir d'un excellent prince afin que ta Sérénité soit incitée, par l'exemple d'un chef si bienveillant, à faire quelque chose d'encore plus noble, ou au moins de semblable. Ne va donc pas t'étonner de voir, une fois sa dette à la nature acquittée [63], le Sénat et le Peuple Romain, suivant la coutume des païens, rendre à sa mémoire les honneurs qu'on rend à un dieu, en signe de gratitude devant une si grande justice et d'admiration devant tant de mansuétude et de vertu. Lui-même fut appelé, d'un commun accord, « Dieu propice », chose qu'on n'avait jamais vue auparavant. La croyance en sa déification se répandit si universellement que chacun tenait pour un ennemi de la religion et pour un sacrilège quiconque aurait pu avoir chez lui, grâce au bon vouloir de la Fortune, une figure de Marcus Antoninus parmi ses dieux pénates et n'en avait pas [64]. Ce sont là les récompenses que le zèle des païens décernait aux vertus. Mais, en ce temps qui est le nôtre, nos récompenses ne consistent pas en l'approbation du Sénat et du Peuple Romain : elles consistent plutôt en l'obtention de la vie bienheureuse dans la patrie céleste, par la bienveillance de ce Dieu authentique qui, par une merveilleuse libéralité, châtie toujours moins que les fautes ne le méritent et récompense toujours au-delà de ce que méritent les bonnes actions. Toi que Dieu a désigné pour occuper le trône qui est le tien, pénètre toi de l'impérieuse nécessité d'agir de façon telle que tu ne sois pas surpassé par les vertus de ce prince païen qui, pour être philosophe, n'en était pas moins ignorant du vrai Dieu et de la vraie justice.

C'est une longue tâche, Prince très glorieux, que d'exprimer par le discours toutes les choses qui conviennent à un roi. Tout ce qui éclaire les individus privés, tout ce que prescrit la philosophie, tout ce qui est un dogme pour l'authentique foi chrétienne : voilà ce qui convient à un prince. Toutes les choses que nous tenons pour dignes d'éloges lorsque nous les trouvons chez autrui, nous devons les admirer lorsque nous les trouvons chez un prince. De la même façon que les princes sont au-dessus des autres par l'éclat de leur rang, de la même façon leur vertu les

63. *Naturae debitum solvere* : payer sa dette à la nature, mourir.

64. *Histoire Auguste*, Iulius Capitolinus, « Marc Antonin le Philosophe », XVIII.

rehausse. À quoi bon, en effet, briller par les atours, se distinguer par l'éclat du diadème, être établi sur un trône aussi resplendissant que l'or, si font défaut la splendeur et la parure des vertus ?

Considère, en effet, ce que symbolisent les ornements royaux. Je laisserai de côté le diadème et le trône. Attachons-nous simplement à considérer le globe d'or qu'un roi tient de sa main gauche et le sceptre qu'il tient de la main droite; notre propos n'est d'ailleurs pas d'exposer dans leur totalité les symboles qui s'attachent à ces deux insignes : il est de te faire apprécier, à travers eux, facilement et manifestement, à quel point les rois se doivent de resplendir de perfection. Les géomètres affirment que, parmi les figures des corps, on n'en trouve aucune aussi parfaite et aussi spacieuse que celle de la sphère. Le raisonnement et l'expérience elle-même – source de plus de certitude que n'importe quel raisonnement – nous enseignent que Dieu, maître d'œuvre et créateur de l'univers, a imposé et conféré au ciel, et aux ornements du ciel, ces feux perpétuels que nous nommons les étoiles et les astres, une forme sphérique; et qu'il l'a donnée aussi aux éléments corporels. L'argument du choix divin doit suffire à convaincre tout le monde que cette forme, que Dieu a voulu être celle du corps de l'univers, qui est le plus parfait des corps, est elle-même la forme corporelle la plus parfaite de toutes. Mais il y a deux espèces de corps ronds. Chez certains, toutes les lignes tracées sur la surface font retour sur elles-mêmes sans à coup et reviennent à leur point de départ. Ce sont ces corps-là que nous disons, à proprement parler, être ronds : tels sont le globe ou la boule que le roi tient de sa main gauche. Les autres, au contraire, sans s'écarter tout à fait de la forme d'une sphère, s'allongent de part et d'autre. Tel est le sceptre que le roi tient de sa dextre. D'une telle forme, on ne dit pas qu'elle est exactement ronde, mais plutôt qu'elle est arrondie. La première forme, qui revient de partout sur elle-même, ne renvoie à rien d'autre qu'à la perfection dont les rois doivent faire preuve au plus haut point, eux à qui est confiée la direction des peuples. Quant à la seconde forme qui, comme nous l'avons dit, comporte un élément d'extension en longueur, elle ne signifie pas autre chose que l'administration royale, comme si elle était un rayon émis d'un astre – dont la forme est celle d'une sphère – rayon qui atteint les limites les plus reculées du royaume. En effet, si tu veux bien considérer les astres qui sont les plus parfaits des corps célestes : ils sont à la fois ronds, dans leur sphéricité à partir de leur centre, comme le globe; mais ils rayonnent, comme le sceptre. Et les rois, que sont-ils d'autre que l'analogue des astres sur terre ? Ceux-ci illuminent le ciel; ceux-là apportent la lumière à la terre. Ceux-ci meuvent les sphères célestes; ceux-là meuvent tout ce qui est terrestre. Prends donc soin de te rendre toi-même parfait, à l'image de ce globe que tu tiens de la main gauche, lui dont le contour est déterminé comme le plus parfait parmi ceux des autres corps, trigones ou quadrangulaires, ou de toute autre espèce distinguée par les géomètres. Et dans tes rapports avec les autres, toutes les fois que seront en cause la justice, la rigueur, la constance ou bien la prudence ou la piété – ou toute autre espèce de vertu – ne t'écarte pas, en toutes tes actions, de la perfection de ce cercle, comme si tu avais à rayonner. Souviens-toi aussi que le globe et le sceptre sont en or. Sans doute, à l'origine, ces objets ont été fabriqués de la sorte à cause du caractère précieux de cette matière, afin que des mains royales n'entrent pas en contact avec des matériaux vils; il n'en reste pas moins que l'or constitue par lui-même une très grande preuve de cette perfection que je souhaite voir en toi, ainsi que des qualités royales. Car l'or est de tous les métaux le plus précieux : sa composition, sa couleur, sa dureté même le proclament à l'évidence. Par sa composition, en effet, l'or est – comme le rapportent tous ceux qui traitent des métaux – chaud et humide. De nombreux philosophes pensent que tout est engendré à partir de ces deux qualités et que tout ce qui est engendré se conserve par elles. Les médecins ajoutent que c'est par ces deux humeurs que la vie humaine se maintient en équilibre, selon un rapport parfaitement établi. Car la mort de l'individu survient, à n'en pas douter, lorsque le principe humide se dessèche par excès de chaleur; ou bien lorsque, trop d'humidité étant exsudée, la chaleur naturelle vient à s'éteindre. Mais lorsqu'une proportion convenable règne entre ces deux humeurs, l'animal se conserve en vie et prospère. Au contraire, lorsque existe entre elles un manque de proportion, c'est la maladie et la mort qui surviennent. Quant à la couleur brillante de l'or, il est vrai qu'elle ne se manifeste pas dans l'opacité des ténèbres, à cause de la densité de ce métal; mais elle éclate et resplendit dans la lumière; et elle brille d'autant plus en pleine lumière que l'or a été travaillé. Considère maintenant combien dure l'or : il ne se corrompt pas, malgré la succession des siècles, il ne peut être imprégné par rien qui provienne d'un autre corps. Même si on le fait fondre et qu'on le mélange à autre chose, il reste pur et intact et refuse toute société avec quoi que ce soit qui serait moins noble que lui. Aie bien en tête toutes ces qualités et voyons si elles conviennent à un roi. La complexion vitale dont je viens de parler ne t'enseigne, ainsi qu'aux autres rois, rien d'autre que ceci : tu as été fait roi en vue de la conservation et de la vie de tes sujets. Lorsque la cupidité échauffe un roi, lorsqu'il est embrasé par le désir, lorsqu'il est porté à l'incandescence par la colère, cette mère de cruauté, la conséquence n'en est elle pas que ses sujets en périront misérablement? S'il est amolli par les plaisirs, comme par une surabondance d'humeur, le roi lui-même et son royaume ne seront-ils pas ruinés au premier obstacle?

L'histoire en offre un foule d'exemples. Ne mentionnons même pas Pâris, qui a profané la couche de son hôte; Tarquin le Superbe, qui entraîna à Rome la chute de la royauté; Appius Claudius[65] qui, s'étant emparé du pouvoir en toute illégalité, aveuglé par son amour pour Virginie tenta d'abuser de sa pudeur à force de calomnies. Mais souviens-toi, je te prie, de Sichem, prince des Sichémites qui, emporté par son désir pour Dinah, fille de Jacob, fut cause pour lui-même, pour sa cité et pour son peuple, de mort, de dévastation et de servitude[66]. Souviens-toi de Néron qui, mû en tous sens par les furies incontrôlables de la rage, massacra dans sa folle cruauté son frère, ses épouses, sa mère et jusqu'au Sénat et qui, en outre, incendia Rome et fut à deux doigts de causer la destruction de l'Empire romain. Souviens-toi de Sadarnapale, le dernier roi des Assyriens : rassasié de plaisirs jusqu'à en perdre toute énergie, méprisé par les siens pour sa mollesse bien peu virile, il finit par être vaincu, faisant d'ailleurs preuve de plus de courage au moment de mourir que pendant le reste de sa vie; par là, le royaume des Assyriens fut transféré aux Mèdes. Il y a aussi cet autre roi des Assyriens, Antiochus : il avait installé sur l'île d'Eubée des tentes d'or et de soie; il se délectait de la musique des flûtes et des lyres; en plein hiver, il avait profusion de fleurs et de roses afin que rien ne manquât à son luxe et à ses plaisirs; alors qu'il devait faire la guerre aux Romains, les maîtres du monde, il n'avait fait levée que de jeunes filles et de jeunes garçons, instruments de sa luxure[67]. Lorsque Acilius Glabrion donna l'assaut, Antiochus abandonna son île, saisi de cet effroi si fréquent chez ceux qui s'adonnent à la débauche[68]. Et même le refuge des Thermopyles où autrefois Léonidas et sa poignée de héros avaient tenu tête à Xerxès ne put empêcher sa fuite éperdue par voie de terre et de mer[69]. Quelle est donc l'évidente leçon de cet or dont sont fondus le sceptre et le globe? Ce métal avertit le prince comme le roi de leurs devoirs envers leurs sujets : il leur dit qu'il faut les traiter avec une telle modération, parvenir à une telle maîtrise des passions humaines, faire preuve, dans tous leurs actes, d'une telle mesure que, comme l'or qui dure très longtemps, il en soit de même de leur royaume et de leur personne. Il ne convient pas, en effet, qu'un roi ne pense qu'au temps de son règne : il doit se préoccuper à l'avance des sujets et du royaume qu'il laissera à ses héritiers. Ainsi, lorsque l'heure qui lui est fixée par le destin sera advenue, il leur laissera, grâce à ses vertus,

65. Le *Decemvir.*

66. Genèse, XXXIV.

67. Florus, *Tableau de l'histoire du peuple romain*, I, 24, 9.

68. *Ibid.*, I, 24, 10.

69. *Ibid.*, I, 24, 11.

des sujets sains et un royaume solide, méritant lui-même de la sorte une réputation destinée à durer éternellement. Et que figure de la dignité royale cette couleur brillante, resplendissant dans la lumière, si ce n'est que le roi doit resplendir en pleine lumière – c'est-à-dire aux yeux de ceux qui se tournent vers lui – de tout l'éclat des vertus ? Et que veut dire le fait que, d'autant plus on travaille l'or en le frappant, d'autant plus il brille à la lumière, si ce n'est qu'un roi peut bien être heurté par l'adversité : il n'en manifestera que plus d'éclat ? Que nous enseigne encore cette admirable faculté de durer qu'est celle de l'or ; comme aussi le fait qu'il est purifié d'avoir été fondu ? En premier lieu, qu'un roi doit manifester une telle abondance de vertus qu'il mérite la vie éternelle. En second lieu que, tel l'or au feu, d'autant plus il sera amené à agir dans un monde de corruption, d'autant plus il devra être exempt et pur de toutes les bassesses de l'humaine condition. Ainsi, à la lumière de ce qui a été dit plus haut et de ces réflexions plus approfondies, il apparaît à l'évidence que si le sceptre et le globe sont en or et font partie de l'apparat qui sied aux rois, ce n'est pas par hasard, mais bien par un dessein réfléchi et en vertu d'une signification profonde.

Je ne veux pas laisser tout à fait de côté le diadème. De nos jours, la coutume s'est répandue d'en faire un double cercle orné de tours, qu'on pose sur le chef du roi. Autrefois, c'était un mince bandeau d'étoffe serti de pierres précieuses qui se fixait dans la chevelure royale. Mais sa signification reste que l'esprit du roi, dont le siège est le chef, doit briller merveilleusement de toutes les vertus, comme le diadème par la splendeur des pierres précieuses qu'il comporte. Et il n'est pas étonnant que les vertus royales soient représentées par ces pierres, précieuses autant que rares. Chaque pierre, en effet, s'il faut en croire ceux qui ont traité le sujet, a une grande force et un grand pouvoir qui peut, très évidemment, correspondre à chacune des vertus…

BIBLIOGRAPHIE

GILBERT A.H., *Machiavelli's* Prince *and Its Forerunners.* The Prince *as a Typical Book* de Regimine Principum, Durham N.C., Duke University Press, 1938.

GILBERT F., « The Humanist concept of the Prince and *The Prince* of Machiavelli », *The Journal of Modern History*, XI-4, 1939, p. 449-483.

MACHIAVEL, *De Principatibus. Le Prince*, trad. fr. J.-L. Fournel et J.-Cl. Zancarini, Paris, PUF, 2000.

SALUTATI C., *Coluccio Salutati. Il trattato « De Tyranno » e lettere scelte*, « Istituto nazionale di cultura fascista. Scrittori politici italiani », Bologna, Nicolo Zanichelli, 1942.

– *Epistolario di Coluccio Salutati*, « Fonti per la Storia d'Italia », Roma, Forzani et C. Tipografi del Senato, 1893, vol. II, p. 11-46.

SENELLART M., *Les Arts de gouverner*, Paris, Seuil, 1995.

SKINNER Q., *The Foundations of Modern Political Thought*, Cambridge, Cambridge UP, 1978.

VILLARI P., *Niccolo Machiavelli e i suoi tempi*, Firenze, Le Monnier, 1881.

*L'*Essai de logique *de Mariotte*
Une naturalisation de la méthode ?

Sophie ROUX

INTRODUCTION

Jacques Lambert et moi avons en commun, avec, je pense, la plupart de ceux qui passent une partie de leurs loisirs à lire des textes scientifiques, une immense admiration pour ces textes, mais parfois aussi, une inquiétude quant à ce qui les sépare d'eux. Ces textes en effet, ils vont de l'avant. Mais nous, nous les lecteurs, les commentateurs, les gloseurs, nous méritons l'apostrophe du Laverdure de *Zazie dans le métro* : « tu causes, tu causes, c'est tout ce que tu sais faire ». Et même, en tant qu'historiens des sciences, nous causons à reculons. Eu égard à cette inquiétude, un des rares textes de méthode écrit au XVIIe siècle par un physicien expérimentateur pourrait peut-être nous faire entrevoir la possibilité d'une coïncidence entre l'avancée des sciences et notre indéfectible goût de la causerie.

Ainsi, l'article qu'on va lire porte sur le seul ouvrage d'Edme Mariotte qui ne traite pas de philosophie naturelle ou de physique, au sens large que ce terme avait au XVIIe siècle, mais de ce que nous appellerions aujourd'hui « épistémologie » ou, plus exactement, « méthodologie », à savoir l'*Essai de logique*, publié pour la première fois sans nom d'auteur en 1678, c'est-à-dire un an avant les quatre *Essais de physique* et comme une introduction à ces derniers [1]. D'Edme Mariotte, on sait très peu de

1. Le premier article sur cet *Essai de logique* est celui de P. Brunet, « La méthodologie de Mariotte », *Archives internationales d'histoire des sciences*, 1re année, 1947, p. 26-59. Voir surtout E. Coumet, « Sur l'*Essai de logique* de Mariotte », dans *Mariotte savant et philosophe (1684). Analyse d'une renommée*, Paris, Vrin, 1986, p. 277-308.

choses : il est sans doute né en 1620, il a été membre de la section de physique de l'Académie royale des sciences de 1668 jusqu'à sa mort, en 1684[2]. Un certain nombre des travaux qu'il effectua au sein de l'Académie, dont on trouve trace dans les comptes rendus et mémoires de celle-ci, ont donné lieu de son vivant à différents ouvrages, certains publiés, d'autres non, mais tous ultérieurement réunis dans les *Œuvres de Mr Mariotte, de l'Académie Royale des Sciences, divisées en deux tomes, Comprenant tous les Traitez de cet Auteur, tant ceux qui avoient déjà paru séparément, que ceux qui n'avoient pas encore été publiez*, publiées à Leyde, chez Pierre Vander AA, en 1717[3].

À en croire la préface, l'*Essai* se propose

> [...] de rechercher si on ne pourrait pas trouver quelque voye assurée pour établir quelque certitude dans les sciences, ou du moins pour empescher les disputes, en determinant ce qu'on peut recevoir au defaut des verités incontestables[4].

Vouloir éviter les disputes, se mettre en quête d'un savoir certain et bien assuré, bref, chercher à établir les sciences, il n'y a rien de plus banal au XVIIe siècle. L'*Essai* est néanmoins un ouvrage déconcertant quant à son auteur et quant à sa structure, mais aussi parce qu'on se demande quel peut bien être son objectif, comment articuler les concepts mobilisés, et pour tout dire où le situer théoriquement.

Pour dire un mot des deux premiers points et ne plus en parler ensuite, il est établi que, dans la première partie, Mariotte reprend souvent mot pour mot un manuscrit intitulé *Les principes du devoir et des connaissances*

2. Il resta même, si l'on peut dire, membre de cette académie un peu au-delà de sa mort : les *Procès Verbaux* de l'Académie des sciences, vol. XI, Registre de physique. 23 juin 1683-20 avril 1686, notent à la date du 24 mai 1684 que Joseph-Guichard Du Verney procéda à l'autopsie du corps de Mariotte. Les quelques éléments connus concernant la vie de Mariotte et son œuvre au sein de l'Académie des sciences sont rassemblés dans R. Taton, « Mariotte et l'Académie royale des sciences » et dans G. Picolet, « Sur la biographie de Mariotte : état des recherches récentes », dans *Mariotte savant et philosophe*, respectivement p. 13-31 et 245-275.

3. Dans cet ouvrage, je me réfère, pour l'*Essai de logique*, à l'édition d'A. Gabbey et de G. Picolet, Paris, Fayard, 1992 (désormais cité *EL*), et, pour toutes les autres œuvres de Mariotte, à l'édition de 1717, disponible en ligne grâce au programme de numérisation du SICD des universités de Strasbourg (désormais cité OM). On trouve des indications bibliographiques précieuses, y compris sur les textes inédits de Mariotte, dans E. Surgot, « Bibliographie des œuvres de Mariotte », dans *Mariotte savant et philosophe*, p. 309-320. L'orthographe et la ponctuation ont été respectées, mais pas certaines particularités typographiques contraires à l'usage actuel (en particulier l'emploi de « z » au lieu de « s » en fin de mot et l'usage abondant des majuscules).

4. *EL*, p. 13.

humaines, qu'on attribue généralement à Roberval et auquel il semble avoir au moins mis la main[5]. Quant à la structure de l'*Essai*, elle semble tout d'abord claire. Deux parties s'y succèdent en effet. La première expose trois demandes et cent propositions fondamentales qui constituent les « principes des sciences » : en fait, le bagage minimal en matière d'ontologie et de théorie de la connaissance pour qui se lance dans la carrière des sciences. La seconde, à peu près cinq fois plus longue que la première, présente « la manière de s'en servir [de ces principes] pour faire de bons raisonnements », soit encore « une méthode pour se bien conduire en la recherche et en la preuve de la vérité »[6].

Mais, prise en elle-même, la première partie est déconcertante : toutes les propositions fondamentales sont avancées comme si elles allaient de soi, qu'elles décrivaient des états de choses qu'il serait facile d'appréhender, en quelque sorte immédiatement. On espère alors y voir plus clair à la lecture de la seconde partie, cependant le lien entre les deux parties est difficile à cerner. Assurément, la seconde partie comporte des renvois explicites à la première partie et elle reprend plus généralement certains de ces thèmes[7]. Mais le style est tout à fait différent dans les deux parties : à l'énoncé sec des propositions fondamentales, d'inspiration géométrique mais aussi déconcertantes que des aphorismes, succède, dans la partie méthodique, une exposition par exemples, allusions et digressions qui en perdra plus d'un. Aussi en vient-on à l'hypothèse que Mariotte s'est efforcé de justifier grâce aux propositions de la première partie sa pratique des sciences et ses positions dans les débats philosophiques de son temps. Mais cette hypothèse à son tour suscite le doute, car l'*Essai* ne contient aucune de ces balises qui nous aident usuellement à naviguer à la surface des textes : il ne nomme pas ses adversaires, mais les laisse dans une sorte de flou générique ; il ne se réfère explicitement à aucun texte ; il esquive ce qui constitue, dans d'autres textes, des problèmes sérieux. Rapidement donc, d'une hypothèse échouant à une autre, la perplexité s'installe.

Dans ce qui suit, il s'agira simplement de déterminer à titre préliminaire l'objet de cet *Essai de logique*. Ce titre, aussi bien que la mention faite, dans

5. C'est B. Rochot, « Roberval, Mariotte et la logique », *Archives internationales d'histoire des sciences*, 6 e année, 22, 1953, p. 38-43 qui a souligné le premier la parenté des deux textes. Pour la présentation du dossier et la confrontation systématique des deux textes, voir A. Gabbey, « Mariotte et Roberval, son collaborateur involontaire », dans *Mariotte savant et philosophe*, p. 204-244.

6. *EL*, respectivement sous-titre et introduction, p. 14.

7. L'exemple le plus frappant de ces reprises est, dans *EL*, la demande 2, p. 15, concernant les apparences, reprise par les principes 43 et 68, p. 29 et 38-39, puis explicitée au début de la 2 e partie, 2 e disc., art. 2, p. 85-87.

la préface, de la « logique ordinaire », suggère de cerner ses objectifs par une comparaison avec d'autres ouvrages de logique, et plus généralement avec des ouvrages similaires de cette époque [8]. Une telle entreprise comprend un risque évident de circularité : il faut connaître la nature de l'ouvrage pour savoir quels sont les ouvrages qui lui sont similaires, la nature de l'ouvrage est connue seulement par comparaison avec des ouvrages similaires. Il n'y a cependant ni à s'affoler ni même à perdre contenance devant les cercles herméneutiques : assurément, aucune procédure formalisée ne permet d'en sortir; mais du moins peut-on parfois retirer quelques bénéfices à y avoir séjourné [9].

Dans ce qui suit, quelques détours par de grands chemins seront donc nécessaires : je rappellerai comment la question de la méthode en était venue à figurer dans des traités de logique, quelle était l'équivocité de l'idée de méthode dans la seconde moitié du XVIIe siècle, et finalement quelle incertitude régnait quant à l'objet de la méthode cartésienne et quant à l'ouvrage où elle devait être cherchée. Tout cela me permettra de montrer que l'*Essai* entend donner – mais peut-être est-ce un mirage – une réflexion en prise directe avec des pratiques scientifiques effectives, ce que j'appellerai une « naturalisation de la méthode ».

QU'EST-CE QU'UNE *LOGIQUE*?

Je rappelle des choses bien connues. Un traité de logique aristotélicien se compose traditionnellement de trois parties : la première porte sur les éléments des propositions que sont les termes ou les notions; la deuxième porte sur les combinaisons de termes ou de notions que sont les propositions, entendues soit comme énoncés verbaux, soit comme contenus mentaux; la troisième et dernière porte sur les combinaisons de propositions que sont les raisonnements. À l'époque de Mariotte, un certain nombre de traités entreprennent de surcroît, sinon de substituer à la

8. Ce programme fut proposé, mais non réalisé, par E. Coumet, « Sur l'*Essai de logique* de Mariotte », p. 279.

9. À titre d'introduction aux questions abordées, voir les articles de G. Nuchelmans et de P. Dear dans *The Cambridge History of Seventeenth Century Philosophy*, D. Garber and M. Ayer (eds.), 2 vols., Cambridge, Cambridge UP, 1998, vol. I, p. 103-176; R. Blanché, *La logique et son histoire*, Paris, A. Colin, 1970, p. 169-188. Pour des ouvrages plus substantiels, voir N.W. Gilbert, *Renaissance Concepts of Method*, New York, Columbia UP, 1961, et surtout le copieux W. Risse, *Die Logik der Neuzeit*, 2 vols., Stuttgart-Bad Cannstatt, Friedrich Frommann, 1964-1970. Dans les notes qui suivent, je reprends à ces ouvrages un certain nombre de citations, lorsqu'elles proviennent d'ouvrages qui ne sont pas aisément accessibles.

logique une méthode comme on le lit parfois, du moins de compléter la logique par une méthode [10].

Aussi trouve-t-on, par exemple, chez des auteurs aussi différents que Joachim Jungius, Eustache de Saint-Paul, Pierre Gassendi, Thomas Hobbes, Francis Burgersdyck, Johannes Clauberg, Pierre Godart, Nicolas Malebranche ou dans la *Logique* de Port-Royal, en sus des trois parties traditionnelles, un chapitre ou une quatrième partie portant sur l'ordre ou la méthode, la disposition ou l'invention [11]. Arnold Geulincx est ici l'exception qui confirme la règle. Dans l'appendice qui clôt sa logique, il refuse explicitement de traiter de la méthode, avec l'argument que cette dernière doit faire l'objet d'une science spécifique, qui n'a pas encore reçu de nom et qu'il propose quant à lui d'appeler « science des sciences » [12]. Mais ce refus explicite même indique bien que Geulincx lui-même considérait que ses lecteurs avaient un horizon d'attente tel à l'égard d'un ouvrage de logique qu'ils auraient jugé naturel qu'il inclût des questions de méthode. Du point de vue de l'histoire de la logique, on peut considérer que cette irruption de la question de la méthode dans les traités de logique résulte de deux facteurs : d'un côté, le souci pédagogique qui avait été au XVIe siècle celui des humanistes puis des ramistes ; de l'autre, la redécouverte des textes anciens, en particulier des *Analytiques postérieurs* et des écrits méthodiques de Galien [13].

10. Arnauld et Nicole rendent compte avec lucidité de cet accommodement du nouveau et de l'ancien ; voir *La logique ou l'art de penser*, P. Clair et F. Girbal (éds.), Paris, Vrin, 1981 (désormais cité *Logique de Port-Royal*), « Premier discours », p. 20-21 : « [...] parcequ'il n'est pas juste de rejetter absolument ce qu'il y a de bon dans la Logique à cause de l'abus qu'on en peut faire, & qu'il n'est pas vraisemblable que tant de grands esprits qui se sont appliqués avec tant de soin aux regles du raisonnement, n'ayent rien du-tout trouvé de solide ; & enfin parceque la coûtume a introduit une certaine necessité de savoir au moins grossierement ce que c'est que Logique ; on a cru que ce seroit contribuer quelque chose à l'utilité publique, que d'en tirer [*i.e.* des logiques « ordinaires » ou « communes »] ce qui peut le plus servir à former le jugement ».

11. Voir sur ce point les ouvrages mentionnés *supra*, note 9. N.W. Gilbert, *Renaissance Concepts of Method*, p. 39-66, fait l'histoire de l'introduction du terme *methodus* dans le latin philosophique. Je reviens *infra* sur les différentes manières de comprendre l'idée de méthode.

12. A. Geulincx, *Logica fundamentis restituta*, « Appendix », dans *Opera philosophica*, J.P.N. Land (éd.), 3 vols., La Haye, Nijhoff, 1891-1893, vol. I, p. 454 : *Methodum tractare non concernit logicam, sed aliam aliquam scientiam, secundam a logica, anonymam hactenus, quam circumloquendo vocare possemus Scientiam de Scientiis. In qua de Notioribus, de Simplicioribus, Facilioribus, de Progressu mentis in cognitione rerum, de Gradibus per quos incedit, et offendiculis ac remoris, aliisque similibus multis tractandum, antequam ratio Methodus legitime constet.*

13. Voir sur ce point les ouvrages mentionnés *supra*, note 9. Je laisse de côté ici une autre *quaestio disputata* liée à l'héritage humaniste : la question de savoir s'il faut rattacher la

Dans ces conditions, il n'est pas étonnant que la condamnation dont les premiers hérauts des sciences nouvelles frappèrent la logique aristotélicienne fût associée au souhait qu'elle se complétât d'une méthode. Rappelons brièvement les différents termes de la condamnation en question – différents, autrement dit n'allant pas nécessairement de pair, de sorte que l'accord de deux auteurs sur un terme de la condamnation n'implique pas leur accord sur tous les autres termes.

1) La logique aristotélicienne est superflue. Elle n'apprend rien à ceux qui ont le jugement droit : en eux, les opérations de l'esprit s'effectuent naturellement, implicitement et sans qu'ils y pensent. Même si l'exercice peut rendre l'application de leurs talents naturels plus aisée, plus rapide ou plus directe, ce n'est donc pas pour eux que les règles de logique auraient besoin d'être explicitées ou formalisées. Et, quant à ceux qui n'auraient pas le jugement droit, ce n'est pas la peine d'en parler : on s'épuiserait vainement à leur faire épeler *barbara*, *baralipton*, etc. [14].

2) La logique aristotélicienne est vide. Elle permet assurément de reconnaître et d'estampiller les inférences formellement valides, mais elle ne garantit pas que nous en soyons satisfaits, ni du côté des choses à connaître, ni du côté de l'esprit qui connaît. Une inférence formellement valide peut en premier lieu être insatisfaisante du côté des choses à connaître, il suffit que le contenu de ses prémisses ne leur soit pas conforme ; le problème n'est donc pas d'identifier les inférences formellement satisfaisantes, mais les prémisses véridiques [15]. Ce point ayant été

dialectique à la logique plutôt qu'à la rhétorique, et s'il faut conséquemment revaloriser les raisonnements probables et l'argumentation dite *in utramque partem* ; sur ce point, voir les travaux pionniers de C.J.R. Armstrong, « The dialectical road to truth : the dialogue », dans *French Renaissance Studies. 1540-1570*, P. Sharatt (ed.), Edinburgh, Edinburgh UP, 1976, p. 36-51, et de L. Jardine, « Lorenzo Valla and the intellectual origins of humanist dialectic », *Journal of the history of philosophy*, vol. 15, 1977, p. 143-164, ainsi que, concernant les incidences éventuelles de cette question sur la physique, S. Roux, « Le scepticisme et les hypothèses de la physique », *Revue de synthèse*, 4 e s., n° 2-3, avr.-sept. 1998, p. 211-255.

14. Gassendi, *Dissertations en forme de paradoxes contre les aristotéliciens. Livres I et II*, texte établi, traduit et annoté par B. Rochot, Paris, Vrin, 1959 (désormais cité *Dissertations*), II, 1, art. 1-2, 149a-b, p. 234-238 ; Bacon, *Du progrès et de la promotion des savoirs*, Paris, Gallimard, 1991 (désormais cité *Du progrès*), livre II, p. 165 ; Descartes, *Regulae ad directionem ingenii* (désormais cité *Regulae*), 4, dans *Œuvres de Descartes*, Ch. Adam et P. Tannery (éds.), nouvelle présentation B. Rochot et P. Costabel, 11 vols., Paris, Vrin, 1964-1974 (désormais cité AT), vol. X, p. 372-373 ; Pascal, *De l'esprit géométrique*, dans *Œuvres*, J. Chevalier (éd.), Paris, Gallimard, 1954 (désormais cité *Œuvres*), p. 576, p. 602 ; *Logique de Port-Royal*, « Premier discours », p. 17, p. 21 et p. 38 ; III, « Du raisonnement », p. 177-178.

15. Gassendi, *Dissertations*, II, 1, art. 5, 151b-153a, p. 246-251 ; Bacon, *Novum organon*, « Distributio » et I 13-14, dans *The Works of Francis Bacon*, J. Spedding, R.E. Ellis and D.D. Heath (eds.), 14 vols., London, Longman, 1857-1874 (désormais cité SEH), vol. I,

souligné par Aristote lui-même[16], la critique ne porte pas tant sur la formalisation des inférences que sur l'illusion annexe que cette formalisation pourrait constituer une fin en soi ou nous dispenser d'un retour aux choses mêmes. En second lieu, toutes les inférences formelles ne sont pas satisfaisantes pour l'esprit, il en est qui le contraignent sans l'éclairer – ainsi en est-il, par exemple, des raisonnements par l'absurde selon la *Logique de Port-Royal*[17].

3) Enfin, la logique aristotélicienne est stérile. Elle ne produit aucun fruit, elle permet bien de mettre en forme des résultats déjà acquis, mais non de stimuler l'invention et la découverte de nouvelles vérités[18]. Concernant cette troisième critique, on ajoutera deux remarques. Par souci d'équité tout d'abord, on rappellera qu'Aristote lui-même n'attendait pas du syllogisme, fût-il scientifique, qu'il découvre de nouvelles vérités, mais bien qu'il enchaîne les propositions de manière telle que le moyen-terme donne la cause de l'effet exprimé dans la conclusion[19]. En ce sens, ce qu'on trouve dans les *Analytiques*, ce n'est pas une méthode d'invention, c'est une théorie de la preuve. On notera en deuxième lieu que, si un certain nombre de textes exigent de la méthode qu'elle s'applique dans des situations concrètes (conversations, tribunaux, vie civile, etc.), le fait de juger à ses fruits la connaissance en général et la méthode en particulier

respectivement p. 136 et 158; Descartes, *Regulae*, 2 et 10, AT, vol. X, respectivement p. 365 et 404. *Logique de Port-Royal*, « Premier discours », p. 15, p. 21 et III, « Du raisonnement », p. 177; N. Poisson, *Commentaire ou remarques sur la méthode de Mr Descartes*, Vendôme, S. Hip, 1670 (désormais cité *Commentaire*), p. 6, p. 14-15.

16. Aristote, *Analytiques seconds*, I 2, 71b25-27, abondamment commenté à l'époque (voir par exemple le commentaire de Clavius, cité par P. Dear, *Discipline and Experience. The Mathematical Way in the Scientific Revolution*, Chicago, Chicago UP, 1996, p. 42 *sq.*).

17. Voir sur ce point J.-L. Gardies, « Arnauld et la reconstruction de la géométrie euclidienne », dans J.-C. Pariente, *Antoine Arnauld. Philosophie du langage et de la connaissance*, Paris, Vrin, 1995, p. 13-31.

18. Bacon, *Novum organon*, I 11-12, SEH, vol. I, p. 158 et *Du progrès*, livre II, p. 161; Descartes, *Regulae*, AT, vol. X, p. 406. Galilée, *Discorsi et dimostrazioni matematiche intorno à due nuove scienze*, dans *Le Opere di Galileo Galilei*, Edizione Nazionale, A. Favaro e I. Del Lungo (eds.), 20 tomes en 21 vol., Firenze, Barbèra, 1890-1909, rééd. 1929-1939, 1964-1968 (désormais cité EN), vol. VIII, p. 175.

19. Voir sur ce point la discussion des *Analytiques seconds*, I 13, 78a22 *sq.*, qui aboutit à récuser comme non-scientifique le syllogisme établissant le fait que les planètes sont proches (ce qui ne scintille pas est proche, or les planètes ne scintillent pas, donc les planètes ne sont pas proches) et à promouvoir comme scientifique le syllogisme dans lequel le moyen-terme donne la cause de l'effet exprimé dans la conclusion (ce qui ne scintille pas est proche, or les planètes sont proches, donc les planètes ne scintillent pas). Le syllogisme non-scientifique correspond à ce qui sera appelé par les commentateurs d'Aristote « démonstration *quia* », « *quod* » ou « *esse* », le syllogisme scientifique à ce qu'ils appelleront « démonstration *proper quid* ».

n'implique pas la dévalorisation d'une connaissance sans application pratique : le fruit d'une connaissance peut être une autre connaissance.

Bref, sans supplanter les questions traditionnellement traitées en logique, l'espoir d'une méthode se fraie un chemin à leurs côtés : méthode qui devrait, contrairement à la logique aristotélicienne, manifester son utilité, respecter la nature des choses et les exigences de notre esprit, se révéler féconde pour l'invention. À ce point, on est évidemment en droit de se demander ce que peut bien être cette méthode, et comment elle se différencie en fait de la logique existante. En ce qui concerne la terminologie, « méthode » est souvent présenté comme synonyme de « logique », ou du moins comme pouvant être pris improprement pour lui : dès lors, on ne s'étonnera pas de parfois retrouver sous le nom de méthode des éléments de l'ancienne logique aristotélicienne [20]. Par-delà cette hésitation terminologique, la notion même de méthode est pour le moins équivoque dans la deuxième moitié du XVIIe siècle.

L'ÉQUIVOCITÉ DE LA MÉTHODE

En effet, on trouve alors plusieurs idées de ce qu'est la méthode, ou de ce qu'elle devrait être. Elles constituent autant de strates qui s'accumulent depuis l'Antiquité, sans que le dépôt d'une nouvelle strate s'accompagne toujours de ce qu'on serait logiquement en droit d'attendre : la destruction des anciennes strates, ou du moins une forme d'accommodation ou de restructuration de l'ancien en fonction du nouveau [21].

20. Dans son *Commentaire*, Poisson parle indifféremment de la méthode ou de la logique de Descartes, voir par exemple p. 4, 15, 17, et surtout 16 : « Cette Methode qui forme ainsi le jugement, peut estre appelée Logique, puisqu'elle a la mesme fin qu'on donne aux autres, qui portent le même nom ». Sur la quasi-synonymie entre « logique » et « méthode », voir J. Clauberg, *Logique ancienne et nouvelle* (1654), présentation trad. fr. et notes J. Lagrée et G. Coqui, Paris, Vrin, 2007 (désormais cité *Logique ancienne et nouvelle*), I, chap. II, § 13-17, p. 65-66 ; P. Godart, *Totius philosophiae summa*, Paris, Alliot, 1666, « Tractatus quartus et ultimus de methodo », p. 220-221 : *METHODUS est ordo* discenda, *v.* docenda *disciplinae; Dicitur via brevis, quia citò, et tutò ejus ope possumus ad scientiarum adeptionem pervenire*; Methodus, *est quivis mentis habitus ordinatè procedens*; Logica, *dicitur etiam methodus, quia est organum sciendi, praecibens regulas bene disserendi*; propriè, *est ordo definitionum, divisionum enunciatum et argumentationum idoneus ad disciplinam justae magnitudinis comparandam*; S. Foucher, *Critique de la recherche de la vérité*, Paris, Coustellier, 1675, p. 4.

21. Outre les ouvrages mentionnés *supra* note 9, pour un aperçu des débats généraux sur la méthode dans le domaine particulier que sont les mathématiques, voir C. Goldstein, « Écrire l'expérience mathématique au XVIIe siècle ; la méthode selon Bernard Frénicle de Bessy », à paraître.

1) *La méthode-distinction.* Pour commencer par les fonds de tiroir, ces choses qu'on se passe de main en main et qui sont communes à tous indépendamment de toute option philosophique, la méthode, c'est un ensemble composite de recettes mais surtout de distinctions venues de l'Antiquité, principalement d'Aristote, mais aussi de Galien et de Pappus : on cherche à les faire coïncider, on les combine comme on peut, on les réinvestit d'un nouveau sens, on en néglige parfois certaines. Aussi rencontre-t-on pêle-mêle, et quels que soient par ailleurs les discours tenus sur l'objectif de la méthode, des distinctions entre démonstration *propter quid* et démonstration *quia*, procédure *a priori* et procédure *a posteriori*, analyse et synthèse, problème et théorème, définition de nom et définition de chose; et, derechef, on mobilise l'opposition du premier en soi et du premier pour nous, de l'universel et du particulier[22].

2) *La méthode-disposition.* Pour aller maintenant vers des questions plus controversées, la méthode peut se donner pour objectif d'ordonner ou de disposer des résultats déjà connus. Les humanistes avaient cherché à « réduire en art » les connaissances existantes, c'est-à-dire à les présenter en sorte qu'il fût possible de les acquérir aussi brièvement que possible, et, tout aussi bien, de les mettre rapidement en usage. Les ramistes contribuèrent à populariser l'espoir d'une méthode d'exposition commune à tous les arts, qui indiquerait quelle présentation adopter lorsqu'on a affaire à plusieurs arguments, et non à un seul comme dans le cas du syllogisme[23]. C'est pourquoi ils insèrent la méthode dans la logique, à titre de

22. On trouve une présentation synthétique de cet héritage antique dans N. Jardine, « Galileo's road to truth and the demonstrative regress », *Studies in the History and Philosophy of Science*, vol. 7, 1976, p. 280-286.

23. Le texte fondateur est ici P. Ramus, *Dialecticae institutiones*, Paris, 1543, p. 83 : *Methodus igitur doctrinae est dispositio rerum variarum ab universis et generalibus principiis ad subjectas et singulares partes deductarum, per quam tota res facilius doceri percipique possit.* Du même, voir *Dialectique*, M. Dassonville (éd.), Genève, Droz, 1964 (désormais cité *Dialectique*), p. 144 : « Méthode est disposition par laquelle entre plusieurs choses la première de notice est disposée au premier lieu, la deuxième au deuxième, la troizième au troizième et ainsi conséquemment. Ce nom signifie toute discipline et dispute, néanmoins communément est pris pour adresse et abrègement de chemin ». Sur Ramus et le ramisme, outre les ouvrages généraux cités *supra* note 9, voir C. Vasoli, *La dialettica e la retorica dell'Umanesimo : « Invenzione » e « Metodo » nella cultura del XV e XVI secolo*, Milano, Feltrinelli, 1968; A. Robinet, *Aux sources de l'esprit cartésien, l'axe La Ramée-Descartes. De la Dialectique de 1555 aux Regulae*, Paris, Vrin, 1996. *Pace* Robinet, on ne passe pas facilement de Ramus à Descartes : l'ordre et la disposition de la cinquième des *Regulae* concernent des choses qui ne sont pas encore connues et dont il ne peut y avoir « disposition » au sens ramiste; Descartes a toujours privilégié les connaissances commençant par le particulier; son idée de la méthode relève en grande partie de ce que nous appelons plus bas la « méthode-purification ». La première définition de la méthode qu'on trouve dans la *Logique de Port-Royal*, p. 38, se rattache

partie ultime traitant de ce qui est le plus composé. Dans les thèmes classiques chez les ramistes, il y a de surcroît la prescription de commencer par ce qui est premier en soi (et ils entendent par là le général et non le particulier, la cause et non l'effet) et, par ailleurs, la recommandation de mettre en avant des exemples plutôt que de formuler des préceptes [24]. En un mot, la méthode ramiste, c'est présenter le plus efficacement possible, en particulier dans des contextes didactiques, un ensemble d'arguments, une discipline, voire le système tout entier du savoir.

3) *La méthode-démonstration.* À l'assimilation didactique de la méthode à l'ordre et à la disposition, ceux qu'on appellera pour faire bref les aristotéliciens opposent dès le XVIe siècle l'idée qu'il s'agit en fait de choses distinctes, l'ordre portant sur des choses déjà connues, la méthode consistant en un processus démonstratif menant du connu à l'inconnu [25]. En fait, la méthode n'est en ce sens rien d'autre que la théorie de la preuve aristotélicienne, en particulier lorsque des procédures formelles comme le syllogisme sont mises en place. Mais l'irruption des ramistes dans le débat conduit les aristotéliciens du XVIe siècle à interpréter cette théorie de la preuve comme s'il s'agissait d'une méthode d'invention et à tenter de compléter les lacunes qu'auraient présenté les *Analytiques seconds* si effectivement il s'était agi d'une méthode d'invention. C'est par exemple dans

cependant bien à la tradition ramiste : « On appelle ici ordonner l'action de l'esprit, par laquelle ayant sur un même sujet, comme sur le corps humain, diverses idées, divers jugemens, & divers raisonnemens, il les dispose en la maniere la plus propre pour faire connoître ce sujet. C'est ce qu'on appelle encore methode ». Voir également *ibid.*, IV, chap. II, p. 299, qui introduit toutefois l'idée d'invention. De même encore B. Lamy, *Entretiens sur les sciences*, P. Clair et F. Girbal (éds.), Paris, PUF, 1966 (désormais cité *Entretiens*), entr. II, chap. V, p. 101-102.

24. Sur l'usage des exemples plutôt que des préceptes, voir les textes cités *infra*, note 50.

25. Les textes suivants convaincront de la pérennité de la réaction anti-ramiste des aristotéliens. J. Zabarella, *De methodis*, I 3, dans *Opera logica*, Köln, 1597, p. 138 : *Dividitur methodus ita late accepta in ordinem et methodum proprie dictam* [...]. *Ordo nullam facit illationem hujus rei ex illa sed solum disponit ea, quae tractanda sunt* [...]. *Methodus vero non disponit scientiae partes sed a noto ducit nos in cognitionem ignoti inferens hoc ex illo.* R. Goclenius, *Problemata logica*, Marburg, 1597, pt V, p. 3 : *Ordo et methodus interdum distinguuntur : ut ordo sit dispositio legitima praeceptorum disciplinae alicujus : Methodus vero sit processus declarandi et probandi praecepta illa : seu via, qua disciplinae partes ignorantiores obscurioresque per manifestoria et notiora explicantur et demonstrantur.* Voir aussi, du même, *Lexicon philosophicum*, Frankfurt, 1613, p. 683-686. E. de Saint-Paul, *Summa philosophica quadripartita*, Paris, Carolus Chastellain, 1609, p. 185, cité dans E. Gilson, *Index scolastico-cartésien*, Paris, Vrin, 1979, p. 182 : *Methodi nomen dupliciter accipitur. Primò quidem pro ordine & serie eorum omnium quae in universa aliqua doctrina vel ejus parte traduntur ac digeruntur. Secundò, pro ordinatione seu eo animi judicio quo res illae in aliqua disciplina continuè disponuntur. Et quoniam unicuique ordinationi suus ordo respondet* [...], *magis propria est posterior acceptio quam prior.*

cet esprit qu'Agostino Nifo puis Jacopo Zabarella avancèrent ce qu'on appelle parfois la « théorie du *regressus* », qui ambitionne de convertir une démonstration *quia* (un syllogisme des effets aux causes) en une démonstration *propter quid* (un syllogisme des causes aux effets). Pour que cette conversion soit possible, il faut que les causes en question soient les seules à pouvoir expliquer les effets considérés, autrement dit que ce soient des causes nécessaires et suffisantes. C'est évidemment problématique dans le domaine des choses naturelles, et il n'est dès lors pas étonnant que le processus appelé « *negotiatio* », « *consideratio* » ou « *meditatio* », par lequel on est supposé s'assurer que les causes en question sont effectivement nécessaires et suffisantes ait laissé dans l'embarras les commentateurs les mieux disposés à l'égard de ces aristotéliciens[26].

4) *La méthode-invention.* Au XVIIe siècle, la méthode n'est pas seulement ensemble de recettes, disposition ou bien processus démonstratif : en premier lieu, c'est aussi un art d'inventer. Comme dans le cas de la méthode-démonstration, il s'agit d'identifier des algorithmes ou des procédures, autrement dit des règles explicites qui présentent au moins les trois caractéristiques suivantes : elles garantissent qu'on puisse atteindre un objectif préalablement déterminé ; tous ceux à qui elles sont transmises peuvent les appliquer également, c'est-à-dire indépendamment de leurs qualités individuelles ; on peut estimer leur efficacité en les comparant avec d'autres règles ayant le même objectif. Mais, conformément aux critiques de l'aristotélisme qui ont été rappelées plus haut, on considère que les procédures classiques ne sont pas suffisantes lorsqu'on cherche de nouvelles vérités : tout au plus permettent-elles d'exposer des vérités déjà connues. Pour illustrer cette acception du terme « méthode », on peut songer à l'induction baconienne, supposée permettre le prélèvement graduel des « formes » ou des « lois » sur les phénomènes répertoriés par l'histoire naturelle, aux multiples projets d'*ars inveniendi* de Leibniz, à ses *specimina scientiae generalis*, mais aussi aux méthodes de mathématiciens comme Pierre de Fermat et Bernard Frénicle de Bessy, du moins en tant qu'elles ont quelque généralité[27]. Le ressort de la méthode-invention

26. Dans *The School of Padua and the emergence of modern science*, Padoua, Antenore, 1961, J. H. Randall avait attiré l'attention sur la « théorie du *regressus* » des aristotéliciens de la Renaissance : il en faisait une des conditions du miracle galiléen. Cette thèse continuiste connut un regain d'intérêt avec les travaux de W.A. Wallace, qui exploitaient les manuscrits galiléens usuellement appelés *Juvenilia.* N. Jardine donne une synthèse efficace et informée de ces questions tout en indiquant les limites de la thèse continuiste dans « Galileo's road to truth ».

27. L'opposition entre méthode de découverte et méthode d'exposition est un *topos*, qu'on trouvera sans difficulté chez Kepler, Bacon, Galilée, Descartes, Leibniz, etc. On

réside en effet dans l'espoir qu'il sera possible de généraliser une procédure particulière dont la validité a été éprouvée.

5) *La méthode-purification.* Dans le sillage de Descartes pour finir, la méthode est entendue comme art de former son jugement, de perfectionner son esprit, d'en augmenter la capacité, ou du moins d'apprendre à bien s'en servir. Contrairement aux quatre espèces précédentes, qui visent à mettre de côté les particularités d'un individu, la méthode-purification est centrée sur un individu, par rapport auquel elle constitue une discipline de purification intellectuelle, une hygiène de l'esprit, *emendatio intellectus* ou *medicina mentis*, qui commence par éliminer (ou du moins domestiquer) tout ce qui peut entraver son exercice naturel : passions, préjugés, inattention, opiniâtreté, inconstance – j'en passe. Ce qu'on entend leur substituer, c'est l'attention, l'application, l'exactitude – en d'autres termes, le fait que l'esprit soit apte à se tourner vers son objet et à se consacrer totalement à lui – y compris avec les secours contrôlés de ce qui pourrait par ailleurs l'en détourner : sollicitations des sens et de l'imagination. La méthode en ce sens ne se rapporte pas seulement aux sciences et aux arts ; elle a une dimension éthique, dans son origine (il faut vouloir bien user de son esprit) comme dans ses retombées (le bon usage de l'esprit constitue la condition nécessaire et quasi-suffisante d'une bonne conduite dans toutes les circonstances de la vie) [28].

remarquera, à la suite de J.-M. Pousseur, « La distinction de la *ratio* et de la *methodus* et ses prolongements dans le rationalisme cartésien », dans M. Fattori (ed.), *Francis Bacon : terminologia e fortuna nell XVII secolo (Seminario internazionale, Roma 11-13 marzo 1984)*, Roma, Edizione dell'Ateneo, 1984, que Bacon lui-même évite le terme *methodus*, qu'il associe au ramisme, et lui préfère les termes cicéroniens de *via* ou de *ratio*. Les ouvrages sur Leibniz sont trop nombreux pour être cités ; pour la méthode d'invention chez Fermat et Frénicle, voir C. Goldstein, « Écrire l'expérience mathématique au XVIIe siècle ».

28. Descartes, *Regulae*, 1, AT, vol. X, p. 360-361 ; *Logique de Port-Royal*, « Premier discours », en particulier p. 14-17 ; III, chap. XX, p. 260 ; N. Poisson, *Commentaire*, « Avis au lecteur », p. XIII. Le dessein du livre VI « De la méthode » de la *Recherche de la vérité* de Malebranche est explicitement de « rendre à l'esprit toute la perfection dont il est naturellement capable, en lui fournissant les secours nécessaires pour devenir plus attentif et plus étendu » (*Œuvres*, 2 vols., G. Rodis-Lewis (éd.), Paris, Gallimard, 1979 et 1992, vol. I, p. 590). L'expression *emendatio intellectus* vient d'un traité passablement connu de Spinoza ; l'expression *medicina mentis* est utilisée par W.E.R. Tchirnhaus dans les titres de deux de ses ouvrages, mais elle est déjà présente dans J. Clauberg, *Logique ancienne et nouvelle*, « Prolégomènes », chap. I, § 10-11 et chap. V, § 90-100, respectivement p. 31 et 50-51. Pour une analyse de cette expression chez Clauberg, voir M. Savini, *Le développement de la méthode cartésienne dans les Provinces-Unies (1643-1665)*, Lecce, Conte, 2004, p. 402-426. Je laisse ici de côté la thèse inverse, qu'on trouve par exemple chez Malebranche ou B. Lamy, selon laquelle la vie bonne, en l'occurrence la vie chrétienne, dispense de formuler des règles de méthode.

Mais, dira à ce point le demi-savant, ces distinctions sont-elles bien utiles? Un ouvrage écrit en France dans le dernier tiers du XVIIe siècle n'a-t-il pas inéluctablement comme référence la méthode de Descartes? Le *Discours de la méthode* n'est-il pas incontournable?.

LA MÉTHODE DE M. DESCARTES

En fait, même à admettre que Mariotte s'inscrive dans un « contexte cartésien », et qu'on sache un peu ce qu'on entend par là, cette contextualisation ne nous débarrasserait en rien de l'équivocité. Descartes n'avait pas achevé celui de ses ouvrages qui était le plus directement lié au projet d'une méthode, les *Regulae ad directionem ingenii*; et quant à son *Discours de la méthode*, en matière de méthode, il ne comprend que quatre règles, tout compte fait assez sommaires. On connaît les railleries que Leibniz faisait des cartésiens à cet égard[29]. Les premiers correspondants de Descartes étaient à tout le moins restés dubitatifs. Pour les satisfaire, Descartes avait multiplié les rétractations[30]. Peut-être ces rétractations lui permirent-elles

29. Leibniz à Jean Gallois (1677), *Leibniz. Sämtliche Schriften und Briefe*, Preussische (puis Deutsche) Akademie der Wissenschaften (ed.), Darmstadt (puis Leipzig puis Berlin), 1923- (désormais cité AA), vol. II-1, p. 569 : « Ceux qui nous ont donné des méthodes donnent sans doute de beaux preceptes, mais non pas le moyen de les observer. Il faut disent-ils comprendre toute chose clairement et distinctement, il faut proceder des choses simples aux composées, il faut diviser nos pensées, etc. Mais cela ne sert pas beaucoup si on ne nous dit rien davantage [...] Mons. Des Cartes a esté grand homme sans doute, mais je croy que ce qu'il nous a donné de beau est plustost un effect de son genie que de sa methode, parceque je ne voy pas que ses sectateurs fassent des decouvertes », Leibniz à Swelingius, *Die philosophischen Schriften von G. W. Leibniz*, C.I. Gerhardt (ed.), Berlin, 7 vols., rééd. Hildesheim, 1961 (désormais cité GP), vol. IV, p. 329-330 : *Quatuor Cartesianae methodi regulae* [...] *non video quid habeant Cartesio proprium. Et parum abest ut dicam similes praecepto Chemico nescio cujus : Sume quod debes et operare quod debes, et habebis quod optas.* [...] *falluntur Cartesiani, qui se Cartesii Methodum seu inveniendi artem in scriptio ejus tenere putant, cum ipse alicubi in Epistolis suppressam a se fateatur nec Methodum sese, sed de Methodo scribere, ac specimina tantum dare voluisse protestet. Et nisi dixisset ille, res ipsa clamaret, neque enim alia causa est, cum tot viri* [...] *nihil alicujus momenti reperire potuerint. Passim.* Les références des lettres de Descartes auxquelles Leibniz fait allusion sont données à la note suivante.

30. Le *Discours de la méthode* n'est pas un traité qui enseigne la méthode, mais seulement un discours qui expose la démarche d'un esprit particulier; la méthode consiste plus en pratique qu'en théorie et se trouve conséquemment, non dans le *Discours*, mais dans les *Essais*; à l'exception peut-être du chapitre sur l'arc-en-ciel, les *Essais* ne donnent pas à voir la méthode, car cette dernière prescrit un ordre de la découverte, distinct de l'ordre d'exposition qui est le leur (Descartes à Huygens, 25 fév. 1637, AT, vol. I, p. 620; à Mersenne, 27 fév. 1637, AT, vol. I, p. 349 [daté de mars 1637]; à Vatier, 22 fév. 1638, AT, vol. I, p. 559).

un temps de sauver la face, mais elles ne pouvaient suffire à dissiper la déception de ses héritiers. Que pouvait bien avoir été la méthode ou la logique de M. Descartes, et dans quel ouvrage la trouver ?

De ce problème, on peut prendre comme témoin Adrien Baillet, qui écrit à la fin du siècle une biographie de Descartes bien connue[31]. Après avoir brièvement résumé l'objet des différentes parties du *Discours de la méthode*, il remarque que « plusieurs ont considéré ce *Discours de la méthode* de Monsieur Descartes comme la logique de sa philosophie »[32]. C'est, quant à lui, l'hypothèse qu'il commence par privilégier, avec l'argument que le dessein de Descartes dans cet ouvrage, « former le jugement et prescrire des règles à l'esprit pour se conduire », est celui de la logique en général. Il mentionne cependant les trois autres hypothèses qui ont cours de son temps.

Certains, et Baillet mentionne en marge la première biographie de Descartes, les *Specimina philosophiae cartesianae* de Daniel Lipstorp, la « véritable logique » se trouve dans la géométrie, car celle-ci est la « clef de tous les arts libéraux et de toutes les sciences »[33]. Pour d'autres, la référence est ici à Gassendi, mais il n'est pas le seul, la méthode cartésienne se trouve dans les *Méditations*, et consiste à douter de tout pour en venir

31. Je résume dans ce qui suit A. Baillet, *La vie de M. Descartes*, livre IV, chap. II, Paris, Horthemels, 2 vols., 1691, vol. I, p. 280 *sq.*

32. Voir par exemple J. Clauberg, *Defensio cartesiana*, chap. X, § 15, dans *Opera omnia*, vol. II, p. 976, et T. Andreae, *Assertio methodi cartesianae*, Groningue, Collenus, 1653, vol. I, p. 100, cités dans M. Savini, *Le développement de la méthode cartésienne*, respectivement p. 206 et 233-234. Aux p. 167-266, M. Savini analyse plus généralement la controverse qu'ils eurent avec J. Revius et C. Lentulus sur la méthode cartésienne. Voir aussi le *Commentaire* de Poisson : outre la confusion entre « logique » et « méthode » signalée *supra* note 20, il justifie de commencer le commentaire qu'il avait prévu des ouvrages de Descartes par le *Discours de la méthode* parce que ce dernier « donnerait une idée générale des lieux, avec un certain ordre, qui nous dispose à entendre mieux les particularités qui s'y rencontrent » (p. 1-2). De manière remarquable cependant, le commentaire de Poisson est surdéterminé par la physique : en particulier, les exemples qu'il choisit pour éclairer les quatre préceptes de la méthode sont des résultats expérimentaux passablement récents, ainsi celui de la tache aveugle faite par Mariotte (p. 59-62), et celui des larmes de verre popularisé par Rohault (p. 63-68).

33. Baillet traduit ici littéralement D. Lipstorp, *Specimina philosophiae cartesianae*, Leiden, Elzevier, 1653, p. 8 : *Quis non stupet ejus* [*ie. Cartesii*] *Geometriam, quae clavis est omnium liberalium artium et scientiarum : imo quae non preamissa ulla alia disciplina de omnibus ad Mathesin, Mechanicam, imo ipsam quoque Philosophiam spectantibus, non tantum felicissim judicat, sed et inventa aliorum* [...] *docet atque exponit. Quo nomine cuma ars inventrix optimo jure dici mereatur, ipsam veram logicam cum Authore vocare licebit*, cité dans M. Savini, *Le développement de la méthode cartésienne*, p. 317. Aux p. 267-338, M. Savini reconstitue précisément la manière dont les mathématiciens Florimond De Beaune, Franz von Schooten fils et enfin Daniel Lipstorp en vinrent à faire de la *Géométrie* l'ouvrage central pour comprendre la méthode cartésienne.

ensuite à identifier la pensée comme un principe premier[34]. Enfin Baillet note que des auteurs comme le Père Rapin ont cherché la méthode dans l'ouvrage inachevé et alors non encore publié que sont les *Regulae ad directionem ingenii*[35].

Baillet fait donc état de quatre hypothèses et privilégie l'idée que la logique ou la méthode de Descartes se trouve dans le *Discours de la méthode.* Cependant, sans doute étant donné le peu de matière qu'on rencontre en fait dans cet ouvrage, il avance ensuite qu'il faut la chercher, non chez Descartes lui-même, mais chez ses disciples, dans la logique de Clauberg ou dans celle de Port-Royal. Un peu plus loin encore, il renvoie les lecteurs qui auraient besoin d'éclaircissements sur le *Discours* aux commentaires que les cartésiens en ont donné ; cette fois, ce ne sont pas les Messieurs de Port-Royal qu'il met aux côtés de Clauberg, mais le père Poisson[36].

Pour récapituler cet état des lieux, si la méthode est souvent revendiquée comme un complément ou comme un substitut d'une logique aristotélicienne jugée insuffisante, il s'agit d'une notion équivoque, qui se dit de diverses manières. Il n'est pas étonnant dans ces conditions que l'on ne s'accorde pas sur l'endroit où trouver la méthode de Descartes, en elle-même assez fuyante ou énigmatique et donc, tout aussi bien, sur son contenu. Dans ces conditions, même le plus contextualiste des demi-savants doit se rendre à l'évidence : le contexte n'est pas un indice absolu (donc il n'est pas un indice du tout) de ce qu'il pouvait en être de la méthode pour Mariotte ; tout au plus nous donne-t-il des points de repère, par rapport auxquels situer son ouvrage.

34. P. Gassendi, *Opera Omnia*, 6 vols., Lyon, 1658, vol. I, p. 65-66. L'Aristote de G. Daniel, *Voyage du monde de M. Descartes*, Paris, Veuve Simon Bénard, 1691, p. 79-82, considère comme Gassendi que la logique cartésienne se trouve dans les *Méditations* et consiste à mettre en place un doute méthodique pour pouvoir ensuite faire de l'évidence le critère de sa propre pensée.

35. R. Rapin, *Réflexions sur la philosophie ancienne et moderne et sur l'usage qu'on doit faire pour la Religion*, § 8, (1684), dans *Les Œuvres du Père Rapin*, 2 vols., La Haye, Pierre Gosse, 1725, vol. II, p. 408.

36. Sans le détailler, indiquons un autre exemple éminent de cette incertitude quant au lieu de la méthode cartésienne. Locke, dans une sorte de *memorandum* daté du 7 mars 1678 concernant les lectures qu'il convient de faire pour s'initier au cartésianisme, signale l'existence du commentaire de Poisson « rempli de tant de choses inutiles au sujet quelles sont plus capables d'embarrasser que d'instruire » (R.I. Aaron and J. Gibb (eds.), *An early draft of Locke's* Essay : *together with excerpts from his Journals*, Oxford, Clarendon Press, 1936, p. 106), puis, notant que Descartes « ne traite en nulle autre part de la Logique pretendant que les 4 regles qu'il a données estant bien pratiquées doivent remplir tout ce quil y a d'utile dans cette partie » (*ibid.*) considère que la logique de Descartes est donnée par Clauberg, la *Logique de Port-Royal*... et le *De mente humana* (1672) de J.-B. Du Hamel (*ibid.*, p. 107).

UNE NATURALISATION DE LA MÉTHODE

Alors quoi ? Et bien, nous sommes dans un autre monde. Pour user de catégories littéraires communes, on le dirait merveilleux plutôt que fantastique : bien des éléments de l'*Essai* sont tirés des différentes idées de la méthode précédemment évoquées, mais l'idée principale leur est étrangère.

Les traités de logique, tout en faisant une place à la méthode, avaient continué d'aborder un certain nombre de questions classiques concernant les termes, les propositions, les raisonnements. La première singularité de l'*Essai* est dans ces conditions d'avoir si complètement intégré la critique de la logique au sens aristotélicien qu'il n'en est même plus question. Les seules mentions qui sont faites de cette dernière sont sommaires – au début du premier discours par exemple, trois phrases brèves pour dire que les raisonnements sont composés de propositions, elles-mêmes composées de noms ; et, lorsqu'elle est critiquée, c'est seulement au passage et sans s'y attarder – ainsi, dans le premier discours, les définitions par genre et espèce sont disqualifiées pour leur embarras, et, dans le troisième discours, la théorie des figures et des modes du syllogisme, stigmatisée pour son inutilité [37]. Le contraste avec la *Logique de Port-Royal*, faisant une large place à l'ancien quitte à en restreindre la portée ou à le compléter grâce à une compilation de ce qui se faisait en matière de nouveautés, est saisissant [38].

Dira-t-on alors que, malgré la présence du mot « logique » dans le titre, la logique aristotélicienne a définitivement sombré dans les oubliettes de l'histoire, pour laisser place à l'espoir équivoque d'une méthode ? En un sens, oui. Le titre de la seconde partie de l'*Essai* indique explicitement qu'il contient « la méthode qu'il faut suivre pour faire de bons raisonnements » [39]. Bien plus, sans que la coïncidence soit parfaite, les idées de la méthode précédemment distinguées se retrouvent dans les titres des quatre sous-parties qui composent cette seconde partie : théorie de la définition (premier discours, « de ce qu'il faut faire pour se rendre intelligible »), méthode-invention (deuxième discours, « de l'invention des principes »), méthode-démonstration et méthode-disposition (troisième discours, « de la methode pour faire des arguments, et les mettre en ordre

37. *EL*, 2 [e] part., 1 [er] disc. et 3 [e] disc., respectivement p. 56 et 117-120.

38. Pour une déclaration explicite, voir *Logique de Port-Royal*, « Premier discours », p. 20-21, cité *supra* note 10.

39. Voir également *EL*, « Préface », p. 14 : « La seconde partie a beaucoup de choses semblables à la logique ordinaire, et c'est proprement une methode pour se bien conduire en la recherche et la preuve de la verite ».

pour servir à la preuve de quelques propositions douteuses ou à l'etablissement de quelque science »), méthode-purgation (quatrième discours, « des faux raisonnements et des autres causes de nos erreurs, et de ce qu'il faut observer pour ne s'y laisser pas surprendre »). On rencontre aussi, au fil des pages de cette seconde partie, les fonds de tiroirs de la méthode-distinction : distinction entre définition de nom et définition de chose, analyse et synthèse, problème et théorème, etc. Aucune de ces idées de la méthode ne semble l'emporter. Il faut à ce point indiquer, ce qui est tout de même étonnant en 1678, qu'il n'est pas question de la méthode de Descartes, quoiqu'on entende par là, et qu'il n'y a rien qui étaye substantiellement le parallèle qu'on a envie de faire, dans la mesure où les deux ouvrages introduisent des essais scientifiques, entre l'*Essai de logique* et le *Discours de la méthode*.

En fait, une fois dit qu'après avoir souligné l'équivocité de l'idée de méthode, il serait vain de prétendre que l'*Essai* est absolument singulier, fastidieux et sans doute inutile de le comparer point par point à tel ou tel traité, il propose ce qu'on pourrait appeler, à la fois pour faire bref et pour secouer un peu la poussière qui se dépose inévitablement sur un ouvrage mineur publié sans nom d'auteur en 1678, une naturalisation de la méthode. De cette expression, on dira tout d'abord la signification négative. Comme tant d'autres textes du XVIIe siècle – et, dans les remarques qui suivent, la *Logique de Port-Royal*, dont Mariotte a peut-être entendu parler[40], peut servir d'étalon –, l'*Essai* considère que les principales opérations de l'esprit s'effectuent naturellement[41]. En fait, outre la saisie des vérités premières, l'opération principale est celle qui consiste à voir la

40. L'indice le plus probant est *EL*, 2e part., 4e disc., art. 1, p. 158 : « Plusieurs logiciens tres-celebres disent qu'il y a quatre operations de l'esprit, concevoir, juger, raisonner et ordonner [...] ». La distinction entre la définition mathématique qui précède la dispute et la définition concluant une dispute qui vise la nature d'une chose (*EL*, 2e part., 1er disc., p. 58-59) peut également suggérer une lecture de la *Logique de Port-Royal*, mais l'insistance de Mariotte sur l'intérêt qu'il y a à montrer la chose définie, ne serait-ce qu'en peinture, et y compris dans le domaine mathématique, est bien éloigné des définitions libres des mathématiciens telles qu'elle apparaissent dans la *Logique de Port-Royal*, II, chap. XII-XV. De manière générale, les rapprochements qui viennent à l'esprit portent sur des points trop généraux pour être jugés spécifiques à la *Logique de Port-Royal*.

41. *EL*, 1re part., princ. 4, p. 16-17 : « La connexité et liaison d'une proposition avec quelques autres propositions est montré en cette sorte; *Si le soleil luit, il est jour; le soleil luit, donc il est jour* [...] ou en d'autres manieres aussi claires et aussi evidentes [...] ». *EL*, 2e part., 2e disc., art. 1, et 3e disc. p. 64 et p. 120 : « [...] lesquels [principes] on pourra discerner s'ils se presentent à l'esprit, par la faculté naturelle que nous avons de connoître les connexités des propositions entr'elles, et de faire de bons raisonnements »; « [...] on a connu leur bonté par la faculté naturelle que nous avons de connoistre la connexité des propositions ».

« connexité », c'est-à-dire la liaison, entre deux propositions : lorsqu'une de ces propositions est certaine, elle est posée comme proposition première et il y a preuve ou démonstration ; lorsque ce n'est pas le cas, il y a simplement argument [42]. Mais, alors que la *Logique de Port-Royal* n'en continue pas moins de recourir aux anciennes règles formelles ou de s'efforcer d'en découvrir de nouvelles, avec plus de cohérence, l'*Essai* conclut à l'inutilité de la logique : rien de bien important ne saurait être ajouté à une opération que l'esprit effectue naturellement [43]. Déclarer que les opérations de l'esprit sont naturelles est en ce sens ambivalent : c'est d'un côté leur conférer une certaine légitimité, mais de l'autre se dispenser de chercher à en établir l'art ou la science. On notera d'ailleurs au passage que, sans l'hypothèse que les opérations de l'esprit sont données (ici, par la nature), on ne peut échapper à un cercle vicieux, relevé par Mariotte comme par les sceptiques contre un formalisme qui prétendrait être absolu. Une prétention de ce genre suppose que la validité des règles propres à ce formalisme soit établie : pour l'établir, on a besoin d'arguments ; les arguments sont recevables seulement si les règles sont valides, mais c'est ce qu'on veut établir [44].

Si les règles ne se prouvent pas, mais s'éprouvent à l'occasion des opérations naturelles de l'esprit, on peut être tenté par une réflexion sur les pouvoirs et les faiblesses de l'esprit en général, supposée indépendante des objets auxquels il a affaire. C'est ce qu'on trouve effectivement chez bien des auteurs du XVIIe siècle, avec parfois une dévalorisation de l'activité scientifique par rapport à ce qui constituerait la véritable vocation de

42. *EL*, 1re part., princ. 4, p. 17 : « On appellera cet assemblage de propositions par lequel on connoît la connexité de la derniere [proposition], avec les deux premieres, raisonnement, argument ou sillogisme, et le discours par lequel on connoît la connexité d'une proposition douteuse, avec des propositions certaines et infaillibles, on l'appellera preuve ou demonstration ». La distinction entre « argument » et « preuve » est utilisée dans *EL*, 2e part., 4e disc., art. 2, p. 164.

43. Ce point est souligné par E. Coumet, « Sur l'*Essai de logique* de Mariotte », p. 298-300.

44. *EL*, 2e part., 3e disc., p. 119-120 : « On ne peut aussi estre assuré de la bonté de ces regles, si elles ne sont prouvées, et cette preuve ne pouvant estre faite que par des argumens, il s'ensuit que la bonté des argumens qui prouvent la bonté de ces regles peut estre connuë sans elles, puisqu'elles ne sont pas encore établies. Il est vray qu'après qu'on a fait des argumens de plusieurs sortes, et qu'on a connu leur bonté par la faculté naturelle que nous avons de connoistre la connexité des propositions : on peut [...] en faire des remarques et des regles ». Voir déjà *Esquisses pyrrhoniennes*, introd., trad. fr. et commentaire P. Pellegrin, Paris, Seuil, 1997, II 11 [114], p. 264-265, repris dans M. Mersenne, *La vérité des sciences*, I 14, p. 183.

l'esprit humain [45]. Ce n'est pas le cas chez Mariotte, qui ne semble pas loin de la thèse bachelardienne que l'esprit se conforme aux structures du savoir que les sciences mettent en place. Comme on le verra d'ailleurs dans la dernière partie de cet ouvrage, les enquêtes psychologique et métaphysique sont selon lui des impasses : on n'a pas besoin de connaître l'essence de l'esprit ou l'idée d'infini pour faire avancer les sciences ; on ne connaît pas directement celles-ci ; si on voulait les connaître, il faudrait bien plutôt procéder indirectement, en examinant les produits du savoir humain.

On peut dire plus ou moins la même chose de manière positive. La naturalisation de la méthode scientifique, c'est l'idée, plus cartésienne que Mariotte ne le croirait peut-être, qu'en matière de méthodologie, il n'y a rien d'antérieur aux processus effectifs d'engendrement des résultats scientifiques, et donc qu'il est absolument inutile de légiférer avant d'avoir eu affaire à ces processus. Et, comme ces processus diffèrent d'une science à une autre, l'idée est aussi qu'il n'existe pas d'art de penser partout identique, et que les sciences doivent être comprises, comme on le dit maintenant, telles qu'elles se font et dans leur spécificité propre. Ainsi, nous aurions enfin, avec l'*Essai* de Mariotte, une méthode véritablement attentive aux sciences dans leur diversité, une méthode qui serait, chez celui qui les a longuement pratiquées, un fruit né pour ainsi dire spontanément. C'est ce que nous avait annoncé plaisamment Condorcet, dans son éloge de Mariotte :

> Il y a un de ses ouvrages moins connu que les autres, et qui semble mériter quelque détails. C'est un essai de logique. [...] On peut regarder la sienne, comme un exposé vrai de la méthode qu'il avait suivie dans ses recherches : et il est intéressant de pouvoir observer de si près la marche d'un des meilleurs esprits dont l'histoire des sciences fassent mention. Les auteurs de logique ne ressemblent que trop souvent aux mécaniciens qui donnent des descriptions d'instruments dont ils ne seraient pas en état de se servir [46].

45. Voir les formules célèbres de la *Logique de Port-Royal*, « Premier discours », p. 14 : « n'en faire [des connaissances spéculatives acquises grâce aux sciences] que l'essai et non l'emploi des forces de l'esprit » ou « Second discours », p. 28-29, cité *infra* note 50 ; de Malebranche, *Recherche de la Vérité*, dans *Œuvres*, vol. I, p. 13-14 : « La plus belle, la plus agréable, et la plus nécessaire de toutes nos connaissances, est sans doute la connaissance de nous-mêmes [...]. Les hommes ne sont pas nés pour devenir astronomes, ou chimistes ; pour passer toute leur vie pendus à une lunette ou attachés à un fourneau [...]. Les hommes peuvent regarder l'astronomie, la chimie, et presque toutes les autres sciences, comme des divertissements d'un honnête homme ».

46. Condorcet, « Éloge de M. Mariotte », dans *Œuvres*, 12 vols., Paris, Firmin-Didot frères, 1847 (désormais cité *Œuvres*), vol. II, p. 32.

Les sciences dans la méthode

Mais quelle forme peut prendre une méthode naturalisée avec ce genre de caractéristiques ? Et puis, problème plus spécifique qui reprend un fil interrompu plus haut, quelle forme peut prendre une méthode qui de surcroît entend remplacer ou compléter la logique aristotélicienne ? Une méthode de ce genre se doit de ne pas être ce que la logique était accusée d'avoir été : vide, superflue et stérile. Son succès sera donc en partie évalué au moment de son application, selon les fruits qu'elle porte. Mais, il est à craindre – et c'est là le problème lapidairement énoncé par Flaubert dans son *Dictionnaire des idées reçues* : « Méthode. Ne sert à rien » – qu'en ce moment décisif, toutes les méthodes s'avèrent pareillement défaillantes, en particulier parce qu'elles sont impuissantes à spécifier les conditions de leur application. Autrement dit, le problème d'une méthode « post-aristotélicienne » est que les règles ne sont jamais assez précises pour qu'on sache exactement quand, comment et à quels égards les appliquer.

Mariotte connaît ce problème. À plusieurs reprises, pour critiquer les règles aristotéliciennes, mais aussi pour marquer les limites de ses propres règles, il pose la question de l'utilité des règles. Les règles ne sont pas dites « utiles » ici en fonction de valeurs extrinsèques à la science (la grandeur du Royaume, la santé des corps, le salut de nos âmes, etc.), mais parce qu'elles contribuent à l'établissement et au développement des sciences : ce sont des règles qui font gagner du temps ou de la peine à ceux qui font des sciences tout en leur donnant les moyens d'obtenir en toutes circonstances ce qu'ils souhaitent. C'est à propos des mathématiques, la seule science où il existe effectivement des algorithmes, au sens très général de procédures formalisées, que se pose particulièrement la question de l'utilité ; le naturalisme et une certaine forme de pragmatisme montrent ici leurs limites, car on sent que Mariotte se demande s'il y a une seule procédure qui vaille seulement qu'on prenne le temps de l'apprendre[47].

47. *EL*, 2e part., 1er disc., p. 56 : « La plûpart de ces regles ne sont pas absolument necessaires [...] ; le plus souvent, les regles trop generales [...] ne font qu'embarrasser ». *Ibid.*, p. 59 : « Les regles qu'on donne pour bien faire une division [au sens de la *diairèsis* platonicienne] sont peu importantes, et il est parfois tres-difficile de les bien appliquer, et de pouvoir aller jusques au dernier détail des choses ». *EL*, 2e partie, 2e disc., art. 1, p. 76 : « [...] parce que le plus souvent, ce ne sont que de vaines curiosités, il ne faut pas beaucoup s'y arrêter ». p. 83 : « [...] les difficultés qu'on trouvera à bien apprendre toutes les regles de cette methode, pourront faire douter si l'utilité n'est pas moindre que la peine, du moins dans les questions tres-difficiles qui sont ordinairement les plus inutiles ». *EL*, 2e part., 3e disc., p. 119 : « [...] ces regles [les regles aristotéliciennes concernant les figures et les modes] ne sont nullement necessaires, ny pour bien faire les argumens, ny pour prouver leur bonté ».

Étant donné qu'un certain nombre de règles ne survivent pas à leur passage dans le lit procustéen de l'utilité, il lui arrive de comparer les sciences aux arts : leurs œuvres ne seraient pas le produit d'un ensemble de procédures infaillibles et explicites, mais nous viendraient des muses par inspiration [48]. Ainsi les quelques règles malgré tout formulées valent-elles moins que la manière dont elles sont mises en usage [49]. Pour capter cette mise en usage des règles et en transmettre l'enseignement à autrui, la solution est de recourir à des exemples, que Mariotte, pour lui, tire évidemment des sciences.

Ici comme ailleurs, il n'y a aucune nouveauté radicale et inouïe. L'idée que la logique et la méthode sont mieux servies par des exemples significatifs que par d'innombrables règles semble, de Pierre de la Ramée jusqu'à Malebranche, en passant bien sûr par la *Logique de Port-Royal*, croître au même rythme que l'hostilité au type de formalisme qu'on peut trouver dans la logique aristotélicienne [50]. Le risque que la mise en valeur de

48. *EL*, 2ᵉ partie, 2ᵉ disc., art. 1, p. 67 : « [...] on ne peut donner de regles certaines pour les trouver non plus que pour faire infailliblement de beaux Vers sur un sujet donné [...] ». *Ibid.*, p. 70 : « [...] il est tres-difficile d'enseigner par quelles lignes ou par quelles figures, on en pourra venir à bout; ni mesme les lignes étant tirées, de donner une methode infaillible [...]. C'est pourquoy Pythagore, à ce qu'on dit, fit un sacrifice aux Muses [...] reconnaissant que ce n'estoit pas l'effet d'une science infaillible, mais de quelque sorte d'inspiration divine; de mesme que les anciens Poëtes rapportoient aux inspirations des Muses, l'invention de leurs belles Poësies ». Dans son exemplaire de l'*Essai*, Leibniz souligna le premier de ces passages; d'après la lettre de Mariotte du 13 juil. 1678, dans AA, vol. III-2, p. 468, Leibniz lui a envoyé une méthode pour tracer les lignes nécessaires à la résolution d'un problème.

49. *EL*, p. 138 : « Enfin, toutes ces regles servent de peu, si on ne les met en usage [...] ».

50. P. Ramus, *Dialectique*, p. 153-154 : « ainsi nous fault icy penser que non pas l'art seullet mais beaucoup plus l'exercice d'icelluy et la practique fait l'artisant [...]. [Selon Aristote,] il n'est pas possible que celui soit maçon que oncques ne maçonnast, ni soit harpeur qui oncques ne joua de la harpe. [De même,] pour avoir le vrai loz de logique n'est pas assez de savoir caqueter en l'eschole des reigles d'icelle, mais il les fault exercer et pratiquer ès poëtes, orateurs, philosophes ». Descartes à Mersenne, 27 fév. 1637, AT, vol. I, p. 349 [daté de mars 1637] : « [...] elle [la méthode] consiste plus en pratique qu'en théorie [...] ». Galilée, *Dialogo sopra i massimi sistemi*, *EN*, vol. VII, p. 60 : [...] *la logica* [...] *è l'organo col quale si filosofa; ma, sì come può esser che un artefice sia eccelente in fabbricare organi, ma indotto nel sapergli sonare, così può esser un gran logico, ma poco esperti nel sapersi servir della logica* [...]. *Il sonar l'organo non s'imparar da quelli che sanno far organi, ma da cho gli sa sonare* [...] *il dimostrare [s'apprende] dalla lettura de i libri pieni di dimostrazioni, che sono i matematici solo, e non i logici.* *Logique de Port-Royal*, « Second discours », p. 28-29 : « On a donc cru que le meilleur remede de cet inconvenient etoit de ne pas tant separer qu'on fait d'ordinaire, la Logique des autres sciences ausquelles elle est destinée, & de la joindre tellement par le moyen des exemples à des connaissances solides, que l'on apprît à juger de ces sciences par la Logique, & que l'on

l'exemple se fasse au détriment de la règle relève de la dialectique usuelle dans ce genre de situations : c'est ce que montre par exemple le livre VI de la *Recherche de la vérité*, largement débordé par ses exemples. Il est dès lors intéressant de se demander comment s'articulent dans l'*Essai* les trois registres suivants : les exemples utilisés, les textes scientifiques auxquels ils sont empruntés, les règles méthodologiques que ces exemples sont supposés illustrer. Pour examiner cette articulation des exemples, des textes et des règles, il n'est pas difficile de procéder méthodiquement. En se limitant un peu arbitrairement aux exemples à la fois tirés de la physique et développés sur plus de quelques lignes, on obtient le tableau donné en appendice.

On peut faire trois remarques sur ce tableau et les passages qui en ont permis l'établissement. En premier lieu, un certain nombre des exemples donnés, non seulement ont une certaine actualité, mais viennent tout droit des traités de physique de Mariotte, le *Traité de la percussion*, *De la nature des couleurs*, *De la végétation des plantes*, et *De la nature de l'air*[51]. En deuxième lieu, leur insertion dans un traité de méthode n'a suscité aucun réaménagement, tant et si bien que, si la règle à tirer de l'exemple n'était pas explicitement formulée, elle n'apparaîtrait pas d'elle-même : le problème est ici qu'on ne voit absolument pas comment s'abstraire d'un contenu spécifique pour atteindre quelque chose comme une règle générale. Enfin, les exemples donnés s'étendent sur plusieurs pages, et ils sont répartis de manière inégale et dense : ils se trouvent presque tous dans deux dizaines de pages, la première du « Deuxième discours » et la seconde tirée du « Troisième discours » – comme si Mariotte, une fois replongé dans les sciences qui se font, se laissait emporter par leur flux : à force de vouloir montrer les règles en acte dans les sciences, il n'y a plus que l'exhibition de la science en acte, et plus du tout de règle. S'il fallait tirer une conclusion de ce tableau, elle serait par conséquent négative. Chercher chez Mariotte, parce qu'il était expérimentateur, une aptitude particulière à extraire des règles à partir des exemples relève d'un mirage. Chez lui comme chez d'autres, et *mutatis mutandis*, la naturalisation pourrait bien se ramener à une capitulation : l'abandon de toute prétention à la généralité, mais aussi de toute ambition normative. On est tenté de ne plus causer, il n'y a plus rien à dire, on laisse faire les sciences.

retînt la Logique par le moyen de ces sciences ». De même encore Malebranche, *Recherche de la Vérité*, VI, IIe partie, chap. I, dans *Œuvres*, vol. I, p. 631 ; B. Lamy, *Entretiens*, p. 67.

51. Le cas inverse se rencontre une fois : le *Traité du mouvement des eaux*, édité par La Hire en 1686, dans OM, vol. II, p. 384-386, renvoie à l'*Essai*, p. 136, pour la solution d'un problème.

EXEMPLE	NATURE DE L'EXEMPLE	RÈGLE MÉTHODOLOGIQUE
EL, 2 e part., 2 e disc., art. 2, p. 90-91 : déterminer quel est le lieu optique d'une image.	Optique élémentaire	Savoir utiliser les vérités intellectuelles dans la preuve des sensibles.
EL, p. 98-103 : la conservation de la quantité de mouvement ne suffit pas à expliquer un choc ; quels principes sont nécessaires à cette explication.	Actualité scientifique, travaux de Mariotte à l'Académie (*Traité de la percussion*, OM, vol. I, p. 43 *sq.*)	Ne pas négliger les diverses causes qui concourent à la production d'un effet.
EL, p. 103-106 : savoir quel remède guérit quelle maladie, rendre raison des vents, des marées, savoir si c'est le poids de l'air qui fait tenir deux plaques ensemble, bien parler des métaux, des minéraux, des mixtes, chercher les causes des phénomènes météorologiques, comprendre pourquoi certaines fleurs se tournent vers le soleil, pourquoi la nuit on distingue mal le vert et le bleu, savoir si un homme blessé doit jeûner.	Actualité scientifique, travaux de Mariotte à l'Académie, *De la nature de l'air* et *De la végétation des plantes*	Préférer une histoire des effets de la nature à de fausses hypothèses sur les causes des principes d'expérience.
EL, p. 107 : propagation des rayons lumineux en lignes droites, réfraction entendue de manière qualitative, réflexion.	Optique élémentaire (premières suppositions, *De la nature des couleurs*, OM, vol. I, p. 197-204)	Connaître beaucoup de principes d'expérience.
EL, 2 e part., 3 e disc., p. 127-128 : réfraction entendue de manière semi-quantitative.	*Ibid.*	Comment prouver un principe d'expérience.
EL, p. 129-136 : déterminer quelle quantité d'air enfermer dans un tuyau contenant du mercure pour que le mercure descende à une hauteur donnée.	Actualité scientifique, travaux de Mariotte à l'Académie (*De la nature de l'air*, OM, vol. I, p. 154 *sq.*)	Comment disposer des propositions pour prouver « par citation » une proposition sensible douteuse.
EL, p. 138 : déterminer si les bêtes sentent.	Actualité scientifique : querelle des animaux-machines	Savoir se contenter d'une proposition vraisemblable établie par analogie.

BIBLIOGRAPHIE

La date entre parenthèses figurant parfois après le titre d'un ouvrage est celle de la première édition : elle est donnée à titre de point de repère, l'édition utilisée dans cet article n'étant pas toujours la première.

Littérature primaire

ARNAULD A. et NICOLE P., *La logique ou l'art de penser* (1662), P. Clair et F. Girbal (éds.), Paris, Vrin, 1981.

BACON F., *The Works of Francis Bacon*, J. Spedding, R.E. Ellis and D.D. Heath (eds.), 14 vols., London, Longman, 1857-1874.

– *Du progrès et de la promotion des savoirs* (1605), avant-propos, trad. fr. et notes M. Le Dœuff, Paris, Gallimard, 1991.

BAILLET A., *La vie de M. Descartes*, 2 vols., Paris, Horthemels, 1691.

CLAUBERG J., *Logique ancienne et nouvelle* (1654), présentation, trad. fr. et notes J. Lagrée et G. Coqui, Paris, Vrin, 2007.

CONDORCET J.-A.-N. de Caritat, *Œuvres*, 12 vols., Paris, Firmin-Didot frères, 1847.

DANIEL G., *Voyage du monde de Descartes* (1690), Paris, Veuve Simon Bénard, 1691.

DESCARTES R., *Œuvres de Descartes*, Ch. Adam et P. Tannery (éds.), nouvelle présentaiton B. Rochot et P. Costabel, 11 vols., Paris, Vrin, 1964-1974.

FOUCHER S., *Critique de la recherche de la vérité. Où l'on examine en même temps une partie des principes de Mr Descartes*, Paris, Coustellier, 1675.

GALILEI G., *Le opere di Galileo Galilei*, Edizione Nazionale, A. Favaro e I. Del Lungo (eds)., 20 tomes en 21 vols., Firenze, Barbèra, 1890-1909 (réimp. 1929-1939, 1964-1968).

GASSENDI P., *Petrus Gassendi. Opera Omnia*, 6 vols., Lyon, 1658, réimp. Stuttgart-Bad Cannstatt, Friedrich Frommann, 1964.

– *Dissertations en forme de paradoxes contre les aristotéliciens. Livres I et II* (1624), édition, trad. fr. et notes B. Rochot, Paris, Vrin, 1959.

GEULINCX A., *Logica fundamentis suis, a quibus hactenus collapsa fuerat, restituta* (1662), dans *Opera philosophica*, J.P.N. Land (ed.), 3 vols., La Haye, Nijhoff, 1891-1893.

GOCLENIUS R., *Problemata logica*, 4 vols., Marburg, 1597, réimp. Frankfurt, Minerva, 1967.

GODART P., *Totius philosophiae summa*, Paris, Alliot, 1666.

LAMY B., *Entretiens sur les sciences* (1683), P. Clair et F. Girbal (éds.), Paris, PUF, 1966.

LEIBNIZ G.W., *Leibniz. Sämtliche Schriften und Briefe*, Darmstadt (puis Leipzig puis Berlin), Preussische (puis Deutsche) Akademie der Wissenschaften, 1923-.

LOCKE J., *An early draft of Locke's* Essay : *together with excerpts from his Journals*, R.I. Aaron and J. Gibb (eds.), Oxford, Clarendon Press, 1936.

MALEBRANCHE N., *Œuvres*, G. Rodis-Lewis (éd.), 2 vols., Paris, Gallimard, 1979 et 1992.

MARIOTTE E., *Œuvres de Mr Mariotte, de l'Académie Royale des Sciences, divisées en deux tomes, Comprenant tous les Traitez de cet Auteur, tant ceux qui avoient déjà paru séparément, que ceux qui n'avoient pas encore été publiez*, 2 vols., Leyde, Pierre Vander AA, 1717.

– *Essai de logique* (1678), A. Gabbey et G. Picolet (éds.), Paris, Fayard, 1992.

MERSENNE M., *La vérité des sciences contre les sceptiques ou pyrrhoniens*, Paris, Toussainct du Bray, 1625.

PASCAL B., *Œuvres*, J. Chevalier (éd.), Paris, Gallimard, 1954.

POISSON N., *Commentaire ou remarques sur la méthode de Mr Descartes*, Vendôme, Sébastien Hip, 1670.

RAMUS P., *Dialecticae institutiones*, Paris, 1543, réimp. W. Risse (ed.), Stuttgart-Bad Cannstatt, Friedrich Frommann, 1964.

– *Dialectique* (1555), M. Dassonville (éd.), Genève, Droz, 1964.

RAPIN R., *Les Œuvres du Père Rapin*, 2 vols., La Haye, Pierre Gosse, 1725.

SEXTUS EMPIRICUS, *Esquisses pyrrhoniennes*, introd., trad. fr. et commentaire P. Pellegrin, Paris, Seuil, 1997.

ZABARELLA J., *De methodis* (1578), dans *Opera logica*, Köln, 1597, réimpr. W. Risse (ed.), Hildesheim, Olms, 1966.

Littérature secondaire

ARMSTRONG C.J.R., « The dialectical road to truth : the dialogue », dans P. Sharatt (ed.), *French Renaissance Studies. 1540-1570*, Edinburgh, Edinburgh UP, 1976, p. 36-51.

BLANCHÉ R., *La logique et son histoire*, Paris, Armand Colin, 1970.

BRUNET P., « La méthodologie de Mariotte », *Archives internationales d'histoire des sciences*, 1 re année, 1947, p. 26-59.

COUMET E., « Sur l'Essai de logique de Mariotte », dans *Mariotte savant et philosophe († 1684). Analyse d'une renommée*, Paris, Vrin, 1986, p. 277-308.

DEAR P., « Method and the study of nature », dans *The Cambridge History of Seventeenth Century Philosophy*, D. Garber et M. Ayer (eds.), Cambridge, Cambridge UP, 1998, vol. I, p. 147-177.

GABBEY A., « Mariotte et Roberval, son collaborateur involontaire », dans *Mariotte savant et philosophe († 1684). Analyse d'une renommée*, Paris, Vrin, 1986, p. 204-244.

GARBER D. et AYER M. (eds.), *The Cambridge History of Seventeenth Century Philosophy*, 2 vols., Cambridge, Cambridge UP, 1998.

GARDIES J.-L., « Arnauld et la reconstruction de la géométrie euclidienne », dans J.-C. Pariente, *Antoine Arnauld. Philosophie du langage et de la connaissance*, Paris, Vrin, 1995, p. 13-31.

GILBERT N.W., *Renaissance Concepts of Method*, New York, Columbia UP, 1961.

GILSON Ét., *Index scolastico-cartésien*, Paris, Vrin, 2 e éd. 1979.

GOLDSTEIN C., « Écrire l'expérience mathématique au XVII e siècle; la méthode selnon Bernard Frénicle de Bessy », à paraître.

JARDINE L., « Lorenzo Valla and the intellectual origins of humanist dialectic », *Journal of the History of Philosophy*, vol. 15, 1977, p. 143-164.

– « Galileo's road to truth and the demonstrative regress », *Studies in the History and Philosophy of Science*, vol. 7, 1976, p. 277-318.

Mariotte savant et philosophe († 1684). Analyse d'une renommée, Centre Alexandre Koyré (éd.), Paris, Vrin, 1986.

NUCHELMANS G., « Logic in the seventeenth century : Preliminary remarks and the constituents of the proposition », « Propositions and judgements », « Deductive reasonings », dans D. Garber and M. Ayer (eds.), *The Cambridge History of Seventeenth Century Philosophy*, Cambridge, Cambridge UP, 1998, vol. I, p. 103-117, 118-131 et 132-146.

PICOLET G., « Sur la biographie de Mariotte : état des recherches récentes », dans *Mariotte savant et philosophe († 1684). Analyse d'une renommée*, Paris, Vrin, 1986, p. 245-275.

POUSSEUR J.-M., « La distinction de la *ratio* et de la *methodus* et ses prolongements dans le rationalisme cartésien », dans M. Fattori (ed.), *Francis Bacon : terminologia e fortuna nell XVII secolo (Seminario internazionale, Roma 11-13 marzo 1984)*, Roma, Edizione dell'Ateneo, 1984.

RANDALL J.H., *The School of Padua and the emergence of modern science*, Padoua, Antenore, 1961.

RISSE W., *Die Logik der Neuzeit*, 2 vols., Stuttgart-Bad Cannstatt, Friedrich Frommann, 1964-1970.

ROBINET A., *Aux sources de l'esprit cartésien, l'axe La Ramée-Descartes. De la* Dialectique *de 1555 aux* Regulae, Paris, Vrin, 1996.

ROCHOT B., « Roberval, Mariotte et la logique », *Archives internationales d'histoire des sciences*, 6ᵉ année, 22, 1953, p. 38-43.

ROUX S., « Le scepticisme et les hypothèses de la physique », *Revue de synthèse*, 4ᵉ série, n° 2-3, avr.-sept. 1998, p. 211-255.

SAVINI M., *Le développement de la méthode cartésienne dans les Provinces-Unies (1643-1665)*, Lecce, Conte, 2004.

SURGOT É., « Bibliographie des œuvres de Mariotte », dans *Mariotte savant et philosophe († 1684). Analyse d'une renommée*, Paris, Vrin, 1986, p. 309-320.

TATON R., « Mariotte et l'Académie royale des sciences », dans *Mariotte savant et philosophe († 1684). Analyse d'une renommée*, Paris, Vrin, 1986, p. 13-31.

VASOLI C., *La dialettica e la retorica dell'Umanesimo : « Invenzione » e « Metodo » nella cultura del xv e xvi secolo*, Milano, Feltrinelli, 1968.

Les tentations bibliothécaires du conseil Montesquieu entre Machon et Lamy

Robert DAMIEN

Pour Montesquieu, s'il y a bien une raison primitive qui inscrit sa nécessité dans la nature des choses, celle-ci n'est pas immédiatement lisible dans la raison humaine consciente de son fonctionnement, ni directement visible dans la hiérarchie politique d'une nature ordonnée :

> [...] il faut donc avouer des rapports d'équité antérieurs à la loi positive qui les établit [...], mais il s'en faut bien que le monde intelligent soit aussi bien gouverné que le monde physique [...]. La raison en est que les êtres particuliers intelligents sont bornés par leur nature, et par conséquent sujets à l'erreur ; et, d'un autre côté, il est de leur nature, qu'ils agissent par eux-mêmes. Ils ne suivent donc pas constamment leurs lois primitives ; et celles même qu'ils se donnent, ils ne les suivent pas toujours [1].

Certes les lois de la nature demeurent bien sous la dépendance d'un Dieu créateur et conservateur : « Dieu a du rapport avec l'univers, comme créateur et comme conservateur » [2]. Mais la triple séparation du sujet humain d'avec Dieu, d'avec sa propre nature et d'avec lui-même obscurcit sa perception de l'ordre naturel divin et libère sa liberté de sa dépendance vis-à-vis de la loi théologico-politique. Dès son *Essai touchant les lois naturelles*, Montesquieu en prend douloureusement conscience :

> [...] dès qu'on s'est aperçu, par la contemplation du monde, qu'il y a un Dieu sage, bon, tout puissant, il vient dans l'esprit une autre pensée, si cet Être souverain nous a réellement abandonnés à nous-mêmes [3].

1. Montesquieu, *De l'esprit des lois*, I, 1, Paris, Seuil, 1964, p. 530. Désormais cité *EL*.
2. *Ibid.*
3. Montesquieu, *Essai touchant les lois naturelles et la distinction du juste et de l'injuste*, p. 175.

Pourquoi ce sentiment « tragique » d'abandon? Parce que, d'une part, la « Divinité ne m'a jamais parlé elle-même » et ne parle plus d'elle-même et d'autre part parce que notre raison ne nous découvre plus, inscrites en son sein, les raisons mêmes d'obéir à une loi politique et sociale qui ne lui est plus directement attachée :

> [...] le soupçon augmente dès qu'on jette les yeux sur cet univers [...]. L'homme, ce chef-d'œuvre de la création, l'homme seul serait-il laissé à l'abandon pour vivre dans le désordre et le dérèglement? Toutes les créatures ont leur fin et leur destination; l'homme seul serait-il excepté pour ne suivre que son caprice [...]? La souveraine sagesse, qui brille partout ailleurs, se serait-elle oubliée dans une affaire de cette importance? [4].

Certes, en réfléchissant sur lui-même pour « éclairer sa conduite », l'homme admet des « maximes qu'il n'est pas possible de rejeter et que chacun reconnaît très justes aussitôt qu'on les lui propose, qui sont communes à tous les hommes dans tous les lieux et dans tous les temps » [5]. Pour autant, cette reconnaissance n'a rien d'une évidence immédiate ou intuitive qui régulerait naturellement ses actions et organiserait son comportement politique.

Ces maximes n'ont pas non plus l'évidence d'une certitude mathématique :

> [...] il serait bon de les appuyer sur un autre fondement, ne fusse qu'afin de les mettre mieux à couvert et contre tout soupçon de préjugé et d'illusion; car il n'en est pas tout à fait de cette maxime : il faut tenir ce qu'on a promis, comme de cette vérité géométrique : le tout est plus grand que sa partie.

Elles souffrent exception et furent contredites :

> [...] de plus, les vérités de la première évidence sont reçues de tous les hommes sans exception : personne ne s'est jamais avisé de douter que deux fois deux soient égaux à quatre. Il n'en est pas de même des maximes dont il est question : elles ont été contredites souvent par des Sociétés entières [6].

Sans fondement principiel qui serve de règle, la raison est donc à l'encan, et la tentation est grande de céder au scepticisme dépité : « rien ne serait si pernicieux à l'homme, s'il avait en partage tant d'esprit et de raison, c'est le plus funeste présent qu'on eût pu lui faire ». Comment ne

4. *Ibid.*
5. *Essai touchant les lois naturelles*, p. 176.
6. *Essai touchant les lois naturelles*, p. 177.

pas s'abandonner au désespoir? : « la prudence se convertit chez lui en défiance, et les réflexions en des soucis qui le rongent ». Où trouver le « conseil le plus salutaire » pour se bien rapporter à Dieu? « Retenu » par ses lois qui unissent toutes les parties selon une « admirable correspondance », comment agir moralement sans « s'entre-détruire et courir misérablement à sa propre perte »[7]?

Le « soupçon » atteint évidemment son paroxysme quand il s'agit de connaître le Tout et son ordre supposé harmonique pour inscrire politiquement la conduite privée dans l'intérêt collectif d'un ensemble. L'équivocité de notre rapport à la transcendance comme de notre intégration à la loi naturelle de l'ordre tend à expulser la Politique de toute scientificité. S'il n'est plus de « fantôme dans la machine » ni de régulation organique de l'ordre, encore moins de démonstration mathématique de sa rationalité, le savoir politique du gouvernement est repoussé dans l'inutile, voire dans la prétention insensée ou la volonté maligne.

Le discrédit de la politique n'est plus à établir : « il est inutile d'attaquer directement la politique en faisant voir combien elle répugne à la morale, à la raison, à la justice »[8]. Reste à « dégoûter un peu les grands » d'une illusion de savoir et à évacuer tout conseil inscrit dans le secret de Dieu ou l'ordre naturel permettant de diriger une action pourvoyeuse du meilleur et accomplissant les fins de l'ordre.

L'action politique est soumise à une contingence irréductible qui laisse intacte l'imprévisibilité des effets et l'imprédictibilité des conséquences :

> [...] la plupart des effets arrivent par des voies si singulières, ou dépendent de causes si imperceptibles et si éloignées, qu'on ne peut guère les prévoir [...]; presque toutes les choses [...] généralement prévues ne sont point arrivées[9].

Cette crise de certitude qui, philosophiquement, mine les théories politiques de l'ordre, a brisé les ressorts théoriques du conseil. La composition, le statut, le rôle autant que les finalités et les sources du conseil au roi deviennent les enjeux décisifs d'un combat politique et philosophique[10]. Il met en cause l'ordre social et la hiérarchie qui le commande : non seulement la prérogative du souverain, mais aussi les privilèges des meilleurs, plus encore la conception de la création et de la divinité. Qui pourra parler, traduire, transmettre le langage divin de l'Ordre naturel, pourra conseiller, et le roi qui respectera cet « esprit de

7. *Essai touchant les lois naturelles*, p. 175.
8. *De la politique*, p. 172. Désormais cité *DLP*.
9. *Ibid.*
10. M. Antoine, *Le conseil du Roi sous le règne de Louis XV*, Genève, Droz, 1970.

conseil » incarné dans les lois chrétiennes, les lois naturelles et les lois françaises, sera roi absolu et juste absolument de ne jamais les violer.

Mais désormais qui peut tenir ce langage du tout ? Comment (et qui doit et peut) occuper la position qui donne accès à une vision globale pour ordonner chaque partie locale ? Comment en connaître universellement et en transmettre publiquement le sens commun qui organise leurs croissances et hiérarchise leurs puissances respectueuses de la totalité ?

Le grand débat contre la tyrannie louis-quatorzienne sera de restaurer cet esprit de conseil. Mais qui peut rétablir la hiérarchie entre ces trois ordres de lois et qui peut en restituer une synthèse opératoire ? Où retrouver le « bon conseiller » ? Où se tient celui qui d'une part restitue la tradition fondatrice de la monarchie capétienne et d'autre part n'outre-passe point ses droits, en respectant l'absoluité de la souveraineté décisionnelle ? Les conseils de l'ordre divin (les prêtres) ou naturel (les nobles/notables) n'ont plus de fondement. Ne faut-il pas ouvrir une autre matrice du conseil ?

Montesquieu perçoit d'une manière aiguë le gouffre que provoque la question du droit de conseil. Les conseils bibliques de l'ordre naturel et divin étant défaits, acquérir cette perception synoptique et ordonnatrice sera la quête centrale de Montesquieu. Quels équipements rationnels, quels outils intellectuels, quelle préparation et quel entraînement lui seront nécessaires pour occuper cette fonction requise ?

Montesquieu, dès lors, par-delà ses affinités et ses nostalgies, ne participe pas vraiment aux multiples tentatives politiques qui visent à restaurer le droit et le devoir du conseil pour rééquilibrer l'ordre acquis. S'il partage leur critique de l'absolutisme tyrannique de Louis XIV, il donne un appui distant à ce qui lui paraît plus un combat d'arrière-garde voué à l'échec qu'une positive solution. Il craint autant qu'eux les « fureurs de la multitude » et le despotisme révolutionnaire d'une liberté anarchique :

> Cet ouvrage, dit-il à propos de *L'Esprit des lois*, ne serait pas inutile à l'éducation des jeunes princes et leur vaudrait peut-être mieux que des exhortations vagues à bien gouverner, à être de grands princes, à rendre leurs sujets heureux ; ce qui est le même que si l'on exhortait à résoudre de beaux problèmes de géométrie un homme qui ne connaîtrait pas les premières propositions d'Euclide [11].

11. Montesquieu, *Mes pensées*, p. 875. Désormais cité *MP*.

Comment connaître cette « âme universelle » qui conduit et détermine l'action politique afin de la rendre plus pertinente et d'inscrire dans son histoire tout le jeu de ses possibles :

> [...] dès que le ton est donné et reçu, c'est lui seul qui gouverne, et tout ce que les souverains, les magistrats, les peuples peuvent faire ou imaginer, soit qu'ils paraissent choquer ce ton, ou le suivre, s'y rapporte toujours, et il domine jusques à la totale destruction [12].

En dépit de l'opacité apparente de l'histoire politique qu'il constate comme eux, Montesquieu ne participe pas pleinement au pessimisme des clercs ou à la condamnation hautaine des prêtres. La contingence n'est pas assimilable à l'irrationalité et la diversité des lois et des normes morales ou religieuses ne permet pas de conclure au désordre insane des imitations humaines.

Certes cette « pluralité irréductible » voue à l'échec une raison incapable de saisir les connexions des événements qui ne rentrent pas dans le schéma mécaniste d'un système de rapports géométriques entre des substances simples. Mais Montesquieu ne se satisfait pas de la rédhibition cartésienne. Si l'on ne peut à juste titre réduire l'historicité à la simple mathématique des figures, on peut à tout le moins ordonner sa pluralité et en saisir les axes et modes de transformations.

De même Montesquieu ne se résout pas à confondre les aléas incompréhensibles de l'histoire prosaïque avec le mystère d'un sens transcendant que seul un acte de foi pourrait nous délivrer. Quelles que soient les apparences bariolées et les insignifiances confuses des sociétés humaines, il y a de l'ordre dans leur histoire. « J'ai d'abord examiné les hommes, et j'ai cru que, dans cette infinie diversité de lois et de mœurs, ils n'étaient pas uniquement conduits par leurs fantaisies » [13]. Cette présomption d'ordre implique, pour en rendre raison, de construire une autre intelligibilité que celle d'une rationalité transcendante ou géométrique. Ni cartésien ni pascalien, mais pas non plus la synthèse malebranchienne ou le scepticisme de Fontenelle. Où la trouver?

L'unité de l'esprit, l'unité de la science et l'unité du monde se conjuguant, comment en parcourir la totalité dès lors qu'aucun point de vue absolu ne nous fournit une vision pleine et entière? « Quand on dit qu'il n'y a point de qualité absolue, cela ne veut point dire qu'il n'y en a point, mais qu'il n'y en a point pour nous, et que notre esprit ne peut pas les déterminer » [14]. Si la « philosophie ne doit point être isolée » car « elle a

12. *DLP*, p. 173.
13. *EL*, *Préface*, p. 529.
14. *MP*, p. 1070.

des rapports avec tout »[15], comment la raison, en retrait sans être dehors, peut-elle connaître les relations du dedans, en saisir les enchaînements pour mieux en dégager les causes qui, d'être multiples, interdisent d'en privilégier une, exclusive et absolue, mais obligent à en produire la mobile systématicité ?

La raison, pour être pertinente, doit d'abord parcourir l'ensemble des relations matérielles qui font par exemple la particularité d'un État :

> [...] elles doivent être relatives au *physique* du pays ; au climat glacé, brûlant ou tempéré ; à la qualité du terrain, à sa situation, à sa grandeur ; au genre de vie des peuples, laboureurs, chasseurs ou pasteurs ; elles doivent se rapporter au degré de liberté que la constitution peut souffrir ; à la religion des habitants, à leurs inclinations, à leurs richesses, à leur nombre, à leur commerce, à leurs mœurs, à leurs manières. Enfin elles ont des rapports entre elles ; elles en ont avec leur origine, avec l'objet du législateur, avec l'ordre des choses sur lesquelles elles sont établies. C'est dans toutes ces vues qu'il faut les considérer[16].

Celui qui saura concevoir, rassembler, exposer les liaisons comme les lésions de cet ensemble complexe pourra bien revendiquer de conseiller les politiques. Si plus personne n'est « assez heureusement né pour pénétrer d'un coup de génie toute la constitution d'un État » et « proposer des changements »[17], le savoir n'en demeure pas moins requis pour augmenter la pertinence et l'efficacité de ceux qui prescrivent les devoirs comme de ceux qui obéissent. Le même but demeure : « instruire les hommes [...], pratiquer cette vertu générale qui comprend l'amour de tous » et rendre l'homme [...] « cet être flexible [...] capable de connaître sa propre nature lorsqu'on la lui montre »[18].

Mais cette connaissance requise n'est plus immédiate, elle est désormais séparée du point de vue transcendant d'une Église installée dans le conseil secret de Dieu ; elle est par ailleurs dépourvue des assurances hiérarchiques du finalisme naturaliste, elle ne participe plus des habitudes électives, des coutumes traditionnelles d'une noblesse désormais plus cavalière que chevaleresque, enfermée dans les mythologies stériles de l'héroïsme aventurier. De plus, elle n'est pas encore convaincue d'une conscience assurée de ses certitudes subjectives et qui croit ou espère y trouver l'évidence universelle d'une normativité politique. Comment alors obtenir ce regard médiateur entre le dehors et le dedans, entre le tout et la

15. *MP*, p. 941.
16. *EL*, I, 3, p. 532.
17. *EL*, p. 529.
18. *Ibid.*

partie, qui permettrait de penser les liens et les lieux, de construire la synthèse opératoire des différences et des identités ? : « on ne regarde les parties que pour juger du tout ensemble ; on examine toutes les causes pour voir tous les résultats »[19].

Comment percevoir la systématicité et le principe qui organisent les interactions constitutives d'une totalité ? Comment dégager la « convenance » qui qualifie positivement une réformation, conforme à « l'esprit général »[20] ? Et comment la rendre recevable publiquement par tout être raisonnable ? « Il n'est pas indifférent que le peuple soit éclairé »[21].

Le projet philosophique demeurant de conseiller en parlant rationnellement le langage de l'universel, de quels instruments user pour le réaliser, dès lors qu'aucune Bible de l'Ordre ne fournit au conseiller « l'esprit de sagesse » pour lire les articulations fondatrices et les rectifications nécessaires de cet ordre ? Quels outils utiliser pour se représenter médiatement et sans certitude transcendante « l'esprit général », « l'âme universelle », « le sens commun » structurant synthétiquement une réalité bariolée, mobile ?

Produire un point de vue synthétique qui donne à voir le principe générateur de la loi organisationnelle d'une société a pour préalable trois opérations : recueillir, rassembler, ordonner pour constituer un catalogue des matières sociales et politiques qui fait « l'esprit général », et construire artificiellement une « bibliothécation » des « natures » diverses qui constituent la pluralité des États établis. Recueillir la totalité des données sociopolitiques, aussi bien les législations que les ordonnances, les usages que les normes, les règles habituelles que les exceptions inédites. Données du passé (les Romains, les Goths, les Francs, les Normands, les Athéniens, etc.), données du monde actuel en couvrant géographiquement non seulement l'Europe, l'Amérique, mais aussi l'Afrique, l'Asie, la Chine, les îles, la moindre Cité autant que les grands Empires.

Cet immense recueil est rendu possible d'une part en accumulant des lectures innombrables sans interdits ni lacunes, d'autre part en multipliant les voyages en Autriche, Italie, Angleterre, Hollande, etc., pour lire dans le laboratoire de l'expérience historique, les sédiments d'une politique et les mouvements prévisibles d'une société. Les journaux de voyages de Montesquieu regorgent d'une documentation minutieuse où sont dessinés d'un trait ou soulignés d'une analyse cursive, les liens subtils entre la

19. *Ibid.*
20. *EL*, XIX, 4, p. 641 et XIX, 14, p. 643.
21. *EL*, p. 529.

configuration des lieux, la forme des villes, les mœurs des habitants, les habitudes culturelles, etc.

Dans ses livres de voyage dont Montesquieu dégagera un véritable tableau de bord, il n'est pas sans importance de savoir les éléments constituant la via Appia, la hauteur des colonnes de l'Arc de Constantin, le fonctionnement des hôpitaux romains de bienfaisance, combien rapporte l'évêché de Munster, et quel est à une unité près l'effectif du régiment d'infanterie de Paderborn, non moins que les conditions de travail dans les mines du Harz ou l'organisation des Bibliothèques italiennes...

Cet inventaire méticuleux tient souvent du bric-à-brac, mais il vise à réunir sous un même œil, toutes les formes constatables du réel autant que les formes concevables du possible. Montesquieu avouera sa crainte d'être englouti et sa tentation fut grande de s'abandonner sous cet amas : « J'ai bien des fois commencé, et bien des fois abandonné cet ouvrage... »[22]. Pourtant il ne transigera pas sur l'ambition totalisante de son enquête. Non pas le jardin bucolique, mais la circulation bibliothécaire et pérégrine sur l'ensemble de la planète pour transmettre « ce que m'enseigna le vaste monde »[23].

Mais cette collecte n'a pas sa fin en elle-même. Ce rassemblement des données n'a pour but que d'ordonner, de classer pour mieux différencier les processus et les causes. Le recensement doit aboutir à un répertoire ordonné pour lire les trames et découvrir les facteurs décisifs, mettre en place des regroupements pour saisir les enchaînements :

> [...] ici, bien des vérités ne se feront savoir qu'après qu'on aura vu la chaîne qui les lie à d'autres. Plus on réfléchira sur les détails, plus on sentira la certitude des principes. Ces détails mêmes, je ne les ai pas tous donnés car, qui pourrait dire tout sans un mortel ennui[24] ?

Deux principes commandent la sélection ordonnatrice des données recueillies. Le premier est de récuser la confusion inopérante et paralysante du divin et de l'humain :

> [...] on ne doit point statuer par les lois divines ce qui doit l'être par les lois humaines, ni régler par les lois humaines ce qui doit l'être par des lois divines. Ces deux sortes de lois diffèrent par leur origine, par leur objet et

22. *Ibid.*

23. *EL*, XX, *Docuit quae maximus atlas*, vers de Virgile mis en exergue du chapitre qui s'ouvre sur l'invocation des muses, p. 650.

24. *EL*, p. 529.

> par leur nature. Tout le monde convient bien que les lois humaines sont d'une autre nature que les lois de la religion, et c'est un grand principe [25].

Cette scission brutale, véritable coup d'État théorique qui rompt la tradition métapolitique du conseil, ouvre alors et rend visible la multiplicité des ordres qui structurent les relations sociales selon des droits pluriels souvent confondus et mélangés : « il y a donc différents ordres de lois » [26] dont Montesquieu dresse le répertoire exhaustif. Cet inventaire devient un instrument méthodique pour inscrire les phénomènes répertoriés dans les types d'ordres repérés selon un véritable catalogue des matières. D'instrument de recueil, la « bibliothécation » s'est transformée en outil de classification :

> [...] la sublimité de la raison humaine consiste à savoir bien auquel de ces ordres se rapportent principalement les choses sur lesquelles on doit statuer, et à ne point mettre de confusion dans les principes qui doivent gouverner les hommes [27].

Matrice épistémologique d'une intelligibilité qui permet de lire l'historicité sociale et politique, la méthode bibliothécaire se transforme finalement en condition de performance d'une action politique. La rationalisation bibliothécaire des ordres-types de causalité historique permet de dégager des marges de manœuvre, l'aventure d'un jeu qui distribue ses cartes comme autant de possibles.

Un conseil donc, mais non plus réservé par Dieu au prêtre dépositaire de « l'esprit de conseil » ou dévolu, par l'ordre naturel des meilleurs, aux bien nés ou aux notables juristes historiens, mais construit par un philosophe classificateur et synthétiseur qui voyage selon un catalogue des matières.

Le problème épistémologique du conseil politique selon Montesquieu est, *mutatis mutandis*, un problème de bibliothécaire. La méthode que celui-ci invente pour résoudre son problème de classement, d'organisation des livres d'une bibliothèque afin de la rendre utilisable par plusieurs sinon tous, et de produire une vue d'ensemble de son ordre, sera transférée par Montesquieu dans l'ordre du conseil : comment construire une représentation synthétique de la matière socio-politique pour pouvoir conduire une action pertinente de transformation ?

Dans ce cadre problématique, deux références ont pu être utiles à Montesquieu et lui indiquer la voie du transfert : Machon et Lamy. L'un et

25. *EL*, XXVI, 2, p. 710.
26. *Ibid.*
27. *Ibid.*

l'autre sont des penseurs de la bibliothèque. Ils réfléchiront sur ses fins et ses moyens, mais aussi ses limites comme ses excès qui la condamnent. Dans la formation de la pensée de Montesquieu, ils nous semblent avoir joué un rôle déterminant. Il en retiendra une méthode qui fait toute l'originalité de Montesquieu et ouvre la voie à un nouveau type de conseil. Voyons ce qu'il en est.

UNE TENTATION AVORTÉE : MACHON LE « CATALOGRAPHE »

Le président du Parlement de Bordeaux ne pouvait pas ignorer Louis Machon.

D'une part, c'est par cet auteur d'une *Apologie pour Machiavelle* que Montesquieu prit contact avec le florentin [28]. Entreprise vers 1641 sur l'ordre de Richelieu, cette *Apologie* provocatrice qui s'efforce de séparer le machiavélien du machiavélisme, se présente sous la forme d'un catalogue des maximes tirées des œuvres du secrétaire. Cette sélection organisée en vingt-trois propositions cyniquement utiles a une double vertu : premièrement montrer une double lecture de Machiavel et deuxièmement dégager une vue synthétique de la finalité politique (le service de l'État) qui autorise dès lors la promotion de la vraie lecture de l'Italien contre la lecture machiavélique qui le criminalise. Le catalogue fait émerger, contre les distorsions polémiques qui obscurcissent le « monstrueux » Machiavel, une véritable théorie politique du gouvernement justement efficace de la raison d'État : l'absolutisme d'État est la condition d'existence et d'ordre d'une société où les hommes sont commandés exclusivement par la raison de leurs intérêts et non plus par des valeurs transcendantes détenues par la raison d'Église. Conclusion que Montesquieu ne pouvait que contester, mais du moins, cette méthodologie de présentation et d'analyse lui permit de comprendre profondément sinon d'admirer le penseur italien.

D'autre part, et c'est sans doute le plus important, l'abbé Machon fut un remarquable théoricien de la bibliothèque [29]. Après de multiples déboires politiques, il devint bibliothécaire de Monseigneur Arnaud de Pontac, « conseiller du Roy en ses conseils » et surtout « premier président de son Parlement de Bourdeaux ». Dressant le catalogue des livres de la bibliothèque du parlementaire, il publie en 1662 un *Discours en forme de préface sur l'ordre tenu et observé dans la suitte des tiltres et la division de ce catalogue*

28. A. Bertière, « Montesquieu, lecteur de Machiavel », dans *Actes du congrès Montesquieu*, Bordeaux, Delmas, 1955.

29. Sur la bibliothèque de Richelieu lui-même, voir J. Wollenberg, *Les trois Richelieu, servir Dieu, le Roi et la Raison*, Paris, François-Xavier de Guibert, 1995.

pour servir de règle ou d'advis aux bibliothécaires et autres qui en veulent faire et dresser.

Avant d'entrer dans ce texte, notons deux points biographiques éclairants : Machon fut formé au collège de Boncourt par Frays, *doyen des philosophes* de l'Université de Paris et docteur en médecine et surtout auteur d'une *Via ad scientias descendendas* où il propose un classement des livres que Machon récuse; Arnaud de Pontac avait épousé Louise de Thou, fille de l'historien Jacques Auguste et sœur de François Auguste exécuté avec Cinq-Mars en 1642.

Véritable « catalographe », Machon, qui mit en ordre la librairie de Séguier de Molé et de plusieurs autres « rares et nombreuses », se revendique comme l'inventeur du « bibliothécaire », « clef des doubtes et des difficultés » qui donne « le plus de lumières et le plus d'intelligence »[30] : « je crois estre le premier qui aura tracé un plan aussi difficile et aussi différent dans les esprits qu'il est important et nécessaire »[31]. Machon ne manque pas de déplacer l'accent. Ce n'est plus la bibliothèque dont le principe public et universel est désormais acquis sinon établi qui importe, mais son mode d'utilisation rapide et de recherche fructueuse :

> [...] il est vray que nous avons quelques écrivains qui ont donné des advis pour bien dresser une bibliothèque mais point ou peu que je sache qui aient marqué l'ordre qu'il faut tenir pour en faire le catalogue et le rédiger en manière qu'il doibt estre pour la facilité de ceux qui les possèdent et qui voudront s'en servir[32].

Ce silence est moins dû à l'absence qu'à la pluralité des modes de catalogage qui pervertissent l'usage des livres, empêchent leur communication et interdisent de se bien diriger dans le désordre bibliothécaire :

> [...] je rapporteray fidellement les publiques qui sont venus en ma coneissance affin de faire conestre dans un mesme plan de ceste matière peu commune, le peu de conformité qu'il y a parmy ces grands hommes qui veulent donner des Loix à tous les aultres sans en recevoir pour eux[33].

Dressant le catalogue de ces catalogues, Machon en dégage trois types : selon la chronologie, selon les sciences, selon les auteurs :

30. L. Machon, *Discours en forme de préface sur l'ordre tenu et observé dans la suitte des tiltres et la division de ce catalogue pour servir de règle ou d'advis aux bibliothécaires et autres qui en veulent faire et dresser*, Bordeaux, Daspit de Saint-Amand éditeur, 1883, p. 76-77. Désormais cité *DOST*.

31. *DOST*, p. 34.

32. *DOST*, p. 38.

33. *DOST*, p. 39.

> [...] tous ces ordres différens, toutes ces méthodes particulières et tous ces projets de catalogues entièrement dissemblables se réduisent à trois sortes, les uns par l'ordre des temps, les autres suivant celuy des sciences, la pluspart suivant les autheurs pesle-mesle et confusément [34].

Critiquant aussi bien Gesner que Possevin, La Croix du Maine que Frays ou Mabum, il récusera les uns et les autres.

Comment dès lors produire « un model achevé » c'est-à-dire « un bibliothécaire » qui soit « comme la table, l'abbrégé et le raccourcy de toutes les sciences en général » [35] ? Après une sélection drastique, Machon ne conserve que le double catalogue de Naudé [36], « le plus clair, le plus net et le plus méthodique », c'est-à-dire un « premier catalogue selon l'ordre des facultés et matières » de façon qu'on puisse « voir et sçavoir d'un seul coup d'œil tous les autheurs qui s'y rencontrent sur le premier sujet qui viendra en fantaisie » et un deuxième « où ils fussent rangés et réduits sous l'ordre alphabétique de leurs autheurs pour satisfaire aux curieux qui désirent lire particulièrement toutes les œuvres de certains autheurs » [37].

Conscient du but de cette mise en ordre de lecture, Machon saisit fort bien son enjeu polémique : « confondre sous un mesme nom et rappeler tant de distinctions si belles et si nécessaires à un principe commun et sur un fondement général », c'est mettre en cause le rapport des sciences entre elles et décider, par l'ordre même du classement, de l'appartenance de telle ou telle matière à telle ou telle science. Ainsi la cabale est-elle une magie ou non, un art ou une science [38] ?

La hiérarchie des quatorze titres proposée par Machon est en fait une prise de parti. Certes les Bibles conservent la primauté :

> [...] ce sont les livres des livres, les dépositaires des lois et des Volontés de Dieu, les oracles qui soumettent les Roys et leurs sujets, les grands et les petits, les sçavans et les ignorans, la source de nos sacrifices, le model de nos dévotions et le principe et le fondement de toutes sortes de religions encore qu'il n'y en ait qu'une bonne et véritable [39].

Mais en deuxième ligne, Machon le gallican refuse de mettre les Pères de l'Église et les commentateurs de la Tradition : « les livres des Pères [...]

34. *DOST*, p. 52.
35. *DOST*, p. 48.
36. Sur Gabriel Naudé, bibliothécaire et conseiller politique, nous nous permettons de renvoyer à notre ouvrage, R. Damien, *Bibliothèque et État, naissance d'une raison politique dans la France du XVIIe siècle*, Paris, PUF, 1995.
37. *DOST*, p. 50.
38. *DOST*, p. 57.
39. *DOST*, p. 58.

ne sont de la foy comme les Conciles ». Ils ont « erré », défendu des thèses contraires « à la loy évangélique », soutenu des erreurs qui depuis ont « esté condamnées d'hérésie » et « qui choquent les loix de Dieu et la police des hommes »[40]. Ni les papes (saint Grégoire, Alexandre III), ni les grands docteurs (saint Thomas, Duns Scot) n'échappent à sa critique. Ils n'ont écrit qu'

> [...] œuvres d'un tel et d'un tel sur la Bible avec les sentimens de particuliers qui ont voulu laisser des pensées et des méditations d'hommes sujets à faillir sur un Livre qui ne peult errer et dont l'intelligence parfaite est encore dans le Saint Esprit qui l'a dicté et composé[41].

La Bible n'est plus considérée comme « Bible dedans leurs escripts », mais leurs

> [...] caprices et sentimens de tant de particuliers bien souvent ont plus obscurcy et plus souillé l'Escripture Saincte en voulant l'expliquer qu'ils ne luy ont donné de grâces et de lumières en faisant parestre leurs resveries et leurs ignorances »[42].

Où se peut manifester à neuf « l'Esprit Sainct » sinon dans les Conciles qui eux « ne peuvent errer » et sont « les certificateurs et les desfenseurs de l'Escripture Saincte » autant dire « l'Église universelle »?

La place de la politique entre l'histoire et la morale engage aussi une polémique. Cette situation est une manière indirecte d'affirmer sinon sa spécificité, voire son autonomie, du moins son indépendance par rapport à la métaphysique théologique. La connaissance des règles de l'action politique est dégagée des « narrations historiques » dont on peut saisir des conséquences constantes et des régulations opératoires :

> [...] la politique n'estant que l'expérience de l'histoire et ses maximes ne se trouvant fondées que sur les événements heureux ou funestes qu'elle nous représente, il est raisonnable, ce me semble, de séparer la façon d'agir d'avec celle d'instruire, et d'establir le fait avant que d'exposer les moiens et les règles certaines qui nous peuvent heureusement et sagement guider et conduire aux choses que nous entreprenons »[43].

Ce qui est premier, ce n'est donc pas l'absolu moral d'une loi universelle, mais l'histoire mise en forme dont émergent des lois mobiles et adaptées aux finalités variées de l'action :

40. *DOST*, p. 65.
41. *DOST*, p. 67.
42. *Ibid.*
43. *DOST*, p. 74.

> [...] comme les loix ne sont que le désaveu des faultes passées et le remède de celles qui sont à venir, il faut aussi que l'Histoire représente les désordres commis et les malheurs arrivés affin qu'une prudente politique y apporte les tempéraments nécessaires et les conseils qui peuvent s'en deffendre et s'en exempter [44].

Mais la vertu essentielle du catalogue est moins de fonder pleinement cette inversion du rapport entre Histoire, Politique et Morale que d'établir une rupture :

> [...] que l'une ou l'aultre de ces sciences soit plus ou moins noble que sa compagne, ce n'est pas mon dessein d'en parler plus au long mais seulement de monstrer qu'on peult séparer l'une d'avec l'aultre et qu'ainsi la politique n'est point une partie essentielle de la Morale non plus que l'Histoire à moins que de réduire la Théologie dans la Métaphysique, la Médecine dans la Physique, la Rhétorique dans la Logique et toutes sortes de livres sous le Tiltre de Philosophes [45].

UNE TENTATION REPOUSSÉE : LE PÈRE LAMY BIBLIOTHÉCAIRE

La constitution autonome de l'histoire sera un des grands objets de polémique. Qu'en est-il de sa « scientificité » et partant, de sa légitime utilisation par le conseiller politique ? En quoi l'usage bibliothécaire du classement ordonné peut-il éclairer l'apparent chaos que nous présentent les récits historiques, les fictions romanesques que reconstituent les livres innombrables ? À ces questions décisives pour sa propre recherche, Montesquieu ne pouvait ignorer les réponses fournies par le Père Lamy dans ses *Entretiens sur les sciences dans lesquels on apprend comment l'on doit étudier les Sciences et s'en servir pour se faire l'esprit juste et le cœur droit.*

Formé à l'Académie oratorienne de Juilly où officiait le Père Lamy, Montesquieu a indiscutablement subi l'influence des religieux : l'ambition universaliste de son projet autant que la méthode de travail et le mode de composition de son ouvrage principal en témoignent [46]. Mais il nous semble que Montesquieu va plus loin et autrement : il radicalise la méthode bibliothécaire du Père Lamy et surtout lève la rédhibition cartésienne qui demeure encore agissante chez l'Oratorien.

Le Père Lamy, explicitement, combat un danger de plus en plus prégnant. Comment conjurer la fascination des livres qui alimente la

44. *DOST*, p. 122.

45. *Ibid.*

46. *Cf.* H. Roddier, « De la composition de l'esprit des lois et les oratoriens de l'académie de Juilly », *Revue d'histoire littéraire de la France*, 1952.

vanité libertine et orgueilleuse de « l'Honneste homme paien »? Comment réhabiliter la méditation de « l'Honneste homme chrestien »?

> Que peut-on faire de mieux, dans l'ardeur qu'on a de donner de l'amour pour les Lettres, et persuader que pour y réussir il faut aimer l'ordre, et être pénitent [...]? On y donne l'idée d'une sainte Communauté; et n'est-il pas utile à tous les Ecclésiastiques qui devroient se lier ensemble, autant que cela se peut, de savoir ce qui forme et entretient une société sainte? [47].

L'enjeu central est bien le statut et la finalité de la Bibliothèque comme des actes qui s'y effectuent (*Entretiens* VI). On ne peut plus la détruire, du moins doit-on la replacer dans un cadre légitime pour en autoriser un usage modéré et encore mieux en interdire l'expansion méthodologique : ne se donne-t-elle pas comme fondatrice d'une science historique, suffisante et autonome?

Le but exprès de Lamy est de rectifier cette orgueilleuse tentation de découvrir et d'inventer, qu'entretient la bibliothèque. Non point de « proposer aux sçavans des nouveaux moïens de faire de grandes découvertes », mais « ce qu'il y a de particulier ici, c'est que l'on forme un Sçavant par raport à la Religion. On lui aprend à regarder Dieu dans ses études, et à n'étudier que pour le connoître et pour le servir » [48]. Or quelle est la science stratégique où peut basculer un usage malsain des livres et de la Bibliothèque, sinon la connaissance de l'histoire et de la géographie? Ne prétendent-elles point nous fournir une universalité anthropologique, indépendante de l'universalité théologique déposée dans la Bible?

> [...] c'est par leur moïen que nous communiquons avec les hommes avec qui nous vivons, et avec ceux qui vivent éloignez de nous, ou qui ont vêcu dans les tems les plus reculez. Par le moïen de l'Histoire et de la Géographie, un homme peut être de tous les païs du monde, et de tous les siècles; aïant autant d'expérience que s'il avoit parcouru toute la terre, et que s'il avoit vêcu depuis Adam jusqu'à nous [49].

Ne peut-on pas voir dans cette « communication » systématique, le substitut de la prière biblique nous délivrant la Parole Universelle du Créateur? Le lecteur qui s'immerge dans ce dialogue ne peut-il pas espérer composer une « société universelle » dont les liens sont fondés sur de toutes autres bases que la société chrétienne de l'Église universelle?

47. B. Lamy, *Entretiens sur les sciences dans lesquels on apprend comment l'on doit étudier les Sciences et s'en servir pour se faire l'esprit juste et le cœur droit*, F. Girbal et de P. Clair (éds.), Paris, PUF, 1966, p. 25-26. Désormais cité *ES*.

48. *ES*, p. 27.

49. *ES*, p. 32.

Lumineusement, Lamy perçoit l'ambition synthétique de l'histoire qu'accomplit la totalisation bibliothécaire des livres : « le secret pour se connoître et bien juger de nous, c'est de nous voir dans les autres. L'Histoire est un grand miroir où l'on se voit tout entier »[50]. Comment ce regard universel de l'humanité sur elle-même ne serait-il pas concurrent de l'autre regard, celui de Dieu et comment n'y pas trouver les ressources d'un conseil strictement humain ? Il s'agit bien de fournir une « méthode pour étudier utilement l'Histoire et la Géographie », accompagnée des « réflexions qu'il faut faire pour rendre chrétienne cette étude »[51].

On comprend alors le leitmotiv qui parcourt la subtile récupération de Lamy. Pour échapper à « l'étrange confusion »[52] des « tables de géographie et de chronologie », il n'est qu'un seul recours :

> […] il n'y a rien de plus constant ni de plus connu, que ce que nous disent nos Histoires sacrées depuis la Création du Monde jusques à la Naissance de Jésus-Christ […]. La nécessité, aussi-bien que la Religion, oblige d'aprendre d'abord l'Histoire sainte, et ensuite par raport à celle-là, l'Histoire des Nations[53].

D'autre part l'intelligibilité historique demeure, quelle que soit la pluralisation critique des témoignages, limitée et superficielle :

> […] les questions des faits sont trés-dificiles. Le cœur des Hommes est caché, et retirant le bras après avoir donné le coup, ils font qu'on n'aperçoit pas leur conduite. Ainsi il n'y a que Dieu qui voit ce que sont les choses[54].

Dès lors, pour dépasser la surface grossière de l'incertaine histoire, « ramas de faits faux et véritables »[55], le seul critère est de « raporter toutes choses à l'Histoire de l'Église qui est la plus éclatante et la plus connuë »[56].

Seule l'Histoire évangélique est certaine et fournit la base et le modèle de toute connaissance historique :

> […] il y a une Histoire que personne ne doit ignorer, c'est celle de l'Évangile, c'est-à-dire la vie de Jesus-Christ Nôtre Seigneur […]. La vérité des faits que l'Évangile raporte étant bien démontrée, est une démonstration de tout ce que la Religion nous aprend ; qu'il y a un Dieu, que l'ame est immortelle, qu'il y a des peines pour les méchants, des récompenses

50. *ES*, p. 120.
51. *ES*, p. 32.
52. *ES*, p. 108.
53. *ES*, p. 109.
54. *ES*, p. 114.
55. *Ibid.*
56. *ES*, p. 116.

> pour les bons, et que Jesus-Christ est le vrai Fils de Dieu envoïé de son Pere sur la Terre [57].

Surplombée de cette certitude incarnée et vivante, que peut nous apprendre l'histoire sinon négativement la « misère de l'homme sans Dieu », la perversion d'une impuissance gâtée par l'orgueil :

> [...] on reconnoît la malignité et la misere des Hommes, leur vanité, quel mépris il faut faire des richesses, que les grandes fortunes ont souvent de terribles catastrophes. De sorte que l'Étude de l'Histoire étant bien faite, c'est une Philosophie qui fait d'autant plus d'impression qu'elle nous parle par des exemples sensibles, dont il est bon de tenir regître, afin de se les représenter et à soi, et aux autres dans les occasions [58].

Ce recueil pédagogique permet enfin d'illustrer une loi de l'histoire qui lui donne aussi son sens et son utilité :

> [...] nous avons tous un désir ardent pour un bien infini. D'où il est évident que notre cœur est fait pour Dieu, et que lui seul peut remplir sa capacité. Et c'est ce que nous remarquons dans l'Histoire, quand nous y faisons atention [59].

Mais ce désir d'immortalité et de grandeur est aveugle et mystifié. Ainsi s'expliquent les mouvements anarchiques de l'Histoire :

> [...] nous courons aprés tout ce qui nous paroît grand dans le monde. En même-temps comme nous sentons que tout ce que nous rencontrons est petit, nous ne sommes point contens, nous nous dégoûtons de ce que nous avons, nous voulons quelque autre chose. C'est ce qui nous fait aimer le changement, et c'est la cause de toutes ces grandes révolutions qu'on lit dans les Histoires, où l'on voit les traits de l'ambition et des inquietudes des hommes [60].

Par delà son irrémédiable insuffisance épistémologique, la lecture des Histoires a une vertu thérapeutique et pédagogique qui nous fait découvrir la loi de notre nature : « on s'y pourroit donc convaincre [...] qu'on ne peut trouver de repos qu'en Dieu seul, pour qui nous sommes faits comme la pierre ne se repose que lorsqu'elle est sur la Terre dans son centre » [61]. Le détour paradoxalement bénéfique de l'Histoire est de nous reconduire à l'évidence essentielle qu'il s'agissait de promouvoir à nouveau contre les illusions universalistes de l'histoire :

57. *ES*, p. 117.
58. *ES*, p. 120.
59. *ES*, p. 121.
60. *Ibid.*
61. *Ibid.*

> [...] en un mot l'Histoire nous découvre qu'il n'y a rien de plus raisonnable que les conseils de l'Évangile [...]. On trouve à chaque page, quelque Histoire qu'on lise, des preuves évidentes qu'il n'y a rien de plus grand, de plus sage que ce que l'Évangile conseille et ordonne [62].

La pratique de l'histoire propose une voie détournée pour reconduire au Conseil de Dieu ; l'homme peut-il trouver d'autres voies, plus directes et positives ? Il en est plusieurs qui toutes échappent à l'emprise bibliothécaire des livres : le moniteur extérieur (Bossuet) [63], le maître intérieur de vérité (Malebranche) [64], autant que la raison mathématique (Descartes) [65] :

> [...] les hommes vivoient comme des brutes sans rentrer en eux-mêmes pour aprendre de la Nature comment l'on doit vivre. L'on trouve dans son cœur les principes de la Morale, aussi bien que ceux de la Geométrie et de toutes les Sciences [66].

S'ensuit nécessairement la condamnation :

> [...] pourquoi donc aler chercher ailleurs ce qu'on a chez soi ? Ces gros Livres ne font que distraire. Lorsqu'on consulte la raison, qu'on l'écoute, qu'on se presente à sa lumiere, on se retire, pour ainsi dire, tout lumineux et l'esprit éclairé et plein de connoissances riches et netes ; au lieu que les Livres ne font que charger la memoire et confondre l'esprit [...]. La plus grande partie de ces Livres, sont un obstacle à la veritable Science [67].

De cette récusation se dégage une étrange bibliothèque dont on connaît désormais les principes. Il n'y a de bibliothèque que spécialisée car il n'y a d'universel que la Bible. Il ne peut y avoir de Bibliothèque publique et universelle [68], mais seulement des Bibliothèques spécialisées, adaptées à un métier ou à un goût privé : « un ramas si bizarre ne peut guere produire que des monstres. Il est impossible de faire de tant de parties diférentes un tout proportionné » [69].

La vertu d'une bibliothèque comme de son catalogue est d'usage strictement interne et privée :

62. *ES*, p. 123.
63. *ES*, p. 124.
64. *ES*, p. 262-263.
65. *ES*, p. 263 *sq*.
66. *ES*, p. 250.
67. *ES*, p. 237.
68. *ES*, p. 200-201.
69. *ES*, p. 201.

> […] son travail n'est donc que pour lui, et c'est perdre le tems que de s'y amuser. Il faut se résoudre à faire soi-même ses remarques et des abregez des choses qu'on voit dans les Livres, dans toute leur étenduë [70].

Avec précision, Lamy décrira la valeur technique d'une procédure bibliothécaire de recueil et classement des lectures : « il faut digerer soi-même la matiére sur laquelle l'on veut travailler, la disposer par Livres, par chapitres, par articles » [71]. Montesquieu sans doute s'en inspirera pour organiser son ouvrage majeur selon le fichier méthodique du catalogue bibliothécaire :

> […] un Homme d'esprit se propose une fin, et pendant une vingtaine d'années, il tire de toutes ses lectures ce qui servira à son dessein ; après quoi il lui est facile de faire d'un ramas si exact et si laborieux un très-riche Ouvrage [72].

Ustensilité propédeutique qui signe d'autant mieux l'invalidation radicale des prétentions totalisantes et universalistes d'un conseil bibliothécaire. Certes, « la connoissance des bons Livres doit faire une des principales parties d'un traité des Études » et implique de constituer une « parfaitement belle Bibliothèque », outillée de très utiles catalogues » [73]. Mais il n'en demeure pas moins que cette lecture ne sert qu'à « découvrir la foiblesse de l'esprit de l'Homme, et les causes de ses erreurs. La considération des fautes des autres est une partie de l'Étude de la Sagesse » [74].

On augmentera cette sagesse cathartique en y ajoutant – et on sait combien Rousseau s'en souviendra – le divertissement de la promenade et de la visite des cabinets et laboratoires. On ne construit une Bibliothèque que pour mieux renoncer aux Livres et « puiser dans son propre fonds la vérité » [75] : « il n'y a qu'à aimer la vérité, on l'a toûjours dans la pensée ; et il est impossible qu'en se familiarisant avec elle, elle ne nous découvre ses secrets » [76].

Lamy n'a promu habilement la Bibliothèque et, par elle, l'Histoire et son conseil, que pour mieux condamner cette pseudo-universalité au regard du conseil de la Bible, de la foi, de la raison mathématique :

70. *ES*, p. 202.
71. *ES*, p. 203.
72. *ES*, p. 202.
73. *ES*, p. 199.
74. *ES*, p. 244.
75. *ES*, p. 238.
76. *ES*, p. 245.

> [...] c'est une extravagance que d'aller chercher la Morale ailleurs que dans les saintes Écritures. Nous n'avons point besoin absolument d'aucun autre secours. L'on y trouve les veritez nécessaires; car pour celles de la Nature comme il s'agit d'être heureux et qu'il sufit pour cela que nous usions bien des choses naturelles, il n'est point nécessaire que nous connoissions ce qu'elles sont en elles-mêmes [...]. L'ignorance de la Nature ne nous rend pas miserables [77].

MONTESQUIEU, UNE TENTATIVE CONTRARIÉE

On peut s'interroger sur le jugement de Montesquieu à l'égard de cette Bibliothèque. Lecteur de Lamy dont il possédait tous les ouvrages et en contact permanent avec Desmolets, bibliothécaire de l'Oratoire et premier biographe de Lamy, on lira indirectement son appréciation dans les *Lettres persanes.*

La fameuse « Bibliothèque de Saint-Victor » est sans doute une caricature violente de la Bibliothèque de l'Oratoire. Montesquieu en souligne d'entrée de jeu la contradiction : les « dervis qui en sont les dépositaires » sont « obligés d'y laisser entrer tout le monde à certaines heures » [78]. À la fois monastique et publique, cette bibliothèque a été construite, pourrait-on dire, pour ne pas fonctionner et ne pas servir, entre un bibliothécaire « bon à rien » et un moine qui court aux offices.

Cette bibliothèque doit demeurer entre le délaissé et l'inutile, car utilisée vraiment, elle permettrait de percevoir dangereusement la relativité des vérités, les saintes comme les profanes, dont la valeur est fonction de leur vertu hégémonique de maîtrise politique : « chaque nation a sa science selon laquelle elle règle sa politique » [79]. L'énumération des livres et leur succession désordonnée ont pour fin de conduire au scepticisme et de conclure à la supériorité incommensurable de la méditation. Désorganisée, impraticable, une telle Bibliothèque a été instituée et ouverte pour prouver indirectement la sérénité de la lecture biblique, l'évidence de son universalité exclusive. Travailler dans la Bibliothèque et vouloir lire les livres, c'est se condamner à l'effort vain, à l'errance, à la dispersion.

Sous la caricature, Montesquieu dénonce la déviation polémique d'une Bibliothèque construite pour ne pas servir et alimenter la quête d'une lecture biblique offerte à tous et sans travail par l'Église. Il y a de la reconquête dans cet apparent laisser-aller.

77. *ES*, p. 249.
78. Montesquieu, *Les lettres persanes*, lettre 133, p. 133-134.
79. *Ibid.*, lettre 135, p. 135.

Mais Montesquieu, par son jugement, fournit un autre argument, plus décisif. Le parcours de la bibliothèque est lui-même une lecture, un état des lieux qui dégage un point de vue synthétique sur l'ensemble de la production humaine, dès lors que celle-ci est rassemblée, ordonnée et rendue lisible par les classements et catalogues. Elle reconquiert positivement une fonction rationnelle de jugement qui nous hisse au point de vue d'ensemble sans se référer pour autant à l'absolu métaphysique. Il ne s'agit pas de demander à la Bibliothèque ce qu'elle ne peut prétendre fournir, à savoir une vérité totale et définitive. Mais ce qu'elle autorise, c'est l'accès critique à une vue d'ensemble. C'est cette productivité synoptique que Montesquieu retient philosophiquement et qu'il investit dans les procédures d'un conseil.

Pour occuper la place excentrée et centrale du « grand esprit » que nous évoquions plus haut, Montesquieu ne se propose pas lui-même mais y substitue un « esprit » des lois. Il émerge de son entreprise lectorale, dans le rassemblement ordonnée d'une « bibliothécation » opératoire qu'il élabore lui-même par défaut d'une institution publique constituée. Il construit un « abrégé » qui conditionne l'intelligence des réceptions. Entre les évènements et les jugements se doit glisser la médiation active d'un lexique récapitulatif. Ce traitement du savoir accumulé produit à son tour une augmentation du savoir. Il munit tout lecteur d'un foyer révélateur qui n'est plus inscrit par l'Église dans le conseil divin de la Providence.

L'homme de lois ne s'y trompe pas. Pour réformer une politique et transformer une société, il faut d'abord fournir à l'intelligence des décisions, une autre administration des regards, une nouvelle coordination des repères. S'en peut alors dégager une quasi chimie des forces et des formes. Comme la chimie tabulaire que bientôt Lavoisier va révolutionner[80], Montesquieu fait les comptes, dresse le bilan et propose des investissements rénovateurs.

BIBLIOGRAPHIE

ANTOINE M., *Le conseil du Roi sous le règne de Louis XV*, Genève, Droz, 1970.

BERTIÈRE A., « Montesquieu, lecteur de Machiavel », dans *Actes du congrès Montesquieu*, Bordeaux, Delmas, 1956.

DAGOGNET F., *Tableaux et langages de la chimie*, Paris, Seuil, 1969.

DAMIEN R., *Bibliothèque et État, naissance d'une raison politique dans la France du XVIIe siècle*, Paris, PUF, 1995.

80. F. Dagognet, *Tableaux et langages de la chimie*, Paris, Seuil, 1969.

LAMY B., *Entretiens sur les sciences dans lesquels on apprend comment l'on doit étudier les Sciences et s'en servir pour se faire l'esprit juste et le cœur droit*, F. Girbal et P. Clair (éds.), Paris, PUF, 1966.

MACHON L., *Discours en forme de préface sur l'ordre tenu et observé dans la suitte des tiltres et la division de ce catalogue pour servir de règle ou d'advis aux bibliothécaires et autres qui en veulent faire et dresser*, Bordeaux, Daspit de Saint-Amand éditeur, 1883.

MONTESQUIEU, *Œuvres complètes*, « l'Intégrale », Paris, Seuil, 1964.

RODDIER H., « De la composition de l'esprit des lois et les oratoriens de l'académie de Juilly », *Revue d'histoire littéraire de la France*, 1952.

WOLLENBERG J., *Les trois Richelieu, servir Dieu, le Roi et la Raison*, Paris, François-Xavier de Guibert, 1995.

*L'*Encyclopédie *sans lumières ?* *Perspectives sur la mémoire industrielle à la lumière de Jacques Lambert*

Jean-Claude BEAUNE

Jacques Lambert nous apprend que le plus intéressant de la science et de sa philosophie n'est pas ce qu'on lit en tête de ligne ou que l'on contemple au fronton des académies. Il existe des personnages presque oubliés mais qui ont apporté des pierres importantes à l'édifice de la connaissance. Les médecins du XIXe siècle fournirent leur part de mandarins et de cuistres. Ce n'est pas dans ce lot qu'il faut classer le docteur Bretonneau, médecin-chef à l'Hôpital de Tours de 1815 à 1838, correspondant des anatomistes Velpeau et Trousseau, praticien d'abord et qui hors une Communication à l'Académie de médecine n'a laissé qu'une Correspondance [1]. C'est pourtant lui, J. Lambert nous l'a démontré en son temps avec toute l'acuité désirée, qui à partir de l'étude de la fièvre typhoïde et de la diphtérie, *inventa* la thérapeutique adaptée en prenant à son propre piège l'agent externe responsable de la maladie épidémique : la « médication substitutive », la doctrine des germes formulée par Pasteur en 1870, Koch en 1875, qu'il ne pouvait évidemment pas connaître puisqu'il meurt en 1862. À peu près inconnu si ce n'est de J. Lambert, Bretonneau est l'un de ces multiples « expérimentateurs-ingénieurs-inventeurs-docteurs » qui ont, sur le nouvel horizon industriel, voulu parler de l'homme nouveau.

Bretonneau pour Lambert est un expérimentateur, étudiant les greffes sur des expériences de jardinage, travaillant en correspondance avec ces « réparateurs » de peau que sont Velpeau, auteur du célèbre pansement et Trousseau, ses admirateurs et élèves ; grâce à eux, à leur « expérience », on

1. P. Triaire, *Bretonneau et ses correspondants*, Paris, Alcan, 2 vols., 1892.

aperçoit une « lumière » lambertiste : entre le « facteur des choses » et le « docteur des corps » il exista en ces temps des points de rencontre, à travers certaine « philosophie de la nature » qui a perdu une part de l'imaginaire de Diderot au profit d'une conception technique de la médecine néo-galénique par déplacement des humeurs, qui doit apprendre à aider et non plus attendre la nature, à la faire « suer » au sens mécaniste et thermodynamique ; cette philosophie a pris en France un « ton » imprimé par une épistémologie positiviste dont l'un des maîtres fut Auguste Comte. Le problème, mais il n'est pas mince, réside dans le fait que Comte, pourtant fort soucieux alors des choses et des hommes qui ne le lui rendirent guère, préféra finalement les délices de la religion baroque aux réalités des machines sur lesquelles il n'est guère disert alors que la « révolution industrielle » a pris son essor – même si la France est à la traîne des pays anglo-saxons.

L'ENCYCLOPÉDISME CLASSIQUE

On a l'impression que l'*homme des Lumières* parvient au XIXe siècle sans avoir « dépassé la manufacture ». Hors certaines initiatives locales, la plus célèbre étant sans doute les forges et le complexe hydraulique de Montbard appartenant à Buffon, l'industrie n'a conquis que quelques organisations du textile qui restent, Lyon en est le meilleur exemple, des ateliers familiaux « renforcés ». Marx dit en 1847 : « le moulin à eau donne la société avec le suzerain ; le moulin à vapeur, le capital avec la production industrielle ». Louviers cité drapière, pour Chaplain [2], ne pouvait résister au contexte économique et technique : l'afflux de soie coloniale, le fonctionnement plus performant des métiers anglais a éliminé la concurrence. Une situation opposée se présentera au Creusot, « usine devenue ville industrielle », nantie d'une « manufacture en verrerie » (1782) : dès 1826 elle prend son essor avec la famille Schneider qui ne se contente pas d'imposer des machines mais impose sa loi familiale, sociale et morale au monde de la production [3].

Mais au milieu du XVIIIe siècle, l'*Encyclopédie* de Diderot et d'Alembert, *Dictionnaire raisonné des sciences, des arts et des métiers* est considérée par beaucoup comme un « monument » technique – pour ses planches ornées

2. J.-M. Chaplain, *La chambre des tisseurs. Louviers cité drapière, 1680-1840*, « Milieux », Seyssel, Champ Vallon, 1984.

3. C. Devillers et B. Huet, *Le Creusot. Naissance et développement d'une ville industrielle, 1782-1914*, Seyssel, Champ Vallon, 1981.

de dessins et d'explications détaillées mais aussi pour les principes énoncés dans *Discours préliminaire* de d'Alembert ou l'article « Encyclopédie » de Diderot. Même si Bertrand Gille dit que « la technique décrite par l'*Encyclopédie* de Diderot est exactement celle qui avait été mise au point dès la fin du XVe siècle »[4], l'*Encyclopédie* marque un *tournant épistémologique*. D'abord, l'homme de savoir se laïcise, il s'agit d'un acte politique et philosophique où il est clair que certain esprit change depuis Bayle, Moreri et Chambers. Voltaire abandonne vite ce groupe de mauvais-penseurs : il n'est plus question de « cultiver son jardin », l'atelier même rêvé n'est pas de la même trempe que la tonnelle. Donc ce gros ouvrage qui se diffuse bien, y compris sous le manteau, qui connaît de1775 à 1777 quatre suppléments, accompagnés de planches, renouvelle une image du monde technique – mais participe-t-il vraiment à la définition de celui-ci? Il ne s'intéresse pas au secteur industriel même si les forges de Abraham Darby utilisant le coke pour fabriquer la fonte devaient déjà fonctionner et si la machine de Savery, la première machine à vapeur efficace fut brevetée en 1698, celle de Newcomen en 1712. L'*Encyclopédie* ne peut pas « prévoir » dit Gille, elle ne peut que « *décrire* » et « son plus grand mérite est d'avoir dressé un tableau de l'ensemble des connaissances dans lequel la technique se trouvait être insérée »[5]. *Reconnaissance* plutôt que connaissance et changement de regard qui concerne alors aussi Réaumur ou un encyclopédiste au talent singulier, Duhamel du Monceau qui publie des traités renouvelant l'agronomie sur les pas de l'anglais Tull, et l'agriculture à la lumière d'expériences personnelles menées dans son parc de Denainvilliers, auteur d'ouvrages où il voulait associer l'expérience pratique à la recherche théorique[6]. Il contribue puissamment à relancer la *Description des arts et métiers de l'Académie des sciences* et entre 1761 et 1788, soixante dix-huit volumes furent ainsi publiés sur les techniques les plus diverses. En fait quelques uns seulement concernent les techniques industrielles; quelques uns traitent de l'ensemble des techniques d'une industrie; il en est d'autres qui s'attachent à des techniques tout à fait particulières. Ce tableau s'applique aussi à l'*Encyclopédie méthodique* qui couvre la fin du XVIIIe et mord sur le XIXe siècle. Donc : 1) l'*Encyclopédie* de Diderot s'inscrit dans une tradition : après les doxographies antiques, celle du répertoire, du

4. B. Gille, *Histoire des techniques*, chap. « Révolution industrielle », Paris, Gallimard, 1978, p. 671. Désormais cité *HT*.

5. *HT*, p. 686.

6. H.L. Duhamel du Monceau, *Traité de la culture des terres* (1756); *Éléments d'agriculture* (1762); *Traité des arbres* (1755); *Eléments d'architecture navale* (1752) – il était lui-même « inspecteur de la marine ».

tableau, de l'aide-mémoire, finalement du dictionnaire mais alors devenu lui-même un « livre-machine » alphabétique et synoptique grâce au système de renvois et aux diverses possibilités de recoupements offertes par ce réseau. Il y a donc bien coïncidence un peu plus que métaphorique entre *la forme du dictionnaire ainsi conçu et son contenu technique*; 2) Lorsque l'époque industrielle accentue sa pression, dès que les « innovateurs » comme Swedenborg, Courtivron pour la métallurgie mais aussi Morand pour les mines, Monge pour les canons, Berthoud pour l'horlogerie et Kay, Arkwright, Cartwright, plus tard Jacquard pour le métier à tisser que Vaucanson avait anticipé sont connus des *entrepreneurs*, la révolution industrielle possède ses moyens, ses valeurs – en Grande Bretagne d'abord. Les riches familles ont compris le message des économistes, la « division du travail » d'Adam Smith, bientôt aliénation pour Marx, est chez Malthus, le souci d'« évaluation du prix de la production et des inventions qui épargnent la main d'œuvre ». D'où la question du capitalisme et de ses émergences : si la finalité de l'industrie réside dans *le progrès*, celui-ci en est aussi la condition qui est une affaire de production, donc du rapport le plus efficace noué entre le travailleur réel et la machine ou « l'automate » qui en tient lieu – donc le milieu techno-social du travail devra être aménagé pour chasser les pertes de temps, les scories. Il y a un prix des machines qui doit entrer dans le budget – et ne doit pas nuire aux bénéfices du patron, donc au progrès de tous...

Pendant plusieurs décennies, la révolution industrielle reste donc une entreprise techniquement difficile à définir. Beckmann en 1807 renonce à la définition conceptuelle d'une « technologie » pour insister sur le transfert des pratiques d'un métier à un autre[7]. Considérant la délicate question de « l'enseignement technique » toujours à la traîne pour les lettrés et de la valeur du *travail ouvrier sur pièces*, jugé depuis Platon et par l'Église si impur, qu'il fallut selon J. Le Goff réhabiliter au XIIe siècle l'artisan sujet à des jugements défavorables, tout comme les pratiques compagnonniques, on voit que les arts libéraux ne se sont guère réconciliés avec les *arts mécaniques*, les infrastructures, le corps-objet même si la médecine a pu côtoyer avec profit la « science des ingénieurs » de Bélidor. Le triangle diabolique : « animal – corps humain – machine » reste la convention bimillénaire religieuse et morale de notre négativité.

7. Dans son ouvrage *Entwurf des allgemeinen Technologie*. Il y côtoie le projet encyclopédique.

LA SITUATION DE « LABOULAYE »

Pourtant une autre voie est prise après 1836 grâce au *Cours de mécanique appliquée aux machines* de Poncelet dont Charles Laboulaye, polytechnicien, son élève direct, reprend l'essentiel des idées : désirant rompre avec les dessins, planches et descriptions de l'*Encyclopédie* de Diderot dont il ne pense guère de bien[8], il veut rendre à la *science* sa place, la première dans une technologie future considérée comme *science appliquée* mais aussi *théorie des mécanismes* et il justifie cette position dans ses « traités »[9]. Mais il devient surtout le directeur, l'animateur et l'un des premiers rédacteurs d'une ambitieuse entreprise intitulée, sous le chapeau global d'une *Encyclopédie technologique : Dictionnaire des arts et manufactures et de l'agriculture*[10], portant en sous-titre : « Description des procédés de l'industrie française et étrangère » en 3 volumes de format respectable. La première édition est commercialisée en 1849 mais comme ce *Dictionnaire* veut à tout prix « suivre l'actualité » et l'intégrer, de nombreuses éditions agrémentées de compléments, mises au goût du jour, paraissent régulièrement. En fait cette régularité suit à peu près celle des *Expositions Universelles*[11], moments exemplaires participant à l'assomption publique et déjà publicitaire de l'*homo technicus industrialis* qui a mis au pas l'*homo faber* ordinaire et va disposer de son catéchisme avec ce *Dictionnaire*. M. de Laboulaye semble très fier d'avoir été nommé membre du jury international des expositions de 1862, 1867… Son action affirme un *but scientifique* et polémique : rendre à la science ce qui lui revient de droit dans l'ordre industriel pour solidifier enfin un domaine sans langage affirmé, malgré les multiples « théâtres des machines » de Branca (1629), Leupold (1724) et les « livres des métiers » depuis le *De re metallica* d'Agricola[12] sans oublier ces « ingénieurs de la Renaissance »[13] qui après Kyeser et Francesco di Giorgio ont, avec

8. Il en retient essentiellement le « tableau raisonné des connaissances humaines » du *Prospectus* et le ton général empirique et trop disparate (ainsi le rapport établi entre les métiers et le matériau, qui condamne à une « énumération » comme or/monnayeur, pierres fines/lapidaire, fer/grosses forges…), *cf.* Introduction à sa propre *Encyclopédie*.

9. Le *Traité de cinématique théorique et pratique* (1849) qui est réédité et amendé en 1861 à la Librairie scientifique Lacroix est son texte scientifique le plus achevé. On peut signaler aussi : *De la démocratie industrielle* (1848) où il s'en prend à l'industrie anglaise demeurée à son goût féodale – tandis que l'industrialisme « démocratique » s'est réfugié aux U.S.A.

10. Désormais cité *Dictionnaire*.

11. M. Isaac, *Les expositions* internationales, Paris, Librairie Larousse, 1936. J.-J. Bloch et M. Delort, *Quand Paris allait à l'expo*, Paris, Fayard, 1980.

12. Par exemple la littérature technique du XVIIe siècle : *L'art du charpentier* de Jousse (1627), le *Traité des bois* de Caron (1676)… Voir *HT*, p. 670-673.

13. Dont B. Gille a étudié le cas dans un livre portant ce titre, Paris, Hermann, 1964.

Léonard de Vinci, réalisé une première synthèse de la science, de l'art et de la technique – dans la langue « ordinaire », idéalement celle de l'artisan en son atelier, en fait celle de l'entrepreneur et de l'*ingénieur*, concepteur et maître d'œuvre en sa seconde métamorphose depuis Archimède, Héron. Un véritable *archétype* est en marche.

Longtemps « l'ingénieur » est resté atypique (seul l'architecte, militaire si possible comme Vauban possède un vrai statut reconnu par la Cour [14]), c'est d'ailleurs la raison politique pour laquelle se créent, dans les prolongements de l'esprit centraliste de Colbert [15], des *Écoles d'ingénieurs* (Mézières en 1740, Ponts et Chaussées par Trudaine en 1750, École des Mines en 1783) destinées aux grands travaux mais qui serviront vite à fournir les cadres pratiques de l'État. Depuis le XVIe siècle existe aussi une volonté encyclopédique qui est encore celle d'un catalogue classificatoire pour Filleau des Billettes en 1693 et l'*Académie des sciences* en 1699. Mais l'intention classificatrice chez un technicien « scientifique » manque de « repères ». En effet, c'est l'autre aspect de cette réalité, au début du XIXe siècle une véritable « crise » apparaît entre la connaissance théorique et le savoir pratique des moyens techniques. L'ingénieur doit se situer dans l'écheveau des nouvelles « disciplines ». *La réalité du multiple* et *l'exigence du général* se rencontrent de manière que l'on veut *utile* dans cet « encyclopédisme à géométrie variable » qui, comme toute entreprise pédagogique et donc rituelle doit « tenir ses livres ». Tout livre scientifique est d'abord l'expression d'un *Ordre*, celui de la nature, puis du travail et de l'épargne.

Ainsi toute entreprise de classification et de sommation technologique repose sur un savoir structuré et disponible de manière rapide et efficace, un registre médiatique de démonstrations, d'images et d'expérimentations conjointes, enfin l'ouverture ou la confirmation d'un nouvel enseignement, à la remorque « autrefois » de l'éducation classique mais qui va par l'industrie témoigner d'une intention d'action *scientifique* – en clair fournir à de futurs ingénieurs les moyens individuels mais aussi collectifs et techniques de mener une recherche spécialisée. C'est dans cette optique que l'on va considérer l'*Encyclopédie* de Laboulaye, en sa 4e édition de 1877, exemplaire car proposant, on l'a dit, en son *Introduction* un véritable *Discours préliminaire.*

Une parenthèse s'impose toutefois. Laboulaye est loin d'être seul en ce royaume : cet « encyclopédisme *technique* » général comprend l'*Encyclopédie*

14. Sans oublier Buffon, directeur du Jardin des Plantes et correspondant de multiples Académies internationales.

15. Mais dont l'inspiration est fournie à Henri IV par les « universités italiennes » et les « écoles », en particulier celle des Médicis.

méthodique en 201 volumes publiés de 1782 à 1832[16], selon « une série de dictionnaires particuliers des diverses sciences », mais aussi l'*Encyclopédie des gens du monde, répertoire universel des sciences, des lettres et des arts*[17], l'*Encyclopédie moderne, dictionnaire abrégé des sciences, des lettres des arts, de l'agriculture et du commerce* publiée en plusieurs étapes de 1824 à 1863[18], ou encore le *Dictionnaire technologique ou nouveau dictionnaire universel des arts et métiers*, publié en 1835 par une « réunion de savants et d'artistes »[19]. La veine encyclopédique n'est pas tarie par la science active, industrielle qui s'empare du domaine même si les vrais lettrés n'en ont que faire. Il suffit de consulter la liste des collaborateurs de C. Laboulaye, (ingénieurs et professeurs des « grandes écoles », H. Alcan, Rouget de l'Isle) pour voir se confirmer la définition que P. Larousse, philanthrope[20], lui attribue dans son célèbre *Dictionnaire* : « sorte d'encyclopédie technologique, destinée à fournir des renseignements précieux aux industriels, aux mécaniciens, aux manufacturiers, aux agronomes, aux physiciens, aux chimistes et à tous ceux qui s'occupent de science pratique c'est à dire appliquée ». On ne saurait mieux dire : Laboulaye n'était pas seul dans son genre et ce type d'ouvrage devait correspondre à un *besoin* culturellement important. Mais à quoi exactement ? On sait que des expérimentateurs de qualité s'en sont servi ; à le feuilleter on découvre des articles sérieux, sans grande vie souvent mais qui tiennent à demeurer lisibles aux « bons spécialistes », qui ne relèvent pas du « catalogue de faits » que l'on rencontre dans la suite du *Journal de sciences, des arts et des métiers* ou du *Journal des mines* lancés sous le Directoire. L'enjeu reste pourtant informationnel : on n'y parle pas politique ; Laboulaye dans le goût de l'époque préfère exalter les « grands hommes ». Mais l'entreprise se voulait importante car *scientifique* et *utile*.

Or on ne découvre aujourd'hui *aucune trace de cet ouvrage* ni de son auteur dans l'*Histoire* déjà mentionnée de Gille. En cinq gros volumes, Daumas rapidement, mentionne trois fois Laboulaye, signale sa difficile participation à la définition de la « Cinématique », une des questions qui allait en Allemagne passionner également Franz Reuleaux – et mentionne que les schémas de moulins à vent qu'il propose en 1891 sont à peu près

16. Par Pancoucke et Agasse (avec quelques planches).

17. Par Trottel et Wurtz, 22 vols., 1831-1844.

18. D'abord publié par Mongie aîné en 24 vols. (1824-1832) sous la direction de M. Courtin puis très amendé et réimprimé par F. Didot sous les directions de Léon Renier, Noël des Vergers, Edouard Carteron (1844-1863).

19. Le plus important selon Gille. Mais on note à quel point ces gigantesques entreprises sont également oubliées.

20. Et ancien étudiant au Conservatoire des Arts et métiers, très raciste par ailleurs, voir sa définition du « Nègre ».

semblables à ceux qui étaient construits un siècle ou même deux auparavant[21]. Impossible d'en trouver mention dans la première *Encyclopaedia universalis* ni dans le *Dictionnaire d'Histoire des sciences* de D. Lecourt. Laboulaye est aussi ignoré que Bretonneau. Or ce texte conçu dans la durée a connu nombre d'éditions, semble avoir conquis un large public en son temps. Il se veut novateur en affirmant que la technique change de « nature », devient « *technologie* », donc en adoptant enfin le langage et la rigueur de la science, cesse donc d'être dispensée par des « amateurs ». Ce faisant, Laboulaye se condamne au double langage car il veut que le technicien se *professionnalise* réellement mais sans perdre son « savoir-faire » : est-ce possible sans soumission ou réduction ? La technique ne peut-elle être que *le mode inférieur d'une « science à deux vitesses, sur tous les plans »* et d'une « *morale du savoir* » qui cautionne *ce* transfert ?

INTENTIONS ÉPISTÉMOLOGIQUES

Autant se fier à l'auteur lui-même. Or l'édition du *Dictionnaire Laboulaye* de 1877 s'ouvre par son « *Discours préliminaire* », une assez longue *Introduction.* On sait qu'il s'adresse à un « certain » public qu'il désigne lui-même parce qu'il est à la fois le dépositaire et le transmetteur de ses savoirs et de ses valeurs sociales. Une telle entreprise devait être liée à certain renouveau de l'image d'appui qui se prend aux normes du « dessin industriel », le plus fonctionnel évidemment[22]. L'esprit scientifique général correspond à celui de « l'École des Arts et métiers » fondée en 1794 mais surtout de l'« École Polytechnique », créée la même année et qui donne d'emblée une inflexion mathématique aux grands travaux, publics et militaires, d'aménagement du territoire et d'intérêt colonial. Avec l'« École centrale des arts et manufactures » (1829), cet esprit scientifique prend une inflexion plus commerciale, d'intérêt privé. Les démonstrations et échanges vont animer les *Grandes expositions universelles* et bientôt trouver un bon accueil dans la classe bourgeoise en expansion susceptible de prendre le relais des féodalités essoufflées et devenir le ferment d'une « reproduction » au sens de Bourdieu. Les futures « élites » sortiront de ce théâtre de l'argent et des machines. D'autre part, le colonialisme ouvre des portes pavées sinon d'or pour tous, en tout cas d'exploits militaires et de

21. M. Daumas, *Histoire générale des techniques*, Paris, PUF, 5 vols., 1968 ; vol. III, p. 93-94. Il ne parle pas de son *Encyclopédie* mais de ses « traités ».

22. On retrouve le même « langage de l'image » qui possède des qualités esthétiques réelles, chez Reuleaux dans *Cinématique : principes fondamentaux d'une théorie générale des machines*, trad. fr. A. Debize, Paris, A. Savy, 1877 – ce titre est lui-même très significatif.

curiosités distrayantes pour une population qui « croyait au progrès ». La *Préface* de cette 4e édition place l'ensemble sous la caution de Bacon[23] qui fait de la connaissance des lois de la nature « la plus saine et la plus auguste de toutes les sciences »; c'est ainsi que l'auteur de chaque article doit indiquer « toutes les ressources de l'industrie ». La mémoire et l'ordre rationnel en sont les conditions. L'*Introduction* de l'édition de 1877 du *Dictionnaire* mentionne que le premier texte fut augmenté de *Compléments* après les Expositions universelles de 1851 à Paris puis de même après celle de 1855 et surtout après celle de Londres de 1862; il fut « refondu » après celle de 1867 et ces exercices de « mise à jour » occupent en entier le 4e volume de la nouvelle livraison – le jeu de miroirs *Dictionnaire/Exposition* au prix de *Compléments constants* constitue un « système ouvert », qui avance avec le temps selon les changements dans les énoncés scientifiques, les machines et les images. Qui se focalise aussi sur la difficile définition de la « technologie » donc le souci de considérer sa « classification »[24] – c'est ce terme de *Classification* qui devient vite l'enjeu principal du débat. L'ordre tabulaire est explicité (hors la mention de Diderot) selon le « critère des matières premières », selon celui des « usages » qui est enseigné par M. Dupin au « Conservatoire des arts et métiers » (mais se limite à des catalogues) puis, sous l'autorité d'Ampère, le plus systématique des « classificateurs des connaissances »[25], selon celui « des procédés industriels considérés comme applications des sciences ». Laboulaye se réclame d'Ampère quand il présente sa méthode : « ne pas séparer la connaissance des lois de la nature qui constitue la science de l'utilisation de ces lois qui constitue les méthodes technologiques ». Un peu plus loin :

> [...] cette question de la classification n'est autre que celle de l'alliance des sciences et des arts, de la prédominance de la théorie sur la pratique, question que les progrès de la science moderne ont si complètement résolue... Il y a soixante ans, l'industrie avait devancé les sciences; aujourd'hui les sciences dominent et maîtrisent l'industrie.

Le propos a le mérite de la clarté, si l'on peut dire. Le théorique aménagé doit être un « guide de la technique » pour que la « technologie » s'impose : souvent « la science a fait prévoir le résultat de ce que l'art,

23. Comme le font d'Alembert et Diderot.

24. « Science des procédés suivant lesquels l'homme emploie les forces et agit sur les matières premières fournies par la nature pour utiliser ces forces et obtenir de ces matières premières ce qui convient à la satisfaction de ses besoins et de ses désirs ». On ne peut la définir sans trouver sa vraie place dans le Tableau des sciences.

25. Ampère : « De la coordination des connaissances humaines », dans *Essai sur la philosophie des sciences*, chap. XXII, 1814.

éclairé par cette prévision, effectue ». Étrange dans ce cas d'avoir besoin d'une « encyclopédie » si ce n'est comme mémoire récurrente. Mais il se répond à lui-même : il faut que « les sciences et les arts forment un tout complet », que la « théorie existât toujours pour la pratique sous une forme scientifique » – et passe un vieux démon de la *mathesis universalis* : mais depuis la crise industrielle, il faut « faire sortir des ateliers [26] les méthodes reçues pour les élever à l'état de théories qui souvent viennent augmenter le domaine des sciences ; comme de faire dériver de celles-ci et des découvertes nouvelles, des applications à l'industrie ». La classification et plus généralement la « méthode » technologiques ont donc pour but de faire dialoguer deux domaines où la prédominance du « scientifique » est indiscutable mais suppose un *certain degré de latitude* car il nous arrive parfois des résistances techniques, alors potentiellement hors-lois si on admet que ces lois sont celles de la science théorique, mais qui ne sont pas pourtant inconnaissables. Des connaissances en suspens sont réelles (défaillances de mémoire ou de capacité synthétique) ou virtuelles (si on laisse flotter certaine imagination de l'inventeur). Le *Dictionnaire* est donc un intense moyen de compilation mais surtout de transformation de l'éphémère empirique en une stabilité théorique qui à son tour peut engendrer d'autres fruits essentiellement pratiques et ainsi de suite. La théorie, scientiste, doit déboucher sur le monde mais on ne doit pas rester à un « traité imbu d'abstrait ».

La méthode se réclame de Monge (mathématicien et chimiste), de Poncelet, elle veut radicaliser l'esprit des « Arts et métiers » puisque « l'industrie tendant à devenir de plus en plus scientifique chaque jour, il en est ainsi des travaux relatifs à la plupart des fabrications ». Se souciant de « *codifier* » la *Cinématique*, Laboulaye reste encore dans la bonne voie, la sienne en tout cas puisque c'est sur ce modèle qu'il conçoit d'analyser la Machine sans oublier ses usages. Pense-t-il alors au mineur de fond, à l'ouvrier des fonderies, au canut ? Pourra-t-on ramener les approximations de quelque mécanisation hâtive à des erreurs de calcul ? En fait ce *Dictionnaire* concerne *un lecteur potentiel* qui se profile de plus en plus nettement : plus que le patron, c'est le « type multiforme mais cohérent » de l'ingénieur, acteur et spectateur principal, éventuellement aussi celui de l'étudiant en sciences appliquées et de l'expérimentateur en formation permanente.

Une question est toujours brûlante : où auront-ils pris les connaissances indispensables à la lecture de nombre des articles ? Laboulaye va devoir, en précisant l'épistémologie de « sa » classification,

26. Il retrouve au passage l'expression de Diderot.

évoluer dans ce *domaine ambigu des lisières de la science et de la technologie* : il doit s'en expliquer.

La référence à Descartes introduit sa *Méthode*[27], des extraits des *Regulae* mettant l'accent sur la part la plus *directive* de l'esprit, la valeur de l'ordre, de la disposition de proche en proche qui est le propre du savant et non du « rêveur ». L'appel à la règle XII lui permet de ne pas condamner en bloc l'imagination et la mémoire mais, selon la « pertinente attention de Newton », de valoriser la *causalité* où s'exerce l'*ordre de la nature* : « ces lois dont l'existence rend seule profitable le travail intellectuel qui n'aurait qu'à enregistrer les faits si elles ne pouvaient être découvertes par nos efforts ; si l'expérience, c'est à dire l'étude du concret, ne permettait de s'élever à l'abstraction, aux premiers principes ». Ainsi est posé le cadre idéel de cet ouvrage où l'on va aussi sentir de plus en plus fortement arriver une nouvelle influence, celle du *positivisme comtiste*[28]. La méthode cherche à déployer le manteau de la causalité mathématique et physique sur tout domaine du savoir régulier, ainsi les sciences naturelles appliquées vues sous un angle technologique, cette « science industrielle » où il s'inscrit. Mais il recule dès que l'homme concret pourrait intervenir, le travailleur d'abord qui semble échapper à la règle d'or causaliste, et la « classification » témoigne *a tergo* de cet « oubli anthropologique » d'où d'ailleurs cette interrogation : si on admet que cet ouvrage est fait par des ingénieurs de bonne tenue et destiné à leurs semblables ou apprentis, *de quel bois vont être fabriqués intérieurement ces hommes*? Reviendrait-on à quelque « statue de Condillac »? Cet ingénieur serait-il un *être préfabriqué*? Ou quelque Ulysse dans un labyrinthe provisoire car il sait que la sortie est inscrite dans la science même?

27. Avec en épigraphe le fameux passage du *Discours* mais cité en entier : « Qu'il est possible de parvenir à des connaissances qui nous soient fort utiles à la vie, et que, au lieu de cette philosophie spéculative qu'on enseigne dans les écoles, on en peut trouver une pratique, par laquelle, connaissant la force et les actions du feu, de l'eau, de l'air, des astres, des cieux, de tous les autres corps qui nous environnent, aussi distinctement que nous connaissons les métiers de nos artisans, nous les pourrions employer en même façon à tous les ouvrages auxquels ils sont propres, et ainsi nous rendre comme maîtres et possesseurs de la nature ». Ce passage laisse planer la possibilité d'une science mathématique générale également souhaitée dans cet ouvrage et qui engloberait la technique et la nature y compris vivante et corporelle dans un même modèle « intellectuel ».

28. Auteur souvent cité même s'il n'est pas une « référence noble ». Pourtant l'importance « générale » de cette pensée se distingue à travers de tels textes qui, *a priori*, n'en sont pas très proches.

De la classification

Borges n'est pas connu en ce temps mais un technicien se méfie d'abord de la « babélisation » du savoir, synonyme de bricolage. Alors la méthode de « classification » vue comme une *clé de la raison scientifique appliquée à la technologie* n'est pas qu'une clause de style. Laboulaye pense fermement que deux opérations sont liées : d'une part, la purification conceptuelle de la pluralité des métiers et des manufactures, leur unification sémantique, au moins syntaxique; d'autre part, la *technologie* doit sortir toute neuve de l'opération et obtenir cette qualité scientifique à laquelle elle aspire pour réaliser sa « nouveauté industrielle »[29].

D'où sa « classification » : une liste de sciences à deux entrées comportant 6 disciplines théoriques nommées plutôt *générales* : les mathématiques, la géométrie, la mécanique, la physique, la chimie et la biologie – l'« excellence de cet ordre » suggère immédiatement une comparaison avec celui, bien connu, d'A. Comte et les différences sont significatives : absence de l'astronomie reléguée au 3e rang de la Mécanique et entièrement rapportée à Laplace[30], absence également de la sociologie. Il pense plutôt que la plus-value de « l'économie humaine » est liée aux « procédés » techniques de son « système » qui constituent la base de ce « libéralisme » en genèse – qui rappelle aussi Leibniz !

Formellement, chaque science comporte de grands chapitres thématiques[31] puis, pour chacune, les notions ou qualités fonctionnelles essentielles. Alors que la présentation des deux premières sciences et de *la mécanique cinématique* se clôt par un *bilan* sur « l'ensemble de la science mathématique », la physique (où l'existence de l'éther newtonien se teinte de quelques modestes doutes) s'accompagne d'une rubrique « *physique industrielle* » qui prétend appliquer les lois formulées et constate que « les lois mathématiques ne sont que des approximations obtenues par la vérification approchée des résultats de l'expérience avec une loi mathématique admise pour la loi véritable » – mais ces lois bien qu'« incomplètes sont

29. En particulier par le biais de la Cinématique, science de la « mécanique nouvelle » et de la nouvelle machine qui intéresse également Haton de la Goupillière, Poncelet, Reuleaux, Karmarsh. L'inflexion fut sans doute donnée par le *Traité des machines* de Hachette (1811) et c'est en 1824 que Sadi Carnot produit ses *Réflexions sur la puissance du feu*...

30. Pour lui « le mouvement des corps est complètement soluble à l'aide des ressources qu'offre la mécanique rationnelle ».

31. Pour la physique : constitution des corps; pesanteur; chaleur; électricité; magnétisme et électromagnétisme; acoustique; lumière.

suffisantes pour les applications pratiques »[32]. Cette « suffisance » apparemment liée à un « manque d'équipement expérimental » peut venir aussi de ce que « la loi mathématique d'un phénomène est difficile à découvrir » – n'est-elle alors que le remède à un « résidu irrationnel du pratique »? La suite est à l'avenant : la chimie passe vite sur les tableaux systématiques des 65 corps simples dont 45 ont été « sérieusement étudiés »[33] mais prend partie pour la théorie des « combinaisons moléculaires » qui permettra à Bertholet ou Chevreul de déchiffrer « ce que Lavoisier entrevoyait dans le lointain ». Il insiste un peu plus loin sur l'usage de l'attraction newtonienne selon la « loi » énoncée par Euler de « l'équivalence entre la chaleur et le travail »[34], donc l'équivalence entre la chaleur « latente » (qu'on peut nommer « calorique » – Lavoisier l'avait permis) sans laquelle l'attraction ne se produirait pas et le travail que suppose cette opération. Généralisée à des atomes variés, cette loi est au fondement de la « dynamique chimique », importante partie de la *Cinématique*. De fait Laboulaye énonce à sa façon le premier principe de la thermodynamique. On mesure ici la « lourdeur » de l'assimilation des découvertes scientifiques – et de leurs « applications ». Il est vrai que le mémoire de Carnot de 1824 (qu'il connaît) resta longtemps ignoré malgré les efforts de Clapeyron et Thomson. Clausius publie son texte en 1854 mais la théorie met du temps à bien être assimilée par les ingénieurs énergétistes. Ainsi les moteurs automobiles de Lenoir et de Otto (1876) fonctionnent à gaz ou par combustion interne mais ne doivent rien à la thermodynamique qui n'apparaît qu'avec Diesel.

La *Cinématique* « proprement dite » se redouble plutôt d'une *chimie industrielle* présentant une nouvelle nomenclature très matérialiste de la minéralogie. On y trouve en aphorisme : « le laboratoire se confond absolument avec la fabrique, l'échelle de la production seule diffère »[35]. La *biologie* propose une version chimique et presque bernardienne de la vie, accompagnée d'ailleurs d'autres définitions fonctionnelles, concernant la notion de « milieu » – il cite Jussieu et Buffon; après une très simple classification des genres animaux, *il prend parti pour A. Comte* et une

32. *Dictionnaire*, p. 49.

33. « Les autres, rares et récemment découverts, offrent peu d'intérêt », p. 52. Avant Mendeleïev (publié en 1869), la nomenclature de Morveau (qu'il cite), Lavoisier, Bertholet, et le prolongement de Lavoisier par Auguste Laurent méritaient mieux que ce qu'en dit (ou n'en dit pas) Laboulaye qui se soucie davantage de la physique et de ce qu'il nomme la Mécanique.

34. Il y revient dans l'Introduction et dans l'article « Production de chaleur » du vol. 4 (Compléments) par ailleurs sans grande nouveauté.

35. *Dictionnaire*, p. 59.

conception fondée sur l'« unité essentielle du système principal par rapport à ses diversités »[36]. Cette méthode (appliquée de manière « utile » en chimie par le biais des combinaisons moléculaires) autorise la connaissance de ce qui est « possible et convenable ». Mécaniste par devoir et cinématiste décidé, Laboulaye est persuadé de *l'ordre et de la hiérarchie naturelle du vivant.* Le supplément *biologie industrielle* est alors décevant : les considérations sur la médication et l'agriculture sont ternes, seule émerge une classification des corps intervenant en botanique et zoologie industrielle – considérés comme des *produits* – sans que le travail humain (la domestication) pour y aboutir soit mentionné. Mais la forme en gigogne de la classification est frappante. Les 6 *sciences principales* présentées dans leur structure d'exposition (ternaire avec des tableaux en supplément parfois) comportaient donc, pour trois d'entre elles au moins, une sorte d'« appendice industriel » assez décevant de contenu mais dont on comprend la fonction quand on passe au registre des *7 sciences appliquées* qui redouble celui des *6 sciences générales* et que l'on commence par l'invitée n° 4 : la *mécanique industrielle* qui cette fois prolonge la physique : il s'agit de « sciences intermédiaires, que l'on peut appeler *sciences de l'ingénieur* » qui « trouvent leur application immédiate dès qu'on touche les corps ».

Fidèle à son propre *Traité* paru en 1849, c'est la *mécanique industrielle* qui surtout l'intéresse – et qu'il considère sous deux angles. D'abord la *Cinématique* sous l'égide de Poncelet (non encore « enseignée » mais qui reprend le flambeau de l'*Académie des sciences*, celui de Lahire, Deparcieu, Vaucanson) cherche à définir le meilleur effet utile d'une force connue, veut aussi étudier le rapport entre la direction et la vitesse de mouvements interpénétrants : ainsi l'exemple emprunté à Carnot des fils tricotés permet à celui-ci de poser que « le but des machines n'est pas d'économiser des forces mais d'établir des relations entre les vitesses et les directions des points d'un système ». En rester là, c'est évidemment faire la part belle à la *Géométrie* ce qui se confirme quand il considère un corps soumis à des forces et fait croître le nombre de points fixes faisant obstacle à ce mouvement : pour un point, mouvement alternatif/rotatif; pour deux, mouvement circulaire continu semblable au tour mécanique; pour trois et plus, le plan s'impose. Donc *le plan incliné devient la forme archétypique de la cinématique* dont les trois machines simples deviennent elles-mêmes : le plan, le tour et le levier. Ensuite la *mécanique physique appliquée* présente les forces de la nature comme une « succession continue d'efforts déterminés le long du chemin parcouru par leur point d'application », le travail mécanique étant pour sa part la victoire sur de nombreux obstacles : « la

36. Voir déjà Geoffroy Saint-Hilaire et la question des monstres.

force d'adhésion des molécules des corps, la force du calorique et des ressorts, la force de la pesanteur, la résistance des fluides, les frottements et quelquefois l'inertie de la matière, comme lorsqu'il s'agit de lancer des projectiles, de mettre en action des marteaux, des pilons »[37]. L'effort de compensation doit agir en se déplaçant continuellement et il peut arriver que le chemin pris par le point d'application de la force résistante dévie de sa trajectoire – d'où la nécessité de « codifier » les modes du travail. Le *rôle des machines* devient donc essentiel et Laboulaye considère la production du travail sous 4 registres : 1) chimique et électrique, ainsi l'électro-aimant, la pile galvanique; 2) cristallographique : « la résistance que les corps opposent du fait de leur nature propre à l'action directe des forces de cohésion moléculaire ». La représentation de la matière dotée d'une cristallisation imparfaite donc d'une réserve de chaleur et d'élasticité pour atteindre sa forme définitive aurait réjoui le démiurge du *Timée*; 3) les machines-outils dont il cultive un modèle mathématique où la matière solide première demeure *le bois*, « base de la théorie des machines réelles » – souci de manufacturier plus que de « savant »[38]; 4) les résistances provenant du frottement, mal connues encore en ce temps surtout dans le cas des liquides. Le souci *géométrique* de l'auteur se confirme ainsi avec la cinquième science appliquée dite *géométrie industrielle*, étrangement placée là, qui risque soit de remettre en question les qualificatifs de la *géométrie générale*, soit de faire double emploi avec la vraie *Cinématique*[39]. En retrait figurent enfin *deux dernières sciences*, un peu plus « humaines » : l'*art industriel*, quelques considérations historiques sur l'application de l'art à l'industrie et l'*économie industrielle*, trois brefs paragraphes qui renvoient l'interrogation au « fabricant ».

On pense alors en avoir fini mais ce serait mal connaître un tel encyclopédiste-classificateur devenu quelquefois le Bouvard sinon le Pécuchet de son objet. Les 7 *sciences industrielles* qui ont « cloné » les sciences générales vont pendant trente deux pages être reprises en ordre sous une taxinomie *arborescente* à quatre entrées : ainsi pour la physique[40] : 1) ordres : constitution des corps, pesanteur, chaleur, électricité, acoustique, lumière – on se place au plus près de la matière qu'il est possible; 2) familles : parfois rien mais pour la chaleur, production, utilisation, rapports au travail; 3) genres : qualités utiles principales, points de vue

37. *Dictionnaire*, p. 76.

38. Peut-on parler de « travail sur modèles »? Rien *a priori* ne l'interdit.

39. Est-ce la raison pour laquelle il passe rapidement, affublant la géométrie descriptive de Monge d'allusions aux arts de construction puis d'imitation (dessin, gravure, pavage des sols) et de moulage.

40. Pour paraphraser la classification de Linné – avec quelque « audace ».

fonctionnels ; 4) espèces : machines, procédés, mesures, en fait tout ce qui relève de la « technologie du détail », de l'ustensilité – sans jamais oublier sa dépendance à l'égard des lois de la nature fondées sur l'alliance du calcul et de l'instrument, sous les préceptes de Poinsot [41]. Cette nouvelle classification s'enroule sur la précédente qui, elle-même, venait de s'introduire en plein centre du tableau des 6 sciences nobles pour manifester encore à la fois la suzeraineté de la science pure mais aussi l'« utilité » de cette *technologie* qui dote la *Cinématique* d'une identité physico-géométrique ; cette structure des sciences réduit et valorise à la fois l'écart « informationnel » avec leur transcription pratique, conduit à des simplifications étranges : le fantôme du calorique dont la conservation, unie à cette version très mécaniste de la machine explique mieux le problème que le principe de Carnot paraît le mener en fait au... moteur perpétuel [42]. La manie classificatoire de Laboulaye a-t-elle donné à son entreprise la qualité scientifique qu'il voulait ? L'a-t-elle au contraire alourdie au point de rendre cette encyclopédie aussi illisible sinon décorative que nombre de ses contemporaines ?

L'ABSTRAIT-CONCRET

Or souvent le *Dictionnaire* met en péril sa propre « morale » et néglige le sérieux au nom d'un « progrès » emblématique. D'un côté, on apprécie la clarté pédagogique des exposés théoriques mathématiques qui constituent la charpente de l'ensemble. Pour les « sciences physiques », l'exposé des lois de la nature chargées de vérité mais auxquelles les objets techniques résistent « par défaut » donne lieu à des « archéologies » agrémentées d'illustrations très soignées dans la veine de leur encre noire et de dessins

41. Le vol. 4 (Compléments) contient une nouvelle classification plus empirique où l'on discerne l'influence de l'Exposition : 10 groupes de « matières » et d'objets techniques : 1) art ; 2) matériel et application des « arts libéraux », qui associe la photographie à l'enseignement mais aussi aux... ambulances. 3) meubles ; 4) vêtements ; 5) produits des industries (mines et métallurgie, bois, chasse, pèche, produits pharmaceutiques, teinture, cuirs et peaux...) ; 6) instruments des arts usuels – machines de mécanique générale (aléseuse, rivetage, presse...), machines qui « restent artisanales dans leur fonction », la chose est à noter, chemins de fer, télégraphie ; 7) aliments ; 8) produits vivants de l'agriculture ; 9) de l'horticulture ; 10) matériel et méthode pour l'enseignement des enfants que Laboulaye ne considère pas comme « faisant partie de l'industrie ». Bien que plus oblique et circonstanciel, ce tableau mérite quelque attention.

42. Difficile de ne pas penser à la critique des *Principes* de Descartes par Leibniz dans ses *Remarques sur la partie générale des Principes de Descartes*, trad. fr. Schrecker, Paris, Vrin, 1959, II, § 36 *sq*.

à la plume ou de tableaux statistiques – mais si on touche à une actualité inventive, le discours devient plus confus : il suffit de consulter le long article « Machine à vapeur »[43] dû à Laboulaye puis Jullien pour en prendre conscience. La machine Cornwall fonctionnant à l'éther n'est pas alternative et le système Worsop dans lequel il faudra sans cesse, pour conserver le travail demandé, injecter de la vapeur à haute pression montrent que le second principe n'est pas maîtrisé vingt ans après Clausius, que le mouvement perpétuel plane toujours comme un *rêve technologique* – à défaut de projet scientifique. Il s'en sort, si l'on peut dire, en changeant de ton et en présentant une longue classification des pièces d'une machine anatomiquement très simplifiée.

Cette obsession de la « classification » qui conduit jusqu'au numérotage des éléments est assez emblématique de ce que Simondon nommait l'« élément » dans le trièdre qui le lie à l'individu et à l'ensemble et qui si on s'en contente, ôterait l'espoir d'obtenir un *objet technique « concret »* possédant son « mode d'existence » propre. À l'opposé, certains articles sont plus vivants, ainsi « Locomotive » (qui n'oublie pas le fardier de Cugnot) use du « second principe » au gré des inventeurs successifs : Lamm, S. Wright, Ribourt travaillant à un engin forgé au Creusot, propice à la traversée des tunnels, Mékarski... L'article « Vélocipède » des *Compléments* est très cinématique car le travail nécessaire à l'avance du cycliste est calculé à partir d'un schéma de plan incliné. On touche au dérailleur. C'est *dans les recoins* qu'il faut chercher l'information technique, *dans les objets* plus que dans des exposés historiques sans envergure ou théoriques limités généralement à la mise à plat mathématique de la question.

Cette *technologie* dont la version *cinématique*, celle (globalement) de Reuleaux, reste géométrique, ne parvient pas la plupart du temps à vraiment témoigner d'un sens de l'« application scientifique » des forces vives thermodynamiques ou électriques. Dans une science où « la prévoyance est action » pour A. Comte cité par Laboulaye, cette *Encyclopédie* est sans doute coupable du péché qu'il attribuait à Diderot : sa part théorique, détachable du reste, ne lui sert pas beaucoup à faire *comprendre* des machines qu'elle ne peut finalement *que décrire*. Mais décrire pour qui, dans quel but ?

Ce goût pour la « classification » qui se double d'un autre pour la « décomposition » ne doit pas faire oublier qu'il se proclame en *Introduction* comme fondateur d'une « *nouvelle science* ». Mais que dire de la *« consistance scientifique » d'un tel discours* à cheval entre deux mondes ? Finalement cette

43. *Dictionnaire*, vol. 2.

situation devient bachelardienne, celle de l'*abstrait-concret*, langage de fond de ce *Dictionnaire* – qui donne et retire à la fois à la technologie la qualité de science accomplie à laquelle elle aspire. Abstrait-concret mais peu « dialectique », au contraire du *Nouvel esprit scientifique*[44]. Pour Laboulaye cet abstrait-concret demeure généralement *au niveau de la « doxa »*, d'un discours de l'« utile » et il se fixe lui-même ses limites : la science ne doit pas « dépasser un certain niveau » pour ne pas perdre sa finalité baconienne que l'industrie agrémente d'autres vertus : le succès, le gain productif traductible en argent et en investissements. *Il faut « ménager » son destinataire, dirait-on, comme on entretient une machine.* Et la question peut réémerger : à qui s'adresse ce système ? Un homme de science déterministe pour rester inventif, gardien des forces ouvrières ? Car l'absence de *toute expression du travail* sinon en termes de chevaux-vapeur et de chevaux réels à qui l'on compare le manœuvre dans le très court article « Travail mécanique » confirme que la machine n'est pas vue comme artefact mais dans l'*ordre naturel* des choses qui doit diriger la « mission industrielle » des hommes. Et si c'était l'ingénieur qui était leur pilote en son navire ? Il a déjà joué à l'artiste et même au philosophe : il a fini jardinier. Est-ce son destin fatal que de devenir gardien des buts nouveaux ? Peut-il entretenir quelque « ingéniosité » dans ce système – la fonction brise-t-elle toujours la fiction dans ce milieu où la technique est finalisée d'abord par le contrôle et le commerce ?

LE LOT DE L'INGÉNIEUR

L'ingénieur archétypique possède une importance croissante en ce temps industriel, il acquiert des conditionnements et des responsabilités nouveaux. Sur la marge entre deux mondes, il ne parle pas latin, mène une vie militaire, rigoureuse et parfois républicaine, dévolue à des intérêts externes même s'il existe des passerelles avec les « grandes familles ». C'est un individu *pragmatique*, qui travaille sur plans dans sa technique sûre de sa science, comme il construit sa vie par sa morale, un homme d'abord fidèle, souvent porteur directement ou non de cet esprit de la bienveillance sociale, l'« infalsifiable » puritain. Il a gagné (à l'école ou sur le tas) par l'industrie sa « reconnaissance professionnelle ». C'est pourquoi cette encyclopédie est d'abord pour lui une *carte* du savoir mais aussi carte

44. G. Bachelard, 1940. Mais quand celui-ci parle de « phénoménotechnique », c'est du côté de l'abstrait mathématique que vient presque toujours la lumière et les machines concrètes y compris celles de la science ne sont guère sollicitées – à moins de retrouver la chandelle et les rêves.

de visite et de relations, s'il est dépositaire d'un principe d'*économie* à respecter : il faut que cet ingénieur en *sache assez* pour être rentable et même inventeur à la rigueur – mais comme il y a des médecins fous, il y a des ingénieurs fous ; donc il faut *qu'il n'en sache pas trop*, qu'il ne vienne pas troubler l'ordre social comme tous ces fouriéristes, disciples de Cabet et du père Enfantin, sans parler évidemment des socialistes et proudhoniens qui ont déjà leur Manifeste bien en mains. Il est bon que la « Maison-mère » l'ait en grande partie « formaté »[45]. Un ingénieur archétypique doit connaître et pratiquer une « *technologie normale* »[46] comme doit être normale (au sens de V. Cousin mais aussi Haussmann si ce n'est M. Homais) son attitude sociale rassise, distanciée car si la vie est noire pour beaucoup, le marchand et le patron veulent prendre l'histoire au piège de leur propre philosophie, bien plus économique que romantique. Est-on ainsi devant une sorte de « *faux-vrai livre* » ?[47] Mais quelle langue ce texte parle-t-il ? Permet-il de reconnaître la science et la technique comme des révélateurs réciproques d'une « mentalité » où cette « *technologie* en genèse » devait avoir *son* sens ? La réponse est aisée.

Cette encyclopédie périodique s'associe à un phénomène impliquant à la fois la psychologie collective et les transferts économiques de tous ordres, à ces *Expositions universelles* dont l'information devient, au fil des éditions non plus le complément mais la raison même du *Dictionnaire*. Car grâce aux « mécaniques en expansion », les productions devenues produits rejoignent sur le marché international le « ventre » monétaire des capitales du capital en passant par la voie impériale des « valeurs » exposées en ces *espaces festifs et commerciaux des Grandes Expositions*, de vrais « jeux olympiques » de la technologie. Alors ce nouvel œil du progrès mesure les profits, les concurrences et les bénéfices, également ceux des tristes tropiques – tout en touchant un large public grâce à un sens publicitaire qui sera repris et magnifié aux U.S.A. Mais ces manifestations ne doivent jamais troubler l'ordre établi. La norme sociale est soumise aux lois de la nature, dans la rigueur de la science technique : Laboulaye fournit les codes et *veille à ce que tout soit à sa place*. Aux divers bureaucrates et capitalistes investis de pouvoirs gestionnaires de s'occuper du reste ! L'ingénieur généralement n'est qu'une doublure ou une disponibilité patronale. Son domaine est « le travail » physique et technique…

45. Schneider préférait aux polytechniciens les ingénieurs des arts et métiers, plus concrets même si moins bons mathématiciens, moins arrogants et plus disponibles à tous égards. Michelin aussi à sa grande époque.

46. Pour paraphraser la très célèbre formule de T. Kuhn.

47. Au sens d'Umberto Eco.

Mais l'époque a aussi ses humanistes : Laboulaye paraît cynique, en fait il estime Le Play[48], membre éminent de l'Exposition de 1862, puis de celle de 1867 qui souhaite promouvoir le progrès par un patronage attentif, des maîtres conciliants, des subalternes bien choisis et bien nourris mais pense que le travail est une vertu qu'on doit pratiquer pour elle-même, ce que son disciple, E. Cheysson confirme en une fable d'ingénieur[49] : l'industrie socialisée sait ce qu'elle apporte au Progrès par l'Ordre. L'ingénieur aussi charitable soit-il en son cœur pur[50] est d'abord le *contrôleur de la santé des esprits* et le «*protecteur des pannes, des arrêts de travail*», celui qui fait marcher des machines plus fiables donc plus rentables. Taylor, un peu plus tard, dit que le pire ennemi est la « flânerie », le temps perdu; dans la France toujours physiocrate en profondeur, l'ingénieur doit savoir d'abord que « le temps, c'est de l'argent – et le travail aussi » ce qui évoque aussi bien le *Laboureur et ses enfants* de La Fontaine que les tentatives industrielles des de Wendel inspirant la métallurgie nouvelle.

Mais cet ingénieur doit aussi savoir de plus en plus *ce qui se fait ailleurs*, il doit pouvoir établir des devis, discuter avec des marchands quand on lui demande de le faire. Il ne peut totalement négliger l'*Exposition* qui convient mieux au patron ou au badaud, mais possède un vrai pouvoir médiatique par ses *Programmes*, ses *Albums*, les commentaires écrits et oraux qui en reviennent. Laboulaye lui fournit, sur le lit de roses de son savoir des grandes écoles ainsi qu'à la lumière de tout ce qu'il a appris par ses « contacts », un *guide-répertoire des projections réciproques du dedans sur le dehors*, étranger et colonial – cet aspect prenant de plus en plus d'importance[51]. Car ce nouveau monde, comme la science, va vite; l'ingénieur par

48. Il a fondé en 1856 la Société d'économie sociale.

49. *La Réforme sociale* (revue de Le Play), t. III, 1895, p. 133-145. Un « hymne au travail » de grande éloquence : si toutes les machines du monde fonctionnaient de sorte qu'elles produisent tout ce qu'il faut pour subvenir aux besoins de tous les hommes, animées par le seul mouvement d'une seule main de femme, il faudrait néanmoins continuer à travailler par amour du travail lui-même et parce que le travail est la condition de la vie morale; et puis l'ouvrier au moins l'a « dans la peau », il ne sait rien faire que « travailler » – il oublie évidemment l'accident et la maladie attenante.

50. Le Play crée des Comités ouvriers, certains destinée à faire participer ceux-ci aux Expositions (en particulier en 1862) et veut retrouver l'esprit du Comité de mendicité de 1791 : mais à l'âge industriel « la pauvreté se soulage effectivement par le travail et la propriété ». À condition, dit Cheysson, que « la science marche la première et la pratique la suive docilement. ».

51. Ce sera en effet une grande attraction de ces Expositions qui ont couvert presque un siècle que de « montrer » des sauvages, des cannibales, des nains, des femmes nues, des monstres humains et animaux, des « curiosités » capables de forger un moral d'acier aux hommes du XXe siècle qui ne manqueront pas d'en tirer la leçon – les « normalisateurs à tout prix et les suppôts de la dégénérescence » (Bertillon, Morel, Quetelet, Lombroso entre

cette « technologie » encyclopédique, lorsqu'une invention prend sa consistance, plonge dans le jeu d'abstrait-concret dont il sait les règles [52]. L'ingénieur avant d'être promu commercial est d'abord un « expert » [53], l'*expertise étant une qualité des frontières*, proche de l'expérimentation sans s'y confondre (elle n'en a pas toute la sécurité théorique), qui garde certaine fiction en réserve (une part d'ingéniosité) et qui avant de travailler sur l'élément démembré de l'homme ou de la machine considère qu'il faut regarder ou reconstituer l'ensemble. Cela tient parfois de l'enquête policière, de l'anatomie technologique, beaucoup du travail de terrain et de l'expérience acquise, toujours d'un engagement personnel et de la volonté de poser que si une demi-connaissance est pire que son absence, l'expert est celui qui sait utiliser son acuité en pleine connaissance de ses limites et de ses devoirs de prudence, en un néo-aristotélisme positiviste. Laboulaye est un humaniste, il souhaite apporter du savoir sinon du bonheur aux hommes. Il *croit* en la mission de son *Encyclopédie technologique* – où quand l'information se fait courte, l'opinion argumentée peut avoir le pouvoir de parler.

CONCLUSION : UNE NOUVELLE ÉTAPE

Pour ouvrir la technique moderne, il fallait des *Lumières*; pour fermer le ban et confirmer les troubles affinités industrielles existant entre le fantôme de la technologie et le Babel de l'encyclopédisme – sans entrer dans des versions informatiques et numériques – on peut considérer brièvement un ouvrage daté de 1939 présenté par H. Desarces et ses collaborateurs : la *Nouvelle Encyclopédie pratique de Mécanique* [54] et marquer son « nouvel esprit général » : 1) une simplification évidente de la « table » divisée en 5 « titres » au premier volume : les connaissances générales; les parties des machines; les moteurs eux-mêmes; l'atelier, l'usine; les grandes applications. L'exposé, analytique en suivant la table des matières, procède pièce par pièce, fonction par fonction, opération par opération, la

mille) produiront des œuvres scientifiques normalisatrices digne du meilleur principe de précaution ancré dans les esprits par la voix des médias de l'époque. Sur les présentations de « sauvages » dans ces Expositions, voir *Zoos humains. Au temps des exhibitions humaines*, Paris, La Découverte, 2 e éd. 2005.

52. Marey (voir F. Dagognet, *Étienne Jules Marey. La passion de la trace*, Paris, Hazan, 1987) et Bretonneau sont plus indépendants.

53. R. Damien (dir.), *L'expertise*, Besançon, Presses Universitaires Franc-comtoises, 2001.

54. H. Desarces, *Nouvelle Encyclopédie pratique de Mécanique*, Paris, Librairie Aristide Quilliet, 2 vols., 1939. Elle est éventuellement accompagnée d'une *Encyclopédie de l'électricité*.

présentation des machines réalisées intervenant en fin de chaque « partie » comme un exercice qui fait réellement passer du théorique au pratique, qui concrétise la machine par le montage de son modèle ; 2) ce montage s'écrit en langage mathématique et c'est lui qui est posé comme le code de l'ensemble ; mais à mesure que les opérations avancent, chacune est agrémentée d'indications de détail de plus en plus fines ; 3) c'est le « moteur » sous toutes ses formes (et d'abord la machine à vapeur) qui définit l'arbre directionnel de l'ensemble mais il ne s'agit pas d'un travail historique, plutôt un répertoire et un recensement non de pièces démembrées mais de leurs relations fonctionnelles aboutissant à des ensembles fiables, « qui marchent ». En un mot cette encyclopédie *substitue le fonctionnel moderne à l'utile* de Laboulaye, ce qui transforme le rapport du théorique au pratique, *devenu rapport du virtuel constructible au réel*; 4) c'est pourquoi, après un quatrième « titre » ou grand chapitre envisageant le travail de manière purement ergonomique, c'est dans le final réservé aux principales applications, *les chemins de fer, l'automobile et l'avion* qu'on saisit la raison globale de cet ensemble, qui s'adresse, dit le très bref préambule, « à tous : à l'ouvrier, au contremaître, au constructeur-mécanicien, aux élèves des écoles industrielles, à l'ingénieur même qui, spécialisé dans une branche déterminée, trouvera là un auxiliaire et un aide-mémoire précieux pour toute autre branche, à l'amateur enfin, avide d'apprendre »; 5) il est alors normal que la synthèse soit espérée sinon réalisée *par l'image* (les dessins, photographies…) mais surtout par les *modèles* que le lecteur doit apprendre à construire et lire non par addition de pièces mais selon l'ensemble de leurs liaisons et de leurs fonctions, par une méthode concrète : le texte contient des modèles en couleurs, dépliables de leur support[55] donc en trois dimensions, à parties codifiées, des *jouets techniques* d'une évidente destination pédagogique, heuristique. Car les pièces possèdent la qualité d'une place, d'un volume qui *inscrit la fonction dans la structure*; d'où la question, inévitable : ce nouveau rapport entre le théorique et le pratique par la mathématique et l'image pourrait-il répondre enfin à ce désir de « technologie » de Laboulaye ? La réponse n'est guère plus facile. La langue autonome des techniques demeure la « boîte noire » de la connaissance rationnelle.

L'encyclopédisme, vu comme logique de l'un et du multiple, ne meurt pas avec la nouvelle philosophie de la science, à témoin l'*Encyclopedia of*

55. Sept modèles dont on apprécie la qualité de représentation par un dépliage en trois dimensions : chaudière à vapeur ; turbine à vapeur ; tour ; locomotive ; automobile ; hydravion ; moteur d'avion.

Unified Science[56] de Neurath et Carnap mais l'ouvrage de Desarces met une « pierre dans le jardin du philosophe » par la personne ambiguë d'un *nouvel ingénieur* à la fois généraliste et spécialisé qui reste le principal consommateur de cette information : il la garde comme une *mémoire vive, mais qui prend sa valeur dans l'acte lui-même, toujours sous le mode de l'abstrait-concret.* La raison industrielle a une place singulière dans le champ général de la connaissance : elle n'y apparaît pas souvent « en tant qu'elle-même », techniquement parlant, mais à travers d'autres filtres, c'est pourquoi un *Dictionnaire* la conserve et la protège *en la cachant* : ce qu'on nomme le « monde technique » est plein de zones d'ombre et de replis qui nous surprennent encore si nous lui appliquons la recette de l'« histoire récurrente. » L'homme de l'industrie souvent caricaturé était *plus complexe qu'on ne le pense* selon nos clichés passés au bleu de son destin, l'homme-médecine également. Chacun d'eux, encore sous-équipé, possédait au XIXe siècle des trésors de savoirs enfouis dans ce monde de l'« à peu près » qui se voulait trop rationnel pour l'être vraiment, qui entretenait des zones aléatoires d'inventivité, en cette époque cruciale où l'usine-ruche répondait à la clinique, où Laboulaye le grand sérieux du cinématique pasteurisé se gargarisait d'Expositions bizarres pendant que Bretonneau dialoguait avec ses contagieux sans recourir encore à la sécurité eugéniste.

BIBLIOGRAPHIE

AMPÈRE A.M., *Essai sur la philosophie des sciences*, 1814.

BECKMANN J., *Entwurf des allgemeinen Technologie*, Göttingen, 1806.

BLOCH J.-J. et DELORT M., *Quand Paris allait à l'expo*, Paris, Fayard, 1980.

CARNOT S., *Réflexions sur la puissance motrice du feu et sur les machines propres à développer cette puissance*, Paris, Bachelier, 1824.

CHAPLAIN J.-M, *La chambre des tisseurs. Louviers cité drapière, 1680-1840*, « Milieux », Seyssel, Champ Vallon, 1984.

COURTIN M. (dir.), *Encyclopédie moderne, dictionnaire abrégé des sciences, des lettres des arts, de l'agriculture et du commerce*, Paris, Mongie aîné, 24 vol.s, 1824-1832 ; rééd. L. Renier, N. des Vergers et E. Carteron, Paris, F. Didot, 1844-1863.

DAGOGNET F., *Étienne Jules Marey. La passion de la trace*, Paris, Hazan, 1987.

DAMIEN R. (dir.), *L'expertise*, Besançon, Presses Universitaires Franc-comtoises, 2001.

DAUMAS M., *Histoire générale des techniques*, 5 vols., Paris, PUF, 1968.

56. O. Neurath, R. Carnap and Ch. Morris, *International Encyclopedia of Unified Science*, Chicago, University of Chicago Press, 1955.

DESARCES H., *Nouvelle Encyclopédie pratique de Mécanique*, 2 vols., Paris, Librairie Aristide Quilliet, 1939.

DEVILLERS C. et HUET B., *Le Creusot. Naissance et développement d'une ville industrielle, 1782-1914*, « Milieux », Seyssel, Champ Vallon, 1981.

DUHAMEL DU MONCEAU H.L, *Traité de la culture des terres* (1756), *Éléments d'agriculture* (1762), *Traité des arbres* (1755), *Éléments d'architecture navale* (1752).

GILLE B., *Histoire des techniques*, chapitre « Révolution industrielle », Paris, Gallimard, 1978.

HACHETTE J.N., *Traité élémentaire des machines*, Paris, Klostermann, 1811.

ISAAC M., *Les expositions internationales*, Paris, Librairie Larousse, 1936.

LABOULAYE Ch.-P., *De la démocratie industrielle*, Paris, 1848.

– *Traité de cinématique théorique et pratique ou Théorie des mécanismes*, Paris, Mathias, 1849 ; 2ᵉ éd. Paris, Lacroix, 1861.

– *Encyclopédie technologique : Dictionnaire des arts et manufactures et de l'agriculture, Description des procédés de l'industrie française et étrangère*, 4ᵉ éd. Paris, Arts et Manufactures, 1877.

LEIBNIZ G., *Remarques sur la partie générale des* Principes *de Descartes*, Paris, Vrin, 1959.

NEURATH O., CARNAP R. et MORRIS Ch., *International Encyclopedia of Unified Science*, Chicago, University of Chicago Press, 1955.

REULEAUX F., *Cinématique : principes fondamentaux d'une théorie générale des machines*, trad. fr. A. Debize, Paris, A. Savy, 1877.

TRIAIRE P., *Bretonneau et ses correspondants*, Paris, Alcan, 1892.

Collectifs

Dictionnaire technologique ou nouveau dictionnaire universel des arts et métiers, par une société de savants et d'artistes, Paris, Thomine et Fortic, 1822-1835.

Encyclopédie des gens du monde, répertoire universel des sciences, des lettres et des arts, Paris, Trottel et Wurtz, 1831-1844.

Encyclopédie méthodique, Paris, Pancoucke et Agasse, 1782-1832.

Zoos humains. Au temps des exhibitions humaines, Paris, La Découverte, 2005.

Pragmatismes d'hier et d'aujourd'hui

La philosophie du comme si
Hans Vaihinger et Henri Poincaré

Christophe BOURIAU

Le titre de ce texte peut surprendre. Si la « philosophie du comme si » fait immédiatement songer à Hans Vaihinger, auteur du fameux ouvrage : *La philosophie du comme si. Système des fictions théoriques, pratiques et religieuses sur base d'un positivisme idéaliste. Avec un annexe sur Kant et Nietzsche* (1911) [1], en revanche l'attribution d'une « philosophie du comme si » à Henri Poincaré peut laisser perplexe.

Partant de la présentation de la « philosophie du comme si » par Hans Vaihinger, je souhaite montrer que les principaux aspects de cette philosophie sont déjà présents dans l'œuvre philosophique de Henri Poincaré, auteur que Vaihinger considérait du reste comme une source « fondamentale » de sa propre perspective. Je souhaite ensuite montrer que cette « philosophie du comme si », qu'illustre déjà Poincaré, est indissociable d'une forme originale de « pragmatisme ». L'un des principaux enjeux de ce travail est ainsi de jeter une nouvelle perspective sur ce que pourrait être la dimension pragmatique de l'œuvre philosophique de Poincaré.

1. H. Vaihinger, *Die Philosophie des Als Ob. System der theoretischen, praktischen und religiösen Fiktionen der Menschheit auf Grund eines idealistischen Positivismus. Mit einem Anhang über Kant und Nietzsche*, Berlin, Reuther & Reichard, 1911/1920. Ma traduction de la version populaire et abrégée de cet ouvrage, donnée par Vaihinger en 1923, parue en septembre 2008 aux éditions Kimé, comme *Cahier spécial 8* de la revue *Philosophia Scientiae*. Désormais cité *PAO*, en précisant la date de l'édition (1920 ou 1923).

QU'EST-CE QUE LA PHILOSOPHIE DU *COMME SI*?

La philosophie du comme si *de Hans Vaihinger*

Le couple de particules « comme si » sert selon Vaihinger à exprimer une comparaison. Toutefois la comparaison qu'il introduit se distingue d'un simple « trope » d'une part, c'est-à-dire d'une « comparaison rhétorique », et d'une « analogie réelle » d'autre part[2]. Un trope (selon le sens que Vaihinger donne à ce terme) est une comparaison rhétorique du type : cet homme est doux comme un agneau. Le « comme » ne signifie pas que la douceur de l'homme est réellement identique à celle de l'agneau mais seulement que la douceur de l'agneau suggère la douceur de l'homme, permet de s'en faire une idée. Dans le cas de l'analogie réelle, le « comme » sert cette fois à exprimer une réelle équivalence entre deux choses. Par exemple, lorsque l'anatomie comparative dit que l'organisme de l'homme est « comme » celui du gorille, lorsque la linguistique comparative dit que les langues germaniques sont organisées « comme » les langues romanes, sont exprimées des analogies réelles entre les termes comparés. Dans les exemples cités, les analogies réelles résultent de « l'origine commune des choses comparées » et de leurs « lois communes de formation ».

La comparaison introduite par le « comme si » n'est ni un trope ni une analogie réelle. Prenons la proposition : « faisons comme si la ligne courbe était une droite ». Ici le fait de comparer la courbe à la droite au moyen du « comme » ne sert nullement à faire saisir un aspect de la courbe, comme c'était le cas en revanche dans le « trope » précité. Il ne s'agit pas davantage d'une analogie réelle, puisqu'on ne prétend pas que la courbe partage effectivement quelque chose avec la droite.

La comparaison introduite par le « comme si » nous demande seulement de procéder, d'agir, de raisonner, de nous comporter comme si telle chose se ramenait à telle autre, bien que nous sachions que ce n'est pas le cas. Nous sommes ainsi enjoints à simuler, par exemple, une identité entre la courbe et la droite, « en dépit du caractère irréel ou impossible » de cette identification[3]. Quel est l'intérêt de la comparaison (en toute rigueur fausse) introduite par le « comme si »? Comment Vaihinger peut-il lui accorder droit de cité dans la science alors qu'elle exprime en toute rigueur une contre vérité?

Sa justification, nous dit Vaihinger, est de nature « pratique ». Introduire le « comme si » se justifie si cela permet de mener à bien une opération qui, autrement, deviendrait beaucoup plus difficile, voire

2. *PAO 1923*, p. 95
3. *PAO 1923*, p. 96.

impossible. Par exemple, faire comme si chaque segment d'un cercle était le segment d'une droite, ou encore faire comme si le cercle était composé d'une infinité de droites infiniment petites, permet de transférer au cercle la formule de la surface du polygone, donc de calculer facilement la surface du cercle [4]. Dans le domaine juridique, faire comme si le fils adoptif était le fils naturel permet de traiter plus simplement les questions juridiques concernant ce fils, tout en resserrant les liens entre les parents et ce fils juridiquement traité comme un vrai fils [5]. C'est toujours la réussite d'une opération jugée opportune, *zweckmässig*, qui justifie selon Vaihinger l'emploi du « comme si ».

Au plan scientifique, Vaihinger observe que l'acte de faire « comme si » est psychologiquement inconfortable (il engendre une « tension »). Faire comme si telle idée (qu'on sait fictionnelle) était vraie, c'est lutter contre la tendance naturelle de l'esprit qui est d'exclure le faux et de conserver le vrai, et de répartir les idées en deux classes bien séparées, celle du vrai et celle du faux. Dans le « faire comme si », nous tenons pour vrai, au moins provisoirement, ce que nous savons être faux ou indécidable, au motif que cette simulation facilite le traitement de la question ou de la réalité envisagée :

> [On admet] un état de choses dont nous sommes pourtant convaincus qu'il n'est pas objectif. On doit faire comme s'il existait réellement. De cette manière, une forme purement idéelle se trouve intégrée dans la série des autres formes, au motif qu'elle nous sert à traiter la réalité envisagée [6].

Par exemple, faire comme si la matière était composée d'atomes, alors qu'on sait très bien que l'atome est une fiction (un corpuscule sans étendue étant une impossibilité en soi) revient selon Vaihinger à dire : nous traitons la matière *comme* nous la traiterions *si* elle était effectivement composée d'atomes. Ce qui peut justifier cette simulation, c'est qu'elle nous permet de présenter et d'expliquer les phénomènes physiques plus simplement. Le fiction de l'atome vaut alors non pas en elle-même, mais dans la mesure où elle nous sert à « traiter » plus commodément la question ou la réalité envisagée [7].

On trouve chez Poincaré exactement la même justification du « faire comme si » :

4. *PAO 1920*, p. 520.
5. *PAO 1923*, p. 52.
6. *PAO 1923*, p. 137.
7. *PAO 1923*, p. 96.

> Peu nous importe que l'éther existe réellement, c'est l'affaire des métaphysiciens ; l'essentiel pour nous c'est que tout se passe *comme s'il* existait et que cette hypothèse est commode pour l'explication des phénomènes. Après tout, avons-nous d'autre raison de croire à l'existence des objets matériels ? Ce n'est là aussi qu'une hypothèse commode ; seulement elle ne cessera jamais de l'être, tandis qu'un jour viendra sans doute où l'éther sera rejeté comme inutile [8].

Pour Poincaré la question de l'existence de l'éther est une question métaphysique non tranchée. En science néanmoins, il est légitime de faire comme si l'éther existait, tant que cela rend l'explication des phénomènes plus commode (plus simple et plus facile). Comme pour Vaihinger, c'est un critère pratique, la commodité ou encore l'opportunité [9], qui justifie pour Poincaré l'adoption d'une supposition en elle-même dépourvue de validité théorique.

Vaihinger prolonge l'approche de Poincaré

À mon sens, la philosophie vaihingerienne du *comme si* prolonge certaines analyses de Poincaré. Dès *La Science et l'Hypothèse*, ouvrage célébré par Vaihinger [10], mais encore dans l'ensemble de ses ouvrages philosophiques, Poincaré manifeste l'importance de la simulation, du « faire comme si », comme moyen de mener à bien telle ou telle opération scientifique. Par exemple, pour raisonner plus aisément sur les corps physiques, nous devons faire « comme s'ils étaient situés dans l'espace géométrique » [11]. En mécanique, nous devons faire « comme si » il existait un espace absolu, cette fois afin de simplifier l'énoncé des faits [12]. Le « faire comme si » sert également la recherche en physique. Le savant doit faire comme si la Nature avait une unité, au motif que cet « idéal

8. Poincaré, *La science et l'hypothèse*, Paris, Flammarion, 1902, réédi. 1968, p. 215 : c'est moi qui souligne. Désormais cité *SH*.

9. Rappelons le titre judicieux donné par Louis Rougier à l'ouvrage posthume de Poincaré : *L'opportunisme scientifique* (*L'opportunisme scientifique*, L. Rollet (éd.), Basel-Boston-Berlin, Birkhäuser Verlag, 2002). De fait, Poincaré relie le choix des conventions à un « opportunisme inconscient » (*La valeur de la science*, Paris, Flammarion, 1905, rééd. 1970, p. 167. Désormais cité *VS*). Ce terme d'opportunisme entre en consonance avec celui de *Zweckmässigkeit*, central dans l'ouvrage de Vaihinger.

10. Vaihinger cite Poincaré parmi ses sources les plus importantes. Il écrit que *La Science et l'Hypothèse* fut pour lui un ouvrage « fondamental », *grundlegend*, et que parmi ses inspirateurs il revient « surtout », *besonders*, à Poincaré d'avoir « montré l'utilité et la légitimité de concepts fictionnels (et même contradictoires) en mathématiques » (*PAO 1920*, XVII).

11. *SH*, p. 82.

12. *SH*, p. 111.

d'unité »[13] favorise certaines découvertes – j'y reviens dans la suite. Poincaré fait encore intervenir le « faire comme si » dans la formation des lois. Pour pouvoir former une loi, il faut interpoler, et pour interpoler, il faut supposer ou « faire comme si » la Nature était simple[14], c'est-à-dire comme si une petite variation du côté des causes engendrait une petite variation du côté des effets. Deux motifs justifient l'attitude consistant à faire comme si la Nature était simple : 1) supposer cette simplicité permet de former des lois relativement simples, faciles à utiliser; 2) les lois ainsi formées permettent de prédire assez efficacement les phénomènes, avec une faible marge d'erreurs. Jamais, toutefois, Poincaré ne s'autorise de l'efficacité de nos prédictions pour affirmer que la Nature est *effectivement* simple. Il souligne au contraire que supposer la simplicité de la Nature n'est rien d'autre qu'une « règle pratique », qui guide l'interpolation[15]. Pour parler comme Kant, il s'agit d'un simple régulateur de l'activité scientifique.

Mais Poincaré va encore plus loin. À la suite de Kant[16], et avant la parution du maître ouvrage de Vaihinger, il mobilise le « comme si » dans le domaine moral. Faire « comme si » le libre arbitre existait, pour Poincaré, est une condition de possibilité de l'évaluation des actions humaines. Sans la supposition du libre arbitre en effet, « l'idée de mérite ou de démérite devrait disparaître »[17]. Vaihinger dit de son côté que sans la supposition du libre arbitre, les sanctions indispensables à la cohésion sociale deviendraient logiquement impossibles :

> L'homme est-il *réellement* libre ? Cette prémisse n'est pas examinée par le juge : elle ne vaut que comme une fiction qui lui sert à tirer sa conclusion. S'il n'était pas possible de punir les hommes (les criminels), aucun gouvernement ne serait possible, et c'est en vue de cette fin pratique que la fiction théorique de la liberté a été inventée[18].

Selon Poincaré, de même que le savant a besoin de faire « comme si » le déterminisme absolu existait pour pouvoir former des lois, expliquer et prévoir, de même, l'homme moral et social a besoin de faire « comme si » il était doté de liberté pour reconnaître une valeur morale à ses actes et évaluer ceux d'autrui. Par conséquent :

13. *SH*, p. 183.
14. *SH*, p. 161.
15. *VS*, p. 177.
16. Sur l'importance du « faire comme si » dans la morale kantienne, voir *PAO 1923*, 288-314.
17. Poincaré, « La morale et la science », dans *Dernières pensées*, Paris, Flammarion, 1913, rééd. 1963, p. 46. Désormais cité *DP*.
18. *PAO 1923*, p. 119.

> Les deux attitudes, celle de l'homme qui agit comme s'il était libre et celle de l'homme qui pense comme si la liberté n'était nulle part [le savant], semblent également légitimes [19].

Poincaré justifie ici l'emploi de thèses en elles-mêmes indécidables à partir de leur seule utilité pratique ou opératoire. En cela il dessine la perspective même de Vaihinger, comme en attestent les développements qui suivent.

Les différents types d'idées dont on peut simuler la vérité

Dans un passage de *La science et l'hypothèse*, Poincaré indique dans quelles circonstances, selon lui, l'« agir comme si » peut se justifier. Le contexte est le suivant : nous prenons part à un jeu de hasard et, faute de temps pour étudier la suite des coups qui sont déjà sortis, nous nous en remettons à un spécialiste du calcul des probabilités pour miser. Nous sommes alors dans la situation suivante :

> Nous sommes ignorants et pourtant nous devons agir. Pour agir, nous n'avons pas le temps de nous livrer à une enquête suffisante pour dissiper notre ignorance; d'ailleurs, une pareille enquête exigerait un temps infini. Nous devons donc nous décider sans savoir; il faut bien le faire au petit bonheur et suivre des règles [les consignes du spécialiste en calcul des probabilités] sans trop y croire. *Ce que je sais, ce n'est pas que telle chose est vraie, mais que le mieux pour moi est encore d'agir comme si elle était vraie* [20].

Ce passage exprime une idée essentielle qu'on retrouve chez Vaihinger. Pour nos deux auteurs, lorsque nous ne pouvons pas savoir si une idée ou un énoncé est vrai ou faux, il peut être néanmoins légitime de faire comme s'il était vrai, *pourvu que* cette simulation serve une opération donnée, qu'elle soit « la mieux » pour nous [21].

Dans le domaine scientifique, selon nos deux auteurs, le contenu de différentes sortes d'idées, en toute rigueur non vérifiées, peut-être opportunément simulé. Ces diverses sortes d'idées ont en commun ceci : afin de pouvoir mener à bien telle ou telle procédure (généraliser, prévoir, présenter les faits, faire comprendre, découvrir, etc.), le savant doit faire *comme si* leur contenu était vrai, même si :

1) il ne sait pas encore s'il est vrai ou non (cas de l'hypothèse à tester);

2) il sait que le contenu de l'idée n'est qu'une manière de parler et de fixer les idées (cas de « l'hypothèse indifférente »);

19. *DP*, p. 46.
20. *SH*, p. 194-195. Je souligne.
21. *PAO 1920*, p. 610; *SH*, p. 215.

3) il sait que ce contenu n'est ni vrai ni faux mais simplement décrété (cas de la « convention ») ;

4) il sait qu'il est invérifiable (cas de « l'hypothèse naturelle ») ;

5) il sait qu'il n'est pas vrai (cas de la « fiction »).

Certes, Poincaré et Vaihinger donnent à ces diverses idées des noms différents. Tandis que Vaihinger se contente de distinguer entre l'hypothèse (qui prétend au vrai) et la fiction (qui n'y prétend pas), Poincaré établit davantage de nuances entre les diverses figures de l'hypothétique[22].

POINCARÉ	VAIHINGER
1) Les « hypothèses physiques », soumises à vérification. Elles sont des « vérités fécondes » une fois vérifiées expérimentalement, car elles permettent d'expliquer et de prévoir.	Les « hypothèses », comme tentatives d'explication d'un phénomène donné, sont selon Vaihinger les seules hypothèses au sens strict du terme. Elles se caractérisent par leur prétention à la vérité et sont vérifiables.
2) Les « hypothèses indifférentes » habillent les lois du physicien (les équations différentielles) de langage ordinaire, afin de faciliter notre représentation de la réalité, de « fixer les idées ». Par exemple, la discontinuité de la matière est une hypothèse indifférente.	Vaihinger nomme « suppositions fictionnelles », ou « énoncés indifférents », ce type de propositions indifférentes à la vérité scientifique (qui s'exprime sous forme d'équations mathématiques), mais qui servent à se représenter concrètement la réalité (par exemple, la vision atomiste de la matière).
3) Les « conventions » sont des « définitions » ni vraies ni fausses, mais commodes pour présenter les faits, énoncer ou découvrir les lois, etc. Par exemple, le nombre des dimensions de l'espace géométrique est une convention.	Vaihinger nomme encore « fictions » les conventions. Par exemple, l'espace euclidien est qualifié par lui de fictionnel. Cette absence de distinction entre fiction et convention lui a été souvent reprochée, notamment par Scholz[23].
4) Les « hypothèses naturelles » échappent à toute vérification mais se justifient comme conditions nécessaires de la pratique scientifique. Elle se distinguent des conventions (modifiables) par leur caractère nécessaire : par exemple, le principe selon lequel l'effet est une fonction continue de la cause est selon Poincaré une hypothèse naturelle dont le savant ne peut se passer[24].	Vaihinger nomme encore « fictions » les propositions non vérifiables qui rendent possible une pratique donnée (comme la « liberté de choix » par exemple, dont le juge doit feindre l'existence pour pouvoir instruire un dossier à charge). Contrairement à Poincaré, Vaihinger ne voit pas nettement le caractère nécessaire ou « transcendantal » de telles suppositions.

22. *SH*, p. 24, p. 166-167.

23. W. Scholz, « Kritischer Konventionalism und Philosophie des Als Ob », *Annalen der Philosophie und philosophische Kritik*, Band 4, 1924/1925, p. 253-263.

24. *SH*, p. 166-167.

5) Les fictions ou « entités impalpables »[25] sont introduites pour servir une procédure : une démonstration, un calcul, un exposé pédagogique. Par exemple, Poincaré nous enjoint de feindre l'existence d'êtres infiniment plats vivant sur une sphère, en vue de démontrer (contre Kant) qu'un espace non euclidien peut être intuitionné[26].	Vaihinger distingue les « pures fictions », qui contiennent une impossibilité logique (par exemple, selon lui, l'infini actuel), des « semi-fictions », qui consistent en un écart par rapport au réel donné (par exemple une classification artificielle). Vaihinger englobe sous le même terme de fiction toutes les figures de l'hypothétique recensées par Poincaré, à l'exception des hypothèses physiques vérifiables, qu'il sépare nettement des fictions sans prétention à la réalité.

Je souhaite montrer sur deux exemples au moins comment Vaihinger et Poincaré mettent en œuvre leur « philosophie du comme si » en mobilisant ce genre d'idées.

EXEMPLES D'APPLICATION DE LA PHILOSOPHIE DU *COMME SI*

Présenter les faits

Tandis que Poincaré présente l'espace absolu comme une « convention », il s'agit d'une « fiction » pour Vaihinger. Hormis cette différence terminologique, les analyses de nos deux « philosophes du comme si » présentent de frappantes similitudes :

1) Poincaré souligne le caractère irréel de l'espace absolu : « il n'y a pas d'espace absolu »[27]. Vaihinger quant à lui observe que ce concept « repose sur une fiction », autrement dit que son contenu est dépourvu de réalité[28].

2) Selon Poincaré le savant se contente de « faire comme si » pareil espace existait, sans jamais le poser dans l'être : « On énonce les faits comme s'il y avait un espace absolu auquel on pourrait les rapporter »[29].

Vaihinger dit que nous devons nous contenter de « feindre » un espace absolu lorsque nous faisons de la mécanique[30].

3) Pourquoi simuler le contenu d'une telle idée ? Cela se justifie selon Poincaré par un souci de concision et de simplicité dans l'énonciation des

25. *VS*, p. 165.
26. *SH*, p. 65-66.
27. *SH*, p. 111.
28. *PAO 1920*, p. 108.
29. *SH*, p. 111.
30. *PAO 1920*, p. 105.

lois : « Toutes ces conventions [dont l'espace absolu] ont été précisément imaginées pour abréger et simplifier cet énoncé [l'énoncé des lois] »[31].

De même, Vaihinger avance que l'espace absolu fait partie des concepts censés « simplifier », *erleichtern*, notre présentation des faits[32]. L'emploi de ce concept fictionnel se justifie d'un point de vue pratique, au sens où « il rend un service à la pensée »[33]. Avec lui en effet, on peut exprimer plus simplement les lois de la mécanique. Du point de vue de nos deux auteurs, il serait tout à fait possible de présenter les faits mécaniques sans recourir aux concepts d'espace absolu, de temps absolu, de mouvement absolu, mais ce serait beaucoup plus compliqué.

La même approche commande leur interprétation de l'espace géométrique. Poincaré soutient que pour simplifier nos opérations, « nous raisonnons sur les corps extérieurs *comme s*'ils étaient situés dans l'espace géométrique »[34]. Vaihinger écrit de son côté que par commodité, nous faisons « comme si » les corps extérieurs étaient situés dans un espace géométrique, sans prétendre que c'est réellement le cas[35].

Selon Poincaré la géométrie euclidienne est la plus commode « parce qu'elle s'accorde assez bien avec les propriétés des solides naturels, ces corps dont se rapprochent nos membres et notre œil et avec lesquels nous faisons nos instruments de mesure »[36]. Ce qui est pris ici en considération, c'est tout à la fois nos organes et les instruments (compas, règles, etc.) au moyen desquels nous opérons. Si la géométrie euclidienne tridimensionnelle, qui traite des propriétés des corps solides librement mobiles, est la plus commode, « c'est que les différentes parties de notre corps, notre œil, nos membres, jouissent précisément des propriétés des corps solides »[37]. Certes les solides que sont notre corps, nos instruments, les objets environnants, se distinguent des solides purement idéaux du géomètre : ils ne sont pas strictement invariables, ils ne peuvent se déplacer sans subir quelques distorsions ou déformations. Toutefois, leurs propriétés sont approximativement les mêmes que celles des solides géométriques, et cela nous suffit pour pouvoir mesurer les corps extérieurs, leurs déplacements et leurs rapports sur la base d'un espace euclidien.

À l'instar de Poincaré, le philosophe allemand soutient que la question n'est pas de savoir quel type d'espace géométrique est « vrai » ou lequel

31. *SH*, p. 112.
32. *PAO 1920*, p. 105.
33. *PAO 1920*, p. 105-106.
34. *SH*, p. 82.
35. *PAO 1920*, p. 497.
36. *SH*, p. 76.
37. *SH*, p. 152.

correspond à l'espace physique : « Je n'aborde pas le problème de savoir si la fiction d'un espace peut être *physiquement* valide »[38]. La question est de savoir quel espace nous convient le mieux, lequel est le plus commode pour mener à bien nos opérations. Si l'espace euclidien a été sélectionné parmi d'autres possibles, avance Vaihinger, c'est en vertu d'un critère pratique, et non théorique. C'est premièrement parce qu'il est le mieux adapté aux propriétés des corps naturels (nos membres, instruments de mesure, objets) qui nous environnent :

> En essayant de comprendre pourquoi un type d'espace, par exemple l'espace à trois dimensions, a été retenu et sélectionné, on découvre les causes et les motifs qui ont conduit la pensée à le former : il est le mieux adapté aux objets naturels[39].

Deuxièmement, cet espace est celui qui favorise le mieux l'adaptation de l'espèce humaine à son environnement : « Il est le seul survivant d'une série d'autres espaces possibles et, par sélection, il a prouvé qu'il convenait le mieux [à notre espèce] »[40]. Cet extrait semble l'exacte réplique du passage suivant de Poincaré : « Par sélection naturelle notre esprit s'est adapté aux conditions du monde extérieur, [...] il a adopté la géométrie la plus avantageuse à l'espèce »[41].

Faire comme s'il existait un espace absolu, faire comme si l'espace euclidien correspondait à l'espace physique sont des attitudes qui se justifient pour des raisons essentiellement pratiques, touchant la facilité d'opérer d'une part (de présenter les faits), l'adaptation au milieu d'autre part. Le « faire comme si », selon nos deux auteurs, sert également la découverte scientifique.

Découvrir

Vaihinger et Poincaré considèrent que certaines propositions, en elles-mêmes dénuées de valeur théorique, peuvent néanmoins recevoir une valeur « pratique »[42] à titre d'auxiliaires de la découverte scientifique. Certes, les exemples choisis par Vaihinger et Poincaré sont très différents les uns des autres, ceux de Poincaré étant du reste beaucoup plus proches

38. *PAO 1920*, p. 56.
39. *PAO 1920*, p. 57.
40. *Ibid.*
41. *SH*, p. 108.
42. C'est Vaihinger qui emploie cet adjectif, au sens de « opératoire ». Une idée possédant une valeur pratique est une idée qui facilite une opération donnée.

de ceux cités par Kant dans la *Critique*[43]. En outre, tous deux n'utilisent pas le même vocabulaire, Vaihinger parlant de « proposition fictionnelle » ou simplement de « fiction » là où Poincaré parle d'« hypothèse », de « supposition » ou encore d'« idéal ». Reste qu'une même inspiration anime leurs analyses : faire comme si telle proposition indécidable était vraie, cela peut se justifier comme moyen de mener à bien une opération essentielle à la science, en l'occurrence, la découverte.

La filiation entre Kant et Poincaré est sur ce point tout à fait frappante. Dans la *Critique*, Kant nous enjoint par exemple de faire « comme si toute organisation dans le monde était issue de l'intention d'une Raison suprême »[44]. Quel est l'intérêt d'une telle simulation? C'est qu'en faisant comme si la nature était ainsi organisée, nous sommes conduits « à faire une foule de découvertes », par exemple « à propos de la configuration de la Terre, des montagnes et des mers »[45], mais aussi dans le domaine de « l'anatomie »[46]. En anatomie par exemple, en faisant comme si tout, dans l'animal, possédait une finalité, on en vient à découvrir la fonction de certaines parties du corps et leurs liens avec les autres. La finalité n'est pas un principe *constitutif* de la nature des organismes, selon Kant, mais simplement un principe *régulateur* qui nous guide dans l'étude des phénomènes du vivant.

Tout comme la finalité, « l'unité de la nature » n'est selon Kant rien d'autre qu'un principe régulateur de la raison humaine[47], qui ne se justifie qu'au regard de sa fécondité, de son caractère « profitable » : « Étudier la nature comme si, de tous côtés, s'y rencontrait à l'infini une unité systématique [...] doit toujours nous être profitable »[48].

Selon Kant, par exemple, procéder comme si les facultés de l'âme dépendaient d'une faculté fondamentale, cela peut favoriser la découverte de nouvelles connexions entre les facultés. La supposition de l'« unité » (ici celle des facultés) ne vaut là encore que comme principe « régulateur » de la recherche psychologique[49].

43. Voir Kant, *Kritik der reinen Vernunft*, dans *Gesammelte Schriften, herausgegeben von der Königlichen Preussichen Akademie der Wissenschaften*, Belrin, 1902 *sq.*, rééd. Berlin, Walter de Gruyter, 1968 *sq.*, 29 vols., trad. fr. A. Renaut, *Critique de la raison pure*, Paris, Aubier, 1997, rééd. Paris, GF, 2001. *Appendice à la dialectique transcendantale*, A 642/B 670-A 704/B 732. Désormais cité *CRP*. Les citations sont indiquées par rapport à la pagination originale des éditions A et B.

44. *CRP*, A 686/B 714.

45. *CRP*, A 687/B 715.

46. *CRP*, A 688/B 717.

47. *CRP*, A 697/B 725.

48. *CRP*, A 701/B 729.

49. *CRP*, A 649/B 677.

Tel est précisément le point de vue qu'adopte Poincaré : supposer l'unité de la Nature se justifie selon lui uniquement d'un point de vue pratique ou opérationnel. Faire comme si la Nature possédait une unité a permis par exemple de découvrir « entre les anciens fluides » (calorique, électricité, etc.), qu'on croyait séparés, des liens inédits. L'abîme que l'on creusait entre eux a été comblé « quand on a eu un sentiment plus vif de l'unité de la nature, et qu'on a aperçu les relations intimes qui en relient toutes les parties »[50]. Cette unité est selon Poincaré de l'ordre de l'« idéal », autrement dit elle n'existe qu'en idée et ne peut être positivement affirmée. C'est nous, précise Poincaré, qui « plions la nature à notre idéal d'unité »[51], et ce dans une perspective heuristique.

On trouve la même idée dans *Savants et écrivains*[52]. Poincaré rend hommage à Marcelin Berthelot qui, guidé par l'idée d'une unité de la nature, a su « briser l'une des cloisons par lesquelles l'ignorance voulait diviser le monde en compartiments étanches », en établissant une continuité entre chimie minérale et chimie organique. Au vu de ses résultats, ajoute Poincaré, « l'univers semblait faire un pas vers l'unité »[53]. Le verbe « sembler » indique que l'unité de la nature, pour Poincaré, n'est rien d'autre qu'une idée régulatrice sans prétention ontologique. Dire que tout se passe comme si la Nature avait une unité ne revient pas à dire qu'elle en possède réellement une. À lire Poincaré, on a le sentiment que l'héritage de Kant est sauf : le vrai rôle de la métaphysique, comme corpus de jugements synthétiques *a priori* du type : la nature est une, la nature est soumise au déterminisme, l'homme est libre, etc., est de guider utilement la recherche scientifique d'une part, de fournir ses fondements et son sens à l'éthique d'autre part.

À son tour, Vaihinger montre que certains énoncés de type métaphysique trouvent une justification dans les sciences à titre de simples guides pour la découverte. Ainsi en va-t-il de la supposition d'Adam Smith dans *La richesse des nations*[54], selon laquelle les actions humaines sont entièrement déterminées par la recherche du profit individuel :

> Adam Smith pose comme axiome la proposition fictionnelle suivante : tout se passe comme si toutes les actions économiques et commerciales étaient motivées par le seul égoïsme. Il place cet axiome au faîte de son système et il en déduit, avec une nécessité systématique, toutes les relations

50. *SH*, p. 180.

51. *SH*, p. 183.

52. Poincaré, *Savants et Écrivains*, Paris, Flammarion, 1910. Désormais cité *SE*.

53. *SE*, p. 164.

54. A. Smith, *Recherche sur la nature et les causes de la richesse des nations*, 1776, trad. fr. G. Garnier, Paris, GF-Flammarion, 1991. Désormais cité *NCRN*.

> et les lois relatives aux affaires et au commerce, ainsi que toutes les fluctuations qui surviennent dans ces domaines complexes [55].

Ce que Vaihinger nomme l'« axiome » fictionnel d'Adam Smith se trouve au chapitre II des *Recherches sur la nature et les causes de la richesse des nations* (1776) :

> Ce n'est pas de la bienveillance du boucher, du marchand de bière ou du boulanger, que nous attendons notre dîner, mais bien du soin qu'ils apportent à leurs intérêts. Nous ne nous adressons pas à leur humanité, mais à leur égoïsme ; et ce n'est jamais de nos besoins que nous leur parlons, c'est toujours de leur avantage [56].

Ce texte paraît exclure la « bienveillance » ou l'« humanité » des motifs régissant le commerce des hommes, commerce qui se fait « par traité, par échange et par achat » [57]. Il fait de l'« égoïsme », qualifié peu avant d'« intérêt personnel », le seul motif des relations économiques. Vaihinger insiste sur le fait qu'il ne s'agit pas là, dans l'esprit d'Adam Smith, d'une affirmation métaphysique sur l'homme. Selon Vaihinger, Smith ne prétend jamais que l'homme est effectivement soumis, dans ses rapports avec autrui, au seul déterminisme de l'intérêt personnel. À preuve, dans sa *Théorie des sentiments moraux* parue en 1759, il reconnaît à l'action humaine d'autres motifs que l'égoïsme, notamment la « bienveillance » envers autrui.

Pourquoi Smith procède-t-il *comme si* l'homme se comportait de manière strictement égoïste, alors que ce n'est pas le cas en réalité ? C'est que cette supposition fictionnelle est selon lui la mieux à même de *guider* la découverte des lois générales du commerce et des échanges. En partant de son « axiome fictionnel », avance Vaihinger, Smith est parvenu à mettre au jour les lois générales du commerce dans les sociétés où l'État n'intervient pas dans l'économie. Ces lois générales, certes idéales et destinées à être affinées au cours du temps, sont néanmoins selon Vaihinger une authentique découverte, et constituent le point de départ de toute enquête économique future [58].

Certes, les deux exemples que nous venons d'examiner pour montrer la valeur pratique ou opératoire du « faire comme si » sont très différents et relèvent de disciplines distinctes. Ils ont toutefois en commun de montrer qu'une supposition dépourvue de validité théorique peut se justifier par sa fécondité heuristique. Faire comme si telle supposition était

55. *PAO 1923*, p. 186.
56. *NCRN*, p. 82.
57. *Ibid.*
58. *PAO 1923*, p. 188.

vraie, tout en sachant qu'elle ne l'est pas ou que sa vérité est indécidable, apparaît comme une attitude parfaitement justifiable à titre de moyen de l'activité scientifique.

Le « faire comme si » s'articule, chez Poincaré et Vaihinger, à une certaine forme de pragmatisme qui, contrairement à celui de James, prend soin de distinguer le *moyen* de la vérité (qui peut être lui-même fictionnel ou conventionnel) de la vérité elle-même (comme connaissance de la structure nomologique de la réalité).

LA PHILOSOPHIE DU *COMME SI* : UNE FORME SINGULIÈRE DE PRAGMATISME

Jusqu'à présent, les tenants d'un pragmatisme de Poincaré ont projeté sur le savant français ou bien le pragmatisme de James [59], ou bien le pragmatisme de Peirce [60]. Je m'inscris en faux contre ces interprétations. Concernant la lecture jamesienne de Poincaré, elle est à mes yeux d'autant plus critiquable que James soutenait lui-même que Poincaré n'était pas pragmatiste au sens où lui, James, entendait ce terme [61]. En conservant le fil conducteur du « comme si », je souhaite pointer certaines différences importantes entre Poincaré, James et Peirce, afin de confirmer que la version vaihingerienne du pragmatisme [62] est la mieux à même d'éclairer la dimension pragmatiste de l'œuvre poincaréienne.

59. Sur l'interprétation d'un Poincaré pragmatiste au sens de James, voir notamment R. Berthelot, *Un romantisme utilitaire. Étude sur le mouvement pragmatiste*, t.1, *Le pragmatisme chez Nietzsche et chez Poincaré*, Paris, Félix Alcan, 1911 ; G. Milhaud, « Cournot et le pragmatisme scientifique contemporain », *Scientia*, vol. X, 1911, p. 370-380; D. Roustan, « La science comme instrument vital », *Revue de métaphysique et de morale*, 22 e année, 1914, p. 612-643.

60. Sur l'interprétation d'un Poincaré pragmatiste au sens de Peirce, voir G. Heinzmann, « Henri Poincaré et sa pensée en philosophie des sciences », dans E. Charpentier, E. Ghys et A. Lesne (éds.), *L'Héritage scientifique de Poincaré*, Paris, Belin, p. 406.

61. Selon James, Poincaré n'était pas pragmatiste (W. James, *La signification de la vérité*, trad. fr. L. Veil et M. David renouvelée par le collectif DPHI, Lausanne, Éditions Antipodes, 1998, p. 62).

62. Sur le pragmatisme de Vaihinger, voir notamment K. Ceynowa, *Zwischen Pragmatismus und Fiktionalismus. Hans Vaihingers « Philosophie des Als Ob »*, Würzburg, Königshausen & Neumann, 1993, et K. Hentschel, *Interpretationen und Fehlinterpretationen der speziellen und der allgemeinen Relativitätstheorie durch Zeitgenossen*, Basel, Birkhäuser Verlag, 1990. Selon ces auteurs, le propre du pragmatisme de Vaihinger par rapport à celui de James est de reconnaître une utilité ou une opportunité à certaines idées, sans pour autant conférer à ces idées la moindre valeur de vérité.

Poincaré et James : un usage différent du « comme si »

Dans son ouvrage *Le pragmatisme*[63], James utilise l'expression « comme si » à maintes reprises, mais pour alimenter un regard sceptique sur la science. Il écrit par exemple :

> Tout se passe *comme si* la réalité se composait d'éther, d'atomes, d'électrons; mais rien de tout cela ne doit se prendre au pied de la lettre. Le mot « énergie », lui-même, ne prétend pas désigner quoi que ce soit d'objectif. Dans tous ces termes, il ne faut voir qu'une certaine façon de mesurer la surface des phénomènes, de manière à enfermer dans une simple formule toutes leurs variations[64].

Ici comme dans d'autres passages, le « comme si » sert à indiquer que la science est un langage plus ou moins « élégant » et « économique »[65], mais qui n'est rien d'autre qu'une manière de parler sans valeur objective. Le texte qui suit illustre parfaitement cet emploi jamesien du « comme si », qui sert à débouter les prétentions du discours scientifique à la « vérité » entendue comme image de la réalité. James indique ainsi que les notions d'atomes et d'éther n'ont pas de valeur de *vérité* car 1) les savants eux-mêmes les critiquent, 2) les théoriciens des sciences reconnaissent qu'il faut se limiter à dire : tout se passe comme si ces entités existaient, sans qu'il soit permis de les affirmer. En définitive, la science possède une valeur pratique seulement, au sens où elle nous rend « de prodigieux services » :

> S'il y avait un plus grand fonds de vérité dans les nouvelles notions sur les « choses », scientifiquement conçues – dans le monde des atomes et de l'éther –, comme ces notions auraient-elles pu soulever autant d'objections parmi les savants eux-mêmes? Les théoriciens de la logique scientifique ne cessent de nous répéter qu'on ne saurait prendre au pied de la lettre la réalité de ces entités et de leurs attributs, quelque exacte qu'en soit la notion. Tout se passe, disent-ils, *comme si* elles existaient; mais, à la vérité, elles ne sont, comme les coordonnées et les logarithmes, que des chemins de traverse nous permettant de parcourir de bout en bout, et au plus court, le flux de l'expérience. Grâce à eux, nous savons en déchiffrer le contenu avec profit; ils nous rendent de prodigieux services; mais il ne faut pas être leur dupe![66].

63. W. James, *Le pragmatisme*, trad. fr. E. Le Brun, Paris, Flammarion, 1918. Désormais cité *PR*.
64. *PR*, p. 198.
65. *PR*, p. 201.
66. *PR*, p. 177.

Pour James, dire : tout se passe comme si la réalité se composait d'atomes, cela revient à dire : la science et ses notions ne peut pas nous faire réellement connaître la réalité, mais simplement former des théories qui guident assez efficacement nos actions sur la réalité. Elle nous fournit seulement « des idées qui paient »[67]. Pour Poincaré en revanche, ce n'est pas parce que le savant se contente, par exemple, de raisonner *comme si* il y avait des atomes (« hypothèse indifférente ») ou de faire comme si l'éther existait, que la science est sans valeur objective. Le « faire comme si », chez Poincaré, est purement méthodologique. Il n'est pas l'aveu d'une limite du savoir scientifique, qui serait réduit, pour pouvoir décrire et prévoir les phénomènes, à simuler des entités qui n'existent pas vraiment. Bien plus, contrairement à James, Poincaré voit dans le faire comme si quelque chose de positif. Faire comme si le contenu de telle notion, de tel principe, était vrai, est ce qui permet à la science d'accomplir chacune de ses opérations essentielles, par exemple, comme on l'a vu, la présentation des faits ou encore la découverte de certains aspects du réel.

Les chapitres VIII et IX de *La valeur de la science* vont tout à fait en ce sens en montrant clairement que le « faire comme si » conditionne la pratique scientifique elle-même, comme pratique tournée vers la découverte de la vérité. Ces chapitres abordent le problème suivant : est-ce que les nouvelles découvertes scientifiques (par exemple sur les propriétés du radium) mettent en cause les principes habituels de la physique mathématique ? Devons-nous renoncer au principe de la conservation de l'énergie (selon lequel rien ne se crée), au motif que le radium apparaît comme « une source inépuisable de radiation » qui semble créer d'elle-même de l'énergie[68] ? De manière générale, les « dérogations » apparentes aux principes de la physique sont-ils un motif suffisant pour abandonner ces principes ?

Poincaré répond que ces dérogations pourraient n'être qu'apparentes. Par exemple, c'est peut-être faute de « voir » de manière assez complète la réalité microphysique qu'on interprète le radium comme en opposition avec le principe de conservation de l'énergie. En attendant que les expérimentateurs « aient tranché définitivement le débat », les savants doivent « continuer [leur] œuvre *comme si* les principes étaient encore incontestés »[69].

Pourquoi faire comme si les principes étaient incontestés alors qu'ils sont mis en doute par les nouvelles découvertes ? Cette attitude se justifie

67. *PR*, p. 199.
68. *VS*, p. 139.
69. *VS*, p. 141. Je souligne.

doublement selon Poincaré. Il y va d'une part de « notre activité [de savants] pendant cette période de doutes »[70]. En d'autres termes, les savants ne vont pas suspendre leur activité sous prétexte que les principes sont douteux. Faire comme s'ils étaient incontestés (tout en sachant qu'ils sont contestés) assure la continuité de l'« activité » scientifique. Cette attitude est d'autant plus légitime que pour l'instant rien n'assure que les principes seront un jour déboutés : « Rien ne prouve encore qu'ils ne sortiront pas de la lutte victorieux et intacts »[71].

D'autre part, même si certaines expériences apportent un jour un démenti aux principes employés, il ne seront pas annulés pour autant : il faudra seulement restreindre leur domaine d'application, ils perdront en généralité. Qu'un principe admette des exceptions ne le remet pas en cause. Le critère décisif pour évaluer la valeur d'un principe, ce n'est pas sa stricte conformité à l'expérience ou sa « vérité », mais sa « fécondité » : « Si un principe cesse d'être fécond, l'expérience, sans le contredire directement, l'aura cependant condamné »[72].

Un principe est fécond si et seulement si son application augmente le champ des connaissances. Autrement dit, dans le domaine scientifique, le principe doit favoriser la découverte des faits et des lois. Si, au bout d'un certain temps, il ne fait plus rien découvrir, il cesse fécond et peut être délaissé pour se motif. Aujourd'hui, on peut dire que le principe de conservation de la masse a été fécond autrefois, pour Lavoisier par exemple : il lui a permis de découvrir l'oxygène. Mais ce principe est devenu inopérant en relativité restreinte, et n'est plus fécond depuis un siècle.

Dans l'attitude consistant à « faire comme si » un principe était valide, parce qu'il est fécond, il y va, selon Poincaré de la « pratique » scientifique elle-même, tournée vers la découverte des faits et des lois de la nature. Tant que les principes favorisent cette découverte, ils sont utiles et doivent être conservés. En d'autres termes, on doit faire comme s'ils étaient vrais, tout en sachant que ce sont de pures conventions :

> Le plus sûr dans la pratique [est] encore de faire comme si on continuait à y [aux principes] croire. Ils sont si utiles qu'il faudrait leur conserver une place. Vouloir les exclure tout à fait, ce serait se priver d'une arme précieuse[73].

70. *Ibid.*
71. *VS*, p. 147.
72. *VS*, p. 146.
73. *VS*, p. 147.

Tandis que James pointe l'emploi de l'expression « faire comme si » par certains savants pour refuser à la science sa prétention à l'objectivité et alimenter un certain scepticisme à son égard, Poincaré montre au contraire que « faire comme si » tel ou tel principe était crédible est la condition de possibilité de la pratique scientifique elle-même, tournée vers la découverte de la vérité, c'est-à-dire de la structure nomologique de la réalité [74]. Le pragmatisme de Poincaré est non sceptique. Le « faire comme si » n'est pas selon lui un pis aller. La science, quant à sa possibilité, l'exige comme sa condition même. Cette position sépare également Poincaré de Peirce.

Poincaré et Peirce ne donnent pas au « faire comme si » la même portée

Peirce implique le « faire comme si » à différents moments de la « méthode scientifique ». Rappelons que la méthode scientifique est pour Peirce une méthode de fixation des croyances, et que les croyances ne sont pas pour lui des contenus mentaux subjectifs et internes mais des dispositions à agir, des habitudes d'action. La fixation ou stabilisation de la croyance au moyen de la méthode scientifique suppose une première « hypothèse », celle de la réalité extérieure conçue comme pôle de stabilité ou de « permanence » :

> Il faut trouver une méthode par laquelle nos croyances ne soient déterminées par rien d'humain, mais par quelque permanence extérieure – par quelque chose sur quoi notre pensée n'ait aucun effet [75].

Au moins dans ce contexte, l'hypothèse de la réalité se présente moins comme un thèse ontologique que comme ce qu'il faut supposer pour que la méthode scientifique puisse espérer aboutir. La méthode scientifique vise à conférer stabilité aux croyances, ce qui n'est possible que si celles-ci peuvent s'accorder à une réalité supposée stable et indépendante des variations de nos opinions à son sujet.

L'entreprise de fixer la croyance réclame donc avant tout de procéder comme s'il existait bien une réalité stable sur laquelle « nous pouvons établir, en raisonnant, comment sont réellement et vraiment les choses » [76]. À cette hypothèse fondamentale, Peirce ajoute une seconde hypothèse, elle aussi condition de la démarche scientifique : « Cette hypothèse est

74. *VS*, p. 23-24.

75. C.-S. Peirce, *Collected Papers of Charles Sanders Peirce*, vol. I-VI, C. Hartshorne and P. Weiss (eds.), vol. VII-VIII, A.W. Burks (ed.), Cambridge (Mass.), Harvard UP, 1930-1958, vol. 5, § 384. Désormais cité, selon l'usage, *CP* volume.paragraphe.

76. *CP* 5. 384.

que les faits à notre portée sont susceptibles de rationalisation, et de rationalisation par nous »[77].

Peirce veut dire qu'avant même de chercher des hypothèses explicatives des faits par l'abduction, nous devons commencer par supposer ou par faire comme si les faits étaient « rationalisables », c'est-à-dire 1) susceptibles de recevoir une explication; 2) susceptibles de recevoir la seule explication vraie parmi une multitude d'explications possibles :

> Nous sommes contraints d'espérer que, bien que les explications possibles de nos faits soient au sens strict innombrables, notre esprit sera capable, entre un nombre fini de suppositions, de former la seule explication vraie des faits[78].

Certes, Peirce n'emploie pas exactement dans ce contexte l'expression « faire comme si », mais c'est bien de cela qu'il s'agit. Peirce souligne en effet que l'hypothèse en question : la rationalisation possible des faits, n'offre par elle-même aucune évidence. Nous devons faire comme si elle était vraie sans pouvoir nous assurer qu'elle l'est : « *Elle est ce que* nous sommes contraints d'assumer, hors de toute évidence qu'elle est vraie ». En effet c'est à cette condition seulement, ajoute Peirce, que nous pouvons « procéder à la construction d'une hypothèse » (*ibid.*). Le principe selon lequel les faits sont rationalisables fonctionne comme un principe régulateur dont il faut simuler la vérité pour pouvoir prétendre engager une recherche d'explication, qui commence par la « construction d'une hypothèse » ou l'« abduction ». L'abduction est la procédure par laquelle nous passons de l'observation de certains faits à la supposition d'une hypothèse qui, si elle était vraie, expliqueraient que les faits soient tels qu'ils sont. Peirce présente schématiquement cette procédure de la manière suivante :

> Le fait surprenant *C* est observé.
> Mais si *A* était vrai, cela irait de soi.
> Il y a donc des raisons de soupçonner que *A* est vrai[79].

Une fois formée l'hypothèse *A*, il s'agit de la tester. On doit alors procéder « comme si » l'hypothèse était vraie ou pouvait l'être :

> Une hypothèse est quelque chose qui apparaît *comme si* elle pouvait être vraie et *comme si* elle était vraie, et comme capable de vérification ou de réfutation par comparaison avec les faits[80].

77. *CP* 7.219. Je traduis.
78. *Ibid.*
79. *CP* 5.189.

Une fois une hypothèse explicative formée, il faut faire comme si elle était vraie pour pouvoir envisager ses conséquences en vue de confronter celles-ci à l'expérience au moyen d'un test. Si l'hypothèse passe le test, on l'ajoute alors à l'ensemble de nos croyances [81].

Évidemment, même si Peirce reconnaît au « faire comme si » un rôle positif dans la démarche scientifique, ce n'est pas dans les mêmes proportions que Poincaré qui, comme je tente de le montrer ailleurs, implique le « faire comme si » dans l'*ensemble* des opérations essentielles à la science (généralisation, démonstration, calcul, vulgarisation, etc.) [82]. En outre, il existe une différence essentielle entre le « faire comme si » de Peirce et celui de Poincaré (et de Vaihinger). Pour Peirce, le « faire comme si » s'applique aux hypothèses et il est provisoire seulement. Une fois l'hypothèse *A* testée, nous n'avons plus à faire comme si elle était vraie. Une fois entrée dans l'ensemble de nos croyances, elle n'a plus à être simulée mais elle est tout bonnement adoptée : nous nous basons sur elle pour agir, tant que rien ne la remet en cause.

Poincaré, lui, étend le « faire comme si » hors de la seule démarche conduisant à tester les hypothèses physiques, comme on l'a vu dans la seconde partie du présent article. En outre le « faire comme si » concerne chez lui certains énoncés qui ne sont pas provisoirement, mais *définitivement* indécidables, et qui ne se justifient qu'à titre de moyens nécessaires de l'activité scientifique. Par exemple, faire comme si le déterminisme absolu existait, ou encore supposer la « constance des lois », est selon Poincaré une « condition » de possibilité de l'opération de « prédiction » [83]. Il est en effet impossible de faire des inférences sur des états de choses passés ou futurs sans présupposer ou feindre que les lois restent les mêmes aux différents moments du temps. En d'autres termes, Poincaré développe une approche transcendantale du « faire comme si », en l'impliquant dans l'ensemble des opérations essentielles à la science, ce qui n'est nullement le cas de Peirce.

80. *CP* 1.120. Je souligne.

81. *CP* 2.755.

82. Dans l'ouvrage que je prépare actuellement : *Le pragmatisme de Henri Poincaré et de Hans Vaihinger*, je m'attache à donner une présentation exhaustive des diverses applications du « faire comme si » dans les sciences selon Poincaré, en montrant qu'il s'agit en fait d'un transcendantal, d'une condition de possibilité de l'activité scientifique elle-même.

83. *DP*, p. 51.

CONCLUSION

La philosophie du comme si de Vaihinger est la plus appropriée pour penser le « pragmatisme » de Poincaré. Comme Vaihinger, en effet, Poincaré considère que nous devons simuler la vérité de certaines idées, ou encore faire comme si elles étaient vraies, afin de mener à bien telle ou telle opération scientifique particulière. L'idée simulée reçoit ainsi une valeur opératoire ou pratique, et se justifie comme telle. En quoi cette position se rattache-t-elle au pragmatisme ? Le trait le plus général du pragmatisme est de décider de la valeur d'une idée *à partir de ses implications pratiques*. Chez Peirce, c'est la clarté de l'idée d'une part, sa crédibilité d'autre part, qui est mesurée à l'aune de ses conséquences pratiques. Chez James, c'est son utilité ou encore sa capacité à satisfaire une attente humaine. Chez Poincaré et Vaihinger, ce qui est en jeu, c'est la valeur scientifique d'idées en elles-mêmes dépourvues de prétention théorique. Le propre de nos deux auteurs est de justifier l'emploi, en sciences, de ce type d'idées pour leur commodité et leur fécondité. Ils s'attachent à manifester leur valeur opératoire ou « pratique » au sein des différentes procédures menées par le savant, tout en reconnaissant qu'elles ne peuvent prétendre par elles-mêmes à la moindre objectivité théorique.

BIBLIOGRAPHIE

BERTHELOT R., *Un romantisme utilitaire. Étude sur le mouvement pragmatiste, 1. Le pragmatisme chez Nietzsche et chez Poincaré*, Paris, Félix Alcan, 1911.

CEYNOWA K., *Zwischen Pragmatismus und Fiktionalismus. Hans Vaihingers « Philosophie des Als Ob »*, Würzburg, Königshausen & Neumann, 1993.

HEINZMANN G., « Henri Poincaré et sa pensée en philosophie des sciences », dans E. Charpentier, E. Ghys et A. Lesne (éds.), *L'Héritage scientifique de Poincaré*, Paris, Belin, 2006, p. 404-423.

HENTSCHEL K., *Interpretationen und Fehlinterpretationen der speziellen und der allgemeinen Relativitätstheorie durch Zeitgenossen*, Basel, Birkhäuser Verlag, 1990 ; sur le pragmatisme de Vaihinger, voir notamment p. 276-292.

JAMES W., *Le pragmatisme*, trad. fr. E. Le Brun, Paris, Flammarion, 1918.

– *La signification de la vérité*, trad. fr. L. Veil et M. David renouvelée par le collectif DPHI, Lausanne, Éditions Antipodes, 1998.

KANT, *Kritik der reinen Vernunft*, dans *Gesammelte Schriften*, herausgegeben von der Königlichen Preussichen Akademie der Wissenschaften, Berlin, 1902 *sq.*, rééd. Berlin, Walter de Gruyter, 1968 *sq.*, 29 vols. ; trad. fr. A. Renaut, *Critique de la raison pure*, Paris, Aubier, 1997, rééd. Paris, GF, 2001.

MILHAUD G., « Cournot et le pragmatisme scientifique contemporain », *Scientia*, vol. X, 1911, p. 370-380, rééd. dans *Études sur Cournot*, Paris, Vrin, 1927, p. 139-151.

PEIRCE C.-S., *Collected Papers of Charles Sanders Peirce*, vol. I-VI, C. Hartshorne and P. Weiss (eds.), vol. VII-VIII, A.W. Burks (ed.), Cambridge (Mass.), Harvard UP, 1930-1958.

POINCARÉ H., *La science et l'hypothèse*, Paris, Flammarion, 1902, rééd. 1968.

– *La valeur de la science*, Paris, Flammarion, 1905, rééd. 1970.

– *Science et méthode*, Paris, Flammarion, 1908, rééd. L. Rollet (éd.), *Philosophia Scientiae*, Cahier spécial 3, Paris, Kimé, 1999.

– *Savants et Écrivains*, Paris, Flammarion, 1910.

– « La morale et la science », dans *Dernières pensées*, Paris, Flammarion, 1913, rééd. 1963.

– *L'opportunisme scientifique*, L. Rollet (éd.), Basel-Boston-Berlin, Birkhäuser Verlag, 2002.

ROUSTAN D., « La science comme instrument vital », *Revue de métaphysique et de morale*, 22 e année, 1914, p. 612-643.

SCHOLZ W., « Kritischer Konventionalism und Philosophie des Als Ob », *Annalen der Philosophie und philosophische Kritik*, Band 4, 1924-1925, p. 253-263.

SMITH A., *Recherche sur la nature et les causes de la richesse des nations*, 2 tomes, trad. fr. G. Garnier, Paris, GF-Flammarion, 1991.

VAIHINGER H., *Die Philosophie des Als Ob. System der theoretischen, praktischen und religiösen Fiktionen der Menschheit auf Grund eines idealistischen Positivismus. Mit einem Anhang über Kant und Nietzsche*, Berlin, Reuther & Reichard, 1911/1920 (j'utilise ici l'édition de 1920).

– *La philosophie du comme si. Système des fictions théoriques, pratiques et religieuses sur la base d'un positivisme idéaliste, avec une annexe sur Kant et Nietzsche*, trad. fr. Ch. Bouriau de l'édition populaire et abrégée de 1923, *Philosophia Scientiae*, Cahier spécial 8, Paris, Kimé, 2008.

Vailati et Mach

Jacques LAMBERT

Je ne compte pas donner, dans les délais impartis, une étude serrée sur les rapports entre les écrits de Vailati et ceux de Mach. Je me conformerai plutôt au programme fixé par l'Académie Helmholtz :

> On interrogera en particulier l'usage des notions de tradition nationale et d'école de pensée en épistémologie et l'on se demandera si l'organisation des disciplines influence les problématiques scientifiques et philosophiques.

Je vais donc m'attacher à faire ressortir l'originalité (et l'importance négligée) du pragmatisme italien dans le cadre plus précis de sa revue *Leonardo.* Plus précisément encore à travers le prisme du plus attachant de ses représentants : Giovanni Vailati. Vailati étant un mathématicien, nous pourrons du même coup tenter de répondre à la dernière recommandation du programme concernant, en plus de l'originalité des traditions nationales, celle des disciplines. Enfin, dans un souci de contextualisation, je me suis posé la question suivante : A un moment précis et dans une certaine tradition, elle-même plus ou moins complexe, *que représentait le pragmatisme* ?

La réponse a d'abord été donnée par l'histoire du pragmatisme et par son initiateur lui-même, C.-S. Peirce, dont on connaît la boutade selon laquelle il y aurait autant de pragmatismes qu'il y a de philosophes pragmatistes. En 1908, c'est-à-dire l'année de la mort de W. James, Arthur Lovejoy, le promoteur de l'*history of ideas*, écrivait « The Thirteen Pragmatisms » [1]. Nous allons retrouver ces différences, pouvant s'amplifier jusqu'aux divorces, au cœur du pragmatisme italien.

1. Arthur O. Lovejoy, « The thirteen Pragmatisms », *The Journal of Philosophy, Psychology, and Scientific Methods*, vol. V, n° 1 (2 Janvier 1908), p. 5-12.

Enfin, et ce sera la tentative de réponse à la dernière recommandation du programme, celle concernant les écoles de pensée à l'intérieur même des traditions nationales, je voudrais faire part d'un paradoxe qui se trouve au centre des rapports entre la pensée de Vailati et celle de Mach. Précisons. Ce qui a déclenché et motivé l'entreprise du cercle des pragmatistes italiens, c'est d'abord et avant tout une violente réaction contre le positivisme traditionnel. Cette réaction fut polymorphe. Elle a pris, dans les pays latins, pour des raisons idéologiques et dans le contexte politico-religieux du moment, des formes particulières entraînant des malentendus. N'est-il pas paradoxal qu'Ernst Mach, qui fut à certains égards « le père du positivisme moderne », ne serait-ce que par le canal du *Wiener Kreis*, d'abord appelé *Ernst Mach Verein*, se trouve parmi les figures philosophiques et scientifiques les plus représentatives qui ont inspiré un pragmatisme en guerre ouverte contre le positivisme ?

Le même paradoxe rend compte du fait qu'en tâchant de comprendre ce que Vailati trouvait (et ne trouvait pas) dans l'œuvre de Mach, nous serons en mesure de discerner ce qu'il attendait du pragmatisme.

LE CONTEXTE DE *LEONARDO*

Il y a cent ans, à quelques semaines près, paraissait le dernier numéro de la revue *Leonardo*. Créée quatre années auparavant, en 1903, cette publication ne fut pas seulement l'organe de diffusion en Italie du pragmatisme (américain) mais, au dire de son créateur-directeur, Giovanni Papini, la *forge* d'un pragmatisme italien [2].

C'est donc en 1903 que *Leonardo* voit le jour à Florence dans un esprit polémique voire provocateur. Ses deux fondateurs, Giovanni Papini et Giuseppe Prezzolini, âgés respectivement de 22 et 21 ans, signent sous des pseudonymes (Gian Falco et Giuliano il Sofista) des articles et des comptes rendus d'ouvrages rédigés pour lutter « contre le vieux rationalisme ». Lorsqu'en 1906, Papini rencontre Bergson à Paris en quête d'une Préface au livre qu'il compte publier sur le pragmatisme aux éditions Alcan, ses idées ont déjà évolué. Il faudra attendre 1913 pour que l'ouvrage paraisse mais en italien cette fois et surtout sur le mode d'un

2. Giovanni Papini, « Sul pragmatismo », dans *Opere. Dal « Leonardo » al futurismo*, A cura di Luigi Baldacci, Arnaldo Mondadori, Milano, 1977, p. 5 : « *La mia rivista, il "Leonardo", era diventata la fucina italiana del Pragmatismo* ». L'édition originale du *Pragmatismo* date de 1913. Elle est dédiée « *alla memoria del mio carissimo Giovanni Vailati che mi fu amico, fratello e maestro e al quale debbo di certo quel poco di buono che ci può essere nelle pagine che seguono* » (*Avvertimento*, p. 9).

retour sur le passé. Il sera dédié à la mémoire de Vailati décédé en effet entre temps. On y trouve exposés les motifs qui ont déterminé l'auteur à une adhésion aux thèses du pragmatisme. Ce qui frappe, c'est avant tout le rejet de la philosophie traditionnelle, un rejet exprimé dans un langage particulièrement imagé et combatif. Sur ce fond de refus et de révolte, sont présentées les thèses directement inspirées de William James : chasse aux fausses questions, analyse de l'expérience, rôle du langage, des croyances et de la volonté. Papini venait de découvrir le philosophe américain à l'occasion d'une étude de la prévision et de la prévisibilité [3]. Il fut immédiatement séduit par la substitution de l'analyse de situations concrètes aux spéculations de la philosophie traditionnelle régnante. À cela s'ajouteront très rapidement des thèmes plus personnels qui seront développés par la suite, notamment ceux concernant la croyance religieuse, l'Homme-Dieu, l'art du miracle, la métaphysique des métaphysiques, le pouvoir de l'homme sur lui-même et sur le monde, la primauté du particulier sur l'universel, du devenir sur l'être, de l'hétérogène sur l'homogène, de la qualité sur la quantité, de la force sur la matière. On reconnaît immédiatement dans ces formes d'opposition choisies parmi de nombreuses autres groupées en tableaux, une guerre déclarée au positivisme officiel sur lequel nous allons revenir et à une conception plus générale du savoir philosophique que le jeune philosophe dénonce, non sans ironie, comme une « conception pontificale du savoir ».

De son côté, Prezzolini évolue alors vers la recherche d'une foi qu'il peine à trouver et se rapproche de la philosophie bergsonienne.

En 1904 se situe la rencontre avec Giovanni Vailati, plus âgé qu'eux d'une génération puisqu'il a quarante et un ans. Celui-ci apportera à la revue ses compétences en matière d'histoire et de philosophie des sciences, principalement en logique et mathématique. Un quatrième membre s'est joint dans le même temps au groupe : Mario Calderoni, spécialiste de droit pénal, applique les méthodes du pragmatisme à l'étude de la morale, de l'économie et du droit [4].

Tels sont les quatre membres actifs de *Leonardo*, animés de motivations différentes mais unis pour mettre fin à certains dogmes et à certains styles de philosophie. En avril 1905, se tient à Rome le cinquième Congrès

3. « Teoria psicologica della previsione », *Archivio per l'Antropologia e l'etnologia*, vol. XXXII, fasc. 20, 1902, p. 351-375.

4. Mario Calderoni (1879-1914) après des études de droit et de philosophie du droit, venait de consacrer sa thèse (1902) à *La scienza positiva e i postulati del diritto penale*. Il délivra un cours libre à Bologne et à Florence. Il était en contact en France avec E. Boutroux, X. Léon, T. Ribot, les frères Halévy, et critiqua les philosophies de Croce et de Bergson. Il est l'auteur de *Disarmonie economiche e disarmonie morali* (Firenze, 1906).

international de Psychologie qui est l'occasion d'une rencontre avec William James dont la fameuse conférence sur *la notion de la conscience* rédigée et lue en français fut publiée dans le numéro de juillet-août de *Leonardo*[5]. Des contacts très importants furent pris par James avec les pragmatistes italiens qu'il cite à plusieurs reprises dans son œuvre, allant jusqu'à parler de Papini comme d'un « *real genius* » et l'appelant « *my companion in pragmatism* »[6]. Dans les conférences qu'il donna à Boston et à New York dans les derniers mois de 1906, James reprit deux métaphores utilisées par Papini dans *Leonardo* : celle du « déraidissement des théories et des croyances » et celle du positivisme comparé au corridor d'un grand hôtel donnant sur diverses chambres occupées aussi bien par un écrivain voulant mettre fin à la métaphysique que par un homme qui prie ou un chercheur dans son laboratoire[7]. C'est aussi le temps durant lequel la pensée du philosophe américain s'infléchit vers l'expérience religieuse.

On a compris que Giovanni Papini et Giuseppe Prezzolini, admirateurs de Bergson et en relation avec lui, se référaient principalement au pragmatisme de William James alors que Mario Calderoni et Giovanni Vailati, représentaient d'une certaine façon la composante épistémologique et logique du groupe et se référaient à celui de C.-S. Peirce. Le clivage entre les deux courants ou les deux méthodes apparut dès l'année 1904 après la publication par Calderoni de « Le varietà del pragmatismo » (*Leonardo*, novembre 1904) puis de « Variazioni sul pragmatismo » (*Leonardo*, février 1905). Prezzolini répliqua respectivement aux deux articles avec « Risposta a Calderoni » (*Leonardo*, novembre 1904) et « Il mio pragmatismo » (*Leonardo*, avril 1905). Vailati ne prit pas publiquement parti, pensant que ces divergences ne devaient pas compromettre les relations de travail et de camaraderie. Il répondit d'une manière générale par « *la distinzione fra conoscere e volere* » à l'irrationalisme croissant de Giovanni Papini. En avril 1907 la rupture était consommée avec la parution du dernier numéro de *Leonardo* intitulé « La fine ». Dans un « Adieu aux lecteurs » on parle d'une malheureuse union « avec les logiciens, les

5. Cette conférence, prononcée à Rome le 30 avril 1905, fut traduite et publiée en italien sous le titre « *La concezione della coscienza* », *Leonardo*, juillet-août 1905, p. 67-82. Elle a été reproduite dans *Philosophie*, 2000, n° 64, p. 3-14. Désormais citée *CC*, d'après la pagination de la traduction française (« La notion de conscience »).

6. William James, « G. Papini and the Pragmatist Movement in Italy », *Journal of Philosophy, Psychology and Scientific Method*, vol. III, n° 13, juin 1906, p. 328-341. Allusions encore à Papini dans *Pragmatism*, New York, Longmans and Green, 1907, p. 54, 79, 159, 257.

7. « [...] *una brutta parola, il disirrigidimento delle teorie e delle credenze* », *Leonardo*, 1905, p. 16, ainsi que la *teoria corridoio*, p. 47.

mathématiciens et avec les analystes qui sont devenus intolérants et qui par leur manque de tolérance sont incapables de comprendre le côté artistique et aventureux de notre œuvre » (*Leonardo*, avril 1907). De son côté, Vailati écrit à Papini le 17 juin de la même année :

> Le *Leonardo* m'a fait l'effet d'un malade abandonné par les médecins et négligé par sa propre famille ; les théosophes sont venus lui donner l'absolution et les saintes huiles. Je comprends ton besoin de « libération » mais pourquoi ne pas le libérer et le guérir, lui aussi ? [8].

Prezzolini avait déjà rejoint Benedetto Croce et *La Critica* avant de connaître d'autres aventures littéraires qui devaient le conduire aux États-Unis à l'Université Columbia. Papini, déjà versé dans le mysticisme qu'il ne devait jamais abandonner, rejoignait le groupe futuriste de Marinetti. Fréquentant par la suite Mussolini, il allait écrire un morceau d'anthologie à la gloire du fascisme (*Italia mia*, 1939) et représenter la délégation italienne en mars 1942 à Weimar lors du fameux Congrès de l'Union Européenne des écrivains.

Calderoni est mort en 1914 à l'âge de 35 ans. Avec Vailati il avait commencé une *Introduzione al pragmatismo* qu'il avait dû continuer seul après la disparition brutale de Vailati. L'œuvre devait rester inachevée [9].

Les deux variantes du pragmatisme américain que Calderoni avait identifiées en novembre 1904 sous les noms de « pragmatisme originaire » et de « pragmatisme dérivé », le premier, celui de Peirce, consistant à « rendre claires les idées », le second, celui de James se présentant comme une variante volontariste, ces deux variantes donc, s'étaient manifestées dans le pragmatisme italien sous les formes proclamées d'un « pragmatisme logique » et d'un « pragmatisme magique » suivant les expressions mêmes de Papini [10]. L'éditeur de la Correspondance de Vailati note avec raison, à la mort de Calderoni en 1914, cinq ans après celle de Vailati : « Avec sa mort se ferme définitivement la brève saison du pragmatisme italien » [11]. Eugenio Garin, cinquante ans après l'irruption de ce pragmatisme magique, parle de « futuristes par impuissance, irrationalistes par manque de sens commun, activistes par amour de la violence, amoureux de l'aventure par ingénuité infantile [...] » [12]. On aurait tort cependant de

8. Giovanni Vailati, *Epistolario 1891-1909*, a cura di Giorgio Lanaro, Torino, Einaudi, 1971, p. 453. Désormais cité *Epistolario*.

9. L'œuvre inachevée fut publiée par les soins de Giovanni Papini : M. Calderoni, G. Vailati, *Il pragmatismo*, Lanciano, Carabba, s.d. (1918).

10. « Sul pragmatismo », *Avvertimento*, p. 7.

11. *Epistolario*, p. 642.

12. Eugenio Garin, *Cronache di Filosofia italiana*, Bari, Laterza, 1955, p. 31.

se hâter de penser que le pragmatisme magique, par son attirance pour l'irrationnel, fut, à l'inverse du pragmatisme logique, un obstacle à la pensée scientifique. Sur un point au moins son influence fut favorablement reconnue. Bruno de Finetti, le représentant original de la théorie subjectiviste des probabilités, et lui aussi bien introduit dans les milieux fascistes, a reconnu dans son livre classique (*Probabilismo*, 1931) avoir été impressionné par le pragmatisme magique de Papini. On peut en effet reconnaître la pensée de l'auteur de « la théorie psychologique de la prévision » dans l'énoncé fameux de la thèse subjectiviste : « Je ne cherche pas pourquoi le *fait* que je prévois va se produire mais pourquoi *je* prévois que le fait va se produire »[13].

GIOVANNI VAILATI

Giovanni Vailati est né à Crema, près de Milan, en 1863, dans une famille aristocratique qui le fit bénéficier d'une culture classique très solide auprès de religieux à Monza puis à Lodi. On le trouve à dix-sept ans à Turin où il entre à la Faculté de mathématiques. En 1888, à vingt-cinq ans, après avoir suivi des études diverses, il possède un diplôme universitaire de mathématiques pures et un diplôme d'ingénieur. Il poursuit sa formation personnelle notamment en mathématiques (premier écrit en 1891 dans la *Rivista di matematica*) à Crema jusqu'en 1892, année durant laquelle il est nommé assistant du célèbre mathématicien Giuseppe Peano, dans la chaire de calcul infinitésimal, autour duquel brillait une prestigieuse école de jeunes mathématiciens dont il suffit d'évoquer les noms : Padoa, Pieri, Vacca, Burali-Forti. En 1895, il est nommé assistant du mathématicien Volterra en géométrie projective. Mais en 1899, Vailati opte pour l'enseignement en lycée qui lui laisse plus de temps pour des recherches à sa convenance. Nommé à Florence en 1903 après avoir enseigné dans diverses villes, il y rencontre Papini et Prezzolini et publie dès l'année suivante dans *Leonardo*. Vailati, qui a toujours été très intéressé par les problèmes de méthodes d'enseignement auxquels se mêlent bien souvent ceux de l'histoire des sciences et des techniques, fut appelé par le Ministère de l'instruction publique à faire partie, à partir de 1906, d'une commission de réforme de l'enseignement. Il n'aura pas le loisir de voir sa mission terminée : il meurt brutalement en mai 1909 à quarante-six ans.

13. Bruno de Finetti, *Probabilismo. Saggio critico sulla teoria della probabilità e sul valore della scienza*, Napoli, Perrella, 1931, repris dans *La logica dell'incerto*, Milano, Il Saggiatore, 1989, p. 4.

Vailati n'a pas écrit de livre mais des articles et comptes rendus dans plusieurs revues italiennes ou étrangères de philosophie, psychologie, sociologie. Sa parfaite maîtrise du français lui permettait de rédiger directement en langue française; par exemple son article sur « le rôle des paradoxes en philosophie » dans la *Revue de Philosophie* en janvier 1905.

VAILATI ET MACH

Commençons par dire que Vailati et Mach ne se sont jamais rencontrés. Mais il existe des points de contact entre les deux penseurs. À commencer par la correspondance. Celle-ci consiste en une douzaine de lettres écrites entre 1896 et 1907. Vailati lisant l'allemand mais l'écrivant plus difficilement, rédige ses lettres en français que Mach lit très bien. Le ton est toujours très respectueux et une certaine évolution se fait jour entre le « très estimé professeur » de la première lettre et le « cher maître et ami » de la dernière. L'intérêt théorique de cette correspondance est médiocre, la plupart de ces lettres étant de circonstances : envois de publications ou de comptes rendus d'ouvrages. Les sujets abordés se rapportent à l'histoire de la mécanique (Tartaglia, les armes à feu, la statique des Grecs). La réputation d'érudit de Vailati pousse Mach à lui demander s'il dispose d'un portrait de Grimaldi pour l'histoire de l'Optique qu'il entreprend.

Les contacts sont plus étroits lorsqu'il s'agit de la promotion des idées de Mach de la part de Vailati. Ce travail de promotion passe par deux types d'action : les comptes rendus des livres de Mach dans des revues italiennes; l'encouragement à la traduction de ces livres.

Du vivant de Vailati trois livres d'E. Mach ont été traduits :

1) Les *Populär wissenschaftliche Vorlesungen* traduites sous le titre *Letture scientifiche popolari* par T. Bongioanni, Torino, Bocca, 1900. Il s'agit des quinze *Vorlesungen* de l'édition de 1896.

2) *Die Analyse der Empfindungen* traduite d'après la troisième édition (1re : 1886) par Antonio Vaccaro et Camillo Cessi, Torino, Bocca, 1903.

3) *Die Mechanik* … traduite par Dionisio Gambioli sous le titre *I principi della meccanica*, préface de G. Vailati (XVI p.) Albrighi et Segato, Roma, Milano, 1908.

Dans une lettre à Papini du 6 octobre 1902, Vailati parle de G. Milhaud qu'il connaît et qu'il apprécie mais juge trop superficiel comme ses compatriotes! On ne peut le comparer, précise-t-il

> […] à la solidité et l'originalité de Mach, qui, je le déplore, commence à peine d'être connu en Italie et en France (il y a une dizaine d'années, alors que j'avais proposé à Hoepli la traduction de son *Histoire de la mécanique*, ce

dernier me répondit que cette œuvre n'était pas d'actualité. Et à présent Alcan ne veut pas publier la traduction française parce qu'il trouve qu'il y a trop de formules!!!) [14]. (La *Mécanique* sera traduite en français par Emile Bertrand pour paraître aux éditions Hermann en 1904).

Vailati publia des Comptes rendus de *Die Analyse der Empfindungen* (1900) dans la *Rivista di Biologia generale* en janvier 1901 ; de *Populärwissenschaftliche Vorlesungen* (1896) dans la *Rivista di studi psichici* en novembre 1896 ; d'*Erkenntnis und Irrtum* (1905) dans *Leonardo* en octobre 1905.

La « recensione » d'*Erkenntnis und Irrtum* est intéressante. Lorsque Vailati reçoit le livre dont il doit faire le compte-rendu, il écrit à Vacca, le 31 juillet 1905, qu'il y a beaucoup de choses très intéressantes mais présentées de manière fragmentaire et inorganique. Or, quelques jours plus tard, en août, il s'adresse ainsi à Papini :

> J'ai trouvé ici (à Florence) ... le volume de Mach (*Erkenntnis und Irrtum*) dont je t'ai parlé. À première vue, il m'avait paru être un « assemblage » (*un centone*) mais en le lisant à présent je le trouve beaucoup mieux que ce à quoi je m'attendais et de tous les écrits de Mach, il me semble le plus philosophique. Il est également très intéressant parce qu'il adopte nettement une position pragmatiste; sur certains points il serait curieux de comparer ce qu'il dit avec les phrases correspondantes de James; l'une pourrait sembler la traduction de l'autre (lui aussi parle de « la même étoffe », etc... avec les mêmes comparaisons que celles de la conférence de Rome) [15].

Cette citation est importante car Vailati y affirme la position nettement (*decisamente*) pragmatiste de Mach et parce qu'il est clair qu'il ne le range pas dans le clan des positivistes. D'autres documents corroborent cette façon de voir. Ainsi parle-t-il, dans une lettre à G.C. Ferrari, d'une direction nouvelle donnée à l'application de la psychologie à la critique des concepts scientifiques en citant Mach en Allemagne (sic), Pickler à Budapest, Eucken à Iena, Venn en Angleterre et Peirce en Amérique [16]. La citation a ceci de remarquable que c'est dans la conférence de Rome déjà mentionnée sur *la notion de conscience* que James critique assez durement le faux monisme

14. *Epistolario*, p. 328.
15. Vailati à Papini, août 1905, *Epistolario*, p. 429.
16. G.C. Ferrari, médecin, neurologue, psychiatre et psychologue fut assistant de Lombroso. Il réagit contre le positivisme et le scientisme de ce dernier. Il a traduit les *Principes de psychologie* de W. James en 1900 et *Les variétés de l'expérience religieuse* du même avec Calderoni.

> [...] du positivisme ou agnosticisme qui se pique de relever des sciences naturelles » pour proposer un « monisme tout à fait rudimentaire et absolument opposé au soi-disant monisme bilatéral du positivisme scientifique ou spinoziste [17].

Or c'est là très exactement la critique que Vailati adresse au monisme qui en vient à postuler l'existence d'une autre réalité métaphysique et qui n'a rien à voir avec cette « étoffe » dont parlait James à quatre reprises au moins et en conclusion de sa conférence et, qui plus est, à partir des mêmes analyses et des mêmes comparaisons que celles auxquelles se référait Mach. On notera en particulier les allusions au vertige si admirablement étudié par le physicien autrichien. Quant au faux monisme du positivisme « ancienne manière » se réclamant des sciences naturelles, il évoque sans le moindre doute dans la pensée de Vailati, le positivisme scientiste et métaphysique de Roberto Ardigò. Ce dernier (1828-1920), après la mise à l'*Index* de son œuvre inspirée de Pomponazzi, avait quitté les ordres en 1871 pour exposer une philosophie positiviste et scientiste dont le caractère spéculatif est confirmé par les titres de ses œuvres : *Il vero* (1891), *La ragione* (1895). Son monisme métaphysique reposait sur l'existence d'une « substance psychophysique ».

UN PRAGMATISME AVANT LA LETTRE

On peut parler d'une attitude pragmatiste déjà bien en place dans la pensée et dans le style de Vailati avant la découverte de Peirce. Elle s'est développée et précisée sous l'influence de deux penseurs principalement. Le premier, en importance et chronologiquement tout à la fois, fut Giuseppe Peano, une des gloires du monde mathématique d'alors, qu'il découvrit très jeune à Turin comme étudiant d'abord, et dont il fut l'assistant par la suite et le collaborateur de son fameux *Formulaire*. Nous reviendrons sur cette influence. Le second penseur qui marque le jeune Vailati fut précisément Ernst Mach dont la *Mécanique* paraissait en allemand en 1883 lorsqu'il était étudiant à Turin. La mécanique occupe une place primordiale dans la formation des ingénieurs et fait aussi partie du cursus de mathématiques. Mais c'est surtout dans les années 1896-1899, toujours à l'Université de Turin, qu'il va pouvoir approfondir la pensée de Mach, à l'occasion de la préparation d'un cours d'histoire de la mécanique.

17. *CC*, p. 4.

CE QUE VAILATI TROUVE DANS MACH

L'épistémologie d'un savant

Dans les écrits de Mach, Vailati trouve d'abord l'épistémologie d'un savant, d'un praticien des sciences comme lui. Les philosophies officielles, le plus souvent universitaires, offrent peu d'intérêt pour la philosophie des sciences, quand ce n'est pas un désintérêt affiché. Ce qui se produit avec l'essor de la philosophie de Benedetto Croce dont l'idéalisme se détourne des « pseudo concepts » des sciences. C'est dans une espèce de « monde parallèle » que Vailati peut s'adonner à une activité philosophique : participation à des colloques de mathématiciens, de psychologues, de neurologues; implication dans des revues scientifiques italiennes ou étrangères. Quand les philosophies « officielles » s'intéressent aux sciences, c'est pour les intégrer ou intégrer leurs résultats dans des systèmes spéculatifs célébrant « la raison », comme c'est le cas avec R. Ardigò, « *il teologo del positivismo* » (Papini). À ces philosophies désuètes de la *raison*, les nouvelles philosophies de Peano, de Mach et du pragmatisme opposent une philosophie du *sens*. Bien qu'elles s'en défendent, les manifestations du positivisme officiel et académique sont encore des métaphysiques. Au delà du « cas » national Ardigò, c'est le positivisme alors très en vogue internationalement de Herbert Spencer qui est visé. Face à ces systèmes, de nombreuses citations de Vailati montrent le renouveau de la philosophie des sciences en train de se produire par une nouvelle orientation et de nouvelles méthodes dont on a un exemple avec l'œuvre originale de Federigo Enriques parlant lui-même à son sujet d'un « positivisme critique » que d'autres qualifieraient de « pragmatisme »[18]. Or, comme Enriques lui-même qui réactualisait la critique positiviste, tous les artisans de ce renouveau de la critique scientifique étaient majoritairement des hommes de sciences : Peano, Mach, Duhem, Poincaré, Pearson, Peirce, Jevons, etc. Dans le cercle rapproché de Vailati, il s'agit de mathématiciens, physiciens, chimistes, neurologues, psychologues, criminalistes. Réalisée et développée par des praticiens, la nouvelle critique philosophique des sciences s'intéresse avant tout aux méthodes, à l'usage des

18. Federigo Enriques (1871-1946), mathématicien, historien et théoricien des sciences, a laissé une œuvre originale et très importante. Mathématicien formé à Pise, on lui doit une théorie générale des invariants des surfaces algébriques. Ses *Lezioni di geometria proiettiva* (Bologna, 1898) ont été souvent traduites et rééditées. Vailati fera le compte rendu de ses *Problemi della scienza* (Bologna 1906) dans *Leonardo*, IV, août 1906, repris dans G. Vailati, *Scritti filosofici*, a cura di Giorgio Lanaro, Firenze, La Nuova Italia Editrice, 1980, p. 259-264. Désormais cité *Scritti filosofici*.

concepts, à la valeur des opérations, aux instruments logiques et au langage de la recherche.

L'épistémologie d'un mécanicien

Vailati, ingénieur et mathématicien, s'est très tôt familiarisé avec la mécanique. Rappelons que Turin n'était pas seulement une capitale des mathématiques avec Giuseppe Peano et son école dont faisait partie Vailati, mais également une ville dans laquelle une tradition « mécanique » était très fortement établie. On se bornera à rappeler que durant l'activité d'enseignant et de chercheur de Vailati à Turin, Vito Volterra (1860-1940) enseignait cette discipline au moment de ses célèbres travaux sur les équations des ondes cylindriques. Vailati sera son assistant pendant un temps. C'est par ses recherches sur l'histoire de la mécanique que Vailati découvre la philosophie de Mach. Plus spécialement en préparant trois conférences libres données au public turinois en 1897 et 1898 dans lesquelles il est aisé de trouver déjà les grands thèmes de son épistémologie à en juger par leurs seuls titres : *Sur l'importance des recherches relatives à l'histoire des sciences; La méthode déductive comme instrument de recherche; Quelques observations sur les questions de mots dans l'histoire de la science et de la culture*[19].

Dans le Compte rendu qu'il a fait d'un ouvrage sur *La science générale des formes organisées* d'un dénommé Giardina, le mathématicien oppose les mécaniciens aux naturalistes. Les mécaniciens ont naturellement le privilège de pouvoir envisager une plus grande simplicité de relations. Cet avantage ne va pas sans un autre qui est le fait qu'ils sont préparés intellectuellement à admettre un idéal de pure description. Ce n'est pas par hasard que Gustav Kirchhoff est cité. Le fameux exposé du physicien positiviste sur l'idéal scientifique d'une pure description (*Beschreibung*) se trouve dans les premières pages du premier volume de ses *Vorlesungen*, volume consacré à la Mécanique[20]. Ce rappel est prolongé par une considération sur la description indirecte chez Mach. Étant parvenus avant tous les autres savants à voir dans l'explication une simple description ou dans la pure description l'authentique explication, les mécaniciens sont habitués à analyser à fond les procédés logiques dont ils se servent et à les expliciter le plus clairement, le plus simplement et le plus complètement. Vailati

19. *Sull'importanza delle ricerche relative alla storia delle scienze*, Torino, Roux Frassati, 1897, repris dans *Scritti filosofici*, p. 43-58; *Il metodo deduttivo come strumento di ricerca*, Torino, Roux Frassati, 1898, repris dans *Scritti filosofici*, p. 59-92; *Alcune osservazioni sulle questioni di parole nella storia della scienza e della cultura*, Torino, Bocca, 1899, repris dans *Scritti filosofici*, p. 93-120.

20. Gustav R. Kirchhoff, *Vorlesungen über mathematische Physik*, Leipzig, B.G. Teubner, 1874, t. 1 (Mechanik), p. 1.

remarque d'ailleurs un chiasme intéressant dans le fait que c'est au moment où un idéal de pure description tend à s'imposer dans les sciences mécaniques et physiques que la biologie, science essentiellement descriptive depuis l'Antiquité, est en train de proposer des conceptions historico-causales avec l'essor du darwinisme [21].

L'épistémologie d'un mécanicien présente bien d'autres originalités aptes à séduire tout épistémologue et plus encore un positiviste critique, lui-même mécanicien et mathématicien. On se bornera à en citer deux.

À la différence de ce qui se produit en géométrie, on ne peut déduire en mécanique un corps de théorèmes à partir d'un principe unique. Pour construire ou reconstruire la statique ou la dynamique classiques, les mécaniciens ont dû s'appuyer sur trois ou quatre principes. L'histoire de la mécanique montre bien – et celle de Mach plus peut-être que toute autre avec son fameux principe d'économie de pensée – comment on a cherché à réduire le plus possible le nombre de ces principes en étendant d'autant leur portée. Mais la contrepartie de ces tentatives montre qu'aucun de ces principes ne peut être dit véritablement seul ni même premier. Tout principe admis comme premier peut toujours être dérivé de deux ou trois autres. Cette pensée de type axiomatique (saturation, non contradiction, axiomes de choix) s'accompagne d'un relativisme qui ruine la conception traditionnelle et rationaliste des principes qui reconnaissait une différence de nature entre les principes et les autres propositions. L'histoire de la mécanique, spécialement celle de Mach, était, à ce titre, une histoire pleine d'enseignements philosophiques.

La simplicité de la mécanique et l'apparent déterminisme de son histoire en font un domaine de choix pour le philosophe des sciences qui peut le considérer comme un laboratoire de philosophie des sciences. Vue sous cet aspect, *Die Mechanik in ihre historische-kritische Entwickelung dargestellt* est un modèle du genre. Toutes les réflexions de Mach sur l'histoire et la philosophie des sciences ont en effet été développées à travers l'étude de la mécanique. Celle-ci acquiert du même coup un statut privilégié que le XIXe siècle dans son ensemble lui reconnaissait d'ailleurs.

Une épistémologie historique

La dimension historique est en effet constitutive de l'épistémologie de Mach. Peut-il d'ailleurs en être autrement dans le cas d'un positivisme du XIXe siècle? Au dogmatisme et à l'immobilisme d'une raison philo-

21. G. Vailati, « Uno zoologo pragmatista. Recensione ad A. Giardina "Le discipline zoologiche e la scienza generale delle forme organizzate" », *Leonardo*, IV, octobre-décembre 1906, repris dans *Scritti filosofici*, p. 265-291.

sophique et abstraite, on oppose un psychisme sans cesse replacé dans son contexte historique et psychologique dans le but de montrer l'apparition, les fonctions et les transformations des concepts et des théories suivant les changements survenus dans les conditions qui les ont vu naître. On rappellera seulement le rôle déterminant de la lecture de Darwin pour comprendre ces apparitions et ces transformations à partir de besoins et de changements de besoins amenant l'intelligence à s'adapter aux circonstances. Tout le processus de la connaissance doit être compris comme un raffinement dans l'adaptation au milieu environnant, donnant lieu à des moyens intellectuels de plus en plus abstraits, de manière continue, depuis le levier et le plan incliné jusqu'aux équations de Hamilton-Jacobi. Cette conception essentiellement fonctionnelle renverse complètement la conception traditionnelle des facultés et des choses considérées absolument. Ce qui caractérise concepts et théories, c'est leurs fonctions à un moment donné de leur histoire. Ils apparaissent donc comme relatifs et non absolus, et par conséquent essentiellement révisables et périssables, à l'opposé des définitions absolues, nécessaires et universelles. Concepts et théories sont ainsi des instruments. D'autre part, il doit toujours être possible de refaire la genèse d'un concept; c'est là d'ailleurs la condition de son admission. Sont « métaphysiques » ces concepts dont nous sommes dans l'impossibilité de refaire la genèse à partir de l'expérience. Ainsi la reconstitution génétique sert de critère et se révèle comme une véritable méthode. Vailati et les pragmatistes insisteront particulièrement sur cet aspect. Le fameux principe de l'économie de pensée, qui résume pour beaucoup tout le positivisme de Mach, et provoquera l'ironie de Max Planck, est lui aussi, sans cesse utilisé par les mécaniciens qui tendent toujours à l'économie, autant dans l'usage des concepts que dans celui des symboles qui les expriment. Remplacer, résumer, épargner les expériences, telles sont les tâches que s'assigne la mécanique en s'inspirant des mathématiques; et sur ce point encore, l'expérience du mathématicien et la fréquentation de Peano ont précédé la lecture de Mach.

La dimension historique de la connaissance ainsi que le relativisme et le fonctionnalisme qui en sont des corollaires, conduisent aisément le philosophe à une représentation de type opérationniste. On le voit très bien encore avec l'histoire des concepts de la mécanique dans Mach. Dès 1868 dans un travail de mécanique, *Die Definition der Masse*, tous les thèmes machiens étaient en place à partir d'une critique « historique-critique » de la définition « absolue » newtonienne de la masse : « La quantité de matière est mesurée par le produit de sa densité par son volume ». Après avoir montré le caractère tautologique de cette définition, pourtant déjà donnée en termes de mesure, le physicien propose une définition nouvelle, dynamique (non statique), relationnelle, opérationnelle, contextuelle : « Le rapport des masses de deux corps est le rapport inverse de leurs accélérations respectives prises avec un signe négatif »[22]. Cette même conception conduit à remplacer toutes les questions telles que : « qu'est-ce ? » ou « qu'est-ce que ? » par : « que veut-on dire ? ».

Enfin, l'histoire de la mécanique contribue à mettre en pleine lumière l'importance de la prévision et l'élimination des faux problèmes.

L'importance de la prévision est inhérente à cette pensée fonctionnelle et opérationniste qui se demande sans cesse : « que veut-on dire ? », « pour remplir quelle fonction introduit-on tel terme ? », « que se passera-t-il si ? ». C'est un élément fondamental de la méthode pragmatiste qui radicalise l'emploi des *Gedankexperimente* analysées par Mach. Vailati insiste également sur la prévision au point de définir la loi négativement comme une limitation apportée à nos attentes et à nos prévisions.

Une telle méthode doit par ailleurs permettre une chasse efficace aux faux problèmes et aux concepts vides, imprécis ou généraux. Vailati a consacré une importante étude à la question des faux problèmes et recourt à ce propos et selon son habitude à un exemple simple et imagé : celui d'un enfant qui se demande où est le vent quand il ne souffle plus.

Ces rappels de thèmes et d'éléments de l'épistémologie machienne ne visent évidemment pas à donner une présentation de cette dernière mais simplement à montrer ce qu'on peut retrouver de Mach dans les publications de Vailati tout en replaçant ces éléments dans le contexte plus large de la mécanique et de ce qu'elle pouvait représenter à la fin du XIXe siècle. Sur ces points essentiels, Vailati se trouve en accord avec le physicien autrichien et il serait naturellement possible et souhaitable, dans une étude plus détaillée, de le montrer en citant et en développant les textes les plus pertinents de Vailati. On préférera compléter cette contribution en montrant ce qui distingue l'épistémologie de l'un de celle de l'autre.

Ce qui distingue Vailati de Mach

La formation classique reçue par Vailati se retrouve d'abord dans son *style* : très longues phrases que l'on pourrait croire traduites du latin parfois, substantielles citations en latin ou plus souvent en grec qu'on chercherait évidemment en vain dans l'auteur de la *Mécanique*. Les philosophes classiques et surtout anciens sont largement sollicités pour

22. J. Lambert et A. Métraux, « Sur la définition de la masse », traduction, présentation et notes dans « Du rajeunissement de la mécanique chez Ernst Mach. Présentation de la traduction de deux articles de 1867-1868 », *Philosophia Scientiae*, 2003, vol. VII, cahier 2, p. 93-113.

montrer au lecteur la pertinence et toute l'actualité de leur pensée. La philosophie pragmatiste, l'analyse logique du langage, les paradoxes logiques, les procédures raffinées de l'argumentation sont volontiers montrés bien présents, voire mieux exposés dans les écrits des Anciens que dans les écrits les plus récents. Ce parti pris conduit l'auteur à s'attarder sur de longs passages d'Aristote, plus encore de Platon ou encore de Quintilien et à insister sur les écrits de Berkeley ou de Leibniz parmi les modernes[23]. Ce goût pour une réhabilitation de l'Antiquité vaut autant pour les sciences et les techniques que pour la logique ou la philosophie du langage.

Alors que le schéma positiviste de l'histoire de la pensée tend à montrer un éloignement progressif des zones de l'erreur par le progrès des méthodes rationnelles, Vailati considère la fécondité et le rôle éminemment positif de l'erreur tout au long de l'histoire des sciences. Les conférences de Turin sont pleines d'exemples montrant comment les sciences ont progressé en se servant de mots, d'images, de métaphores qui débordent largement des schémas habituellement admis et des canons de la logique. Plus généralement, la distinction entre le *modus ponens* et le *modus tollens* signifie que l'erreur nous apprend ce qu'il ne faut pas faire, si la vérité ne nous apprend pas ce qu'il faut faire. Thème largement répandu plus tard et ailleurs !

L'importance accordée au langage dans l'acquisition des sciences, étudié d'ailleurs aussi bien sur le plan psycho-pédagogique individuel que collectif avec l'histoire des sciences, rapproche plus cette épistémologie du pragmatisme que du positivisme. Ajoutée au goût de l'auteur pour les études classiques, elle le conduit à s'intéresser par exemple aux étymologies latines et scolastiques du vocabulaire classique de l'épistémologie par l'étude des verbes « induire », « déduire », « inclure »…

C'est plus encore sur le rôle de la déduction que le mathématicien se sépare du physicien. L'influence des mathématiques et plus spécialement de Peano est ici nettement identifiable. Dans la Préface du *Formulaire*, écrit, rappelons-le en français, excepté le cinquième volume « *in latino sine flexione* », on peut lire en effet :

23. C'est Giovanni Vacca (1872-1953) ami de Vailati et collaborateur de Peano qui publia les manuscrits inédits de Leibniz sur la logique et les mathématiques après consultation à la bibliothèque de Hanovre : « Sui manoscritti inediti di Leibniz », *Bolletino di bibliografia e storia delle scienze matematiche*, vol. II, octobre-décembre 1899, p. 113-116. Vacca attaqua frontalement l'idéalisme de Croce et reprocha au philosophe de parler des « pseudo-concepts » de la science en manquant de culture scientifique. Il fut par la suite professeur de chinois à l'université de Florence.

Car les relations de la logique ne sont pas seulement une tachigraphie pour représenter, sous une forme abrégée les propositions de mathématiques; elles sont un instrument puissant pour analyser les propositions et les théories [24].

La richesse et la fécondité des procédures déductives et leur pertinence en analyse constituent une critique radicale de l'inductivisme positiviste lorsqu'il ne considère la déduction que comme un second temps, celui de la preuve et de la mise en forme, après un premier temps inductif, le seul fécond. Tout au contraire, la déduction, et celle des mathématiciens au plus haut point, fait intervenir l'imagination et s'accompagne d'un raisonnement qui apporte des éléments réellement nouveaux. Là se trouve certainement l'originalité d'un pragmatisme « mathématique » italien : c'est-à-dire dans ces études des procédés des syllogismes et des méthodes déductives qui déroutent un peu parfois le lecteur pragmatiste d'aujourd'hui. Mais il fallait alors montrer la naïveté de la pensée d'une stricte observation des faits et d'une pure induction. Montrer que la science se construit et comment elle se construit par des raisonnements. C'est la raison pour laquelle Vailati, qui se déclare pragmatiste, considère Peano comme le penseur le plus important de son temps [25]. Même l'instrumentalisme, si aisément associé au positivisme, est interprété comme le fait de forger, toujours à l'aide de l'imagination et du raisonnement, des théories à tester. À l'opposé de l'inductivisme « naïf », qui véhicule l'idée d'une passivité fondamentale de l'esprit, l'épistémologie doit s'intéresser aux méthodes de l'esprit toujours actif dans l'acquisition des connaissances. S'il est vrai que l'empirisme critique de Mach est moins sujet à ces critiques que le positivisme traditionnel, il faut néanmoins corriger son inductivisme, en particulier en ce qui regarde l'idéal de *description* de la science. Celle-ci n'est pas un enregistrement. On le vérifie dans l'histoire des sciences avec le cas de la révolution galiléenne. Si révolution il y a, ce n'est pas, aux yeux de Vailati, par la promotion d'une expérimentation nouvelle ou du rôle nouveau accordé à l'expérience. C'est au contraire par le rôle nouveau accordé aux mathématiques et au pouvoir de déduction. Le « mathématisme » de Vailati va plus loin encore lorsqu'il écrit que la première science qui a existé a été la géométrie. Qu'en penserait Mach ?

24. G. Peano, *Formulaire de mathématiques*, Torino, Bocca, 1895, t. 1, Préface, p. VI.

25. Vailati, dans une lettre à Papini du 14 septembre 1908, déclare à propos des recherches logiques de Peano qu'elles « représentent indubitablement la contribution la plus importante à l*a théorie de la connaissance* qu'on a pu apporter depuis cinquante ans. Je ne voudrais pas te paraître fanatique si je te dis que cette contribution me semble supérieure à celle de Peirce, qui est pourtant très grande » (c'est Vailati qui souligne), *Epistolario*, p. 469.

Le point le plus délicat sans doute de la rencontre des deux penseurs reste celui du monisme. Le double aspect de l'objet de l'expérience chez Mach a peu à voir avec la « substance » postulée par Ardigò. Mais d'une manière plus générale, Vailati ne partage ni les conséquences ni les analyses de la genèse du monisme neutre[26]. Les conséquences exposées dans l'*Analyse des sensations* sont rejetées dans la mesure où elles aboutissent à la dissolution du sujet (le fameux « *das Ich ist unrettbar* ») en symétrie avec la décomposition de l'objet perçu. Nous devons avoir des raisons de penser qu'il existe un moi actif et présentant une permanence. Sur ce point Vailati s'est toujours intéressé à une psychologie qui tend à s'éloigner de toute métaphysique et en voyait une dans le monisme. Quant aux origines et à la genèse psychologiques du monisme neutre, on peut dire que Vailati, prudent également sur ce point, s'y intéresse peu, comme il s'intéresse peu d'ailleurs à la physiologie des sens. On a l'impression que pour ce logicien, il s'agit là d'une espèce d'« antéprédicatif » qui embrouille plus les problèmes qu'il ne les éclaircit. Il pense surtout que le monisme court le risque de substituer des moyens aux fins. Cette substitution avait été étudiée par Calderoni dans la morale avec ses analyses de l'avarice et de l'héroïsme, deux attitudes inégalement appréciées mais qui, l'une et l'autre substituent les moyens aux fins. Le monisme neutre, d'instrument qu'il semblait vouloir être devient inévitablement une doctrine. Les monismes sont même les philosophies qui nécessitent le plus le remède proposé par Peirce. Le critère de Peirce ne vient pas seulement compléter la philosophie des problèmes et des prévisions bien présente chez Mach en l'infléchissant vers le langage. Elle doit marquer une transformation plus radicale de la logique de la vérité dans celle du sens. Comme nous l'avons signalé plus haut à propos des définitions, le « qu'est-ce que ? » doit laisser la place au « Que voulez-vous dire quand ? ».

Appliquée aux questions, y compris dès lors aux questions métaphysiques, la « méthode pragmatiste » exige qu'en philosophie comme en science, la personne qui avance une thèse soit en mesure d'indiquer quels sont les faits qui devraient se produire si cette thèse était vérifiée et en quels cas ils diffèrent de ceux qui devraient arriver si elle n'était pas vérifiée. Plus simplement, le sens d'une théorie ou d'une thèse réside

26. Dans une lettre adressée à Franz Brentano du 24 mai 1901, Vailati écrit : « Sur la question de la distinction entre phénomènes physiques et psychiques, je n'approuve pas non plus entièrement les façons de voir du prof. Mach, et je crois qu'il *simplifie trop* la question, qui est beaucoup plus complexe qu'il semble le croire » (souligné par Vailati). *Epistolario*, p. 288. Vailati se rallie alors entièrement aux analyses de Gyula Pikler (université de Budapest) dont les vues exprimées dans *The Psychology of the Belief in Objective Existence* (London, 1890) étaient bien connues des pragmatistes.

uniquement dans les conséquences pratiques qui en résultent. La critique adressée au monisme doctrinal est alors celle de son « agnosticisme » affiché qui peut être interprété comme l'aveu de la reconnaissance de l'ancienne logique de la vérité. Avant Mach, le positivisme doctrinal s'était largement répandu dans le monde scientifique germanophone avec les célèbres « *ignoramus* » et « *ignorabimus* » du physiologiste berlinois Emil Du Bois Reymond et ses sept énigmes de l'univers. Mais l'histoire des sciences montre comment on a pu approfondir les questions relatives aux différents infinis au lieu de décréter que l'infini resterait à jamais une énigme pour l'esprit humain. Devant les problèmes concernant le libre arbitre ou la réalité du monde extérieur, il faut se demander si ce sont des problèmes réels ou des querelles de mots et voir quelles seraient les conséquences des propositions dans lesquelles figureraient ces concepts. En conclusion de son article sur *le rôle des paradoxes en philosophie*, Vailati s'en prend à cet agnosticisme abusivement tiré de l'idéal de la pure description de la mécanique. Il entend substituer à l'aveu d'une « impuissance radicale de la pensée humaine » « le signe d'un progrès dans la détermination de ce qui est et de ce qui peut être une explication, progrès que le superbe développement de la mécanique moderne a contribué dans une large mesure à rendre possible, et dont les autres secteurs moins avancés de la recherche scientifique ne tarderont pas à bénéficier à leur tour »[27]. On peut donc avancer que si Vailati loue Mach d'avoir justement fait la critique des métaphysiques et d'avoir su montrer que la philosophie mécaniste était l'une d'elles, il est prêt, à la différence de Mach et en bon pragmatiste, à examiner le sens de propositions réputées métaphysiques.

BIBLIOGRAPHIE

Œuvres de Giovanni Vailati

VAILATI G., *Scritti, Opere Complete*, 3 vols., a cura di M. Quaranta, Sala Bolognese, Arnaldo Forni Editore, 1987.

27. G. Vailati, « Il ruolo dei paradossi in filosofia » publié d'abord en français dans la *Revue de philosophie*, repris dans *Scritti filosofici*, p. 188-194. Citation p. 194. Pour être juste, on signalera tout de même que Federigo Enriques avait déjà amendé le jugement de son ami : « Il [Vailati dans un article] se plaît à trouver une opposition entre les pragmatistes et les positivistes, en ce que la plupart de ceux-ci sont agnostiques. Eh bien, cet agnosticisme, qui déplaît à M. Vailati, a été réfuté pour la première fois en Italie par une critique sur l'Inconnaissable de Spencer, et, savez-vous qui est l'auteur de cette critique? C'est M. Roberto Ardigò, le chef des positivistes italiens! », Lettre à *La Revue du mois* mars 1907, p. 371; reproduite dans *Epistolario*, p. 561.

– *Scritti filosofici*, a cura di G. Lanaro, Firenze, La Nuova Italia Editrice, 1980.
– *Epistolario 1891-1909*, a cura di G. Lanaro, introduzione di M. Dal Pra, Torino, Einaudi, 1971.
VAILATI G., CALDERONI M., *Il Pragmatismo*, a cura di G. Papini, Lanciano, P. Carabba editore, s.d. (1914).

Œuvres d'autres auteurs

BOZZI P., « Il pragmatismo italiano : Giovanni Vailati », *Rivista critica di storia della filosofia*, 1956, p. 149-173.
CALDERONI M., « Variazioni sul pragmatismo », *Leonardo*, III, Febbraio, 1905.
CAPPELLI R., *Vailati : una metodologia pragmatica al di là del pragmatismo*, Napoli, 1973.
CASINI P., *Alle origini del Novecento. Leonardo (1903-1907)*, Il Mulino, Bologna, 2002.
DAL PRA M., *Studi sul pragmatismo italiano*, Napoli, Bibliopolis, 1984.
FERRARI M., « Giovanni Vailati e l'epistemologia europea del primo Novecento » dans *I mondi di carta di Giovanni Vailati*, a cura di M. De Zan, Milano, Franco Angeli, 2000.
GARIN E., *Cronache di Filosofia italiana*, Bari, Laterza, 1955.
– « Giovanni Vailati nella cultura italiana del suo tempo », *Rivista critica di storia della filosofia*, XVIII, 1963, p. 275-293.
HARRIS H.S., « Logical Pragmatism and the Task of Philosophy in Peirce and Vailati », *Rivista critica di storia delle filosofia*, XVIII, 1963, p. 311-321.
JAMES W., « La notion de conscience », *Archives de Psychologie*, V, 1905, p. 1-12 ; rééd. *Philosophie*, 2000, n° 64, p. 3-14.
– « G. Papini and the Pragmatist Movement in Italy », *Journal of Philosophy, Psychology, and Scientific Method*, vol. III, n° 13, juin 1906, p. 328-341.
– *Pragmatism*, New York, Longmans and Green, 1907.
LOVEJOY A.O., « The thirteen Pragmatisms », *The Journal of Philosophy, Psychology, and Scientific Method*, vol. V, n° 1, 2 janvier 1908, p. 5-12.
PAPA E.R., *Il positivismo e la cultura italiana*, Milano, Angeli, 1985.
PASQUINELLI A., « Filosofia e scienza in Vailati e Peirce », *Rivista critica di storia delle filosofia*, XVIII, 1963, p. 322-331
PEANO G., *Formulaire de mathématiques*, 5 vols., Torino, Bocca, 1895-1908.
PEDRAZZI L., *Il pragmatismo in Italia*, Bologna, Il Mulino, 1952 (Vailati : p. 495-520).
ROSSI-LANDI F., « Materiale per lo studio di Vailati », *Rivista critica di storia della filosofia*, 1957, p. 468-485 et 1958, p. 82-108 (catalogue complet des écrits de Vailati y compris les inédits et bibliographie de 157 titres).
SANTUCCI A., *Il pragmatismo italiano*, Bologna, Il Mulino, 1963.
– « Vailati e il pragmatismo americano », *Rivista critica di storia delle filosofia*, XVIII, 1963, p. 338-353.

La légende des faits objectifs

Christiane CHAUVIRÉ

Pour maints auteurs, qui ne sont pas toujours, comme on pourrait le croire, des positivistes, les données de l'enquête sont les faits bruts, ou encore, pour prendre des expressions empruntées à Peirce, les « faits obstinés » (« *stubborn facts* ») ou les faits dans leur dureté (« *hard facts* »). Peirce, qui n'est pas positiviste en matière d'épistémologie, n'en insiste pas moins sur le caractère « ultime » des faits, c'est-à-dire leur indifférence à ce qu'on en pense ou ce qu'on en dit : le fait est ce qui me résiste, résiste à ma volonté d'en faire ou d'y voir ce que je veux, il s'agit d'une butée radicale. Ce caractère têtu se répercute notamment dans le jugement de perception, déclaré irrésistible, acritique et incorrigible, car il m'est imposé par la « force de percussion », « l'insistance », du percept, une insistance « entièrement irrationnelle » :

> Nous parlons de faits durs. Nous voulons que notre savoir se conforme aux faits durs. Or la « dureté » du fait réside dans l'insistance du percept, une insistance entièrement irrationnelle, l'élément de secondéité en elle. C'est un facteur très important de la réalité. Mais ce facteur ne se limite pas au percept [...] sinon par l'intermédiaire du jugement de perception qui tout pareillement contraint notre acceptation sans raison assignable [1].

Un propos qui n'est pas sans évoquer le « soubassement rocheux » sur lequel se recourbe la bêche de Wittgenstein dans les *Recherches Philosophiques* : lorsque toutes les raisons ont été données et les justifications épuisées, vient un moment où, selon lui, on ne peut rien faire d'autre que dire : c'est ainsi que les choses se passent, il en est ainsi, on ne peut

1. C.-S. Peirce, *Collected Papers of Charles Sanders Peirce*, vol. I-VI, C. Hartshorne and P. Weiss (eds.), vol. VII-VIII, A.W. Burks (ed.), Cambridge (Mass.), Harvard UP, 1930-1958, vol. 7, § 659. Désormais cité, selon l'usage, *CP* volume.paragraphe.

remonter en deçà du roc dur de la constatation. Ce roc dur (atteint il est vrai chez le second Wittgenstein au terme d'un mouvement épistémologiquement régressif, et non au départ d'une enquête), ainsi que les faits durs, peuvent sembler d'excellents candidats pour être le point d'ancrage évident de toute recherche, et fournir les « données » de l'enquête. Or, non seulement cela n'est pas évident, mais il reste encore à définir ou savoir ce qu'est un fait, ce qu'est ce sur quoi butent ma pensée et ma volonté, ce qui fait se recourber la bêche de Wittgenstein. Il s'avère alors bien vite que le plus souvent la littérature sur la connaissance présuppose la notion de fait comme bien comprise et élucidée alors que tel n'est pas le cas : elle est employée sans être précisée, généralement dans des expressions comme « les faits objectifs », ceux où n'entrerait aucun élément de subjectivité ou d'interprétation, et que l'on ne pourrait que constater pour construire à partir d'eux une enquête scientifique ou policière (pensons à l'importance de la notion de fait dans les romans d'Agatha Christie : comme pour le second Wittgenstein, les faits pertinents doivent être juxtaposés, mis en ordre ou plutôt disposés selon un ordre ou un autre, jusqu'à ce qu'on trouve un agencement éclairant qui résout l'énigme ; autrement dit : on n'a pas besoin d'interprétation, les faits suffisent – à condition d'être arrangés de façon appropriée – pour faire jaillir la lumière).

Tout le monde en réalité parle de faits comme d'une notion évidente, qui va de soi. Y a-t-il notion plus claire pour le sens commun ? Quiconque cherche à définir le fait ne va-t-il pas obscurcir les choses ? Ainsi, en déclarant au début du *Tractatus*[2] (en 1921) que le monde est « la totalité des faits, non des choses » et que le fait (*Tatsache*) est « ce qui est le cas », ce qui subsiste ou existe (*besteht*) quand la proposition correspondante est vraie, bref ce qui rend vraie la proposition quand il existe, Wittgenstein contribue-t-il moins à éclaircir la question de savoir ce qu'est un fait qu'il ne la suppose déjà résolue, sauf à prendre le § 1 pour une *définition* du fait : est un fait « ce qui est le cas », mais cela ne nous avance guère car « ce qui est le cas » reste une idée abstraite tant qu'on ne nous dit pas si « ce qui est le cas », vraisemblablement le réel empirique, est de nature phénoménale, sensorielle, ou physicaliste ; une chose semble en tout cas certaine, le fait doit avoir, selon cette entente, des contours aussi nets que la proposition qui l'exprime et dont le sens parfaitement précis ne demande qu'à être analysé logiquement pour s'avérer tel. Autrement dit, il n'y a pas de réalité du vague dans le *Tractatus*, une thèse que Peirce en son temps avait

2. L. Wittgenstein, *Logisch-Philosophische Abhandlung/Tractatus Logico-Philosophicus* (1922), trad. fr. G.-G. Granger, Paris, Gallimard, 1993. Désormais cité, selon l'usage, *Tractatus* numéro de l'aphorisme.

vigoureusement contestée et que Wittgenstein abandonnera dans sa seconde philosophie; Rorty dès le début des années 1960 y a trouvé matière à rapprocher les deux auteurs.

Mieux vaut alors se tourner vers des auteurs non positivistes, des philosophes du langage et de la logique comme Frege et Peirce, pour avoir une approche plus ouvertement linguistique de ce qu'est un fait. Ainsi, à peine en amont du *Tractatus*, deux ans avant sa publication, Frege n'avait-il pas tort d'écrire dans « La pensée » (1918-19) qu'« un fait est une pensée qui est vraie », et Peirce de dire qu'un fait est un extrait « si précisément abstrait » (au sens technique de l'abstraction « précisive »[3]) de la réalité que sa description tient exactement dans une proposition. Le fait est alors clairement conçu et défini par rapport au langage (ou à la pensée en un sens non psychologiste chez Frege) et à son découpage en propositions (soumises à la polarité du vrai et du faux) : celles-ci sont les unités sémantiques autonomes et complètes de base du langage aussi bien pour Frege que pour Peirce; le fait devient dans le *Tractatus* pour Wittgenstein la portion de réel isomorphe à la proposition ou à la pensée vraie; il s'agit d'une entité complète, bornée, à contours nets (comme dit Wittgenstein à propos du fait et de la proposition, leurs extrémités respectives se touchent); chaque proposition vraie pourrait être pré-fixée par « c'est un fait que » ou « c'est le cas que », un préfixe en l'occurrence redondant. Grammaticalement le fait, dans le *Tractatus*, est un état plutôt qu'un évènement ou une occurrence, ce n'est pas quelque chose qui « arrive » comme le dit une traduction française; c'est, dans la conception statique qui est celle du *Tractatus*, grammaticalement un état (est également un état l'état de choses, *Sachverhalt*, combinaison d'objets, et la situation, *Sachlage*, une variante de *Tatsache*) dont il est dit qu'il subsiste ou existe quand la proposition correspondante est vraie : façon pour Wittgenstein de définir solidairement les unes par les autres les quatre notions de fait, proposition, vrai, existe : « ce qui est le cas, le fait, est la subsistance d'états de choses »[4].

Les faits et les états de choses sont donc les vérificateurs des propositions. En 1930, Wittgenstein aura infléchi cette thèse dans un sens phénoméniste : les vérificateurs des « énoncés phénoménologiques » sont les phénomènes. Cette même année, relativement aux lois naturelles, qu'il

3. Sur l'abstraction chez Peirce, *cf.* E. Bourdieu, « Une conjecture pour trouver le mot de l'énigme », *Philosophie*, 58, 1998, p. 16. L'abstraction « précisive » diffère chez Peirce des deux autres modes de séparation (la distinction et la dissociation) ainsi que de l'autre forme d'abstraction, l'abstraction hypostatique. *Cf.* Ch. Chauviré, *L'Œil mathématique. Essai sur la philosophie mathématique de Peirce*, Paris, Kimé, 2008.

4. *Tractatus* 2.

traite de façon instrumentaliste, il affirme que nous n'en vérifions que des « coupes » (*Schnitte*) qui sont ce que nous observons réellement ; il ne fait là que développer ses penchants instrumentalistes du *Tractatus*. En tout cas une chose est sûre la notion de fait devient une notion *normative* en philosophie. On en retrouvera l'écho chez Brandom.

Mais le vrai *scoop* du *Tractatus* est de limiter les énoncés sensés aux énoncés strictement factuels, qui dépeignent un état de choses ou un fait en lui étant isomorphes ; un tel énoncé a pour sens l'état de choses au moins possible qu'il présente (*darstellt*) dans l'espace logique et qui le vérifie s'il existe, le falsifie s'il n'existe pas. De tels énoncés peuvent passer pour la base de la recherche scientifique, et c'est ainsi que les membres du Cercle de Vienne liront le *Tractatus*, comme un catéchisme positiviste et vérificationniste : comprendre une proposition, affirmait le *Traité*, est savoir ce qui est le cas quand elle vraie ; une proposition a du sens si et seulement si elle a des conditions de vérification ou de falsification, et ce sens réside entièrement dans ces conditions. Dont acte, pour les militants du Cercle. Mais rien dans le *Tractatus* n'était dit sur la nature empirique du fait ou de l'état de choses, ni sur le rapport cognitif, par exemple dans la perception, du fait et de l'agent qui appréhende un fait, rien n'est dit sur la « réalité » souvent invoquée, qui est ce que la science peut connaître certes, donc la réalité factuelle, ce qui reconduit les incertitudes touchant au fait ; s'agit-il de réalité phénoménale ou physicaliste ? On trouve en *Tractatus* 5.5561 la seule et unique occurrence du syntagme « réalité empirique ». Mais celle-ci peut se décliner en deux versions, l'une, phénoméniste, l'autre, physicaliste, en tout cas « la ligne zéro empiriquement identifiée » (pour reprendre l'expression de David Pears) peut se situer à divers endroits, les *starting blocks* peuvent être sur la ligne des *sense data* ou sur celle des objets physiques ordinaires, tables ou chaises. Et c'est un problème qui sera légué à Carnap, lequel construira la réalité dans l'*Aufbau*[5] à partir d'une « base auto-psychique », phénoméniste, avant de se convertir ensuite au physicalisme de Neurath.

En tout cas les empiristes logiques ont lu le *Tractatus* en un sens empiriste qui a prévalu, et fait école. Du coup ces mêmes auteurs, qui en tant que philosophes de la connaissance – ce que Wittgenstein n'était pas dans ce livre – ont eu à faire face au problème de la base de la science (censée être empirique) ou des données de l'enquête, devenu problème des énoncés de base ou encore énoncés protocolaires. Et c'est alors que les difficultés ont commencé car il n'y a pas eu consensus sur la question

5. R. Carnap, *Der logische Aufbau der Welt* (1928), trad. fr. Th. Rivain, *La construction logique du monde*, Paris, Vrin, 2001.

et Neurath, notamment, est venu compliquer la problématique empiriste : aucun face à face langage/monde n'existe à ses yeux, le langage faisant partie du réel, au lieu d'être quelque chose qui se réfère au monde de l'extérieur. Pour le physicaliste matérialiste Neurath, le langage est de toute manière chose matérielle, faite d'ondes sonores, ou de traces d'encre, ce qui lui vaudra l'objection de Schlick : ce qui est pertinent et opératoire dans le langage c'est sa « structure », non le fait qu'il soit fait de traits ou de sons matériels.

Selon le *challenger* Neurath, si les données de l'enquête sont des énoncés empiriques, des « constats » (*Konstatierungen*), ils ne sauraient être confrontés à une réalité non langagière (les « faits »), car on ne peut comparer un énoncé qu'avec un énoncé, et plus véridiquement qu'un système d'énoncés à un autre système d'énoncés, Neurath annonçant, chose bien connue, le holisme de Quine et la fameuse thèse de Duhem-Quine. Le principe de vérifiabilité, même sous sa forme faible, se heurte à l'objection cohérentiste de Neurath : on ne peut parler de vérification ni même de confrontation des énoncés par les faits car les faits observés sont toujours déjà rapportés dans des énoncés dits protocolaires, on ne compare le langage qu'à lui-même, on ne sort jamais du langage pour adopter un point de vue de Sirius d'où l'on verrait d'un côté le langage et de l'autre la réalité ; chose que le *Tractatus* en un sens proclamait déjà et que Neurath a simplement radicalisé et gauchi dans le sens du cohérentisme. Une telle tentative serait métaphysique, souligne Neurath dans *Physikalismus*[6]. « En restant dans le domaine fermé du langage on peut tout exprimer », écrit-il, une partie du langage peut parler d'une autre partie, le langage peut parler de lui-même sans sortir de lui-même : « il est impossible de revenir en arrière, en deçà du langage ». Il n'y a pas plus de métalangage à construire pour cela que chez les deux Wittgenstein. Ainsi il ne suffit pas d'être empiriste pour savoir ce que sont les données de l'enquête. On a plutôt l'impression que le problème des faits ne commence vraiment, au lieu d'être résolu, que lorsqu'on se situe ouvertement dans le cadre d'une philosophie empiriste ; contrairement à ce qu'on pourrait croire, l'empirisme pose plus de problèmes qu'il n'en résout, et c'est là sa richesse ; l'empirisme logique notamment a ouvert tout un champ de problèmes relatifs aux faits qui sont débattus à l'intérieur du Cercle dans les années 1930…

Notons d'ailleurs que Wittgenstein, dans sa seconde philosophie, procède à une révision qui peut paraître drastique, mais ne l'est pas au fond, du statut du fait, corrélative de la grammaticalisation des

6. O. Neurath, « Physikalismus », *Scientia*, 1931, p. 297.

mathématiques, en faisant des énoncés mathématiques des systèmes de règles qui conditionnent la forme de ce que nous appelons les faits dans nos descriptions scientifiques de la nature. C'est que dans la lignée de Poincaré et de Hertz, les faits mêmes se teintent de convention ; sans être évidemment inventés ou construits, ils dépendent quant à leur forme d'une armature de règles qui les encadre et dont la nature est en partie optionnelle, en partie imposée par la nature des choses. Les règles de la grammaire sont moins imposées par les faits qu'elles ne contribuent à déterminer ce que nous appelons un fait. Ce retournement apparent est bien entendu lié à l'influence de Poincaré, lequel néanmoins se démarquait du conventionnalisme plus radical de Le Roy en affirmant que « tout ce que le savant crée dans le fait est le langage dans lequel il l'énonce »[7]. Comme on le voit, le constructivisme en matière de fait scientifique n'est pas une nouveauté ; le cohérentisme non plus, car, avant Quine et Neurath, Duhem avait affirmé que ce qui est confronté à l'expérience n'est pas un énoncé isolé mais, solidairement, tous ceux d'une théorie. Ainsi les données de l'expérience sont-elles plus difficiles à cerner que l'on ne croit si on persiste à invoquer les faits, l'expérience, la réalité empirique, etc. ; le fait isolé ne devient en tout cas une donnée de l'enquête que solidairement avec d'autres et il est déjà imprégné ou chargé de théorie. Peut-on distinguer alors de façon nette énoncés théoriques et énoncés observationnels ? Depuis longtemps on sait que certaines observations sont guidées par une hypothèse à tester ou par une théorie dominante, fût-elle implicite, ou par le sens commun ; même à l'intérieur du Cercle de Vienne, contrairement à ce qu'on croit[8], s'est finalement fait jour l'idée qu'on ne saurait tracer de démarcation stricte entre énoncés d'observation et énoncés théoriques, et aussi, avec Carnap, que notre prise cognitive sur les faits est conditionné par un cadre langagier choisi par le locuteur. La première de ces idées est un thème qu'exploitera l'épistémologie post-positiviste influencée par Wittgenstein, avec des auteurs comme Hanson, Toulmin, et Kuhn.

Mais il est vrai que déjà, chose moins connue, Claude Bernard, apôtre de la méthode expérimentale, et Peirce, dans sa théorie de l'abduction, affirment que l'observation est dirigée par une théorie toujours déjà là, ce que Popper réaffirmera avec force au XXe siècle ; dans la théorie peircienne de l'abduction, le problème qui mène à la découverte scientifique

7. H. Poincaré, « La science est-elle artificielle ? », *La valeur de la science*, Paris, Flammarion, 1970 (1905), p. 162.

8. Comme le proclame Jacques Bouveresse en 1973 dans « Le positivisme logique », *Le XXe siècle, Histoire de la philosophie*, vol. VIII, Paris, Hachette, p. 82, dans le cadre d'une polémique contre les bachelardiens français de l'époque.

commence, pour le dire dans les termes de Kuhn, avec la perception d'une anomalie, d'un « fait surprenant » ou, pour parler comme Popper avec une attente déçue, attente qui s'est formée dans le cadre d'une théorie préalable ou dans celui du sens commun (Mach ne définissait-il pas la connaissance d'une loi naturelle comme une restriction dans l'attente et dans les possibilités ?[9]) ; et si l'observation ne se fait que sur fond de théorie antérieure, les faits n'en sont pas totalement indépendants, contrairement à la légende objectiviste, mais en partie façonnés par elle, un point crucial dans l'épistémologie de Peirce, et qui n'est nullement l'apanage du constructivisme actuel. Chez Mach, le problème scientifique naît d'un désaccord entre les pensées (habituelles) et les faits, ou du désaccord des pensées entre elles[10], lequel se traduit par une gêne intellectuelle (les descriptions de la formation d'une hypothèse par Mach et par Peirce se ressemblent d'ailleurs, la fin de la croyance se marquant dans la théorie de l'enquête de Peirce par le doute présenté comme malaise épistémique[11]).

De même chez Bachelard, les faits scientifiques sont moins découverts que choisis (il y a des « faits privilégiés », écrivait déjà Bacon), débarrassés de circonstances négligeables (la couleur d'un projectile n'influe pas sur ses propriétés balistiques), remarqués (il y a des foules de faits que nous ne remarquons pas parce qu'ils ne correspondent à aucune idée préalable et ne sont pas chargés à nos yeux de signification), mesurés (exprimés quantitativement), interprétés (ainsi nous voyons une lampe s'allumer et nous disons « Le courant passe »), rectifiés (voire polémiques, car la perception d'un fait réfute bien souvent une théorie antérieure). Bref les faits scientifiques sont en grande partie des idées, le fait résulte, énonce Cuvillier dans ses manuels, de « la substitution de l'intelligible au sensible », comme l'illustre de façon exemplaire le plan incliné de Galilée. Mieux, il y a des pseudo-faits imprégnés de théorie que nous croyons observer mais qui n'existent pas, telle la prétendue « horreur du vide », que l'on croyait constater, avant les expériences de Torricelli et de Pascal. Le moins que l'on puisse dire, c'est que les faits scientifiques sont plus établis que constatés, même si, en un certain sens on ne peut s'empêcher de parler comme Peirce de dureté et d'obstination des faits qui s'imposent à nous.

Si les faits scientifiques résultent d'une élaboration, sont-ils pour autant précis, à bord nets ? Revenons au problème du vague légué par Peirce et travaillé par le second Wittgenstein. Ce problème surgit dès le *Tractatus* s'agissant des faits, et notamment des faits les plus élémentaires, des

9. Cf. *La Connaissance et l'erreur*, Paris, Flammarion, 1906, p. 371. Désormais cité *CE*.
10. *CE*, p. 253-254.
11. *Cf.* M. Girel, *Croyance et conduite dans le pragmatisme*, Thèse de doctorat Paris1, 2007.

« états de choses » : faut-il les considérer comme des entités à bord nets, correspondant à des énoncés dont l'analyse révélera un sens définitivement précis comme le suggère Rorty à propos des faits atomiques de Russell dans un article de 1961 où il compare Peirce et le Wittgenstein de la maturité sur la question de la réévaluation du vague ? Cela semble bien être le cas dans le *Tractatus*, mais le second Wittgenstein, faisant volte face sur ce point, considère à partir de 1929-1930 que le vague apparent de nos énoncés ordinaires, décrivant des faits ordinaires, est un vague réel et constitutif, loin de masquer, comme il l'avait cru dans le *Tractatus*, une précision qui existe en profondeur et que seule pourrait révéler l'analyse logique menée à son terme. Celle-ci devait, si elle avait été effectuée, exhiber un état complètement décomposé des phrases. Dans les *Recherches philosophiques*[12] en revanche, le second Wittgenstein fait droit au vague des énoncés ordinaires, affirmant qu'il ne nuit nullement à la communication ; ne faut-il pas en conclure alors que les faits correspondants sont eux-mêmes vagues, et même irrémédiablement vagues comme le disait Peirce à propos des percepts reflétés dans des jugements de perception dont le vague est inéliminable ? Aux yeux du second Wittgenstein, qui a répudié les questions ontologiques pour les grammaticaliser, la question ne se pose et ne se résout que de l'intérieur de la grammaire. Quant aux jugements de perception de Peirce, ils s'avèrent non seulement vagues, mais ultimes au sens que j'évoquais au début, c'est-à-dire ne demandant plus aucune explication puisqu'on ne peut remonter en deçà du percept qui s'impose irrésistiblement à nous. Les énoncés de perception ne sont pas seulement irrésistibles, acritiques et incontrôlés, ils sont aussi incorrigibles, et se confondent par ailleurs avec la conclusion d'une abduction dont ils ne diffèrent que par le fait de se situer en deçà de toute critique ; seulement ils ne prétendent rendre selon Peirce qu'un ASPECT du percept[13] ; nous retrouverons sous peu cette notion d'aspect que manient les philosophes sensibles à la psychologie de la Forme (Wittgenstein) ou à ses antécédents immédiats (Peirce).

La légende des faits objectifs (un amalgame de clichés scolaires pour manuels) fait eau de toutes part bien avant le constructivisme de la fin du XXe siècle, heureusement tempéré par Hacking. Mais, à l'opposé, la légende des faits entièrement construits n'en est pas moins une légende. Car, en définitive il y a bien toujours à un moment un « donné » dans

12. *Philosophische Untersuchungen/Philosophical Investigations* (1967), trad. fr. F. Dastur, M. Élie, J.-L. Gautero, D. Janicaud et E. Rigal, *Recherches philosophiques*, Paris, Gallimard, 2005.

13. *CP* 5.568.

l'enquête, un élément qui nous résiste et ne vient pas de nous, même s'il peut être facetté ou aspectualisé de différentes façons comme nous l'apprend le Wittgenstein de la maturité. Ce qui n'est pas sans jeter une étrange lumière rétrospective sur la notion tractatusienne de fait, laquelle y est déjà reliée à l'idée d'aspect. Derechef, que sont les faits du *Tractatus*? Les états de choses, pour commencer, sont des configurations d'objets, lesquels, loin d'être donnés à l'avance, ne sont rien avant d'être en combinaison et tiennent ensemble sans avoir besoin de glu ontologique; des configurations, mieux des aspects, voilà ce que sont les faits pour le premier Wittgenstein; et plutôt que de penser l'état de choses (fait élémentaire) comme une combinaison de choses (au sens tractatusien), mieux vaudrait selon Narboux penser les choses (au sens ordinaire) comme des états de choses, des configurations, des aspects; on assisterait alors dans le *Tractatus* (si Narboux a raison) à une élimination de l'objectité en faveur de l'aspectualité, ou à une réduction de l'objectité à l'aspectualité. Ainsi du cube de Necker : l'appréhender sous deux aspects différents (en relief ou en creux) n'est pas appréhender un seul objet conformément à deux sens d'appréhension différents, mais c'est percevoir deux aspects, c'est-à-dire *deux faits différents*, deux configurations différentes, insiste Wittgenstein[14]. Et c'est parce que Wittgenstein généralise à la science le phénomène de l'aspectualité dans sa seconde philosophie que l'empire des faits objectifs s'en trouve rétréci; ce que Copernic, Darwin, et Freud ont trouvé ne sont pas tant des faits nouveaux que des aspects nouveaux de configurations visibles depuis toujours, des aspects prégnants et éclairants qui les ont frappés comme des évidences et leur ont permis d'unifier une énorme quantité de phénomènes. Une telle vision de l'histoire des mutations ou révolutions scientifiques ne laisse pas intacte la notion tractatusienne de fait. Les faits astronomiques restent peut-être les mêmes avant et après Copernic mais leur aspect a changé avec la vision qu'a d'eux le savant polonais; ce qui provoque ou plutôt constitue une révolution scientifique n'est pas la « découverte » de « faits nouveaux » (de nouvelles planètes, de l'inconscient freudien), mais l'appréhension d'un aspect, d'une configuration inédite des choses (aspect qui n'était pas là avant d'être saisi). Ce qui fait la révolution copernicienne, c'est le changement d'aspect du monde lui-même qui prend une autre « physionomie ». Déjà d'ailleurs dans le *Tractatus* Wittgenstein défendait une philosophie des sciences plutôt conventionnaliste où la science physique classique apparaissait comme modelée *a priori* par le cadre des grands principes (causalité, moindre effort, conservation), ces « *Einsichten* » *a priori* « sur les façons

14. *Tractatus* 5.5423.

possibles de donner forme aux propositions de la science »[15], qui sont aussi des façons de donner forme aux faits mêmes, lesquels doivent pouvoir entrer dans cette grille de lecture. Le second Wittgenstein parlera, lui, de « systèmes de notation » ou de « normes de description » en eux-mêmes ni vrais ni faux, à adopter au départ d'une enquête scientifique, et qui vont déterminer ce qui, dans ce cadre, pourra être dit vrai ou faux, donc en un sens *fixer ce qui comptera comme fait*. Ces « systèmes de notation » prennent la succession de ce qui est évoqué dans le *Tractatus* comme des cadres conventionnels et *a priori* de théories ; ainsi la mécanique de Newton revêt dans ce livre le statut d'un « filet » jeté sur le monde dont les mailles auraient pu être plus grandes ou plus petites, mais dont la capacité à modéliser le réel dit bien quelque chose sur ce réel. Cela n'empêche pas Wittgenstein d'être « réaliste » au niveau des énoncés de perception : si je dis faussement qu'une chose est rouge, elle n'est, en tout état de cause, pas rouge.

La prise en compte de l'aspectualité en science par le second Wittgenstein nous mène loin de l'empirisme logique, de sa problématique de la base empirique de la science et de sa querelle des énoncés protocolaires, laquelle garde néanmoins sa pertinence à son niveau. Par contre le philosophe de Cambridge n'est pas si loin du principe de tolérance du Carnap de 1950 et de la détermination, par le choix d'un cadre linguistique en lui-même ni vrai ni faux (tout comme les « normes de description » ou les « systèmes de notation »), de ce qu'on va considérer comme entités pertinentes au sein d'une théorie ; construisant une théorie, nous choisissons le cadre dans lequel nous décidons de parler de certaines entités, sans toutefois considérer l'acceptation de ces entités comme autre chose que l'adoption de nouvelles formes linguistiques[16]. La nature en partie conventionnelle de tels cadres, et la distinction des questions internes et des questions externes (relatives au choix du cadre) témoignent d'une certaine proximité avec le Wittgenstein des jeux de langage et des systèmes de normes de description, impliquant qu'il y a beaucoup plus de raisons pratiques que de raisons théoriques à l'admission de tels cadres en science que n'en peuvent rêver les positivistes moins subtils et moins pragmatiques que Carnap. Pourtant même le Carnap de 1950 reste encore assez loin de Toulmin et des paradigmes ni vrais ni faux de Kuhn, héritiers du voir-comme wittgensteinien. Après Wittgenstein et après Kuhn, il est difficile de ne pas se dire que si, comme l'affirme Peirce, les faits sont ce

15. *Tractatus* 6.34.

16. R. Carnap, « Empirisme, sémantique et ontologie », dans *Signification et nécessité*, trad. fr. Fr. Rivenc et Ph. de Rouilhan, Paris, Gallimard, 1997, p. 325.

qui résiste à ce que vous et moi pensons à leur sujet, leur appréhension n'est pas indépendante de nos voir-comme théoriques. Les faits ne cessent pas d'exister quand on leur tourne le dos, mais pour autant on ne verse pas dans le constructivisme ni dans l'instrumentalisme le plus total en admettant que leur physionomie dépend de notre façon de les appréhender, laquelle n'est pas indépendante de ce que nous pensons d'eux ou plus globalement du monde. Et que le fait soit plus une norme ou un instrument de mesure qu'une donnée brute de l'enquête semble être encore un héritage de Wittgenstein.

Rorty[17] a fait un pas de plus en se ralliant à une forme extrême de pragmatisme qui lui semble suggérée par Wittgenstein et Dewey, et aux termes duquel « la dureté présumée des faits » n'est qu'« un artefact issu du jeu de langage choisi », en quoi il est très peu peircien. Selon lui le discours sur les « faits durs » est « masochiste » : avec l'idée (périmée) de la vérité-correspondance, « la tradition philosophique n'a cessé d'être habitée par le modèle d'une totale passivité comparable à celle de la page » sur laquelle s'imprime un texte. Quant à la « dureté des faits », elle n'est que « la dureté des conventions préalables qu'une communauté a adoptées sur les conséquences d'un évènement donné » (par exemple l'éclipse de la lune). Mais, peut-on rétorquer, « le donné comme tel » (l'impact des ondes lumineuses des lunes de Jupiter sur la rétine de Galilée) n'est-il pas « tout à fait réel indépendamment de l'interprétation qu'il reçoit ? ». Bien sûr que si : Rorty admet comme Peirce la réalité objective de l'impact causal, de la résistance physique brute, mais, souligne-t-il, cette fois inspiré par Davidson,

> il y a autant de faits introduits dans le monde qu'il y a de langages pour décrire cette transaction causale. Comme le dit Davidson, si l'explication est subordonnée à une description, il n'en va pas de même pour la causalité.

Il en tire la conclusion que « *les faits sont de nature hybride* ». L'énoncé d'un fait est causé à la fois par des stimuli physiques et par des choix antérieurs de réponses aux stimuli. La constatation de la variété des manières de répondre aux pressions causales selon les communautés conduit Rorty à un pragmatisme inspiré par Dewey qui apparente « le comportement linguistique au maniement des outils » et fait

17. *Objectivisme, relativisme et vérité*, trad. fr. J. P. Cometti, Paris, PUF, 1994, p. 86. Désormais cité *ORV*.

> du langage une façon de s'emparer des forces causales pour les utiliser à notre gré, selon des modalités d'adaptation, de nous-mêmes et de notre environnement, de nature à satisfaire nos aspirations [18].

Rorty a sans doute eu raison d'exalter, plutôt que notre passivité, la spontanéité de nos croyances et théories qui, plus qu'un voile entre nous et les objets, correspondent à « un système de moyens nous permettant d'utiliser à notre propres fins les forces causales de l'univers ». Mais on peut ne pas le suivre sur la pente du relativisme – tout est affaire de récits, tous les récits se valent – et maintenir une différence entre « la dureté des objets auxquels les chimistes ont affaire et la souplesse de ceux auxquels s'intéressent les critiques littéraires », entre la science et les humanités, différence qui n'existe pas selon lui : aucun objet n'est plus dur ou plus souple qu'un autre, mais il y a des institutions plus batailleuses que d'autres pour faire valoir leurs droits !

Peirce accusait certains philosophes, tel Hegel, de se livrer à un déni du réel en méconnaissant la réalité des Seconds (entités de la seconde catégorie en interaction causale et physique) qui sont d'une dureté et d'une obstination indéniables. Mais selon Rorty la dureté des faits est secondaire à, et dépendante de, celle des règles. Il ne méconnaît pas, et considère même comme irréductible, la dureté des faits, ce que Peirce nomme la Secondéité, mais à ses yeux les faits ne sont des faits que par rapport à une institution ou à un jeu de langage qui possède une réalité tout aussi indéniable que les faits qui lui sont subordonnés. Et c'est en combinant les influences de Dewey et de Wittgenstein qu'il obtient ce résultat, qui déconstruit la légende des faits objectifs.

BIBLIOGRAPHIE

BOURDIEU E., « Une conjecture pour trouver le mot de l'énigme », *Philosophie*, 58, 1998.

BOUVERESSE J., « Le positivisme logique », dans F. Chatelet (dir.), *Le XXe siècle, Histoire de la philosophie VIII*, Paris, Hachette, 1973.

CARNAP R., « Empirisme, sémantique et ontologie », dans *Signification et nécessité*, trad. fr. F. Rivenc et Ph. de Rouilhan, Paris, Gallimard, 1997.

CHAUVIRÉ Ch., *L'Œil mathématique. Essai sur la philosophie mathématique de Peirce*, Paris, Kimé, 2008.

GIREL M., *Croyance et conduite dans le pragmatisme*, Thèse de doctorat Paris 1, 2007.

MACH E., *La Connaissance et l'erreur*, Paris, Flammarion, 1906.

18. *ORV*, p. 87.

PEIRCE C.-S., *Collected Papers of Charles Sanders Peirce*, vol. I-VI, Ch. Hartshorne and P. Weiss (eds.), vol. VII-VIII, A.W. Burks (ed.), Cambridge (Mass.), Harvard UP, 1930-1958.

POINCARÉ H., *La valeur de la science* (1905), Paris, Flammarion, 1970.

RORTY R., *Objectivisme, relativisme et vérité*, trad. fr. J.-P. Cometti, Paris, PUF, 1994.

WITTGENSTEIN L., *Logisch-Philosophische Abhandlung/Tractatus Logico-Philosophicus* (1922), trad. fr. G.-G. Granger, Paris, Gallimard, 1993.

– *Philosophische Untersuchungen/Philosophical Investigations* (1967), trad. fr. F. Dastur, M. Élie, J.-L. Gautero, D. Janicaud et E. Rigal, *Recherches philosophiques*, Paris, Gallimard, 2005.

*Peirce, épistémologue de la vertu ?**

Pierre Édouard BOUR

INTRODUCTION

Ce texte porte sur la question de savoir si l'on peut ranger Peirce parmi les représentants de ce que l'on appelle l'*épistémologie de la vertu*. Cette question n'est pas uniquement classificatoire, et je souhaiterais qu'on ne l'interprète pas dans le sens d'un « choisis ton camp », ni dans celui d'ailleurs, généalogique, d'un « cherchons-nous un grand ancêtre ». Je ne prétends pas faire de Peirce un précurseur (il y en a de réels, plus anciens, plus déclarés, plus influents). Je voudrais seulement essayer de montrer que, dans le paysage encore mal défini de l'épistémologie de la vertu, il peut jouer un rôle intéressant, constructif, le rôle d'un interlocuteur actif dans des débats contemporains, plutôt que celui, plus strictement décoratif d'un portrait dans une galerie d'ancêtres. Plus modestement, il s'agit d'étudier le rôle joué par les vertus épistémiques dans l'épistémologie peircienne.

On appelle *épistémologie de la vertu* le courant, en philosophie de la connaissance, qui attribue une place centrale au concept de vertu dans l'analyse des processus épistémiques (découverte, mais aussi évaluation). Il

* Ce travail a fait l'objet d'une première présentation lors de la séance du 4 mars 2005 de l'Académie Helmholtz. Je remercie les participants pour leurs remarques et demandes d'éclaircissements, ainsi que Roger Pouivet qui a relu une première version de ce texte avec bienveillance : les réactions et conseils de chacun m'ont été extrêmement profitables. D'une manière générale, ces réunions ont toujours constitué des occasions stimulantes, aussi bien intellectuellement qu'humainement. Au sein de cette amicale et docte assemblée, Jacques Lambert brille par son humour, sa curiosité, son érudition et sa clarté. Je suis aussi honoré qu'intimidé de lui présenter ce modeste hommage qui a davantage la forme d'un texte programmatique que d'un travail absolument achevé.

s'agit d'un courant récent en épistémologie [1] (une vingtaine d'années). Je commencerai par indiquer en quoi il consiste dans son approche la plus standard, et j'essayerai de montrer à quel genre de cas une analyse en termes de vertus épistémiques peut être appliquée de manière fructueuse. Mon opinion est que, si l'on considère les cas standard considérés en théorie de la connaissance, une telle analyse est trop forte, au sens où elle est trop exigeante. C'est au contraire pour des cas comme celui de la connaissance scientifique qu'elle peut être considérée comme intéressante. À partir de là, j'étudierai les points qui, dans l'œuvre de Peirce, relèvent de l'application d'une analyse de ce type à la connaissance scientifique. Avec Peirce, et tout en gardant à l'esprit que ses analyses portent sur une entité épistémique idéale, ce qu'il appelle « intelligence scientifique », j'essayerai de montrer que l'épistémologie de la vertu gagnerait à adopter un modèle de la connaissance qui ne soit pas subjectiviste : d'une part parce que faire de la possession par un individu de toutes les vertus épistémiques requises la condition nécessaire de la connaissance scientifique suffirait à rendre cette connaissance hautement improbable; d'autre part parce qu'une extension de l'agentivité épistémique à des groupes permet sans doute de mieux rendre compte de certains problèmes liés au contrôle rationnel et à l'équilibrage des vertus.

QU'EST-CE QUE L'ÉPISTÉMOLOGIE DE LA VERTU?

Pour qui s'attache à présenter les débats contemporains en philosophie de la connaissance, du moins dans la philosophie analytique [2], il est deux usages auxquels il est semble-t-il difficile d'échapper : partir du problème de la définition de la connaissance; considérer comme définition canonique de la connaissance celle, héritée du *Théétète*, qui l'identifie à la croyance vraie justifiée. Je ne ferai pas exception à la règle, mais me concentrerai sur la question de la justification [3] : une grande partie de l'épistémologie analytique a en fait porté, depuis plusieurs décennies, sur la

1. On prendra ici « épistémologie » en son sens anglo-saxon, c'est-à-dire celui de philosophie de la connaissance.

2. Voir, par exemple, pour une présentation de ce type, P. Engel, *Va savoir! De la connaissance en général*, Paris, Hermann, 2007. Désormais cité *Va savoir!*

3. Pour parler de connaissance, il est classique de considérer comme nécessaires trois conditions : la croyance (*S* croit que *p*), la vérité de cette croyance (*p* est vrai), et sa justification (*p* est justifié). Chacune de ces conditions est nécessaire mais non suffisante. Voir *Va savoir!*, p. 21-27. On s'intéressera donc ici à la troisième de ces conditions, en laissant de côté les redoutables problèmes posés par les deux autres.

question de savoir ce qui peut compter comme justification d'une croyance vraie, c'est-à-dire comme raisons de croire. De ce point de vue, deux solutions classiques existent, qui entendent donner les conditions dans lesquelles on est justifié à croire quelque chose : il s'agit du fondationnalisme et du cohérentisme.

Le fondationnalisme, que l'on fait traditionnellement commencer avec Descartes, repose sur l'idée qu'une croyance est justifiée si elle repose sur des croyances reconnues comme vraies de manière non-inférentielle, ou est elle-même une croyance de ce type [4]. La justification réside pour les fondationnalistes dans le rapport à des croyances qui ne résultent pas d'une inférence, mais dont l'évidence est saisie comme telle, ce qui doit permettre de mettre un terme à la régression de la justification et couper court au scepticisme. Cette approche se heurte malheureusement à de nombreuses difficultés. Sans pouvoir toutes les passer en revue ici [5], on peut cependant indiquer la forme classique qu'elles peuvent prendre. Je m'en tiendrai ici à deux critiques portant sur les croyances-fondements [6]. D'une part, on peut trouver à redire quant à l'idée de croyances *vraies non-inférentielles* : il semble en effet difficile de concilier *a*) l'idée que nos croyances-fondements sont non-inférentielles, et ne requièrent donc pas d'autres croyances, et *b*) l'idée que nous reconnaissons ces croyances comme vraies, dans la mesure où attribuer à p une valeur de vérité quand S croit que p semble supposer l'application de concepts, la formation d'un

4. On comprend en quoi les croyances infaillibles cartésiennes, à commencer par le *cogito*, soient souvent reconnues comme paradigmatiques dans une telle approche (avec toutefois un certain nombre de réserves : voir R. Fumerton, « Theories of justification », dans *The Oxford Handbook of Epistemology*, P.K. Moser (ed.), Oxford-New York, Oxford UP, p. 214 (désormais cité *TJ*), sur la pertinence de l'infaillibilité des croyances pour définir leur caractère non-inférentiel; voir également, quant à l'idée de fondement « absolu » de la connaissance chez Descartes, Ch. Bouriau, *Aspects de la finitude : Descartes et Kant*, Bordeaux, Presses Universitaires de Bordeaux, 2000). Les croyances expérientielles (je crois que j'ai mal parce que je fais l'expérience de la douleur) des empiristes anglais, ou la théorie de *la knowledge by acquaintance* de Russell, sont également de bons candidats.

5. Pour un examen des objections au fondationnalisme, voir *TJ*, p. 218; R. Fumerton, « Foundationalist Theories of Epistemic Justification », *The Stanford Encyclopedia of Philosophy*, 2005, http://plato.stanford.edu/entries/justep-foundational/ (désormais cité *FTEJ*).

6. Une série d'autres critiques porte sur le principe de justification inférentielle : le fondationnaliste doit supposer que, pour accepter de manière justifiée une croyance sur la base d'une autre croyance(-fondement), il doit non seulement être justifié à croire la seconde croyance (ce qui normalement ne pose pas de problème s'agissant de croyance-fondement), mais également à croire que cette seconde croyance rend la première acceptable. Or cette idée pose toute une série de problèmes que je laisse de côté ici (voir *FTEJ*, chap. 3).

jugement, et donc le renvoi inférentiel à d'autres croyances [7]. D'autre part, l'accès aux croyances-fondements non-inférentielles suppose souvent la possession d'une *intuition* particulière, intellectuelle ou empirique. Or, à supposer même que l'on considère la notion d'intuition comme non-problématique, il reste que, comme Peirce l'a montré [8], il reste à savoir comment nous avons l'intuition d'avoir des intuitions. Autrement dit, comme le dit Pascal Engel, « le problème n'est pas seulement que l'intuition puisse nous tromper, mais aussi que nous puissions nous tromper sur notre possession même de cette faculté » [9]. Toutes ces difficultés font du fondationnalisme une position difficile à tenir, même si l'exposé plus que succinct que je viens d'en donner ne rend évidemment pas justice aux formes variées de cette approche, lesquelles proposent des réponses solides aux critiques que j'ai mentionnées.

Le cohérentisme se présente comme une alternative au fondationnalisme, et repose sur une critique de sa thèse essentielle, à savoir l'existence de croyances de statuts différents (croyances-fondements et croyances dérivées). Pour le cohérentiste, une croyance est justifiée si elle est cohérente avec d'autres [10] croyances du sujet, c'est-à-dire si *a*) elle n'entre pas en conflit avec d'autres croyances du sujet (condition négative), et *b*) les autres croyances donnent des raisons d'accepter cette croyance (condition positive). Dans un tel schéma, on conçoit d'ailleurs que se perde l'idée fondationnaliste de croyances « absolument » vraies et justifiées : dans un système de croyances ouvert, toute croyance est par définition défaisable [11]. Là encore, toutefois, les difficultés ne manquent pas. Concernant la relation de « cohérence », tout d'abord, il est difficile de savoir en quoi elle doit consister : une simple absence de contradiction semble insuffisante (sans quoi une fiction constituée d'un ensemble cohérent de propositions fausses donnerait lieu à une connaissance) et une cohérence en termes d'explication (les autres croyances justifient la croyance parce qu'elles l'expliquent) nous expose à un risque de circularité, la notion d'explication étant elle-même une notion épistémique. Par ailleurs, il n'est

7. Argument de W. Sellars, *Science, Perception and Reality*, London, Routledge and Kegan Paul, p. 131-132.

8. C.-S. Peirce, « Questions concerning certain faculties claimed for man », 1868, dans *Collected Papers of Charles Sanders Peirce*, vol. I-VI, Ch. Hartshorne and P. Weiss (eds.), vol. VII-VIII, A.W. Burks (ed.), Cambridge (Mass.), Harvard UP, 1930-1958, vol. 5, § 213-224. Désormais cité, selon l'usage, *CP* volume.paragraphe.

9. *Va savoir!*, p. 35.

10. Et non avec toutes les croyances du sujet, ce qui semble une exigence beaucoup trop forte et, somme toute, irréaliste.

11. Le holisme de Quine est un bon exemple de conception cohérentiste et faillibiliste. Voir *Va savoir!*, p. 40-41.

pas évident de spécifier en quoi consiste le système pertinent des autres croyances par rapport auxquelles une croyance est justifiée. Enfin, si le critère de la justification est purement interne, comment traiter les croyances empiriques, dont le lien avec les autres croyances est souvent ténu, et dont, par ailleurs, nous hésiterions à dire qu'elles sont justifiées en vertu d'un critère purement interne, c'est-à-dire sans tenir compte de notre relation au monde [12] ?

Fondationnalisme comme cohérentisme semblent donc devoir faire face à des difficultés multiples, et être difficilement en mesure de nous aider à comprendre en quoi consiste la justification de nos croyances. De sorte que ces deux approches se prêtent à ce à quoi elles sont précisément sensées répondre, à savoir la critique sceptique, puisque nous ne semblons pas capables avec elles de fournir une bonne justification de nos connaissances. C'est pourquoi on en est venu à tenter une autre solution rompant radicalement avec la problématique de la justification, et lui substituant celle de la *garantie* : il s'agit du *fiabilisme*, qui repose sur l'idée selon laquelle notre connaissance est garantie si elle est acquise dans des conditions normales à l'aide de processus cognitifs fiables. Il s'agit bien là d'une rupture quant à la manière d'envisager la connaissance, puisqu'on la considère comme non-problématique en tant que telle, ce que révèle l'opposition justification/garantie [13]. Au lieu d'adopter une posture défensive, qui considère les doutes sceptiques comme légitimes, on part d'une position de confiance quant à nos processus d'acquisition de connaissance. Comme le note Roger Pouivet :

> La conception fiabiliste n'offre pas de principes de justification : elle ne correspond pas à un projet fondateur à l'égard des croyances ; elle entend seulement montrer comment et pourquoi la genèse des croyances garantit leur valeur épistémique. Leur légitimité n'est pas postérieure à une activité philosophique de contrôle, mais préalable. La philosophie ne fait rien d'autre que l'enregistrer et tâcher de l'expliquer [14].

12. Liste d'objections là encore non-exhaustive et détaillée. Voir *Va savoir!*, p. 37-42 ; J. Kvanvig, « Coherentist Theories of Epistemic Justification », *The Stanford Encyclopedia of Philosophy*, 2007, http://plato.stanford.edu/entries/justep-coherence/

13. Voir R. Pouivet, *Qu'est-ce que connaître ?*, Paris, Vrin, 2003, p. 23 (désormais cité *Qu'est-ce que croire ?*) : « on justifie ce qui apparaît problématique. Par exemple, à la demande d'un policier, on justifie son identité en montrant des papiers officiels certifiant qui on est. Une voiture est garantie par son constructeur parce qu'il est sûr, avec une probabilité élevée, qu'elle fonctionnera correctement pendant un certain laps de temps. C'est justement parce qu'il n'y aura probablement aucun problème que la voiture est garantie ».

14. *Ibid.*

On le voit, le fiabilisme propose un changement conceptuel massif quant aux tâches de l'épistémologie. Reste à savoir comment est étudiée la genèse fiable de nos croyances. L'un des premiers modèles de cette étude a été proposé par D. Armstrong, sous la forme d'une théorie causale de l'acquisition de connaissances. Notre connaissance est fiable parce que nos croyances sont générées *via* des processus causaux fonctionnant correctement, de la même manière qu'un thermomètre en état de marche indique de manière fiable la température du lieu où il est placé en vertu de processus physiques causaux objectifs. Ainsi, on peut considérer que, par exemple, notre perception indique de manière fiable quelque chose concernant le monde qui nous entoure, dès lors que les conditions dans lesquelles nous percevons sont normales et que nos organes perceptifs ne dysfonctionnent pas. Il n'y a, dans ce cadre, pas de raison de douter de nos connaissances perceptives, et les divers cas-limites (illusions, hallucinations [15]) mis en avant par les sceptiques (et repris par les tenants d'une épistémologie de la justification) ne peuvent pas être considérés comme constituant l'étalon à l'aune duquel devraient être évaluées nos croyances [16].

On comprend du coup que l'épistémologie fiabiliste emprunte beaucoup à la psychologie, à la psychophysiologie ou aux sciences cognitives. Mais il faut noter également que cette position pose un problème de taille : elle ne nous permet pas de rendre compte du sens normatif que nous accordons au concept de connaissance. Comme l'écrit Engel :

> Pour que nous ayons une connaissance quelconque, il ne suffit pas que nous disposions de processus ou de règles fiables; il faut encore que nous *sachions* que ces processus sont fiables. Et savoir que ces processus sont fiables, c'est précisément les reconnaître comme des normes [17].

Ce qui justifie cette critique, c'est précisément le fait que les processus fiables sont souvent approchés comme des processus causaux, et que le fiabilisme est souvent, en tant que théorie, solidaire du projet de naturalisation de l'épistémologie. Un processus fiable d'acquisition des croyances expliqué d'après un modèle causal comme celui d'Armstrong, ou comme d'autres développés après le sien, correspond-il à ce que nous entendons par « connaissance »?

15. Voir le texte de Y. Chin dans le présent volume.

16. Par quoi l'on voit qu'il s'agit de rompre avec une certaine tradition cartésienne. Il s'agit bien sûr d'une position générale, qui ne prétend pas nier l'existence de situations d'illusions ou d'hallucinations, mais seulement d'en réévaluer le rôle dans le cadre de l'entreprise épistémologique.

17. P. Engel, *Philosophie et psychologie*, Paris, Folio-Gallimard, 1996, p. 387.

L'épistémologie de la vertu apparaît dans ce contexte à la fois comme un prolongement et comme une critique de l'épistémologie fiabiliste que je viens d'exposer. Prolongement parce qu'elle se situe dans une pensée de la garantie, critique parce qu'elle reconnaît l'insuffisance du schéma fiabiliste et le corrige, en y ajoutant une composante normative forte, à savoir la possession par l'agent épistémique de certaines vertus intellectuelles [18]. Ce qui garantit nos connaissances, ce n'est pas seulement l'existence de processus fiables, le bon fonctionnement de notre appareil cognitif, mais aussi et surtout le fait que nous sommes motivés par des dispositions intellectuelles vertueuses. Le fiabilisme avait décalé la problématique épistémologique, la faisant passer des propriétés des croyances (ou de leurs relations) aux propriétés des processus de production des croyances. L'épistémologie de la vertu effectue un nouveau décalage en focalisant l'attention sur des propriétés intellectuelles normatives des agents épistémiques.

Les arguments à l'appui de l'adoption d'une position de ce type sont nombreux [19], tout comme le sont les arguments inverses. Mon but n'est pas ici de discuter en détail les aspects techniques de l'épistémologie des vertus. Je ne signalerai qu'un seul argument visant non pas à la remettre en cause, mais plutôt à en recadrer le champ d'application. On peut remarquer en effet que, dans bon nombre de cas, le schéma fiabiliste classique suffit à rendre compte de nos connaissances communes, parce que le fait d'avoir des connaissances n'implique pas nécessairement que nous les considérions comme telles, et que la question normative se pose à nous au moment où nous avons ces connaissances. Je sais qu'il y a *n* personnes en dehors de moi dans cette salle, mais je n'ai pas besoin de supposer que je possède telle ou telle vertu intellectuelle pour le savoir, et il en va ainsi de la plupart de nos connaissances ordinaires. Que devons-nous en conclure ? Deux options s'offrent à nous. Soit estimer qu'il n'y a pas lieu de dire de nos connaissances ordinaires que ce sont des connaissances (par exemple en réintroduisant l'opposition connaissance/opinion), soit réserver le concept de vertu et l'approche épistémologique afférente à des cas de connaissance dans lesquels ils deviennent plus aisément applicables. C'est cette deuxième voie que je propose de suivre : il me semble que l'épistémologie de la vertu serait mieux appliquée, plus vraisemblable à titre de

18. On peut évidemment envisager d'autres manières de penser cette normativité du concept de connaissance, comme par exemple en insistant sur le respect de règles logiques. J'y reviens plus loin, à propos de Peirce.

19. Bénéfices à tirer de la théorie éthique, solution au problème de Gettier, etc. Voir, par exemple, L. Zagzebski, « What is Knowledge », dans *The Blackwell Guide to Epistemology*, J. Greco and E. Sosa (eds.), Cambridge, Blackwell, 1999, désormais cité *WIK*.

position philosophique, si on la considérait comme une description de certains types de connaissance, ou peut-être plutôt de certains contextes de connaissance. Quoiqu'il soit sans doute souhaitable, sinon possible, de théoriser la distinction entre divers types de connaissance, la distinction *pragmatique* entre contextes divers me semble moins problématique, et plus que suffisante compte tenu de mes objectifs du moment.

J'ajouterai que ce point n'est toutefois pas sans discussion. Pour certains auteurs, le concept de vertu est suffisamment large pour permettre un traitement de divers types de connaissances : à la fois les connaissances acquises du fait de dispositions naturelles et celles acquises par l'exercice de qualités intellectuelles supérieures, que nous pouvons admirer[20]. Linda Zagzebski[21] estime même que cette possibilité de théoriser divers types de connaissances constitue l'un des avantages décisifs de l'épistémologie de la vertu sur des approches rivales : en tout état de cause, elle est intéressante en ce qui nous concerne dans la mesure où elle permet de rendre compte du type d'activité dont parle Peirce, qu'on ne saurait réduire à l'exercice de capacités cognitives « simples ». En d'autres termes, il nous semble que c'est, au minimum, cette théorie épistémologique qui est la mieux adaptée à une analyse de l'activité scientifique.

Mon idée principale au terme de cette première partie est donc que l'on peut appliquer avec plus de profit l'épistémologie de la vertu à la connaissance scientifique qu'à la connaissance ordinaire. Et c'est, me semble-t-il, une tentative de ce type que l'on peut trouver chez Peirce.

20. Même si, sur ce point, les thèses divergent quant à ce que recouvre le concept de « vertu ». Certains auteurs, comme Ernest Sosa ou John Greco, restreignent l'extension de ce concept à des capacités considérées comme « naturelles » ou « innées » : la vue, la mémoire, en constitueraient alors de bons exemples, voire de bons modèles. Nous adoptons ici une version plus large du concept de vertu, celle prônée, par exemple, par Linda Zagzebski. Sur ces divergences, et leur lien avec la question de savoir si les vertus sont des capacités ou des habitudes, voir H. Battaly, « What is Virtue Epistemology? », *Proceedings of the Twentieth World Congress of Philosophy*, 2000, www.bu.edu/WCP/papers/Valu/ValuBatt.htm De manière générale, notre présentation « unitaire » ne doit pas laisser croire que l'épistémologie de la vertu est un corps de doctrines sans aspérités. Au contraire, de nombreux débats l'animent, qui sont loin d'être tranchés.

21. *WIK*, p. 110. Voir également, pour une présentation de cette approche, C. Hookway, « How to be a Virtue Epistemologist », M. De Paul and L. Zagzebski (eds.), *Intellectual Virtue*, Oxford, Oxford UP, 2003, p. 183-202, trad. fr. C. Hornung, « Comment être épistémologue de la vertu », dans T. Bénatouïl et M. Le Du (éds.), *Le retour des vertus intellectuelles*, *Les Cahiers philosophiques de Strasbourg*, 2007, p. 267-297.

LE RÔLE DU CONCEPT DE VERTU DANS L'ANALYSE PEIRCIENNE DE LA CONNAISSANCE SCIENTIFIQUE

Que Peirce compte parmi les auteurs préfigurant l'épistémologie de la vertu n'est pas en soi sujet à caution : son insistance sur l'amour de la vérité comme composant essentiel d'une bonne définition de la science, sa thèse sur l'identité des jugements logiques avec des jugements éthiques, attestent de la présence dans son œuvre de considérations voisines, sinon identiques. En outre, plusieurs représentants éminents de l'épistémologie de la vertu ont reconnu leur dette à l'égard de Peirce, et il n'est pas étonnant que l'un des plus intéressants parmi eux, Christopher Hookway, soit le commentateur de Peirce le plus influent de ces vingt dernières années.

Je voudrais toutefois aller plus loin, et soutenir que l'utilisation par Peirce du concept de vertu peut être expliquée à l'aide d'un schéma étrangement semblable à celui que nous avons dégagé dans la première partie au niveau des évolutions de l'épistémologie analytique contemporaine. Mon point de départ sera la considération suivante : pour Peirce, la science est une activité de recherche de la vérité. Mais cette recherche est marquée par une attitude foncièrement faillibiliste. Les considérations épistémologiques de Peirce ont donc essentiellement pour but de comprendre comment s'effectue cette recherche, et le cas échéant, comment l'améliorer (les considérations de Peirce sur l'économie de la recherche n'ayant évidemment pas qu'un but explicatif), et non de rechercher un fondement absolu de nos connaissances. Sur ce rejet du fondationnalisme, je me contenterai de rappeler l'exemple de l'analyse peircienne des inférences inductives : cette analyse n'a pas pour but de fonder les connaissances acquises par induction, c'est-à-dire d'établir que telle ou telle connaissance est absolument certaine. En montrant que les inférences inductives sont auto-correctives, Peirce s'attache surtout à rendre compte de leur validité à long terme, en faisant fonds sur l'utilisation aproblématique qui en est faite par les scientifiques dans leur pratique réelle. Toutefois, dire de Peirce qu'il est antifondationnaliste ne nous conduit pas nécessairement à conclure qu'il embrasse une thèse fiabiliste d'un genre quelconque à l'égard de la connaissance scientifique. Qu'en est-il alors ?

Il me semble que nous sommes précisément, malgré tout, dans le cadre d'un fiabilisme, mais appliqué aux méthodes scientifiques. Dans la mesure où nos méthodes scientifiques, par exemple nos procédures inductives, ne nous apparaissent pas problématiques lorsque nous les appliquons réellement, dans le contexte de la recherche, il est secondaire pour Peirce d'en chercher une justification, et notre tâche philosophique devient toute différente. La manière dont Peirce relie la question de la vérité à celle de l'application de méthodes évoque ce que l'on pourrait appeler un fiabilisme méthodologique. Encore faut-il sans doute préciser, comme nous proposons de le faire, que l'on a affaire avec Peirce à un fiabilisme « méthodologique ». Car au-delà d'un souci commun aux deux positions quant au rôle des circonstances objectives, le fiabilisme contemporain insiste sur les capacités cognitives individuelles, dans un esprit très naturaliste, là où Peirce, quant à lui, adopte une optique beaucoup plus marquée par le souci normatif des *bonnes* méthodes, et de la *bonne* attitude à adopter dans la recherche scientifique. L'élément fortement normatif de la théorie peircienne la distingue assez fermement du schéma de théorie fiabiliste dégagé ci-dessus. Tout le problème, comme on le verra, consistera à savoir si les méthodes, bien qu'étant de bonnes méthodes, suffisent malgré tout à elles seules à rendre compte de cette dimension normative.

Que l'approche peircienne porte avant tout sur les bonnes méthodes ne fait aucun doute. Dans le cadre pragmatique général qui est celui de l'étude peircienne des sciences, la question des méthodes, puisqu'elle est inhérente au concept d'activité, ne peut être que centrale. On le sait d'ailleurs, une bonne partie de la défense de la méthode scientifique que tente Peirce a pour but de montrer en quoi elle est supérieure, en tant que méthode, à d'autres moyens de fixation de la croyance (méthodes d'autorité, méthode *a priori*, méthode de ténacité). Si l'on s'attarde toutefois sur cette notion de supériorité, on voit en quoi le statut normatif de la réflexion peircienne ne va pas de soi. Sheryl Misak [22], notamment, insiste sur le caractère « naturaliste » des stratégies argumentatives de Peirce. Loin de faire intervenir des notions épistémiques normatives, Peirce semble parfois dire que la supériorité de la méthode scientifique n'est due qu'au fait que les autres méthodes ne peuvent subsister très longtemps, du fait de certaines caractéristiques *de fait* de la psychologie individuelle ou sociale. De manière générale, le tort des différentes méthodes non-scientifiques de fixation de la croyance est qu'elles ne laissent pas de place à l'expérience : or, estime Peirce, aucun système de croyances ne peut échapper à la « pression » de l'expérience, et la tendance non seulement à subir, mais aussi à rechercher cette pression est une tendance constante de l'humanité. On peut toutefois se demander dans quelle mesure un tel argument peut être interprété comme « naturaliste » [23] : il n'est pas sûr en effet que la thèse que Peirce défend quant au caractère universel de la

22. Voir S. Misak, *Truth and the End of Inquiry*, Oxford, Oxford UP, 1991.

23. De manière plus générale se pose ici la question de savoir si la pensée de Peirce est naturaliste. Les textes de 1878, dont sont tirés les arguments examinés par Misak, sont souvent regardés comme psychologistes. Mais il y a de bonnes raisons de penser qu'ils ne le sont pas autant qu'on voudrait le croire. Voir J. Kasser, « Peirce's supposed psychologism », *Transactions of the Charles Sanders Peirce Society*, 35(3), 1999, p. 501-526.

pression de l'expérience soit une thèse empirique, de nature, par exemple, psychologique. Bien que sa réflexion sur ce point n'ait peut-être pas encore atteint, à l'époque où il présentait ces arguments, une précision suffisante, il serait sans doute plus judicieux de voir dans ces considérations sur la nécessaire pression de l'expérience une analyse non pas empirique, mais bien plutôt phénoménologique. C'est notamment dans cette veine qu'il écrit, en 1903, à propos de la catégorie de la secondéité et de son rapport à la perception :

> Il y a une catégorie que les tourments de l'existence rendent très couramment saillante. Nous nous heurtons sans relâche aux faits [*hard fact*]. Nous nous attendions à une chose, ou la tenions passivement pour certaine, et nous avions son image à l'esprit, mais l'expérience place de force cette idée à l'arrière-plan et nous contraint à penser tout différemment. On a conscience de cela de façon presque pure lorsque l'on appuie son épaule contre une porte pour l'ouvrir de force. On a une sensation de résistance en même temps qu'une sensation d'effort. Il ne peut y avoir de résistance sans effort, ni d'effort sans résistance. Ce sont seulement deux manières de décrire une seule et même expérience. C'est une double conscience. Nous prenons conscience de nous-même en prenant conscience de ce qui n'est pas nous. L'état de veille est une conscience de la réaction, et dans la mesure où la conscience possède elle-même deux faces, elle possède également deux variétés, à savoir l'action, lorsque notre modification des autres choses est plus importante que leur réaction sur nous, et la perception, lorsque leur effet sur nous est incomparablement plus important que notre effet sur elles. Et la notion que nous possédons d'être tels que les autres choses nous font être, est d'une telle importance dans notre vie que nous nous représentons les autres choses comme existant en vertu de leurs réactions les unes sur les autres. L'idée d'altérité, de négation, est un pivot de la pensée. Je nomme cet élément la Secondéité [24].

L'expérience, comme figure de l'altérité, est donc si profondément inscrite dans notre pensée qu'il est inimaginable selon Peirce qu'un système de représentations et de croyances puisse subsister très longtemps sans la rencontrer sur son chemin et être affecté par elle. Il n'y a que la méthode scientifique qui, s'appuyant explicitement sur l'expérience et lui donnant le cadre faillibiliste qui lui convient, soit susceptible de perdurer.

Pour autant, ni l'explication empirique dont parle Misak, ni la description phénoménologique évoquée par nous ne rendent compte de l'aspect normatif du questionnement peircien quant à la méthode scientifique. Misak estime que le véritable argument de Peirce en faveur de la supériorité de cette méthode réside dans le fait qu'elle est la seule à porter

24. *CP*, 1.324, « Lowell Lectures of 1903 », Lecture III.

réellement sur des *croyances*, et partant, la seule à pouvoir en assurer la fixation. On oppose en effet souvent à l'analyse peircienne d'assigner à la science un but (la fixation à long terme de la croyance) qui pourrait aussi bien être assuré par d'autres moyens, par d'autres méthodes. La méthode d'autorité peut reposer sur la torture et obtenir des résultats efficaces, et l'on peut imaginer l'exemple classique d'une pilule qui « gèlerait » nos croyances. En quoi alors le résultat ne serait-il pas atteint de cette manière ? Toute méthode de fixation est-elle valable ? Au-delà de l'argument (naturaliste ou non) présenté auparavant, c'est donc sur une analyse conceptuelle de la croyance et de la recherche que Peirce s'appuierait pour étayer sa stratégie de défense de la méthode scientifique. Il faut d'après lui distinguer entre la recherche véritable, apanage de la science, et l'opération consistant à enraciner ou renforcer une croyance préétablie. La conclusion de la recherche n'est pas donnée d'avance, tandis qu'elle l'est dans le cas d'un endoctrinement étatique ou religieux, ou d'un acharnement individuel à défendre la même croyance envers et contre tout. Il n'y a donc pas lieu, dans ces derniers cas, de parler de « recherche », mais seulement d'un processus de rigidification, dans lequel il est clair que le caractère surprenant, originalement informatif de l'expérience n'a aucun rôle à jouer.

Plus encore, il s'agit pour Peirce de réfléchir à ce qu'est authentiquement « croire ». Comme le note Misak, l'aspect décisionnel dans les méthodes non-scientifiques de fixation de la croyance concerne le fait même de croire. Dans la méthode de ténacité, comme dans la méthode *a priori*, il s'agit bien de « décider de croire » quelque chose. Or le caractère étrange de l'expression indique en lui-même que le problème se situe bien au niveau de la conception que nous nous faisons de ce que c'est que croire, de ce qu'est une croyance, etc. Il faut distinguer, comme le dit Misak, entre ce qui relève d'une « décision de croire H » et ce qui relève d'une décision rationnelle que les éléments de « preuve » [*evidence*] à notre disposition parlent en faveur de H. Une croyance authentique est donc une croyance qui tient compte de l'expérience, non pas une croyance adoptée par un choix arbitraire de la volonté.

Ces propriétés qui font de la recherche une enquête authentique, permettent de comprendre en quoi la méthode scientifique est la seule *bonne* méthode d'après Peirce. S'il est clair que ces caractéristiques indiquent une conception normative de la méthode, c'est surtout au sens où les principes normatifs sont liés à la méthode elle-même : ils ne lui sont pas extérieurs, et la méthode scientifique n'est compréhensible que sur le fond de ces principes. Mais il n'est pas sûr que cette analyse de la méthode soit suffisante pour rendre compte de l'analyse normative qu'opère Peirce de la démarche de connaissance scientifique. Ainsi note-t-il, au moment de présenter la méthode scientifique, que ce qui la distingue des autres méthodes est qu'elle est susceptible d'être appliquée *bien* ou *mal*.

> Décrire la méthode de recherche scientifique constitue l'objet de cette série d'articles, Pour l'instant je me limiterai à noter certains points de contraste entre elle et d'autres méthodes de fixation de la croyance. C'est la seule des quatre méthodes qui présente une distinction entre une bonne et une mauvaise manière. Si j'adopte la méthode de ténacité, et que je me ferme à toute influence, tout ce que je juge nécessaire en vue d'accomplir cela est nécessaire d'après cette méthode. De même quant à la méthode d'autorité : l'État peut tenter d'abattre l'hérésie par des moyens qui, d'un point de vue scientifique, semblent très mal calculés en vue d'accomplir leur fin, mais le seul test de cette méthode est ce que l'État pense; de telle sorte qu'il ne peut appliquer sa méthode d'une mauvaise manière. De même encore quant à la méthode *a priori*. Son essence même est de penser comme l'on incline à penser. Tous les métaphysiciens seront assurés de le faire, quand bien même ils inclineraient à juger que les autres se trompent en s'entêtant. [...] Mais le cas est différent en ce qui concerne la méthode scientifique. Je peux bien partir de faits connus et observés pour rechercher de l'inconnu, et pourtant les règles que j'applique en procédant de cette manière pourraient ne pas être telles que la recherche les approuverait. Le test en vue de savoir si je suis véritablement la méthode n'est pas un attrait pour mes sentiments et mes buts, mais il implique au contraire lui-même l'application de la méthode. D'où l'on comprend qu'aussi bien un mauvais raisonnement qu'un bon raisonnement sont possibles, et ce fait est le fondement de la face pratique de la logique [25].

Outre le fait que la méthode est elle-même un *résultat* de l'activité scientifique, Peirce ne souligne-t-il pas ici le fait que, bien que certaines normes soient pour ainsi dire « incorporées » à la méthode, il n'en reste pas moins que l'usage qui en est fait peut faire l'objet d'une évaluation normative d'un autre genre ? Si tel n'était pas le cas, nous serions dans le cadre d'une activité purement mécanique : l'application aveugle de la méthode serait une condition nécessaire et suffisante en vue de constituer une connaissance vraie. *Mutatis mutandis*, c'est bien un argument du même genre de celui que nous soulevions contre le fiabilisme psychologique causal que nous retrouvons ici. On notera, cela étant, que nous passons d'un « paradigme » épistémologique, celui des croyances, à un autre, celui des méthodes : dans la cadre d'un épistémologie pragmatiste, cela n'a somme toute rien d'étonnant, d'autant que le statut des croyances

25. *CP*, 5.385, « The Fixation of Belief », 1877.

scientifiques est en lui-même, chez Peirce, extrêmement problématique[26]. C'est que pour Peirce, comme le note Hookway[27], les scientifiques n'acceptent jamais une croyance comme vraie, mais seulement comme « une formulation unilatérale et approximative de certaines vérités qui seront mieux saisies et formulées par une recherche ultérieure ».

Ce que semble en tout cas montrer Peirce est que l'application de la méthode ne constitue pas une « condition » en un sens commun, dans la mesure où la méthode est à la fois ce qui permet la recherche et ce qui résulte de la recherche. Il serait donc incorrect de ne voir dans la méthode scientifique qu'une condition donnée *a priori* : alors que les autres méthodes sont déjà définies dès le début de leur application, et ne demandent d'une certaine manière aucun test, la méthode scientifique demande en tant que telle que soient évalués son fonctionnement et son efficacité. Elle impose donc que l'application soit contrôlée, rationnelle. On est bien dans l'ordre d'une *activité*, non d'un simple *fonctionnement*. Un fiabilisme méthodologique ne suffit pas : il faut supposer en plus des méthodes, un élément qui en assure le bon usage.

Quel est cet élément? Le texte ci-dessus semble évoquer un contrôle d'ordre logique. Est-ce à dire que la logique est absolument nécessaire à la science, à son développement et à ses succès? Rien n'est moins sûr. En tout cas pas si l'on réduit la logique à un corpus de règles explicites décrivant la méthode. Ce qui ne veut pas dire, d'ailleurs, que la pratique scientifique n'ait rien à gagner d'une réflexion sur ses méthodes, et de la constitution d'une logique adaptée; mais force est seulement de constater que, dans certains cas, cette pratique peut s'effectuer sans que la théorie logique disponible soit satisfaisante. C'est le cas, d'après Peirce, avec la *Logique de Port Royal* :

> Arnauld, par exemple, était un penseur d'une force considérable et pourtant l'*Art de penser, ou la Logique de Port royal*, est une triste illustration de ce qui a pu être considéré, durant les deux siècles et demi des plus grands succès de l'humanité, comme une bonne approche de la manière dont il faut penser. Vous pourriez me rétorquer que les trois derniers siècles semblent s'être déroulés convenablement sans l'aide de la logique. Je réponds que, en effet, ils se sont bien déroulés, parce qu'il est une chose

26. Peirce va parfois jusqu'à dire que les scientifiques n'ont pas de croyances. Voir la première de ses Cambridge conferences de 1898, dans *Reasoning and the Logic of Things*, K. Ketner (ed.), Cambridge (Mass.), Harvard UP, 1993 (également en *CP* 1.616-648), et le commentaire qu'en fait Christopher Hookway au chap. 1 de *Truth, Rationality, and Pragmatism : Themes from Peirce*, Oxford, Clarendon Press, 2000, http://www.cspeirce.com/menu/library/aboutcsp/hookway/confidence.pdf

27. *TRP*, p. 25.

> encore plus vitale pour les sciences que des méthodes intelligentes ; il s'agit du désir sincère de découvrir la vérité, quoi qu'elle puisse être, et de *cela* ces siècles ont été bien pourvus [28].

C'est donc là encore en partant de l'activité scientifique que Peirce opère son raisonnement. Quelles sont les conditions nécessaires de son développement et de son succès ? Sa réponse semble être ici que, au-delà d'une logique théorique, et en plus des méthodes, la seule condition réellement nécessaire consiste en une certaine attitude morale vis-à-vis de la vérité, c'est-à-dire en la possession de certaines « vertus intellectuelles ». Et conformément à cette idée, il est frappant de constater que lorsque Peirce utilise le concept de vertu explicitement, c'est à titre de critère d'évaluation des scientifiques, comme le montre ce passage consacré à Wilhelm Wundt :

> La *Psychologie physiologique* est l'œuvre la plus imposante et la plus monumentale de Wundt, mais aucun homme de science ne l'appellera son *chef-d'œuvre.* Ce rang ne peut être accordé qu'à une seule œuvre, ses *Untersuchungen zur Mechanik der Nerven und Nervencentren* [...]. Quatre traits de la *Mechanik der Nerven* commandent l'admiration. L'un d'eux est un don naturel, deux autres sont le résultat de l'entraînement scientifique, et le dernier est une vertu morale. Le don consiste en une étonnante sagacité quant à la physiologie des nerfs [...]. L'une des deux perfections scientifiques les plus frappantes est la mure étude préalable des méthodes qui ont été ou auraient pu être suivies dans la recherche. L'autre est l'examen minutieux de tous les détails des phénomènes [...]. Mais le trait le plus admirable de tous est le souci authentique dont fait preuve Wundt de corriger les opinions qu'il entretient un temps, et de se défaire de ses plus brillantes théories dès lors que les dicta de l'expérience sont contre elles, qualité en laquelle il contraste tant avec tous les charlatans et les narcissiques en métaphysique, comme avec tout autre extrait quintessenciel de la petitesse. Le grand service rendu par Wundt à l'humanité, à part la recherche spéciale décrite dans la *Mechanik der Nerven*, a été d'enseigner aux étudiants en cénoscopie la beauté de ces vertus sur lesquelles ont toujours insisté les étudiants en idioscopie [29], [...] vertus qui doivent résulter nécessairement du désir bien réfléchi de connaître la vérité [30].

Toute la question est de savoir dans quelle mesure ce type d'évaluation relève d'une simple tendance stylistique à l'hagiographie, ou si le concept

28. *CP* 5.84, « Lectures on Pragmatism », Lecture III, 1903.

29. Les termes « cénoscopie » et « idioscopie », empruntés par Peirce à Bentham, désignent respectivement la philosophie et les sciences empiriques.

30. *CP*, 8.201-202, « Review of Wilhelm Wundt's Principles of Physiological Psychology », 1905.

de *vertu* joue un rôle dans l'évaluation épistémique selon Peirce. Ce que montre, semble-t-il, l'extrait ci-dessus, est en tout cas que Peirce fait clairement la différence entre les éléments sur lesquels porte l'évaluation (don naturel, qualités scientifiques acquises, vertu intellectuelle de nature morale), mais aussi qu'il estime qu'il existe un lien nécessaire entre le « désir de connaître la vérité » (la composante motivationnelle principale dans les sciences, comme on l'a vu) et les vertus morales propres au scientifique. Nous voudrions montrer que la référence aux vertus n'a rien d'anecdotique et que, sur bien des points, les analyses menées par Peirce préfigurent certains développements récents de l'épistémologie de la vertu.

Si l'on s'attache à définir le concept de vertu, on s'accorde souvent pour dire qu'il s'agit, pour reprendre à nouveau les termes de Roger Pouivet, d'une « disposition par laquelle une personne excelle et qui constitue une motivation adéquate ». Les vertus intellectuelles sont des dispositions qui garantissent nos actes épistémiques. Comme le dit Linda Zagzebski :

> La connaissance est le contact cognitif avec la réalité résultant d'actes de vertu intellectuelle. La connaissance n'est généralement pas atteinte grâce à un acte unique, mais grâce à une combinaison d'actes personnels, ainsi que des actes d'autres personnes et de circonstances favorables [*cooperating circumstances*]. Nous avons tendance à considérer la connaissance comme notre propre accomplissement, mais il en va rarement ainsi [31].

Nous reviendrons plus loin sur l'importance de ce dernier point. Mais ce qui doit être retenu ici est que les thèses soutenues dans le cadre de l'épistémologie de la vertu, ou du moins leur orientation générale, aussi bien que le contexte problématique et argumentatif dans lequel ces thèses apparaissent, sont remarquablement analogues à ce que nous trouvons chez Peirce. Dans les deux cas, comme on l'a vu, le recours à la notion de vertu est rendu nécessaire par des considérations sur les composants normatifs de l'activité de connaissance, et consiste à reconnaître un rôle central aux vertus épistémiques dans cette activité. Mais il faut alors préciser, comme le fait remarquer Christopher Hookway [32], en quoi consiste ce rôle central. Compte tenu de ce que la science est, pour Peirce, une activité possédant une certaine structure, et qui n'a de sens que par rapport à une fin idéale qui est la vérité, on peut raisonnablement supposer que les vertus intellectuelles trouvent leur place (et leur rôle) dans cette structure, pour assurer la jonction entre, d'une part, la fin

31. *WIK*, p. 109.
32. *HVE*.

recherchée, l'idéal visé, et d'autre part, l'activité elle-même, les comportements adoptés en vue d'atteindre sa fin. Ce point est d'autant plus important si nous considérons l'idée peircienne selon laquelle l'application de la méthode scientifique est « destinée » [*fated*] à nous conduire à la vérité, et si nous cherchons à en établir l'intelligibilité : si nous en venons à étudier le rôle des vertus intellectuelles, c'est bien dans l'espoir que celles-ci nous permettent de mieux comprendre en quoi une activité comme la science est possible. Or si l'on conçoit bien en quoi l'aspect motivationnel lié à la notion de vertu peut jouer un rôle dans le schéma peircien, ne faut-il pas également qu'elle permette également de rendre compte de l'efficacité de la démarche scientifique ? En d'autres termes, si la possession de vertus scientifiques est une condition nécessaire de l'activité scientifique, est-ce au sens où elle permet la *recherche* de la vérité, et non par exemple la recherche du profit, de la célébrité, etc., ou est-ce également au sens où elle permet le *succès* de cette recherche, comme le suggère l'analyse que nous avons menée du concept de vertu ? Il semble qu'une analyse strictement motivationnelle du lien entre vertus et vérité ne soit pas suffisante pour préserver l'intelligibilité de la thèse peircienne : si les vertus peuvent assez aisément garantir que l'on recherche la vérité, on a du mal à voir en quoi, en tant que simples éléments motivationnels liés au désir de vérité, elles pourraient garantir en quelque façon le fait que cette recherche sera couronnée de succès.

Par ailleurs, il n'est pas du tout évident que cette question de la nature du lien entre vertus intellectuelles et vérité puisse recevoir une réponse unique, dès lors que l'on prend en considération les divers types de vertus intervenant dans la connaissance, et les divers niveaux auxquels elles interviennent : ce point fait problème dans les débats contemporains [33]. Nous avons vu également que Peirce établissait un certain nombre de distinctions de ce type dans le portrait qu'il dresse de Wundt. Mais nous retrouvons ces considérations à un niveau plus général, dans un passage reliant explicitement divers exemples de vertus à différents moments de la recherche scientifique :

> S'il n'y avait rien de plus dans le raisonnement que ce que les anciens traités exposent, alors un coquin pourrait être aussi bon raisonneur qu'un homme d'honneur, alors qu'un lâche ne le pourrait pas, même avec une

33. Sur ce débat, voir H. Battaly, « Must the Intellectual Virtues be Reliable ? », *7th Annual Inland Northwest Philosophy Conference*, 2004, http://facweb.bcc.ctc.edu/wpayne/heather_battaly.htm Son approche consiste à opposer conceptions motivationnelles et conceptions fiabilistes des vertus, et à montrer que certaines vertus, comme l'ouverture d'esprit [*open-mindedness*], peuvent assumer leur rôle de vertu et jouer un rôle épistémique, sans pour autant être fiables.

> telle idée du raisonnement. Mais dans l'induction, une habitude de probité est nécessaire au succès. [...] Et en supplément de la probité, l'application est essentielle. Dans le choix audacieux des hypothèses, des vertus encore plus hautes sont nécessaires – une véritable élévation de l'âme. S'il veut réaliser quelque chose en science, un homme doit, au plus profond de lui-même, préférer la vérité à son intérêt et son bien être, ainsi qu'à sa propre vanité. Ceci apparaîtra dans la discussion logique, et se voit confirmé précisément par l'examen des caractères des scientifiques et des hommes de toutes sortes qui ont étudié la vérité. [...] La grandeur d'âme du véritable homme de science [...] ne se rencontre pas même dans un cas sur cent. Mais il est inutile de recourir à l'histoire pour trouver des cas dans lesquels un petit manque de droiture [*relatively small obliquities*] a empêché des scientifiques éminents de parvenir à des résultats encore meilleurs, puisqu'ils abondent dans l'expérience de quiconque connaît le monde scientifique de l'intérieur. S'il était vrai que chaque erreur est un péché, alors la logique se réduirait à une branche de la philosophie morale. Ce n'est pas vrai. Mais nous pouvons voir que le bon raisonnement et le bon comportement moral sont de proches alliés, et je suspecte qu'avec les prochains développements de l'éthique, on trouvera que cette relation est plus intime encore que nous ne pouvons le prouver pour l'instant[34].

Il y a donc bien pour Peirce un lien entre l'activité scientifique et certaines vertus, comme la probité, l'application ou le désintéressement. La possession et l'exercice des vertus sont présentés comme une condition nécessaire de l'activité scientifique. Mais au vu de ce texte, et si on le compare à celui portant sur Wundt, on voit que c'est en des sens différents, ou du moins en rapport avec des champs d'application différents, qu'il faut comprendre cette conditionnalité. Il y a lieu de distinguer entre LA vertu morale, qui consiste en un amour désintéressé de la vérité, et les vertus intellectuelles. On comprend, par exemple, en quoi une probité minimale est nécessaire à la bonne marche d'une procédure inductive : écarter des données expérimentales contraires à l'hypothèse que l'on cherche à tester ne peut évidemment pas permettre une inférence valide. Tout comme, parallèlement à cette négligence volontaire, « malhonnête », il faut laisser sa place à des vertus plus instrumentales, comme l'application : c'est que, du point de vue plus essentiel pour Peirce, qui est celui de la bonne marche de la recherche, que l'oubli des données informatives soit volontaire ou involontaire importe peu; dans les deux cas, c'est bien la responsabilité du chercheur qui est engagée, et que l'on peut invoquer pour rendre compte des défauts de la connaissance que l'on examine. On retrouverait sans doute un schéma d'explication du même genre au niveau

34. *CP*, 1.576, « Minute Logic », chap. 4, 1902-3.

des procédures abductives : la lâcheté dont parle Peirce pourrait constituer un obstacle, tandis qu'une certaine audace mesurée est nécessaire dès lors qu'il s'agit de formuler des hypothèses fructueuses.

La vertu est donc ce qui, présidant à notre activité de recherche, la guide, la rend possible : c'est parce que nous sommes intellectuellement courageux que nous pouvons former des hypothèses nouvelles. Mais il me semble par ailleurs qu'à un niveau supérieur, la vertu est bien ce qui assure l'unité et la continuité de la démarche scientifique : elle la rend possible en tant qu'activité continuée indéfiniment dans le temps. De ce point de vue, l'une des vertus principales nécessaires à l'existence de l'activité scientifique n'est-elle pas un certain optimisme, ou à tout le moins une confiance intellectuelle ? On sait que cette idée de confiance est présente chez Peirce, par exemple au niveau de son analyse du rôle de l'expérience en science (je compte sur les expériences des autres : je n'ai pas besoin de les refaire [35]). Confiance dans l'avenir, mais aussi confiance dans les autres donc, ce qui suppose que nous considérions la science comme une activité collective. En quoi l'on voit que cette approche *via* le concept de vertu est indissociable d'une vision sociale de la science. Ordinairement, on conçoit les vertus dans un cadre social, dans la mesure où elles sont acquises, développées grâce à l'éducation et donc dans un cadre social de transmission. Mais plus fondamentalement encore, la répartition des vertus sur l'ensemble de la communauté scientifique semble être une condition de son activité : on ne peut exiger en effet de tout homme de science qu'il possède toutes les vertus intellectuelles possibles, pas plus qu'on ne peut exiger de plus d'un sur cent, comme le dirait Peirce, qu'il manifeste cette élévation de l'âme propre aux innovateurs scientifiques. Pour que des vertus épistémiques soient efficaces, il est donc nécessaire de supposer qu'elles sont réparties sur l'ensemble de la communauté. La confiance dans les vertus des autres est donc une composante indispensable.

Par ailleurs, bien que les vertus soient des dispositions à l'excellence, elles ne sont pas des perfections, et l'intérêt d'une confrontation avec la communauté scientifique réside également dans la possibilité d'un équilibrage accru. Des écarts individuels par rapport à la droiture intellectuelle

35. Peirce affirme ainsi : « [...] le chercheur s'identifie plus ou moins vaguement en sentiment avec une Communauté dont il est membre, et qui inclue, par exemple, outre son moi momentané, son moi d'il y a dix ans; et il évoque les contraintes cognitives qui résultent de la vie de cette communauté comme Notre Expérience. Il affirme que "nous" trouvons que les corps terrestres subissent une accélération composée en direction de la Terre de 980 centimètres par seconde, bien que ni lui ni personne dans son cercle de connaissances n'ait jamais fait l'expérience », *CP* 8.101, « Compte-rendu de Josiah Royce, The World and the Individual », 1900.

seront mieux corrigés s'ils adviennent dans le contexte d'une activité dialogique. La confiance ici consisterait à faire le pari que les vertus des uns aideront à pallier les insuffisances des vertus des autres, mais aussi à corriger leurs excès. Dans tous les cas, l'idée essentielle me semble être la suivante : nous ne pouvons jamais nous estimer suffisamment vertueux pour nous ériger en juges absolument responsables et uniques de nos croyances et des actes par lesquels nous sommes parvenus à elles. L'approche en termes de vertu nous conduit donc à une certaine forme d'humilité intellectuelle, que Peirce a toujours mise en avant.

CONCLUSION

Deux points concluront ce travail. Le premier porte sur le risque de surmoralisation de l'épistémologie : axer ainsi notre questionnement sur le concept de vertu ne nous fait-il pas tomber dans de la morale à deux sous, nous dispensant ainsi de faire une épistémologie « sérieuse », technique ? Ce danger est à mon sens illusoire : l'épistémologie ne doit pas nécessairement être envisagée comme un retour à l'ordre moral, pas plus que le concept de vertu n'a de sens que dans le contexte restreint d'un « prêchi-prêcha moralisateur », pour reprendre l'expression de Roger Pouivet. Cette approche n'est pas sensée se substituer à toute autre approche, ou du moins il nous est possible de la concilier avec d'autres pratiques épistémologiques plus traditionnelles et moins « marquées ». Sur ce point, l'attitude de Peirce me semble suffisamment exemplaire.

Le second point que je souhaite aborder concerne un autre risque, celui de l'échec de la science comme activité. Se pourrait-il que nos vertus intellectuelles et nos méthodes, aussi adaptées soient-elles, ne suffisent pas à faire de la science une activité couronnée de succès ? C'est tout à fait envisageable. L'important étant dans ce cas que nous ne considérions pas cela comme une raison suffisante pour tomber dans le scepticisme : on a coutume d'opposer responsabilité épistémique et chance épistémique, mais il me semble que cette opposition n'est pas si insurmontable qu'il y paraît : être responsable épistémiquement, n'est-ce pas reconnaître la part à laisser à la chance ? Ce n'est sans doute pas un hasard si Peirce a considéré l'idée de chance comme l'une des idées clés de la métaphysique scientifique qu'il a tenté d'établir : reconnaître l'importance de la chance dans le réel et dans notre appréhension du réel, n'est-ce pas tout l'inverse d'une attitude sceptique ?

BIBLIOGRAPHIE

BATTALY H., « Must the Intellectual Virtues be Reliable? », *7th Annual Inland Northwest Philosophy Conference*, 2004, disponible sur http://facweb.bcc.ctc.edu/wpayne/heather_battaly.htm

– « What is Virtue Epistemology? », *Proceedings of the Twentieth World Congress of Philosophy*, 2000, disponible sur www.bu.edu/WCP/papers/Valu/ValuBatt.htm

BOURIAU Ch., *Aspects de la finitude: Descartes et Kant*, Bordeaux, Presses Universitaires de Bordeaux, 2000.

ENGEL P., *Philosophie et psychologie*, Paris, Folio-Gallimard, 1996.

– *Va savoir! De la connaissance en général*, Paris, Hermann, 2007.

FUMERTON R., « Foundationalist Theories of Epistemic Justification », *The Stanford Encyclopedia of Philosophy*, 2005, disponible sur http://plato.stanford.edu/entries/justep-foundational/

– « Theories of justification », dans *The Oxford Handbook of Epistemology*, P.-K. Moser (ed.), Oxford-New York, Oxford UP, 2002, p. 214.

HOOKWAY C., « How to be a Virtue Epistemologist », M. DePaul and L. Zagzebski (eds.), *Intellectual Virtue*, Oxford, Oxford UP, 2003, p. 183-202, trad. fr. C. Hornung, « Comment être épistémologue de la vertu », dans T. Bénatouïl et M. Le Du (éds.), *Le retour des vertus intellectuelles*, *Les Cahiers philosophiques de Strasbourg*, 2007, p. 267-297.

HOOKWAY C., *Truth, Rationality, and Pragmatism: Themes from Peirce*, Oxford, Clarendon Press, 2000.

KASSER J., « Peirce's supposed psychologism », *Transactions of the Charles Sanders Peirce Society*, 35(3), 1999, p. 501-526.

KVANVIG J., « Coherentist Theories of Epistemic Justification », *The Stanford Encyclopedia of Philosophy*, 2007, disponible sur http://plato.stanford.edu/entries/justep-coherence/

MISAK S., *Truth and the End of Inquiry*, Oxford, Oxford UP, 1991.

PEIRCE C.-S., *Collected Papers of Charles Sanders Peirce*, vol. I-VI, C. Hartshorne and P. Weiss (eds.), vol. VII-VIII, A.W. Burks (ed.), Cambridge (Mass.), Harvard UP, 1930-1958.

– *Reasoning and the Logic of Things*, K. Ketner (ed.), Cambridge (Mass.), Harvard UP, 1993.

POUIVET R., « Pourquoi les hommes ont-ils besoin des vertus épistémiques? », dans T. Bénatouïl et M. Le Du (éds.), *Le retour des vertus intellectuelles*, *Les Cahiers philosophiques de Strasbourg*, 2007, p. 143-178.

– *Qu'est-ce que croire ?*, Paris, Vrin, 2003.

SELLARS W., *Science, Perception and Reality*, London, Routledge and Kegan Paul, 1963.

TIERCELIN C., *Le doute en question. Parades pragmatistes au doute sceptique*, Paris, Éditions de l'Éclat, 2005.

– *C.S. Peirce et le pragmatisme*, Paris, PUF, 1993.

ZAGZEBSKI L., « What is Knowledge », dans *The Blackwell Guide to Epistemology*, J. Greco and E. Sosa (eds.), Cambridge, Blackwell, 1999.

*Du néo-kantisme au réalisme critique L'espace et le problème corps-esprit chez Riehl et Schlick**

Michael HEIDELBERGER

Des analyses récentes ont modifié d'une manière convaincante la vision, autrefois populaire, d'après laquelle le positivisme logique en général et la première philosophie de Moritz Schlick (1882-1936) en particulier s'étaient développés à partir de racines empiristes et positivistes. On reconnaît et prend en compte de plus en plus l'origine néo-kantienne de la pensée de Schlick et du positivisme logique en général. Je crois cependant que ce tournant ne prend pas encore une direction entièrement correcte. À certains égards, il n'est pas assez complet, car il considère une prétendue transformation du néo-kantisme « via Einstein et Hilbert » – c'est-à-dire via les mathématiques et la physique – comme le pas décisif menant au positivisme logique [1]. Dans ce tableau, Schlick apparaît comme le physicien et l'élève de Max Planck qui, en prenant en compte la physique

* Ce texte a été présenté au Colloque HOPOS de San Francisco 2004, et sous une forme différente, lors des Journées Jacques Lambert de septembre 2007 à Grenoble : je suis reconnaissant au public présent et aux étudiants de mon séminaire à Tübingen, spécialement à mon assistant Matthias Neuber; j'ai tiré un grand bénéfice des discussions menées à ces occasions. Il a fait l'objet d'une première publication en 2007 : « From Neo-Kantianism to Critical Realism : Space and the Mind-Body Problem in Riehl and Schlick », *Perspectives on Science*, vol. 15, n° 1, Cambridge (Mass.), The MIT Press, 2007, p. 26-48; je remercie l'éditeur pour son autorisation de republier une traduction de l'article original. Je suis très reconnaissant à Pierre Edouard Bour pour avoir traduit cet article, et à Christophe Bouriau pour ses conseils. Ce texte est dédié à Jacques Lambert.

1. M. Friedman, « Moritz Schlick's philosophical papers » (1983), dans M. Friedman, *Reconsidering Logical Positivism*, Cambridge, Cambridge UP, 1999, p. 17-43, citation p. 19. Désormais cité *MSP*.

et les mathématiques nouvelles, a appris à la philosophie à « s'adapter aux nouveaux résultats de la théorie de la relativité » et l'a poussée à modifier ou à abandonner son orientation néo-kantienne.

D'après Friedman, qui est le principal artisan de cette vision des choses, le pas décisif de Schlick est d'avoir exigé de la philosophie qu'elle accepte « des principes philosophiques entièrement nouveaux, fondés sur les travaux d'Einstein lui-même et de Poincaré », de manière à s'accorder avec la science. Au contraire de philosophes l'ayant précédé, soutient Friedman, Schlick considérait la philosophie comme une discipline qui « n'est en aucune manière fondationnelle par rapport aux sciences spéciales ». À vrai dire, d'après cette lecture, l'idée de Schlick est que « ce sont les sciences spéciales qui sont fondationnelles pour la philosophie »[2].

Il y a sans aucun doute une grande part de vérité dans ce tableau, qu'il faut cependant préciser sur plusieurs points pour rendre complètement justice à la philosophie du jeune Schlick. Tout d'abord, Schlick se rangeait dans une tradition philosophique particulière qui considérait *déjà* les sciences spéciales – en particulier la psychologie empirique, la physiologie sensorielle et la psychophysique, mais aussi les mathématiques – comme « fondationnelles pour la philosophie ». Deuxièmement, les « principes philosophiques » décisifs qui lui permirent d'embrasser les théories spéciale et générale de la relativité d'Einstein, en particulier la dite « méthode des coïncidences », étaient déjà en place de façon presque complète *avant* que Schlick ne commence à les relier aux nouvelles théories d'Einstein. Et troisièmement, bien que, d'après Friedman, Schlick « s'oppose de façon militante au positivisme de Mach et au phénoménalisme du programme du monde extérieur de Russell »[3] dans sa *Théorie générale de la connaissance* et plus tôt, cette opposition ne modifie pas le moins du monde le compromis entre néo-kantisme et positivisme que Schlick a défendu durant sa période pré-viennoise.

En dépit de tous ces points, je soutiens que la source décisive de la première philosophie de Schlick est principalement à chercher dans le « réalisme critique » d'Alois Riehl (1844-1924) – une doctrine qui représente une version réaliste du néo-kantisme accompagnée d'ingrédients positivistes, mélangés à une forte dose de psychologie physiologique, une leçon tirée de la géométrie non-euclidienne, et un engagement fort en faveur du parallélisme psychophysique[4]. Dans la suite, j'esquisserai une

2. M. Friedman, *Reconsidering Logical Positivism*, Cambridge, Cambridge UP, 1999, p. 3.

3. *MSPP*, p. 19.

4. Pour plus d'informations sur Riehl et sa philosophie en général, voir M. Heidelberger, « Kantianism and Realism : Alois Riehl (and Moritz Schlick) », dans

alternative à la vision de Friedman, et dresserai un tableau du jeune Schlick en *philosophe* qui, en se rattachant au réalisme critique de Riehl et à la philosophie de l'esprit contemporaine, a pu accorder la philosophie aux besoins de l'époque, notamment à la théorie de la relativité générale d'Einstein.

De ce point de vue, un texte crucial de Schlick dans lequel tous les éléments essentiels de sa première philosophie sont rassemblés se trouve dans un article de 1916, où il établit une relation systématique entre la philosophie de l'espace et le problème psychophysique. (Le fait que cet article de Schlick ait été publié juste entre ses deux premières discussions de la théorie de la relativité [5] souligne la connexion étroite dans sa pensée entre la philosophie de l'espace et la psychophysique.) Étant donné ses thèses, il n'y a rien d'étonnant à ce que Friedman ait négligé cet article dans son exposé détaillé des écrits de Schlick et ailleurs [6]. De ce fait, il ne tient pas compte de l'« importance systématique spéciale » que Schlick attachait explicitement au problème psychophysique [7]. Il n'est donc pas surprenant qu'un autre interprète de l'œuvre de Schlick, John Watkins, soit arrivé à une lecture de la *Théorie générale de la connaissance* de Schlick complètement différente de celle de Friedman, et qu'il considère son « sujet central » comme « une tentative de résolution du problème corps-esprit » [8].

Dans la première partie de ce texte, je traiterai du réalisme critique de Riehl et de sa théorie de l'espace. Je montrerai en quoi ils s'enracinent dans une lecture particulière de Kant et dans une vision particulière de la psychologie sensorielle. Dans la seconde partie, je dresserai une esquisse du parallélisme psychophysique et d'une partie de son arrière plan au XIXe siècle, à la lumière du rôle central qu'il joue dans la pensée de Riehl et de Schlick. Dans la troisième partie, je montrerai comment Schlick reprend

The Kantian Legacy in Nineteenth-Century Science, M. Friedman and A. Nordmann (eds.), Cambridge (Mass.), MIT Press, 2006, p. 227–247. Désormais cité *KR*.

5. M. Schlick, « Die philosophische Bedeutung des Relativitätsprinzips », *Zeitschrift für Philosophie und philosophische Kritik*, 159, 1915, p. 129-175, rééd. « The philosophical significance of the principle of relativity », dans *Philosophical Papers*, H. Mulder and B. van de Velde-Schlick (eds.), vol. 1, 1909-1922, Dordrecht, Reidel, 1979, p. 153-189 ; *Raum und Zeit in der gegenwärtigen Physik*, Berlin, Springer, 1917, rééd. « Space and time in contemporary physics », dans *Philosophical Papers*, vol. 1, p. 207-269, désormais cité *RZ*.

6. *MSP*.

7. M. Schlick, *Allgemeine Erkenntnislehre*, 2e éd. Berlin, Springer, 1925 (désormais cité *AE 1925*), trad. angl. A.E. Blumberg, *General Theory of Knowledge*, Vienna, Springer, 1974, p. XII.

8. J.W.N. Watkins, « Moritz Schlick and the mind-body problem », *British Journal for the Philosophy of Science*, vol. 28, n° 4, 1977, p. 369-382.

les idées de Riehl et comment elles sont finalement rassemblées dans son épistémologie autour de 1916.

RÉALISME CRITIQUE ET ESPACE CHEZ RIEHL

En 1787, Friedrich Heinrich Jacobi a montré que l'on ne peut pas, comme Kant le faisait, considérer la chose en soi comme l'origine de l'affection du sujet connaissant, et limiter en même temps l'usage de la catégorie de causalité au champ de l'expérience[9]. Il fut ainsi conduit à faire cette remarque célèbre : l'on ne peut entrer dans le système kantien sans admettre un objet qui nous affecte, mais, sur la base de cette présupposition même, on ne peut non plus y demeurer. Du fait de cette ambiguïté, le point de vue de Kant possède, observait-il, « la couleur du caméléon, entre idéalisme et réalisme »[10]. La critique de Jacobi ouvrit la voie à une controverse durable au sein de la philosophie allemande à propos de la notion de chose en soi. Pour résoudre cette contradiction, la majorité des philosophes post-kantiens, Fichte en tête, décidèrent de traiter cette notion comme étrangère à l'esprit de l'idéalisme transcendantal de Kant, et la réduisirent ainsi à un simple concept-limite [*Grenzbegriff*] dans la pensée, qui ne transcende pas l'immanence de la conscience. Les deux écoles dominantes du néo-kantisme qui se développèrent dans les années 1870-1880, l'École de Marburg et l'École de l'Allemagne du Sud-Ouest, rejetaient également la notion de chose en soi. Elles étaient hostiles à l'idée que son existence peut être affirmée positivement et qu'elle peut être considérée comme une condition externe des apparences. Elles acceptaient encore moins qu'elle soit « cause » des apparences. L'affection [*Affektion*] de la sensibilité par des choses en soi est rejetée, remplacée par l'affection empirique au travers des apparences elles-mêmes.

Le « réalisme critique » d'Alois Riehl semble avoir constitué, à cette période, l'unique exception à une telle attitude idéaliste. Riehl pensait qu'il était nécessaire – et cohérent avec la conception de Kant – qu'il y ait des objets sous-tendant nos apparences, et que ces objets identiques à eux-mêmes possèdent des aspects transcendantaux aussi bien qu'empiriques. « La même chose », écrit-il, « qui est à la base de l'intuition en tant qu'elle existe, devient apparence dans l'intuition. La distinction entre apparence et chose n'est pas une séparation entre [deux] choses différentes, mais la

9. H. Vaihinger, *Commentar zu Kants Kritik der reinen Vernunft*, Stuttgart, Union Deutsche Verlagsanstalt, 1892, vol. 2, p. 35-55.

10. H. Vaihinger, *Commentar zu Kants Kritik der reinen Vernunft*, p. 37.

distinction d'une seule et même chose selon deux points de vue à partir desquels elle est saisie »[11]. À un autre endroit, il écrit que « la *Critique* [*de la raison pure*] nous apprend à considérer le *même objet* dans un sens double, à savoir comme apparence et comme chose en soi »[12]. Cela montre clairement que Riehl souscrivait à une conception du « double aspect » quant à la manière dont la distinction entre apparences et choses en soi doit être considérée.

« Dans les recherches qui suivent » écrivait Riehl dans l'introduction au second volume de son œuvre principale, « je pars de l'hypothèse réaliste. Je considère comme allant de soi que quelque chose de différent et indépendant de la conscience existe »[13]. Le passage favori invoqué par Riehl à l'appui de l'idée que Kant lui-même souscrivait à l'existence réelle des choses en soi se trouve dans le chapitre sur les paralogismes dans la première *Critique* :

> L'*objet transcendantal* qui est au fondement des phénomènes extérieurs, de même que celui qui est au fondement de l'intuition interne, n'est en soi-même ni matière ni être pensant, mais constitue un fondement, pour nous inconnu, des phénomènes qui nous procurent le concept empirique aussi bien de la première sorte que de la seconde[14].

Riehl a déployé beaucoup de finesse pour accorder sa lecture de Kant à d'autres passages qui semblent la contredire à première vue.

Cette attitude ne signifie pas, pourtant, que Riehl était un kantien orthodoxe acharné à défendre la philosophie de Kant à tout prix. Au contraire, il soutient que la philosophie de Kant doit être révisée sur plusieurs points pour rester cohérente, et que « le progrès principal de la science ne nous permet pas de continuer à nous accrocher au point de vue de Kant ». Il serait vain de soumettre la philosophie de Kant à une « restauration expérimentale »[15]. La philosophie de Kant n'est qu'une manifestation de la philosophie critique caractéristique de son époque, possédant des racines plus anciennes, et qui progressera en s'adaptant de

11. A. Riehl, *Der philosophische Kriticismus und seine Bedeutung für die positive Wissenschaft*, vol. 1, *Geschichte und Methode des philosophischen Kriticismus*, Leipzig, Wilhelm Engelmann, 1876, p. 313. Désormais cité *PK 1876*.

12. *PK 1876*, p. 424. Voir I. Kant, *Kritik der reinen Vernunft*, Riga, Hartknoch, 1781 (désormais cité *CRP* et d'après la pagination originale des deux éditions), B XXVII.

13. A. Riehl, *Der philosophische Kriticismus und seine Bedeutung für die positive Wissenschaft*, vol. 2, part 1, *Die sinnlichen und logischen Grundlagen der Erkenntnis* Leipzig, Wilhelm Engelmann, 1879, p. 18. Désormais cité *PK 1879*.

14. *CRP*, A 380. Voir aussi A494, A191, A288 et I. Kant, *Prolegomena zu einer jeden künftigen Metaphysik, die als Wissenschaft wird auftreten können*, Riga, Hartknoch, 1783, § 32.

15. *PK 1876*, p. IV et 6.

plus en plus à la science. Dans l'intervalle, elle s'est développée comme épistémologie [*Erkenntnisskritik*] générale anti-métaphysique, et comme fondement pour la théorie de la science. Riehl était particulièrement critique vis-à-vis de la tendance de Kant à faire rentrer la métaphysique par la fenêtre, pour ainsi dire, en tant que pis-aller pour la philosophie pratique après l'avoir exclue de l'épistémologie [16]. Il avouait s'être

> [...] toujours laissé guider par la maxime selon laquelle la philosophie n'a aucun droit à dominer la science, mais doit apprendre d'elle. Science et philosophie se complètent [...] et leur progrès advient dans une interaction permanente ».

D'autre part, Riehl défend le caractère progressiste de la philosophie théorique de Kant qui, pense-t-il, s'est avérée spécialement utile pour la physiologie et les disciplines voisines. Kant est ainsi, soutient Riehl, un « homme pour les physiologistes » [17], allusion claire à la compréhension kantienne de la perception sensible par Helmholtz. Cette adhésion à la physiologie n'empêche pas Riehl de soutenir simultanément un anti-psychologisme fort [18].

Pour Riehl, le concept de sensation présuppose l'existence de l'objet perçu aussi bien que celle du sujet percevant [19]. La sensation est une union intime de deux facteurs, la qualité appréhendée, et le mode de sentiment avec lequel elle a été appréhendée. La première est neutre quant à la différence entre réalité interne et externe, le second est caractéristique de la relation de la sensation à la volition et aux mouvements corporels (pression, résistance), et par suite également aux objets externes. Il s'ensuit que « la sensation consiste en l'interaction d'éléments objectifs et subjectifs; elle est l'unité de la qualité et du sentiment », de laquelle découle la conscience de soi et de l'objet externe [20]. La réalité extérieure n'est pas le résultat d'une inférence à partir de sensations internes, comme elle l'était pour Descartes et pour une grande part de l'épistémologie qui s'est

16. *Ibid.*

17. *PK 1876*, p. V et 5.

18. Voir par exemple, *ibid.*, p. 442.

19. A. Riehl, *Der philosophische Kriticismus und seine Bedeutung für die positive Wissenschaft*, vol. 2, part 2, *Zur Wissenschaftstheorie und Metaphysik*, Leipzig, Wilhelm Engelmann, 1887, trad. angl. A. Fairbanks, *Introduction to the Theory of Science and Metaphysics*, London, Kegan Paul-Trench-Trübner & Co, 1894, p. 164/173. Désormais cité *PK* 1887. Désormais, lorsque deux numéros de pages sont donnés dans le texte et séparés par un slash, le premier numéro renvoie à la traduction anglaise et le second à l'original allemand, tels qu'indiqués dans la présente référence.

20. *PK 1879*, p. 38.

développée à partir de sa pensée ; bien plutôt, la perception fait que cette réalité va de soi dès le départ. Ainsi,

> [...] l'existence du monde extérieur [...] n'est ni une croyance subjective, ni une inférence tirée par l'entendement, mais une connaissance immédiate qui précède toute connaissance médiate, conjecture et preuve [21].

À son origine, la conscience ne sait rien d'un soi ou d'un objet. Les sensations ne sont pas intrinsèquement tournées vers l'intérieur. La valeur de sentiment des sensations tactiles, par exemple, change selon que l'on touche son propre corps ou un autre objet hors de lui. (Ceci réfère clairement à une conception avancée par le maître de Helmholtz, l'influent physiologiste Johannes Müller, que Riehl ne mentionne pas nominalement [22].) L'expérience de cette différence mène graduellement à la différenciation des sensations internes et externes, du sujet et de l'objet.

> Parler de l'Ego sans parler de son opposé, le non-Ego, n'a aucun sens, puisque l'Ego n'existe qu'au travers de cette opposition. Pour saisir et sentir le soi en tant que tel, il est nécessaire d'avoir en même temps la sensation de quelque chose qui ne soit pas le soi. Le sentiment de l'existence du soi est basée sur la sensation simultanée d'une existence objective [23].

Cette conception de la sensation implique un renforcement et une réévaluation du rôle de la sensation, ce qui rapproche Riehl des tendances positivistes qui lui sont contemporaines :

> [...] c'est une erreur de base de Kant que d'avoir trop considéré la part sensitive de la conscience comme exclusivement *réceptrice*, mais aussi comme exclusivement *subjective*. Ceci prouve l'importance de l'actuelle physiologie de la sensation pour l'épistémologie actuelle [24].

La conception de Riehl entraîne également une critique forte du programme cartésien. L'Ego et ses états ne sont pas une (ou *la*) réalité originale et basique à partir de laquelle on doit accéder au monde extérieur ou le construire ; l'Ego est plutôt le résultat d'une différenciation basique et simultanée de la perception en Ego et non-Ego. On comprend l'expérience comme impliquant aussi bien un aspect interne qu'un aspect externe qui dépendent fonctionnellement l'un de l'autre : « au lieu de

21. *PK 1879*, p. 186.

22. Voir M. Heidelberger, « Beziehungen zwischen Sinnesphysiologie und Philosophie im 19. Jahrhundert », *Philosophie und Wissenschaften. Formen und Prozesse ihrer Interaktion*, H.J. Sandkühler (ed.), Frankfurt am Main, Peter Lang, p. 41 *sq*. Désormais cite *BSP*.

23. *PK 1879*, p. 67 ; dans le même sens, voir *PK 1887*, p. 141/147 *sq*.

24. *PK 1879*, p. 34.

partir d'une pure subjectivité originale de la sensation [comme le faisait Descartes] qui n'a aucune existence, et de chercher à expliquer comment elle peut acquérir une portée objective, on devrait partir de l'objectivité que possède la sensation pour la connaissance sensible, et montrer comment elle peut prendre sa signification pour la connaissance réflexive en tant qu'effet d'un objet, comment elle peut substituer la subjectivité médiate à la subjectivité immédiate »[25].

Accorder une quelconque valeur aux arguments en faveur de l'idéalisme, qui font dépendre l'être des objets externes du fait qu'ils sont pensés, c'est, selon Riehl, être abusé par des expressions figurées inappropriées :

> [...] les choses ne sont pas hors de la conscience, pas plus que les pensées ne sont à l'intérieur d'elle. La conscience est une fonction connectée à l'apparence des choses, et non un lieu où pourrait se trouver une chose, ou l'idée d'une chose. De même que la conception de la force implique la relation réciproque de deux corps l'un à l'autre, de même la conscience implique la relation à quelque chose différent d'elle-même, l'objet, et elle disparaît aussitôt que cette connexion est mise de côté ou rompue[26].

En d'autres termes, la conscience est pour Riehl un concept intentionnel et les apparences ne peuvent être en aucune façon considérées comme localisées en elle. Soutenir la localisation des apparences mène à des contradictions et à un idéalisme fallacieux. De plus, la théorie évolutionniste en biologie montre qu'« une sensation qui n'aurait pas occasionné un stimulus de mouvement, ou de quelque effet externe, serait inutile pour un être vivant ». Il doit donc y avoir un aspect objectif dans la sensation et celle-ci ne peut être entièrement subjective.

Il n'est pas surprenant que le réalisme critique de Riehl ait également des conséquences quant à sa conception de l'espace et du temps. Riehl est amené à réviser la doctrine kantienne de l'espace sur trois points : 1) il fait une distinction entre espace « empirique » et espace « *a priori* », et il y a de forts indices de ce qu'il distingue en outre, des deux premiers, un troisième type d'espace, à savoir « l'espace réel »; 2) il considère l'espace et le temps comme en partie objectivement réels et seulement comme partiellement *a priori*; et 3) il soutient que l'espace et le temps ne sont pas seulement des formes de l'intuition, mais également des concepts appartenant à la logique.

Dès 1870, Riehl avait affirmé qu'une distinction devait être faite entre l'espace sensoriel perçu et l'espace non-représentationnel saisi conceptuel-

25. *PK 1887*, p. 56/54 *sq.*
26. *PK 1887*, p. 136/142.

lement – c'est-à-dire, entre d'un côté l'espace « subjectif » ou « psychologique », et de l'autre, l'espace « intelligible en tant que relation objective » ou « ordre des choses ». Il s'appuyait sur une distinction similaire introduite par Johann Friedrich Herbart, dont la philosophie l'avait fortement impressionné au début de sa carrière [27]. Riehl soutenait que les recherches de Riemann et Helmholtz sur les fondements de la géométrie avaient montré que l'on doit distinguer entre « des concepts *a priori* d'espace et de temps et des idées sensibles d'espace et de temps » [28]. On doit considérer l'espace sensible empirique comme un cas factuel, ou un « contenu » de la « forme » générale donnée par la notion abstraite d'une variété à dimensions multiples [29]. L'erreur de Kant est d'avoir identifié dès le départ l'espace sensible à l'espace mathématique [30]. L'espace au sens *a priori* n'est pas limité à trois dimensions, et le fait qu'on ne puisse imaginer certaines de ses variantes n'est pas un argument contre elles. L'inutilité de la géométrie non-euclidienne dans son application à notre monde réel, écrit Riehl, « ne la rend pas dépourvue de sens, et il est impossible de prédire à quelles applications elle donnera lieu dans l'avenir » [31].

Il suit de la distinction entre espace sensible et espace mathématique, Riehl y insiste, que nous devons abandonner l'espace en tant que forme nécessaire de l'intuition indépendante de l'expérience. Ce fut « l'erreur [de Kant] », écrit-il, d'affirmer « le caractère purement *a priori* de l'espace et du temps » [32]. Certains caractères substantiels et objectifs de notre espace, par exemple sa tri-dimensionnalité, ne sont pas donnés avec la notion abstraite et générale d'une variété à dimensions multiples – ils constituent un cas particulier de certaines de ses sous-espèces. « L'espace et le temps sont des concepts qui possèdent leur base empirique et réelle dans la variété des sensations, leur fondement idéal dans les capacités logiques de notre esprit » [33]. La part sensorielle nous est donnée dans l'expérience au travers des sensations et des relations qu'elles entretiennent entre elles, tandis que la part conceptuelle est produite à partir des sensations au travers d'opérations de l'entendement [34]. L'espace, par conséquent, relève

27. A. Riehl, *Realistische Grundzüge. Eine philosophische Abhandlung der allgemeinen und nothwendigen Erfahrungsbegriffe*, Graz, Leuschner u. Lubensky, 1870, p. 24 *sq.*, 29. Désormais cité *RG*.

28. *PK 1879*, p. 91. Voir également p. 85.

29. *RG*, p. 29.

30. *PK 1879*, p. 90 *sq.*, 104, 115, 170 *sq.* (Voir Kant, *CRP*, A 224)

31. *PK 1879*, p. 169.

32. *PK 1879*, p. 102.

33. *PK 1879*, p. 107.

34. *PK 1879*, p. 133, 164, 116.

non seulement de « l'esthétique transcendantale » dans le système de Kant, mais également de la « logique », que Kant considérait comme « la science des règles de l'entendement en général »[35]. En admettant des éléments sensibles *a posteriori* dans nos concepts d'espace et de temps, Riehl accepte une doctrine centrale du positivisme et de l'empiriocriticisme de Mach.

Riehl appuie l'argument issu de la géométrie riemannienne sur des arguments de psychologie physiologique. Si l'espace était une « pure intuition », objecte-t-il, l'aveugle de naissance qui recouvre la vue serait capable d'identifier une sphère à la sphère qu'il a touchée auparavant simplement en la regardant. L'expérience nous apprend cependant que les intuitions spatiales de la vue et du toucher divergent, et que les deux sens dépendent fortement de la nature des différents « matériaux » sensibles. (Riehl fait bien sûr allusion au célèbre « problème de Molyneux », que William Molyneux introduisit pour la première fois dans une lettre à John Locke en 1693, et que l'on n'a cessé de discuter depuis.)

Riehl croyait également que les sensations peuvent être ordonnées en fonction de la sensation elle-même. « Les relations entre les sensations, leur coexistence et leur succession, s'impriment elles-mêmes dans la conscience, comme le font les sensations ». Ceci réfute l'affirmation de Kant selon laquelle

> [...] ce en quoi seules les sensations peuvent s'ordonner, ou ce qui seul permet de les ramener à une certaine forme, ne saurait être lui-même sensation, d'où il suit que, si la matière de tout phénomène ne nous est donnée qu'*a posteriori*, la forme en doit être *a priori* dans l'esprit, toute prête à s'appliquer à tous, et que, par conséquent, on doit pouvoir la considérer indépendamment de toute sensation[36].

(L'argument de Riehl en faveur du contraire renvoie à la psychophysique de Wilhelm Weber et Gustav Theodor Fechner qui, à partir des années 1830, développèrent l'idée qu'une différence entre des sensations peut elle-même être ressentie.) Ainsi, il n'y a pas de différence entre la matière et la forme de l'expérience dans ce cas. « Il semble », remarque Riehl,

> [...] que Kant, sous l'influence du dualisme aristotélicien [de la forme et de la matière], concevait la forme [de l'apparence] comme un *ειδος* créatif faisant face à la matière de façon indépendante. Ces concepts ne sont

35. *CRP*, A 52.
36. *CRP*, A 20.

pourtant séparables l'un de l'autre qu'au moyen d'abstractions arbitraires [37].

À plusieurs endroits, Riehl conçoit l'espace « réel » comme un autre type d'espace et le distingue des espaces sensible et mathématique. Bien que nos espaces sensibles diffèrent les uns des autres, il existe un corrélat objectif sous-jacent [*sachliches Correlat*] par lequel ils sont légitimement liés entre eux, à savoir les relations mesurables dans lesquelles coexistent les objets. Ces relations constituent un « monde purement objectif » – un troisième sens auquel nous référons à l'espace.

> Le corrélat factuel ou objectif de toute notre intuition spatiale réside dans la *coexistence* des objets. Les relations spéciales, mesurables, dans lesquelles les objets coexistent sont les corrélats [objectifs] de nos perceptions spatiales *spéciales*. [...] Ma thèse [...] est que l'on saisit d'une manière pleinement *adéquate* les objets et les processus, et que ces relations sont des constituants d'un monde purement objectif [38].

À un autre endroit, il écrit :

> [...] nous ajoutons à l'espace que nous percevons un espace que nous considérons comme perçu, et cet espace qui existe dans notre pensée, nous l'appelons espace vrai, ou même, espace réel. On ne peut cependant comprendre cela comme signifiant que le vrai espace existe en lui-même, indépendamment de toute relation avec l'acte perceptif de notre sens spatial. Nous l'appelons espace réel uniquement parce que, au moyen de l'idée que nous en avons, nous connectons de façon homogène toutes nos expériences externes, c'est-à-dire que nous les mettons en accord [39].

Une division similaire des concepts d'espace fut développée avant Riehl (mais après son article de 1870) par le philosophe néo-kantien Otto Liebmann en 1871. Il discuta également les résultats de Riemann et Helmholtz et distingua entre « l'espace sensible de l'intuition, en tant que triple coexistence de sensations localisées », « l'espace pur de la géométrie ordinaire » et « l'ordre transcendant du monde absolu et réel hors de notre conscience ». La conception de Riemann et Helmholtz d'une variété à dimensions multiples est, soutient Liebmann, un « terme générique, émancipé de l'intuitivité et qui, une fois considéré, se moque de l'intuition restreinte et ouvre un champ illimité de possibilités à l'entendement ». Notre propre espace est un cas particulier de ce genre, à trois dimensions

37. *PK 1879*, p. 104.
38. *PK 1879*, p. 165.
39. *PK 1887*, p. 60 *sq.*/59.

et à courbure zéro. Au contraire de Riehl cependant, Liebmann pensait que nous n'avons pas accès à l'espace en son troisième sens [40].

Cinquante ans après Liebmann, Carnap identifia également trois types d'espace – l'espace mathématique formel, l'espace intuitif basé sur l'intuition pure de Kant, et l'espace physique, qui est entièrement empirique. L'espace sensible a manifestement été éjecté du tableau. Un point final logique à cette discussion fut enfin apporté par l'empirisme logique avec la distinction entre la géométrie pure ou mathématique, qui est analytique, et la géométrie appliquée ou physique, qui est de nature synthétique, de même qu'avec l'enterrement définitif du déjà défunt « synthétique *a priori* » [41]. Nous verrons dans un moment à quel point la distinction de Schlick est liée à celle de Riehl, et comment elle convient bien à cette discussion.

Le parallélisme psychophysique et sa version hybride chez Riehl

Avant que nous puissions en arriver à ce point, il nous faut cependant nous pencher sur la doctrine du parallélisme psychophysique, qui constituait la partie centrale de l'épistémologie à la fois pour Riehl et Schlick.

> Les phénomènes, écrit Riehl, dépendent à la fois du caractère de l'activité des sens et de la forme du stimulus qui met cette activité en branle. Par conséquent il ne peut y avoir dans l'expérience de fait purement physique, pareillement qu'il ne peut y avoir de fait purement psychique. Les faits de l'expérience sont des phénomènes psycho-physiques [42].

Tous les processus psychiques possèdent leurs aspects physiques, et la vie mentale ne peut être comprise qu'unifiée avec son implémentation physiologique. Riehl entreprend de revaloriser les processus physiques de la cognition et tire parti de l'exploitation de l'évolution biologique pour l'épistémologie. « Nos sens et les objets qui affectent nos sens sont issus

40. O. Liebmann, « Ueber die Phänomenalität des Raumes », *Philosophische Monatshefte*, vol. 7, n° 2, 1871, p. 337-359, rééd. dans *Zur Analysis der Wirklichkeit. Eine Erörterung der Grundprobleme der Philosophie*, 3 e éd. Straßburg, Karl J. Trübner, 1900, p. 36-71. Voir p. 68, 58. Je suis reconnaissant à Helmut Pulte de m'avoir rappelé le texte de Liebmann.

41. Voir par exemple H. Reichenbach, *The Rise of Scientific Philosophy*, Berkeley-Los Angeles, University of California Press, 1951, p. 139 *sq.*

42. *PK 1887*, p. 32/30.

de la même réalité ». Ceci altère profondément le caractère de l'épistémologie kantienne.

Le « parallélisme psychophysique » fut formulé par le physicien et philosophe Gustav Theodor Fechner, comme forme moderne du spinozisme permettant de résoudre le problème corps-esprit de manière consistante avec la science moderne [43]. Le terme « parallélisme » ne doit pas être pris faussement pour un parallélisme de deux substances – dans le sens d'un occasionnalisme ou d'une théorie de l'harmonie pré-établie, ou de quelque autre type de « parallélisme cartésien », comme on pourrait l'appeler. À l'inverse, le parallélisme psychophysique doit être conçu comme une version sophistiquée d'une théorie moniste du double aspect. Il fut compris sous trois formes ou niveaux différents, qui sont construits l'un sur l'autre.

Tout d'abord, en tant que postulat empirique, ou « règle méthodologique » [44] : les sciences qui traitent des phénomènes mentaux et de leur incorporation dans des organismes devraient toujours supposer que chaque phénomène mental dépend fonctionnellement de quelque mécanisme physique dans le corps vivant correspondant, c'est-à-dire que chaque aspect de l'esprit possède un corrélat physiologique dont il dépend et auquel il est intimement lié. Le postulat peut être résumé dans le slogan « Pas de changement mental sans changement physique » ou, comme l'a dit Riehl, « tous les phénomènes mentaux sont fondés sur des phénomènes physiques [*physisch fundiert*] » [45]. On notera que ce postulat est de nature asymétrique : sa réciproque n'est pas nécessairement vraie. Il n'est pas exigé que tout événement ou phénomène physiologique dans le cerveau, et *a fortiori* tout autre processus matériel, ait également un corrélat psychique.

On doit considérer le parallélisme psychophysique en tant que postulat méthodologique comme une maxime causalement neutre : les questions de savoir s'il existe une relation causale entre l'esprit et le corps, et comment cette causalité est supposée agir, sont laissées complètement ouvertes. Il semble que la recherche actuelle en neurophysiologie et en sciences cognitives soit encore très influencée par cette attitude : comme l'attestent les titres de nombreux articles dans les journaux scientifiques pertinents, la neurophysiologie cherche les « corrélats neuraux » de tel ou

43. Voir M. Heidelberger, *Nature from Within : Gustav Theodor Fechner and His Psychophysical Worldview*, Pittsburgh (PA), University of Pittsburgh Press, 2004, chap. 5. Désormais cité *NW*.

44. A. Riehl, *Zur Einführung in die Philosophie der Gegenwart*, 4 ᵉ éd. Leipzig, B.G. Teubner, 1913, p. 157. Désormais cité *EPG*.

45. *EPG*, p. 159.

tel phénomène mental sans jamais (ou presque) se soucier de la question de savoir comment la causalité agit entre l'esprit et le corps ou dans quelle mesure exactement la corrélation établie contribue à résoudre cette question [46].

En second lieu, on a également compris le parallélisme psychophysique comme une *théorie philosophique* qui renonce à la neutralité quant à la question des relations causales entre esprit et corps et résout ainsi le problème corps-esprit. Elle y parvient en traitant le mental et le physique, chez les humains et peut-être les animaux supérieurs, comme deux aspects différents d'une seule et même entité ou d'un seul et même processus. En conséquence, un phénomène mental et son corrélat neuronal ne sont que deux propriétés ou aspects différents de la réalité. Puisque deux aspects d'un objet ne sont pas causalement liés (considérez les deux faces d'une pièce de monnaie, par exemple), l'esprit et le cerveau ne peuvent eux non plus être décrits comme connectés causalement l'un à l'autre. Ce qui apparaît comme physiologique dans le cerveau humain apparaît également comme esprit au sujet vivant doté de ce cerveau. La différence entre la nature physique et la nature psychique de l'être humain dépend donc du point de vue sous lequel il apparaît. En ce sens, le parallélisme psychophysique est une « théorie de l'identité » de l'esprit et du corps, ainsi qu'elle fut de fait nommée, car l'être qui apparaît aux autres (et qui est donc physique) est identique à l'être qui s'apparaît à soi-même (et qui est donc psychique). (Il s'agit d'un sens de la « théorie de l'identité » assez différent de celui discuté dans la philosophie de l'esprit contemporaine).

On a formulé essentiellement deux thèses quant à la nature exacte de la réalité ou du procédé sous-tendant les aspects psychiques et physiques : soit on l'a vue comme une substance réelle mais inconnue servant de porteur à la fois aux aspects matériels et psychiques, soit, suite à une critique sensualiste des substances en tant que spéculations métaphysiques illégitimes, on l'a expliquée dans le sens d'une théorie du « faisceau » : d'après cette dernière position, ce processus sous-jacent n'est rien de plus que la somme de toutes ses apparences, qu'elles soient physiques ou mentales – « rien qu'un faisceau ou une collection de différentes perceptions », comme l'écrivit Hume dans un contexte différent [47].

La troisième forme de parallélisme psychophysique est une *expansion spéculative* de l'esprit au-delà de l'organisme humain considéré comme son porteur : on soutient, d'une manière similaire au fonctionnalisme contem-

46. *PK 1887*, p. 185, 197 *sq.*/197, 209 *sq.*, où « corrélat » est réellement utilisé.

47. D. Hume, *A Treatise of Human Nature*, London, John Noon, 1739, vol. I, livre I, VI, p. VI.

porain en philosophie de l'esprit, que nombre d'autres systèmes, outre l'organisme humain et certains animaux, ont des aspects mentaux ; en fait, on doit même considérer que l'univers, en tant que tout, porte en lui un aspect mental. Sous cette forme, le parallélisme psychophysique culmine dans l'affirmation cosmologique du panpsychisme.

Il est facile de voir qu'un adepte d'une version panpsychiste du parallélisme doit accepter la théorie de l'identité, laquelle à son tour présuppose le parallélisme psychophysique comme postulat de la recherche empirique. Le contraire, en revanche, n'est pas vrai : un partisan du postulat empirique peut soit laisser ouverte la question de savoir comment opère la causalité quant à la relation de l'esprit et du corps (comme cela se fait dans la plus grande partie de la recherche scientifique aujourd'hui), soit, au second niveau du parallélisme psychophysique, il peut développer une alternative à la théorie de l'identité qui soit cohérente avec le postulat empirique. De même, le partisan de la théorie de l'identité n'est contraint par aucun argument d'admettre les extravagances de la métaphysique panpsychiste inductive. Il est vrai que la simple possibilité d'une harmonie entre le panpsychisme et le parallélisme psychophysique a dissuadé de nombreux savants d'accepter sa seconde, voire parfois sa première forme. (Helmholtz pourrait être un cas problématique.) Pourtant, une analyse plus approfondie montre que les trois formes peuvent et doivent être tenus séparées.

Alois Riehl défendait un parallélisme psychophysique au second sens – une « théorie de l'identité », comme il l'appelait effectivement – en faveur duquel il rejetait de manière répétée et véhémente la légitimité du panpsychisme [48]. La tournure particulière qu'il donna à sa théorie de l'identité était double : il essayait de la rattacher, et même de l'identifier, à la théorie de l'esprit de Kant, et il la tenait pour centrale dans une épistémologie informée par les sciences spéciales [49].

L'argument de Riehl part de ce qu'il nomme une « antinomie physiologique » entre le « principe de la biologie évolutionniste » et la « physiologie ». La biologie évolutionniste traite l'esprit comme une propriété causalement efficace de l'organisme humain, puisque sans cela il ne présenterait aucun avantage évolutif au cours de l'évolution par rapport à d'autres organismes qui ne sont pas doués d'esprit. La physiologie cependant, en tant qu'elle repose sur le principe de conservation de l'énergie, se

48. Par exemple *EPG*, p. 158 *sq*.

49. Comme je l'ai montré dans *NW*, chap. 5, la conception de l'identité de Riehl est la source historique de la version de la théorie de l'identité proposée par Herbert Feigl en 1958.

doit de nier cela. À l'inverse, elle affirme que « les fonctions psychiques sont de simples accompagnements de certains processus nerveux, ne dépendant pas d'eux et ne produisant sur eux aucun effet ». Les deux propositions, toutefois, sont des faits établis et doivent par conséquent être vraies : j'entends par là la proposition que « la conscience n'est pas simplement un produit, mais également un facteur dans le développement vers l'avant de l'animal » et la proposition que « la conscience est dépourvue de résultats mécaniques » [50].

Si nous voulons éviter de conclure que la science elle-même est contradictoire parce que ces deux faits sont en opposition, nous devons rechercher une présupposition fausse et cachée d'où découlerait le dilemme. « Cette présupposition est que les processus mécaniques dans la nature sont absolument réels, dans la forme sous laquelle ils apparaissent aux sens ». Si l'on abandonne cette supposition et que l'on accepte son contraire, les deux assertions peuvent alors être mises en harmonie.

> Le contraire [de la présupposition fausse] est la théorie critique selon laquelle ces processus sont des phénomènes du réel, dont la constitution ne peut être connue directement, mais seulement par ses effets sur la conscience [51].

Pourquoi, toutefois, devrions-nous croire que cette nouvelle présupposition est correcte ? Riehl considère que l'attaque des paralogismes par Kant dans la *Critique de la raison pure* a prouvé que l'on ne peut ni inférer que la substance derrière les « phénomènes matériels » est matérielle, ni inférer de manière analogue une substance mentale derrière les phénomènes psychiques [52]. Citant Kant, il insiste également sur le fait qu'il est illégitime d'hypostasier des phénomènes, qu'ils soient externes et matériels ou internes et mentaux :

> La matière ne signifie donc pas, parmi les substances, une espèce qui serait ainsi totalement différente et hétérogène vis-à-vis de l'objet du sens interne (âme), mais seulement l'irréductibilité des phénomènes vis-à-vis des objets (qui nous sont en eux-mêmes inconnus). L'objet transcendantal (*Ding an sich*), en ce qui concerne l'intuition interne aussi bien qu'en ce qui concerne l'intuition externe, nous est également inconnu. [...] Le Moi tel qu'il est représenté dans le temps par le sens interne, et les objets représentés dans l'espace hors de moi sont certes des phénomènes spécifiquement tout différents, mais ils ne sont pas pour autant pensés comme des *choses* distinctes. L'objet transcendantal qui est au fondement des phénomènes

50. *PK 1887*, p. 169/179.
51. *PK 1887*, p. 171/181.
52. *PK 1887*, p. 175/185.

> extérieurs, de même que celui qui est au fondement de l'intuition interne, n'est en soi-même ni matière ni être pensant, mais constitue un fondement, pour nous inconnu, des phénomènes qui nous procurent le concept empirique aussi bien de la première sorte que de la seconde [53].

Ceci montre que Riehl lit le chapitre de Kant sur les paralogismes comme une réfutation du dualisme corps-esprit à la Descartes [54] et comme un argument victorieux en faveur du parallélisme psychophysique dans sa seconde version, et un soutien à celui-ci.

La théorie de Schlick en tant que fondée sur celle de Riehl

Le style ardu des livres de Riehl reflète le dur combat qu'il a dû mener en vue d'échapper à l'influence de la philosophie kantienne et de développer le réalisme critique en tant que position autonome, à chaque fois qu'il en éprouvait la nécessité. Le lecteur est emporté dans un itinéraire sinueux et compliqué. La voie empruntée par Schlick, au contraire, telle qu'on la trouve dans son article de 1916 sur « L'idéalité de l'espace, l'introjection et le problème psycho-physique », est directe et simple [55]. Elle ressemble à un résumé de la position de Riehl se concentrant sur les points les plus essentiels et laissant de côté les détails. Pour Schlick comme pour Riehl, le principal problème philosophique en jeu est le problème psychophysique :

> [...] les plus importantes de ces contradictions premières [qui surgissent de notions pré-philosophiques] s'enracinent dans le problème psychophysique, la question de la relation du corporel au mental [56].

Schlick s'accorde également avec Riehl lorsqu'il caractérise les contradictions psychophysiques comme des « contradictions de localisation » de qualités sensorielles [57]. Ces contradictions ont leur origine « dans la relation

53. Extraits de *CRP*, A385, A372, A379 *sq.*, [cités d'après *PK 1887*, p. 175 *sq.*/185 *sq.*; parenthèses ajoutées par Riehl ou le traducteur].

54. *PK 1887*, p. 176 *sq.*/186 *sq.*

55. La discussion est reprise à nouveau dans M. Schlick, *Allgemeine Erkenntnislehre*, Berlin, Springer, 1918 (désormais cité *AE 1918*), § 31-32 et *AE 1925*, § 32-33.

56. M. Schlick, « Idealität des Raumes, Introjektion und psychophysisches Problem », *Vierteljahrsschrift für wissenschaftliche Philosophie und Soziologie*, vol. 40, n° 2, 1916, p. 230-254 (désormais cité *IR*), trad. angl. « Ideality of space, introjection and the psycho-physical problem », *Philosophical Papers*, H. Mulder and B. van de Velde-Schlick (eds.), vol. 1, 1909-1922, Dordrecht, Reidel, 1979, p. 190-206. Voir p. 191/232.

57. *IR*, p. 195/238.

spatiale entre deux mondes [le monde mental et le monde physique], dans la difficulté qu'il y a à satisfaire les prétentions que chacun entretient, pour ainsi dire, quant à l'espace »[58].

Le réalisme naïf traite les qualités secondes comme des propriétés réelles des choses. Un tel point de vue ne peut toutefois être soutenu car il mène à une contradiction : si un morceau de papier est blanc pour moi et rose pour mon voisin, il aurait les propriétés réelles d'être blanc et d'être non-blanc en même temps. Nous devons donc admettre que les qualités sensibles ne sont pas de propriétés des objets réels, mais des états de conscience. Ce qui m'apparaît blanc peut ainsi aisément apparaître rose à une autre conscience sans que cela mène à une contradiction. Quoique cette manœuvre puisse être efficace pour les couleurs, elle ne l'est pas pour les propriétés spatiales. Nous ne pouvons résoudre le problème en disant que toutes les propriétés mentales sont non-spatiales, puisque la physiologie des sens et la psychologie ont montré le contraire. Certaines sensations *sont* spatiales, et « toutes nos idées spatiales sont créées entièrement et uniquement à partir de déterminations spatiales, localisées, des qualités sensibles ». Ces qualités sont, pour la plupart, « en une étendue et un lieu particuliers, et sans cela il n'y aurait tout simplement pas d'espace pour nous »[59]. Comme l'a montré Wilhelm Wundt, note Schlick – et, peut-on ajouter, comme Riehl ne se lasse jamais d'y insister – des éléments non-spatiaux ne peuvent donner lieu à des éléments spatiaux, et doivent par conséquent être admis dans le monde sensible.

Dès lors, si les qualités sensibles comme le blanc du papier ont une localisation, qui donc a raison? Le psychologue qui dit que le papier *est* blanc et que l'étendue que remplit cette qualité est la localisation du papier, ou le physicien qui récuse ce point? « Le monde du physicien », écrit Schlick, « est absolument complet en lui-même, et ne laisse aucune place au monde du psychologue, avec ses qualités sensibles, » pas même dans le cerveau. Le succès de Kant et Avenarius, du criticisme et du positivisme est, souligne Schlick, d'avoir reconnu le problème et trouvé une manière commune d'éviter les contradictions de la localisation. Pour le positivisme (ou empiriocriticisme, comme on appelle également la théorie d'Avenarius), les qualités sensibles « remportent la victoire dans la bataille pour la possession de l'espace »[60]. Ce qui signifie que les qualités sensibles existent là où elles sont vues. Le blanc du papier devant moi est un « ingrédient de la conscience » et « toute tentative pour le localiser

58. *IR*, p. 193/235. Voir *AE 1925*, § 33
59. *IR*, p. 195/237.
60. *IR*, p. 197/240.

ailleurs qu'à l'endroit où je le vois échoue invariablement »[61]. L'espace est ainsi pour Mach constitué par des « complexes d'éléments », comme l'observe Schlick, ou, pour Avenarius, par des « constituants environnementaux ».

Cela étant, estime Schlick, un examen plus attentif révèle que dans le criticisme kantien, « l'espace est défini [...] exactement de la même manière que chez Avenarius ». Tous les objets spatialement déterminés sont des apparences, c'est-à-dire « des représentations de ma conscience »[62]. Il pourrait alors sembler que le positivisme rejette la position « idéaliste » telle qu'elle surgit dans le kantisme, pour laquelle tout le donné appartient d'avance au sujet et est considéré comme subjectif, et que, par conséquent, les méthodes positiviste et kantienne pour traiter de l'espace ne peuvent être assimilées l'une à l'autre. Schlick insiste pourtant sur le fait que « les éléments sensibles » au sens de Mach et les « apparences » kantiennes sont identiques :

> [...] au fond, les deux penseurs [Avenarius et Kant] n'ont assurément rien de différent à l'esprit lorsque l'un parle de constituants environnementaux et l'autre d'apparences comme représentations dans la conscience[63].

Ils ne diffèrent que sur la terminologie. Pour tous deux, la « sphère de la conscience sensible coïncide avec l'espace de l'apparence »[64]. Deux individus distincts peuvent donc attribuer des qualités différentes à un objet sans que cela donne lieu à une contradiction. Les deux solutions évitent de « parler davantage d'une interaction des objets spatiaux avec la conscience » et étayent donc solidement le parallélisme psychophysique en tant que solution au problème corps-esprit.

Jusqu'ici tout va bien. Le raisonnement de Schlick semble avoir montré que le problème psychophysique est totalement maîtrisé par une solution paralléliste qui est commune aux deux plus importantes écoles philosophiques de l'époque, le criticisme et le positivisme. Pourtant, comme Schlick doit le reconnaître, la situation est instable, puisque dès que les deux écoles veulent présenter une perspective philosophique plus complète, le problème psychophysique resurgit à nouveau, et avec lui des contradictions de localisation. Dans le système de Kant, c'est avec l'introduction de « l'objet physique » que les contradictions de localisation évitées jusque là réapparaissent. D'après Schlick, la raison en est l'ambiguïté de la conception kantienne de « l'apparence ». Dans un premier

61. *Ibid.*
62. *IR*, p. 197 *sq.*/241.
63. *IR*, p. 198/242.
64. *IR*, p. 199/243.

temps, Kant utilise « apparence » pour le « divers de l'intuition » qui correspond aux éléments des positivistes. Elle varie d'instant en instant et d'un sujet percevant à l'autre, et aussi bien selon les perspectives d'un sujet individuel vis-à-vis de l'objet perçu. Mais dans un deuxième temps, observe Schlick, Kant fait également référence à l'objet physique en tant qu'objet de toutes les intuitions possibles, identique pour des observateurs différents et dénué de toute qualité seconde, et par conséquent non représentable par les sens [65]. Cela signifie néanmoins que l'on identifie le monde des objets physiques à l'espace phénoménal. Ainsi la contradiction dans la localisation du psychique, qu'on avait reconnue être au cœur du problème psychophysique, réapparaît, et le conflit est recréé.

Le système positiviste d'Avenarius, poursuit Schlick (et celui de Mach, pourrait-on ajouter), ne s'en sort pas mieux que celui de Kant dans cette situation. Avenarius doit supposer que les constituants environnementaux des différents individus doivent être localisés pour chacun dans le même espace. Sans quoi chaque individu posséderait son propre monde monadique qui n'aurait rien en commun avec les mondes des autres. Il semble que les contradictions de la localisation soient inévitables et donc, que le problème corps-esprit soit insoluble. Heureusement, toutes les voies menant à une solution ne sont pas barrées : il se trouve, soutient Schlick, qu'en « combinant les parties valables des théories critique et positiviste », nous pouvons contourner les imperfections décrites précédemment [66].

Comment une telle combinaison peut-elle permettre d'éviter les contradictions de la localisation ? Il nous faut séparer l'espace physique de l'espace phénoménal. Tous les individus qui intuitionnent ont chacun « leur propre espace d'apparences [*Erscheinungsräume*], lesquels espaces sont tous coordonnés les uns aux autres, ainsi qu'à un espace physique unique » [67]. Il nous faut également reconnaître que nos différents sens ont leur espace physiologique particulier :

> [...] l'espace de la vue est psychologiquement assez dissemblable de celui du toucher ou des sensations musculaires, et ce n'est que dans la mesure où prévaut entre eux une coordination univoque qu'apparaît le concept de l'espace physique commun à tous. Au final, celui-ci n'est rien d'autre que l'expression de l'existence de cette coordination et de la correspondance entre toutes les expériences spatiales des sens et individus différents, et par là, c'est un symbole de l'ordre des choses en soi que (même dans la vision kantienne) nous devons tenir responsable de l'ordre spatial des objets

65. *IR*, p. 200/245.
66. *IR*, p. 204/251 *sq.*
67. *IR*, p. 201/246.

d'expérience, quand bien même nous ne pourrions le décrire lui-même en tant qu'ordre spatial [68].

C'est exactement le même déplacement que celui qu'avait fait Riehl, et qui l'avait éloigné au fur et à mesure du criticisme kantien, en direction de ce qui devint finalement son propre réalisme critique.

Ainsi, poursuit Schlick, le monde des objets physiques spatiaux n'est ni le royaume des apparences, ni le divers de l'intuition, mais un « symbole conceptuel, un système de signes pour le monde des choses en soi » [69]. Accroître notre savoir en science quant à un objet signifie donc découvrir comment il est relié au système de signes.

> Il y a, entre la structure de ce monde [des choses en soi] et celle de ce système de signes, une correspondance univoque, qui est révélée par les effets de la science ; et pour autant que, dans chaque connaissance authentique, la relation entre concept et objet connu ne soit rien d'autre qu'une relation de coordination univoque [*eindeutige Zuordnung*], on peut dire en toute confiance que les vérités scientifiques sont en fait autant de connaissances des choses en soi [70].

La *Théorie générale de la connaissance* accentue encore ceci, jusqu'à affirmer que « les objets physiques – les objets dont traite la physique – sont non-intuitifs ; ils sont dépourvus de toute qualité seconde et de spatialité [intuitive] » [71].

Comment le criticisme kantien et le positivisme d'Avenarius et Mach sont-ils affectés par la reconnaissance de l'espace physique et sa séparation d'avec l'espace phénoménal ? La philosophie kantienne doit admettre que la réalité donnée dans l'intuition est plus véridique qu'elle ne l'imaginait : « le criticisme doit sacrifier son concept d'apparence au positivisme, à titre de concession » [72]. Les données de la conscience (les « éléments » dans la terminologie de Mach) ne doivent pas être considérées comme de « simples apparences ». Au lieu de cela, « elles sont, pour ainsi dire, indépendantes, elles sont sans réserve des réalités – et sur ce point, le positivisme demeure victorieux » [73]. Ceci reflète et épouse bien la tendance de Riehl à prendre le positivisme au sérieux et à l'intégrer autant que possible à la philosophie, dans la mesure où il ne met pas le réalisme en danger. Cela se manifeste de la façon la plus visible dans l'empressement de Riehl

68. *Ibid.*
69. *Ibid.*
70. *IR*, p. 201/247.
71. *AE 1925*, p. 310/346.
72. *IR*, p. 203/249 *sq.*
73. *IR*, p. 204/252.

à prendre en compte la physiologie des sens. À la fois pour Riehl et Schlick, les éléments sensoriels ne tiennent pas lieu de, ou ne représentent pas une réalité différente, mais forment par eux-mêmes un espace phénoménal qui entretient une relation stable avec l'espace physique.

Le positivisme doit lui aussi faire ses propres concessions. Il doit accepter « le concept de chose en soi » de la philosophie critique [74] et donc concéder que les données de la conscience ne sont pas les seules réalités qui soient.

> Le monde n'est pas bâti sur elles seules, car il existe encore d'autres réalités. Ces dernières ne sont pas saisies dans l'expérience comme le sont les « éléments », mais inférées ; elles ne sont pas familières, comme eux, mais d'une qualité au-delà de l'imagination ; elles sont pourtant réelles au même sens que les « éléments » et connaissables dans le même sens [75].

Le positivisme doit ainsi reconnaître que les objets physiques, et l'espace physique qu'ils occupent, sont différents des objets phénoménaux pour les uns et de l'espace phénoménal pour l'autre, bien qu'ils soient intimement liés les uns aux autres.

On peut interpréter l'attitude de Schlick envers Mach et Avenarius comme relevant soit de la louange, soit du dénigrement, selon la partie de ses vues qui semble la plus importante – la part qui s'accorde avec les vues de Mach ou celle qui en diffère. D'après Friedman, toutefois, les jugements de Schlick sur le positivisme dans la période pré-viennoise révèlent une sympathie croissante à l'égard de « l'empirisme de Mach ». Tandis que, dit-on, dans la *Théorie générale de la connaissance* de 1918, Schlick était encore « un néo-kantien ou réaliste "critique" », il s'éloigna de cette position et embrassa progressivement le positivisme sous l'influence du développement de la théorie générale de la relativité d'Einstein. « L'assimilation de la théorie de la relativité par Schlick », affirme Friedman, « contenait les germes de son vérificationnisme plus tardif sous une forme latente ». Ainsi, au final, « l'empirisme machien sort victorieux », non seulement pour Schlick mais pour le positivisme logique en général [76].

Mais au vu des déclarations de Schlick en 1916 sur le fait que la philosophie de Mach présente des éléments acceptables aussi bien que d'autres qui ne le sont pas, et en posant un regard neuf sur les écrits que j'ai cités, il est perceptible que Schlick n'a pas du tout changé d'attitude. Les éloges de Mach que l'on trouve dans les écrits postérieurs à 1918 pourraient parfaitement être bien antérieurs, puisqu'ils se rapportent à

74. *IR*, p. 203/250.
75. *IR*, p. 205/252.
76. *MSPP*, p. 42, 20. Voir également p. 22–25.

cette partie de la philosophie de Mach que Schlick, de même que Riehl d'ailleurs, ont toujours acceptée. Et les remarques exprimant une opposition au positivisme qui apparaissent en 1918 et précédemment auraient très bien pu être réitérées après 1918, puisqu'elles se rapportent aux parties de la philosophie de Mach que Schlick, et Riehl à nouveau, ont toujours rejetées. La fréquence des éloges de Mach dans les textes ultérieurs résulte du fait contingent que Schlick ne discute plus aussi souvent le réalisme critique qu'auparavant, mais pas d'un changement d'avis. Le vérificationnisme de Schlick a donc toujours été latent.

Nous avons vu qu'avec le nouveau système philosophique de 1916, qui combinait les parties valables du criticisme et du positivisme, Schlick espérait éviter toutes les contradictions de la localisation. Il y parvint en attribuant au parallélisme psychophysique pris dans un sens très spécifique le statut de solution au problème corps-esprit. Nous avons vu que connaître un objet *physique*, c'est construire un système de signes. Si nous généralisons cette position et acceptons que le monde non-physique des phénomènes mentaux soit également coordonné à ce système de signes, « le concept de processus physique que nous attribuons à chaque occurrence parmi les "choses en soi" *inconnues* serait également applicable aux structures *connues* de l'esprit, et l'expérience fiable nous apprend alors que, dans ce but, nous devrions choisir certains processus spécifiques (quoique jamais encore déterminés avec précision) dans le cortex cérébral. En bref, nous parvenons de cette manière à l'idée et à la condition du parallélisme psycho-physique »[77]. Toutefois ce genre de parallélisme, Schlick y insiste, n'est pas un parallélisme « entre deux types d'apparences » comme chez Kant (ou, peut-on ajouter, chez Fechner), pas plus qu'une « correspondance métaphysique entre des cours d'événements réels » comme chez Leibniz, mais plutôt « un parallélisme épistémologique entre les réalités mentales et un système auto-créé de concepts »[78] d'un genre déjà envisagé par Alois Riehl (et élaboré plus tard par Herbert Feigl).

Un an après, en 1917, dans *Espace et temps dans la physique contemporaine*, Schlick analysa la théorie générale de la relativité et tenta de la reconstruire dans les termes de son épistémologie de la « coordination ». Dans le chapitre final, intitulé « Relations à la philosophie », il réitère son analyse de la relation entre espace (et temps) subjectif psychologique et espace (et temps) objectif physique. La « source psychologique » de l'espace est à nouveau identifiée à « certaines propriétés de nos impressions des sens ». L'espace défini unique du physicien est « établi comme objectif en

77. *IR*, p. 205/252.
78. *IR*, p. 205/253. Voir également *AE 1925*, p. 310/336.

opposition à ces espaces subjectifs », et il « n'est en aucune façon donné avec nos perceptions, mais est un produit de notre construction conceptuelle [*begriffliche Konstruktion*] »[79]. L'erreur fondamentale de Kant est à nouveau montrée du doigt : elle consiste à parler d'« espace » tout court sans distinguer entre les espaces intuitifs des divers sens, ou entre eux et l'espace des objets physiques. Schlick expose, comme il le dit, la « genèse de la conception physique de l'espace à partir des données intuitives des espaces psychologiques ». Les espaces sensoriels, explique-t-il, sont corrélés les uns aux autres, et « au travers de cette correspondance, il est possible d'organiser toutes les perceptions spatiales en un schème unique, qui est précisément ce que nous appelons espace objectif ».

La coordination d'un point dans un espace sensoriel avec un point dans un autre espace sensoriel est effectuée en occasionnant une coïncidence spatio-temporelle de deux éléments qui sont usuellement séparés[80].

> Après enquête minutieuse, le résultat est que nous parvenons à la construction de l'espace et du temps physiques seulement par cette méthode des coïncidences, et par aucun autre processus. Le divers de l'espace-temps n'est ni plus ni moins que la quintessence des éléments objectifs définis par cette méthode[81].

Son analyse de l'espace et du temps, qu'il caractérise comme « psychologico-épistémologique [*psychologisch-erkenntniskritisch*] », conduit, comme il le fait remarquer,

> [...] précisément à cette signification de l'espace et du temps qu'Einstein a reconnue pour unique et essentielle à la physique, où il l'a établie de plein droit. Car il rejetait les conceptions de Newton, qui niait l'origine que nous venons de décrire, et fondait la physique sur la conception de la coïncidence des événements.

Et il poursuit dans la première édition : « ici donc la théorie physique et l'épistémologie [*physikalische Theorie und Erkenntniskritik*] se tendent la main en une belle alliance »[82].

Nous pouvons donc voir clairement que Schlick *n*'avait *pas* à modifier son réalisme critique et son analyse de l'espace et du temps pour rendre compte philosophiquement de la théorie de la relativité. L'épistémologie, telle qu'il la concevait, est un partenaire autonome au sein de l'alliance, et

79. *RZ*, p. 259 *sq.*/52 *sq.*
80. *RZ*, p. 262/56.
81. *RZ*, p. 263/57 *sq.*
82. *RZ*, p. 263/58.

n'avait pas à développer « des principes philosophiques entièrement nouveaux » en vue de s'accorder avec Einstein. C'est une heureuse coïncidence que les principes développés au sein d'une version réaliste du kantisme, sous l'influence de la physiologie des sens et de la psychophysique, aient conduit à la même analyse philosophique de l'espace que les principes d'Einstein. Ainsi, il devient clair que la philosophie de Schlick est profondément enracinée dans le néo-kantisme et le réalisme critique, et dans l'intense débat « psychologico-épistémologique » qui prit en compte les sciences pré-einsteiniennes et les discussions sur la géométrie. Schlick fut l'un des premiers à saisir l'importance et la pertinence philosophiques des résultats d'Einstein, mais il put élaborer son analyse à l'aide de moyens philosophiques qui avaient déjà été forgés avant l'avènement de la théorie de la relativité.

CONCLUSION

Dans mon interprétation, j'ai beaucoup insisté sur la relation entre Schlick et Riehl, et j'ai exposé dans cette perspective l'œuvre de Schlick, principalement la première partie de sa carrière. On en viendra peut-être à soupçonner que la manière dont je construis la lignée allant de Riehl à Schlick est trop simple pour être vraie. Historiquement, il doit y avoir eu, non seulement des gains et une continuité, mais aussi des pertes et une discontinuité. De fait, il existe chez Riehl un sujet qui disparaît plus ou moins dans les thèses de Schlick.

À travers toute son œuvre, Riehl a tenté de trouver un substitut au synthétique *a priori* de Kant dans le concept d'unité de la conscience ou de l'aperception. La conviction d'avoir trouvé un tel substitut lui a finalement permis de défendre de façon aussi forte et convaincante la différence entre les parties empirique et mathématique de l'espace.

> Les lois formelles les plus élevées de l'expérience, écrit-il, doivent être saisies comme les conséquences d'un principe unique ; elles expriment l'unité de la pensée consciente dans toute intuition et expérience. Dans ce principe, les composants empiriques et purs de la connaissance sont réunis [83].

Cela exprime l'identité du sujet et la continuité de la conscience face à l'altération et au changement. Riehl le nomme également principe d'identité synthétique. « Aucune unité de l'objet, en fait aucun objet lui-même,

83. *EPG*, p. 123. Voir *PK 1879*, partie 1, totalité du chap. 2.

ne peut être représenté sans l'absolue unité du sujet représentant »[84]. Riehl veut montrer que l'idée de temps résulte de l'unité de l'aperception dans la succession des sensations. Notre conscience doit se connaître elle-même comme une seule et même conscience à travers les séries d'impressions pour rendre possible le concept de temps. Les impressions successives des sens fournissent le matériau de l'expérience, et l'unité de la conscience fournit ses propriétés formelles ou logiques. Ces propriétés du temps sont principalement l'homogénéité, la continuité et l'infinité. Riehl cherche donc clairement dans notre conscience un fondement plus profond des propriétés logiques du temps.

Le concept d'espace, continue Riehl, est basé sur le concept de temps : ici ce n'est pas la succession des sensations, mais leur coexistence qui doit être appréhendée simultanément par la conscience. Mais cela seul n'est pas suffisant pour les représentations spatiales. Il doit y avoir une capacité à distinguer les sensations simultanées les unes des autres, et l'appréhension des sensations coexistantes doit donner lieu à des sentiments d'innervation, spécialement musculaires, à partir desquels se développe un sens de la direction.

> Le sujet n'est pas, comme l'enseignait Kant, le seul porteur des relations spatiales et temporelles des apparences, mais le créateur de la forme déterminée dans laquelle ceci est saisi dans l'acte de penser[85].

Les propriétés formelles de l'espace et du temps sont le résultat de « l'identité formelle de la conscience à elle-même dans la succession et la coexistence des sensations »[86].

Quant à Schlick, il semble avoir été parfaitement conscient du problème de l'unité de la conscience : il devait soit reprendre l'explication de Riehl quant à l'origine des qualités formelles de l'espace et du temps dans l'unité de la conscience, soit donner une explication alternative qui en diffère. Mais il a manifestement esquivé la charge d'une telle entreprise. À la fin de son article de 1916, après avoir expliqué et fait l'éloge de son modèle de parallélisme psychophysique, Schlick poursuit :

> [...] bien sûr, toutes les questions du problème psycho-physique ne sont pas définitivement réglées de cette façon [c'est-à-dire grâce à l'idée que la conscience ne peut en aucune manière être localisée spatialement dans le monde physique]. Par exemple, nous manque toujours un concept scientifique pour désigner cette connexion particulière qui lie ensemble les contenus d'une conscience individuelle, et que nous appelons *unité de la*

84. *Ibid.*
85. *EPG*, p. 116.
86. *PK 1879*, p. 158 *sq.*

> *conscience.* Ce terme désigne peut-être un fait ultime qui ne peut être élucidé plus avant ou réduit à autre chose. Mais quand bien même l'avancée future du savoir serait stoppée à ce point, nous nous heurtons là à une limite et non à une contradiction. Il doit y avoir des limites quelque part [87].

Dans la *Théorie générale de la connaissance*, il témoigne de la même attitude et considère l'unité de la conscience comme un « fait », sur lequel quasiment rien d'éclairant ne peut être dit. Il admet que son unité est davantage qu'un faisceau ou une collection de perceptions au sens de David Hume, et qu'elle devra être au centre de l'attention de toute métaphysique future (sic!), mais il semble être complètement désarmé quant à ce problème [88].

En quoi consiste alors l'héritage de Schlick pour l'empirisme logique? Il y a en premier lieu sa tentative en vue de combiner des éléments de deux puissantes traditions en philosophie des sciences, à savoir le kantisme et le positivisme. En cela, il suivait un programme similaire à celui des membres du Cercle de Vienne qui tentèrent également, même avant la première guerre mondiale, de combiner Mach et un Kant modernisé [89]. Deuxièmement, pour Schlick comme les membres du Cercle de Vienne, il y a du vrai dans les enseignements vérificationnistes de Mach, et cette vérité doit être adoptée d'une manière ou d'une autre par une philosophie des sciences réorganisée. Troisièmement, Schlick a apporté à un empirisme, sinon instrumentaliste, du moins purement logique, un élément de réalisme qui finit par être accepté sur le tard, quand on reconnut que les termes théoriques étaient nécessaires aux théories scientifiques et ne pouvaient pas être éliminés grâce à des définitions. C'est un fait tombé dans l'oubli que tout cela fut réalisé en puisant dans le débat de la fin du XIXe siècle autour de la psychologie, de la physiologie et de la psychophysique, grâce à une étude du problème corps-esprit et, comme dans le cas de Riehl, à une profonde attention portée au problème de l'unité de la conscience. Sauver de l'oubli ces aspects décisifs de l'héritage de Schlick et Riehl constituait un de mes buts principaux dans cet article.

BIBLIOGRAPHIE

FEIGL H., *The « Mental » and the « Physical » : The Essay and a Postscript, Minneapolis*, University of Minnesota Press, 1967, rééd. de *Concepts, Theories, and the Mind-Body Problem*, H. Feigl, M. Scriven and G. Maxwell (eds.), *Minnesota Studies in the*

87. *IR*, p. 205 *sq*.
88. *AE 1925*, § 17.
89. Voir par exemple Ph. Frank, *Modern Science and Its Philosophy*, Cambridge (Mass.), Harvard UP, 1949, § 4, p. 1-52.

Philosophy of Science, vol. 2, Minneapolis, University of Minnesota Press, 1958, p. 370-497.

FRANK Ph., *Modern Science and Its Philosophy*, Cambridge (Mass.), Harvard UP, 1949, p. 1-52.

FRIEDMAN M., « Moritz Schlick's philosophical papers [with postscript from 1999] » (1983), dans *Reconsidering Logical Positivism*, Cambridge, Cambridge UP, 1999, p. 17-43.

– *Reconsidering Logical Positivism*, Cambridge, Cambridge UP, 1999.

HEIDELBERGER M., « Beziehungen zwischen Sinnesphysiologie und Philosophie im 19. Jahrhundert », dans H.J. Sandkühler (ed.), *Philosophie und Wissenschaften. Formen und Prozesse ihrer Interaktion*, Frankfurt am Main, Peter Lang, 1997, p. 37-58.

– « The mind-body problem in the origin of logical empiricism : Herbert Feigl and psychophysical parallelism », dans P. Parrini, W.C. Salmon and M.H. Salmon (eds.), *Logical Empiricism : Historical and Contemporary Perspectives*, Pittsburgh (PA), University of Pittsburgh Press, 2003, p. 233-262, rééd. dans M. Heidelberger, *Nature from Within : Gustav Theodor Fechner and His Psychophysical Worldview*, Pittsburgh (PA), University of Pittsburgh Press, 2004, chap. 5.

– *Nature from Within : Gustav Theodor Fechner and His Psychophysical Worldview*, Pittsburgh (PA), University of Pittsburgh Press, 2004.

– « Kantianism and Realism : Alois Riehl (and Moritz Schlick) », dans M. Friedman and A. Nordmann (eds.), *The Kantian Legacy in Nineteenth-Century Science*, Cambridge (Mass.), MIT Press, 2006, p. 227-247.

HUME D., *A Treatise of Human Nature*, London, John Noon, 1739.

KANT, *Kritik der reinen Vernunft*, Riga, Hartknoch, 1781, trad. fr. A. Renaut, *Critique de la raison pure*, Paris, Aubier, 1997, rééd. Paris, GF-Flammarion, 2001.

– *Prolegomena zu einer jeden künftigen Metaphysik, die als Wissenschaft wird auftreten können*, Riga, Hartknoch, 1783.

LIEBMANN O., « Ueber die Phänomenalität des Raumes », *Philosophische Monatshefte*, 1871, 7(2), p. 337-359, rééd. dans O. Liebmann, *Zur Analysis der Wirklichkeit. Eine Erörterung der Grundprobleme der Philosophie*, 3e éd. Straßburg, Karl J. Trübner, 1900, p. 36-71.

REICHENBACH H., *The Rise of Scientific Philosophy*, Berkeley-Los Angeles, University of California Press, 1951.

RIEHL A., *Der philosophische Kriticismus und seine Bedeutung für die positive Wissenschaft*, vol. 1, *Geschichte und Methode des philosophischen Kriticismus*, Leipzig, Wilhelm Engelmann, 1876.

– *Der philosophische Kriticismus und seine Bedeutung für die positive Wissenschaft*, vol. 2, part 1, *Die sinnlichen und logischen Grundlagen der Erkenntnis*, Leipzig, Wilhelm Engelmann, 1879.

– *Der philosophische Kriticismus und seine Bedeutung für die positive Wissenschaft*, vol. 2, part 2, *Zur Wissenschaftstheorie und Metaphysik*, Leipzig, Wilhelm Engelmann, 1887, trad. angl. A. Fairbanks, *Introduction to the Theory of Science and Metaphysics*, London, Kegan Paul-Trench-Trübner & Co, 1894.

– *Zur Einführung in die Philosophie der Gegenwart*, 4 e éd. Leipzig, B.G. Teubner, 1913.

SCHLICK M., « Die philosophische Bedeutung des Relativitätsprinzips », *Zeitschrift für Philosophie und philosophische Kritik*, 159, 1915, p. 129-175, trad. angl. « The philosophical significance of the principle of relativity », dans H. Mulder and B. van de Velde-Schlick (eds.), *Philosophical Papers*, Dordrecht, Reidel, 1979, vol. 1, p. 153-189.

– « Idealität des Raumes, Introjektion und psychophysisches Problem », *Vierteljahrsschrift für wissenschaftliche Philosophie und Soziologie*, 40(2), 1916, p. 230-254, trad. angl. « Ideality of space, introjection and the psycho-physical problem », dans H. Mulder et B. van de Velde-Schlick (eds.), *Philosophical Papers*, Dordrecht, Reidel, 1979, vol. 1, p. 190-206.

– *Raum und Zeit in der gegenwärtigen Physik*, Berlin, Springer, 1917, trad. angl. « Space and time in contemporary physics », dans H. Mulder et B. van de Velde-Schlick (eds.), *Philosophical Papers*, Dordrecht, Reidel, 1979, vol. 1, p. 207-269.

– *Allgemeine Erkenntnislehre*, Berlin, Springer, 1918.

– *Allgemeine Erkenntnislehre*, 2 e éd. Berlin, Springer, 1925, trad. angl. A.E. Blumberg, *General Theory of Knowledge*, Vienna, Springer, 1974.

– *Philosophical Papers*, vol. 1, *1909-1922*, H. Mulder and B. van de Velde-Schlick (eds.), Dordrecht, Reidel, 1979.

VAIHINGER H., *Commentar zu Kants Kritik der reinen Vernunft*, vol. 2, Stuttgart, Union Deutsche Verlagsanstalt, 1892.

WATKINS J.W.N., « Moritz Schlick and the mind-body problem », *British Journal for the Philosophy of Science*, vol. 28, n° 4, 1977, p. 369-382.

Ce que peut nous apprendre le pragmatisme en philosophie de la perception La réponse de Hilary Putnam

Yannick CHIN

Dans de nombreuses conceptions développées par H. Putnam, l'influence du courant pragmatiste est sensible, que ce soit concernant la question de la vérité, du scepticisme, ou encore de la dichotomie faits/valeurs par exemple [1]. Il en va de même concernant les thèses récemment défendues par Putnam au sujet de la perception, thèses qu'il développe notamment dans *The Threefold Cord* [2], et en particulier dans ses *Dewey Lectures* [3]. Nous aimerions ici en examiner et en clarifier quelques-unes. Le but ici néanmoins n'est pas de chercher en quoi l'approche proposée par H. Putnam en philosophie de la perception pourrait légitimement ou non être qualifiée de « pragmatiste » (ce qui supposerait en effet de déterminer s'il existe quelque chose comme une approche « pragmatiste » en philosophie de la perception et, si c'est le cas, en quel sens). Nous préférons à cela le but plus modeste (et peut-être moins risqué) de montrer en quoi certains pragmatistes, en particulier W. James, sont pour H. Putnam une source d'inspiration dans ce domaine. Selon H. Putnam en effet, des auteurs comme W. James nous permettent d'adopter certaines « stratégies » originales concernant certains problèmes liés à l'expérience perceptive, stratégies qui sont actuellement très discutées. Nous

1. Voir C. Tiercelin, *Hilary Putnam, l'héritage pragmatiste*, Paris, PUF, 2002.

2. *The Threefold Cord : mind, body, and world*, New York, Columbia UP, 1999. Désormais cité *TTC*.

3. *Dewey Lectures* : « Sense, Nonsense, and the Senses : an Inquiry into the Powers of the Human Mind », *The Journal of Philosophy*, vol. XCI, n° 9, 1994, p. 445-517. Désormais cité *DL*.

soulignerons néanmoins que si les vues ainsi développées par H. Putnam concernant la perception ne sont pas parfaitement indéfendables, elles n'en restent pas moins, pour certaines, discutables.

COMMENT ÉVITER LA THÉORIE INDIRECTE DE LA PERCEPTION

L'idée selon laquelle nous ne percevons les choses du monde extérieur, les arbres par exemple, qu'en percevant certaines entités *intermédiaires* a eu de nombreux défenseurs, que ces entités soient identifiées à des *idées* dans notre esprit (Descartes, Locke, Malebranche), des *sense-data* [4], des *sensa* [5], etc. Aujourd'hui cette thèse est plus généralement connue sous le nom de *Théorie Indirecte de la perception.* L'un des buts essentiels selon Putnam de « l'épistémologie mâtinée de métaphysique compliquée [que James] appela l'empirisme radical » [6] serait précisément de combattre cette théorie. En effet, dans ses *Essais d'empirisme radical* [7], James faisait déjà remarquer que la théorie indirecte de la perception entre « en conflit avec le sentiment que [l'homme] a de la vie » car nous n'avons pas en effet l'impression de percevoir des entités venant s'interposer entre nous et le monde lorsque nous le percevons. Dans la perception, comme le dit James, « l'esprit jouit d'une "familiarité" [*acquaintance*] directe avec un objet présent » [8].

Cependant, aux yeux de Putnam, ce n'est pas là le point essentiel. Selon lui [9], James (ou encore Dewey, Peirce), remettrait en cause au moins deux grandes idées sur lesquelles la théorie indirecte de la perception se fonde, à savoir :

4. Voir par exemple G.-E. Moore, « Some Jugments of Perception », *Proceedings of the Aristotelian Society*, 1918-1919, p. 1-29 et aussi *Some Main Problems of Philosophy*, London-New York, Allen and Unwin-The Macmillan Compagny, 1953; B. Russell, *The Problems of Philosophy*, London, Oxford UP, 1912; D. Cory, « Are Sense-Data "In" the Brain? », *The Journal of Philosophy*, vol. 45, n° 20, 1948, p. 533-548; J.R. Smythies, « Analysis of Projection », *The British Journal for the Philosophy of Science*, vol. 5, n° 18, 1954, p. 120-133; et plus récemment F. Jackson, *Perception. A Representative Theory*, Cambridge, Cambridge UP, 1977; L. Allix, *Perception et réalité. Essai sur la nature du visible*, Paris, Éditions du CNRS, 2004.

5. C.D. Broad, *Scientific Thought*, London, Routledge and K. Paul, 1923.

6. *Le Réalisme à visage humain*, Paris, Seuil, 1994, p. 418-419. Désormais cité *RVH*.

7. *Essais d'empirisme radical*, trad. fr. G. Garreta et M. Girel, Marseille, Agone, 2005, p. 41. Désormais cité *EER*.

8. *EER*, p. 65.

9. Voir H. Putnam, « The Permanence of William James », *Bulletin of the Academy of Arts and Sciences*, vol. 46, n° 3, 1992, p. 29.

1) l'idée que l'accès à un monde commun requière que l'on ait accès à quelque chose d'incorrigible.

2) l'idée selon laquelle l'existence d'expériences illusoires, hallucinations etc., prouve que dans les cas d'expériences véridiques nous ne percevons que des entités intermédiaires.

Contester le point (1) revient à remettre en cause l'épistémologie fondationnaliste véhiculée par la théorie indirecte de la perception, c'est-à-dire à contester l'idée selon laquelle l'épistémologie devrait commencer par quelque chose (*idées*, *sense-data*, etc.) dont nous aurions une connaissance indubitable [10]. Le point (2), quant à lui, correspond à une certaine façon d'argumenter généralement employée afin de soutenir la théorie indirecte de la perception, même si bien sûr d'autres arguments en faveur de cette théorie sont envisageables. L'essentiel de l'argumentation consiste à dire la chose suivante [11].

Argument des expériences non véridiques [12]

A) Il nous arrive de percevoir les choses autrement qu'elles ne sont en réalité (illusions), ou bien de percevoir des choses qui n'existent pas (hallucinations), ou encore de percevoir certaines choses lorsque nous dormons (rêves) etc. Et rien dans le monde ne correspond alors à *ce que nous percevons*.

B) Par conséquent, dans ces expériences, *ce que nous percevons* est une *idée*, un *sense-datum*...

C) Or, les expériences illusoires, hallucinatoires etc., partagent avec les expériences véridiques un certain aspect qualitatif : lorsque nous avons une hallucination de chien par exemple, notre expérience ne nous semble pas tout à fait différente de celle que nous aurions pu avoir s'il y avait eu réellement un chien devant nous.

D) Par conséquent, dans les expériences qui renvoient à quelque chose dans la réalité (« véridiques »), nous devons aussi percevoir des *idées*, des *sense-data* etc. Nous ne percevons donc le monde qu'indirectement.

Une manière d'éviter l'argument pourrait tout simplement consister à nier la nécessité de recourir à des entités spéciales (*idées*, *sense-data*) pour rendre compte des expériences illusoires, hallucinatoires, ou encore de

10. *RVH*, p. 419 et 440.

11. Pour une exposition plus technique, voir H. Robinson, *Perception*, London, Routledge, 1994, chap. 2.

12. On parle assez souvent de « l'argument de l'illusion », de « l'argument de l'hallucination » etc. Nous les regroupons ici sous l'expression « argument des expériences non véridiques » le but de ces arguments étant d'introduire l'idée d'une saisie d'entités spéciales (*sense-data*, *sensa* etc.) dans les cas illusoires, hallucinatoires etc., puis de généraliser cette idée aux cas véridiques.

l'expérience du rêve. Ce qui reviendrait à contester le passage de (*A*) à (*B*)[13]. Le fait que nous puissions en effet parler de *ce que* nous avons halluciné ou rêvé n'implique pas que ce que nous avons halluciné ou rêvé ait à exister quelque part, que ce soit dans la réalité ou dans notre esprit[14]. Et, concernant les expériences illusoires, on pourrait faire remarquer que ce n'est pas parce qu'un bâton droit par exemple peut nous paraître tordu dans l'eau qu'on peut en conclure que ce que nous voyons alors est autre chose que le bâton qui se trouve dans l'eau[15]. En effet, les défenseurs de la théorie indirecte de la perception argumentent généralement de la manière suivante : lorsqu'un un objet apparaît *F* (tordu) alors qu'il est en réalité *G* (droit), il existe une *apparence qui est F*, et il doit donc exister *quelque chose* (un *sense-datum*) qui possède la propriété d'*être F*. À cela, Chisholm a objecté, à juste titre, que l'énoncé « *X* apparaît *F* à *S* » n'implique pas qu'il existe une *apparence qui est F*[16]. Il est donc trompeur de transformer : (1) « *X* apparaît *F* à *S* » en (2) « *X* présente une *apparence F* à *S* ». Et partant, lorsque *S* voit un *X* (un bâton droit) qui apparaît *F* (tordu) alors qu'il est en réalité *G* (droit), il n'est pas nécessaire de postuler l'existence d'une entité *Y* (*sense-datum*), autre que *X* (le bâton droit), qui possèderait l'apparence d'être *F* (tordu) et qui serait le véritable objet (ou l'objet *direct*) de l'expérience perceptive de *S*. *Ce que voit S*, c'est *un bâton droit* à moitié immergé dans l'eau, quoique ce dernier *paraisse* à *S* tordu.

Cependant, il existe aussi une autre stratégie pour éviter l'*Argument des expériences non véridiques*, stratégie qui selon Putnam est déjà d'une certaine manière présente chez James. Elle consiste à :

> *Établir une disjonction* entre ce que l'on peut dire au sujet des expériences non véridiques (illusion, hallucination, rêve etc.) et ce que l'on peut dire concernant les expériences qui renvoient à quelque chose dans la réalité. (Ce qui revient donc à contester le passage de (*C*) à (*D*)).

13. Le passage de (*A*) à (*B*) repose en effet sur le principe discutable selon lequel *si quelque chose apparaît à un sujet, ou apparaît comme possédant une qualité sensible, il existe quelque chose que le sujet perçoit (X) et qui possède cette qualité* (« Principe phénoménal »). Voir H. Robinson, *Perception*, London, Routledge, 1994, p. 32.

14. Voir par exemple G.E.M. Anscombe, « The Intentionality of Sensation. A Grammatical feature », dans *Metaphysics and the Philosophy of Mind, Collected Philosophical Papers II*, Minneapolis, University of Minnesota Press, 1981, p. 3-20 ; R.M. Chisholm, *Perceiving. A Philosophical Study*, Ithaca, Cornell UP, 1957, p. 115-117 ; et aussi *DL*, note 21, p. 475.

15. *Cf.* J.-L. Austin, *Le langage de la perception*, G.J. Warnock (éd.), trad. fr. P. Gochet, Paris, Armand Colin, 1971, p. 34 et 50-51, rééd. Paris, Vrin, 2007. Désormais cité *LP*.

16. R.M. Chisholm, *Perceiving. A Philosophical Study*, Ithaca, Cornell UP, 1957, p. 115-117.

Austin résume assez bien cette stratégie lorsqu'il écrit que : « même si nous *devions* souscrire à la [présupposition] que dans les cas "anormaux", nous percevons des [entités spéciales, *idées*, *sense-data*], nous ne serions pas obligés d'étendre cela aux cas "normaux" également »[17]. Par exemple, quand bien même il serait vrai que nous percevrions une certaine entité spéciale dans l'expérience hallucinatoire, *cela ne nous permettrait pas d'en conclure qu'il en va de même* dans les cas où le monde est réellement perçu[18]. La thèse selon laquelle l'analyse des expériences perceptives ne doit pas être faite en fonction des cas dans lesquels notre expérience est illusoire, hallucinatoire etc., correspond à ce qu'on nomme aujourd'hui la *Théorie disjonctive de la perception*. Il n'est évidemment pas possible ici d'exposer les raisons pour lesquelles l'analyse disjonctive de la perception peut sembler préférable à d'autres ni les difficultés auxquelles elle se trouve être confrontée[19]. Soulignons néanmoins que celle-ci permet d'éviter que l'analyse philosophique de la perception prenne la forme de ce qu'on pourrait appeler une « théorie des *exceptions* » dans laquelle la réflexion sur les cas marginaux (hallucinations, illusions) dirige, ou tout du moins contraint fortement, ce que nous sommes prêts à admettre au sujet de l'expérience perceptive[20].

17. *LP*, p. 75.

18. J.L. Austin a aussi souligné que les expériences hallucinatoires, ou encore celles que nous avons lorsque nous rêvons, sont généralement très différentes des expériences perceptives ordinaires (cf. *LP*, p. 71). Néanmoins, cette ligne argumentative (sous forme de constat empirique) a finalement peu de force face à la possibilité *logique* d'expériences hallucinatoires qualitativement (ou phénoménologiquement) indiscriminables des expériences perceptives que nous avons lorsque nous sommes confrontés au monde extérieur. Il est logiquement possible en effet que *S* ait une expérience hallucinatoire de livre qu'il soit incapable de distinguer qualitativement de celle qu'il a présentement en regardant le livre des *Méditations métaphysiques* posé sur la table (Dieu pourrait par exemple maintenir l'expérience présente de *S* tout en décidant néanmoins de cacher le livre).

19. Pour une défense de la théorie disjonctive, voir par exemple : J. Hinton, *Experiences. An inquiry into some ambiguities*, Oxford, Clarendon Press, 1973 et ses articles « Visual experiences », *Mind*, New Series, vol. 76, n° 302, 1967, p. 217-227 et « Experiences », *The Philosophical Quarterly*, vol. 17, n° 66, 1967, p. 1-13 ; J. McDowell, « Criteria, Defeasibility and Knowledge », dans J. McDowell, *Meaning, Knowledge and Reality*, Cambridge (Mass.), Haward UP, 1998, p. 369-394 ; P. Snowdon « Perception, Vision, and Causation », dans J. Dancy (ed.), *Perceptual Knowledge*, New York, Oxford UP, 1988, p. 192-208 ; M.G.F. Martin, « On Being Aliened », dans T.S. Gendler and J. Hawthorne (eds.), *Perceptual Experience*, Oxford, Clarendon Press, 2006, p. 354-410. Pour un exposé critique des théories disjonctives en philosophie de la perception, voir notamment : A. Byrne and H. Logue, « Either/Or », dans A. Haddock and F. Macpherson (eds.), *Disjunctivism : Perception, Action and Knowledge*, Oxford, Oxford UP, 2008, p. 57-94.

20. Si les hallucinations et les illusions d'optique peuvent bien passer pour des cas marginaux par rapport aux expériences véridiques, il n'en va évidemment pas de même

Selon Putnam, James fut l'un des premiers au XXe siècle à défendre la « thèse disjonctiviste » de la perception [21]. Certes, James admet que les *expériences non perceptives* (par exemple, penser, se souvenir, ou encore rêver, etc.) ne sont pas totalement subjectives : elles ont selon lui une certaine « objectivité » [22]. James dit encore que ces expériences nous « représentent » certaines choses [23]. Et dans l'univers tel que le conçoit James, que Putnam rebaptise « plurivers » [24], il y a en effet non seulement des *objets réels*, mais aussi des *objets irréels*, des choses rêvées, imaginées, remémorées, hallucinées etc. Par exemple, quand nous pensons à un chapeau, ou que nous imaginons un feu ardent, il y a selon James « un vrai *chapeau absent* [dont notre] esprit s'occupe » [25], ou encore quelque chose comme un « feu mental », quoique James reconnaisse qu'à la différence du feu réel, « le feu mental [...] ne brûlera aucun bout de bois » [26]. Il est vrai néanmoins que les « objets irréels » tels que les conçoit James n'ont pas tout à fait le même statut que les entités postulées (*sense-data* etc.) par la théorie indirecte de la perception. Mais laissons ce point de côté [27]. Le point important ici selon Putnam est que James n'en conclut pas pour autant que des « objets mentaux » doivent *aussi* intervenir dans l'analyse de l'expérience perceptive : quand il y a effectivement un feu réel devant nous alors nous voyons un feu réel, nul besoin de recourir à l'idée d'un feu mental. Dans ce sens, James caractérise l'expérience perceptive comme « présentation » de la réalité, et la distingue des expériences qu'il appelle « représentatives » (imaginer, penser etc.) [28]. Évidemment, on pourrait *aussi* préférer se passer des « objets mentaux » dans les cas illusoires, halluci-

pour les expériences dans lesquelles les objets extérieurs, sous certaines conditions (d'éclairage par exemple), nous paraissent autrement qu'ils ne sont en réalité (expériences que la tradition, à tort ou à raison, qualifie aussi d'*illusoires*).

21. H. Putnam attribue explicitement la thèse disjonctiviste à James dans *TTC*, p. 152.

22. *EER*, p. 43. James s'appuie en particulier sur les thèses de Münsterberg, ce dernier soutenant par exemple que « [les objets auxquels on pense en leur absence et les objets extérieurs perçus] sont tous deux en un même sens des réalités données pour [nous]. [...] Il ne faudrait pas croire que l'objet simplement pensé est caché à l'intérieur du sujet pensant. [Il] occupe la place précise qui est la sienne dans le monde extérieur tout autant que l'objet que je vois directement ». Ce passage est cité par James dans *EER*, p. 45.

23. *EER*, p. 42.

24. *RVH*, p. 430.

25. *EER*, p. 163.

26. *EER*, p. 53.

27. H. Putnam est plutôt tenté, semble-t-il, de rapprocher les « objets irréels » de James des « objets intentionnels » husserliens. Voir *RVH*, p. 447.

28. Cf. *EER*, p. 153.

natoires, etc. En fait, contrairement à James, Putnam pense qu'on doit effectivement s'en passer [29].

Quoiqu'il en soit l'analyse disjonctive des cas de perception et de ceux qui n'en sont pas permet d'éviter l'argument mentionné plus haut en faveur de la *Théorie indirecte de la perception*. Évidemment, il existe d'autres réponses possibles à l'argument, mais il ne sera pas possible ici de les discuter [30]. Reste que la thèse selon laquelle il ne nous est pas nécessaire de percevoir des entités intermédiaires pour percevoir le monde ne semble pas complètement absurde.

Un sceptique objecterait évidemment que nous supposons ici que le monde existe. Or, selon lui, nous n'en *savons* rien car notre croyance en son existence n'a reçu pour l'instant aucune justification valable. Cependant, une manière de répondre ici pourrait consister à rejeter tout simplement l'épistémologie sceptique, et le fondationnalisme qui l'accompagne, au profit d'une épistémologie qui, tout en reconnaissant la faillibilité de nos croyances, n'en refuse pas moins le scepticisme (épistémologie que Putnam qualifierait de « pragmatiste ») [31].

À supposer qu'il soit vrai que percevoir le monde ne requière pas la perception d'entités intermédiaires (*idées*, *sense-data* etc.), ce qu'on pourrait appeler *Réalisme direct de la perception*, le problème est qu'il existe plusieurs manières, plus ou moins fortes, de comprendre le réalisme direct. Et

29. Néanmoins, la théorie disjonctive est aussi consistante avec l'idée que, dans les expériences non véridiques, de « simples apparences » (*mere appearances*) sont saisies. J. McDowell a soutenu cette position (voir « Criteria, Defeasibility and Knowledge », dans J. McDowell, *Meaning, Knowledge and Reality*, Cambridge (Mass.), Haward UP, 1998, en particulier p. 386-387). Reste à savoir à quoi renvoient les dites « simples apparences ». Quoique J. McDowell s'exprime de manière quelque peu trompeuse en disant que les *simples apparences* sont des « objets d'expérience », on peut simplement les identifier à *la manière dont les choses nous semblent*, et partant éviter l'introduction d'entités comme les *sense-data* pour rendre compte des cas dans lesquels les choses nous semblent autrement qu'elles ne sont en réalité.

30. Par exemple, une autre solution pourrait consister à rejeter le modèle acte/objet de l'expérience : l'expérience, qu'elle soit ou non hallucinatoire, serait *identifiable* à certaines manières de sentir (*ways of sensing*). Il n'y aurait pas à proprement parler d'*objet* de l'expérience. Cette thèse correspond à ce que l'on nomme généralement la *Théorie adverbiale de la perception*. Pour une défense de cette théorie, voir par exemple : R.M. Chisholm, *Perceiving. A Philosophical Study*, Ithaca, Cornell UP, 1957 ; C.J. Ducasse, « Moore's The Refutation of idealism », dans Schilpp (ed.), *The Philosophy of G.E. Moore*, New York, Tudor Publishing Company, 1952, p. 223-251.

31. Concernant la question du scepticisme et de la justification épistémique, voir par exemple : P. Engel, *Va Savoir! De la connaissance en général*, Paris, Hermann, 2007 ; C. Tiercelin, *Le doute en question. Parades pragmatistes au défi sceptique*, Paris, Éditions de l'Éclat, 2005.

Putnam a défendu une forme assez radicale de réalisme direct de la perception, qu'il préfère encore nommer « réalisme naturel ».

« RÉALISME DIRECT » *VERSUS* « RÉALISME NATUREL DU COMMUN DES MORTELS »

Dans les *Dewey Lectures*, Putnam distingue le « réalisme direct de la perception » de ce qu'il appelle, en reprenant l'expression de James, le « réalisme naturel du commun des mortels » (*the natural realism of the common man*) [32]. Il n'est pas évident de définir exactement ce qu'entend Putnam par « réalisme naturel ». Mais, on pourrait résumer les choses de la manière suivante :

> Le « réalisme direct » correspond *uniquement* à la thèse selon laquelle les choses perçues sont les choses du monde extérieur et pas des entités intermédiaires entre nous et le monde (tels que des *sense-data*) [33].

Le « réalisme naturel » consiste non seulement à soutenir que nous ne percevons pas le monde en percevant des entités intermédiaires, mais aussi à refuser l'idée selon laquelle *les expériences perceptives seraient des intermédiaires entre nous et le monde* [34].

On le voit le « réalisme direct » est une position moins forte que le « réalisme naturel ». En effet, pour pouvoir être « réaliste direct », il *suffit* de soutenir que nous percevons les choses du monde extérieur et pas des entités intermédiaires. Et il est vrai qu'aujourd'hui la majorité des philosophes soutiennent le « réalisme direct » de la perception en ce sens [35]. Cependant, aux yeux de Putnam, il n'y a là finalement qu'une simple « réforme linguistique » : il suffit pour le réaliste direct de dire que « nous ne *percevons* pas nos expériences, nous les *avons* » [36]. Si cela permet en effet d'éviter la théorie indirecte de la perception, le problème selon Putnam est qu'une certaine conception de l'expérience perceptive n'en est pas moins conservée. On pourrait caractériser cette conception de la manière suivante :

32. *DL*, p. 469.
33. *DL*, p. 453.
34. *DL*, p. 454.
35. Pour un exposé de quelques formes de réalisme direct de la perception, voir J. Dokic, *Qu'est-ce que la perception ?*, Paris, Vrin, 2004.
36. Putnam prend en particulier l'exemple de J. Searle (*Intentionality*, Cambridge, Cambridge UP, 1983). Voir *TTC*, p. 453.

> Les choses extérieures sont les *causes* de nos *expériences perceptives*.
> Ces expériences sont identifiées à certains états *internes* du sujet.
> Ces états internes sont de nature *représentationnelle*.

Le problème avec le « réalisme direct » ainsi compris est qu'il maintient selon Putnam une conception de l'expérience perceptive comme *interface* entre nous et le monde : les choses extérieures ne sont pas réellement expérimentées, elles *causent* plutôt en nous certaines *expériences* identifiables à certains états *internes représentationnels*. De manière générale, les théories que critique ici Putnam correspondent à ce qu'on appelle aujourd'hui les *Théories intentionnelles de la perception* [37]. L'idée principale de ces théories est la suivante :

> Quand bien même la perception des choses externes ne requière pas la saisie d'entités intermédiaires (*représentations*, *sense-data* etc.), *percevoir* consiste tout de même à *se représenter le monde d'une certaine façon*.

Contre cette thèse, Putnam avance l'idée d'un « réalisme naturel », réalisme qu'il croit en particulier retrouver chez des auteurs comme Aristote, James, Austin, McDowell ou encore Wittgenstein [38]. Adopter le réalisme naturel par ailleurs, c'est selon Putnam retrouver comme une « seconde naïveté » [39] concernant la conception que nous nous faisons de l'expérience perceptive. Dans ses grandes lignes, le « réalisme naturel » consiste :

1) à reconnaître que nous percevons bien les choses du monde extérieur et pas des entités intermédiaires (ce que le « réaliste direct » reconnaît aussi).

2) mais aussi à cesser de concevoir l'expérience perceptive (*voir*, *entendre*, etc.) comme étant la « simple affectation » que les choses du monde *causeraient* en nous [40]. *Rejet de la conception causale de la perception.*

3) et enfin, à cesser de concevoir l'expérience perceptive comme une *interface* entre nous et les choses, et partant à rejeter complètement l'idée

37. Pour des théories intentionnelles récentes, voir par exemple : M. Tye, *Ten Problems of Consciousness. A Representational Theory of the Phenomenal Mind*, Cambridge, MIT Press, 1995 ; G. Harman, « The Intrinsic Quality of Experience », dans N. Block, O. Flanagan and G. Güzeldere (eds.), *The Nature of Consciousness. Philosophical Debates*, MIT Press, 1997 ; J. Searle, *Intentionality*, Cambridge, Cambridge UP, 1983 ; F.I. Dretske, *Knowledge and the Flow of Information*, CSLI, Publications, 1999 ; T. Crane, *Elements of Mind. An Introduction to the Philosophy of Mind*, Oxford, Oxford UP, 2001 ; C. Peacocke, *Sense and Content. Experience, Thought, and their Relations*, Oxford, Clarendon Press, 1983 ; N. Block, « Mental Paint and Mental Latex », *Philosophical Issues*, vol. 7, *Perception*, 1996, p. 19-49.

38. Voir *DL*, p. 469 ; *TTC*, p. 41 et 101.

39. *DL*, p. 488.

40. *DL*, p. 454 et 464.

selon laquelle *percevoir* (*voir*, *entendre* etc.) consisterait à se faire une *représentation* du monde [41]. *Rejet de l'idée de « représentation »*.

Contrairement à ce que pense Putnam, on peut avoir quelques doutes sur la possibilité de développer une conception totalement non causale de la perception. Comme l'a souligné P.F. Strawson [42], sans l'idée d'une dépendance causale entre nos expériences perceptives et le monde, nos jugements portant sur le monde ne seraient corrects que d'une manière *fortuite*, conséquence qu'on peut en effet difficilement accepter. Quoiqu'il en soit, Putnam affirme que nous devons concevoir l'expérience perceptive non pas comme le résultat de l'action causale du monde sur nous, mais plutôt comme étant une « relation cognitive » (non médiatisée) entre nous et le monde [43]. La faiblesse des *Théories intentionnelles de la perception* de ce point de vue est la suivante : en identifiant l'expérience perceptive à un état représentationnel *causé* en nous par les choses extérieures, ces théories selon Putnam ne nous permettent pas de comprendre comment nous pourrions être véritablement en *contact* avec le monde lorsque nous le percevons [44]. Putnam semble en fait penser que *tout* recours à l'idée d'une dépendance causale entre les choses extérieures et la perception que nous en avons implique nécessairement d'adopter une conception de l'expérience perceptive comme *interface*. Ce point nous semble tout à fait discutable. Quelqu'un comme Strawson par exemple admet la dépendance causale en question : Strawson a en effet soutenu que le monde *cause* nos expériences perceptives et que l'idée d'une dépendance causale entre les choses et l'expérience perceptive que nous en avons est enveloppée *conceptuellement* dans la notion ordinaire de perception aux moyens des sens. Putnam lui reproche justement d'avoir soutenu de telles thèses [45]. Néanmoins, et contrairement au diagnostic de Putnam, il n'est pas sûr que Strawson lui-même aurait accepté de dire que les vues qu'il développe véhiculent une conception de l'expérience perceptive comme interface [46].

Venons en à l'idée selon laquelle l'expérience perceptive serait représentationnelle, idée que le « réalisme naturel » de Putnam abandonne.

41. *DL*, p. 487 ; *TTC*, p. 101.

42. *Analyse et Métaphysique*, Vrin, Paris, 1985.

43. Cf. *DL*, p. 454. Dans ce sens, Putnam (*TTC*, p. 22) fait l'éloge du modèle aristotélicien : dans l'expérience perceptive, il y aurait identité du connaissant et du connu, au sens où la forme de l'objet serait alors en nous réalisée, certes *intentionnellement* et évidemment pas matériellement.

44. Cf. *TTC*, p. 102 ; *DL*, p. 460.

45. Cf. *DL*, p. 455.

46. Voir en particulier les remarques de P.F. Strawson dans « Perception and its Objects », dans J. Dancy (ed.), *Perceptual Knowledge*, New York, Oxford UP, 1988, p. 104-105.

Pourquoi au juste pourrait-il être tentant d'identifier le fait de percevoir au fait d'être dans un certain état *représentationnel*? L'idée à laquelle on recourt généralement en faveur de cette identification est la suivante : il doit y avoir quelque chose de *commun* entre les cas où nous *percevons* le monde et les cas où nous nous *représentons* des choses passées (souvenirs), ou des choses en leur absence (imaginations), ou encore des choses qui n'ont jamais existé (hallucinations).

Prenons l'exemple de l'hallucination [47]. Soit deux situations :

> *Situation 1* : Jean voit une porte jaune.
> *Situation 2* : Jean a une hallucination de porte jaune.

Dans les *Théories intentionnelles de la perception*, on affirme alors la chose suivante : dans les deux situations, on peut dire de Jean qu'il lui *semble* qu'une porte jaune est en face de lui et, par conséquent, les deux situations doivent partager quelque chose *en commun*. Ce qu'il y aurait alors en commun, ce serait que Jean *se représenterait le monde comme étant d'une certaine manière, à savoir comme contenant une porte jaune* (qu'il existe ou non dans la réalité une porte jaune). Mais, ne pouvons-nous pas ici envisager une autre interprétation? En s'appuyant sur la distinction de James entre posséder une qualité « intentionnellement » et la posséder « comme un attribut », Putnam propose l'interprétation suivante [48]. Certes, il est peut-être vrai que dans la situation hallucinatoire Jean *se représente le monde comme contenant une porte jaune*. Cependant, « une porte jaune » n'est pas alors un *attribut* que l'expérience de Jean posséderait, simplement cette expérience y réfère « intentionnellement ». Et, par ailleurs, on pourrait ajouter que dans la situation non hallucinatoire Jean ne *se représente pas le monde comme contenant une porte jaune*, que son expérience n'y réfère pas « intentionnellement ». Jean voit *une porte jaune*. « Une porte jaune » qualifie ici un objet dans le monde, et pas un état représentationnel dans lequel Jean se trouverait. Il n'est donc pas nécessaire de dire que *dans les deux situations* Jean se fait une représentation du monde.

Néanmoins, la solution de Putnam a pour conséquence qu'on rejette l'idée que l'expérience perceptive et l'expérience hallucinatoire par exemple partageraient une certaine *nature commune*, ou un « highest common factor » pour reprendre l'expression de J. McDowell [49]. Or, cette thèse, qui est en fait une des conséquences de la *Théorie disjonctive de la perception* selon laquelle l'analyse des expériences perceptives ne doit pas

47. Je reprends ici l'exemple de Putnam mentionné dans *TTC*, p. 152.

48. Cf. *TTC*, p. 154.

49. « Criteria, Defeasibility and Knowledge », dans J. McDowell, *Meaning, Knowledge and Reality*, Cambridge (Mass.), Harvard UP, 1998, p. 386.

être faite en fonction des expériences non perceptives (hallucination, rêve, etc.), est discutable. Quelqu'un objectera en effet que l'on pourrait imaginer la possibilité que Jean, *en ne considérant que ses expériences*, ne soit pas capable de faire la différence entre l'expérience qu'il a en hallucinant une porte jaune et celle qu'il a lorsqu'il en voit réellement une. Les deux expériences seraient alors *subjectivement indiscriminables*. Et partant, on pourrait en conclure qu'il doit bien y avoir une certaine *identité* de nature entre les deux expériences (et ce serait le fait de *se représenter le monde d'une certaine manière*). Cependant, comme l'a fait remarquer Putnam [50], l'*indiscriminabilité* de deux expériences ne peut pas servir à définir leur *identité* car l'*identité* est transitive, alors que l'indiscriminabilité est une relation non transitive. Par ailleurs, Putnam soutient que la théorie disjonctive de la perception consiste à soutenir que l'expérience perceptive et l'expérience hallucinatoire par exemple n'ont « littéralement » rien en commun [51]. Cette affirmation peut sembler à certains égards quelque peu exagérée. En effet, les défenseurs de la théorie disjonctive de la perception peuvent très bien admettre que l'expérience perceptive et l'expérience hallucinatoire peuvent tomber sous une description commune, à savoir par exemple « C'est comme s'il y avait une porte jaune devant Jean ». Simplement, cela n'implique pas selon les disjonctivistes que voir une porte jaune et en halluciner une requièrent la *même* analyse philosophique (en termes de *représentation* par exemple) [52]. Néanmoins, le problème consiste alors à savoir comment *expliquer* que ces deux expériences puissent être indiscriminables si celles-ci ne partagent rien en commun (si ce n'est le fait de tomber sous la même description). Un autre problème auquel doivent faire face les disjonctivistes est le suivant. Supposons qu'on admette qu'il soit logiquement possible pour *S* d'avoir une expérience hallucinatoire de porte jaune que *S* serait incapable de discerner de l'expérience perceptive qu'il a lorsqu'il en voit une effectivement, mais qu'on refuse d'en tirer que ces deux expériences ont quelque chose en commun (qu'on appelle cela la conscience ou la représentation qu'a *S* de porte jaune). On peut se demander si, dans ces conditions, on peut encore fournir une caractérisation *positive* de l'expérience hallucinatoire indiscriminable (cette caractérisation risquant en effet de réintroduire un élément commun entre les deux expériences) [53]. Certains disjonctivistes ont ainsi proposé une *conception*

50. Cf. *TTC*, p. 130.

51. *TTC*, p. 152.

52. Sur ce point, voir M.G.F. Martin, « The Limits of Self-Awareness », *Philosophical Studies*, n° 120, 2004, p. 79.

53. Sur ce point, voir J. Dancy, « Arguments from Illusion », *The Philosophical Quarterly*, 45, 1995, p. 421- 438.

épistémique de l'hallucination selon laquelle les expériences hallucinatoires ne peuvent être caractérisées *que* de manière *négative* et *relativement* aux cas d'expériences perceptives (véridiques). L'expérience hallucinatoire de porte jaune qu'a *S* ne possèderait aucune propriété *positive* si ce n'est la propriété *épistémique* suivante, à savoir que : cette expérience est indiscernable de l'expérience (authentiquement) perceptive que *S* aurait en voyant réellement une porte jaune, au sens où *S* n'est pas alors capable, en ne considérant que sa seule expérience, de *savoir* que celle-ci est hallucinatoire et pas une expérience véridique [54]. Néanmoins, une telle conception de l'expérience hallucinatoire est problématique ne serait-ce que pour la raison suivante : les bêtes sont semble-t-il capables d'avoir des expériences hallucinatoires quoiqu'elles ne puissent pas *savoir* que celles-ci sont distinctes des expériences véridiques (le *savoir propositionnel* supposant en effet la capacité de *juger*, capacité dont les bêtes sont dépourvues) [55]. Notons que le statut des expériences dans lesquelles les choses nous paraissent autrement qu'elles ne sont (qu'on qualifie assez souvent d'« illusoires », même s'il conviendrait alors de les distinguer des cas d'illusions d'optique) est lui aussi quelque peu problématique. En effet, un objet extérieur est alors effectivement perçu, comme dans les cas où nous percevons les choses telles qu'elles sont. Autrement dit, si on peut bien établir une disjonction entre les authentiques cas de perception et ceux qui n'en sont pas (hallucinations, rêves), reste à savoir de quel côté tombent les cas d'expériences dites « illusoires » [56].

Si la théorie disjonctive sur laquelle s'appuie Putnam pour défendre une conception de l'expérience perceptive qui se passe de l'idée de représentation est problématique à certains égards, il n'est pas sûr non

54. Comme le dit M.G.F. Martin : « So the essence of hallucination – what distinguishes hallucinations as a class from other mental states – lies in their being indistinguishable from veridical perceptions, not in some antecedently identifiable feature of the state. This is why, 'when it comes to a mental characterization of the hallucinatory experience, nothing more can be said than the relational and epistemological claim that it is indiscriminable from the perception », *The Limits of Self-Awareness*, *Philosophical Studies*, n° 120, 2004, p. 72.

55. Voir S. Siegel, « The epistemic conception of hallucination », dans A. Haddock and F. Macpherson (eds.), *Disjunctivism : Perception, Action and Knowledge*, Oxford, Oxford UP, 2008, p. 205-225.

56. P. Snowdon par exemple place les expériences illusoires du côté des expériences authentiquement perceptives (« Perception, Vision, and Causation », dans J. Dancy (ed.), *Perceptual Knowledge*, New York, Oxford UP, 1988, p. 201) contrairement à M.G.F. Martin et J. Hinton qui eux les classent du côté des expériences non perceptives (voir M.G.F. Martin, « On Being Aliened », dans T.S. Gendler and J. Hawthorne (eds.), *Perceptual Experience*, Oxford, Clarendon Press, 2006, p. 360-362 ; J. Hinton, *Experiences. An inquiry into some ambiguities*, Oxford, Clarendon Press, 1973, p. 116).

plus que la critique que fait Putnam des théories intentionnelles soit parfaitement légitime. Il est en effet essentiel de distinguer : 1) la question de savoir quels sont les *objets de perception*, *i.e.* « Percevons-nous le monde directement ? » 2) de celle portant sur la *nature de l'expérience perceptive*, *i.e.* « L'expérience perceptive est-elle de nature représentationnelle ? ». Si le réalisme naturel de Putnam répond positivement à la première question et négativement à la seconde, les théories intentionnalistes de la perception répondent quant à elles positivement aux deux questions. Et s'il est peut-être vrai que concevoir l'expérience perceptive comme étant de *nature représentationnelle* fait que celle-ci devient une sorte d'*intermédiaire* entre nous et le monde, cela ne la transforme pas pour autant en un *voile* qui nous empêcherait d'être véritablement en contact avec le monde (ce qui en effet serait le cas si on en venait à soutenir que les expériences perceptives elles-mêmes, i.e. ici les représentations, sont des *objets* d'expérience, ce que les théories intentionnelles ne soutiennent pas). Une autre manière ici de présenter les choses peut consister à faire remarquer que le « disjonctivisme » en philosophie de la perception peut prendre (au minimum) deux formes bien différentes [57]. La première concerne les objets de l'expérience et permet de maintenir la thèse du réalisme direct de la perception : si les expériences illusoires, hallucinatoires etc. ont peut-être pour objets des « objets » spéciaux (*sense-data* etc.), reste que les expériences perceptives, quant à elles, ont pour objets ceux qui se trouvent dans le monde. Ainsi compris, le disjonctivisme ne se prononce pas sur la *nature* de l'expérience perceptive, et partant il est compatible avec la thèse selon laquelle *percevoir* consiste à se représenter le monde d'une certaine façon, *i.e.* avec les théories intentionnelles de la perception. Néanmoins, une forme plus robuste de disjonctivisme est envisageable. Elle porte sur la nature de l'expérience perceptive et consiste à soutenir que l'expérience perceptive est *essentiellement* une relation entre nous et les choses qui nous entourent (contre les théories intentionnelles de la perception). Ces deux formes de disjonctivisme de la perception sont évidemment compatibles (le « réalisme naturel » de Putnam est ici un bon exemple) mais il est encore vrai que l'adoption de la première forme de disjonctivisme (celle portant sur les objets de l'expérience) n'implique pas nécessairement l'adoption de la seconde. Et il est quelque peu douteux de laisser sous-entendre comme le fait Putnam que le rejet du disjonctivisme, lorsqu'il porte sur la nature de l'expérience perceptive, implique fatalement que l'expérience percep-

57. Voir M. Thau, « What is Disjunctivism ? », *Philosophical Studies*, 120, 2004, p. 195 ; A. Byrne and H. Logue, « Either/Or », dans A. Haddock and F. Macpherson (eds.), *Disjunctivism : Perception, Action and Knowledge*, Oxford, Oxford UP, 2008, p. 57-94.

tive ne peut plus alors être conçue comme une expérience dans laquelle les choses sont réellement *expérimentées*.

Que la critique faite par Putnam des théories intentionnelles de la perception soit justifiée ou non, reste que le réalisme naturel (en s'appuyant sur une forme robuste de disjonctivisme) est censé permettre de retrouver une conception de l'expérience perceptive non pas comme intermédiaire, interface entre nous et les choses extérieures, mais comme ce par quoi nous pouvons être *véritablement* en contact avec celles-ci (Conception de l'expérience perceptive comme « ouverture au monde »). Dans ces conditions, le réalisme naturel milite aussi en faveur d'un *externalisme de la perception*.

UNE CONCEPTION EXTERNALISTE DE L'EXPÉRIENCE PERCEPTIVE

Tel que l'envisage Putnam, adopter le « réalisme naturel », c'est abandonner une certaine conception (« cartésienne ») de l'expérience perceptive : celle selon laquelle *percevoir* consisterait à être dans un certain état *interne*, que cet état soit mental (Descartes) ou physique (matérialisme). Putnam critique en effet très durement les théories matérialistes contemporaines de la perception qui cherchent à expliquer *ce que c'est que percevoir* (*voir*, *entendre* etc.) en termes de stimuli/états neuronaux jouant un certain rôle (Fonctionnalisme). Cette conception à ses yeux n'est finalement qu'une combinaison de la conception cartésienne du mental avec le matérialisme : *percevoir* est toujours identifié à un certain état *interne* du sujet, même si l'état *interne* en question n'est plus alors considéré comme étant de nature mentale mais physique (états de cerveau). En ce sens, Putnam parle quelquefois de « Cartesian *cum* materialist » conception de l'esprit[58], conception qu'il attribue en particulier à J. Kim[59]. Et en réalité, celle-ci fut soutenue à un certain moment par Putnam lui-même, même s'il le regrette[60]. Cependant, la critique faite par Putnam des théories matérialistes de la perception mériterait d'être nuancée. On peut se demander en effet si de telles théories sont inévitablement vouées à entretenir une forme d'internalisme de la perception comme est tenté de le penser Putnam. Pourquoi les états mentaux perceptifs ne pourraient-ils pas être décrits de manière purement interne tout en admettant qu'ils puissent *aussi* l'être en fonction de critères externes ? Il en irait ici des états perceptifs

58. *TTC*, p. 101.
59. Pour une discussion par Putnam des positions de J. Kim, voir *TTC*, p. 101-107.
60. Cf. *DL*, p. 462-464.

comme il en va des coups de soleil, ceux-ci pouvant *à la fois* être décrits de manière purement interne (comme états physiologiques de la peau) ou en fonction de critères externes tels que les rayons du soleil[61].

L'idée de Putnam que l'expérience perceptive ne consiste pas à être dans un certain état *interne* pourrait être illustrée de la manière suivante :

> Supposons la situation suivante : Hélène voit Médor le chien.

L'analyse traditionnelle consiste à dire qu'Hélène est alors dans un certain *état perceptif interne*, et à identifier cet état perceptif interne avec « l'expérience perceptive » d'Hélène, ou, si on veut, avec « la conscience perceptive » qu'a Hélène du chien. Certes, on peut admettre que Médor existe indépendamment du fait qu'Hélène le voit ou non (ce que quelqu'un comme Berkeley n'accepterait pas). Néanmoins, lorsque Hélène voit un chien, Hélène peut-elle réellement séparer la *chose vue* (le chien) du *fait de la voir* (de « l'expérience perceptive » qu'elle en a) ? Dans ce sens, James faisait remarquer que : « tant que nous en restons au stade de pensée qu'est le sens commun, l'objet et le sujet fusionnent dans le fait de la "présentation" ou de la perception sensible »[62]. Lorsque nous percevons les choses, l'expérience « ne se scinde pas en conscience et en ce "dont" la conscience est la conscience »[63]. James refuse ainsi d'identifier l'expérience perceptive à *quelque chose* comme « la conscience que nous avons des choses », à laquelle viendrait *s'ajouter* la présence de l'objet dans le monde. Suivant l'intuition de James, Putnam affirme que l'expérience perceptive doit être comprise de manière « transactionnelle » (terme qu'il emprunte à Dewey), *i.e.* comme étant une interaction entre nous et les choses perçues[64]. Autrement dit, l'expérience perceptive *est* une relation entre un sujet et le monde, et pas un état perceptif *interne* résultant de l'action du monde sur nous[65]. Évidemment, un certain nombre d'objections sont ici envisageables.

On pourrait objecter premièrement que la nature de l'expérience perceptive (*voir*, *entendre* etc.) est indépendante de la question de savoir s'il existe réellement ou non dans le monde quelque chose qui est perçu

61. Je reprends ici l'exemple de P. Engel, « Le non-lieu de l'esprit », *Revue philosophique*, n° 4, 1997, p. 456.

62. *EER*, p. 153. James dit aussi que dans la perception « l'externe et l'interne [...] fusionnent et font un mariage indissoluble », *EER*, p. 163.

63. *EER*, p. 47. Voir aussi p. 77.

64. Cf. *TTC*, p. 159.

65. *TTC*, p. 128. Une autre manière ici d'exprimer la thèse de Putnam pourrait consister à dire que les choses perçues sont des *constituants* de nos expériences perceptives. Sur cette idée, M.G.F. Martin, « On Being Aliened », dans T.S. Gendler and J. Hawthorne (eds.), *Perceptual Experience*, Oxford, Clarendon Press, 2006, p. 354-410.

(Doute cartésien, Mise entre parenthèses du monde husserlienne). Putnam avait en fait déjà critiqué ce type d'objection dans *La signification de la « signification »*[66], en critiquant ce qu'il appelait alors le *solipsisme méthodologique* selon lequel « un état psychologique, à proprement parler, ne présuppose l'existence d'aucun[e] [chose] outre [celle du] sujet à qui l'état est attribué »[67]. Or, un des problèmes de cette thèse est qu'elle implique de soutenir que la *signification* des verbes de perception (*voir*, *entendre*, etc.) ne dépend que de ce qui se passe en nous (mentalisme de la signification), thèse que Putnam rejette en faveur du holisme de la signification[68]. Par ailleurs, contre l'idée que les états psychologiques perceptifs seraient des états *internes* du sujet, Putnam soutient que ces états psychologiques sont *individués* selon des critères externes (par l'existence d'un objet dans le monde par exemple)[69]. En ce sens, la position défendue par Putnam est une forme d'*externalisme* des états mentaux. Notons par ailleurs que ce dernier n'est pas incompatible avec l'idée que chacun de nous a un certain accès privilégié à sa vie mentale. Comme le soulignait G. Ryle[70], chacun de nous est généralement bien placé pour savoir s'il a perçu ou non quelque chose quoiqu'il nous arrive encore de nous tromper, de croire avoir perçu quelque chose (disons un éléphant rose) alors que nous n'avons fait en réalité que l'halluciner.

Contre l'idée que l'expérience perceptive est une interaction entre nous et le monde, certains pourraient encore objecter que le monde ne possède pas réellement certaines des propriétés qu'il *semble* posséder quand nous le percevons. L'exemple généralement invoqué est celui des qualités dites secondes comme la couleur (Locke) : les qualités secondes étant relatives à la perception que nous en avons, elles ne pourraient pas être réellement des propriétés des choses. Mais pourquoi devrions-nous admettre une telle implication ? En réalité, le fait que les qualités secondes soient en un sens *dépendantes* du fait que nous les percevons n'implique pas pour autant

66. H. Putnam, « La signification de la "signification" », trad. fr. partielle D. Boucher dans D. Fisette et P. Poirier (éds.), *Philosophie de l'esprit. Problèmes et perspectives*, Paris, Vrin, 2003, p. 41-83.

67. *Ibid.*, p. 48.

68. Putnam soulignait aussi que le solipsisme méthodologique nous oblige à reconstruire les verbes de perception (voir, entendre etc.) sur le modèle des verbes non transitifs, *i.e.* qui ne nécessitent pas qu'on mentionne un objet (par exemple, « être triste », « être songeur »). Or, manifestement « voir », « entendre » etc. sont des verbes transitifs (au même titre que « être jaloux », « penser », « croire »). Sur ce point, voir aussi V. Descombes, *La denrée mentale*, Paris, Minuit, 1995, p. 275-276.

69. Pour une application à la croyance, voir *TTC*, p. 106 et 116-119.

70. Voir G. Ryle, *Dilemmas*, Cambridge, Syndicate of the University of Cambridge Press, 1954, p. 107.

qu'elles ne soient pas des propriétés *réelles* des choses. Pour le dire techniquement, les qualités secondes peuvent être *extrinsèques* (*i.e.* leur existence dépend de la perception que nous en avons) tout en étant des propriétés *réelles* des choses [71]. Dans ce sens, Putnam parle quelquefois de « propriétés objectivement relatives » [72]. Et, par conséquent, rien ne nous empêche alors de concevoir l'expérience perceptive « comme un *contact* avec les véritables propriétés des objets » [73].

Une autre objection pourrait consister à accuser Putnam de nier, ou au moins de ne pas prendre en compte, l'aspect *qualitatif* de l'expérience perceptive : le *ce que cela nous fait* de percevoir les choses. Putnam répond à cela que cesser de concevoir l'expérience perceptive comme un état *interne* du sujet ne nous force pas à nier, ou à négliger, le fait que nos expériences perceptives ont un certain aspect *qualitatif* [74]. Cependant, cela implique certainement de refuser l'identification de cet aspect qualitatif avec une certaine *entité* en nous à laquelle nous donnerions le nom de « conscience » : la conscience comprise comme *entité*, dirait James, est une « entité fictive » [75].

Néanmoins, il n'est certainement pas suffisant de nier que *percevoir* soit identifiable à un certain état *interne*, faut-il encore être capable d'en fournir une conception positive.

« WORLD-INVOLVING CAPACITIES »

Putnam s'appuie sur une remarque de Dewey selon laquelle l'esprit est primitivement « all the ways in which we deal consciously and expressly with situations in which we find ourselves » [76]. Ce n'est qu'à la suite de déformations que l'on en est venu à considérer l'esprit comme une *entité indépendante* à laquelle on pourrait attribuer certaines activités (perceptives, de remémoration etc.). En accord avec la remarque de Dewey, Putnam

71. Pour une discussion par Putnam du problème des qualités secondes, voir par exemple *DL*, p. 483-486. Pour une défense convaincante du réalisme des qualités secondes, voir J. McDowell, « Values and Secondary Qualities », dans T. Honderich (ed.), *Morality and Objectivity*, London, Routledge & Kegan Paul, 1985, p. 110-129.

72. *TTC*, p. 159.

73. *TTC*, p. 169.

74. Cf. *DL*, p. 464.

75. *EER*, p. 55. Selon James, la conscience n'est pas une « entité », mais « une fonction accomplie par les pensées dans l'expérience [...]. Cette fonction, c'est de *connaître* », *EER*, p. 36.

76. Cité dans *TTC*, p. 170.

déclare que : « the mind is not a *thing*; talk of our minds is talk of *world-involving capacities that we have and activities that we engage in* »[77].

Tel que l'envisage Putnam, l'esprit est donc un système de capacités grâce auquel nous pouvons interagir avec le monde, plutôt qu'une *entité*. Néanmoins, plusieurs questions se posent concernant la nature de ces capacités.

Tout d'abord, Putnam refuse d'attribuer ces capacités à quelque chose d'immatériel qui se trouverait en nous (dualisme cartésien), mais il refuse aussi de dire que ces capacités seraient réductibles à certains états du cerveau (matérialiste réductionniste). En effet, quoique les capacités perceptives « dépendent certes de notre cerveau et de toutes sortes d'interactions entre l'environnement et l'organisme, [elles] ne doivent pas être [selon Putnam] expliquées de façon réductive en utilisant le vocabulaire de la physique ou de la biologie, ou même le vocabulaire de l'informatique »[78]. Néanmoins, un matérialiste pourrait objecter que : 1) la position de Putnam constitue un frein aux recherches scientifiques 2) et que même si la science n'est pas encore parvenue à réduire l'esprit (les capacités) à la matière, à expliquer le « mystère » de l'esprit, on ne voit pas pourquoi on ne pourrait pas espérer qu'elle y parvienne un jour. À cela, Putnam répond premièrement qu'affirmer que l'esprit est un « mystère » que la science pourra un jour élucider, c'est tout simplement encore identifier l'esprit a une *entité*. Et James, selon Putnam tout du moins, aurait justement montré dans ses *Essais* que le supposé « mystère » de l'esprit disparaît une fois que l'on cesse de le concevoir comme une *entité*[79]. Deuxièmement, dire qu'un des buts de la science est de nous montrer comment les capacités mentales sont réductibles à des propriétés physiques, c'est selon Putnam se faire une conception erronée des buts de la science[80]. Évidemment cela n'implique pas pour autant que le *réalisme naturel* soit « anti-scientifique ». Putnam admet en effet que la science nous apprend quelque chose quant aux conditions matérielles de la perception. Et de ce point de vue, le réalisme naturel n'est pas une conception qui

77. *TTC*, p. 169-170. Souligné dans le texte.

78. *DL*, p. 489. Voir aussi *TTC*, p. 146-149. Putnam y discute l'argument en faveur du matérialisme réductionniste suivant : il pourrait exister un corps qui se comporte comme s'il possédait des propriétés mentales (conscience, perception etc.) alors qu'en réalité il n'en posséderait aucune (on pensera évidemment ici aux automates, ou encore aux zombies). Par conséquent, il se peut que nous ne possédions finalement que des propriétés physiques, et partant que le matérialisme réductionniste ait raison. Évidemment, on pourrait se contenter de répondre à l'argument en faisant remarquer que nous ne sommes pas justement pas des zombies !

79. *TTC*, p. 175.

80. *TTC*, p. 173.

chercherait à *rivaliser* avec les travaux scientifiques portant sur la perception [81].

Quelqu'un objectera peut être que s'il y a des capacités perceptives, il faut bien qu'elles soient possédées par « quelque chose » et qu'on peut penser que ce « quelque chose » est identifiable soit au cerveau, soit à une substance immatérielle. Néanmoins, on pourrait ici répondre avec Aristote et Wittgenstein que les capacités perceptives doivent être attribuées à la *créature vivante*, à la *personne* (Jean) dirait Wittgenstein, et pas à l'une de ses parties (son « esprit », ou son cerveau) [82].

Même si Putnam nie que les capacités perceptives soient réductibles à certains états du cerveau, il n'entend évidemment pas nier que celles-ci en dépendent en un certain sens. En fait, Putnam recourt à la notion de « survenance ». Sans entrer dans les détails compliqués qu'implique cette notion [83], on peut dire qu'un certain état psychologique survient sur un certain état cérébral si cet état psychologique *dépend* de, et *covarie* avec cet état cérébral sans y être pourtant *réductible*. Le problème est que la thèse de la survenance des états psychologiques sur les états cérébraux implique *généralement* que deux individus qui seraient dans les mêmes états cérébraux seraient aussi dans les mêmes états psychologiques. *Autrement dit, la similarité ou la différence de deux états psychologiques ne dépendraient d'aucun élément externe au sujet* (Survenance locale). Or, Putnam ne peut pas accepter une

81. Sur ce point, voir *DL*, p. 465 et 494. Néanmoins, on peut se demander si le réalisme naturel ne menace pas sérieusement l'idée d'explication scientifique des capacités perceptives. Car, comme le dit J. Bouveresse, « nous pouvons laisser à la science [selon Putnam] toute latitude pour décrire les conditions matérielles et physiologiques dont dépendent la possession et l'exercice de nos capacités perceptuelles et conceptuelles, à la condition qu'elle ne prétende pas avoir expliqué par là ces capacités elles-mêmes. Mais ce qui, dans ces conditions, reste obscur est le sens auquel nous pouvons dire néanmoins qu'elle nous fournit une explication au moins partielle de ce qu'elles sont. [...] on peut se demander si le choix qui est offert a une "science de l'esprit" [...] n'est pas finalement entre les expliquer de la façon que Putnam appelle "réductive" et ne pas prétendre les expliquer de quelque façon que ce soit », *Langage, perception et réalité*, t. 1, *La perception et le jugement*. Nîmes, J. Chambon, 1995, p. 19.

82. Putnam serait certainement d'accord avec cette idée. Il affirme par exemple que les termes mentaux sont appris par l'observation du comportement des *créatures incarnées* (cf. *TTC*, p. 148), ou encore que les expériences perceptives sont celles des « êtres vivants » et pas d'une *entité* à laquelle on donnerait le nom d'« esprit » (cf. *DL*, p. 483). Sur l'idée que c'est la *créature vivante* qui possède certaines capacités et pas l'une de ses parties, voir P.M.S. Hacker, *Appearance and Reality*, Oxford, Basil Blackwell, 1987 ; A. Kenny, « The Homunculus Fallacy », dans *The Legacy of Wittgenstein*, Oxford, Basil Blackwell, 1984, p. 125-136.

83. Sur la notion de *survenance*, voir R. Pouivet, « Survenances », *Critique*, n° 575, avril 1995, p. 227-249.

telle conséquence. En effet, la thèse de Putnam selon laquelle les états psychologiques sont des *world-involving capacities* implique que les états psychologiques sont *individués* d'une manière qui est sensible à certains *facteurs externes*, par exemple l'existence et la nature des objets que nous percevons (Survenance globale)[84]. Comme le dit Putnam, nos états psychologiques « surviennent sur les activités de nos cerveaux et sur toutes nos transactions variées avec l'environnement »[85]. La nature de l'expérience que Jean a lorsqu'il voit une porte par exemple *dépend du fait qu'il existe effectivement dans le monde une porte*. Si en réalité aucune porte ne se trouve devant Jean, alors l'expérience de Jean est *hallucinatoire*, mais pas une expérience *perceptive*.

Enfin, une question qui peut aussi se poser est celle du lien entre nos expériences perceptives et nos ressources conceptuelles. Même si la réponse de Putnam sur ce point est quelque peu nuancée, reste que selon lui les expériences perceptives sont en un sens irréductiblement conceptuelles[86], c'est-à-dire qu'elles sont essentiellement liées au fait d'identifier et de reconnaître les choses comme étant telle ou telle. Cette dernière thèse est certainement discutable et elle est en réalité très discutée actuellement[87]. En fait, ce que conteste Putnam, c'est une certaine conception de l'expérience perceptive qu'on pourrait résumer de la manière suivante :

> Percevoir quelque chose serait le résultat de deux étapes *bien distinctes* : il y aurait premièrement ce qui résulte de l'impact des choses sur nous ; puis une seconde étape *interprétative*, parfaitement *distincte* de la première, grâce à laquelle les choses seraient alors identifiées, reconnues etc.

Un exemple qu'on pourrait invoquer en faveur de cette conception « à deux étages » est celui du célèbre dessin canard-lapin, ce dessin qu'on peut voir soit comme un canard, soit comme un lapin (évidemment pas en même temps). Étant donné qu'on peut voir ce dessin soit comme un canard, soit comme un lapin, il est alors tentant de distinguer le fait de *voir le dessin* du fait de *le voir comme un lapin* par exemple (interprétation). Mais une telle distinction ici est-elle acceptable ? *Lorsque* nous voyons un lapin en regardant le dessin du canard-lapin, est-il vraiment possible de distinguer le fait de voir un lapin (interprétation) du fait de voir purement et

84. Cf. *TTC*, p. 132. À ma connaissance, les expressions de « survenance locale » et de « survenance globale » ne se trouvent pas chez Putnam.

85. *DL*, p. 483.

86. *TTC*, p. 156.

87. Un grand défenseur de la thèse dite « conceptualiste » est J. McDowell (*Mind and World*, Harvard, Harvard UP, 1994). Un exemple de « non conceptualiste » est F.I. Dretske, *Seeing and Knowing*, London, Routledge & Kegan Paul, 1969.

simplement le dessin ? Certes, il se pourrait encore que confronté pour la première fois au dessin, nous n'y voyions ni lapin ni canard (juste des traits). Cependant, la forme de lapin (ou de canard) décelée, il devient alors très difficile pour nous de cesser de voir le dessin comme étant celui d'un lapin (ou d'un canard). Sensible à l'idée d'une fusion dans la perception de la sensation et de la pensée (James), Putnam pense que concevoir l'expérience perceptive comme étant le résultat de deux étapes *bien distinctes* est futile [88]. Un bon exemple ici est le suivant : une fois le langage acquis, nous n'expérimentons plus les mots que nous lisons ou entendons comme de simples marques ou bruits auxquels nous attacherions *par après* une certaine signification. Mais, comme le dit Putnam, le sens est alors perçu « dans » le signe linguistique [89]. De manière générale, reconnaître que nos expériences perceptives sont irréductiblement conceptuelles, c'est là encore selon Putnam une manière de retrouver le « réalisme naturel du commun des mortels » au sujet des dites expériences, et partant une manière de comprendre comment nous pouvons être véritablement en contact avec le monde en le percevant.

Conclusion

En s'appuyant sur des auteurs comme James ou encore Dewey, Putnam milite en faveur d'un retour au « réalisme naturel » en philosophie de la perception. Celui-ci recouvre principalement deux idées, à savoir : 1) la perception des choses externes ne requière pas la saisie (directe) d'entités spéciales (Réalisme direct) ; 2) l'expérience perceptive *est* une relation entre nous et le monde et pas un *état représentationnel interne* (Conception non intentionnaliste de l'expérience perceptive). Au réalisme naturel s'opposent selon Putnam les « réalistes directs » *qui ne le sont que de nom*, c'est-à-dire ceux qui combinent le réalisme direct avec une conception intentionnaliste de la perception : ces derniers seraient prisonniers d'une conception de l'expérience perceptive comme *interface*, conception dans laquelle selon Putnam le monde ne peut pas être véritablement expérimenté lorsque nous le percevons. Comme on l'a vu, un tel diagnostic est discutable.

Par ailleurs, renouer avec le « réalisme du commun des mortels » (« réalisme naturel ») n'est pas sans poser quelques problèmes. Cela suppose en particulier d'adopter une forme robuste de disjonctivisme.

88. Cf. *TTC*, p. 158.
89. Cf. *DL*, p. 491.

Certes, on admettra assez facilement de disjoindre les *objets* de l'expérience perceptive des objets susceptibles d'être saisis dans l'expérience hallucinatoire, illusoire ou encore dans celle du rêve. L'idée que nous ne voyons (directement) que des sense-data de notre épouse, ou époux, lorsque nous nous réveillons à ses côtés est en effet quelque peu décevante, encore que voir des sense-data de celle-ci (ou de celui-ci) en rêve peut avoir quelque chose de plaisant. Sommes-nous prêts pour autant à nier que les expériences perceptives et celles qui n'en sont pas (illusions, hallucinations, rêves, etc.) partagent une certaine *nature commune* et partant, à endosser le disjonctivisme de la perception sous sa forme la plus robuste ? Celui-ci, comme il a été souligné, doit faire face à certaines objections. En particulier, il n'est certainement pas suffisant de dire que les expériences perceptives et les expériences non véridiques (illusoires, hallucinatoires, etc.) n'ont aucun élément en commun, faut-il encore être capable de fournir une analyse des expériences non véridiques qui, tout en excluant la présence d'un élément commun entre les deux types d'expérience, n'en demeure pas moins plausible. C'est là un des défis que doivent relever les défenseurs du « réalisme naturel », et plus généralement tous ceux qui voudraient défendre le disjonctivisme de la perception dans sa version robuste.

BIBLIOGRAPHIE

ALLIX L., *Perception et réalité. Essai sur la nature du visible*, Paris, Éditions du CNRS, 2004.

ANSCOMBE G.E.M., « The Intentionality of Sensation. A Grammatical feature », dans *Metaphysics and the Philosophy of Mind, Collected Philosophical Papers* II, Minneapolis, University of Minnesota Press, 1981, p. 3-20.

AUSTIN J.L., *Le langage de la perception*, G.J. Warnock (éd.), trad. fr. P. Gochet, Paris, Vrin, 2007.

BLOCK N., « Mental Paint and Mental Latex », *Philosophical Issues*, vol. 7, *Perception*, 1996, p. 19-49.

BLOCK N., FLANAGAN O. and GÜZELDERE G. (eds.), *The Nature of Consciousness. Philosophical Debates*, Cambridge, MIT Press, 1997.

BOUVERESSE J., *Langage, perception et réalité*, t. 1, *La perception et le jugement*, Nîmes, J. Chambon, 1995.

BROAD C.D., *Scientific Thought*, London, Routledge and Kegan Paul, 1923.

BYRNE A. and LOGUE H., « Either/Or », dans A. Haddock and F. Macpherson (eds.), *Disjunctivism : Perception, Action and Knowledge*, Oxford, Oxford UP, 2008, p. 57-94.

CHISHOLM R.M., *Perceiving. A Philosophical Study*, Ithaca, Cornell UP, 1957.

CORY D., « Are Sense-Data 'In'the Brain ? », *The Journal of Philosophy*, vol. 45, n° 20, 1948, p. 533-548.

CRANE T., *Elements of Mind. An Introduction to the Philosophy of Mind*, Oxford, Oxford UP, 2001.

DANCY J. (ed.), *Perceptual Knowledge*, New York, Oxford UP, 1988.

DANCY J., « Arguments from Illusion », *The Philosophical Quarterly*, 45, 1995, p. 421- 438.

DESCOMBES V., *La denrée mentale*, Paris, Minuit, 1995.

DOKIC J., *Qu'est-ce que la perception ?*, Paris, Vrin, 2004.

DRETSKE F.I., *Knowledge and the Flow of Information*, Stanford, CSLI Publications, 1999.

– *Seeing and Knowing*, London, Routledge and Kegan Paul, 1969.

DUCASSE C.J., « Moore's The Refutation of idealism », dans Schilpp (ed.), *The Philosophy of G. E. Moore*, New York, Tudor Publishing Company, 1952, p. 223-251.

ENGEL P., *Va Savoir ! De la connaissance en général*, Paris, Hermann, 2007.

– « Le contenu de la perception est-il conceptuel ? », dans J. Bouveresse et J.-J. Rosat (dir.), *Philosophies de la perception. Phénoménologie, grammaire et sciences cognitives*, Paris, Odile Jacob, 2003, p. 243-261.

– « Le non-lieu de l'esprit », *Revue philosophique*, n° 4, 1997, p. 447-459.

GENDLER T.S. and HAWTHORNE J. (eds.), *Perceptual Experience*, Oxford, Clarendon Press, 2006.

HACKER P.M.S., *Appearance and Reality*, Oxford, Basil Blackwell, 1987.

HARMAN G., « The Intrinsic Quality of Experience », dans N. Block, O. Flanagan and G. Güzeldere (eds.), *The Nature of Consciousness. Philosophical Debates*, Cambridge, MIT Press, 1997.

HINTON J., *Experiences. An inquiry into some ambiguities*, Oxford, Clarendon Press, 1973.

– « Visual experiences », *Mind*, New Series, vol. LXXVI, n° 302, 1967, p. 217-227.

– « Experiences », *The Philosophical Quarterly*, vol. XVII, n° 66, 1967, p. 1-13.

JACKSON F., *Perception. A Representative Theory*, Cambridge, Cambridge UP, 1977.

JAMES W., *Essais d'empirisme radical*, trad. fr. G. Garreta et M. Girel, Marseille, Agone, 2005.

KENNY A., « The Homunculus Fallacy », dans *The Legacy of Wittgenstein*, Oxford, Basil Blackwell, 1984, p. 125-136.

MARTIN M.G.F., « On Being Aliened », dans T.S. Gendler and J. Hawthorne (eds.), *Perceptual Experience*, Oxford, Clarendon Press, 2006, p. 354-410.

– « The Limits of Self-Awareness », *Philosophical Studies*, n° 120, 2004, p. 37-89.

MCDOWELL J., *Mind and World*, Harvard, Harvard UP, 1994.

– « Criteria, Defeasibility and Knowledge », dans J. McDowell, *Meaning, Knowledge and Reality*, Cambridge (Mass.), Harvard UP, 1998, p. 369-394.

– « Values and Secondary Qualities », dans T. Honderich (ed.), *Morality and Objectivity*, London, Routledge and Kegan Paul, 1985, p. 110-129.

MOORE G.E., « Some Jugments of Perception », *Proceedings of the Aristotelian Society*, 1918-119, p. 1-29.

– *Some Main Problems of Philosophy*, London-New York, Allen and Unwin-The Macmillan Compagny, 1953.

PEACOCKE C., *Sense and Content. Experience, Thought, and their Relations*, Oxford, Clarendon Press, 1983.

POUIVET R., « Survenances », *Critique*, n° 575, avril 1995, p. 227-249.

PUTNAM H., « Sense, Nonsense, and the Senses : an Inquiry into the Powers of the Human Mind », *The Journal of Philosophy*, vol. XCI, n° 9, 1994, p. 445-517.

– *The Threefold Cord : mind, body, and world*, New York, Columbia UP, 1999.

– *Le Réalisme à visage humain*, Paris, Seuil, 1994.

– « La signification de la "signification" », trad. fr. partielle D. Boucher dans D. Fisette et P. Poirier (éds.), *Philosophie de l'esprit. Problèmes et perspectives*, Paris, Vrin, 2003, p. 41-83.

– « The Permanence of William James », *Bulletin of the Academy of Arts and Sciences*, vol. XLVI, n° 3, 1992, p. 17-31.

ROBINSON H., *Perception*, London, Routledge, 1994.

RUSSELL B., *The Problems of Philosophy*, London, Oxford UP, 1912.

RYLE G., *Dilemmas*, Cambridge, Syndicate of the University of Cambridge Press, 1954.

SEARLE J., *Intentionality*, Cambridge, Cambridge UP, 1983.

SIEGEL S., « The epistemic conception of hallucination » dans A. Haddock and F. Macpherson (eds), *Disjunctivism : Perception, Action and Knowledge*, Oxford, Oxford UP, 2008, p. 205-225.

SMYTHIES J.R., « Analysis of Projection », *The British Journal for the Philosophy of Science*, vol. V, n° 18, 1954, p. 120-133.

SNOWNDON P., « Perception, Vision, and Causation », dans J. Dancy (ed.), *Perceptual Knowledge*, New York, Oxford UP, 1988, p. 192-208.

STRAWSON P.F., *Analyse et Métaphysique*, Paris, Vrin, 1985.

– « Perception and its Objects », dans J. Dancy (ed.), *Perceptual Knowledge*, New York, Oxford UP, 1988, p. 92-112.

THAU M., « What is Disjunctivism ? », *Philosophical Studies*, 120, 2004, p. 193-253.

TIERCELIN C., *Hilary Putnam, l'héritage pragmatiste*, Paris, PUF, 2002.

– *Le doute en question. Parades pragmatistes au défi sceptique*, Paris, Éditions de l'Éclat, 2005.

TYE M., *Ten Problems of Consciousness. A Representational Theory of the Phenomenal Mind*, Cambridge, MIT Press, 1995.

Sciences du XXᵉ siècle

La théorie de l'espace de Poincaré

Philippe NABONNAND

INTRODUCTION

La thèse essentielle du conventionalisme géométrique de Poincaré est bien connue : les axiomes de la géométrie ne sont ni synthétiques *a priori*, ni empiriques ; ils sont des conventions. Cette thèse implique que la question de la vérité en géométrie n'a pas de sens. On peut seulement poser celle de la commodité des géométries. Poincaré suit une ligne philosophique médiane entre criticisme et empirisme. Il refuse à la fois la doctrine kantienne selon laquelle les axiomes de la géométrie sont synthétiques *a priori* et les thèses empiristes.

Pour Poincaré, l'étude de la géométrie n'est que l'étude d'un groupe (de transformations). Dire que la géométrie euclidienne est la plus commode signifie que parmi les groupes possibles, celui constitué par les transformations de la géométrie euclidienne correspond le mieux à notre expérience et en particulier au mouvement des corps solides naturels.

> Comme Lie, je crois que la notion plus ou moins inconsciente du groupe continu est la seule base logique de notre géométrie. Comme Helmholtz, je crois que l'observation des mouvements des corps solides en est l'origine psychologique. Mais je ne fais pas pour cela dériver la géométrie de l'expérience ; loin de là. Les expériences sur les solides n'ont été que l'occasion qui, parmi tous les groupes continus dont nous aurions pu faire une géométrie, nous a fait choisir le groupe euclidien, non comme le seul vrai, mais comme le plus commode [1].

1. H. Poincaré, *Analyse des travaux scientifiques de Poincaré faite par lui-même*, Uppsala, Almquist & Wiksells Boktryckeria, 1913 ; *Acta mathematica*, 38, 1921, p. 127. Désormais cité *ATS*.

Poincaré n'exclut pas que d'autres expériences pourraient nous amener à adopter une autre géométrie. Ainsi, il imagine un monde dont les habitants seraient guidés vers la géométrie non euclidienne [2]. Poincaré insiste très clairement sur le fait qu'il ne s'agit pas de différences qualitatives des sensations (les sensations n'ont aucun caractère spatial chez Poincaré). Il décrit un processus d'acquisition de la spatialité à partir d'association et de succession de sensations et montre que c'est le choix de ces associations et successions qui conduit à concevoir des géométries différentes et non pas une quelconque différence qualitative des sensations.

> La notion de l'espace ne peut donc faire partie intégrante d'aucune de nos sensations prise isolément. C'est seulement quand nous observons l'ordre dans lequel ces sensations se succèdent que cette notion peut prendre naissance. Or s'il est absurde de supposer que nous puissions imaginer des sensations différentes de nos sensations normales, nous pouvons au contraire avec quelque effort imaginer une succession de sensations, pareilles individuellement à nos sensations normales, mais se succédant dans un ordre anormal. Nous pouvons imaginer que ces sensations suivent d'autres lois et par exemple qu'elles s'ordonnent, non conformément à la structure du groupe euclidien, mais conformément à la structure d'un autre groupe. Des êtres qui éprouveraient nos sensations normales dans un ordre anormal, créeraient une géométrie différente de la nôtre [3].

L'épistémologie de Poincaré est adossée à une genèse psycho-physiologique de la géométrie qui utilise intensivement la théorie des groupes de transformations (au sens de Lie). Lorsqu'il rend compte de ses travaux philosophiques dans l'analyse de ses travaux scientifiques [4], Poincaré insiste sur les deux moments de sa réflexion sur la théorie de l'espace et sur leur complémentarité.

> Je me suis demandé quel est le véritable caractère des vérités géométriques et en particulier du *postulatum* d'Euclide. [...] J'ai recherché également à analyser l'origine psychologique de la notion d'espace [5].

La genèse psycho-physiologique de l'espace vient appuyer son conventionnalisme et s'inscrit dans ce que l'on pourrait appeler un anti-réalisme spatial radical : non seulement, l'espace n'a aucune réalité externe, mais il n'est pas non plus le produit d'une forme de notre sensibilité. Dans

2. H. Poincaré, *La science et l'hypothèse*, Paris, Flammarion, 1902, rééd. 1968, p. 88-91. Cité d'après la réédition de 1968. Désormais cité *SH*.

3. *SH*, p. 127-128.

4. *ATS*.

5. *ATS*, p. 127.

un premier temps (1898), Poincaré fait dériver toutes les propriétés de l'espace de l'étude du groupe des déplacements vers lequel nous guident nos expériences motrices. Un peu plus tard, il est amené à réviser sa théorie et à défendre l'idée qu'une notion première d'espace liée à notre expérience tactile précède la genèse et l'étude du groupe des déplacements.

L'ESPACE SENSIBLE ET LES DÉPLACEMENTS

Selon Poincaré – et en cela il suit les résultats de la physiologie naissante du XIXe siècle – une sensation n'est que l'excitation d'un nerf. Les sensations n'ont donc par elles-mêmes aucun caractère géométrique et spatial. La notion d'espace est le résultat d'une élaboration intellectuelle dans laquelle l'expérience (et c'est son seul rôle) fournit à l'esprit les occasions d'exercer les capacités innées qui vont être nécessaires au processus de construction. Poincaré suppose une catégorie de l'entendement qu'il nomme « espace sensible » ou « espace représentatif » dont la fonction est de classer les sensations et de permettre la comparaison qualitative des sensations de même espèce :

> Cette catégorie (l'espace sensible) doit-elle être regardée comme une « forme de notre sensibilité »? Non, si l'on entend par là que nos sensations, considérées individuellement, ne pourrait pas exister sans elle. Elle ne nous devient nécessaire que pour comparer nos sensations, pour raisonner sur nos sensations. Elle est donc plutôt une forme de notre entendement.
>
> Voilà donc la première catégorie à laquelle nos sensations sont rapportées. On peut se la représenter comme composée d'un grand nombre de systèmes absolument indépendants les uns des autres. De plus, elle nous permet seulement de comparer entre des sensations de même espèce et non de les mesurer, de percevoir qu'une sensation est plus grande qu'une autre sensation, mais non qu'elle est deux fois plus grande ou trois fois plus grande [6].

Poincaré souligne la grande différence qu'il y a entre la catégorie « brute » qu'est l'espace sensible et l'espace géométrique. Ainsi, les espaces associés aux sensations relevant de nos sens visuel ou tactile et qui étaient

6. H. Poincaré, « On the Foundations of Geometry », *The Monist*, 9, 1898, trad. fr. L. Rougier, *Des Fondements de la Géométrie*, Paris, Chiron; cité d'après H. Poincaré, *L'opportunisme scientifique*, L. Rollet (éd.), Basel, Birkhäuser, 2002, p. 6. Désormais cité *FG*.

au centre des discussions entre physiologistes [7], n'ont pas les mêmes propriétés d'infinité, d'homogénéité ou d'isotropie, ni pour certains le même nombre de dimensions que l'espace géométrique. Poincaré va développer une théorie génétique qui rendra compte du passage de l'espace sensible à l'espace géométrique. Dans cette théorie, suivant en cela certains physiologistes dont T. Ribot [8] ou E. Gley [9], Poincaré privilégie les successions de sensations musculaires et l'espace moteur. Dans l'espace sensible, les successions et les variations de sensations s'organisent; en particulier, deux types de changements de sensation apparaissent :

> 1° Les premiers sont indépendants de notre volonté et ne sont pas accompagnés de sensations musculaires. Ce sont des changements externes, pour ainsi dire.
> 2° Les autres sont volontaires et accompagnés de sensations musculaires. Nous pouvons les appeler les changements internes [10].

Ces deux types de changements peuvent être liés par la relation de correction : un changement externe peut être corrigé par un changement interne si ce dernier « rétablit nos impressions primitives » antérieures au changement externe. Poincaré distingue donc parmi les changements externe ceux « qui sont susceptibles d'être corrigés par un changement interne » qu'il appelle les déplacements et ceux qui ne le sont pas qu'il dénomme les changements d'état. La classe des déplacements est celle à partir de laquelle va se constituer nos repères géométriques et notre perception spatiale. La détermination de cette classe est une condition nécessaire à la possibilité de la géométrie :

> Un être qui ne pourrait pas se mouvoir serait incapable de faire cette distinction [entre déplacement et changement d'état]. Un tel être, par conséquent, ne pourrait jamais créer la géométrie, – même si ses sensations étaient variables et même si les objets qui l'entourent étaient mobiles [11].

7. J. Delbœuf, « Du rôle des sens dans la formation de l'idée d'espace », *La Revue philosophique*, 4, 1877, p. 167-184; C. Dunan, « L'espace visuel et l'espace tactile », *La Revue philosophique*, 25, 1888, p. 134-169 et p. 591-619; Ch. Ferré, « Sensation et mouvement », *La Revue philosophique*, 20, 1885, p. 337-368; L. de la Rive, « Sur la genèse de la notion d'espace », *La Revue philosophique*, 27, 1889, p. 432-462.
8. T. Ribot, « Les Mouvements et leur importance psychologique », *La Revue philosophique*, 8, 1879, p. 371-386.
9. E. Gley, « Le "Sens musculaire" et les sensations musculaires », *La Revue philosophique*, 20, 1885, p. 601-610.
10. *FG*, p. 9.
11. *Ibid.*

Poincaré poursuit sa reconstruction de la genèse de l'espace en montrant comment notre esprit, une fois délimitée la classe des déplacements, aborde la question de l'égalité entre deux déplacements ; il utilise pour cela la relation qui donne la définition des déplacements et pose que deux déplacements sont égaux s'ils sont compensés par le même changement interne ; il prétend réunir en une même classe les changements externes corrigés par le même changement interne, supposant en cela que la relation « être corrigé par le même changement interne » est transitive, ce qui n'est pas le cas. En effet, les changements externes γ_1 et γ_2 peuvent être corrigés par le changement interne τ, les changements externes γ_2 et γ_3 peuvent être corrigés par le changement interne τ' sans pouvoir conclure que les changements externes γ_1 et γ_3 peuvent être corrigés par un même changement interne. La théorie de Poincaré n'est pas réellement affectée par cette objection, il suffit de remplacer la relation « être corrigé par le même changement interne » par la relation transitive associée, c'est-à-dire considérer que deux changements externes γ et χ sont identiques si et seulement si il existe une suite (finie) de changements externes $\gamma_1, \gamma_2, \ldots, \gamma_n$ telle que $\gamma = \gamma_1$; $\chi = \gamma_n$; γ_i et γ_{i+1} sont corrigés par le même changement interne.

On peut développer la même théorie pour les changements internes qui corrigent un changement externe ; on appellera aussi déplacement un changement interne qui corrige un changement externe et on considérera que deux tels changements sont identiques s'ils sont dans la même classe d'équivalence de la relation transitive associée à la relation « corriger le même changement externe »[12]. Poincaré réunit alors les deux relations et obtient une classification de l'ensemble des déplacements ;[13] il en conclut

12. On notera que Poincaré prend soin à éviter toute circularité : en effet, on pourrait objecter à ce raisonnement que pour identifier deux changements externes qui sont des déplacements, il faut déjà pouvoir identifier les changements internes ; or Poincaré précise bien que le critère d'identification de deux changements internes est l'identité des sensations musculaires qu'ils provoquent : « Mais comment puis-je savoir que les deux changements internes [...] doivent être considérés comme identiques ? Tout simplement parce qu'ils ont provoqué les mêmes sensations musculaires ; et pour cela je n'ai pas besoin de connaître d'avance la géométrie et de me représenter les mouvements de mon corps dans l'espace géométrique », *ibid.*

13. La classe des changements externes D_1 qui sont corrigés par un changement interne est subdivisée en une partition P_1 par la relation d'équivalence R_1 (la relation transitive obtenue à partir de la relation « être corrigé par un même changement interne »). La classe des changements internes D_2 qui corrigent un changement externe est subdivisée en une partition P_2 par la relation d'équivalence R_2 (la relation transitive obtenue à partir de la relation « corriger un même changement externe »). La classe des déplacements est obtenue en réunissant les deux classes disjointes D_1 et D_2. Cette nouvelle classe D est

que puisque cette classification « nous amène [...] à reconnaître l'identité de deux déplacements », un déplacement peut être itéré et « c'est cette circonstance qui introduit le nombre et permet la mesure là où régnait auparavant la pure qualité » [14].

Poincaré répond à l'objection qui pourrait être faite à son raisonnement, à savoir que l'expérience ne fournit aucun cas de compensation rigoureuse, en soulignant que la classification des déplacements qu'il obtient n'est pas une « donnée brute » de l'expérience mais nécessite au contraire une « opération active de l'esprit », en particulier l'adoption de conventions :

> Cette opération consiste à identifier deux changements parce qu'ils possèdent un caractère commun, et cela malgré qu'ils ne le possèdent pas exactement. Néanmoins, le fait même que l'esprit ait l'occasion d'accomplir cette opération est dû à l'expérience, car l'expérience seule peut lui apprendre que la compensation s'est approximativement produite [15].

LE GROUPE DE DÉPLACEMENTS

Poincaré envisage alors la possibilité de combiner plusieurs déplacements. Si A et B sont des déplacements et sont donc compensés par deux déplacements A' et B', il est clair que la combinaison $A+B$ de A et B sera compensée par $B'+A'$. La composition de déplacements est donc interne ce que Poincaré traduit par l'affirmation [16] :

> Donc ce changement résultant est par définition un déplacement, ce qui revient à dire que l'ensemble des déplacements forme un groupe [17].

Poincaré revient sur le caractère approximatif des compensations et insiste sur les conventions nécessaires pour pouvoir considérer que les déplacements forment un groupe de transformations. L'adoption de ces conventions résulte de la mise en œuvre de capacités de notre esprit ; en ce sens, l'affirmation que les déplacements forment un groupe n'est pas « le

subdivisée en une partition $P_1 \cup P_2$ qui détermine une relation d'équivalence R. À partir de ce moment, Poincaré travaille avec l'ensemble quotient D/R.

14. *FG*, p. 10.

15. *Ibid.*

16. À la fin du XIXe siècle, la notion de groupe se réduit à celle de groupe de transformations (discrètes ou continues). La définition se réduit la plupart du temps à poser que la loi de composition est interne.

17. *Ibid.*

résultat d'un raisonnement *a priori* », et n'est pas non plus une vérité expérimentale car les lois de la géométrie ne peuvent être approximatives. Poincaré en profite pour justifier dans le cadre de la genèse de la géométrie son conventionalisme géométrique. Étant le résultat d'une succession de décisions conventionnelles, les propriétés du groupe des déplacements et par conséquent les lois de la géométrie ne sont donc ni des vérités *a priori*, ni des vérités expérimentales :

> En résumé, les lois en question ne nous sont pas imposées par la nature, mais sont imposées par nous à la nature. Mais si nous les imposons à la nature, c'est parce qu'elle nous permet de le faire. Si elle offrait trop de résistance, nous chercherions dans notre arsenal une autre forme qui serait pour elle plus acceptable [18].

L'étude des propriétés du groupe des déplacements s'effectue de la même manière; l'expérience suggère à l'esprit, au prix d'un certain nombre d'approximations et de conventions, de conférer au groupe des déplacements des propriétés de structure qui vont permettre de le déterminer; comme le terme de groupe ne désigne que les groupe de transformations, Poincaré distingue, à la suite de Lie, les propriétés qui concernent la structure de l'ensemble des transformations constituant le groupe de celles qui regardent l'ensemble sur lequel opèrent les transformations; Poincaré nomme les premières, *propriétés formelles*, et qualifie d'*isomorphes*, en reprenant les dénominations de Lie, les groupes qui ont mêmes propriétés formelles :

> Les propriétés dites formelles sont celles qui sont communes à tous les groupes isomorphes. Si je dis, par exemple, que telle ou telle opération répétée trois fois est équivalente à telle ou telle répétée quatre fois, j'ai énoncé une propriété une propriété formelle, entièrement indépendante de la qualité. De telles propriétés formelles sont susceptibles d'être étudiées mathématiquement. On doit donc les énoncer sous forme de propositions rigoureuses. D'un autre côté, les expériences en question ne peuvent jamais être le véritable fondement de ces propositions. Nous avons en nous, en puissance, un certain nombre de modèles de groupes et l'expérience nous aide seulement à découvrir lequel de ces modèles s'écarte le moins de la réalité [19].

La première discussion concerne la question de la continuité du groupe. Poincaré reprend les considérations qu'il avait développées dans

18. *FG*, p. 19.
19. *FG*, p. 13.

son article sur *le continu mathématique*[20]. Il distingue deux notions de continu : le continu physique et le continu mathématique. Parmi les itérations d'un déplacement extrêmement petit D, il peut arriver que nous puissions distinguer 9D et 11D, alors que 9D et 10D, et 10D et 11D restent indiscernables. Poincaré traduit cette situation par la formule dite du continu physique :

$$9D = 10D,\ 10D = 11D,\ 9D < 11D.$$

Cette formule répugne selon Poincaré à notre raison et nous préférons remplacer le continu physique, pourtant fidèle à notre expérience, par le continu mathématique plus conforme à notre esprit. La discussion n'est pour autant pas encore complètement terminée, car il faut distinguer un continu mathématique (du premier ordre) qui correspond à l'idée de divisibilité indéfinie des transformations[21] et le continu mathématique (du second ordre) proprement dit. Poincaré justifie le choix de la dernière solution pour des raisons de compatibilité avec les autres propriétés du groupe « que nous connaissons par d'autres expériences ». La discussion se poursuit par l'étude de la structure du groupe des déplacements. L'expérience des mouvements des corps solides – les corps qui sont susceptibles de déplacements – nous conduit à reconnaître les déplacements qui conservent certaines sensations (qui seront, plus tard lorsque la géométrie sera construite par notre esprit, interprétées comme correspondant à l'existence d'un point fixe[22]) :

> L'*ensemble* des déplacements qui conservent ainsi un système donné de sensations forme évidemment un sous-groupe que nous pouvons appeler *sous-groupe rotatif*.
> Telle est la conclusion que nous tirons de l'expérience. Il est inutile de faire ressortir combien l'expérience est grossière et combien d'autre part la conclusion est précise. L'expérience ne peut donc pas nous imposer la conclusion, mais elle suffit à nous la suggérer. Elle suffit à montrer que, de tous les groupes dont la notion préexiste en nous, les seuls que nous puissions adopter en vue d'y rapporter nos sensations sont ceux qui contiennent un tel sous-groupe[23].

20. H. Poincaré, « Le continu mathématique », *Revue de métaphysique et de morale*, 1, 1893, p. 26-34.

21. Ce continu est modelé sur l'ensemble des nombres rationnels Q.

22. À ce stade de la genèse, nous ne savons même pas ce qu'est un point. Notre expérience ne concerne que des sensations et des successions de sensations. L'apprentissage s'opère en sélectionnant certaines successions de sensations qui se répètent et à partir desquelles nous opérons des choix parmi les groupes possibles.

23. *FG*, p. 17.

Poincaré fait ici implicitement référence à la théorie de Lie des groupes continus de transformations et à leur classification : nous sommes amenés par l'expérience à ne retenir que les groupes qui contiennent des groupes de rotations. Poincaré poursuit en affirmant que « par de nouvelles expériences, toujours très grossières », nous sommes amenés à la notion de faisceau rotatif (rotations autour d'un axe fixe) et que toute rotation « peut être décomposée en trois autres, appartenant respectivement à trois faisceaux rotatifs donnés ». Il conclut alors qu'« avec ces propositions, nous sommes en mesure [...] de limiter notre choix à un choix entre la géométrie d'Euclide et celles de Lobatchewsky ou de Riemann ».

Pour arriver à cette conclusion, Poincaré se sert en fait (sans la citer) d'une connaissance très précise de la classification de Lie des groupes de transformations à 6 paramètres de $\mathbf{R}^3$ qui admettent un unique invariant significatif entre deux points. Ainsi, Lie montre qu'il ne peut y avoir que 11 tels groupes de transformations qui peuvent être infinitésimalement décrits comme suit[24] :

1. $p, q, r, x-yp, yr-zq, zp-xr$
2. $p, q, r, xq-yp, yr-zq, zp+xr$
3. $p+xU, q+yU, r+zU, xq-yp, yr-zq, zp-xr$
4. $p-xU, q-yU, r-zU, xq-yp, yr-zq, zp-xr$
5. $p-xU, q-yU, r+zU, xq-yp, yr+zq, zp+xr$
6. $p, q, xp+yq+cr, yp-xq+r, (x^2-y^2)p+2xyq+2(cx-y)r,$
$2xyp+(y^2-x^2)q+2(x+cy)r$
7. $p, q, xp+yq+r, yp-xq, (x^2-y^2)p+2xyq+2xr, 2xyp+(y^2-x^2)q+2yr$
8. $p, q, xq+r, yq+cr, x^2p+2xr, y^2p+2cxr$ (c? 0)
9. $p, q, xq+r, x^2q+2xr, xp+yq+cr, x^2p+2xyq+2(y+cx)r$
10. $p-yr, q+xr, r, xq, xp-yq, yp$
11. $p, q, r, xp+yr, 2xp+yq, x^2p+xyq+\frac{1}{2}y^2r$;

$(U=xp+yq+zr)$[25].

Les seuls groupes possédant trois sous-groupes de rotations autour d'un axe, $xq-yp$, $yr-zq$, $zp-xr$, sont les groupes 1), 3) et 4) qui correspondent aux géométries euclidienne, hyperbolique et elliptique.

L'expérience nous suggère une propriété supplémentaire du groupe qui nous amène à choisir le groupe euclidien :

> Pour aller plus loin, nous avons besoin d'une nouvelle proposition qui prenne la place du *postulatum* des parallèles. La proposition qui en tiendra

24. S. Lie, *Theorie der Transformationsgruppen* III, Leipzig, Teubner, 1893, p. 433-434.

25. Où p désigne la transformation infinitésimale associée à $\partial/\partial x$, $\partial/\partial x$ q désigne la transformation infinitésimale associée à $\partial/\partial y$, r désigne la transformation infinitésimale associée à $\partial/\partial z$.

> lieu sera l'affirmation de l'existence d'un sous-groupe invariant dont tous les déplacements sont échangeables et qui est formé de toutes les translations. C'est là ce qui détermine notre choix en faveur de la géométrie d'Euclide, parce que le groupe qui correspond à la géométrie de Lobatchewsky ne contient pas un tel sous groupe invariant [26].

Parmi les trois sous-groupes retenus, le seul qui possède un sous-groupe commutatif conjugué de translations est le premier, celui qui correspond à la géométrie euclidienne [27].

La genèse de l'espace et la question de la dimension de l'espace

Les éléments géométriques dérivent de la structure de groupe : la notion de point est déduite de l'existence des sous-groupes de rotations et des expériences qui nous les font découvrir. Les déplacements correspondent à des changements de sensations et nous faisons l'expérience de l'existence des sous-groupes en remarquant que les déplacements d'un même sous-groupe conservent certains complexes de sensations.

> Précisément grâce à cette circonstance que les déplacements qui conservent certains éléments sont les mêmes que ceux qui conservent certains autres éléments. Nous convenons alors de remplacer tous ces éléments qui sont conservés par les mêmes déplacements par un seul élément qui n'a qu'une valeur purement schématique [28].

Le fait que les déplacements possèdent une structure de groupe entraine que l'espace associé est homogène et isotrope. La continuité de l'espace résulte aussi de celle du groupe. L'étude de la géométrie et des propriétés de l'espace se réduit à celle de la structure et des propriétés du groupe des déplacements. Poincaré décrit l'étude d'un groupe comme l'étude de ses propriétés formelles et expliquera que deux groupes isomorphes, c'est-à-dire ayant mêmes propriétés formelles [29], ont même

26. *FG*, p. 34.
27. Il est clair que Poincaré connaissait la théorie des groupes de transformations de Lie, mais la lecture de son article publié dans *The Monist*, montre que sa connaissance des travaux de Lie est en fait très précise.
28. *FG*, p. 19.
29. Poincaré définit la notion d'isomorphie de deux groupes par l'identité de leurs propriétés formelles : « Il arrive parfois que deux groupes contiennent des opérations qui sont entièrement différentes quant à leur nature, et que néanmoins ces opérations se combinent suivant les mêmes lois. Nous disons alors que les deux groupes sont isomorphes », *FG*, p. 22.

ordre et peuvent opérer sur des espaces de dimensions différentes. Ainsi, le groupe des déplacements opère sur l'espace sensible qui est de dimension très grande et son étude est difficile. Heureusement, le problème se simplifie « en remplaçant le groupe qui nous est donné, avec sa forme et sa matière, par un autre groupe isomorphe [30] dont la matière est plus simple » [31]. Le passage à ce groupe opérant sur un espace de dimension moindre s'effectue en reconnaissant les sous-groupes qui conservent certains éléments, c'est-à-dire en définissant les points de l'espace.

Cette définition est critiquée par Couturat [32]. Il demande à Poincaré ce que signifie l'expression, « Certains déplacements ont un caractère commun : on dit qu'ils laissent fixe un point de l'espace » et y voit deux interprétations possibles :

> En résumé, ou bien ce caractère commun à tous les déplacements du sous-groupe consiste à avoir un point fixe, et alors la définition implique le défini; ou bien c'est un caractère purement analytique, et alors c'est arbitrairement qu'on lui attribue un sens géométrique, en postulant précisément que l'espace a trois dimensions [33].

Pour répondre à cette objection, Poincaré est obligé d'« employer le langage mathématique ». Il ne dispose que de la notion de groupe de transformations au sens de Lie. Mais, nous avons vu que, contrairement à Couturat, il fait la différence entre les propriétés formelles, c'est-à-dire les « propriétés communes à tous les groupes isomorphes » [34] et celles plus contingentes liées à l'ensemble sur lequel opère le groupe [35]. Donc, nous connaissons un groupe G auquel nous rapportons les déplacements, mais

30. On voit ici que Poincaré, qui distinguait pourtant explicitement les propriétés formelles d'un groupe de celles liées à son action, concevait, lui aussi, la notion de groupe uniquement comme « groupe de transformations ».

31. *FG*, p. 36. Poincaré désigne par « matière » d'un groupe, l'ensemble sur lequel il opère.

32. L. Couturat, « Études sur l'espace et le temps, revue critique de *Étude sur l'espace et le temps* de G. Lechalas », *Revue de Métaphysique et de Morale*, 4, 1896, p. 646-669. Désormais cité *EET*.

33. *EET*, p. 660.

34. *FG*, p. 23.

35. Poincaré illustre son propos par l'exemple du groupe du cube : « Ainsi considérons les différentes manières dont un cube peut être superposé à lui-même. Les sommets peuvent être échangés l'un avec l'autre comme peuvent l'être aussi les faces et les arêtes; d'où résultent trois groupes de permutations qui sont évidemment isomorphes entre eux; mais leur degré peut être huit, six ou douze, puisqu'il y a huit sommets, six faces et douze arêtes », *FG*, p. 34-35.

« nous pouvons prendre comme “groupe normal” au lieu de G, un groupe quelconque isomorphe à G »[36].

Il reste à poser la question de savoir quel groupe choisir parmi tous les groupes isomorphes à G. De par la capacité de notre entendement à former des groupes, nous connaissons les propriétés formelles du groupe G. « La plus importante des propriétés formelles d'un groupe est l'existence des sous-groupes ». Poincaré distingue trois catégories de sous-groupes d'ordre 3, 2 ou 1 ; il faut entendre ici les sous-groupes g_1 (d'ordre 3) constitués de rotations autour d'un point, les sous-groupes g_2 (d'ordre 2) constitués de vissages autour d'un axe et les sous-groupes de rotations g_3 (d'ordre 1) constitués par les rotations autour d'un axe. Il considère l'action des transformations qui sont dans la terminologie moderne appelées « automorphismes intérieurs » de G sur ces trois ensembles. Il conclut sans démonstration que dans le premier cas, la dimension de l'espace obtenu est 3, dans le second 4 et dans le dernier 5. Sachant que l'ordre de G est 6, ce résultat est certes assez intuitif mais on peut tenter de donner une reconstruction en langage moderne de l'argument de Poincaré :

Le groupe affine euclidien G peut être défini comme le produit semi-direct $\mathbf{R}^3 \times_\alpha O(3)$ où α est l'action canonique de O(3) sur $\mathbf{R}^3$. Un élément de G est donc décrit comme un couple (v, f), $v \in \mathbf{R}^3$, $f \in O(3)$, la loi du groupe s'écrivant :

$$(v, f)(w, g) = (fw + v, fg).$$

Soit g_1 un sous-groupe de rotations autour d'un point w. Nous pouvons définir g_1 :

$$\varphi \in g_1 \Leftrightarrow \{\varphi = (v, f) / f \in O(3), v = w - fw\}.$$

Un élément de g_1 est défini par la donnée de f. Chaque sous-groupe g_1 de rotations autour d'un point est isomorphe à O(3). g_1 est donc défini par la donnée de w et l'ensemble des g_1 est donc de dimension 3.

Soit $\psi = (u, g)$. On a :

$$\psi\varphi\psi^{-1} = (u + gv - gfg^{-1}(u + gw), gfg^{-1}).$$

L'action de G sur les sous-groupes de rotations autour d'un point est donc analogue à l'action canonique de G sur $\mathbf{R}^3$.

Soit g_2 un sous-groupe de vissages autour d'un axe de vecteur directeur w et passant par v. Nous pouvons définir g_2 :

36. H. Poincaré, « Réponse à quelques critiques », *Revue de métaphysique et de morale*, 5, 1897, p. 66.

$$\varphi \in g_2 \Leftrightarrow \{\varphi = (v - fv + \lambda w, f) / f \in O(3),\ w = fw,\ \lambda \in \mathbf{R}\}.$$

Un élément de g_2 est défini par la donnée de f et de λ. Comme les éléments de O(3) qui vérifie la condition $w=fw$ constitue un groupe isomorphe à O(2), g_2 est un groupe d'ordre 2. L'ensemble des g_2 peut être décrit comme l'ensemble quotient $\mathbf{R}^3 \times \mathbf{R}^3 / \mathfrak{R}$ où $\mathfrak{R}$ est la relation d'équivalence :

$(v, w)\, \mathfrak{R}\, (v', w')$ si et seulement si
$v - v' = \mu w$ et $w' = \rho w$, $\mu \in \mathbf{R}$, $\rho \in \mathbf{R}$.

L'ensemble des sous-groupes de vissages est de dimension 4. Soit $\psi = (u, g)$. On a :

$$\psi\varphi\psi^{-1} = (u + gv - gfg^{-1}(u + gv) + \lambda gw,\ gfg^{-1}).$$

Cette action est évidemment compatible avec la relation d'équivalence $\mathfrak{R}$ et on obtient l'action de G sur l'ensemble des droites affines de $\mathbf{R}^3$.

Soit g_3 un sous-groupe de rotations autour d'un axe de direction w et passant par v. Nous pouvons définir g_3 :

$$\varphi \in g_3 \Leftrightarrow \{\varphi = (v - fv, f) / f \in O(3),\ w = fw\}.$$

Un élément de g_3 est défini par la donnée de f. Pour les mêmes raisons que dans le cas précédent, g_3 est un groupe d'ordre 1 isomorphe à O(2). L'ensemble des g_3 peut être décrit comme $P^2(\mathbf{R}) \times \mathbf{R}^3$ et est de dimension 5. Soit $\psi = (u, g)$. On a :

$$\psi\varphi\psi^{-1} = (u + gv - gfg^{-1}(u + gv),\ gfg^{-1}).$$

Sur la composante $P^2(\mathbf{R})$, l'action de G est identique à celle de O(3) vu comme un sous-groupe du groupe projectif et sur la composante en $\mathbf{R}^3$, l'action de G est l'action canonique.

Il termine en affirmant que l'on choisit le premier cas car c'est celui qui donne le moins grand nombre de dimensions (critère de simplicité) et pour des raisons d'ordre expérimental.

> Ce sont là trois solutions dont chacune est possible logiquement. Nous préférons la première parce qu'elle est la plus simple et elle est la plus simple parce qu'elle est celle qui donne à l'espace le nombre le plus petit de dimensions. Mais il y a une autre raison qui recommande ce choix ; le sous-groupe rotatif attire d'abord notre attention parce qu'il conserve certaines sensations. Le sous-groupe hélicoïdal ne nous est connu que plus tard et plus indirectement. Le faisceau rotatif d'autre part n'est lui-même qu'un sous-groupe du sous-groupe rotatif[37].

37. *FG*, p. 38.

L'important dans cette argumentation de Poincaré est donc que même la dimension de l'espace est obtenue à partir de la connaissance du groupe de transformation. On peut ainsi obtenir plusieurs espaces de différentes dimensions et donc la propriété du nombre de dimension est donc conventionnelle. On pourrait rapporter nos représentations spatiales à un espace de dimension 4 ou 5 sans changer de groupe de déplacements.

LA RÉVISION DE LA THÉORIE ET LE PASSAGE PAR L'ESPACE DE L'*ANALYSIS SITUS*

Une des conséquences de cette théorie soulignée par Poincaré est qu'il n'est nul besoin d'une notion première d'espace puisque celle-ci découle de l'étude des propriétés du groupe de transformations. Du point de vue de Poincaré, la géométrie précède la notion d'espace.

La position de Poincaré est complètement originale par rapport à ces prédécesseurs comme Helmholtz, Lie ou Klein qui tous présupposent l'existence d'un continuum amorphe pour développer leurs conceptions géométriques.

> [...] nous devons distinguer dans un groupe la forme et la matière. Pour Helmholtz et Lie la matière du groupe existait avant la forme et en géométrie la matière est une *Zahlenmannigfaltigkeit* à trois dimensions. [...] C'est seulement par l'introduction du groupe qu'ils en ont fait une grandeur mesurable, c'est-à-dire un véritable espace. Cependant, l'origine de ce continu non mesurable à trois dimensions reste imparfaitement expliquée [38].

Or « ce continu non mesurable à trois dimensions » est l'espace de l'*Analysis Situs* considéré plus tard, comme on le verra, par Poincaré comme la géométrie qualitative.

On comprend donc pourquoi Poincaré ne retient pas la géométrie générale de Calinon pour sa réflexion philosophique puisque celle-ci présuppose l'existence d'un espace même si celui-ci est amorphe. De plus, il est difficile de soutenir à partir de la théorie de Calinon un point de vue psychophysiologique de la genèse de la géométrie puisque celle-ci, comme le signale Calinon, n'a plus de base expérimentale. De même, Poincaré refusera les thèses (en particulier celle de Russell) qui considèrent la géométrie projective comme première par rapport aux géométries métriques dans le processus de genèse de la géométrie. Toutes ces thèses restreignent le rôle de l'expérience au choix de la géométrie métrique à partir de

38. *FG*, p. 29-30.

laquelle nous rapportons notre expérience quotidienne ou physique, une fois admis un cadre géométrique général (la géométrie générale de Calinon, la géométrie projective chez Russell) donné *a priori*.

Dans son texte de 1898, Poincaré propose une explication (de caractère mathématique) de la tridimensionalité de l'espace. Il constate que le groupe euclidien sélectionné après de nombreuses conventions peut être vu comme opérant sur un espace de trois, de quatre ou de cinq dimensions et que le choix de la tridimensionalité de l'espace est le résultat d'un choix conventionnel justifié par des considérations de commodité. Malheureusement, son argument est entaché de circularité car le choix du groupe s'appuie sur des considérations fondées sur la classification des groupes de Lie opérant sur les espaces de dimensions 3 et admettant un invariant fondamental. Outre ce défaut de circularité, le raisonnement de Poincaré est lacunaire car il ne justifie pas l'utilisation qu'il fait de la classification de Lie. En 1903, Poincaré (après ses travaux sur l'*Analysis Situs* et sa première polémique avec Russell sur le statut des axiomes de la géométrie[39]) revient sur cette question dans un article intitulé « l'espace et ses trois dimensions ».

L'*ANALYSIS SITUS* COMME GÉOMÉTRIE QUALITATIVE

Dans cet article repris dans la *Valeur de la science*, Poincaré aborde la question du statut de l'espace de l'*Analysis Situs*, qu'il présente comme le fond commun des espaces euclidien et non-euclidiens. Après avoir insisté une nouvelle fois sur le fait que la géométrie euclidienne ne pouvait une « forme imposée à notre sensibilité » puisque nous pouvons imaginer l'espace non-euclidien, il se demande si le continuum amorphe de l'*Analysis Situs* n'est pas lui une forme imposée à notre sensibilité :

> Et alors une question se pose : ce continuum amorphe, que notre analyse a laissé subsister, n'est-il pas une forme imposée à notre sensibilité? Nous aurions élargi la prison dans laquelle cette sensibilité est enfermée, mais ce serait toujours une prison[40].
>
> Les mêmes questions qui se posaient à propos des vérités de la géométrie euclidienne, se posent de nouveau à propos des théorèmes de l'*Analysis Situs*. Peuvent-ils être obtenus par un raisonnement déductif? Sont-ce des

39. Ph. Nabonnand, « La polémique entre Poincaré et Russell au sujet du Statut des axiomes de la Géométrie », *Revue d'Histoire des Mathématiques*, 6, 2000, p. 219-269.

40. H. Poincaré, « L'espace et ses trois dimensions, *Revue de métaphysique et de morale*, 11, 1903, p. 281-301 (I) et p. 407-429 (II), rééd. dans *La valeur de la science*, Paris, Flammarion, 1905. Désormais cité *ETD*.

> conventions déguisées ? Sont-ce des vérités expérimentales ? Sont-ils les caractères d'une forme imposée soit à notre sensibilité, soit à notre entendement ? [41].

La réponse à ces questions est de nouveau à chercher dans la genèse de la géométrie.

Dans la théorie de Poincaré de 1898, le choix de la continuité résultait d'un raisonnement conventionnel et le rôle de l'*Analysis Situs* était d'étudier les propriétés liées à la continuité des espaces mathématiques que l'on obtient à partir des groupes continus.

En 1905, Poincaré propose une autre explication de ce choix en demandant ce que nous « voulons dire quand nous disons qu'un continu mathématique ou un continu physique a deux ou trois dimensions » [42]. Il introduit alors la notion de coupure pour l'étude des continus physiques. Si deux éléments discernables d'un continu physique peuvent être joints par un chemin d'éléments indiscernables, le continu physique *C* est dit « d'un seul tenant ». Une coupure est un ensemble arbitraire d'éléments de *C*. Selon le choix des coupures, le continu physique restera d'un seul tenant (autrement dit, deux éléments quelconques de *C* peuvent être joints par un chemin d'éléments indiscernables (continu au sens physique) sans quitter *C* et sans rencontrer la coupure) ou au contraire, il sera divisé par la coupure. Poincaré précise que ces définitions sont suggérées par l'expérience :

> On remarquera que toutes ces définitions sont construites en partant uniquement de ce fait très simple, que deux ensembles d'impressions, tantôt peuvent être discernés, tantôt ne peuvent pas l'être [43].

Un continu physique est dit à une dimension s'il peut être divisé par un certain nombre d'éléments indiscernables. Il est, autrement, dit à plusieurs dimensions ; un continu physique à deux dimensions est un continu qui est divisé par une ou plusieurs coupures à une dimension et ainsi de suite [44].

Cette définition de la dimension des continus physiques va permettre à Poincaré de rompre le cercle vicieux de sa précédente théorie de la

41. *ETD*, p. 60.
42. *ETD*, p. 70.
43. *ETD*, p. 73.
44. Poincaré précise que selon lui cette définition est identique à celle des géomètres qui définissent les surfaces comme les limites des volumes et les lignes comme les limites des surfaces. Il ajoute qu'il vient de donner à la notion de dimension « une forme applicable non au continu mathématique, mais au continu physique, qui est seul susceptible de représentation ».

tridimensionalité de l'espace et de justifier l'utilisation de la classification de Lie. Dans un premier temps, Poincaré abandonne une partie de sa précédente théorie. Certes, le continu (physique) des déplacements a six dimensions et ce résultat est acquis par l'expérience[45]. Poincaré prétend alors pouvoir reprendre le précédent raisonnement et montrer alors que l'on peut déduire la tridimensionalité de l'espace sur lequel le groupe opère. Il n'explicite pas les termes de son raisonnement et cela paraît assez difficile de suivre Poincaré dans cette affirmation. De toute manière, une telle théorie ne saurait être satisfaisante car elle ne respecte pas la hiérarchie de nos perceptions géométriques :

> [...] et quand nous aurons montré comment la notion de ce continu peut se former et comment on peut en déduire celle de l'espace, on pourrait toujours se demander pourquoi l'espace à trois dimensions nous est beaucoup plus familier que ce continu à six dimensions, et douter par conséquent que ce soit par ce détour, que s'est formée dans l'esprit humain la notion d'espace[46].

Poincaré propose une nouvelle théorie qui explique que nous sommes guidés par l'expérience vers l'étude des groupes de transformations des espaces à trois dimensions. L'espace essentiel sera celui associé au sens du toucher, l'espace tactile dont il montre qu'une des conditions nécessaires à son établissement est que les impressions tactiles ne sont pas altérées par les sensations musculaires associées à nos mouvements. Chacun des espaces associés à nos doigts est un continu physique à trois dimensions dont Poincaré montre que l'on est, de nouveau sur la base d'expériences, amené à les considérer comme semblables entre eux ainsi qu'à l'espace visuel.

En montrant le rôle essentiel de l'expérience dans la genèse de la géométrie, Poincaré n'a pas pour autant sombré dans un empirisme béat et stérile. En effet, comme il le précise lui-même,

45. En 1898, Poincaré utilisait le fait que le groupe des déplacements était à six paramètres. Il justifiait cette affirmation en disant que l'expérience nous permettait de nous rendre compte que tout déplacement infinitésimal pouvait être décomposé le long de six déplacements particuliers (théorie de Lie). En 1905, il assure qu'« il serait aisé de décrire les expériences par lesquelles nous pourrions arriver à ce résultat. On verrait qu'on peut dans ce continu pratiquer des coupures qui le divisent et qui sont des continus; qu'on peut diviser ces coupures elles-mêmes par d'autres coupures du second ordre qui sont encore des continus, et qu'on ne serait arrêté qu'après les coupures du sixième ordre qui ne seraient plus des continus », *ETD*, p. 102.

46. *Ibid.*

> […] l'expérience ne prouve pas que l'espace a trois dimensions ; elle nous prouve qu'il est commode de lui en attribuer trois, parce que c'est ainsi que le nombre des coups de pouce est réduit au minimum [47].

Le choix des conventions est justifié selon les cas par des considérations d'accommodement à notre expérience, soit par des raisons de commodité pratique ou mathématique. Le choix d'une convention ouvre un espace de possibilité d'actions, parmi lesquelles celles de donner des significations, de définir de nouveaux objets.

CONCLUSION

Le conventionalisme géométrique de Poincaré ne se limite donc pas au choix d'un groupe. En fait, chaque étape de la genèse psycho-physiologique de l'espace est scandée par des décisions de caractère conventionnel : pour définir les déplacements et leurs lois, les compensations entre mouvements, nous sommes obligés de choisir ce qui, dans un changement de sensations, « est regardé comme un déplacement satisfaisant rigoureusement aux lois » et ce qui « regardé comme une altération qualitative » sera négligé. Le choix du groupe sera aussi le résultat d'un choix conventionnel, guidé par des considérations de simplicité qui peuvent se traduire mathématiquement. De même, l'espace qui résulte de cette genèse est encore l'occasion de conventions pour la définition de la notion de point ou du nombre de dimensions de l'espace.

BIBLIOGRAPHIE

CALINON A., « Les Espaces géométriques (1) », *La Revue philosophique*, 28, 1889, p. 588-595.

– « Les Espaces géométriques (2) », *La Revue philosophique*, 32, 1891, p. 368-375.

COUTURAT L., « Études sur l'espace et le temps, revue critique de *Étude sur l'espace et le temps* de G. Lechalas », *Revue de Métaphysique et de Morale*, 4, 1896, p. 646-669.

DELBŒUF J., « Du rôle des sens dans la formation de l'idée d'espace », *La Revue philosophique*, 4, 1877, p. 167-184.

DUNAN Ch., « L'espace visuel et l'espace tactile », *La Revue philosophique*, 25 (1888), p. 134-169.

– « L'espace visuel et l'espace tactile », *La Revue philosophique*, 25 (1888), p. 591-619.

47. *ETD*, p. 120.

FERRÉ Ch., « Sensation et mouvement », *La Revue philosophique*, 20, 1885, p. 337-368.

GLEY E., « Le "Sens musculaire" et les sensations musculaires, *La Revue philosophique*, 20, 1885, p. 601-610.

HEINZMANN G. et NABONNAND Ph., « Poincaré : intuitionism, intuition, and convention », dans M. Van Atten, P. Boldini, M. Bourdeau and G. Heinzmann (eds.), *One Hundred Years of Intuitionism (1907-2007)*, Basel-Boston-Berlin, Birkhäuser, 2008, p. 163-177.

LIE S., *Theorie der Transformationsgruppen* III, Leipzig, Teubner, 1893.

NABONNAND Ph., « La polémique entre Poincaré et Russell au sujet du Statut des axiomes de la Géométrie », *Revue d'Histoire des Mathématiques*, 6, 2000, p. 219-269.

– « La genèse psycho-physiologique de la géométrie selon Poincaré », *Textes du séminaire « Histoires de Géométries » 2000*, Paris, Maison des Sciences de l'Homme, 2000.

– « Poincaré, philosophe », *Images des mathématiques 2006*, Paris, Éditions du CNRS, 2006, p. 106.

– « Le contexte philosophique en France des "Fondements de la Géométrie" de Henri Poincaré », *Cahiers de philosophie de l'Université de Caen*, à paraître (2008).

POINCARÉ H., « Le continu mathématique », *La revue de métaphysique et de morale*, 1, 1893, p. 26-34 ; cité d'après *La science et l'hypothèse* (1902), chap. II.

– « Réponse à quelques critiques », *Revue de métaphysique et de morale*, 5, 1897, p. 59-70.

– « On the Foundations of Geometry », *The Monist*, 9, 1898, p. 1-43 ; trad. fr. L. Rougier, *Des Fondements de la Géométrie*, Paris, Chiron, 1921 ; cité d'après *L'opportunisme scientifique*, L. Rollet (éd.), Basel, Birkhäuser, 2002, p. 5-31.

– *Analyse des travaux scientifiques de Poincaré faite par lui-même*, Uppsala, Almquist & Wiksells Boktryckeria, 1913 ; *Acta mathematica*, 38, 1921, p. 3-135.

– *La science et l'hypothèse*, Paris, Flammarion, 1902, rééd. 1968.

– « L'espace et ses trois dimensions », *Revue de métaphysique et de morale*, 11, 1903, p. 281-301 (I) et p. 407-429 (II) ; rééd. dans *La valeur de la science*, Paris, Flammarion, 1905.

– *L'opportunisme scientifique*, L. Rollet (éd.), Basel-Boston-Berlin, Birkhäuser, 2002.

RIBOT T., *La Psychologie anglaise contemporaine (école expérimentale)*, Paris, Ladrange, 1870.

– « Les théories allemande sur l'espace tactile », *La Revue philosophique*, 6, 1878, p. 130-145.

– *La Psychologie allemande contemporaine (école expérimentale)*, Paris, Alcan, 1879.

– « Les Mouvements et leur importance psychologique », *La Revue philosophique*, 8, 1879, p. 371-386.

RIVE L. (de la), « Sur la genèse de la notion d'espace », *La Revue philosophique*, 27, 1889, p. 432-462.

L'idée d'une théorie générale des classifications

Daniel PARROCHIA

Tout le monde sait – Jacques Lambert mieux que quiconque [1] – que la constitution de classes d'objets et le regroupement de ces classes en classes de classes est une des opérations scientifiques les plus fondamentales et les plus fécondes qui soient puisqu'elle permet, non seulement de simplifier notre représentation du monde (et de constituer ainsi une économie de pensée), mais qu'elle sert aussi l'inventivité en situant clairement le nouveau par rapport à l'ancien, en appelant de nouvelles combinaisons possibles, ou en permettant nombre d'inférences inédites.

On sait également que cette opération de classer est l'une des plus difficiles en même temps que l'une des plus basiques de la connaissance. On dit souvent qu'une discipline qui n'a pas franchi l'étape classificatoire, c'est à dire qui n'a pas cerné et structuré de façon précise son domaine d'objets, ne peut guère prétendre au statut de science. Pourtant, une telle opération est loin d'être achevée dans la plupart des disciplines, et elle est même loin d'être claire en elle-même. C'est que la ventilation d'éléments dans des classes et des classes dans des groupes a été longtemps entachée d'empiricité.

Aujourd'hui encore, malgré les progrès de la réflexion méthodologique et pratique depuis une quarantaine d'années, la détermination du nombre

1. J. Lambert, « Classer vaut pour découvrir, coder vaut pour inventer », dans *Anatomie d'un épistémologue*, Paris, Vrin, 1984. D'une façon générale, la tradition épistémologique française a beaucoup insisté sur ces points. *Cf.* G. Bachelard, *Le matérialisme rationnel*, Paris, Vrin, 1972; *Le pluralisme cohérent de la chimie moderne*, Paris, Vrin, 1973; F. Dagognet, *Tableaux et langages de la chimie*, Paris, Seuil, 1970, 2 e éd. Seyssel, Champ Vallon, 2003; *Le Catalogue de la Vie*, Paris, PUF, 1970. Voir déjà P. Duhem, *La théorie physique*, Paris, Vrin, 1906, rééd. 1981, p. 27 *sq.*

des classes d'une classification, de leur dimension, des relations qu'elles ont entre elles, reste un objet de débat.

Qui plus est, la question de la classification n'est pas simplement une question empirique qui ne concernerait que les naturalistes, les chimistes et quelques spécialistes des sciences humaines. La réflexion théorique sur la classification, depuis un demi-siècle environ, a été complètement annexée par les mathématiques.

Or il y a en fait aujourd'hui, à l'intérieur des mathématiques, deux conceptions totalement distinctes de la notion de classification.

Pour ceux qui pratiquent ce qu'on appelle en anglais des méthodes de « clustering » (le mot signifie originellement « mise en grappe ou en groupe »), il s'agit tout simplement d'une démarche empirico-formelle destinée à optimiser des regroupements d'objets appartenant à des populations finies (ou certains échantillonnages de celles-ci) en les insérant dans des classes qui les réunissent en fonction de leurs plus grandes ressemblances ou de leurs plus petites différences. On a toujours fait cela, naturellement, mais on peut le faire aujourd'hui à l'aide de méthodes mathématiques et informatiques. Les objets sont généralement définis par des attributs ou des propriétés (qu'on peut aussi classer) et ils entrent dans des matrices à double entrée qu'on classe soit sur les lignes (ou on a généralement les objets) soit sur les colonnes (ou on a généralement les attributs). Pour pouvoir accomplir cette opération, on définit sur les uns ou les autres ce qu'on appelle une « dissimilarité » c'est-à-dire une sorte de généralisation de la notion de distance.

Cela étant, les principales structures de ce domaine d'investigation qu'est le « clustering » renvoient à des théories comme la théorie des ordres, l'algèbre linéaire et multilinéaire, la théorie des formes quadratiques, et surtout la statistique multidimensionnelle appliquée, où l'école française s'est particulièrement distinguée depuis une trentaine d'années avec l'analyse des données et des correspondances de Benzécri, les méthodes de classification automatique de Lerman, Roux, Diday, Barthélémy et Guénoche, les réflexions sur les ordres partiels de Barbut, Monjardet, Leclerc..., et, plus généralement, les travaux des membres de la Société Francophone et même internationale de Classification [2].

À l'opposé de tout cela, il existe des mathématiciens théoriciens, qui n'ont rien à voir avec les mathématiques appliquées, la statistique ou l'informatique mais qui pratiquent ce qu'on appelle – en anglais également – la « classification theory ». Ce sont généralement des logiciens qui

2. *Cf.* D. Parrochia, « Classifications, histoire et problèmes formels », *Bulletin francophone de la Société de Classification*, n° 10, mars 1998 (non paginé).

développent, dans le cadre formalisé de la théorie des modèles inaugurée par Tarski et Vaught dans les années 1950, une réflexion très abstraite sur la classification des structures mathématiques, ainsi que la classification des théories logiques qui admettent ces structures comme « modèles » (ce mot étant pris dans son sens logique, c'est-à-dire celui de structure ou d'interprétation sémantique d'une théorie formelle). L'un des très grands représentants de ce domaine et le mathématicien israélien Shaaron Shelah, dont les textes sont extraordinairement difficiles à lire. Un de ses représentants français connu est Bruno Poizat.

À l'heure actuelle, et pour beaucoup de raisons dont certaines sont dues à notre ignorance, les deux démarches ne se rejoignent pas. Un fossé infranchissable demeure qu'aucune des deux ne parvient à combler, les deux types de mathématiques n'ayant d'ailleurs guère de liens l'une avec l'autre.

Autrement dit, aujourd'hui même, il n'existe pas de théorie unifiée des classifications, qui mettrait en relation, via les classifications empiriques qu'on trouve dans les sciences de la nature, les méthodes numériques des mathématiciens praticiens du « clustering », qui tentent de justifier mathématiquement ces classifications empiriques, et les mathématiciens théoriciens de la « classification theory », qui eux, classent les théories et les structures mathématiques.

Or il y a nécessairement des liens entre ces domaines, attendu qu'il y a un certains nombres de classifications empiriques (on peut penser, par exemple, aux cristaux, aux particules élémentaires, aux composés chimiques...) qui sont fondées sur des invariants mathématiques (en l'occurrence, il s'agit de symétries liées à des groupes discrets ou continus), lesquels sont réalisés ou instantiés (comme on dit parfois) à des degrés divers dans la réalité empirique. Les deux approches se trouvent donc liées de fait.

Elles sont liées de fait mais une théorie générale manque.

Pour tenter de contribuer, si tant est que ce soit possible, à réduire ce manque, nous avons essayé de mener, depuis une trentaine d'années, avec mon collègue et ami Pierre Neuville, mathématicien et conservateur de bibliothèques, ancien enseignant à l'ENSSIB, une réflexion qui devrait déboucher bientôt sur une publication.

Il serait trop long de présenter ce travail aujourd'hui. Ce que je voudrais faire, c'est montrer que ce problème d'une théorie générale des classification, en fait, a déjà été posé au moins deux fois dans l'histoire : la première fois, au XIXe siècle par Auguste Comte : c'est là qu'on rencontre à ma connaissance l'expression « théorie générale des classifications »; la deuxième fois, au début des années 1960, dans un article de près de

80 pages du logicien belge Léo Apostel. Je vous présenterai ces deux réflexions, qui nous ont aussi inspiré quelques commentaires.

La question d'une théorie générale des classifications a été soulevée, sans doute pour la première fois dans toute sa clarté, par Auguste Comte dans le contexte du problème de la « classification des connaissances humaines », à laquelle de nombreux auteurs s'étaient essayés en vain depuis le début du XVIIe siècle, de Bacon (1605) à Hegel (1817) en passant par des savants comme Ampère ou Condorcet[3].

Auguste Comte avait évidemment beau jeu de souligner les nombreux défauts de ces perspectives, dont la cause principale, selon lui, tient à l'hétérogénéité du « système intellectuel » dans lesquels ces auteurs se trouvaient et qui ne permettait pas, en réalité, d'aboutir.

Au contraire – et c'est l'un des points forts de la deuxième leçon du *Cours de Philosophie positive*, Comte forme l'espoir que « la théorie générale des classifications, établie ces derniers temps par les travaux philosophiques des botanistes et des zoologistes »[4] permette « un succès réel dans un semblable travail, en nous offrant un guide certain » qui tiendra tout entier dans « le véritable principe fondamental de l'art de classer, qui n'avait jamais été conçu distinctement jusqu'alors »[5].

De quel principe s'agit-il? On apprend vite que, selon Comte, un tel principe consiste

> [...] en ce que la classification doit ressortir de l'étude même des objets à classer, et être déterminée par les affinités réelles et l'enchaînement naturel qu'ils présentent, de telle sorte que cette classification soit elle-même l'expression du fait le plus général, manifesté par la comparaison la plus approfondie des objets qu'elle embrasse[6].

3. Les essais en question sont innombrables : Bacon (1605), Naudé (1643), Garnier (1678), Martin (1705), de Bure (1763), Frémont (1794), Brunet (1810), Horne (1814), Hegel (1817). La classification du British Museum (1836) est postérieure au *Cours*, de même que celle d'Ampère (1843, 1856). À la fin du siècle, Goblot (1898) en proposera encore une. Au XXe siècle, on rencontrerait encore cette problématique chez Piaget et chez de nombreux marxistes. *Cf.* B. Kédrov, *La Classification des Sciences*, Moscou, Éditions du Progrès, 2 tomes, 1977. On notera que Condorcet dans son *Tableau général des progrès de l'esprit humain* (1792) mène déjà une réflexion très originale sur la notion de classification. *Cf.* N. Rieucau, « Condorcet et l'art de former des tableaux historiques », *Mathématiques et sciences humaines*, 176, 2006, p. 89-116,

4. A. Comte, *Philosophie Première, Cours de Philosophie Positive, Leçons 1 à 45* (1830), Paris, Hermann, 1975, 2e leçon, p. 44. Désormais cité *CPP*.

5. *Ibid.*

6. *Ibid.*

Tout cela reste encore très rhétorique. Pour avoir des précisions sur cette mystérieuse « théorie générale des classifications », il faut en fait se reporter aux leçons sur la chimie et la biologie. C'est cette dernière science, du reste, qui est, pour Comte, la plus prépondérante et qui va façonner la forme générale de la théorie, laquelle va être conçue autour de la notion fondamentale de « subordination ».

Ceci explique que, dans la 36 e leçon, sur la chimie, Comte oppose aux habituels tableaux chimiques à double entrée le principe ou l'idée d'une *hiérarchie* de substances élémentaires, qui ne dépendra pas uniquement, d'ailleurs, de leurs propres caractères essentiels mais des principaux phénomènes relatifs aux composés qu'ils forment.

> J'emploie à dessein cette expression, précise-t-il en note, pour mieux marquer que je ne saurais concevoir de classification vraiment philosophique là où l'on ne serait point parvenu à saisir préalablement une considération prépondérante, commune à tous les cas, et graduellement décroissante de l'une à l'autre. Telle est, ce me semble, la condition fondamentale imposée par la théorie générale des classifications, et que ne contesteront point ceux qui auront directement puisé cette théorie à sa véritable source, c'est-à-dire dans l'application la plus prononcée et la plus parfaite, relative aux corps vivants [7].

L'existence d'une hiérarchie biologique des êtres vivants est énoncée dès le début de la 40 e leçon [8]. D'une façon générale, l'apport principal de la biologie à la méthodologie philosophique tient au grand développement que reçoivent dans cette discipline l'« art comparatif » et l'« art de classer », « qui, malgré leurs corrélations nécessaires, sont néanmoins parfaitement distincts » [9].

De quoi s'agit-il ?

L'art comparatif en ses trois applications principales (comparaison des différentes parties d'un même organisme, comparaison des différentes phases de chaque développement, et enfin comparaison des termes distincts de la grande hiérarchie des corps vivants [10]) permet de saisir, dans la suite indéfinie des analogues ou des ressemblants, la partie fondamentale réellement commune à tous et qui, avant la généralisation abstraite opérée par la méthode, se trouvait profondément dissimulée sous la multiplicité des spécialités secondaires et des cas isolés [11].

7. *CPP*, 36 e leçon, p. 594.
8. *CPP*, 40 e leçon, p. 677-678.
9. *CPP*, p. 732.
10. *CPP*, p. 704.
11. *CPP*, p. 706.

L'art de classer, quant à lui, c'est-à-dire, dit Comte, « la théorie universelle ou générale des classifications », est certes plus ou moins présent dans chaque science, mais éminemment représenté en biologie. Là, il est destiné, « non seulement à faciliter les souvenirs mais surtout à perfectionner les combinaisons scientifiques ».

Cela dit, comme Comte le fait aussitôt remarquer, il n'y a pas que la biologie qui est concernée. Avant la biologie (pour prendre l'ordre du classement comtien des sciences), d'autres disciplines illustrent déjà cet art de classer, à commencer, dit notre auteur, par les mathématiques : dans cette discipline, Comte est notamment un grand admirateur du travail du géomètre Gaspard Monge sur la « classification fondamentale des surfaces en familles naturelles d'après leur mode de génération »[12], classification « où l'on peut reconnaître, dit Comte, tous les caractères philosophiques essentiels des saines méthodes zoologiques et botaniques »[13], avec un degré de pureté supplémentaire qui est celui qu'apportent les mathématiques par rapport aux autres disciplines : les objets y sont univoquement définis et il n'y a pas d'exception.

Toutefois, comme Comte le note immédiatement aussi, en matière de la classification, les mathématiques comme les autres disciplines (et en particulier la chimie) ne sont pas aussi démonstratives que la biologie :

> [...] quelle que soit l'importance des remarques analogues auxquelles peuvent aussi donner lieu les diverses branches de la philosophie inorganique, et notamment la science chimique, on doit incontestablement reconnaître que le principal développement philosophique de l'art de classer était nécessairement réservé à la science biologique[14].

A priori, choisir la biologie comme modèle d'une théorie générale des classifications peut sembler étrange, surtout si l'on se souvient des multiples querelles qu'a pu soulever, au cours du temps, l'entreprise taxinomique dans cette discipline. Surtout également si l'on se souvient de la considérable instabilité des classifications naturelles, dont les querelles récentes entre darwiniens et « cladistes » se sont faites encore l'écho.

Comment expliquer que Comte prenne la biologie comme le modèle même de la science taxinomique ? Il sent évidemment lui-même la nécessité de se justifier et déploie, à cet effet deux arguments fondés sur un principe de type psycho-épistémologique.

Ce principe est le suivant : c'est l'idée que chacune des facultés de notre esprit ne peut vraiment se développer que par des études positives

12. *CPP*, p. 732.
13. *Ibid.*
14. *Ibid.*

fondamentales qui en exigent la plus urgente application et lui présentent en même temps le champ le plus étendu.

Or sous ces deux aspects, la biologie est, pour l'art de classer, un domaine à nul autre pareil. Voici les deux arguments de Comte :

1) d'abord l'urgence est là : le domaine du vivant, c'est une effarante multiplicité d'êtres distincts et cependant analogues sous certains aspects, qu'il s'agit donc d'organiser et de comparer systématiquement;

2) ensuite, le domaine biologique étant très étendu, la redondance des caractères essentiels des vivants est nécessairement grande, et donc, contrairement à ce qu'on pourrait croire, le nombre est moins un obstacle qu'une aide et une facilitation :

> La multiplicité même des êtres vivants et l'extrême diversité de leurs rapports, écrit Comte, tendent naturellement à rendre leur classification plus facile et plus parfaite, en permettant de saisir entre eux des analogies scientifiques à la fois plus spontanées, plus étendues, et plus aisées à vérifier sans équivoque [15].

Autrement dit, plus le domaine est organisé, plus il est structuré, ordonné, élaboré, même de façon complexe, et plus il est facile à classer. Ainsi en biologie, les animaux, pour Comte sont plus aisés à ranger que les végétaux. Mais il soutient aussi qu'en mathématiques, les surfaces

> [...] par leur multiplicité et leur complication supérieures, nous permettent d'établir entre elles des comparaisons, soit géométriques, soit analytiques, plus nettes et mieux caractérisées que celles relatives à l'étude trop restreinte et trop homogène des courbes, surtout des courbes planes [16].

En matière taxinomique, par conséquent, les biologistes sont des modèles à imiter : pour les chimistes comme pour les mathématiciens, et pour tous les autres scientifiques en général.

Cette conviction de Comte va si loin qu'il suppose même que Monge, bien qu'il ait su faire « instinctivement » – dit-il – usage du « principe général de la théorie des classifications rationnelles » [17] a pu être influencé en cela, à son insu, par les discussions biologiques sur les grands travaux de Jussieu et Linné, qui avaient de peu précédé son époque, et cela, même si son œuvre n'en présente aucune trace explicite.

Pour préciser encore cet appel étrange au modèle biologique pour justifier la taxinomie, on peut encore regarder les types de classifications

15. *CPP*, p. 733.
16. *Ibid.*
17. *CPP*, p. 734.

biologiques auxquels Comte s'est intéressé et qui, selon lui, illustrent parfaitement la méthode taxinomique.

– La première de ces illustrations intervient dans la 41ᵉ leçon, sur la philosophie anatomique, à propos de la classification des tissus du vivant. Comte affirme dans cette leçon que le principe de l'anatomie des tissus est la base de tout le système anatomique, et que la classification des tissus doit se présenter comme une hiérarchie de modifications qui va, quand on suit l'échelle ascendante des êtres, de la structure la plus simple à des degrés de composition de plus en plus nombreux : en l'occurrence, un premier type de modification du derme engendre les tissus fibreux, cartilagineux et osseux (repérés pour la première fois par Bichat) ; puis, un second type de transformation donne lieu à l'opposition du musculaire et du nerveux, lesquels se complexifient eux-mêmes ensuite avec les êtres.

– Mais c'est surtout la 42ᵉ leçon, sur la philosophie biotaxique, qui exemplifie vraiment, et en même temps, dégage les principes fondamentaux de la théorie générale des classifications.

Comte y remarque que, à toutes les époques, le végétal a été objet de classification et de perfectionnement des classifications, tandis que l'animal a fourni le type fondamental pour les réflexions philosophiques correspondantes : autrement dit, c'est bien de la classification zoologique – Comte le confirme – que sont sortis les principes taxinomiques fondamentaux qu'on a ensuite pu appliquer ailleurs, notamment aux végétaux [18]. Ainsi, les préceptes fondamentaux de la théorie générale des classifications rationnelles sont supposés se dégager de « la judicieuse analyse philosophique de l'ordre naturel qui caractérise le règne animal » [19].

Celui qui est visé par ces mots, nommément, c'est Lamarck qui, pour Comte, est l'auteur de l'essai capital à l'origine du « développement rationnel et complet de la vraie philosophie biotaxique, avec tous les attributs qui doivent la caractériser » [20].

Qu'est-ce qui ressort, en effet, de la philosophie biotaxique de Lamarck ?

Selon Comte, deux grandes notions philosophiques la dominent : il y a d'abord l'idée que, pour faire une bonne classification, il faut former, en premier lieu, des groupes « naturels » ; et deuxièmement, il y a la conviction qu'il faut ensuite définir sur ces groupes naturels une succession *hiérarchique*. L'ordre de ces deux préceptes est, pour Comte, à la fois logique et historique. Selon le philosophe, et cela, quel que soit le domaine

18. *CPP*, 42ᵉ leçon, p. 768-769.
19. *CPP*, p. 769.
20. *CPP*, p. 770.

de savoir (mathématique, zoologie, botanique, etc.), l'établissement des groupes précède généralement les vues d'ensemble sur la hiérarchie.

Précisons cependant en quoi consistent ces deux opérations.

Former des groupes « naturels » consiste en fait à réunir les analogues de telle manière qu'ils soient plus semblables entre eux, c'est-à-dire à l'intérieur d'un même groupe, qu'à ceux qui n'en font point partie et qui demeureront donc à l'extérieur. Mais, remarque Comte au même endroit,

> [...] si cette classe préliminaire d'opérations taxonomiques devait rester unique, elle présenterait, à certains égards, un caractère vague et même arbitraire, puisque aucun principe rigoureux ne tendrait à y déterminer le juste degré d'extension qui doit être assigné à chaque groupe naturel, ce qui altérerait directement la propriété fondamentale de la classification proposée.

Autrement dit, il y a deux défauts possibles : avec des groupes trop étendus, les rapprochements entre objets classés deviennent quasi-illusoires. Inversement, avec des groupes trop restreints, les comparaisons deviennent presque impossibles (les objets sont trop proches).

Comte voit donc finalement la hiérarchie comme la seule garantie de ce qu'on pourrait appeler la « classificabilité » d'un domaine. C'est la hiérarchie et elle seule qui permet à la fois de rapprocher les éléments les uns des autres dans un groupe, et ensuite de rapprocher les groupes, puis les groupes de groupes, et ainsi de suite.

D'où son salut à l'introduction des divisions hiérarchiques en classes, ordres, genres, espèces et familles [21], par Linné et Magnol.

Comment maintenant, concrètement, mettre en œuvre cette méthode taxinomique ? Comment constituer des classifications hiérarchiques, c'est-à-dire des hiérarchies de divisions naturelles ? Deux grandes conditions logiques doivent être, selon Comte, requises pour cela :

– la première est le principe de la subordination des caractères ;

– la deuxième est la traduction des caractères intérieurs en caractères extérieurs.

La première de ces deux conditions est, pour Comte, acquise dès le XVIe siècle, avec les travaux de Magnol, Bauhin et Gesner, qui insistent sur le fait que les caractères des vivants à classer ne doivent pas seulement être comptés mais *pondérés* en fonction de leur importance qualitative. Quand on compare des objets, il ne suffit donc pas de compter les attributs ou caractères qui se ressemblent. Certains caractères sont plus

21. *CPP*, p. 779-780.

importants que d'autres. Il faut donc savoir *choisir* les caractères et évaluer leur *pertinence*.

La question qu'on peut poser à Comte mais à laquelle il ne répond pas est : qui va décider de l'importance d'un caractère et comment obtenir une pondération juste ? Il faudra tout le développement de l'analyse des données pour situer en précision la contribution d'un objet (ou une propriété) particulière à la définition d'une classe.

La seconde condition consiste, une fois recensés les caractères, à se débarrasser de ceux dont la vérification serait trop difficile, pour leur substituer des équivalents vraiment usuels.

Une discussion, là aussi, est possible.

Cette seconde condition semble limiter la classification à son sens le plus pragmatique, c'est-à-dire son utilité pratique dans l'économie générale de la représentation humaine des connaissances.

> Ne serait-il point absurde, écrit Comte, que, pour assigner le genre ou la famille de tel animal, il devînt indispensable, par exemple, de commencer par le détruire, ainsi que l'exigent encore tant de classifications zoologiques, littéralement interprétées ? [22]

Le philosophe, ici, prend parti dans un débat qui, dans les sciences biologiques, ne cessera de rebondir jusqu'à l'époque actuelle, notamment dans l'opposition des taxinomies strictement darwiniennes et de leurs alternatives cladistiques. On pourrait évoquer, par exemple, le débat assez récent (il date d'une dizaine d'années) qui a eu lieu entre Ernst Mayr et Carl Woese, à propos de la classification des premiers vivants. Initialement, et d'après les classifications strictement darwiniennes, c'est-à-dire à la fois morphologiques et génétiques, mais fondées sur ce que Comte appelait des caractères usuels, les protistes éclatent en procaryotes (essentiellement les bactéries qui sont des cellules sans noyau) et eucaryotes (essentiellement les vivants possédant des cellules à noyau et qui vont donner toute la biodiversité qu'on connaît dans le monde animal et végétal : les palmiers, les chênes, les orchidées, les souris, les chauves-souris, les baleines, les colibris, les poulets et les autruches, les singes et les hommes, autrement dit tout un monde d'espèces hautement évoluées). Mayr était un farouche partisan de cette classification. Il se trouve cependant que les classifications cladistiques, de Woese, fondées sur des critères génétiques, et nommément une étude précise des gènes des premiers vivants, a fait apparaître deux espèces de bactéries, dont l'une, baptisée « archéobactérie » puis, tout simplement, « archè » semble à la fois

22. *CPP*, p. 782.

antérieure non seulement aux bactéries proprement dites mais aussi aux eucaryotes. Faut-il, dès lors, admettre cette classification « nouménale »[23] exacte mais sans lien avec la phénoménalité, ou, au contraire, considérer que le sens d'une classification est de rendre compte du phénoménal, et maintenir les anciennes taxinomies ?

Quand on regarde le texte de Comte, on peut assez facilement être abusé par sa formulation et considérer que son utilitarisme le fait pencher pour des classifications ayant un sens purement pragmatique.

La réalité est plus complexe.

Trois opérations, selon Comte, caractérisent en fait l'achèvement d'une classification :

1) le rejet des caractères non permanents ;

2) l'élimination de ceux qui n'appartiendraient pas aux diverses modifications naturelles de l'espèce considérée ;

3) enfin l'opération la plus essentielle selon lui : le remplacement des caractères intérieurs par des caractères extérieurs.

Cette dernière est motivée par l'argument suivant lequel c'est à la séparation entre l'organisme et le milieu que se passent les plus importants phénomènes primitifs de la vie (animale), ceux qui sont le plus caractéristiques du monde vivant. Ainsi, locomotion, degré de sensibilité, présence ou absence d'un système nerveux sont, pour la classification des animaux, et parfois des végétaux, plus essentiels que telle ou telle considération sur leur structure interne. Comte, indépendamment de ses présupposés, subit sans doute ici l'influence de Blainville, pour qui la forme ou l'enveloppe générale de l'animal commande le reste.

Ceci semblerait corroborer l'idée que c'est la phénoménalité qui doit l'emporter. En réalité, quand on regarde les divisions de sa classification des vivants, on voit que ce qui explique, par exemple, l'éclatement du règne animal en deux sous-règnes, c'est, explicitement, le type de symétrie que manifestent les vivants en question, et qui peut être :

– soit la symétrie par rapport à un plan, celle des artiomorphes ;

– soit la symétrie par rapport à un point, autrement dit, celle des actinomorphes.

Quand on regarde la suite de la classification, on s'aperçoit alors que celle-ci se déploie selon des critères qui prolongent cette symétrie initiale et se rattache à elle.

23. Sur l'opposition des « classifications phénoménales » et des « classifications nouménales », *cf.* P. Neuville et D. Parrochia, « Epistémologie des classifications », dans L. Obadia et G. Carret (éds.), *Représenter, classer, nommer*, Intercommunications, EME, Fernelmont, 2007, p. 25-40.

Ainsi, les artiomorphes se divisent selon la consistance, dure ou molle de leur enveloppe, en articulés et non articulés, les uns possédant la locomotion au sens fort, les autres (les mollusques), non. Les articulés se divisent ensuite eux-mêmes en deux, suivant qu'ils possèdent un véritable squelette osseux ou seulement cartilagineux. Ceci permet de distinguer les véritables vertébrés (les ostéozoaires) des autres (les entomozoaires). Enfin la considération de l'enveloppe sous des aspects secondaires permet d'opposer les vivipares aux ovipares

Le tableau synoptique des animaux, auquel aboutit le philosophe, porte incontestablement l'empreinte de Blainville. Mais Comte rationalise cette classification en la rattachant en fait à des types de symétrie, c'est-à-dire à des principes d'organisation qu'on peut qualifier de nouménaux plutôt que de phénoménaux.

Pour le règne végétal, où Comte suit plutôt la classification d'Antoine-Laurent de Jussieu, c'est là aussi un *principe de symétrie* – la présence ou l'absence de feuilles séminales – qui va permettre une première division. Par la suite se posera la question du nombre de ces feuilles quand il y en a. Autrement dit, c'est, là aussi, un principe mathématique qui va permettre les principales subdivisions des végétaux : ainsi la distinction entre dicotylédons et monocotylédons, qui s'opposent tous deux aux acotylédons (où ces feuilles sont absentes). Mais bien que ce début de classification ait été confirmé par Desfontaines, Comte ne manque pas d'en souligner le caractère encore incomplet et provisoire, doutant même que le monde végétal dans son ensemble (et compte tenu de l'arbitraire qui le caractérise) puisse se plier aux conditions de la rationalité[24]. Ce n'est donc pas du règne végétal, c'est-à-dire, pour lui, du plus bas échelon de la série organique, que peut venir un grand éclairage sur l'idée d'une théorie générale des classifications.

Au bilan, on voit que la tentative d'Auguste Comte, pour être tributaire du modèle biologique, n'en suit pas moins une nécessité mathématique :

1) d'abord Comte voit parfaitement qu'une classification est ce qu'on appellera un jour une « chaîne de partitions », c'est-à-dire une hiérarchie de divisions successives : au rangement des éléments en groupes se superpose un ordonnancement hiérarchique de ces groupes les uns par rapport aux autres ;

2) bien que Comte insiste sur la signification phénoménale des classifications, c'est en définitive des principes rationnels de type mathématique (les formes de symétrie), qu'il applique pour distinguer des classes (au moins dans le monde animal) ;

24. *CPP*, p. 793.

3) enfin, Comte n'a pas distingué entre les classifications mathématiques et les autres : sa théorie générale des classifications était censée valoir aussi pour les classifications mathématiques. À preuve ce qu'il dit notamment des travaux de Monge.

J'en déduis que les directions fondamentales de sa théorie sont bonnes et mériteraient d'être poursuivies par ceux qui, aujourd'hui, s'efforcent de reposer à nouveaux frais le problème qu'il avait soulevé.

Je voudrais dire quelques mots, pour finir, du second projet de théorie générale des classifications, celui qui a été proposé par le logicien belge Léo Apostel, au début des années 1960, c'est-à-dire après le développement des mathématiques de l'ordre et de la théorie des treillis de G. Birkhoff, qui a permis de commencer d'aborder le problème dans un cadre vraiment mathématique.

L'article d'Apostel s'intitule : « Le problème formel des classifications empiriques ». Il a été publié dans un recueil collectif intitulé *La Classification dans les Sciences*, paru à Bruxelles, chez Duculot, en 1963 [25].

Le point de vue général d'Apostel est le suivant. Ce n'est pas un point de vue pragmatique, c'est un point de vue fondationnel. Une théorie générale des classifications est en fait pour lui une théorie alternative à la théorie des ensembles et dont l'un des buts est de conférer un sens *réaliste* à la constitution des classes, ces classes que la théorie des ensembles de Zermelo-Fraenkel, à quelques rares restrictions près (qui permettent d'éviter les paradoxes), rend toujours possibles.

Dans la théorie des ensembles, en effet, on peut toujours constituer une classe ensembliste, à condition de respecter les axiomes de la théorie, qui se borne à exclure l'existence d'un certain nombre de classes paradoxales, lesquelles, précisément, ne sont pas considérées comme des ensembles mais comme ce qu'on appelle aujourd'hui des « classes propres » : classes des ordinaux ou des cardinaux, classe des ensembles qui ne se contiennent pas eux-mêmes comme éléments, etc.

Or ce relatif « laxisme » de la théorie des ensembles peut s'avérer très préoccupant, au sens où toutes les classes qu'on peut définir mathématiquement de façon non contradictoire n'ont pas forcément d'existence réelle.

Pour Apostel, par conséquent, le développement d'une théorie formelle des partitions et des classifications *réelles* devait être un premier pas vers l'élaboration de ce qu'on pourrait appeler des « fondements empiriques de la logique formelle », fondements en faveur desquels le logicien

25. Désormais cité *CS*.

belge s'était, à plusieurs reprises, prononcé[26]. Voici très exactement l'énoncé le plus clair de ses convictions :

> Il nous a paru certain que la phrase « une classe K existe » ne peut avoir d'autre signification que : « dans une classification réelle la classe K est présente ». Or, si nous acceptons ce point de vue nous arrivons à une conclusion extrêmement importante. Toutes les classes qu'on pourrait penser n'existent pas, puisqu'il y a des classes pensables qui ne feraient partie d'aucune des classifications réellement données [...]. Ainsi, par exemple, la classe de tous les nombres écrits par des individus ayant moins de quarante ans et se trouvant à gauche du perron de Liège n'est pas une classe qui existe au même titre que celle des nombres naturels bien que les individus numériques ainsi nommés existent sans doute et bien que l'assemblage de mots que nous venons d'écrire est sans contradiction aucune. Ce qui peut faire illusion c'est que, dans une classification des mots, nous retrouvons la phrase décrivant cette classe baroque par une combinaison assez élémentaire des mots que nous allons classer. Mais l'existence de l'intersection de certaines classes de mots dans une classification naturelle des signes n'est pas l'existence d'une certaine classe d'objets[27].

Apostel, dans la tradition des grands mathématiciens platoniciens (Cantor, Hilbert, Finsler, Speiser et quelques autres), refusait de donner un blanc-seing à la théorie des ensembles et exigeait un retour au réalisme, à tout le moins un réalisme dans lequel des objets mathématiques à la fois univoques, consistants et stables servent de matrices pour une réalité qui viendrait ensuite se mouler sur eux et en épouser les contours.

On peut naturellement s'interroger sur un tel projet. Est-il bien légitime ? Le moins qu'on puisse dire est qu'il n'a pas été très partagé dans la communauté logico-mathématique – et cela, de longue date.

1) La première faille que le réalisme mathématique ait rencontrée a probablement été celle qui s'est manifestée en logique avec le début d'une formalisation des relations dans le courant du XIXe siècle. L'abandon des exigences aristotéliciennes sur le caractère ontologique des relatifs et l'apparition corrélative de la notion d'« univers du discours » dans les textes d'Augustus de Morgan, par exemple, est déjà tout un programme. Pour ce logicien, la possibilité de mettre à disposition des mathématiciens les ressources d'un langage riche et sans entrave – celui des relations –

26. L. Apostel, « Logique et preuve », *Methodos*, 5, 1953, p. 279-321.
27. *CS*, p. 220.

passait par la nécessité de se libérer des contraintes de l'ontologie aristotélicienne [28].

2) Mais le grand tournant fut incontestablement l'évolution conventionnaliste des mathématiques à travers la découverte des géométries non-euclidiennes et la révélation de l'existence de modèles non standards de l'arithmétique au cours du milieu des années 1910 (théorème de Löwenheim-Skolem). Jacques Dubucs [29], après Jaako Hintikka [30], a parfaitement ciblé le phénomène. Via la notion de modèle, le relativisme s'immisce dans les sciences, et non seulement en géométrie (modèle projectif de Beltrami-Klein de la géométrie euclidienne, 1870) mais en physique (Ramsey 1929) et dans les sciences expérimentales en général. Le théorème de Löwenheim-Skolem (1915) est l'archétype de cette situation. En montrant que si un énoncé est satisfiable, alors il l'est dans une structure dénombrable, ce théorème, appliqué à la théorie des ensembles de Zermelo-Fraenkel, aboutit au paradoxe suivant : si l'axiomatique ZF est consistante, alors elle possède un modèle dénombrable. Pourtant, on peut prouver, dans cette théorie, l'existence d'ensembles infinis non dénombrables. Comment expliquer cette situation? Skolem soutiendra que ce phénomène atteste précisément le relativisme des notions ensemblistes elles-mêmes. La notion d'ensemble et les relations qui vont avec n'ont rien de définitif De ce fait, on ne peut pas dire, dans l'absolu, qu'un domaine D est non dénombrable [31]. On ne peut le dire que par référence à un certain modèle (contenant D) de la théorie des ensembles.

Autrement dit, le sens même des notions mathématiques varie d'un modèle à l'autre. Il n'est plus possible de les définir une fois pour toutes – ou, comme on dit techniquement, de façon « catégorique » –, c'est-à-dire, à un isomorphisme près (dans la logique du premier ordre).

Apostel a-t-il perçu les difficultés de sa position? Il était trop logicien pour ne pas l'avoir délibérément choisie et mûrement pesée. C'est sans doute en toute connaissance de cause, et sûrement en protestation contre la dérive conventionnaliste des mathématiques ensemblistes, qu'il a cherché à se positionner. Refonder la théorie des ensembles sur des axiomes intuitivement recevables, car empiriquement justifiés, lui a paru s'imposer comme la seule tâche possible pour un chercheur sensé – tâche

28. *Cf.* A. De Morgan, « De la Structure du syllogisme » (1846) et « Sur le syllogisme » (1860), trad. fr. D. Parrochia, dans F. Rivenc et Ph. Rouilhan, *Logique et fondements des mathématiques (1850-1914)*, Paris, Payot, 1992, p. 33-49 ; *cf.* notre introduction p. 29-33.

29. R. Blanché, J. Dubucs, *La logique et son histoire*, Paris, Armand Colin, 1998, p. 357 *sq.*

30. J. Hintikka, *Fondements d'une théorie du langage*, trad. fr. Paris, PUF, 1994.

31. *Cf.* R. Blanché, *L'axiomatique*, Paris, PUF, 1970.

dont le programme, énoncé dans le contexte des années 1960 –, devait engager toute la mathématique future.

Or il y a là, me semble-t-il une difficulté fondamentale.

Tout le monde, je pense, perçoit la pétition de principe qui consiste à vouloir fonder la logique sur l'empirie, et à prétendre simultanément que l'explication de celle-ci est précisément à chercher dans les modèles formels qu'on en construit. Il y a là, semble-t-il, un cercle dont il semble assez difficile de sortir.

En même temps, l'idée que certaines classes « existent » en un sens plus fort que d'autres est sûrement une conviction partagée par beaucoup de « working mathematicians » qui voient bien que l'opposition des nombres pairs et impairs, ou des nombres premiers et non premiers par exemple, sont des oppositions beaucoup plus pertinentes que celle du nombre 10.000 et des autres nombres – ceci pour reprendre une remarque que faisait déjà Platon [32].

En même temps, cette opposition des classes pertinentes et non-pertinentes est difficile à préciser dans le cas général.

Une solution éventuelle serait d'accepter que la mathématique puisse avoir, certes, toute latitude de constituer des ensembles théoriques, mais qu'il soit à sa charge, ensuite, de ne retenir comme « vraiment fondamental » que ce qui, de ces constructions, se trouve en quelque sorte validé par des interprétations expérimentales. Une sorte de spirale positive serait ainsi amorcée.

Il n'est pas sûr, cependant, qu'on évite, même de cette manière, l'équivocité des modèles et les problèmes soulevés par la tradition relativiste, surtout si l'on prend en compte des classes et des classifications infinies, ce qui ne peut être validé empiriquement et renvoie à des choix d'axiomes particuliers en théorie des ensembles, lesquels font apparaître en général plusieurs perspectives possibles.

Au bilan, il semble quand même que le projet d'une théorie générale des classifications, esquissé par Comte et Apostel mérite d'être poursuivi et qu'on gagnerait, de toute manière, à rattacher les classifications empiriques à des invariants mathématiques, même si, en dernière instance, des formalisations alternatives existent au sein des mathématiques elles-mêmes. Nous nous bornons, modestement, à faire l'épistémologie d'un tel travail.

32. Platon, *Politique*, 262e.

BIBILOGRAPHIE

APOSTEL L., « Le problème formel des classifications empiriques », dans *La Classification dans les Sciences*, Bruxelles, Duculot, 1963.

– « Logique et preuve », *Methodos*, 5, 1954, p. 279-321.

BACHELARD G., *Le matérialisme rationnel*, Paris, Vrin, 1972.

– *Le pluralisme cohérent de la chimie moderne*, Paris, Vrin, 1973

BLANCHÉ R. et DUBUCS J., *La logique et son histoire*, Paris, Armand Colin, 1998.

BLANCHÉ R., *L'axiomatique*, Paris, PUF, 1970.

COMTE A., *Philosophie Première, Cours de Philosophie Positive, Leçons 1 à 45* (1830), 2e leçon, Paris, Hermann, 1975, p 44.

CONDORCET, *Tableau général des progrès de l'esprit humain* (1792), rééd. Paris, Flammarion, 1988.

DAGOGNET F., *Tableaux et langages de la chimie*, Paris, Seuil, 1970, 2e éd. Seyssel, Champ Vallon, 2003.

– *Le Catalogue de la Vie*, Paris, PUF, 1970.

DE MORGAN A., « De la Structure du syllogisme » (1846) et « Sur le syllogisme » (1860), trad. fr. D. Parrochia, dans F. Rivenc et Ph. De Rouilhan (éds.), *Logique et fondements des mathématiques (1850-1914)*, Paris, Payot, 1992, p. 33-49.

DUHEM P., *La théorie physique*, Paris, Vrin, 1906, rééd. 1981.

HINTIKKA J., *Fondements d'une théorie du langage*, trad. fr. N. Lavand, Paris, PUF, 1994.

KÉDROV B., *La classification des Sciences*, Moscou, Éditions du Progrès, 2 tomes, 1977.

LAMBERT J., « Classer vaut pour découvrir, coder vaut pour inventer », dans *Anatomie d'un épistémologue*, Paris, Vrin, 1984.

NEUVILLE P. et PARROCHIA D., « Épistémologie des classifications », dans L. Obadia et G. Carret (éds.), *Représenter, classer, nommer*, Fernelmont, Intercommunications, EME, 2007, p. 25-40.

PARROCHIA D., « Classifications, histoire et problèmes formels », *Bulletin francophone de la Société de Classification*, n° 10, mars 1998.

RIEUCAU N., « Condorcet et l'art de former des tableaux historiques », *Mathématiques et sciences humaines*, 176, 2006, p. 89-116.

Explication scientifique et explication non-scientifique

Michel DUFOUR

Étonné par un fait étrange, il arrive que l'on entende dire qu'il a une explication scientifique, propos censé être rassurant et susceptible de clore définitivement la question. Or, s'il y a explication, qu'apporte la qualification de « scientifique », nuance présupposant la possibilité de distinguer entre une explication scientifique et une explication que l'on qualifiera, par défaut, de « non-scientifique », mais sans exclure la possibilité d'explications « plus ou moins » scientifiques ? Où se joue la différence, s'il y en a une ?

Ici, deux phénomènes méritent attention.

D'abord, une fois reconnue la polysémie du mot « explication », il est remarquable que la réflexion philosophique se soit majoritairement focalisée sur son usage dans les sciences, « dures » ou humaines. En revanche, il est tout aussi frappant que, même à propos de sciences réputées arides, les exemples illustrant telle ou telle thèse sur l'explication scientifique sont souvent tellement peu savants qu'ils semblent émaner plus d'ouvrages de vulgarisation que de traités spécialisés. Est-ce un signe que la rationalité explicative scientifique ne présuppose pas la maîtrise des disciplines concernées ? On objectera qu'un bon exemple étant censé être évocateur et accessible, il n'y a pas à s'étonner que l'on puise dans des sources qui le sont également. Il n'empêche que ce procédé invite à penser que l'appréciation du caractère scientifique d'une explication n'exige pas d'être un spécialiste, condition pourtant requise pour juger du caractère scientifique d'autres travaux ou productions.

Et si cette dernière remarque est fondée, on ne peut se contenter de rabattre la question posée sous celle, apparemment plus générale, de la démarcation entre scientifique et non- scientifique. En effet, rien ne semble permettre d'affirmer, *a priori* et sans pétition de principe, qu'une seule et même caractéristique permette, à tout propos, de fixer une limite entre scientifique et non-scientifique. Ainsi, rien ne garantit que ce qui permettrait de distinguer méthode scientifique et méthode non-scientifique permette également de démarquer explication scientifique et explication non-scientifique.

On peut même concevoir qu'une explication soit scientifique sans pour autant relever clairement de questions propres à telle ou telle discipline. La science ne vivant pas que dans des laboratoires ou des réseaux techno-scientifiques, il n'y a guère de peine à imaginer qu'une explication soit à la fois scientifique et relative à des phénomènes courants, voire quotidiens. Or, c'est probablement dans ce genre d'occasion qu'une explication scientifique court le risque d'entrer en concurrence avec des explications peut-être non scientifiques. Y a-t-il alors une raison de préférer l'une à l'autre au vu de son seul statut ?

Deux exemples amusants illustreront le caractère peut-être indéfini du champ d'application de certaines explications scientifiques. Le premier, emprunté à C.-G. Hempel [1], provient d'un texte parfois jugé fondateur de la réflexion contemporaine sur l'explication scientifique. Après J. Dewey, Hempel s'interroge sur un phénomène associé à la pratique de la vaisselle. Un verre, retiré de l'eau chaude savonneuse, est retourné sur un plateau. De son bord émergent parfois des bulles de savons qui enflent puis, après une pause, s'amenuisent et finissent par retourner d'où elles viennent avant de disparaître. Comment expliquer ce phénomène ? Un deuxième exemple concerne la cueillette des figues. W. Salmon, un autre auteur prolifique sur l'explication scientifique, vient de goûter quelques figues d'un arbre et les a trouvées insipides. Il estime alors avoir raison de prévenir un ami tenté par un fruit du même arbre, qu'il sera sans doute insipide. Reconnaissant qu'il s'agit ici de « science de bas étage », Salmon prétend cependant que son explication en forme de pronostic, fondée sur sa courte expérience et ne pouvant se prévaloir ni d'une loi de la nature ni de la maîtrise du jardinage, n'a rien de « non-scientifique » [2].

Avant d'aller plus loin, supposons écarté tout usage autoritaire de l'adjectif « scientifique ». Il arrive, en effet, qu'on y fasse appel à des fins rhétoriques, que ce soit pour rassurer ou pour impressionner un interlocuteur censé valoriser ce qui est scientifique. Dans le cas d'une explication, ce genre de manœuvre peut même permettre l'économie de l'explication concernée, situation particulièrement confortable quand celui qui

1. C.G. Hempel, « Aspects of Scientific Explanation », dans *Aspects of Scientific Explanation and Other Essays in the Philosophy of Science*, New York, Macmillan The Free Press, 1965, p. 333-496. Voir cet exemple p. 335-336. Désormais cité *Aspects*.

2. W. Salmon, *Four decades of Scientific Explanation*, Minneapolis, University of Minnesota Press, 1989, p. 49.

l'exploite n'en a lui-même que de vagues idées. Si la distinction entre explication scientifique et non-scientifique a quelques motifs un peu plus solides, ce sont eux qui nous intéresseront désormais.

L'OUVERTURE DU CONCEPT

À moins de tailler sur mesure le concept d'explication par une limitation *ad hoc*, par exemple exploitant l'autorité de l'étymologie, il faut bien en reconnaître l'équivoque. Expliquer ou donner une explication consiste parfois à justifier un phénomène, d'autres fois à donner une description – par exemple celle de la signification d'un mot – ou encore à montrer une technique ou un usage, avec ou sans commentaires.

L'étymologie du terme, contrairement à ce qui se produit parfois, ne paraît aller à l'encontre d'aucune de ses multiples acceptions contemporaines, du moins pour ce qui est du français, auquel nous nous limitons ici. Par conséquent, elle ne semble pas pouvoir être mise à contribution pour limiter ou normaliser les acceptions contemporaines du terme en excluant certains modes ou types d'explication. Il ne faut donc pas en attendre un grand secours pour démarquer une explication scientifique d'une autre qui ne le serait pas. En revanche, elle met en avant, sans le rendre explicite, un élément apparemment fédérateur quoique négligé par bien des théories contemporaines sur l'explication. Il s'agit du caractère pragmatique du processus d'explication. On sait, en effet, qu'expliquer vient de *ex-plicare* et présenterait donc une forte affinité avec l'idée de dé-plier, voire de dévoiler. Or, à moins d'être particulièrement distrait ou oublieux, il est peu vraisemblable que l'on déplie ou dévoile à ses propres yeux, quelque chose que l'on aurait soi-même voilé, occulté ou empaqueté. En général, on déplie sous le regard d'autrui. Cette métaphore souligne surtout une condition pragmatique de l'explication. Et s'il n'y a de dévoilement qu'aux yeux d'un ignorant, une explication digne de ce nom, scientifique ou non, doit être informative. Cette exigence pourrait même être finalement plus forte que la condition pragmatique de l'explication car elle vaut même dans le cas limite de l'explication à soi-même. En effet, lorsque je commence une phrase par « Je n'arrive pas à m'expliquer… », je ne me sens pas forcément obligé d'aller consulter quelqu'un pour trouver l'explication. Peut-être faut-il se dédoubler pour venir à bout de l'oubli, de la distraction ou d'une certaine ignorance, mais en tout cas il paraît certain que mon enquête explicative a pour but de m'apporter une information. L'explication a valeur d'enseignement et, si l'on reste fidèle à cette piste suggérée par l'étymologie, on voit mal ce qui pourrait justifier qu'une « théorie de l'explication » fasse abstraction de cet objectif cognitif. Ce point n'a pas été négligé par certains auteurs pour qui l'explication tend à produire une connaissance, voire une compréhension. Dans la philosophie de langue anglaise, S. Bromberger, dont l'approche a été parfois un peu marginalisée, a envisagé une élaboration philosophique de la notion d'explication préservant sa dimension interrogative. En effet, il la redéfinit comme réponse à une question : « Pourquoi? » et souligne l'orientation didactique de son approche pragmatique, ne serait-ce qu'en baptisant les deux partenaires impliqués dans le processus, le tuteur (*tutor*) et l'apprenant (*tutee*) [3].

Il n'empêche que certains travaux revendiquant cette définition et se focalisant donc sur une conception où l'explication consiste surtout en une justification, ont souvent laissé de côté sa dimension interactive, avec au moins une bonne raison. En effet, la notion d'explication peut être abordée selon deux orientations principales : comme processus (associé à l'action d'expliquer) et comme produit (le « contenu » de l'explication). Certains auteurs ont alors pris le pari de pouvoir négliger la composante informative et interactive de l'explication pour se concentrer uniquement sur le contenu ou la forme de l'explication, entendue comme objet verbal. Mais puisqu'il a été décidé que l'on ne donnerait pas d'emblée le dernier mot à l'étymologie, laissons provisoirement en suspens les remarques précédentes.

Bonne et mauvaise explication

Une éventuelle distinction entre explication scientifique et non-scientifique gît peut-être dans le produit. Négligeant donc dimensions informatives et pragmatiques de l'explication, on peut tenter de la chercher dans une différence formelle ou dans les notions mobilisées. Si deux explications sont rivales, jouer le jeu consistant à les départager revient souvent à en disqualifier une. Du coup est adopté un point de vue évaluatif, présupposant que l'une est meilleure que l'autre, ou même que l'une est bonne et l'autre mauvaise. De plus, il semble bien qu'en matière d'explication on est rarement pluraliste, qu'il s'agisse d'explication scientifique ou non : ce n'est pas *une* explication que l'on a tendance à chercher mais *l*'explication. Peut-être a-t-on tort en cela. En tout cas, dès que l'on

3. S. Bromberger, « An Approach to Explanation », dans R.-S. Butler (éds.), *Analytical Philosophy – Second series*, Oxford, Basil Blackwell, 1962, p. 72-105, rééd. dans S. Bromberger, *On What We Know We Don't Know*, Chicago, University of Chicago Press, 1992, p. 18-51.

croit tenir l'explication on a également tendance à juger les autres non pas moins bonnes mais, tout simplement, mauvaises ou fausses.

Du coup, notre problème trouve peut-être lui aussi sa place dans une perspective évaluative. Toutefois, il n'est pas sûr que l'éventuelle ligne de démarcation entre bonne et mauvaise explication coïncide avec une celle distinguant explication scientifique et explication non-scientifique. À moins d'une pétition de principe posant qu'une explication scientifique est bonne, voire nécessairement bonne, ou que si une explication est bonne elle est scientifique, l'existence de concurrences au sein même des explications tenues pour scientifiques incite à envisager que certaines puissent être défectueuses, peut-être même à plusieurs titres.

Si l'on n'exclut pas d'office de l'histoire des sciences toutes les explications aujourd'hui jugées fausses ou défectueuses, le passé se révèle jonché de cadavres d'explications scientifiques qui eurent leur heure de gloire mais sont aujourd'hui abandonnées. Quant aux survivantes, ce statut ne suffit pas forcément à les qualifier comme scientifiques car l'expérience passée incite à envisager la possibilité de leur remise en question. Et dans une perspective inspirée par Popper, on pourrait même aller jusqu'à prétendre qu'elles ne seront bonnes qu'aussi longtemps que leurs insuffisances n'ont pas été révélées. Et n'oublions pas qu'il est arrivé que certaines explications délaissées ou disqualifiées reviennent sur le devant de la scène scientifique. Il ne suffit donc pas qu'une explication soit scientifique pour qu'elle soit bonne.

Par ailleurs, il est banal d'accepter comme décisives des explications n'ayant rien de particulièrement scientifique. Par conséquent, être scientifique n'est pas davantage une condition nécessaire d'une bonne explication, à moins, peut-être, de concéder que l'on fait de la science sans le savoir ou encore en élargissant indéfiniment la notion de science de bas étage telle que Salmon la pratique avec son figuier.

De plus, il n'y a pas qu'une façon de juger de la qualité d'une explication. Une appréciation se résumant à un seul jugement en termes de vérité ou de fausseté est sans doute aussi grossière qu'une autre se cantonnant à un simple antagonisme entre bon et mauvais, car il y a plus d'une manière pour une malheureuse d'être défectueuse. Ainsi, même en se limitant aux explications réductibles au couple canonique *explanans/explanandum*, qualifier leur relation uniquement à partir de la vérité (ou de la fausseté) de l'un et de l'autre n'est guère satisfaisant. En effet, une relation n'est pas vraie ou fausse, même si se pose, bien sûr, la question de la vérité de la proposition : « L'*explanans* explique l'*explanandum* ». On sait, par exemple, que cette proposition peut être fausse sans que l'*explanans*, ou l'*explanandum*, le soit. Le problème peut nicher dans le verbe « explique », en particulier à propos de la pertinence de l'*explanans* par rapport à l'*explanandum*. Du coup, une explication scientifique peut reposer sur des propositions toutes vraies mais pécher en raison d'un défaut de pertinence entre *explanans* à *explanandum*. Espérer rendre compte d'une éventuelle distinction entre explication scientifique et non-scientifique à partir de l'antagonisme entre bonne et mauvaise explication, ou entre explication vraie et explication fausse, est décidément un pari malheureux.

SCIENCE SANS EXPLICATION

Une solution radicale du problème serait qu'il ne se pose pas. Pour cela, l'une ou l'autre des deux prémisses suivantes serait décisive : il n'y pas d'explication scientifique; les explications sont superflues dans les sciences. À première vue, l'une et l'autre heurtent une opinion commune. En effet, rien ne semble plus banal que d'attendre des sciences – ou des scientifiques – qu'ils apportent des explications. En principe, ceux-ci sont même payés pour cela.

Pourtant, un large et honorable courant de pensée ayant des représentants parmi les praticiens des sciences – courant que l'on se permettra de regrouper cavalièrement sous le vague label de « positiviste » – a pris le parti de la suspicion face aux explications. Les griefs peuvent être divers. Rappelons-en quelques uns, la plupart étant compatibles entre eux.

La pensée positiviste des deux derniers siècles et même certains courants proto-positivistes du XVIIIe siècle se caractérisent par une méfiance, parfois même une hostilité, à l'encontre de la notion de cause. Cette défiance s'étend alors à celle d'explication dans la mesure où, selon un avis courant, expliquer revient peu ou prou à indiquer une cause. Or, la notion de cause est fréquemment associée à celle de métaphysique, domaine qui à partir du XVIIIe siècle tend à être jugé distinct du champ scientifique et même incompatible, voire hostile. Du coup, si l'explication est étroitement associée à celle de cause – selon des modalités variables selon auteurs et doctrines – et si celle de cause est à son tour associée à celle de métaphysique, il n'est guère surprenant de trouver le sort de l'explication dépendant de celui de la métaphysique. Dès lors, une fois la métaphysique proscrite des sciences, l'explication ne tarde pas à partager son bannissement ou, sinon, à être considérée comme intruse ou parasite. La question de ce qui peut bien distinguer explication scientifique et explication non-scientifique s'en trouve réglée par défaut : il n'y a pas d'explication scientifique, les deux termes étant jugés contradictoires.

Un exemple fameux de dénonciation du caractère superfétatoire de l'explication se trouve chez Duhem. Selon lui, « expliquer, c'est dépouiller la réalité des apparences qui l'enveloppent comme des voiles, afin de voir cette réalité nue et face à face »[4]. On retrouve ici le thème ancien de l'explication entendue comme dévoilement. Mais, comme on le sait, la critique qui s'ensuit n'est pas motivée par l'adhésion de Duhem à un réductionnisme empiriste sous-tendu par un agnosticisme quant à un monde méta-sensoriel. En effet, il croit en l'existence d'une « réalité matérielle distincte des apparences sensibles », si bien que sa critique de l'explication se fonde sur des considérations plus méthodologiques qu'ontologiques. Selon lui, faire appel à des explications est susceptible de bloquer le développement de ce qu'il appelle « la théorie physique ». Il justifie cet avis en soulignant que l'Histoire révèle un conflit constant entre écoles concurrentes dès lors que les unes exploitent un registre explicatif que les autres soupçonnent de faire appel à des causes occultes. Selon Duhem, expliquer revient inévitablement à subordonner la physique à la métaphysique.

Or, une telle dépendance priverait la théorie physique de ce qu'il appelle « le bénéfice du consentement universel » et serait surtout stérile car « aucune métaphysique ne donne d'enseignements assez précis, assez détaillés, pour que, de ces enseignements, il soit possible de tirer tous les éléments d'une théorie physique ». L'explication introduirait des composantes parasites dans la théorie puisque « les enseignements qu'une doctrine métaphysique fournit touchant la nature véritable des corps consistent le plus souvent en négations »[5]. En revanche, elle la priverait d'éléments capitaux puisque « toujours celle-ci [*la théorie*] fait appel à des propositions que ce système [*métaphysique*] n'a point fournies et qui, par conséquent, demeurent des mystères pour les partisans de ce système ; toujours au fond des explications qu'elle prétend donner, gît l'inexpliqué »[6].

Duhem milite pour une théorie physique clairement délimitée et autonome, aussi bien conceptuellement que méthodologiquement. Son autonomie, elle l'acquiert en se contentant d'être « un système de propositions mathématiques, déduites d'un petit nombre de principes, qui ont pour but de représenter aussi simplement, aussi complètement et aussi exactement que possible, un ensemble de lois expérimentales »[7]. La théorie devient ainsi une classification naturelle, tendant à être un « reflet d'un ordre ontologique ». Le reste, en particulier les éventuelles

4. P. Duhem, *La Théorie physique*, Paris, Chevalier et Rivière, 1906, rééd. Paris, Vrin, 1989, p. 3-4. Désormais cité *La Théorie physique*.

5. *La Théorie physique*, p. 18.

6. *La Théorie physique*, p. 21.

7. *La Théorie physique*, p. 24.

composantes explicatives, n'est que parasites introduits lorsque le physicien se laisse « guider par son désir de saisir les réalités » et autorise alors l'intrusion de causes qui pourraient ne pas tarder à s'avérer des mirages, tels les modèles mécaniques, suggestifs mais peu féconds.

Duhem a-t-il pour autant définitivement expulsé l'explication hors de la théorie physique et de son domaine d'application ? On nous permettra d'avoir au moins deux raisons d'en douter, mais à condition de ne pas accorder tout à fait la même acception au mot « explication ».

Duhem prétend qu'une théorie physique est un « système de propositions logiquement enchaînées » et souligne qu'« une déduction mathématique, issue des hypothèses sur lesquelles repose une théorie, peut donc être utile ou oiseuse selon que, des conditions *pratiquement données* d'une expérience, elle permet ou non de tirer la prévision *pratiquement déterminée* du résultat »[8]. Or cet utile usage prédictif de la théorie physique, fondé sur la conjonction d'« hypothèses théoriques » et de « conditions pratiquement données », s'apparente nettement à la conception de l'explication développée quelques décennies plus tard par Hempel (et Oppenheim) et devenue célèbre sous le nom de modèle « déductif-nomologique »[9]. À ce sujet, rappelons que le premier modèle de Hempel a la forme d'un syllogisme déductif[10] où, d'une prémisse posant une loi ou un ensemble de lois, et d'une autre posant des conditions initiales, on déduit la réalisation d'un fait particulier, aussi bien à venir (prédiction) que passé (rétrodiction).

Certes, il existe au moins une différence importante entre la déduction « non-explicative » duhémienne et l'explication hempélienne : Duhem insiste sur le fait que tout énoncé factuel doit être interprété, et même « traduit », alors que Hempel qualifie simplement de « description » les propositions empiriques entrant dans son explication[11]. De plus, la déduction duhémienne se fonde sur des conditions initiales et une « hypothèse », alors que chez Hempel les conditions initiales sont associées à une « loi » qui n'est peut être pas une hypothèse mais doit cependant présenter une propriété montrant qu'en un sens elle fonctionne comme telle puisqu'elle doit valoir même dans des situations contrefactuelles. De plus, Hempel accorde que la loi concernée peut ne pas être explicitée mais

8. *La Théorie physique*, p. 205.

9. C.G. Hempel and P. Oppenheim, « Studies in the Logic of Explanation », *Philosophy of Science*, 15, p. 135-175 ; voir aussi *Aspects*.

10. Si la loi n'est pas explicitée, situation que Hempel envisage, on quitte la forme proprement syllogistique pour un enthymème.

11. Voir *Aspects*, p. 336.

demeurer présupposée, ce qui, en un autre sens, en fait encore une hypothèse.

Enfin, le modèle de Hempel n'est pas limité à l'explication de faits particuliers mais est étendu à l'explication de lois à partir de lois plus générales. Ceci établit une parenté supplémentaire avec le programme de Duhem puisque sa « théorie physique » est surtout une hiérarchisation classificatoire appliquée à des lois, les unes découlant des autres. En somme, si l'on accorde la profonde similitude des deux doctrines, il faut bien aussi concéder que ce qui n'est pas une explication pour Duhem est un paradigme d'explication pour Hempel.

Toutefois, soulignons encore une divergence, en précisant que Hempel entend montrer qu'on peut rendre compte de ce qu'est une explication sans redouter l'apparition d'entités indésirables ou suspectes. Dans un article antérieur à celui, synthétique, de 1965, il laisse entendre que l'explication scientifique succède à l'usage d'explications discutables, « les mythes étant remplacés par les concepts, hypothèses et théories développées dans les diverses branches de la science empirique »[12]. Son objectif est explicitement de rendre compte de l'explication conformément à « certains standards d'objectivité », les termes « science empirique » et « explication scientifique » étant rapportés à l'ensemble du champ de l'enquête empirique, « incluant aussi bien sciences sociales et naturelles que l'histoire ». Sur l'ensemble de ces points il se démarque donc nettement de Duhem.

Enfin, la deuxième remarque permettant de douter du caractère non explicatif du modèle de Duhem est d'ordre plus pragmatique. Certes, nous avons pris acte que la théorie à laquelle aspire Duhem est débarrassée de toute entité parasite et pourrait illustrer l'avènement d'un formalisme logico-mathématique s'inscrivant à merveille dans la perspective de la « pensée aveugle » leibnizienne. Toutefois, si l'on en revient à l'idée qu'une explication a une composante informative et que celle-ci se révèle dans une interaction faisant qu'expliquer c'est expliquer quelque chose à quelqu'un, la théorie physique de Duhem présente des vertus explicatives. C'est entendu, selon Duhem, le grand tort des explications est qu'en vagues dialectiques, ou même éristiques, « elles ne s'élèvent que pour s'écrouler, et ne s'avancent que pour reculer » alors que le processus de classification continue à progresser. Toutefois, il a pris le soin de préciser

12. C.G. Hempel, « Explanation in Science and History », dans R.G. Goldony, *Frontiers of Science and Philosophy*, London-Pittsburgh, Allen & Unwin-University of Pittsburg Press, 1962, p. 7-33, rééd. dans D.H. Ruben, *Explanation*, Oxford, Oxford UP, 1993, p. 17-41, citation p. 17. Désormais cité *ESH*.

que sa doctrine s'est développée non pas à l'occasion de « la contemplation d'idées générales » mais « par la pratique quotidienne de la Science » incluant un enseignement ne délaissant « presque aucun chapitre de la Physique théorique [...] enseignée jusqu'en ses détails »[13]. La croisade de Duhem en faveur de déductions utiles dérivées à partir de « la théorie physique » semble reposer en partie sur une pratique pédagogique que l'on pourrait très bien qualifier d'explication, au moins en un sens non philosophique. Certes, il s'agit d'explications n'ayant pas l'allure d'illustrations suggestives ou de gloses spéculatives, mais plutôt de démonstrations physico-mathématiques telles que celles dont les manuels scolaires sont pleins.

DIVERSITÉ DE L'EXPLICATION SCIENTIFIQUE

Une solution apparemment simple de notre problème consiste à dire qu'une explication scientifique est une explication donnée par un scientifique ou relevant d'un domaine scientifique.

Pour ce qui est du rattachement du caractère scientifique à une personne, il semble clair que le fait qu'une explication soit donnée par un scientifique ne garantit pas son caractère scientifique. Pourtant, bien qu'une caution de ce genre puisse être aisément usurpée, en pratique on se contente souvent de ce genre de transfert d'autorité même si l'on concède par ailleurs que conviction, sincérité et professionnalisme ne constituent pas un gage infaillible. De plus, un scientifique ne l'est pas nécessairement à temps plein et à tout propos : lieux et moments de sa compétence sont limités. Par conséquent, sans aller peut-être jusqu'à partager la suspicion positiviste face aux explications, on peut être tenté d'exiger comme condition nécessaire du caractère scientifique d'une explication que n'entre en ligne de compte aucune considération relative à l'identité ou au statut de celui qui l'énonce. À ce prix, on pourra se croire prémuni contre toute difficulté relevant de particularités psychologiques ou sociologiques.

Si l'on admet que chaque discipline peut-être clairement identifiée, par exemple par ses objets et ses méthodes, pourquoi ne pas envisager qu'elle ait également ses explications ou ses types d'explications? De là, il serait possible de caractériser une explication comme scientifique, sur la base des disciplines identifiées comme telles. Ce point de vue pluraliste doit cependant faire face à plusieurs difficultés notoires.

13. *La Théorie physique*, p. XVI.

Si l'on accorde que les contours d'une discipline ne sont pas figés et se trouvent remaniés au cours du temps, comment expliquer qu'un type d'explication lui demeure propre, et reste, pour ainsi dire, inscrit dans ses contours ? Dans certains domaines, il arrive que l'investigation aborde des terrains inconnus, au sens de non préalablement balisés par un « savoir » antérieur, scientifique ou non. C'est le cas, par exemple, de la microphysique. Dans ce cas, on peut concevoir qu'en raison de ses objets, un registre explicatif « suive » les contours d'une discipline et qu'il n'y ait guère de risque qu'une explication de ce type entre en concurrence avec des thèses ou des doctrines préexistantes.

Toutefois, il arrive que des formes explicatives soient complémentaires, au moins localement, et parfois même concurrentes au sein d'une même discipline. En biologie, le cas des explications téléologiques, ou fonctionnalistes, est exemplaire. Certains auteurs s'inquiètent clairement de la présence, voire de la banalisation de leur présence [14], alors que d'autres s'en accommodent. La boutade de F. Jacob [15] comparant la téléologie à une femme dont le biologiste ne peut se passer mais avec qui il ne veut pas être vu en public, résume assez bien la situation de concurrence entre explication finaliste et non-finaliste, par exemple causale ou mécaniste [16]. Si chacun des régimes explicatifs avait un sous-domaine propre, un *modus vivendi* pacifique serait peut-être envisageable, au prix d'une pluralité des types d'explications acceptables au sein d'une même discipline. Dans le cas de l'explication téléologique, on peut être tenté de lui faire droit à défaut d'une explication d'un autre type, par exemple causale ou mécanique. Mais cette situation révèle que la rivalité n'est pas que factuelle (le fait est que les deux explications expliquent), mais se double d'une prise de position normative ou évaluative. Ainsi, les explications téléologiques n'ont pas toujours bonne presse, au moins dans certaines disciplines, et ne sont jugées admissibles qu'à titre instrumental ou provisoire. C'est bien ce que synthétise le commentaire humoristique de Jacob : l'explication téléologique est un défaut provisoire mais durable. D'autres auteurs accordent qu'une explication téléologique peut avoir, parfois, une

14. D. Handke, « Teleology : the explanation that bedevils biology », dans J. Cornwell (ed.), *Explanations, styles of explanation in science*, Oxford, Oxford UP, 2004, p. 143-155.

15. F. Jacob, *La logique du vivant*, Paris, Gallimard, 1970.

16. Pour ne pas entrer dans des subtilités qui n'ont peut-être pas grand intérêt ici et mettre en relief l'enjeu du problème, nous entendrons par cause mécanique toute cause non finale.

valeur heuristique, et doit être tolérée comme stimulant d'une recherche amenée à la dépasser [17].

Faut-il en conclure charitablement qu'existent des explications provisoirement scientifiques ou, plus radicalement, que la situation de concurrence entre explications permet de conclure que, parmi elles, une au moins n'est pas scientifique ? La banalité de la coexistence d'explications concurrentes, parfois à propos d'un même type de phénomène, invite à une tolérance passive, ou à se mettre sérieusement au travail pour clarifier la situation si l'on estime qu'expliquer c'est donner l'explication. De plus, une concurrence occasionnelle entre types d'explication semble inciter surtout à douter du fait qu'ils soient attachés en propre à un domaine disciplinaire. Hormis la prise en considération d'objets spécifiques, il paraît peu plausible que chaque discipline scientifique ait un mode d'explication propre et exclusif. Décider qu'une explication est scientifique à partir de la seule considération de son rattachement disciplinaire paraît une voix peu prometteuse.

À l'inverse de ce qui précède, on peut envisager que certains types d'explication soient scientifiques, mais pas uniquement en raison de tel ou tel rattachement disciplinaire ou de telle ou telle ontologie associée. La question de la possible transdisciplinarité d'un type d'explication, et de sa qualification générale, se pose tout particulièrement à propos de la concurrence entre explication mécanique et explication téléologique. Nous en avons en effet pointé l'occurrence en biologie, mais on sait qu'elle pose des problèmes dans d'autres domaines en particulier dans certaines sciences humaines, dont la sociologie et l'histoire. Elle en a également posé, ou est susceptible d'en poser, dans des domaines étrangers au vivant, pour autant que la définition de celui-ci n'ait pas pour conditions nécessaires et suffisantes des considérations téléologiques.

À ce sujet, revenons-en à la « théorie physique » de Duhem, entité vague que l'auteur circonscrit un peu en faisant appel à des « lois expérimentales ». On peut se demander si ses ressources explicatives – au sens hempélien et *contra* Duhem – peuvent valoir pour d'autres disciplines qui, traditionnellement, ne sont pas considérées comme relevant de la physique. Par exemple, peuvent-elle valoir pour une discipline telle que la psychologie quand celle-ci prétend s'appuyer sur des lois psychologiques, ou peut-elle valoir pour la géographie, science expérimentale – au moins en un sens large du terme – mais dont les lois, si lois il y a, ne se prêtent peut-être pas toutes à une classification logique ? Ne serait-il pas alors

17. J. Stewart, « La physique, la biologie et la clôture sous causalité efficiente », *Causalité et finalité*, Paris, EDP sciences, 2003.

bienvenu de renoncer à l'hypothèse d'un mode d'explication propre à chaque discipline académique, au profit d'un régime explicatif, peut-être unique, mais plus vaste car exploitant un type d'activité commun à plusieurs disciplines (par exemple l'expérience) et valant pour un domaine plus large, par exemple la Nature qui serait, au fond, la Physique à laquelle se réfère Duhem, même s'il distingue l'expérience de physique des expériences pratiquées dans des disciplines voisines mais relevant toutefois des sciences naturelles ? En filigrane de cette question, se pose celle de la possibilité de déterminer *a priori* le champ d'application d'un type d'explication. Et celle-ci demeurera probablement ouverte aussi longtemps que l'on associera un mode d'explication à un champ d'application autrement qu'à partir du fait apparemment trivial d'être à propos des objets relevant de ce champ.

Cette question se pose clairement au travers des diverses variantes et des divers exemples que Hempel donne de l'explication scientifique. Lui ne se réfère pas à la « physique » mais à une assez vague « science empirique », généralement illustrée par des exemples empruntés à la physique, au sens le plus étroitement disciplinaire du terme. Mais ce resserrement n'empêche que chez lui, comme chez Duhem ou d'autres auteurs contemporains, les modèles d'explication scientifique prétendent valoir pour toute la nature, entendue comme lieu d'expérience susceptible d'être régi par des lois, dont le statut est néanmoins reconnu problématique. Cet élargissement explicite du champ de l'explication permet de comprendre pourquoi, à propos d'explication scientifique, on croise aussi bien des exemples empruntés à l'astronomie qu'à l'art de la vaisselle. Dans ce cas, il conviendrait de ne parler ni d'explication scientifique en général, ni d'explication physique (au sens étroitement disciplinaire), mais d'explication des phénomènes naturels dans le cadre de recherches expérimentales [18]. En soi, cette requête n'a rien d'exorbitant, puisque bien des auteurs l'acceptent, reconnaissant que leurs théories sur l'explication scientifique ne portent en fait que sur les « sciences empiriques » ou les « sciences de la nature » au sens banal de ces termes.

Mais ce recadrage autour de la Nature, ne résout pas notre problème s'il est posé en toute généralité, c'est-à-dire si l'on espère trouver un trait général assurant qu'une explication est scientifique. Il semble surtout poser à une autre échelle le genre de questions déjà discutées à l'échelle

18. Bien entendu, le qualificatif « scientifique » appliqué à une expérience soulève lui aussi son cortège de problèmes dont certains sont étroitement liés à celui de l'explication, en particulier scientifique. Nous laisserons ces problèmes en attente, considérant que la notion d'expérience scientifique ne pose pas de problèmes.

d'une discipline. En effet, si l'on admet non problématique la délimitation de la Nature, on pourra demander ce qui peut bien faire qu'une forme explicative en respecte les contours. À défaut de réponse, la distinction entre explication scientifique (empirique ou « naturaliste ») et explication non-scientifique pourra sembler non fondée ou confuse.

LA CAUSE ET LA LOI

Héritier critique de Hempel et peut-être surtout d'Aristote, Salmon est l'un de ceux qui prétendent que la clef de l'explication scientifique – entendue *a minima* comme explication scientifique d'un *explanandum* naturel – doit être cherché dans la notion de cause, notion qui fut peut-être sulfureuse mais mérite d'être reconsidérée et réexaminée à la lumière de la science contemporaine.

L'option causale peut nous inquiéter au moins à deux titres. Un premier est qu'un appel à la causalité est au cœur de bon nombre d'explications que l'on hésitera à qualifier de scientifiques, à moins d'étendre jusqu'à la dissolution finale la catégorie très accueillante de science de « bas étage ». Les explications causales dont le caractère scientifique peut faire hésiter – sans doute à divers titres – abondent. « J'ai tout laissé tombé à cause de son fichu caractère », « Le garage empeste parce que la voiture y tourne au ralenti depuis cinq heures », « Les morts sont la cause des feux follets dans les cimetières », « L'inflation est à l'origine du déficit commercial ». Qu'une explication soit causale – surtout au sens le plus banal du terme – ne paraît pas une condition suffisante pour la distinguer comme scientifique : d'autres conditions sont certainement requises, outre la question de la vérité de l'*explanandum* et de l'*explanans*. Bien qu'il soit très plausible que la mise en évidence d'un rapport causal motive parfois la recherche d'explications dans lesquelles on va le retrouver, il paraît risqué d'attendre de la seule notion de cause une distinction décisive entre explication scientifique et non-scientifique. Elle pourrait même être victime de son succès populaire et de son pouvoir de séduction intempestif. Et c'est bien ce que Duhem, comme tant d'autres, paraissent appréhender : ouvrir la porte à la causalité menacerait de laisser le champ libre à une ontologie peut-être compatible avec l'ontologie scientifique, mais néanmoins parasite.

On peut ne pas partager ce pessimisme et considérer comme significatif l'importance et le respect accordés à certains processus causaux, aussi bien dans certaines théories que dans la pratique scientifique. Ainsi, fondée sur la finitude de la vitesse de la lumière, la théorie de la Relativité restreinte a pris soin d'exclure la possibilité qu'un effet puisse être produit au prix d'une transgression de ce principe. Du coup, on peut se demander si la défiance à l'encontre des causes n'est pas, tout compte fait, une attitude de philosophe et limitée à quelques courants de pensée.

Il n'empêche que perdure une objection classique. Ce n'est pas parce que des scientifiques consciencieux l'emploient ou la cajolent que la notion de cause devient claire et dépouillée de son inquiétante polymorphie. Le cas des causes finales est ici exemplaire. Et même dans la version mécaniste, dès lors qu'est envisagée une chaîne ou un faisceau causal, il est à prévoir que parmi des chercheurs différents, chacun va probablement explorer la voie ou l'aspect le plus en rapport avec ses centres d'intérêts et, peut-être, s'en tenir à l'élément ou au moment causal qu'il privilégie. Il faut alors s'attendre à une pluralité d'explications, compatibles et partielles, mais sans incidence sur notre problématique aussi longtemps que certaines ne revendiquent pas leur caractère scientifique au détriment des autres ou que, prises ensemble, elles n'excluent pas toute autre explication.

Non seulement existent des explications causales généralement tenues pour non-scientifiques, mais quelle raison autre qu'un *fiat* ou un succès populaire peut inciter à croire qu'une explication scientifique est nécessairement causale ? Même en jouant le jeu d'un retour à la conception antique identifiant physique, science de la nature et règne d'une causalité auto-suffisante, la réussite scientifique d'explications causales n'assure en rien que ce type devrait être la norme pour toute explication d'un phénomène naturel. Certaines explications scientifiques ne sont pas causales, même en physique où, par exemple, il en est qui s'appuient sur des considérations géométriques, en particulier de symétrie. (Les inconditionnels de la causalité pourront alors contester en faisant appel à la notion de cause matérielle ou de cause formelle.) En somme, l'investigation des processus causaux peut bien être un moment important de la recherche scientifique, et la mention d'un lien causal une composante importante, voire cruciale, de certaines explications scientifiques, il n'empêche qu'un rapport causal ne semble ni nécessaire ni suffisant pour juger du caractère scientifique d'une explication. Des sciences non causales telles que les mathématiques ou la logique sont encore là pour le rappeler.

Pour caractériser une explication comme scientifique, certains auteurs voient dans la notion de loi un critère alternatif à celui de cause. C'est le cas dans le modèle de Hempel, où une loi (ou un ensemble de lois) figure (explicitement ou non) dans l'*explanans*, étant entendu que cette loi relève typiquement de ce dont la « science expérimentale » fait l'investigation. Peut-être encore plus explicitement que Hempel, N. Rescher fait de la mention d'une loi – explicite ou non – une condition nécessaire pour parler d'explication scientifique [19]. Au vu des réflexions et des exemples traités par Hempel on peut penser que les lois concernées sont ce que l'on appelle très généralement des lois de la nature ou des lois physiques, au sens le plus objectif du terme. Mais malgré l'effort fait pour caractériser une loi, l'appellation demeure ambiguë, d'autant que le modèle de Hempel se veut scientifique, au sens le plus large du terme, mais prétend aussi avoir une portée par delà le champ convenu de la physique et des disciplines scientifiques académiques. En particulier, il prétend rendre également compte de l'action humaine.

Le statut des lois mentionnées ou sous-entendues dans l'explication constitue donc un enjeu par delà la question de leur réalité physique ou de leur appartenance à une discipline scientifique. En particulier, se pose la délicate question de leur identification, une difficulté en rapport direct avec notre problème. Hempel, en effet, ne doute pas que son modèle s'applique à des explications telles que « un morceau de beurre a fondu parce qu'on l'a mis dans une poêle chaude » ou encore, ayant renversé un encrier sur le tapis après avoir heurté du genou la table sur lequel il était posé, « le tapis est taché parce que j'ai renversé l'encrier en heurtant la table avec mon genou » [20]. Qu'il s'agisse d'explications, il paraît difficile d'en douter. Mais s'agit-il d'explications scientifiques ? La question est ouverte. Et surtout, quelles peuvent bien être les lois mobilisées par ce genre d'explication ? Lorsqu'il illustre son modèle en l'appliquant à un phénomène quotidien tel que les précédents, Hempel tend à le réduire à un phénomène relevant de la physique et choisit alors ses lois dans le répertoire relevant de la discipline académique associée. Mais pourquoi ce détour savant, plutôt que s'en tenir, par exemple, à des lois pouvant paraître moins contournées, ou du moins plus familières, telle celle établissant une relation directe entre le beurre et la poêle chaude ? On conçoit, certes, qu'il puisse y avoir des explications alternatives mobilisant des concepts et des relations nomologiques plus notoirement scientifiques qu'une loi telle que « le beurre fond dans une poêle chaude », mais pourquoi préférer les unes aux autres ? L'explication n'est-elle scientifique que parce qu'elle fait appel à une terminologie ou à des lois jugées typiquement scientifiques ? Et dans un cas comme celui de Salmon expliquant que certains fruits d'un figuier sont insipides parce que d'autres le sont, s'il y a déduction à partir d'une loi et non pas induction de proche en proche, comment identifier la loi concernée ?

19. N. Rescher, *Scientific explanation*, New York, MacMillan The Free Press, 1970, p. 12.
20. *ESH*, p. 25 pour le premier exemple ; *Aspects*, p. 360, pour le second.

La question de l'identification, du statut et de la formulation des lois intervenant dans l'explication est problématique. Et l'on retrouve avec les lois le même genre de difficultés qu'avec les causes dès lors qu'on prétend qu'y faire appel permet de distinguer l'explication scientifique. Par exemple, si l'on restreint la portée du mot « loi » à loi physique (même au sens large de « naturelle »), se pose la question de savoir à quel titre est ou n'est pas scientifique une explication émanant d'une discipline ou d'un domaine ne relevant pas des sciences de la nature. (Bien entendu, on peut tenter de dissoudre ce problème en arguant que ces sciences sont aussi des sciences de la nature.)

Les controverses et critiques dont le modèle déductif-nomologique a fait l'objet lorsqu'il s'est agi d'explications historiques ou biologiques a justement incité à douter de la portée du modèle et même de la nécessité de faire appel à des lois, et qui plus est à des lois physiques. Il est vrai qu'une solution de repli a consisté à (re)mettre en question le statut scientifique de l'histoire, ou même de la biologie, surtout quand elle a recours à des explications téléologiques. De plus, sans rechigner sur le statut de la loi mentionnée dans les prémisses de l'explication et en puisant même dans des lois scientifiques au-dessus de tout soupçon, il est possible de construire des explications conformes au modèle de Hempel, mais manifestement défectueuses par rapport aux canons scientifiques aujourd'hui en vigueur. On peut ainsi concilier lois de Kepler et science médiévale en expliquant le mouvement des planètes par la poussée d'un ange respectant scrupuleusement les lois de Kepler.

L'EXPLICATION COMME ARGUMENT

Le modèle de Hempel a pour lui de tenter de concilier deux grandes orientations partageant, et parfois opposant, la réflexion philosophique sur l'explication (scientifique). Depuis Salmon, la philosophie de langue anglaise a pris l'usage de les baptiser approche « ontique » et approche « épistémique »[21], appellation évoquant la distinction médiévale entre *ratio essendi* et *ratio cognoscendi*. La première met en avant le fait que certaines contraintes intrinsèques à la nature – typiquement des rapports causaux ou des lois – permettent de qualifier une explication (en particulier de lui délivrer le label « scientifique ») alors que la seconde met davantage en avant le fait qu'une explication doit produire sur un humain un effet de

21. Voir W. Salmon, « Scientific Explanation : Three General Conceptions », dans *Scientific Explanation and the Causal Structure of the World*, Princeton, Princeton UP, 1984, p. 3-23.

« compréhension », apparenté à une connaissance. Une bonne partie du débat sur la question de l'explication consiste à discuter de l*a priori*té de l'une ou de l'autre des versions et, par conséquent, de ce qui doit être pris en compte, ou négligé, dans la caractérisation d'une explication.

Au vu du modèle déductif-nomologique de Hempel, il est difficile de ne pas penser au « syllogisme scientifique » d'Aristote. Ce mode d'explication peut ainsi être qualifié de démonstration, les lois mentionnées ayant le statut d'axiome ou de théorème. La dimension épistémique est ici clairement mise en avant, Hempel demandant qu'une explication (déductive ou non) soit considérée comme un argument.

Toutefois, contrairement à ce qui est parfois dit d'Aristote, Hempel ne confond pas scientifique et déductif. Son empirisme l'a poussé à tenir compte des pratiques en vigueur dans la science moderne, d'où l'introduction de la variante dite inductive-statistique du modèle, censée rendre compte du rôle croissant des probabilités dans les sciences. Cette variante est formellement comparable à la déductive-nomologique, dans la mesure où elle repose encore sur la conjonction d'un constat factuel et d'une loi. Mais maintenant, celle-ci est probabiliste, si bien que la conclusion n'est pas garantie par les prémisses et que l'argument est donc inductif. Se trouve ainsi perdu ce qui pouvait paraître proprement scientifique dans un argument-explication « à l'ancienne », à savoir la nécessité de la conclusion. Que l'on accepte ou non les modèles de Hempel, on peut lui accorder que maintenir la nécessité comme critère de scientificité d'une explication paraît assez malvenu pour rendre compte des pratiques scientifiques contemporaines.

Soulignons aussi que, même diversifiés, ces modèles réduisent pourtant considérablement la portée courante du concept d'explication par rapport à l'usage courant et négligent peut-être des aspects importants pour qualifier l'explication scientifique. En effet, l'accent est de nouveau mis sur la dimension justificative, puisque Hempel estime qu'une explication (scientifique) apporte satisfaction à la « curiosité intellectuelle » de l'homme en répondant à une question : « Pourquoi ? »[22].

À propos du statut des lois, en particulier épistémique, Hempel reste remarquablement réservé. Il concède que l'appel aux lois, condition pourtant requise pour que l'on puisse parler d'explication et *a fortiori* d'explication scientifique, pose des problèmes pouvant avoir une dimension mythique, la question de la nature d'une loi et du moyen permettant d'établir qu'un énoncé est l'expression d'une loi étant notoirement épineux. Il laisse donc en suspens le problème ontologique et le dissocie

22. *Aspects*, p. 333-334.

du rôle proprement explicatif, ou argumentatif, de la loi en insistant sur la distinction entre « la *revendication* (*claim*) faite en prétendant qu'il y a une loi, et son *degré* de *confirmation*, ou sa *probabilité* établie à partir de ce que l'on a pu mettre en évidence expérimentalement »[23]. D'où une distinction entre différents types d'arguments explicatifs. L'explication, écrit-il, est *vraie* si la loi est vraie, mais seulement *potentielle* si la loi a l'air d'une loi (*lawlike*) mais peut être fausse.

De plus, il reconnaît qu'en pratique, la prémisse contenant la loi (ou les lois) n'est pas souvent citée mais serait seulement sous-entendue. Par conséquent, son modèle ne prétend pas décrire l'usage effectif des explications mais constitue un modèle normatif, une forme idéalisée. Hempel ne va donc pas dans le sens de ceux qui voudraient trouver dans la loi une justification ontique du caractère scientifique d'une explication : il se focalise surtout sur la dimension logique d'un modèle normatif. Cette tendance est nette dans son article de 1962[24] où, lorsqu'il essaie de montrer que son modèle vaut aussi dans le domaine de l'histoire, de la psychologie ou de l'action humaine, le rôle des lois est tenu par ce qu'il qualifie d'« hypothèses », de « généralisations pertinentes », de « généralisation psychologiques » (ou sociologiques), de « rationalisation » ou encore d'énoncé « nomologique ». Ainsi, il semble que ce soit surtout le degré de confirmation empirique qui permette de déterminer si l'explication est scientifique ou non. Mais est-elle pour autant « plus ou moins » scientifique? Hempel ne semble pas prendre ce parti qui éclaire pourtant la distinction entre explication vraie et explication potentielle.

Si le modèle de Hempel a pour lui la force de la structure syllogistique, il en a aussi une possible faiblesse, particulièrement névralgique dans la perspective épistémique, et même psychologique, où il s'agit d'apporter satisfaction à la « curiosité intellectuelle » de l'homme. On peut en effet accorder à Hempel qu'une fois les prémisses de l'explication prises en compte, il faut s'attendre à la réalisation de l'*explanandum*. Or selon lui, la compréhension répondant à la question : « Pourquoi l'*explanandum*? » a lieu dans la subordination de celui-ci aux prémisses de l'argument. Mais on ne voit pas pour autant en quoi la validité (logique) de l'argument ou même, dans le cas de l'explication inductive statistique, la forte probabilité de la conclusion une fois intégrée la caution apportée par les prémisses, offre la moindre garantie qu'il s'agit d'un argument scientifique. Une explication abracadabrante peut prendre la forme d'un argument valide ou d'un argument inductivement fort.

23. *ESH*, p. 23.
24. *ESH*.

On demandera alors qu'il faut, en plus, que les prémisses soient acceptées ou tenues pour vraies, en particulier celle concernant la loi dont on sait, par ailleurs, qu'étant empirique elle ne peut être que probablement vraie. D'où un dilemme. Si la proposition énonçant la loi est déjà tenue pour vraie et celle énonçant les conditions factuelles initiales l'est également, ne tombe-t-on pas sous le coup de la thèse (discutable) de la stérilité du syllogisme déductif, car, d'un point de vue normatif, il n'y a pas lieu d'expliquer à quelqu'un acceptant les prémisses qu'il doit s'attendre à tel ou tel événement qui en découle. Il connaît déjà *tout* cela. À l'inverse, si les lois ou les conditions initiales ne sont pas connues ou acceptées pour vraies, se pose la question de ce qui peut justifier l'adhésion aux prémisses et, en particulier, de préférer une explication scientifique dont les prémisses sont incertaines à une autre, non-scientifique, dont les prémisses sont tenues pour vraies, peut-être à tort. Dans cette interprétation plus psychologisante que logique, le modèle de Hempel n'apporte pas de critère distinctif intrinsèque favorable à une explication scientifique. Comme annoncé, l'explication scientifique version Hempel n'est scientifique que parce qu'elle est relative à des propositions dont le contenu est scientifique, au sens d'empiriquement fondé.

Poser la question de l'identification ou de l'explicitation des lois mises en jeu dans une explication semble, à première vue, présupposer la réalité de ces lois. Hempel ne va pas jusque là mais maintient cependant qu'y faire appel, ne serait-ce qu'implicitement, est une condition nécessaire pour qu'il y ait explication. On a pu le contredire, sans remettre en question le caractère argumentatif de son modèle, en faisant valoir qu'il n'est besoin que d'un moteur d'inférence entre « conditions initiales » et *explanandum* et que ce moteur peut ne pas avoir de statut quasi-légal et peut ne pas être fondé sur une base empirique. Il n'est peut-être pas nécessaire de reconnaître une loi pour effectuer certaines inférences. Dans ce cas, la prétention de trouver dans l'explication un critère permettant de la juger scientifique semble définitivement ruinée.

PRAGMATIQUE DE L'EXPLICATION

Peut-être n'est-il tout simplement pas raisonnable de chercher des critères intrinsèques distinguant explication scientifique et non-scientifique. La mise en avant de la dimension argumentative ou, plus généralement, pragmatique de l'explication semble aller dans ce sens. Deux exemples vont nous permettre de souligner cet estompement d'une possible distinction entre explication scientifique et non-scientifique, déjà latent chez Hempel.

Van Fraassen[25] s'accorde avec Hempel sur le principe qu'expliquer revient à répondre à une question : « Pourquoi ? ». En revanche, sa théorie s'oppose radicalement à celle de Hempel sur plusieurs points. Tout d'abord l'explication n'y est plus conçue comme un argument de forme classique mais comme une prise de position en réponse à la question posée. De plus, il s'agit d'un processus dont il convient de reconnaître le caractère foncièrement pragmatique. Selon Hempel, à l'inverse, les considérations pragmatiques, bien que ponctuellement importantes, doivent rester secondaires par rapport à des aspects normatifs plus essentiels tels le recours à des lois et la structure logique de l'explication. À partir de là, le divorce entre les deux conceptions s'accuse.

Van Frassen prétend que l'objet de la question à laquelle répond l'explication est indéterminé, ouvert, et que seul le contexte dans lequel elle est posée la focalise sur un point précis. « Pourquoi la *Terre* est-elle ronde ? » n'attend pas la même explication que « Pourquoi la Terre est-elle *ronde* ? » La question met ainsi en relief l'*explanandum* X, ou ce que Van Fraassen appelle le *sujet* (*topic*) de l'explication, en le distinguant parmi des alternatives possibles constituant une *classe de contraste* laissée généralement implicite. Le mouvement explicatif consiste à établir qu'une proposition P, considérée comme vraie dans le contexte théorique dans lequel est posée la question, entretient une relation de pertinence R par rapport à l'*explanandum.* La forme la plus explicite de la réponse à la question « Pourquoi X ? » serait « X plutôt que toute autre alternative parce que P ».

Il reste à évaluer l'explication proposée. Une explication efficace (*telling*) doit satisfaire à trois critères. Elle doit être acceptable ou vraisemblable, privilégier X parmi les autres alternatives de la classe de contraste, et doit encore être elle-même être plus probable que toute autre explication, autrement dit ne pas être éclipsée ou diminuée par la prise en compte de l'une ou l'autre des explications rivales.

Notons que cette conception de l'explication scientifique ne fait appel à aucune des notions auquel il est traditionnellement fait appel pour qualifier une explication scientifique, en particulier celles de loi et/ou de cause. Mais alors, ne risque-t-on pas de perdre le caractère scientifique de l'explication ? Selon Van Fraassen la question de ce qui est scientifique et de ce qui ne l'est pas ne se joue pas dans l'explication mais sur un autre terrain, celui de l'expérience. « L'explication scientifique – écrit-il – n'est pas de la (pure) science mais une application de la science. Il s'agit d'un usage de la science permettant de satisfaire certains de nos désirs. Ceux-ci

25. B. Van Fraassen, « The Pragmatics of explanation », dans *The Scientific Image*, Oxford, Clarendon Press, 1980, p. 97-157. Désormais cité *PE*.

sont très spécifiques et s'inscrivent dans un contexte spécifique, mais expriment toujours des désirs d'information descriptive »[26]. Le caractère scientifique de l'explication est étroitement associé à sa contextualisation : « Demander qu'une explication soit scientifique revient à demander qu'elle repose sur des théories scientifiques et de l'expérimentation, et non pas sur des histoires de bonne femme »[27].

Est-ce à dire que l'explication « scientifique » façon Van Fraassen ne se distingue d'une explication non-scientifique que par son cadre (intellectuel et matériel) scientifique ? Il semble bien que ce soit le cas. Et c'est d'ailleurs ce qui a permis à ses critiques[28], de montrer de façon assez convaincante que des explications réputées pour ne pas être scientifiques selon les canons en vigueur (à savoir des « histoires de bonne femme » comme l'explication d'un événement politique d'après la position des astres) sont admissibles comme explications scientifiques dans le modèle de Van Fraassen. Le défaut viendrait de la relation de pertinence qui, en raison de contraintes insuffisamment spécifiées, autorise l'intrusion d'explications conformes au modèle mais fantaisistes. Mais ceci ne doit pas surprendre si l'on garde à l'esprit que, selon Van Fraassen, produire des explications n'est pas une activité proprement scientifique mais périphérique. En revanche, ses critiques partisans d'une explication proprement scientifique soulignent que le modèle, intéressant, devrait toutefois être révisé afin de préciser les relations de pertinences admissibles. En particulier, il faudrait le rectifier afin d'éviter que la relation de pertinence ne tienne compte des probabilités subjectives (des interlocuteurs) au lieu de probabilités objectives indépendantes d'eux. Du coup, un affaiblissement de la dimension pragmatique est peut-être à prévoir, alors que se pose une question étroitement liée à la nôtre et aux discussions des pages précédentes : y a-t-il un ensemble de relations de pertinence valable en tout temps et pour toutes les sciences ou faut-il envisager de les distinguer en fonction des disciplines et/ou des périodes historiques ?

L'objection faite à Van Fraassen pourrait bien être également adressée à P. Achinstein qui a défendu une conception de l'explication plus radicalement pragmatique et revenant aux considérations initiales de Bromberger[29]. En effet, selon lui, le modèle de Van Fraassen n'est pas

26. *PE*, p. 156.

27. *PE*, p. 129.

28. P. Kitcher and W. Salmon, « Van Fraassen on Explanation », *Journal of Philosophy*, 84, 1987, p. 315-330.

29. P. Achinstein, « The Pragmatic character of Explanation », dans D.H. Ruben (ed.), *Explanation*, Oxford, Oxford UP, 1993, p. 326-344 ; voir aussi P. Achinstein, *The Nature of Explanation*, Oxford, Oxford UP, 1985.

nettement pragmatique dans la mesure où il ne distingue pas les rôles respectifs de celui qui explique et de celui qui écoute. Alors qu'on peut attendre de certains modèles focalisés sur la structure d'une explication qu'ils négligent la composante actancielle du processus explicatif, on serait en droit de l'exiger d'un modèle qui se prétend explicitement pragmatique, ce qui ne serait pas le cas du modèle de Van Frasssen. Achinstein présente l'explication sous la forme d'une paire ordonnée dont le premier terme est une réponse à une question Q alors que le second explicite quel type d'acte est censé être accompli en apportant cette réponse. Ici, il s'agit donc d'un acte explicatif. Notons que la question à laquelle le premier terme répond n'est pas nécessairement, selon Achinstein, du type « Pourquoi? ». Soit E une explication répondant à Q, la phrase suivante résume alors le modèle : « E est une explication de *q* », *q* étant la forme non interrogative de Q. Jusqu'à présent, ce modèle ne parait guère plus pragmatique que celui de Van Fraassen, mais paraît, au contraire, tout aussi « anonyme ». La dimension pragmatique devient plus nette lorsqu'il est complété par la mention du fait que l'explication est donnée par un agent. Sont ainsi distingués deux niveaux : l'un « faiblement pragmatique » car limité à la paire (E, acte d'expliquer), l'autre « fortement pragmatique » puisque la paire précédente devient un triplet du fait de la mention d'un agent de telle sorte que son expression en clair est « S explique *q* en énonçant E »[30]. Distinguer ces niveaux permet de rendre compte de deux aspects de l'explication : l'un où le fait qu'une proposition ait le statut d'explication ne dépend pas de l'identité de celui qui la donne (« Le passage de la Terre devant le Soleil explique l'éclipse de Lune »), l'autre où le caractère explicatif de l'énoncé en dépend (« Max explique que c'est le passage de la Terre devant le Soleil qui produit l'éclipse de Lune »).

Ce modèle stratifié et pragmatique de l'explication permet-il de dire quand une explication est scientifique ou ne l'est pas? Achinstein n'aborde pas directement ce point mais insiste sur l'importance de la dimension pragmatique pour rendre compte du fait qu'une explication peut être jugée meilleure qu'une autre. Selon lui, les caractères non pragmatiques et supposés objectifs tels que l'appel à des lois ou à des causes, l'unification logique de divers phénomènes ou encore le recours à telle ou telle entité, ne permettent généralement pas de dire pourquoi une explication vaut mieux qu'une autre. La différence permettant de juger une explication « meilleure » que d'autres est qu'elle répond mieux aux attentes (onto-

30. Nous prenons une petite liberté formelle par rapport au modèle d'Achinstein afin d'éviter des détails rigoureux un peu longs à développer. Cette abréviation est sans incidence sur les thèses importantes.

logiques, formelles, etc.) de celui qui pose la question. La prise en compte de cette dimension, de ce « plus » pragmatique, permettrait d'expliquer pourquoi quelle que soit l'entité exigée par les uns ou les autres pour qualifier une explication (la présence d'une loi, d'une cause, d'un ordre classificatoire), et notamment pour la qualifier de « scientifique », il existe des exceptions à la règle. Le surcroît pragmatique du modèle d'Achinstein par rapport à celui de Van Fraassen réside donc surtout dans la prise en compte des exigences préalables à l'évaluation de toute explication candidate.

La position d'Achinstein ne permet donc pas d'apporter une réponse directe et générale à la question de ce qui confère un caractère distinctivement scientifique à une explication. Contrairement au cas de Salmon ou d'autres qui tendent à considérer comme typiquement scientifique (ou empirique) une explication présentant telle ou telle caractéristique interne, l'explication d'Achinstein, comme celle de Van Fraassen et, moins nettement, de Hempel peut être dite scientifique « par procuration ». En schématisant, disons que pour Van Fraassen ce sera finalement l'adéquation empirique qui permettra de qualifier de scientifique une explication alors que pour Achinstein ce sera plutôt le fait qu'elle réponde à certaines attentes ou exigences des scientifiques. Mais si l'on en reste à cette dernière condition on peut redouter de voir revenir une thèse que nous avons écartée plus haut, à savoir que le caractère scientifique d'une activité ou d'un savoir repose sur le fait qu'il est produit par des scientifiques.

Le bilan de l'enquête est plutôt négatif. Distinguer une explication scientifique d'une autre non scientifique semble aisé quand seule celle-là exploite des concepts notoirement scientifiques. Mais ceci ne préjuge pas de sa qualité. Par ailleurs, il se peut que des explications soient rivales dans un même domaine, scientifique ou non : il peut être alors plus délicat de les départager simplement à partir de leur contenu. Faire appel à des lois ou des causes, même reconnues comme telles, ne nous paraît pas un critère suffisamment spécifique et les contre-exemples avancés contre quasiment toutes les tentatives de caractérisation du caractère scientifique d'une explication fondées sur un seul critère demande, au mieux, un affinement de ces notions. Par ailleurs, lorsqu'elle est envisagée comme processus de justification, en particulier comme argument, la structure logique d'une explication ne fournit pas non plus un critère discriminant. Aussi, à défaut d'une caractérisation reposant sur des considérations intrinsèques, on peut être tenté de miser sur la dimension pragmatique d'une explication. Mais cette voix, qui nous paraît la plus prometteuse, s'avère surtout radicale pour ce qui est de l'abandon de tout espoir de qualification intrinsèque du caractère scientifique, au profit d'une qualification indirecte ou, comme nous l'avons dit, « par procuration ». D'où un renvoi vers un ou plusieurs autres aspects, à préciser, si l'on continue à chercher une démarcation entre explication scientifique et non-scientifique. De plus, l'option pragmatique fragilise l'explication qui se prétend scientifique lorsqu'elle est en concurrence avec une autre, scientifique ou non, puisqu'il faut alors admettre qu'à elle seule, l'explication ne devrait pas permettre de trancher le débat.

BIBLIOGRAPHIE

ACHINSTEIN P., « The Pragmatic character of Explanation », dans D.-H. Ruben (ed.), *Explanation*, Oxford, Oxford UP, 1993, p. 326-344.

– *The Nature of Explanation*, Oxford, Oxford UP, 1985.

BROMBERGER S., « An Approach to Explanation », dans R.S. Butler (ed.), *Analytical Philosophy – Second series*, Oxford, Basil Blackwell, 1962, p. 72-105, rééd. dans S. Bromberger, *On What We Know We Don't Know*, Chicago, University of Chicago Press, 1992, p. 18-51.

DUHEM P., *La Théorie physique*, Paris, Chevalier et Rivière, 1906, rééd. Paris, Vrin, 1989.

HANDKE D., « Teleology : the explanation that bedevils biology », dans J. Cornwell (ed.), *Explanations, styles of explanation in science*, Oxford, Oxford UP, 2004, p. 143-155.

HEMPEL C.G., « Explanation in Science and History », dans R.G. Goldony, *Frontiers of Science and Philosophy*, London-Pittsburgh, Allen and Unwin-University of Pittsburg Press, 1962, p. 7-33, rééd. dans D.H. Ruben (ed.), *Explanation*, Oxford, Oxford UP, 1993, p. 17- 41.

– « Aspects of Scientific Explanation », dans *Aspects of Scientific Explanation and Other Essays in the Philosophy of Science*, New York, MacMillan The Free Press, 1965, p. 333- 489.

— and OPPENHEIM P., « Studies in the Logic of Explanation », *Philosophy of Science*, 15, 1948, p. 135-175.

JACOB F., *La logique du vivant*, Paris, Gallimard, 1970.

KITCHER P. and SALMON W., « Van Fraassen on Explanation », *Journal of Philosophy*, 84, 1987, p. 315-330.

RESCHER N., *Scientific explanation*, New York, MacMillan The Free Press, 1970.

SALMON W., *Four decades of Scientific Explanation*, Minneapolis, University of Minnesota Press, 1989.

– *Scientific Explanation and the Causal Structure of the Word*, Princeton, Princeton UP, 1984.

STEWART J., « La physique, la biologie et la clôture sous causalité efficiente », dans *Causalité et finalité*, Paris, EDP sciences, 2003.

VAN FRAASSEN B.-C., *The Scientific Image*, Oxford, Clarendon Press, 1980.

Biologie moderne et sciences des matériaux
Éléments pour une approche comparative

Yves BRÉCHET et Franz BRUCKERT

INTRODUCTION

La biologie moderne et la science des matériaux présentent à la fois dans leur objet, et dans leurs développements récents des similitudes suffisamment marquées pour motiver une approche comparatiste. L'ambition des auteurs de cette contribution, tous deux scientifiques, n'est certainement pas de se substituer en amateurs à une démarche qui requiert l'expertise du philosophe et de l'historien, mais de proposer à la réflexion de ces derniers quelques éléments de comparaison, issus d'une pratique de ces deux disciplines. L'avantage de l'expérience opératoire se paye par le risque du manque de recul, mais il nous a semblé que la comparaison esquissée ici touchait à des questions suffisamment générales dans l'analyse de la démarche scientifique – construction de disciplines nouvelles sur un terreau de disciplines établies, émergence de concepts génériques, évolution du descriptif vers le prédictif – pour faire l'objet d'un hommage à Jacques Lambert. Hommage qui est aussi un témoignage d'amitié et de reconnaissance de deux scientifiques qui depuis vingt ans apprécient sa faculté rare d'associer une réflexion profonde sur les sciences à une véritable passion pour la science se faisant.

La biologie moderne partage avec la science des matériaux d'être une science du complexe. Leurs objets d'étude sont d'une telle complexité et d'une telle variété au niveau macroscopique qu'ils semblent défier tout espoir de compréhension par une réduction en mécanismes élémentaires. Cela est une évidence pour le vivant. Mais des matériaux aussi courants que les aciers ou les plastiques doivent leurs propriétés à une telle intrication de phénomènes liés à leur microstructure que bien souvent les physiciens ou les chimistes renoncent à y voir autre chose qu'une collection de papillons. Un autre point commun au niveau de l'objet d'étude est l'importance du contexte sur son comportement. Une fois encore c'est une vérité d'évidence que le comportement du vivant dépend du milieu qui l'environne, mais aussi de son histoire. Mais cela n'est pas moins vrai des matériaux : les propriétés des alliages d'aluminium utilisés dans l'aéronautique sont totalement conditionnées par les traitements de déformation et de recuit qu'ils ont subis. Cette dépendance « historique » dans le comportement est certainement une spécificité qui contribue largement à la perception de complexité inhérente que nous avons de ces disciplines. Enfin un dernier aspect qui mérite sans doute d'être signalé, même si nous n'y reviendrons pas par la suite, est la proximité applicative de ces disciplines. Même si la recherche de l'application n'est pas constitutive des deux disciplines, il n'en reste pas moins que derrière la biologie moléculaire se profile la médecine et derrière la science des matériaux de multiples secteurs de l'ingénierie. Cette proximité applicative génère dans les deux disciplines des questionnements aux résonances fondamentales considérables.

La similitude entre les disciplines ne se limite pas à leur objet. Leur histoire récente est aussi à première vue assez proche. Les deux disciplines sont fort anciennes dans leur objet d'étude, remontant à Aristote et Pline pour la biologie, à Galilée, Agricola et Réaumur pour la science des matériaux. Mais dans le cas qui nous intéresse ici, cette « recherche d'ancêtres » n'a pas grand sens : les deux disciplines dans leur acception contemporaine, biologie moléculaire et science des matériaux, sont très différentes et dans leurs méthodes et dans leurs concepts de ce qu'était l'histoire naturelle et la métallurgie. Il n'en reste pas moins que la question de la « généalogie » de ces disciplines se pose, et en particulier celle de leur relation avec les disciplines constituées qui les ont précédées. Cette question est d'autant plus intéressante qu'il est possible à ce sujet d'avoir des informations de première main, car la mutation profonde qu'elles ont vécue date des années 1930-1960, que les acteurs majeurs sont nos contemporains, qu'ils ont souvent écrit leurs mémoires et qu'il est possible d'en rencontrer certains pour les interroger précisément sur ces mutations auxquelles ils ont directement contribué. Il nous a semblé que cette situation historique était suffisamment singulière pour mériter que l'on attire l'attention de la communauté des philosophes et des historiens sur l'opportunité à saisir.

UNE HISTOIRE PARALLÈLE

Très anciennes si l'on considère que les disciplines sont définies par leur objet d'étude, la biologie et la science des matériaux ont subit une véritable révolution au XXe siècle.

Les idées de base, l'identification de la cellule comme l'élément unitaire capable de se reproduire, ou la microstructure des matériaux comme signature de leur comportement macroscopique, sont anciennes. L'observation, l'identification de ces objets élémentaires a été la force motrice du développement de la métallurgie et de la biologie tout au long des XVIIIe et XIXe siècles.

Par contre les concepts fondamentaux qui permettent de construire un cadre explicatif à une infinie variété d'observations, sont beaucoup plus récents.

Il s'agit pour la biologie moléculaire de la découverte des molécules fondamentales du vivant et la compréhension du code génétique. La notion de gène, due à Morgan, connue dès 1910 et rendue nécessaire pour expliquer la statistique des croisements, ne prend un contenu moléculaire que dans les années 50 avec la découverte de la structure de l'ADN par Crick et Watson, et avec les travaux de Monod et Jacob dans les années 60. Parallèlement à ces avancées conceptuelles, la biologie moderne s'est aussi construite par l'avancée de techniques expérimentales ou elle construit son objet d'étude autant qu'elle l'observe. Le plasmide (morceau d'ADN qui permet de modifier le patrimoine génétique) est un exemple particulièrement important de cette évolution.

Il s'agit pour la science des matériaux de la prise de conscience du rôle fondamental des défauts des structures cristallines, et de la combinaison nécessaire des aspects thermodynamiques et cinétiques dans la compréhension de la genèse des microstructures. Les développements de la thermodynamique chimique (les travaux de Cahn et Hillert) qui ont permis une rationalisation de l'émergence des microstructures suite aux traitements thermiques, ont été particulièrement spectaculaires dans les années 1960-1980. Le développement de la physique des solides comme application particulièrement riche de la mécanique quantique date à peu près de la même période (en particulier, pour la science des matériaux, avec Mott et son école) et a permis le développement d'une véritable « physique du métal ». Enfin le comportement mécanique des matériaux, en relation avec leur microstructure, n'a pu être rationalisé qu'une fois acquise l'existence et l'importance des défauts cristallins comme les dislocations, postulées dans les années 30 (simultanément par Taylor, Polyani et Orowan), et observées directement dans les années 50 seulement. Ces avancées conceptuelles se sont elles aussi associées à des techniques expérimentales tout à fait nouvelles (diffractions de neutrons ou de rayons, X, microscopies électroniques, outils d'analyse chimique locale) qui ont permis de « rendre visible l'invisible » et de caractériser les matériaux sur des échelles spatiales couvrant six ordres de grandeur.

Pour compléter le parallèle, il est intéressant de remarquer que dans les deux cas, la genèse des concepts vient des observations « macroscopiques », qu'ils prennent corps et reçoivent reconnaissance au fur et a mesure qu'une interprétation microscopique (atomique, moléculaire) peut émerger, et qu'il n'emportent une adhésion unanime de la communauté scientifique qu'une fois associées à une « visualisation ».

DES DISCIPLINES EN CONSTRUCTION

Les deux disciplines, anciennes par leur objet, mais jeunes dans leur dynamique actuelle, peuvent être vues comme des paradigmes de disciplines en construction. Par les acteurs d'une part, les « pères fondateurs » sont encore là, ou leurs héritiers directs. Mais aussi par le positionnement de ces disciplines par rapport aux disciplines plus anciennes, bien établies, auprès desquelles elles se sont développées. Ce positionnement n'est pas sans poser de problème, problème d'identité, de spécificité, problèmes de vocabulaire à construire. Mais le parallèle entre biologie et science des matériaux demande à être nuancé.

La science des matériaux s'est construite à partir de disciplines bien établies (physique, chimie, mécanique) par des scientifiques de ces disciplines (Nevil Mott et Jacques Friedel sont physiciens, David Turnbull et John Cahn sont chimistes, Geoffrey Taylor est mécanicien). Si la science des matériaux, au sens moderne du terme, absorbe et révolutionne la métallurgie, elle n'absorbe pas ces « disciplines mères », elle ne se fond pas dans ces disciplines, elle se construit à partir d'elles, et garde des « sous familles » plus proche de l'une ou l'autre des familles mères. On pourrait dire que l'acte constitutif de la science des matériaux comme science est, pour reprendre le mot de Jean Perrin, « Expliquer le visible compliqué par de l'invisible simple ». Les disciplines mères, physique, chimie, avaient déjà fait leur « mutation réductionniste » ce qui rend la collaboration aisée. De façon révélatrice, la mécanique restant attachée à une approche plus phénoménologique, la collaboration, au moins dans les pays de forte tradition positiviste, a été plus laborieuse. On peut dire que la science des matériaux s'est développée au voisinage des disciplines mères, non pas sans heurts, mais sans conflit majeur. C'est la complexité de son objet et la nécessité d'en respecter la diversité, en renonçant au rêve d'universalité, qui la distingue, mais non pas un conflit dans la démarche elle-même.

La situation est moins irénique pour la biologie moderne : elle s'est construite en rupture avec la biologie classique, celle du « naturaliste », et par son formidable développement, elle a absorbé les différentes disciplines de la biologie classique. C'est en effet une véritable rupture conceptuelle que de partir du moléculaire pour expliquer le macroscopique, alors que les disciplines mères (botanique, zoologie, etc.) procédaient à l'inverse, qui était de « fragmenter » le macroscopique. La biologie moderne a créé un langage commun à toutes les disciplines : un spécialiste de biologie végétale peut comprendre un immunologiste. Elle a aussi conduit à une perte parfois dramatique de connaissances qui relevait de l'ancienne tradition de classification et d'observation. Mais la complexité du vivant ne permet pas à un physicien et un chimiste, quelque soit l'apport conceptuel de ces disciplines, de contribuer aussi efficacement à la génération de connaissances biologiques.

Pour résumer, on pourrait dire que la différence majeure dans la relation de ces nouvelles disciplines avec leurs domaines précurseurs était que les disciplines mères n'étaient pas dans le même état de maturité pour la biologie et la science des matériaux, et le résultat est que la biologie moderne a trouvé un cadre « intégrateur » à la biologie classique, alors que la science des matériaux maintient un dialogue entre disciplines mères qui ont conservé leur vitalité propre.

DU DESCRIPTIF MACROSCOPIQUE, AUX MÉCANISMES EXPLICATIFS, VERS DES MODÈLES PRÉDICTIFS

L'intérêt de considérer ces disciplines en construction de façon comparative ne se borne pas à comparer leurs relations avec les « disciplines mères ». Il est intéressant de voir aussi comme en « accéléré », une transition depuis une démarche descriptive, vers une recherche explicative tendant enfin vers un objectif prédictif.

La classification comme étape avancée de la description

L'étape première est une description basée sur l'utilisation des moyens d'observation disponibles. La démarche est commune à toutes les sciences « naturelles » : biologie, géologie, métallurgie, que l'objet soit donné par la nature ou créé par l'homme. La classification est la seconde étape nécessaire de la construction d'une science. Le choix même des critères de classification est lié, de façon explicite ou non, au postulat qu'il existe une logique sous jacente à la diversité pour laquelle on avance des interprétations justes ou erronées.

Une classification est opératoire quand les informations nécessaires pour positionner un objet dans l'arborescence sont moindres que les informations que ce positionnement apporte. Une classification peut se construire sur des manifestations « visibles » (taxonomie visible), ou sur des hypothèses de mécanismes sous-jacents (taxonomie invisible). Par exemple, la classification de Mendeleïev pour les éléments purs, repose sur une taxonomie visible à partir de la réactivité chimique, et traduit une taxonomie invisible à partie de la structure électronique. Une classification idéale, donc explicative, devrait remplir les deux fonctions et coïncider. Les scientifiques classent les êtres vivants, tout comme ils classent les matériaux, mais cette activité n'est pas pour autant exactement identique.

La classification du vivant commence par la classification morphologique des espèces, celle due à Linné, basée sur des fonctions. Mais plus récemment s'est développée une classification génétique du vivant, basée sur les homologies entre gènes. Il n'y a pas à ce jour de liaison directe entre les deux classifications, et on n'a pas, à la différence des deux interprétations de la classification de Mendeleïev, de véritable fonction explicative. Le chemin actuellement pris par la biologie est de tendre vers une classification des structures des protéines, des interactions possibles, des structures comparées des génomes, basée sur la compréhension des mécanismes moléculaires de l'évolution.

Comparativement, la classification des matériaux semble plus simple, et en quelque sorte plus directement opératoire. On peut les classer par leur utilisation, c'est une vision « d'ingénieur » : suivant qu'ils sont utilisés pour transmettre des efforts ou de l'information, on qualifie les matériaux de « structuraux » ou « fonctionnels ». Cette classification s'appuie sur des critères « visibles » (tout comme celle de Linné) mais elle n'est pas sous-tendue par les mécanismes, et n'est pas complète ni univoque. Une classification plus satisfaisante s'appuie sur les propriétés (mécaniques, physiques…). Elle conduit à distinguer les métaux, les polymères, les céramiques. Elle est sous-tendue par la nature de la liaison chimique entre atomes et elle est à la fois simple et opératoire.

Il est vrai que la question de la classification des espèces disparues, la question de la prise en compte de l'évolution dans la construction de la classification n'ont pas d'équivalent en science des matériaux. Peut être est ce une raison supplémentaire pour expliquer que les classifications en science des matériaux et en biologie moderne ne sont pas au même niveau d'adéquation entre l'aspect « organisation du visible » et l'aspect « mécanismes sous jacent ». Elles peuvent être également opératoires dans leur fonction de classification exhaustive, mais elles n'ont pas le même niveau de performance du point de vue explicatif.

Deux démarches explicatives distinctes

Dans les deux disciplines, la stratégie explicative est de rechercher le nombre minimal de mécanismes élémentaires permettant de rendre compte de la grande variété des manifestations macroscopiques. On a à la fois des « acclimatations de concepts » (la réaction chimique en biologie, les électrons dans les solides) et des générations de concepts spécifiques pour expliquer des phénomènes à une autre échelle de complexité apparente. Mais si l'objectif est identique, l'examen détaillé de quelques exemples va nous permettre de mettre au jour une différence profonde dans ce que l'on entend par « explicatif ».

La science des matériaux, dans les années 30 s'était donnée pour objectif de comprendre l'origine des propriétés mécaniques des matériaux, et en particulier, de la capacité des métaux à être déformés plastiquement. C'est le concept de « dislocation » qui a permis cette rationalisation. Il s'agit d'un concept de base, construit à partir de l'échec des concepts importés de la physique des solides (le cristal parfait) à expliquer un phénomène macroscopique (la plasticité). Le concept prend naissance de cette « contradiction macroscopique », la suite de son histoire est une belle étude de cas en épistémologie : il est contesté, il construit sa respectabilité par sa capacité explicative, mais ne réussit à convaincre totalement que lorsque la visualisation de l'objet devient possible. L'utilisation du concept est alors de prédire les ordres de grandeurs, les sens de variation des phénomènes observés. Ce type « d'explication » n'est pas qualitativement différent des explications dans d'autres domaines de la physique ou de la chimie. Mais le caractère explicatif n'est pas nécessairement associé à une modélisation. Dans le cas de la corrosion sous contrainte (une propension des matériaux métalliques à se corroder plus rapidement quand ils sont sollicités mécaniquement), on n'a pas de concept importé en situation d'échec, le phénomène observé est peu quantifié. La démarche est de proposer des mécanismes, et de reproduire en laboratoire, à partir de ces mécanismes proposés, une expérience conduisant au même dommage que celui observé en situation accidentelle. Le caractère explicatif est associé à la capacité de reproduire en laboratoire une situation observée dans des situations beaucoup plus complexes, signifiant par là que l'on pense avoir identifié les paramètres dominants : on est beaucoup plus loin de ce que l'on appelle couramment « expliquer » en physique ou en chimie.

Dans la biologie moderne, le caractère explicatif d'une démarche a une signification assez distincte. On essaiera par exemple d'expliciter les relations entre la structure et la fonction dans une protéine. Pour ce faire on devra identifier les portions de molécules importantes pour la fonction, comprendre les interactions, proposer un mécanisme physico-chimique, reconstituer la fonction à partir des éléments simples identifiés, comprendre la diversité et les régulations possibles. La différence entre les deux disciplines sur la notion d'explication trouve probablement encore sa racine dans les différences de maturité des « disciplines mères » (peuvent-elles ou non fournir un concept explicatif pouvant être mis en échec ?) et dans la possibilité de quantification du phénomène macroscopique à expliquer. Dans les deux disciplines l'émergence d'un nouveau concept est justifiée par une observation macroscopique, il peut rentrer en compétition avec un concept préexistant de même nature scientifique dans le cas de la science des matériaux, les références des biologistes sont souvent anthropomorphiques et la nature des conflits explicatifs est autre.

L'horizon prédictif

La démarche explicative propose une relation explicite et si possible quantifiée entre les mécanismes microscopiques et le comportement macroscopique. La démarche prédictive suppose une robustesse suffisante de l'explication pour que soit prédit le résultat d'une expérience non encore réalisée au moment ou est faite la prédiction. On va voir que dans leurs ambitions prédictives, la science des matériaux et la biologie ont une fois encore des démarches relativement proches, au moins en ce qui concerne la biologie moléculaire, c'est-à-dire identifier des objets élémentaires en interaction qui permettent d'effectuer un « changement d'échelle de temps et d'espace ».

Prédire en science des matériaux conduit naturellement à la problématique du changement d'échelle. La motivation est de prédire les propriétés d'un matériau en fonction de son vécu (chimie, traitements thermomécaniques). Le passage obligé est la compréhension de la genèse des microstructures et des relations entre les microstructures et les propriétés. Les mécanismes élémentaires sont au niveau atomique. Les comportements étudiés sont au niveau métrique, les échelles de temps vont de la picoseconde au siècle. Il est impératif de développer des stratégies de changement d'échelle d'espace et de temps, chaque niveau de modélisation fournissant les « entrées » du niveau de modélisation de l'échelle supérieure. Cela commence seulement à être possible car on a à gérer un grand nombre d'objets qui appartiennent à un nombre limité de catégories (atomes, dislocations, joints de grains, polycristaux, précipités). Pour que ces modèles soient quantitativement prédictifs, il faut les « calibrer » sur des expériences, puis leur faire prédire des résultats d'expériences à réaliser dans d'autres conditions imposées.

Que signifie prédire en biologie ? La motivation est de prédire la structure d'une protéine et l'interaction avec d'autres molécules. C'est indispensable pour comprendre son action dans l'ensemble de l'édifice cellulaire et dans l'organisme tout entier (définition de médicaments, variabilité génétique...). Les mécanismes élémentaires, au niveau atomique, sont connus. Actuellement les outils de modélisation (dynamique moléculaire) se limitent à l'interaction entre une protéine et une molécule simple. On n'a pas d'outil de changement d'échelle car le nombre de types d'objets devant être distingués (10000 molécules différentes dans une cellule) vient considérablement compliquer le problème. La tendance pour contourner ce problème est d'analyser les protéines possibles comme constituées de « domaines protéiques » en nombre plus limité. Cette identification des « domaines protéiques » revient à identifier une échelle intermédiaire.

Les capacités prédictives des deux disciplines sont très différentes, mais les complexités rencontrées sont de même nature, et les stratégies mises en œuvre, avec des degrés d'avancement divers, sont globalement similaires. Elles reposent sur la définition d'échelles intermédiaires, échelles directement visibles dans les microstructures en science des matériaux, échelles à identifier dans le cas de la biologie. Le rôle de la simulation numérique est important dans les deux cas, mais en science des matériaux, compte tenu du nombre limité de types à traiter on peut espérer des « courts circuits analytiques » alors qu'un tel espoir est probablement illusoire en biologie.

CONCLUSION

Le parallèle que nous venons d'esquisser entre deux disciplines apparemment aussi distantes que la science des matériaux et la biologie moléculaire doit être compris comme le début d'une « étude de cas », comme une invite aux historiens des sciences et aux philosophes à réfléchir sur les similitudes et les différences entre deux disciplines en profonde évolution.

Les deux disciplines se sont construites à côté et à partir de disciplines existantes, mais l'état de conceptualisation des « discipline mères » étant différent, les relations ultérieures divergent. La science des matériaux a absorbé la métallurgie, l'étude des céramiques, et elle collabore avec la physique, la chimie et la mécanique. La biologie moderne a envahi la botanique, la zoologie, l'immunologie, mais la complexité du vivant rend les collaborations avec la physique et la chimie moins immédiates.

Une évolution similaire du descriptif vers l'explicatif est observable. Elle passe par une approche réductionniste. Les nouveaux concepts sont issus d'observations macroscopiques, et obtiennent leur validation progressive par une traduction au niveau microscopique. Dans le cas de la science des matériaux les concepts se construisent en opposition à des concepts existants dans les disciplines mères, et devenus insuffisants. Dans le cas de la biologie les concepts se construisent par analogie plus que par opposition.

Le passage vers le prédictif est inégalement développé, l'exigence de changements d'échelle est commune, mais le nombre de classes d'objets à distinguer, considérablement plus élevé dans la biologie, lui rend la tâche plus difficile encore. Pour la biologie, le franchissement des échelles n'est pas nécessairement lié à une représentation exhaustive de la matière (ce qui serait la stratégie du physico-chimiste) mais peut être lié à la définition « d'entités fonctionnelles » dont on traiterait les interactions à différents niveaux. C'est donc autant vers les sciences de l'information (mathématiques et informatiques) que vers les sciences physico-chimiques que l'on peut voir l'avenir.

L'effet de serre : un dialogue exemplaire entre citoyens et spécialistes[*]

Jacques VILLAIN

INTRODUCTION

Il est reconnu[1] que la température moyenne de la terre s'élève depuis un siècle et que cette élévation s'accélère depuis les dernières années du XXe siècle. Il est également connu que la concentration de dioxyde de carbone CO_2 dans l'atmosphère s'élève aussi. Il y a, comme on le verra, de bonnes raisons de penser qu'il y a une relation de cause à effet entre les deux phénomènes. À ces raisons s'ajoutent des calculs faits par des spécialistes, qui ont su convaincre la majorité du public éclairé. Il reste cependant des incrédules : des hommes politiques; des économistes; mais aussi d'éminents savants comme le Professeur Claude Allègre, membre de l'Académie des Sciences et de plusieurs académies étrangères.

* Je remercie Katia Laval et Paolo Politi qui m'ont apporté une aide précieuse pour ce texte, rédigé en décembre 2007.

1. GIEC, *Climate Change 2007 : The Physical Science Basis. Contribution of Working Group I to the Fourth Assessment Report of the Intergovernmental Panel on Climate Change*, S. Solomon, D. Qin, M. Manning, Z. Chen, M. Marquis, K. B. Averyt, M. Tignor and H. L. Miller (eds.), Cambridge, Cambridge UP, 2007. Désormais cité *GIEC*. L'évolution de la température de la terre selon divers auteurs depuis 1840 est donnée par la Figure 1.3 de la référence 1, p. 101. L'évolution de la concentration en dioxyde de carbone CO_2, en méthane CH_4 et en oxyde nitreux N_2O dans l'atmosphère depuis 2000 ans est donnée par la Figure FAQ 2.1 de la référence 1, p. 135. C. Allègre, *Ma vérité sur la planète*, Paris, Plon, 2007, désormais cité *MVP*. J.-L. Fellous et C. Gautier (curateurs), *Comprendre le changement climatique*, Paris, Odile Jacob, 2007, désormais cité *CCC*. Ministère des Affaires Étrangères, Ministère de l'Écologie, *Résumé à l'intention des décideurs*, trad. fr. du *Summary for policymakers* du rapport du GIEC, désormais cité *RID* et disponible en ligne sur http://www.ecologie.gouv.fr/Telecharger-la-version-francaise.html

Avant de considérer plus en détail les raisons des uns et des autres, insistons sur les aspects étonnants de ce débat scientifique qui rassemble des spécialistes du monde entier, mais aussi des hommes politiques. Grâce à Internet, il se déroule sur la place publique, et les citoyens de tous les pays peuvent le suivre. Il n'y a jamais rien eu de semblable dans l'histoire de l'humanité.

À l'échelle mondiale, le dialogue entre les décideurs et les experts se déroule principalement grâce à l'IPCC (Intergovernmental Panel on Climate Change), en français GIEC (Groupe intergouvernemental sur l'évolution du climat). Les avis du GIEC sont en libre accès sur Internet [2] sous forme de rapports volumineux dont les derniers datent de 2002 et 2007. La version la plus récente, intitulée « Climate Change 2007 », comporte trois volumes consacrés respectivement à l'analyse des mécanismes, à l'étude des conséquences et aux solutions possibles pour atténuer le changement climatique.

La qualité du débat, nous le verrons, est élevée.

Le climat est un phénomène est très compliqué. C'est l'un des motifs d'incrédulité. Pourtant le décideur politique doit prendre des décisions, bien qu'il ne maîtrise pas le dossier. Le citoyen, aussi, a du mal à se former une opinion. Doit-il faire une confiance aveugle aux spécialistes ? La méfiance que l'on rencontre chez une minorité d'incrédules n'est-elle pas au contraire une incitation à mieux comprendre les mécanismes physiques ?

Les pages qui suivent sont une tentative de réponse à ces questions, en éclairant le débat sur la responsabilité de l'homme dans le changement climatique. C'est le sujet du premier volume du rapport du GIEC. Ce livre d'environ 1000 pages sera une base essentielle des réflexions qui suivent, mais on cherchera à mieux faire apparaître les mécanismes physiques, en utilisant notamment un récent livre collectif [3] mais aussi l'exposé historique de Weart [4], qui évoque les hésitations des spécialistes à travers le XXe siècle, et fait voir ainsi la complexité du problème. Nous prêterons aussi la plus grande attention au récent livre iconoclaste de Claude Allègre [5]. Il est vrai que ce savant n'est pas un spécialiste de climatologie (guère plus que l'auteur de ces lignes !) mais nous prétendons ici justement célébrer un débat où les spécialistes ont su donner la parole aux profanes.

Rappelons d'abord le mécanisme physique élémentaire.

2. http://www.ipcc.ch

3. *CCC*.

4. R.S. Weart, *The Discovery of Global Warming*, Cambridge, Harvard UP, 2003, disponible en ligne sur http://www.aip.org/history/climate/co2.htm#N_10 désormais cité *DGW*.

5. *MVP*.

L'EFFET DE SERRE

La vie est possible sur la terre grâce à l'énergie qu'elle reçoit du soleil[6]. Cette énergie, pour des raisons rappelées dans l'appendice 1, est reçue sous forme de lumière visible, dont la majeure partie traverse l'atmosphère sans difficultés, au moins en l'absence de nuages. Le sol terrestre est donc ainsi chauffé. Il réémet de l'énergie, mais cette fois, comme on l'explique dans l'appendice 1, sous forme de rayonnement infrarouge. Or celui-ci a du mal à traverser l'atmosphère. L'énergie ainsi retenue par l'atmosphère maintient la terre à la température propice que nous connaissons. C'est l'effet de serre. Cette terminologie (relativement récente) est approximative, car l'enceinte d'une serre sert surtout à empêcher que l'air chaud s'éloigne par convection, alors que, comme nous le verrons, la convection est très importante dans l'atmosphère terrestre.

Conformément à l'analyse faite par Tyndall[7] en 1857, l'effet de serre atmosphérique est dû principalement à certains gaz présents dans l'atmosphère, dont les principaux[8] sont la vapeur d'eau, le dioxyde de carbone CO_2, le méthane CH_4. Sans ces gaz, sans atmosphère, la température de la terre serait de –18°C et inhabitable.

C'est le suédois Arrhenius[9] qui, le premier, remarqua que la concentration en dioxyde de carbone peut être augmentée par les activités humaines. Il fit un calcul selon lequel un doublement de la concentration en CO_2 produirait un accroissement de température de 5 à 6°C. Ce résul-

6. J. Fourier, « Mémoire sur les températures du globe terrestre et des espaces planétaires », *Mémoires de l'Académie Royale des Sciences de l'Institut de France*, 7, 1827, p. 570-604, et *Œuvres de Fourier*, Paris, Gautier-Villars, 1840, p. 97-125, disponible en ligne sur http://gallica.bnf.fr Comme l'écrivait Fourier « la température est augmentée par l'interposition de l'atmosphère, parce que la chaleur trouve moins d'obstacle pour pénétrer l'air étant à l'état de lumière, qu'elle n'en trouve lorsqu'elle est convertie en chaleur obscure ». Il suffit de remplacer la « chaleur obscure » par le « rayonnement infrarouge » pour avoir une formulation moderne de l'effet de serre.

7. J. Tyndall, « On the Absorption and Radiation of Heat by Gases and Vapours », *Philosophical Magazine*, 4, 22, 1861, p. 169-94, p. 273-85.

8. W. Heitler, *The quantum theory of radiation*, Oxford, Clarendon Press, 1954 ; C. Cohen-Tannoudji, J. Dupont-Roc et G. Grynberg, *Photons et atomes*, Paris, EDP Sciences-Éditions du CNRS, 2001. Pour absorber la lumière, une molécule doit avoir un moment électrique variable avec sa déformation. Les molécules d'azote et d'oxygène, même si elles se déforment, ont un moment électrique nul à cause de leur symétrie élevée. Elles n'absorbent donc pas la lumière infrarouge. Par contre, la lumière visible est un peu absorbée par l'oxygène, le moment électrique résultant alors du déplacement du noyau par rapport au nuage électronique.

9. S. Arrhenius, « On the Influence of Carbonic Acid in the Air Upon the Temperature of the Ground », *Philosophical Magazine*, 41, 1896, p. 237.

tat n'est qu'un peu supérieur aux évaluations faites un siècle plus tard, mais ce bon accord est probablement un hasard dû aux compensations de diverses erreurs. Plus, peut-être, que ce résultat quantitatif, il faut retenir la découverte du mécanisme de rétroaction. L'effet direct du dioxyde de carbone n'est en effet pas énorme, mais est amplifié par la vapeur d'eau : la petite élévation de température due au dioxyde de carbone fait augmenter la concentration en eau, donc l'effet de serre. Un autre mécanisme de rétroaction positive résulte de la fonte des glaciers, qui provoque une diminution de la réflexion de la lumière (albedo). Ces rétroactions, identifiées dans l'article d'Arrhenius, jouent encore un rôle essentiel dans les modèles élaborés un siècle plus tard. Comme l'écrivent Le Treut et Gautier :

> Sans rétroactions, l'augmentation de la température résultant d'un doublement de la concentration du CO_2 serait à peu près de 1°C, alors qu'en tenant compte des rétroactions les modèles prévoient une valeur entre 2°C et 5°C [10].

La vapeur d'eau et les autres gaz à effet de serre

L'importance donnée au dioxyde de carbone par Arrhenius, puis un siècle plus tard par le GIEC, a de quoi surprendre. Comme l'écrit Claude Allègre [11], « comment un système si complexe que le climat aurait-il comme seul facteur cardinal le CO_2 dont la teneur est 300 parties par million » alors que la vapeur d'eau « qui est de loin le plus important gaz à effet de serre » atteint des concentrations de « 4% en moyenne dans la zone tropicale » ? Rappelons que 4% sont 40000 parties par million.

De telles remarques furent faites dès 1900 par Ångström [12], qui fit des expériences détaillées et des calculs qui contredisaient les idées de son compatriote Arrhenius. Et pendant un demi-siècle, ce point de vue prévalut. On peut lire dans le *Compendium of Meteorology* [13] édité en 1951 par l'American Meteorological Society :

> [...] the idea that adding CO_2 would change the climate was never widely accepted and was abandoned when it was found that all the long-wave

10. H. Le Treut et C. Gautier, *Effet de serre, bilan radiatif et nuages*, dans *CCC*, p. 45-67. *Cf.* en particulier p. 55-57 (pour les nuages) et 60 (pour les rétroactions). Désormais cité *ES*.
11. *MVP*.
12. K. Ångström, « Über die Bedeutung des Wasserdampfes und der Kohlensäures bei der Absorption der Erdatmosphäre », *Annalen der Physik*, 4 (3), 1900, p. 720-732.
13. T.F. Malone (ed.), *Compendium of Meteorology*, Boston, American Meteorological Society, 1951. Disponible sur http://www.questia.com/PM.qst?a=o&d=97549786

> radiation [that would be] absorbed by CO_2 is [already] absorbed by water vapour [14].

Un demi-siècle plus tard, la majorité des spécialistes a fait volte-face. Arrhenius avait raison, Ångström avait tort. D'abord, les bandes d'absorption de CO_2 et de H_2O ne se recouvrent pas tout à fait et les expériences d'Ångström (1900) ou de ses collaborateurs ne sont pas irréprochables (selon Weart [15]). Mais surtout, la concentration de la vapeur d'eau, si elle est nettement supérieure (d'un facteur 130 environ) à celle du dioxyde de carbone dans la zone tropicale et au niveau du sol, décroît vite avec l'altitude. En effet, à haute altitude, il fait très froid, la tension de vapeur saturante de l'eau est très faible, et il y a donc très peu de vapeur d'eau. Il y a davantage [16] de dioxyde de carbone ! Oh, il n'y en a pas beaucoup, mais suffisamment pour intercepter beaucoup de photons.

On peut trouver des données quantitatives (qu'il conviendrait sans doute de réviser un peu) dans un vieil article d'un certain Hulburt [17] paru en 1931, mais rappelé par Weart [18]. Les vieux articles sont une ressource précieuse quand on recherche les mécanismes physiques élémentaires qui se cachent derrière la complexité des ordinateurs.

De l'article de Hulburt [19] on a déduit le tableau 1, qui risque de faire sourire les climatologues du XXIe siècle. Il s'agit d'une description grossière où la longueur d'onde des photons est ignorée, mais elle donne une idée approximative de ce qui se passe. On voit qu'un photon infrarouge émis à une altitude de 7000 mètres, ou plus, a plus de chance d'être absorbé par le dioxyde de carbone que par la vapeur d'eau ! Quant à la lumière infrarouge émise à plus basse altitude, si elle a une fréquence qui lui permet d'être absorbée par la vapeur d'eau, elle ne va pas plus loin qu'une trentaine de mètres avant d'être absorbée : « *lower down the atmosphere is nearly opaque at wavelengths of strong water vapour absorption* », lit-on dans le rapport du GIEC [20]. Or, ce qui permet à la terre de perdre de l'énergie et de ne pas devenir une fournaise, c'est la lumière infrarouge qui n'est pas absorbée, donc celle qui est émise à plus de 7000 mètres, où il y a plus de dioxyde de carbone que de vapeur d'eau.

14. *DGW*, p. 92 et 104.
15. *Ibid.*
16. *DGW*; E.O. Hulburt, « The temperature of the lower atmosphere of the earth », *Phys. Rev.* 38, 1931, p. 1876. Désormais cite *TLAE*.
17. *TLAE*.
18. *DGW*.
19. *TLAE*.
20. *GIEC*, p. 632.

Altitude z	*Libre parcours d'un photon infrarouge*	*Probabilité d'être absorbé par CO_2*
0	25 m	3%
3 km	133 m	7%
5 km	1400 m	10%
7 km	2000 m	52%
10 km	3000 m	62%
12 km	4500 m	75%
15 km	30 km	75%

Tableau 1.
Libre parcours moyen d'un photon infrarouge en fonction de l'altitude *z*, et probabilité qu'un photon infrarouge absorbé le soit par un gaz à effet de serre et non par la vapeur d'eau. Evaluations très grossières déduites de l'article de E.O. Hulburt [21]. Les valeurs précises dépendent de la longueur d'onde et de la latitude.

La forte absorption du rayonnement infrarouge terrestre à basse altitude a des conséquences nettes sur le bilan radiatif terrestre, tel qu'il apparaît dans le rapport du GIEC [22]. La terre émet en moyenne 390 W/m^2 de rayonnement infrarouge. On peut en soustraire 40 W/m^2 qui ont juste la bonne fréquence pour n'être pas absorbés et ne jouent aucun rôle dans l'effet de serre. Il reste 350 W/m^2, dont 324 sont renvoyés à la terre par les gaz à effet de serre. C'est donc seulement une petite fraction des 350 W/m^2 qui peut s'échapper de la basse atmosphère. Et, comme on l'a vu plus haut, elle ne peut ensuite quitter la terre qu'après avoir été absorbée puis réémise quelques centaines de fois. La phase finale de l'émission se fait aux environs de 10000 mètres d'altitude (à quelques milliers de mètres près) et là, il y a moins de vapeur d'eau que de dioxyde de carbone. On comprend donc pourquoi le dioxyde de carbone (et d'autres gaz à basse température de liquéfaction ou de solidification) peut avoir une importance considérable, en tout cas modifier considérablement la température à haute altitude.

Mais quelle est la relation entre cette température à haute altitude et celle qui, au niveau du sol, entretient la vie ? C'est ce qui sera discuté au paragraphe suivant.

Variation de la température avec l'altitude

L'absorption directe de la lumière du soleil se fait principalement par la surface de la terre [23], le reste étant soit diffusé, soit absorbé dans l'atmo-

21. *TLAE*.
22. *GIEC*, Fig. FAQ1.1, p. 96.
23. J.-P. Triplet, G. Roche, *Météorologie générale*, Trappes, Météo France, 1986. Désormais cité *MG*.

sphère par l'eau ou l'oxygène. Le rayonnement infrarouge réémis par la surface terrestre a pour principal effet de chauffer la basse atmosphère, de façon inégale selon la latitude; *il en résulte des instabilités mécaniques qui génèrent des mouvements de convection, dans lesquelles les masses d'air chaud s'élèvent et les masses d'air froid retombent.* Or l'air qui monte se détend, donc se refroidit et l'air qui descend se réchauffe[24]. Si nous oublions le rayonnement infrarouge, les masses d'air n'échangent pas de chaleur (ou d'entropie) entre elles. Si une masse d'air est à la hauteur z, où la pression est $P(z)$, sa température est la même que si on l'avait prise au sol (soit à $z=0$) et détendue à entropie constante de la pression $P(0)$ à la pression $P(z)$. Il en résulte un abaissement de la température utilisé dans les réfrigérateurs, et calculé dans les livres de thermodynamique. Le calcul, fait dans l'appendice 2, conduit à une variation linéaire de la température $T(z)$ avec l'altitude z, au rythme d'environ un degré pour 100 m. L'observation révèle de fortes fluctuations locales allant jusqu'à l'inversion de température. Toutefois, en moyenne, le gradient dT/dz est bien constant[25] dans la troposphère (c'est à dire entre 0 et 10000 mètres) et de l'ordre de -0,008°C/m, ce qui est assez proche du résultat obtenu plus haut.

Cet accord qualitatif est assez surprenant puisque le raisonnement néglige le rayonnement infrarouge responsable de l'effet de serre. Il est intéressant de calculer ce que serait la température de la terre s'il n'y avait pas de convection et que les échanges d'énergie dans l'atmosphère se faisaient uniquement par rayonnement. La propagation de la chaleur dans l'atmosphère pourrait alors être grossièrement décrite par une équation obtenue par Balian et Blaizot[26] dans un autre contexte, soit $j=-4\sigma LT^3 dT/dz$, où j est la densité de courant d'énergie, σ la constante de Stefan, L le libre parcours moyen des photons infrarouges (à déduire du tableau 1), T la température et z l'altitude. L'examen de cette relation suggère que les échanges par rayonnement ne sont pas toujours faibles par rapport à la

24. E. Fermi, *Termodinamica*, Torino, Boringhieri, 1972. *La ragione principale di questa variazione della temperatura con l'altezza sul livello del mare risiede nell'esistenza di correnti di convezione nella troposfera, correnti che trasportano continuamente aria dalle regioni più basse alle più alte e dalle regioni più alte alle più basse. Quando l'aria sale dal livello del mare a regioni superiori di minor pressione, essa si espande. Poiché l'aria è un cattivo conduttore di calore, ben poco calore è scambiato con l'aria circostante da quella che si sta espandendo, così che possiamo ritenere adiabatica l'espansione. Conseguentemente la temperatura dell'aria diminuisce.* Fermi semble avoir sous-estimé les échanges par rayonnement, mais le rôle dominant de la convection à basse et moyenne altitude est incontestable.

25. P. Pech et H. Régnauld, *Géographie physique*, Paris, PUF, 1992. Disponible en ligne sur http://crdp.ac-amiens.fr/edd/air/air_maj_detail_p1.htm

26. R. Balian and J.-P. Blaizot, « Stars and statistical physics : A teaching experience », *Am. J. Phys*, 67, 1999, p. 1189.

convection. Cependant, le résultat du calcul détaillé est une température au sol plus élevée qu'elle ne l'est réellement, d'une vingtaine de degrés [27]. Cela confirme que *la convection est le processus le plus efficace de redistribution de l'énergie dans la troposphère.* Toutefois, le rayonnement n'est pas négligeable : « on sait bien par exemple que les nuits de ciel clair sont bien plus froides que les nuits de ciel couvert » [28], et cela est dû à l'effet de serre des nuages, qui diminuent les pertes de chaleur par rayonnement ; les nuages les plus efficaces sont ceux de haute altitude, là où le rôle du rayonnement est plus important parce que le libre parcours des photons est grand.

LES CLIMATS DU PASSÉ

Les climats du passé sont relativement bien connus [29], et fournissent un test intéressant des méthodes de la climatologie. Si la climatologie se prétend capable de prévoir l'avenir, elle doit être capable d'expliquer le passé, au moins qualitativement.

> If the behaviour of recent temperature change is to be understood, and the mechanisms and causes correctly attributed, parallel efforts are needed to reconstruct the longer and more widespread pre-instrumental history of climate variability [30].

Or la réussite est loin d'être totale. Les spécialistes ne semblent pas avoir d'explication pour la période chaude que connut l'Europe aux alentours du XIe siècle. Le rapport du GIEC semble chercher à minimiser le problème :

> The evidence is not sufficient to support a conclusion that hemispheric mean temperatures were as warm, or the extent of warm regions as expansive, as those in the 20th century as a whole, during any period in medieval times [31].

C'est un peu un aveu d'échec, mais aussi un témoignage de l'honnêteté des spécialistes, qui savent reconnaître les limites de leur connaissance actuelle.

Mais s'il y a des échecs, il y a aussi des réussites. Ainsi la compréhension des périodes froides (glaciaires) et chaudes (interglaciaires)

27. *DGW* ; *TLAE* ; *MG*.
28. *ES*, p. 57.
29. A. Berger, *Le climat de la terre*, Bruxelles, De Boeck, 1992, désormais cité *CT* ; E. Le Roy Ladurie, *Histoire du climat depuis l'an mil*, Paris, Flammarion, 1990, et *Histoire humaine et comparée du climat*, Paris, Fayard, 2006.
30. *GIEC*, p. 466.
31. *GIEC*, p. 468.

qui se sont succédées dans l'ère quaternaire, avec des écarts de température supérieurs à 10°C.

Ce sont ces glaciations que voulait expliquer Arrhenius en 1896 par des variations de la quantité de dioxyde de carbone dans l'atmosphère. Il est admis aujourd'hui que la cause du phénomène n'est pas le dioxyde de carbone. La communauté scientifique s'est en effet ralliée à la thèse émise vers 1930 par le Yougoslave Milanković [32], selon laquelle la cause des glaciations est une variation des paramètres astronomiques qui déterminent le mouvement de la terre. Cependant, Arrhenius n'avait pas tout à fait tort : le dioxyde de carbone joue un rôle ! Il s'agit d'un rôle amplificateur. L'accroissement de température des périodes interglaciaires engendre (on ne sait pas bien pourquoi) un excès de dioxyde de carbone, qui accentue considérablement le réchauffement. Ainsi, la réalité, c'est Milanković saupoudré d'un peu d'Arrhenius. Le quasi parallélisme des courbes de température et de concentration en gaz à effet de serre fut mis en évidence [33] par une expédition franco-soviétique qui alla fouiller les glaces du continent antarctique et trouva dans ces « archives glaciaires » l'histoire des atmosphères du passé.

Un des enseignements de ces mesures fut de montrer que les fluctuations de la concentration en dioxyde de carbone ne sont limitées par aucun mécanisme régulateur, contrairement à ce qu'on pensait vers 1950. On croyait en effet (avec de bonnes raisons pour cela) que les océans devaient absorber presque tout excès en dioxyde de carbone. On sait maintenant qu'il n'en est rien. Les raisons physico-chimiques, qui sont compliquées, ont été expliquées par Revelle et Suess en 1957 [34]. Le phénomène est désormais confirmé par les archives glaciaires et aussi par l'augmentation de la concentration en CO_2 depuis 1980.

LES NUAGES

La présence de nuages constitue actuellement une source majeure de difficulté, comme en témoigne le rapport du GIEC : « Processes that are

32. M. Milanković, *Théorie Mathématique des Phénomènes Thermiques Produits par la Radiation Solaire*, Paris, Gauthier-Villars, 1920; *CT*.

33. C. Lorius *et alii*, « A 150,000-Year Climatic Record from Antarctic Ice », *Nature*, 316, 1985, p. 591.

34. R. Revelle and H.E. Suess, « Carbon Dioxide Exchange between Atmosphere and Ocean and the Question of an Increase of Atmospheric CO_2 During the Past Decades », *Tellus*, 1957, p. 18-27.

not particularly well represented in the models are clouds [...] »[35], « cloud feedbacks (particularly from low-level clouds) have been confirmed as the primary source of climate sensitivity differences [between models] »[36].

D'une part, « les nuages élevés ont un très grand effet de serre » comme on l'a vu plus haut. Mais d'autre part, les nuages réfléchissent le rayonnement solaire et l'empêchent ainsi de venir réchauffer la terre. C'est cet effet de refroidissement qui domine[37]. Mais ce ne sont pas les modèles qui le démontrent ! Ce sont les observations par satellite !

Selon Claude Allègre, « on ne sait pas bien comment se forment les nuages »[38]. Les spécialistes le reconnaissent[39]. Cependant Allègre est injuste quand il en conclut qu'on néglige les nuages. Les efforts pour en tenir compte sont bien décrits par Le Treut et Gautier qui décrivent quelques mécanismes essentiels et manifestent un certain optimisme, prévoyant des « avancées imminentes »[40].

IMPRÉVISIBILITÉ EN MÉTÉOROLOGIE, PRÉVISIBILITÉ EN CLIMATOLOGIE ?

La prévision en climatologie se heurte à une objection naïve : « J'ai peine à croire qu'on puisse prédire avec précision le temps qu'il fera dans un siècle alors qu'on ne peut pas prévoir celui qu'il fera dans une semaine », écrit Allègre[41]. Ou encore, sous la plume d'un incrédule moins illustre :

> Il suffit de voir la fiabilité de nos modèles météorologiques [...] dans leurs prédictions à quelques jours, pour se poser la question de ce qu'ils peuvent vraiment dire sur des échelles de dizaines d'années. C'est pareil pour les modèles climatiques[42].

À cette imprudente affirmation publiée par *Le Monde*, trois éminents climatologues répondirent quelques jours plus tard dans le même journal :

> La difficulté de la prévision météorologique résulte principalement de la sensibilité des modèles aux conditions initiales de la prévision. [...] Il n'y a

35. *GIEC*, p. 903.
36. *GIEC*, p. 799.
37. *ES*, p. 55.
38. *MVP*, p. 104.
39. *GIEC*; *CCC*.
40. *ES*, p. 65.
41. *MVP*, p. 89.
42. S. Galam, « Pas de certitude scientifique sur le climat », *Le Monde*, 7 février 2007.

> rien de tel pour le régime climatique moyen, qui est déterminé à échéance de dizaines ou centaines d'années par le bilan énergétique global de la planète et par les échanges d'énergie au sein de l'atmosphère et de l'océan [43].

La météorologie doit en effet prévoir le temps qu'il fera à tel endroit à un moment donné. Ce problème est très sensible aux conditions initiales et aux petites perturbations, comme l'a élégamment démontré E.N. Lorenz [44] dans le cas d'un modèle de convection simplifié fait de trois équations aux dérivées partielles. La climatologie, au contraire, ne cherche à prévoir que des moyennes ou des probabilités qui, par définition, ne sont pas sensibles.

Peut-être faudrait-il toutefois se poser la question du temps qu'il faut, après un accident météorologique, pour en perdre la mémoire et retrouver le climat moyen. Ce temps de relaxation (pour employer le langage des physiciens) est vraisemblablement court si on ne considère que les phénomènes atmosphériques. Il n'en est pas forcément ainsi quand on tient compte par exemple des incidences sur le terrain et la végétation. Et surtout, les courants océaniques permanents tels que le Gulf Stream, ou les phénomènes périodiques comme El Niño, ne risquent-ils pas d'avoir, comme ceux de l'atmosphère, une sensibilité aux faibles perturbations, mais avec des temps de relaxation bien plus longs ? Dans une certaine mesure, les modèles permettent de tester de tels phénomènes, et il ne semble pas que la sensibilité aux conditions initiales et aux petites perturbations soit un problème majeur en climatologie.

Pourtant, la question de la sensibilité aux faibles perturbations risque de se poser de toute façon quand on envisage les évènements extrêmes.

Les événements extrêmes

Nous avons vu que la température moyenne augmente nettement depuis quelques dizaines d'années. Ce n'est pas encore très gênant. Ce qui est plus gênant, c'est que les évènements extrêmes (tempêtes, canicules, sécheresses, pluies diluviennes) semblent avoir augmenté en fréquence et en intensité à partir de la fin du XXe siècle. Cela est admis (avec la même prudence) par le GIEC et par Allègre. L'homme a-t-il une responsabilité

43. J. Jouzel, O. Talagrand et H. Le Treut, « Climat : halte aux simplifications abusives », *Le Monde*, 12 février 2007.

44. E.N. Lorenz, « Deterministic Nonperiodic Flow », *J. Atmos. Sci.*, 20, 1963, p. 130, disponible en ligne sur http://bcev.nfrance.com/Lorenz/equations.htm

dans cette augmentation ? Il est évidemment essentiel de savoir si un réchauffement global de la terre entraînera de tels évènements extrêmes, qui en seraient alors la conséquence la plus indiscutablement désagréable. Sur ce point les spécialistes sont prudents. Le GIEC, qui estime « très vraisemblable » la responsabilité de l'homme dans le réchauffement de l'an 2000, ne la considère que comme assez vraisemblable (« more likely than not ») dans l'accroissement des évènements extrêmes [45], c'est à dire qu'elle est engagée avec une probabilité comprise entre 50% et 66%.

En ce qui concerne l'avenir, le GIEC est moins réservé. Il estime, par exemple, qu'une intensification des cyclones tropicaux dans le futur est « vraisemblable » (ce qui signifie une probabilité comprise entre 66 et 90%). Mais J.C. André [46] indique que différents modèles donnent des résultats contradictoires. Il ne semble pas qu'aient été identifiés les mécanismes physiques qui éclaireraient les prédictions. Selon Marcel Leroux [47] les tempêtes seraient surtout favorisées par la différence de température entre les pôles et l'équateur (qui risquent de décroître dans le futur). C'est un exemple de mécanisme simple dont les physiciens aimeraient disposer. Mais d'autre part, l'augmentation de la température et de la concentration en vapeur d'eau pourraient accroître la violence des cyclones [48], alors que leur fréquence pourrait être réduite par d'autres facteurs. La tendance générale n'est pas encore claire, et les experts n'ont d'autre ressource que de se fier à leurs ordinateurs.

À LA RECHERCHE D'UNE AUTRE EXPLICATION POUR LE RÉCHAUFFEMENT

Si l'on ne croit pas à l'influence de l'homme sur le climat, il faut chercher des causes naturelles au réchauffement climatique observé aux XXe et XXIe siècles. « Je pense » écrit Claude Allègre qu'il « y a un changement climatique, mais essentiellement d'origine naturelle » [49].

Le développement de cette idée ne va pas sans mésaventures. L'une d'elles fut relatée avec ironie par *Le Monde* :

45. *RID*, p. 12 et tableau SPM1.
46. Dans *CCC*.
47. Cité dans *MVP*, p. 111.
48. L. Bengtsson, K.I. Hodges, M. Esch, N. Keenlyside, L. Kornblueh, J.-J. Luo and T. Yamagata, « How may tropical cyclones change in a warmer climate ? », *Tellus*, 59A, 2007, p. 539.
49. *MVP*.

> L'Académie des sciences française est une institution singulière. C'est, au monde, un des derniers lieux de savoir où l'on doute encore de la cause principale du changement climatique. Un débat sur la question se tenait, mardi 13 mars à l'Institut, opposant la communauté des climatologues à des géophysiciens proches de Claude Allègre, principalement Vincent Courtillot et Jean-Louis Le Mouël. Pour ces derniers, d'autres causes que les émissions humaines de gaz à effet de serre doivent être examinées pour expliquer le réchauffement actuel.
> Lesquelles ? Une multitude de paramètres externes peuvent être invoqués : variations de l'activité solaire, de l'intensité du rayonnement cosmique, des mouvements d'oscillation de la Terre sur le plan de son orbite, etc. Jean-Louis Le Mouël a ainsi tenté de corréler des indices d'activité de notre étoile – comme, par exemple, la surface des taches solaires – aux changements de température survenus au cours des XIXe et XXe siècles. Sans toutefois, à aucun moment, pouvoir mettre en lumière un lien entre le Soleil et le changement noté depuis la fin des années 1980... Le géophysicien de l'Institut de physique du globe de Paris (IPGP) a également argué du fait que les variations de l'éclairement du Soleil – au cours de son cycle de 11 ans – sont de l'ordre de 1 watt par mètre carré (W/m^2). Et que, du coup, il n'est pas illégitime de comparer cette influence à celle des émissions humaines de gaz à effet de serre, estimée à 2,8 W/m^2.
> Ce faisant, M. Le Mouël commet une grossière erreur de calcul. La comparaison qu'il établit vaudrait si la Terre était plate, si, par surcroît, elle montrait toujours la même face au Soleil et si, pour finir, elle en absorbait tout le rayonnement incident. Hélas ! la Terre est ronde. Et elle réfléchit une part de la lumière qu'elle reçoit. Ces deux caractéristiques, notoires, rappelées dans son allocution par le climatologue Edouard Bard (Collège de France), font que la valeur de 1 W/m^2 doit être réduite au moins d'un facteur cinq. Et qu'elle devient, du coup, négligeable face aux 2,8 W/m^2 imputables aux activités humaines... [50].

UNE CONTROVERSE UNIQUE DANS L'HISTOIRE

Malgré l'ironie du journaliste du *Monde*, qu'il y ait ou non une erreur d'un facteur 5, de telles discussions placent le débat à la portée du grand public et contribuent à amplifier la dimension démocratique qu'il avait déjà acquis dans des Cafés des sciences, dans des conférences publiques, par des lettres de lecteurs aux journaux, par des livres, par Internet. C'est la première fois qu'une controverse scientifique intéresse, à travers le

50. S. Foucart, « Quand les académiciens débattent du réchauffement », *Le Monde*, 15 mars 2007.

monde, les spécialistes, les décideurs politiques, les électeurs. Ne faut-il pas s'en féliciter ?

Le GIEC, principal participant à la controverse, est une institution unique dans l'histoire. Son didactisme est remarquable, son objectivité est garantie par la coexistence d'éléments politiques et de chercheurs, les premiers freinant l'enthousiasme des seconds. Il sait éviter la langue de bois autant que les affirmations exagérées.

Au vu des résultats, les progrès ne sont pas spectaculaires. Depuis que le GIEC existe, l'ordre de grandeur du réchauffement prévu n'a guère varié, mais la précision des prévisions n'a guère augmenté. Le tableau 2 regroupe les prévisions concernant le réchauffement prévu et la montée des mers. Il prend en considération plusieurs scénarios correspondant à une plus ou moins grande sagesse de l'humanité. Il est malheureusement difficile de trouver dans le rapport du GIEC une définition précise de ces scenarii, mais on peut présumer qu'ils donnent un inventaire complet des évolutions plausibles. Il est frappant que pour chaque scénario, les estimations varient du simple au triple. On peut espérer que leur précision s'améliorera avant que l'expérience ne tranche. Entre les deux rapports du GIEC, de 2002 à 2007, la fourchette n'a guère diminué : la principale préoccupation est de construire des modèles plus détaillés. Au fil des années, le nombre de facteurs pris en compte augmente. Ainsi, l'effet des aérosols (c'est-à-dire des petits grains de poussière) est désormais inclus dans les calculs alors qu'ils ne l'étaient pas il y a une dizaine d'années. Les modèles deviennent plus fiables, mais, par un paradoxe lié au calcul des probabilités, cela ne fait pas nécessairement augmenter la précision, dans l'immédiat.

	VARIATION DE TEMPÉRATURE DE 2000 À 2100		ÉLÉVATION DU NIVEAU DES MERS DE 2000 À 2100
Scénario	*Estimation moyenne*	*Fourchette d'imprécision*	
Concentrations constantes à leur valeur de l'an 2000	0,6°C	0,3 à 0,9°C	non appréciable
Scénario B1	1,8°C	1,1 à 2,9°C	0,18 à 0,38 m.
Scénario B2	2,4°C	1,4 à 3,8°C	0,20 à 0,43 m.
Scénario A2	3,4°C	2,0 à 5,4°C	0,23 à 0,51 m.
Scénario A1FI	4,0°C	2,4 à 6,4°C	0,26 à 0,59 m.

Tableau 2.
Prévisions de différents modèles dans différents scénarios
(d'après le tableau SPM. 3 du rapport du GIEC)

CONCLUSION

Le citoyen est-il capable, après lecture attentive du rapport du GIEC et des arguments de ses adversaires, de se faire sa propre opinion ? En ce qui concerne le réchauffement, les arguments du GIEC sont forts, ils sont basés sur un mécanisme physique élémentaire simple qui est l'effet de serre. Les incrédules, qui doutent du rôle de l'homme dans le réchauffement climatique, ont peine à mettre en place une contre-théorie cohérente et crédible. Leurs critiques concernant la concentration respective de la vapeur d'eau et des autres gaz ne semblent pas justifiées. Celles concernant les nuages le sont en partie, mais peut-on faire le pari que la rétroaction par les nuages va totalement changer les résultats ? Cela s'apparenterait à la roulette russe, même si on admet avec Allègre que « principe de précaution, piège à cons »[51].

En ce qui concerne les évènements extrêmes, on aimerait que les calculs opaques des ordinateurs soient éclairés par l'identification des mécanismes physiques élémentaires qui pourraient lier ces évènements à l'influence humaine. Les climatologues sont soucieux d'y parvenir. Pour l'instant, en ce qui concerne l'influence de l'homme sur les évènements extrêmes, les jugements catégoriques semblent prématurés.

Les incrédules sont utiles. Ils ont quelques arguments qui méritent l'attention. Ils obligent les spécialistes et le GIEC à s'expliquer, à préciser leurs méthodes, leurs hypothèses, leurs résultats, et aussi à répondre à des questions naïves qui peuvent troubler les profanes. Ils dénoncent souvent à juste titre des affirmations téméraires.

Mais précisément la témérité est absente du rapport du GIEC. Les principes physiques élémentaires étant clairs, cela justifie que l'on fasse confiance aux ordinateurs, et notamment au tableau 2. Cela n'exclut pas que l'on cherche à mieux percevoir encore la physique du climat.

Quant à la nécessité de réduire les émissions de gaz à effet de serre, elle est finalement peu contestée. Même Allègre, incrédule entre les incrédules, reconnaît que, pour bien des raisons, il vaudrait mieux que la concentration de CO_2 dans l'air n'augmente pas trop. Même le président Bush s'est rallié à cette opinion à l'automne 2007. Il est vrai qu'il envisage pour atteindre ce but des solutions dont certaines peuvent être pires que le mal. Ainsi, le développement des carburants « verts » ne risque-t-il pas de dévoyer l'agriculture, aujourd'hui nourrice de l'humanité, demain peut-être pourvoyeuse de carburants ? Il pourrait y avoir là matière à un autre débat, à la même échelle mondiale que celui sur l'effet de serre ; comme il

51. *MVP*, p. 74.

pourrait y avoir un débat sur l'eau et sur d'autres domaines de l'écologie dans lesquels l'activité de l'homme menace l'homme.

Par rapport à ces autres problèmes, l'effet de serre se distingue parce qu'il nécessite des raisonnement de physique, de chimie et de mécanique de haut niveau. Mais le jugement scientifique n'est pas toujours indépendant des convictions philosophiques. Ainsi Claude Allègre proclame-t-il dans son livre à plusieurs reprises (et en particulier en quatrième page de couverture) sa foi en la croissance, pour lui synonyme de progrès : « Vive l'écologie moteur de la croissance ! ». Croissance de quoi ? Des activités humaines sans doute. Cette foi en la croissance-progrès n'est pas partagée par tous. Il n'en est pas moins vrai que la croissance est devenue au XXe siècle un moteur essentiel de l'économie, dont il semble difficile de se passer. Il est vrai aussi que la société occidentale s'est accoutumée à une vie très productrice de gaz à effet de serre et qu'il lui est difficile de revenir en arrière.

C'est pourtant une *décroissance* de la circulation automobile que l'on a observée en France [52] en 2005 et 2006. Et c'est à un joyeux retour en arrière que l'on assiste dans les centres de nos villes, où les piétons depuis 1980 commencent à retrouver leur place ancestrale alors que reparaissent les moyens de transport, économes en énergie, de nos arrière-grands-parents : le tram et le vélo.

Appendice 1. Loi de Wien et loi de Stefan

L'observation d'un bloc de fer chauffé (ou du filament d'une lampe à incandescence) montre qu'un corps chauffé émet de la lumière dont la couleur dépend de la température. Pour décrire cette propriété, les physiciens ont inventé un solide modèle qu'ils ont appelé *corps noir*, qui décrit assez bien, entre autres, le soleil et la terre. À la température ordinaire il est en effet noir, parce qu'il absorbe de la même façon la lumière de toutes couleurs. Si on le chauffe à température absolue T, il émet de la lumière dont la longueur d'onde forme une « bande » centrée autour de la valeur $\lambda = 2898/T$, où λ est en µm et T en Kelvin. C'est la loi de Wien. Pour le soleil, $T = 5780$ K. Pour la terre, T est de l'ordre de 300 K. L'insertion de ces deux valeurs dans la formule de Wien montre que le soleil émet de la lumière visible et la terre du rayonnement infrarouge. Bien entendu, la terre renvoie aussi une partie de la lumière solaire sans changement de

52. D. Buffier, « Transports : L'usage de la voiture recule », *Le Monde*, 19 septembre 2007.

longueur d'onde, par réflexion notamment par les nuages ou par les glaciers. La théorie du corps noir permet aussi de démontrer la loi de Stefan, selon laquelle la puissance rayonnée par un tel corps par unité d'aire est égale à σT^4, où σ est une constante appelée constante de Stefan. L'application de la loi de Stefan montre que la température de la terre en l'absence d'atmosphère serait de –18°C. En effet, la puissance rayonnée par la terre serait alors égale à celle qu'elle reçoit du soleil. À cause de l'effet de serre, la surface du corps noir équivalent se trouve repoussée à haute altitude. Et c'est en effet à 5000 ou 6000 mètres de haut que la température atteint –18°C. Ce raisonnement n'est qu'approximatif car l'atmosphère n'absorbe pas la lumière de certaine fréquence, et n'est donc pas un corps noir.

APPENDICE 2. CALCUL DE LA PRESSION $P(Z)$ ET DE LA TEMPÉRATURE $T(Z)$ À L'ALTITUDE Z EN SUPPOSANT QUE L'ATMOSPHÈRE EST EN ÉQUILIBRE ADIABATIQUE

Dans le cas de l'« équilibre adiabatique », la température $T(z)$ d'une masse d'air à l'altitude z est celle d'une masse d'air qu'on a prise à l'altitude 0 et à la pression $P(0)$ et qu'on a porté adiabatiquement à la pression $P(z)$.

Si un gaz parfait subit une transformation adiabatique, sa pression P et sa température T sont liées par la relation (Landau & Lifchitz 1967, formule 43.7)

$$T^{\gamma}P^{1-\gamma} = \text{Constante} \qquad \text{(A)}$$

où $\gamma = C_P/C_v$ est le rapport des chaleurs spécifiques à pression constante et à volume constant.

D'autre part, la densité ρ d'un gaz parfait, mesurée en molécules par unité de volume, est donnée par la loi de Mariotte-Gay-Lussac

$$P = k_B \rho T \qquad \text{(B)}$$

où $k_B = 1{,}38.10^{-23}$ est la constante de Boltzmann.

Enfin, la pression P est liée à l'altitude z par la relation

$$dP = -gm\rho dz \qquad \text{(C)}$$

où g est l'accélération de la pesanteur et m la masse d'une molécule d'azote ou d'oxygène (le calcul est assez grossier par ailleurs pour qu'on les considère comme égales).

En différenciant (A) on obtient

$$\gamma dT/T = (\gamma - 1)dP/P$$

et en portant ceci dans (C) il vient

$$-gm\rho dz = dP = (P/T)dT\ \gamma/(\gamma-1)$$

Comme, d'après(B), $P/T = k_B\rho$, cette relation s'écrit

$$Gmdz = -k_B dT\ \gamma/(\gamma-1)$$

soit après intégration

$$k_B T(z) = k_B T(0) - (\gamma-1)gmz/\gamma \qquad \text{(D)}$$

Pour un gaz parfait diatomique tel que l'air (Landau & Lifchitz 1967, formule 43.7)

$$\gamma = 7/5; \qquad (\gamma-1)/\gamma = 2/7 \qquad \text{(E)}$$

Dans le système MKS, $g = 9{,}81$ m/s^2 et m est à peu près 5.10^{-26} kg. La variation de température par mètre est donc environ 0,01°.

BIBLIOGRAPHIE

ALLÈGRE C., *Ma vérité sur la planète*, Paris, Plon, 2007.

ÅNGSTRÖM K., « Über die Bedeutung des Wasserdampfes und der Kohlensäures bei der Absorption der Erdatmosphäre », *Annalen der Physik*, 4(3), 1900, p. 720-732.

ARRHENIUS S., « On the Influence of Carbonic Acid in the Air Upon the Temperature of the Ground », *Philosophical Magazine*, 41, 1896, p. 237-276.

BALIAN R. and BLAIZOT J.-P. « Stars and statistical physics : A teaching experience », *Am. J. Phys.*, 67, 1999, p. 1189-1206.

BENGTSSON L., HODGES K.I., ESCH M., KEENLYSIDE N., KORNBLUEH L., LUO J.-J. et YAMAGATA T., « How may tropical cyclones change in a warmer climate ? », *Tellus*, 59A, 2007, p. 539-566.

BERGER A., *Le climat de la terre*, Bruxelles, De Boeck, 1992.

BUFFIER D., « Transports : L'usage de la voiture recule », *Le Monde*, 19 septembre 2007.

COHEN-TANNOUDJI C., DUPONT-ROC J. et GRYNBERG G., *Photons et atomes*, Paris, EDP Sciences-Éditions du CNRS, 2001.

FELLOUS J.L. et GAUTIER C., *Comprendre le changement climatique*, Paris, Odile Jacob, 2007.

FERMI E., *Termodinamica*, Torino, Boringhieri, 1972.

FOUCART S., « Quand les académiciens débattent du réchauffement », *Le Monde*, 15 mars 2007.

FOURIER J., « Mémoire sur les températures du globe terrestre et des espaces planétaires », *Mémoires de l'Académie Royale des Sciences de l'Institut de France*, 7, 1827, p. 570-604, et *Œuvres de Fourier*, Paris, Gautier-Villars, 1840, p. 97-125; disponible en ligne sur http://gallica.bnf.fr

GALAM S., « Pas de certitude scientifique sur le climat », *Le Monde*, 7 février 2007.

GIEC, *Climate Change 2007 : The Physical Science Basis. Contribution of Working Group I to the Fourth Assessment Report of the Intergovernmental Panel on Climate Change*, S. Solomon, D. Qin, M. Manning, Z. Chen, M. Marquis, K.B. Averyt, M. Tignor and H.L. Miller (eds.), Cambridge, Cambridge UP, 2007 ; disponible en ligne sur http://www.ipcc.ch

HEITLER W., *The quantum theory of radiation*, Oxford, Clarendon Press, 1954.

HULBURT E.O., « The temperature of the lower atmosphere of the earth », *Phys. Rev.*, 38, 1931, p. 1876-1890.

JOUZEL J., TALAGRAND O. et LE TREUT H., « Climat : halte aux simplifications abusives », *Le Monde*, 12 février 2007.

LE ROY LADURIE E., *Histoire du climat depuis l'an mil*, Paris, Flammarion, 1990.

– *Histoire humaine et comparée du climat*, Paris, Fayard, 2006.

LE TREUT H. et GAUTIER C., *Effet de serre, bilan radiatif et nuages*, dans J.L. Fellous et C. Gautier, *Comprendre le changement climatique*, Paris, Odile Jacob, 2007, p. 45-67.

LORENZ E.N., « Deterministic Nonperiodic Flow », *J. Atmos. Sci.*, 20, 1963, p. 130-141 ; disponible sur http://bcev.nfrance.com/Lorenz/equations.htm

LORIUS C. *et alii*, « A 150,000-Year Climatic Record from Antarctic Ice », *Nature*, 316, 1985, p. 591-596.

MALONE T.F. (ed.), *Compendium of Meteorology*, Boston, *Am. Meteorological Soc.*, 1951 ; disponible sur http://www.questia.com/PM.qst?a=o&d=97549786

MILANKOVIĆ M., *Théorie mathématique des phénomènes thermiques produits par la radiation solaire*, Paris, Gauthier-Villars, 1920.

Ministère des affaires Étrangères, Ministère de l'Écologie, *Résumé à l'intention des décideurs*, trad. fr. du *Summary for policymakers* du rapport du GIEC ; disponible sur http://www.ecologie.gouv.fr/Telecharger-la-version-francaise.html

PECH P. et RÉGNAULD H., *Géographie physique*, Paris, PUF, 1992 ; disponible en ligne sur http://crdp.ac-amiens.fr/edd/air/air_maj_detail_p1.htm

REVELLE R. and SUESS H.E., « Carbon Dioxide Exchange between Atmosphere and Ocean and the Question of an Increase of Atmospheric CO_2 During the Past Decades », *Tellus*, 9, 1957, p. 18-27.

TRIPLET J.P. et ROCHE G., *Météorologie générale*, Trappes, Météo France, 1986.

TYNDALL J., « On the Absorption and Radiation of Heat by Gases and Vapours », *Philosophical Magazine*, ser. 4, 22, 1861, p. 169-194, 273-285.

WEART R.S., *The Discovery of Global Warming*. Cambridge, Harvard UP, 2003 ; disponible en ligne sur http://www.aip.org/history/climate/co2.htm#N_10

Table des matières

PRAGMATISMES D'HIER ET D'AUJOURD'HUI

SCIENCES DU XXe SIÈCLE

Numéros déjà publiés

N° Hors-série : *La Structure du monde : Objets, Propriétés, États de choses*
Dirigé par Jean-Maurice Monnoyer
année 2004 – 664 pages

Combinatorialisme par David Armstrong. *« Sur ce qu'il y a » : la question et la réponse selon Boltzmann* par Jacques Bouveresse. *Still Here : in Defense of Primitive Identities* par John Bigelow. *The Place of Relations in a Trope Philosophy* par Keuth Campbell. *Why there are no Tropes* par Jerrold Levinson. *Worldmakking made hard* par Michael Devitt. *Modal problems for Australian Metaphysics* par Chris Daly. *Le problème des universaux : aspects historiques et perspectives contemporaines* par Claudine Tiercelin. *The State of the Laws* par Stephen Mumford. *The Causal Efficacy of Mental States* par Peter Menzies. *Rightness and Right-makers* par Jonathan Dancy. *Fictionalism about Universals* par Graham Oppy. *The Space of Perceptual Objects* par Brian O'Shaughnessy. *Geography of the Reality* par Barry Smith. *Individualiser les propriétés ?* par Frédéric Nef. *Relations, dispositions et propriétés causales* par François Clémentz. *Apologie du particulier* par Roger Pouivet. *Why Nearly – but not Quine – Everything is an Object* par Peter Simons. *Des premiers compas : l'origine de la théorie symplectique des groupes* par Jean-Marie Souriau. *Replay to Michael Devit* par Paul Bogossian. *Truth and Truth-makers* par Paul Horowich. *Replay to Paul Horowich* par David Armstrong. *Replay to Jonathan Dancy* par Franck Jackson.

ACHEVÉ D'IMPRIMER
EN FÉVRIER 2010
PAR L'IMPRIMERIE
DE LA MANUTENTION
A MAYENNE
FRANCE
N° 10N-33

Dépôt légal : 1er trimestre 2010